중변분별론소

中邊分別論疏

-중도와 치우침을 구분하는 이론에 대한 해석-

화쟁연구소
원효전서 번역총서 04

중변분별론소
中邊分別論疏

–

초판 1쇄 인쇄 2022년 07월 08일
초판 1쇄 발행 2022년 07월 15일

–

주저자 박태원
발행인 이방원
편 집 안효희 · 김명희 · 정조연 · 정우경 · 송원빈 · 박은창
디자인 박혜옥 · 손경화 · 양혜진 **마케팅** 최성수 · 김 준 · 조성규

–

발행처 세창출판사
신고번호 제1990-000013호
주소 03736 서울특별시 서대문구 경기대로 58 경기빌딩 602호
전화 02-723-8660 **팩스** 02-720-4579
이메일 edit@sechangpub.co.kr **홈페이지** http://www.sechangpub.co.kr
블로그 blog.naver.com/scpc1992 **페이스북** fb.me/Sechangofficial **인스타그램** @sechang_official

–

ISBN 979-11-6684-113-2 94150
978-89-8411-815-7 (세트)

– 이 저서는 2015년 정부(교육부)의 재원으로 한국연구재단의 지원을 받아 수행된 연구임.
(NRF-2015S1A5B4A01036232)

화쟁연구소
원효전서 번역총서 04

중변분별론소

中邊分別論疏

–중도와 치우침을 구분하는 이론에 대한 해석–

화쟁연구소 번역
주저자 박태원

세창출판사

원효전서를 번역하면서

박태원

(영산대 화쟁연구소 소장, 울산대학교 명예교수)

대학생 때『기신론소』를 읽으면서 처음 원효(617-686)와 만났다. 대학원 시절에는 원효전서 전체를 원전으로 일람一覽하였다. 박사학위 논문에도 원효를 담았다. 그러고 보니 원효와의 인연이 거의 35년이다.

인간과 세상의 향상진화에 기여할 수 있는 '보편 성찰에 관한 탐구'를 '보편학'이라 불러 본다면, 원효는 한국학·한국철학을 보편인문학으로 승격시키는 데 결정적 가교가 될 수 있는 인물이다. 이런 인물을 탐구한 성취에 기대어 새로운 한국철학·인문학을 수립해 보는 것이 언제부턴가 품게 된 학문적 의지이다. 그리고 이 의지를 구현하기 위해 지성공동체의 협업을 펼쳐보고 싶은 의욕이 나날이 뜨거워진다.

원효 관련 글을 쓸수록 숙제 하나가 뚜렷해졌다. 원효 저서들을 다시 정밀하게 음미하는 동시에 전체를 번역해 보아야겠다는 생각이 간절하였지만 차일피일 미루고 있었다. 더 이상 미루지 못하게 자신을 압박하는 어떤 계기가 필요했다. 2015년에 한국연구재단 토대연구사업으로 '원효전서 번역'을 수행키로 함으로써 그 계기가 마련되었다. 전체는 아닐지라도 이미 원효 저술의 상당 부분이 번역되어 있고,『기신론소·별기』같은 저술은 다수의 번역이 나와 있다. 저술 일부는 영역英譯도 되어 있다. 그래서 〈이런 상황에서 굳이 원효전서를 다시 번역할 필요가 있는가?〉라는 질문을 자주 접하였다. 나의 대답은 〈반드시 다시 번역해야 한다〉는 것이었다. 학인의 길을 걷는 내내, 기존 번역들의 번역양식과 내용에 대해 비판의식을 갖고 새로운 대안적 번역양식에 대해 지속적으로 궁리해 왔기 때문이었다. 원효전서 번역을 통해 원효학 수립의 든든한 초석을 놓고 싶은 의욕도 소신의 근거였다.

어떤 인물과 그의 사상에 대한 탐구가 '학學(Science)'의 자격을 갖추려면 다층적이고 다원적인 탐구와 독법이 결합되어 하나의 학적 체계를 구성할 수 있어야 한다. 그리고 한반도 지성사에서 '학學'의 대상이 될 수 있는 인물들 가운데서도 원효는 단연 돋보인다. 그런데 '원효학'이라 부를 만한 내용은 아직 그 토대나 내용이 많이 취약하다. 무엇보다 원효 저술 전체가 제대로 번역되지 않고 있다는 점이 결정적 원인이다.

새로운 번역양식의 시도

가. 현토형 번역과 해석학적 번역

한문으로 저술한 원효의 글을 읽으면서 번역과 관련하여 품게 된 생각 두 가지가 있다. 하나는, 원문에 대한 자신의 이해를 분명하게 확인하려면 무엇보다도 번역을 해보는 것이 최고라는 생각이다. 다른 하나는, 현재 통용되고 있는 '한문고전 번역양식'에 대한 방법론적 회의이다.

한문 저술을 원문대로 읽을 때는 원문 특유의 감각을 생생하게 직접 대면할 수 있다는 점이 가장 큰 장점이다. 그러나 원효 저술처럼 고도의 철학적 내용을 담은 글을 읽을 때는 심각한 난제에 봉착한다. 한문이 지니는 어문학적 특징은 철학적 사유의 표현과 전달에 심각한 문제를 발생시키기 때문이다. 한자어는 같은 용어라도 개념의 범주가 넓고 중층적 의미를 담아낸다. 또 한문 문장은 단어와 단어, 구절과 구절, 문장과 문장의 관계를 확인시키는 접속어가 풍부하지도 않고 정밀하지도 않다. 그래서 작자의 의중을 문장에 정밀하게 담아내는 일에, 또한 독자가 필자의 의중에 명확하게 접근하는 일에, 많은 장애를 겪게 한다. 무릇 철학적 사유를 글에 담고 또 읽어 내려면, 가급적 개념을 명확히 제한할 수 있는 언어, 문장의 의미를 정확하게 표현할 수 있는 규칙을 정밀하게 구사할 수 있는 언어가 요구된다. 그런 점에서 고전한문은 철학적 사유의 그릇으로 사용하기에는 매우 불편하다.

문장을 구성하는 요소들 상호 간의 관계나 문장 안에서의 역할을 결정해 주는 격변화 법칙이 문장에 정밀하게 적용되는 문어文語, 단어의 개념범주가 분명한 언어는 번역작업을 용이하게 해 준다. 독일어처럼 격변화 법칙이 정밀하고 일관성 있게 반영되는 언어는 철학적 사유를 표현하거나 읽고 이해하는 데 매우 편리하다. 팔리어나 산스크리트어도 격변화 법칙이 분명하고 개념의 범주가 분명하기 때문에 문장 번역이나 이해에서 편차가 줄어든다. 이에 비해 고전한문에는 단어의 격변화 법칙이 없다. 한자어 하나가 어미변화 없이 다양한 품사로 구사된다. 그나마 문장 구성요소들의 관계를 파악하는 데 도움이 되는 허사虛辭들도 소략하다. 정밀하지도 않고 풍부하지도 않다. 그래서 단어들 사이의 관계나 단어의 문장 내에서의 역할을 결정하는 일에서 감당해야 할 독자讀者나 번역자의 몫이 너무 크다. 게다가 단어의 개념범주는 넓고도 다층적이다. 사정이 이렇다 보니 한문 해독력이나 문장 구사력을 확보하기 위해서는 다양한 문형들을 거듭 익히는 것이 전통 학습법이 되었다. '백 번 읽다 보면 뜻이 저절로 드러난다(讀書百遍義自見)'는 말도 고전한문의 특성과 무관하지 않다.

원효 시대의 한국어, 특히 구어의 내용이 어떤 것이었는지 정확하게 확인하기는 어렵지만, 현재를 기준 삼아 볼 때 한국어는 관계사나 수사법의 정밀성과 풍부함이 어디에 내놓아도 손색이 없는 수준이다. 한자어를 포섭하면서 구사되는 현재의 한국어는, 기록과 수사修辭는 물론 철학적 사유의 그릇으로 정말 탁월하다. 그래서 나는 한국어의 주체로 살아가는 것을 크나큰 행복으로 여긴다. 원효 시절의 한국어가 지금처럼 정밀하고 풍요로웠는지는 알 수 없으나, 한문이 한국어의 구어적 정밀성과 풍요로움을 담아내기에는 턱없이 부족했을 것이다. 원효는 자신의 정교하고 다층적인 사유를 한자와 한문에 담아내는 데 매우 불편했을 것이다. 그러나 어쩔 수 없이 한문을 문어文語로 사용해야만 하는 시절이었다.

원효의 입장에서 볼 때, 다양한 의미일지라도 어쩔 수 없이 동일한 한자어를 쓸 수밖에 없는 경우가 허다했을 것이다. '불변의 본질', '본연', '특성', '면모' 등의 상이한 의미를 '성性'이라는 한 용어에 담아야 했고, '불변·독자의 실체 없음'과 '헛됨'도 모두 '공空'에 담아야 했으며, '실체관념', '특징', '양상', '능력', '모습', '차이'라는 다양한 의미도 '상相'이라는 한 용어에 담아야 했다. 또 '가르침', '진리', '방법',

'객관세계', '도리', '대상', '바탕', '존재', '온갖 것', '현상' 등의 의미도 모두 '법法'이라는 말에 담아야 했다. 이런 사례가 부지기수이다. 문장이 전하는 뜻을 결정짓는 핵심 개념의 거의 전부가 이런 사정에 노출되어 있다. 게다가 단어와 단어, 구절과 구절, 문장과 문장의 관계를 이어 주는 접속어가 정교하지 않은 탓에, 순접과 역접뿐 아니라 미세하고 중요한 관계의 차이들을 한문 문장으로는 명확히 구현할 수가 없었다. 그의 사유가 보여 주는 극미세한 분석적 정밀성과 다층·다면적 입체성으로 볼 때, 그의 사유와 한문의 관계에는 심각한 불화가 있었을 것이지만, 불화를 해소할 다른 방법도 없었다.

원효 저술뿐 아니라 한문으로 저술된 고전들, 특히 철학적 내용을 담은 고전들에 대한 번역은, 이런 난제들을 얼마나 잘 해결했는가에 따라 번역물의 수준이 결정된다. 그런데 한문고전에 대한 기존의 한글번역본은 과연 이런 난제들을 얼마나 해결하고 있을까? 아니, 번역자나 학인들은 이러한 문제를 해결과제로 인식하고는 있는 것일까? 필자의 생각으로는 회의적이다. 문제의식 자체가 결여되어 있는 것으로 보인다. 그래서 해결의지도 약하고, 해결하려는 시도도 만나기 어렵다.

기존의 원효저서 한글번역본들은 일종의 '현토懸吐형 번역'이다. 원전의 한문 용어를 대부분 그대로 채택하면서 최소한의 관계사를 부가하여 한글문장으로 전환시키고 있다. 현토가 전통한문에 결핍되어 있는 관계사들을 최소한의 방식으로 보완하여 의미파악의 보조수단으로 삼는 형태였다면, 근대 이후의 한글번역은 현토의 역할을 한글로 계승한 형태라 할 수 있다. 그런 점에서 선행 번역들은 '현토형 번역' 혹은 '전통형 번역'이라 부를 수 있다.

현토형 번역은, 원전의 어문적 구성요소들을 가급적 원형 그대로 번역문에 반영한다는 점에서, 의미의 변형이나 훼손을 최소화할 수 있는 번역양식으로 간주되곤 한다. 그래서 원효저술 번역의 경우, 예컨대 성性·상相·체體·법法 및 이런 개념들과 결합한 복합어를 모두 원전의 표현 그대로 사용하는 것이 의미 훼손을 막을 수 있다고 주장하면서, 원전 용어들을 그대로 번역어로 채택한다. 그러나 한자는 다의적이고 한문은 다양한 해석이 가능하기에, 원전 용어와 문장의 의미에 대한 번역자의 이해에 따라, 의미단락 구분과 관계사 선정 등 번역문 구성을 위한 선택이 결정된다. 같은 용어라도 맥락에 따라서는 상반되거나 다른 의미로 사용되는 경우가 허다하기 때문에, 번역자는 자신의 관점에 따라 그 의미를 결정하여 번역어에 반영해야 한다. 특히 철학적 문헌의 경우에는 반드시 그렇게 해야 한다. 번역자의 관점에 따라 의미를 선택하고 내용을 명확하게 하는 방식으로 번역해 보면, 원문에 대한 번역자의 이해가 타인뿐 아니라 자신에게도 분명해진다.

'모든 번역은 해석이다'라는 말은 한문으로 된 철학적 문헌, 특히 원효 저술의 경우에도 고스란히 유효하다. 고전은 번역을 통해 '독자와의 대화 자리'로 초대된다. 그러기에 번역은 '대화를 이어 주는 통역'의 역할을 해야 한다. 그러나 한문고전 번역의 현실 풍경은 많이 다르다. 〈풍부한 원어의 의미를 번역으로 제한하면 안 된다〉, 〈의미를 제한하는 번역으로 심오한 뜻을 훼손시키지 않아야 한다〉는 등의 논리를 앞세워, 가급적 원전의 표현을 그대로 사용하려는 태도가 일반화되어 있다. 단순개념이든 복합개념이든 원문용어 그대로 가져와 한글문장을 만들고 있다. 그런 번역에서는 문장을 구성하는 '용어들의 맥락적 의미'와 '문장의 의미'를 읽어 내는 역자의 관점 및 이해가 드러나기 어렵다. 번역자나 독자 모두 문장의 의미에 접근하기 어렵다. 특히 독자는, '읽을 수는 있으나 뜻을 알기 어려운 현토형 한글문장' 앞에서 고개를 젓는다. 아무리 심오한 뜻을 품은 용어나 문장이라 해도 뜻을 제한적으로 선택하여 번역해야 한다. 뜻을 제한할 수 없는 용어나 문구는 글의 구성요소가 될 수 없다. 글이란 것은 원래 의미의 제한이다. 그 의미를 선택하여 전달하는 것이 번역이다.

문장의 의미 파악을 현토懸吐적 번역으로 처리하는 현토형 번역양식을 채택하는 것은, 번역자에게는 매우 유리하고 독자에게는 극히 불리하다. 원전 용어의 현토형 배열에는 역자의 이해 내용과 수준을 숨길 공간이 넉넉하여, 역자에게는 편할지 몰라도 독자에게는 불편하고, 학문적 기여도는 취약해진다. 현토형 번역물들 사이의 비교평가는 그저 한문해석의 어문학적 타당성이나 현토의 차이를 기준 삼아 행할 수 있을 뿐인데, 그런 평가는 너무 엉성하다. 번역자만 유리한 일방적 언어게임이 관행이라는 방패를 앞세워 답습되고 있다.

한문고전의 현토형 번역물을 영어번역과 비교해 보면 현토형 번역의 문제점이 분명히 드러난다. 영어번역은 아무리 단순한 개념을 담은 용어라도 원전 표현을 그대로 사용할 수가 없다. 영어에는 한자어가 없기 때문이다. 그래서 해당 용어에 대해 번역자가 선택한 의미를 일일이 영어로 기술해야 한다. 한문을 영어로 옮기려면 모든 용어와 문장에 대한 번역자의 이해를 고스란히 번역문에 반영해야 한다. 따라서 영역본을 읽으면 뜻이 분명하고 이해하기가 쉽다. 원문에 대한 의미 파악이 얼마나 정확한지, 얼마나 좋은 번역인지는, 여러 번역본을 비교하고 평가하는 담론과정에서 결정하면 된다. 달리 말해, 영역은 번역자의 이해가 분명히 드러나므로 차이의 확인과 평가가 용이하다. 그리하여 다른 이해를 반영한 다른 번역이나 더 좋은 번역이 등장하기 쉽다. 영역을 비롯한 외국어 번역본에서는 동일 고전에 대한 새로운 번역이 계속 이어지고, 또 그런 현상을 당연하게 여기는 이유가 여기에 있다. 동일 문헌에 대한 다양한 번역을 통해 번역의 자기 진화가 가능하다. 현토형 한글번역과 영역은 모든 점에서 극명하게 대비된다. 이 차이가 무엇을 의미하는지 주목해야 한다.

전통/현토형 번역의 유용성은 제한된 소수자들만의 협소한 공간에 유폐된다. 전문가를 자처하는 소수자들 사이에서만 유통되고 재생산되는 번역은 폐쇄적 공간에 머물기 마련이다. 학문적 기여가 제한되고, 현재어와의 소통성 부재로 인해 다양한 언어지형들과 상호작용하기가 어려우며, 의미 가독성이 떨어져 연구자들과 대중 지성들의 갈증을 채워 줄 수가 없기 때문이다. 그럼에도 불구하고 한국에서의 동아시아 한문고전 번역, 특히 철학/사상 관련 고전들의 번역에서는 아직도 이러한 폐쇄적 방식이 일반형으로 유통되고 있다.

고전한문으로 기술된 철학적 문헌은 번역자의 관점과 이해한 내용에 따라 번역물 수준의 편차가 특히 심하다. 원효저서의 번역에는 이런 문제가 고스란히 노출된다. 원효는 거의 모든 유형의 불교교학을 통섭通攝적으로 다루고 있기에, 그의 언어를 번역하기 위해서는 다채로운 역량을 준비해야 한다. 어문학적 한문해독력은 물론, 모든 불교교학과 원효사상에 대한 심도 있는 탐구, 연관되는 철학적 성찰에 대한 견실한 소양을 확보해야 한다. 아울러 불교언어의 특수성이 요구하는 근원적 역량도 유념해야 한다. 불교언어는 경험에 의한 검증가능성을 원칙으로 삼는 진리관 위에 수립된 것이기에, 사변적 방식만으로 접근하는 것에는 한계가 있다. 언어에 반영된 그 언어주체의 경험지평에 접근하려는 실존적 노력마저 요구된다. 이 근원적 역량의 향상은 결코 단기간에 가능한 것도 아니고 쉬운 것도 아니지만, 용어와 문장의 의미 파악에서 결정적 역할을 하는 경우가 많기 때문에 간과할 수가 없다. 번역자는 이런 다채로운 역량에 의거하여 최종적으로 자신의 해석학적 관점을 선택한 후, 그 관점에 따라 포착한 문장의 의미를 명확한 형태로 현재어에 담아내야 한다.

원효저서에 대한 기존의 한글번역들은 현토형 번역양식이 안고 있는 문제점들을 그대로 노출하고 있다. 이런 문제점들을 극복할 수 있는 대안은 '해석학적 번역양식'이다. 원전 내용에 대한 번역자의 이해를 명확히 드러내면서 그 이해를 현재어에 담아내는 것을 '해석학적 번역'이라 불러 보자. 해석학적 번역은 통상의 의역이 아니라 '해석학적 직역'이다. 해석학적 번역은, 번역자의 이해를 명확히 드러냄으로써 '의미 가독성'을 높이고 '번역내용에 대한 평가'를 용이하게 하여 더 좋은 번역들이 이어지게 한다. 또한 번역이 현재어와 접속되어 다양한 지식 지형의 현재언어들과 상호작용할 수 있는 '소통성'을 높여 준다.

예를 들어 보자. 원효가 즐겨 구사하는 '一心'이라는 기호는 마음의 역동적 국면을 지시한다. 그런데 '一心'을 '일심'이나 '한마음'으로 번역하면, 원효가 이 기호를 통해 알리려는 역동적 사태가 정태적 존재로 둔갑한다. '一心'을 가변적 현상 이면에 있는 '불변의 본체나 궁극실재'를 지시하는 명사적 의미로 읽으면, 원효의 일심철학은 '모든 현상을 지어내고 자신은 불변의 자리를 지키는 궁극실재에 관한 철학'이 된다. 원효의 의도를 엉뚱하게 굴절시키는 이해이다. 원효철학에 대한 이런 관점이 논리의 옷을 걸치고 이론의 집을 짓는 경우가 허다한데, 현토형 번역의 부작용과 무관하지 않다. '一心'을 해석학적으로 번역하려면, '一心'이라는 기호가 채택되는 철학적 의미맥락을 성찰하고 선택한 의미를 반영하는 번역어를 채택해야 한다. 그래서 필자는 '一心'을 '하나처럼 통하는/통하게 하는 마음'이라 번역한다. 『금강삼매경론』의 '경의 핵심 내용을 밝힘'(辨經宗)이라는 대목에 나오는 문장 일부를 해석학적 번역양식에 따라 번역하면 다음과 같다.

원문 "開說十門爲其宗者, 謂從一門, 增至十門. 一門云何? 一心中, 一念動, 順一實, 修一行, 入一乘, 住一道, 用一覺, 覺一味."

해석학적 번역 "〈'펼치는 방식'(開)으로 말하면 '열 가지 [진리 전개] 방식'(十門)이 근본(宗)이 된다〉라는 것은, '일一로써 펼치는 방식'(一門)으로부터 [숫자를 하나씩] 더하여 '십十으로써 펼치는 방식'(十門)에까지 이르는 것을 말한다. 〈'일一'로써 펼치는 방식〉(一門)이란 무엇인가? '하나처럼 통하는 마음'(一心) 가운데 '하나처럼 통하는 생각'(一念)이 움직여, '하나처럼 통하는 진실'(一實)을 따라 '하나처럼 통하는 수행'(一行)을 닦고, '하나처럼 통하게 하는 가르침'(一乘)으로 들어가 '하나처럼 통하는 길'(一道)에 머무르며, '하나처럼 통하게 하는 깨달음'(一覺)으로써 '한 맛[처럼 서로 통함]'(一味)을 깨닫는 것이다."

해석학적 번역을 구현하기 위해서는, '모든 한자어의 의미 풀어쓰기'와 더불어, 문장 의미에 대한 번역자의 이해를 번역문에 명확하게 반영하는 작업이 이루어져야 한다. 이러한 작업을 위해서는 파악한 뜻을 부연하여 설명하고 단어와 문장들의 관계를 정밀하게 연결시켜 주는 보조문의 삽입이 필수적이다. 원문에는 없어도 의미 전달에 필요한 내용을 원문과 차별 가능한 형태로 적절하게 추가해야 한다. 이를 위해 이 '원효전서 번역' 작업에서는 글자 크기를 달리하는 '[ ]' 기호를 사용하여 그 안에 보조 문구를 기입하는 방식을 적극 활용했다.

기존의 현토형 내지 전통형 번역을 통틀어 '1세대 번역양식'이라 부른다면, 이제는 기존 번역양식의 문제점을 보완한 '2세대 번역양식'이 요청된다. 그리고 이 2세대 번역양식은 '해석학적 번역'이어야 한다. 이번에 시도한 원효전서 번역은 이러한 해석학적 번역양식을 원효저술을 대상으로 구현해 본 것이다. 해석학적 번역본은 원효저서의 외국어 번역을 위한 저본으로 사용하기에도 용이하다. 현행 현토형 번역은 외국어 번역의 저본으로 채택하기가 어렵다. 현재 부분적으로 영역되어 있는 것들은 영어권 학자 스스로 원전의 의미를 파악하여 영어로 옮긴 것이다. 원효저서 전체에 대한 신뢰할 만한 영어번역본의 확보는 원효학 수립의 세계적 협업을 위해 시급한 과제인데, 이번의 번역이 그 가교가 될 수 있기를 기대하고 있다. 아울러 한문 불전佛典뿐 아니라 동아시아 한문고전의 한글번역에 있어서도, 양식 전환의 계기가 되는 한 전범典範을 마련해 보려는 소망까지 품고 있다.

나. 협업적 공동번역시스템에 의한 번역

번역자의 역량이 아무리 출중해도 단독번역 작업은 여러 한계를 수반한다. 아무리 꼼꼼히 챙겨도 놓치는 것이 있다. 관련자료 탐색, 의미 파악, 번역문 구성 등 번역의 모든 면에서 혼자서는 해결하기 어려운 문제점들이 발생하기 마련이다. 이런 문제를 해결하려면 다양한 역량을 지닌 사람들이 팀을 이루어 협업하는 방식이 이상적이다.

통상적으로 대형 공동번역은 번역물을 연구자들에게 배분한 후 각 연구자들이 번역한 것을 종합하는 형식이다. 번역어 통일이나 내용의 정합성을 위한 조정과정을 거치기는 해도, 기본적으로는 단독번역들의 종합이 된다. 그러다 보니 문헌마다 담당 번역자의 이해가 단독적으로 반영될 뿐, 의미 파악의 타당성을 공동으로 면밀하게 검토할 수 있는 기회가 결여된다. 무엇보다도 다수의 연구자들이 꾸준히 머리를 맞대고 함께 작업할 수 있는 환경을 확보하기가 어렵기 때문이다. 이번 원효전서 번역은 한국연구재단의 재정지원에 힘입어 이런 문제점을 극복할 수 있는 협업적 공동번역 시스템을 구성하여 가동할 수가 있었다.

한역漢譯대장경을 산출했던 번역시스템은 탁월했다. 국가적 지원 아래 구성한 번역시스템은 가히 이상적이었던 것으로 보인다. 산스크리트어에 대한 어문학적 해석력, 한문 번역문의 구성력, 불교언어의 뜻을 읽어 내는 의미파악력 등, 번역에 필요한 최고 수준의 전문가들이 모여 각자의 역량을 결합시킬 수 있는 시스템이었다. 그런 시스템을 현재에 그대로 재현하기는 어려울 것으로 보인다. 그러나 이번 원효전서 번역에서는 그런 시스템의 장점을 조금이라도 닮아 보려고 했다. 그래서 불교학 각 분야 전문연구자들의 역량을 결합할 수 있는 팀을 최소한의 규모로라도 구성하고, 모든 번역문을 독회 세미나를 거쳐 결정했다. 매주 1회 개최되는 '원효전서 독회 세미나'에서 연구자들의 역량을 상승적으로 결합시키면서 모든 번역문을 확정했다. 이 팀 번역시스템은 언제나 다음과 같은 3단계의 작업으로 진행하였다.

1단계 참여연구자들은 각자 맡은 번역내용과 관련된 교학이론 및 기존의 연구를 소화하는 동시에, 문장 내용, 인용문 원전 내용, 전문 교학용어 등 관련 사항들을 꼼꼼히 분석하고 자료들을 종합한다. 또한 기존의 번역이 있는 경우에는 그 번역들과 대비시키면서 해석학적 번역양식에 맞추어 새로운 번역문을 준비하여 책임연구자에게 전달한다.

2단계 책임연구자는 참여연구자들이 작성한 번역문 및 관련 자료의 모든 내용을 원문과 대조하여 수정/보완한 새로운 번역문을 작성한다.

3단계 참여연구자들이 준비한 관련자료 및 번역과 책임연구자의 번역을 종합하여, 매주 1회 연구자들이 모두 모인 '원효전서 독회세미나'에서 함께 검토하면서 최종 번역문을 확정한다. 한 용어, 한 구절의 의미나 번역을 둘러싼 다양한 문제와 이견이 제기되고 토론되는 과정에서, 참여자들은 원효사상과 불교철학에 대한 이해 및 번역 역량을 향상시켜 간다.

이 모든 과정에서 번역의 일관성과 정합성을 위해 원문의 의미 파악과 번역문의 최종결정은 책임연구자가 맡았다. 따라서 의미 파악의 오류나 번역문의 문제점이 있다면 전적으로 책임연구자의 허물이다. 책임연구자가 꾸준히 원효연구를 진행했기에 그런 역할을 하긴 했지만, 잘못 이해하거나 놓쳐 버린 뜻을 일깨워 주는 참여연구자들의 혜안과 역량이 있었기에 역할 수행이 가능했다. 이러한 협업적 공동번역은 참여연구자들 각자의 공부 향상에도 크게 기여했지만, 무엇보다 나 자신에게 매우 유익했다. 한 단어 한 구절씩 해석학적 양식으로 꼼꼼히 번역하다 보니,

원문으로 읽을 때는 놓치거나 대충 넘어갔던 내용과 의미들을 새롭게 만날 수 있었다. 그동안 원효와 너무 건성으로 만났다는 것을 확인해야 하는 것은 부끄러움이었지만, 새로운 원효를 만난다는 것은 설레는 기쁨이었다. 거듭 새 모습으로 서 있는 원효를 만나고, 그를 통해 불교철학에 대한 새로운 독법을 전망해 보는 희열 때문에, 나와 참여연구자들 모두 장기간의 혹독한 과정을 기꺼운 마음으로 감내할 수 있었다. 원효와 대화하면서, 비단 불교학이나 종교학뿐만 아니라, 인문학과 철학 자체의 새로운 전망까지 품을 수 있었던 것은 행복을 넘어선 행운이었다.

원효사상의 포괄적 성격 때문에, 원효저서를 번역하려면 원효가 탐구했던 모든 유형의 교학과 불교철학을 소화해야 한다. 따라서 번역과정에서 연구자들은 자연스럽게 넓고 깊고 유기적인 불교 이해와 견실한 학문 역량을 다져 가게 된다. 이러한 성취는 고된 작업과정을 감내해 낸 참여연구자들에게 주어지는 최고의 보상이다.

이미 출간한 『열반종요』·『대승기신론소·별기』·『금강삼매경론』에 이어, 이번에는 『중변분별론소』를 내놓는다. 『중변분별론소』를 비롯하여 이후의 출간은 영산대 화쟁연구소가 주관한다. 그간 원효전서의 번역과 출간을 주관하였던 울산대 원효학토대연구소가 2021년 9월부터 영산대학교 화쟁연구소로 새롭게 출발하였기 때문이다. 원효학토대연구소를 운영하던 필자의 정년퇴임을 계기로, 원효학 연구를 화쟁인문학의 수립에 초점을 맞추어 집중해 보기 위한 선택이다. 원효전서 번역에서 확보한 인문학의 새로운 전망을 구현해 보고자 하는 의욕이 동기가 되었다. 새 출발을 축하하듯 경사도 있었다. 한국연구재단 토대연구사업(2015-2020)으로 수행한 본 '원효전집 번역'이 '교육부 주관 학술연구지원사업 우수성과'로 선정되었다. 멈추지 말고 더 나아가 보라는 학문공동체의 격려이기에 다시 마음을 다잡는다.

2022년 6월

박 태 원

일러두기

❶ 본서는 『한국불교전서韓國佛敎全書』 제1권(pp.817b~837c)에 실린 『중변분별론소中邊分別論疏』를 번역한 것이다. 한불전의 교감주에 따르면 이 책의 저본은 속장경본(第1編75套1冊)이고, 속장경본의 교감주는 『중변분별론소』가 진제眞諦(499~569) 번역의 『중변분별론中邊分別論』을 해석한 책이라 밝히고 있다.

❷ 본서의 중간 지점에서 '[『중변분별론』의] 원문을 풀이함'(消文)이 시작되는 부분부터 대정장본의 『중변분별론』(T31, 458a16~460b6)에서 제4「대치수주품對治修住品」, 제5「수주품修住品」, 제6「득과품得果品」 원문을 실어 글상자로 구분하여 번역하여 넣어 원효의 해석을 이해하기 쉽게 하였다.

❸ 모든 원문 교감은 해당 원문의 각주에서 교감의 내용 및 그 근거와 이유를 밝히는 것을 기본방식으로 하였다. 문맥에 따른 교감의 경우에는 해당 번역문의 각주에서 그 근거와 이유를 밝히기도 했다. 또한 교감할 필요는 있어도 원효의 의도를 고려하거나 당시 문헌의 판본을 보존하는 의미가 있다고 판단되는 경우라면, 문맥에 저촉되지 않는 사례에 한하여 교감하지 않은 경우도 있다.

❹ 학인들의 연구를 돕기 위해 각 문단마다 해당 원문의 출처를 밝혀 두었다.

❺ 원전 개념어의 뜻을 풀어 번역하는 경우, 번역문은 작은 따옴표(' ')로 표시했고 해당하는 한문 개념어는 괄호 안에 제시했다. 또한 번역문에서 '[ ]'로 표시된 보

조문의 내용은 단어와 문장 및 문맥에 대한 번역자의 이해를 나타낸 것이다.

❻ 원전의 개념어나 문맥의 해석을 위해 역주가 필요한 경우에는 관련된 경론經論의 문구를 제시함으로써 해석의 근거를 밝히는 것을 역주 작성의 원칙으로 삼았다. 참고한 사전과 연구서들에 관해서도 출처를 밝혔다.

❼ 『한국불교전서韓國佛敎全書』는 H, 『대정신수대장경大正新修大藏經』은 T, 『만자속장경卍字續藏經』은 X로 약칭했다.

❽ 원효가 인용하고 있는 경론들의 산스크리트본이 현존하는 경우, 해당하는 산스크리트 문구들을 찾아 번역하여 역주에 반영시킴으로써 한역漢譯 내용과 대조해 볼 수 있게 하였다. 원효가 인용하고 있는 경론들의 내용과 현존하는 산스크리트본의 해당 내용을 대조할 때 사용한 참고문헌과 약호는 다음과 같다.

Abhi-k-bh. *Abhidharmakośabhāṣya*, ed. by P. Pradhan, Tibetan Sanskrit Work Series 8, Patna, 1967(repr. 1975).

AS. *Abhidharmasamuccaya of Asanga*, ed. by P. Pradhan, Visva- Bharati Series 12, Santiniketan, 1950.

ASBh. *Abhidharmasamuccayabhāṣya*, ed. by N. Tatia, Tibetan Sanskrit Work Series 17, K. P. Jayaswal Research Institute, Patna, 1976.

BoBh. *Bodhisattvabhūmi*, ed. by U. Wogihara, Tokyo, 1930-1936(repr. Tokyo, 1971).

MAV(MAVBh). *Madhyāntavibhāgabhāṣya*, ed. by Gadjin M. Nagao, Tokyo: Suzuki Research Foundation, 1964.

ŚrBh. *Śrāvakabhūmi of Ācārya Asaṅga*, ed. by Karunesha Shukla, J. P. Jayaswal Research Institute, Patna, 1973.

안성두, 『보살지菩薩地: 인도대승불교 보살사상의 금자탑』, 서울: 세창출판사, 2015.

차 례

『중변분별론中邊分別論』과 원효의 『중변분별론소中邊分別論疏』

박태원

『중변분별론中邊分別論』(Madhyānta-Vibhāga-Bhāṣya)은 '사실 그대로'(madhya, 中)와 '사실에서 벗어난 치우침'(anta, 邊)을 구분(vibhāga)하여 '사실 그대로'인 중도中道를 밝히려는 논서(bhāṣya)이다. 유가행파瑜伽行派를 대표하는 논서로서, 게송은 미륵彌勒에 의해, 장행長行은 세친世親에 의해 각각 저술되었다. 미륵의 게송(頌)에 대해 후대의 세친이 해석(釋)을 붙인 것이다.

산스크리트본과 티베트 번역본은 ①「상품相品」, ②「장품障品」, ③「진실품眞實品」, ④「대치수습품對治修習品」, ⑤「무상승품無上乘品」의 5품으로 구성되는 데 비해, 한역漢譯의 두 가지 이본異本인 진제眞諦 번역의 『중변분별론中邊分別論』과 현장玄奘 번역의 『변중변론辯中邊論』에서는 모두 ①「상품相品」, ②「장품障品」, ③「진실품眞實品」, ④「대치수주품對治修住品」, ⑤「수주품修住品」, ⑥「득과품得果品」, ⑦「무상승품無上乘品」의 7품으로 구성되어 있다. 이것은 산스크리트본의 ④「대치수습품對治修習品」을 한역에서는 ④「대치수주품對治修住品」, ⑤「수주품修住品」, ⑥「득과품得果品」으로 나눈 결과이다. 한역에는 진제 번역의 『중변분별론中邊分別論』(2권, T31)과 현장 번역의 『변중변론辯中邊論』(3권, T31) 및 현장 번역의 『변중변론송辯中邊論頌』(1권, T31)이 있는데, 『변중변론송』은 게송만 모아 놓은 책이다.

중도中道에 기초하여 유가행파瑜伽行派의 교리를 조직한 것으로 평가받는 『중변분별론』의 주요 내용을 요약하면 다음과 같다. ①「상품相品」에서는 공성空性과 유식설唯識說의 이론을 서술하고, ②「장품障品」에서는 진리의 증득을 방해하는 여러 장애들을 거론하며, ③「진실품眞實品」에서는 아견我見을 대치하는 유식설의 교리체계를 10종의 진실로서 서술하고, ④「대치수주품對治修住品」에서는 번뇌와 장애의 대치에 관해, ⑤「수주품修住品」에서는 그 대치법에 의해 향상해 가는 수행의 계위에 관해, ⑥「득과품得果品」에서는 계위를 얻은 결과로서의 경지에 관해 논의하며, ⑦「무상승품無上乘品」에서는 대승이 최고의 가르침인 까닭을 이론과 실천의 측면에 걸쳐 조직적으로 설명한다. 이 논서는 붓다의 교설에 대한 아비달마 및 소승불교의 해석을 대승의 입장에서 포섭적으로 재해석하고 있다. 초기불교 교설에 대한 대승불교적 이해를 보여 준다는 점에서 주목된다.

『중변분별론소中邊分別論疏』는 진제 번역의 『중변분별론中邊分別論』에 대한 원효의 해석이다. 저본인 속장경본에는 원효의 저술임을 명기하지 않고 있지만, 『동역전등목록東域傳燈目錄』, 『화엄종장소병인명록華嚴宗章疏并因明錄』, 『법상종장소法相宗章疏』 등의 목록서들에서 원효가 찬술한 저술임을 밝히고 있다. 목록서들에서는 모두 『중변분별론소』가 총 4권이라고 말하는데, 현재 남아 있는 『중변분별론소』 제3권의 내용이 『중변분별론』 총 7품 중에서 권2의 제4「대치수주품對治修住品」, 제5「수주품修住品」, 제6「득과품得果品」을 해석한 것이므로, 일실된 『중변분별론소』의 제1권과 제2권은 『중변분별론』 권1의 제1「상품相品」, 제2「장품障品」, 제3「진실품眞實品」에 관해 해설한 것이고, 일실된 『중변분별론소』의 제4권은 『중변분별론』의 권2의 제7「무상승품無上乘品」에 관해 해설한 것으로 보인다.

『중변분별론소』는 원효의 진리 탐구가 얼마나 원대한 기획으로 진행된 것인지를 새삼 확인시켜 준다. 한역漢譯이나 한문 문헌으로 유통되던 모든 유형의 불교 해석학들을 탐구 대상으로 삼는 기획 자체가 경이롭다. 게다가 탐구 대상의 방대한 규모와 다양성에도 불구하고 한 치의 허술함을 보이지 않는 탐구력과 그 성과는 넘보기 어려운 수준이다. 넓고 깊은 그의 탐구들에서 일관되게 목격되는 정밀함과 심오함 그리고 열린 주체적 태도는 탄성을 자아내게 한다. 『중변분별론소』는 원효가 보여 주는 원대한 기획과 탁월한 탐구력을 여지없이 드러내고 있다. 일부만 남아 있는 것이 너무 아쉽다.

아비담마·부파불교 교학은 니까야/아함 문헌이 전하는 붓다의 교설에 대한 해석의 정통성을 자부하였다. 현재는 아비담마·부파불교 교학의 계승자인 남방 상좌부 불교가 붓다 교설의 적통嫡統임을 자처한다. 그런데 아비담마 교학이 설정하는 '자성自性'(svabhāva)이라는 개념에는 붓다의 법설이 거부한 본질·실체·동일성 관념이 스며들어 있다. 대승의 공空철학은 이 문제점에 대한 철학적 비판이었다. 대승의 비판에 의해 아비담마 해석학의 타당성과 신뢰성은 불교사상사에서 근본적으로 흔들린다. 소승을 비판 대상으로 설정하여 철학과 종교의 광범위한 범주에서 다양하게 전개된 대승불교는, 동아시아인들의 열렬한 지지를 받으면서 원효의 시대를 전후로 그 정점을 구가하고 있었다. 원효는 '대승에 의한 소승 비판적 불교해석학'을 다시 주체적 태도로 소화한다. 그의 사유에서 부각되는 '통섭通攝'과 '화쟁和諍'은 그 산물이다.

니까야/아함이 전하는 '37가지 깨달음의 방법'[1]은 부파불교나 상좌부의 수행법이고, 대승불교는 육바라밀 등 다른 수행법에 의거하여 수립된 불교로 보는 시선이 널리 퍼져 있다. 그러나 소승에 대한 대승의 비판과 대안 수립은, 소승이라 불리었던 아비담마·부파불교가 탐구하고 의거했던 수행법을 토대로 한다. 같은 수행법을 탐구하지만 이해를 달리하는 과정에서 마침내 새로운 언어와 이론으로 재구성된 대승 특유의 수행법이 등장한 것이다. 육바라밀을 비롯한 대승불교의 다양한 수행법들은, 니까야/아함의 '37가지 깨달음의 방법'에 대한 새로운 이해와 탐구의 산물이다. 따라서 소승과 대승의 수행법은 같은 땅이면서도 주소지가 다르다. 유식사상 계열에서 등장한 『중변분별론』「대치수습품對治修習品」의 내용이 37도품으로 이루어져 있다는 것은 그러한 정황을 알려 주는 증거이다. 니까야/아함이 전하는 37도품에 의거하면서도 37도품의 의미와 성취 내용에 대해 관점을

1 4념처四念處·4정근四正勤·4신족四神足·5근五根·5력五力·7각지七覺支·8성도八聖道를 합한 것이다. 37품지도三十七品之道, 37도품三十七道品, 37각지三十七覺支, 37보리분三十七菩提分, 37조도법三十七助道法, 37품도법三十七品道法이라고도 한다.

달리하는 일군의 수행인들이, 자신들의 관점과 성취를 이론화시키는 과정에서 성립된 것이 유식사상이다. 니까야/아함의 탐구에 대승불교가 적극적으로 동원되어야 하는 이유가 여기에 있다. 팔정도를 비롯한 초기불교의 수행법이 마치 상좌부 불교의 전유물인 양 생각하는 것은 오해다.

원효는 『중변분별론』을 탐구하면서, 초기불전이 전하는 수행법을 대승불교, 특히 유식사상의 관점을 참고하면서 깊이 성찰하고 있다. 특히 『중변분별론』「대치수습품對治修習品」에 대한 원효의 해설은, 그가 팔정도를 비롯한 '37가지 깨달음의 방법'을 얼마나 깊숙이 성찰하고 있는가를 증언하고 있다. 원효가 『금강삼매경론』에서 천명하는 일미관행一味觀行이라는 수행법은, 팔정도를 비롯한 '37가지 깨달음의 방법'에 대한 정밀한 성찰과 수행적 탐구를 토대로 수립된 것임을 확인하게 된다. 비록 대승 유식의 초기불전 이해를 주축으로 삼는 것이지만, 원효철학은 초기불전의 핵심 개념과 이론에 대한 철저한 탐구에 의거하고 있다. 이 점은 원효철학의 탐구에서 특히 유념해야 할 대목이다. '일심一心'이나 '본각本覺·시각始覺·불각不覺' 등 원효가 채택하는 기호들의 의미를 탐구할 때에는, 원효가 초기불전의 핵심 개념과 이론들에 대한 정밀한 탐구를 선행하고 있다는 점을 간과하지 말아야 한다. 원효철학은, 대승불교나 선종이 그러한 것처럼, 니까야/아함이 전하는 붓다 법설의 의미를 탐구하는 데 요긴하다.

지금의 학인들은 니까야/아함의 붓다 법설을 탐구할 때 주로 니까야 주석서들이나 『청정도론』의 관점을 유권해석有權解釋처럼 존중하는 경향이 있다. 이러한 태도는 니까야/아함의 탐구를 제한하고 있다. 니까야/아함 법설에 대한 탐구에 있어서는 모든 해석의 가능성을 충분히 개방시켜야 한다. 그래야 놓쳐 버린 의미들이 새롭게 포착되고, 부적절한 이해들이 더 나은 것으로 대체될 수 있다. 『중변분별론』이나 원효의 『중변분별론소』가 보여 주는 37도품에 대한 이해는 그런 점에서 눈여겨보아야 한다. 원효는 37도품에 대한 유식사상의 이해와 대화하면서 초기불전 법설의 의미를 주체적으로 탐구하고 있다. 통섭通攝과 화쟁和諍은 그 주체성의 표현이다. 그리고 그 성과를 토대로 마침내 일심一心철학의 체계와 일미관행一味觀行의 수행법 체계를 풍요롭고 정밀하게 수립하고 있다.

원효철학은 니까야/아함을 통해 붓다와 대화하는 작업에 매우 요긴하다. 원효의 안목은 니까야/아함 법설의 의미를 탐구하는 데 계발적 기여를 한다. 특히 그의 탐구를 일관하는 '열린 주체적 태도'는 매우 유익하다. 상좌부 전통의 관점, 대승과 원효 및 선종의 관점 가운데서 유익한 것은 어느 것이든 선택하는 열린 마음. 부당하거나 부적절해 보이는 관점은 그 어느 것이든 비판하면서 대안을 마련해 가는 주체적 태도.—이 열린 주체성은 붓다의 권면이기도 하고 원효의 체취이기도 하다. 붓다와 원효가 열고 있는 '열린 주체성의 길'을 걸으면, 니까야/아함이 전하는 중도와 37도품의 의미는 역동적으로 거듭 새롭게 드러날 것이다.

『중변분별론소中邊分別論疏』

—중도와 치우침을 구분하는 이론에 대한 해석—

『중변분별론소』 제3권

신라 원효 지음

『中邊分別論』[1][2]疏卷三

新羅 元曉撰[3]

「對治品」[4]者, 硏習三十七品之道, 隨其所對□□□□□□□,[5] 顯是義故, 名「對治品」. 此中先明其義, 然後消文.

[H1, 817b1~5: X48, 159a7~11]

---

1 한불전 교감주에 저본이 속장경본이라고 되어 있다. 저본인 속장경본 교감주에는 "釋眞諦譯中邊分別論"이라고 하여 진제眞諦(499~569) 번역의 『중변분별론中邊分別論』을 해석한 책이라고 설명한다.

2 한불전 교감주에 "'分別論'을 보충해 넣었다"고 되어 있다. 저본인 속장경본에는 "中邊疏卷三"(X48, 159a7)이라고 하여 『중변소中邊疏』라고만 되어 있다.

3 한불전 교감주에 "'新羅元曉撰'을 보충해 넣었다"고 되어 있다. 저본인 속장경본에는 '新羅元曉撰'이 없다. 원효가 찬술한 책으로 보는 서지적 근거는 『동역전등목록東域傳燈目錄』, 『화엄종장소병인명록華嚴宗章疏并因明錄』, 『법상종장소法相宗章疏』 등의 목록서들에서 "中邊分別論疏四卷(元曉)"(『동역전등목록東域傳燈目錄』 권1, T55, 1157b17)이라고 밝히는 데 있다. 목록서들에서는 모두 『중변분별론소中邊分別論疏』가 총 4권이라고 알려 주는데, 현재 남아 있는 『중변분별론소』 제3권의 내용이 『중변분별론中邊分別論』 총 7품 중에서 권2의 제4 「대치수주품對治修住品」, 제5 「수주품修住品」, 제6 「득과품得果品」을 해석한 것이므로, 일실된 『중변분별론소』의 제1권과 제2권은 『중변분별론』 권1의 제1 「상품相品」, 제2 「장품障品」, 제3 「진실품眞實品」에 관해 해설한 것이고, 일실된 『중변분별론소』의 제4권은 『중변분별론』의 권2의 제7 「무상승품無上乘品」에 관해 해설한 것으로 보인다.

4 한불전 교감주에 "논서의 권하이다"라고 되어 있다. 『중변분별론』(총2권)의 권하는 제4 「대치수주품對治修住品」(「대치품對治品」)부터 시작된다.

5 문맥에 따라 '□□□□□□□'에 '煩惱, 有三十七道'를 넣는다. 『중변분별론』 제4 「대치수주품對治修住品」에서는 37도품三十七道品의 의미를 다양한 번뇌 유형들에 대응시켜 설명하는 형식을 갖는다. 예를 들어 37도품三十七道品 중 첫 번째 부류인 4념처四念處에 관한 설명에서는 "由身故麁行得

4. 「대치품對治品」[6] ―[‘깨달음에 이르는 37가지 방법’(三十七品之道)으로] 치유하는 단원

[『중변분별론』[7]의 네 번째 단원인] 「대치품對治品」[의 내용]은 ‘[4념처四念處·4정근四正勤·4신족四神足·5근五根·5력五力·7각지七覺支·8성도八聖道로 구성된]’ ‘37가지 [깨달음에 이르는] 방법’(三十七品之道)[8]을 궁구하여 익히는 것인데, 그 [치유의] 대상이 되는 번뇌에 따

顯現, 思擇麁行故得入苦諦.”(T31, 458a21)라고 하여 고제苦諦에 들어가는 4념처四念處 수행은 추행麁行의 번뇌 유형을 대상으로 삼고, 37도품三十七道品 중 세 번째 부류인 4여의족四如意足에 관한 설명에서는 “四正勤後次第說四如意足, 隨事隨教住者, 爲滅五種過失.”(T31, 458b12~13)이라고 하여 4정근四正勤 다음의 4여의족四如意足 수행은 다섯 가지 과실을 없애기 위한 것이라고 하면서 이하에서는 구체적으로 해태懈怠, 망존교忘尊教, 하열下劣, 도기掉起, 부작의不作意, 작의作意의 다섯 가지를 꼽는 등의 설명 형식을 갖는다.

6 『중변분별론소』의 제1·2권이 일실되어 이전의 과문을 알 수 없으므로 일단 『중변분별론』 품명의 순서에 따라 과문한다.

7 『중변분별론中邊分別論』: 유가행파瑜伽行派를 대표하는 논서로서 게송은 미륵彌勒에 의해, 장행長行은 세친世親에 의해 각각 저술되었다. 중도中道(madhya)와 변邊(anta)을 분별(vibhāga)하여 상대적인 유무有無의 극단을 벗어난 중도中道의 공空(śūnya)을 밝히고자 하는 논서이다. 산스크리트본과 티베트 번역본은 ①「상품相品」, ②「장품障品」, ③「진실품眞實品」, ④「대치수습품對治修習品」, ⑤「무상승품無上乘品」의 5품으로 구성되는 데 비해, 한역漢譯의 두 가지 이본異本인 진제眞諦 번역의 『중변분별론中邊分別論』과 현장玄奘 번역의 『변중변론辯中邊論』에서는 모두 ①「상품相品」, ②「장품障品」, ③「진실품眞實品」, ④「대치수주품對治修住品」, ⑤「수주품修住品」, ⑥「득과품得果品」, ⑦「무상승품無上乘品」의 7품으로 구성되어 있다. 이것은 산스크리트본의 ④「대치수습품對治修習品」을 한역에서는 ④「대치수주품對治修住品」, ⑤「수주품修住品」, ⑥「득과품得果品」으로 나눈 결과이다. 한역에는 진제眞諦 번역의 『중변분별론中邊分別論』(2권, T31)과 현장玄奘 번역의 『변중변론辯中邊論』(3권, T31) 이외에 현장玄奘 번역의 『변중변론송辯中邊論頌』(1권, T31)이 있는데, 『변중변론송』은 게송만 모아 놓은 책이다. 최종남, 「산스크리트본 『중변분별론中邊分別論』「상품相品」 한글역(2)」(『불교원전연구』 제19호, 서울: 동국대 불교문화연구원, 2016), pp.9~11 참조. 중도中道에 기초하여 유가행파瑜伽行派의 교리를 조직한 책인 『중변분별론』의 주요 내용을 약술하자면, ①「상품相品」에서는 공성空性과 유식설唯識說의 이론을 서술하고, ②「장품障品」에서는 진리의 증득을 방해하는 여러 장애들을 거론하며, ③「진실품眞實品」에서는 아견我見을 대치하는 유식설의 교리체계를 10종의 진실로서 서술하고, ④「대치수주품對治修住品」에서는 번뇌와 장애의 대치에 관해, ⑤「수주품修住品」에서는 그 대치법에 의해 향상해 가는 수행의 계위에 관해, ⑥「득과품得果品」에서는 계위를 얻은 결과로서의 경지에 관해 논의하며, ⑦「무상승품無上乘品」에서는 대승이 최고의 가르침인 까닭을 이론과 실천의 측면에 걸쳐 조직적으로 설명한다. 이 논서는 유가행파의 개조로 알려지는 미륵彌勒(Maitreya, 4세기 후반)의 논서들 중에서 가장 치밀한 논의체계를 지니면서도 간결한 서술에 의해 풍부한 사상을 나타내는데, 소승불교의 교의적 개념을 대승의 입장에서 포섭하는 특징을 띠기도 한다. 『불전해제사전佛典解題事典』(東京: 春秋社, 1977), p.136 참조.

8 37품지도三十七品之道: 37도품三十七道品, 37각지三十七覺支, 37보리분三十七菩提分, 37조도법三十七助道法, 37품도법三十七品道法이라고도 한다. 도품道品은 범어 ‘bodhi-pākṣika’의 의역으로서 보리분

라 '[깨달음에 이르는] 37가지 방법'(三十七道)이 있으니, 이러한 뜻을 드러내기 때문에 「치유의 단원」(對治品)이라고 부른다. 여기서는 먼저 그 ['깨달음에 이르는 37가지 방법'(三十七品之道)의] 뜻을 밝히고, 그 후에 [『중변분별론』의] 원문을 해석한다.

□[9]菩提分義, 略有六門. 一者列名, 二者釋義, 三出體性, 四顯明位地, 五說[10]次第, 六辨諸門. 初列名者, 何等名爲三十七種菩提分法? 謂四念住, 四正斷, 四神足, 五根, 五力, 七覺支, 八支聖道.

[H1, 817b5~b11: X48, 159a11~14]

1) '깨달음에 이르는 37가지 항목의 뜻을 밝힘'(明三十七菩提分義)

'깨달음에 이르는 [37가지] 항목'(菩提分)의 뜻을 밝히는 데에는 대략 여섯 가지 부문이 있다. 첫 번째는 '명칭을 나열하는 것'(列名)이고, 두 번째는 '[명칭의] 뜻을 해석하는 것'(釋義)이며, 세 번째는 '핵심적 특성을 드러내는 것'(出體性)이고, 네 번째는 '[각 수행항목들의] 경지를 드러내는 것'(顯明位地)이며, 다섯 번째는 '[37가지 항목의] 순서[가 성립한 이유]를 밝히는 것'(明次第)이고, 여섯 번째는 '[각 수행항목의] 여러 측면들을 분석하는 것'(辨諸門)이다.

菩提分, 각지覺支라고도 하는데, 지혜를 추구하여 열반에 들어가기 위한 수행방법들을 말한다. 『불광대사전佛光大辭典』, p.506 참조. 『아비달마구사론』 권25에서는 "經說覺分有三十七, 謂四念住·四正斷·四神足·五根·五力·七等覺支·八聖道支."(T29, 132b2~4)라고 37품지도三十七品之道를 차례로 나열한다.

9 한불전 교감주에 "'□'는 '初'인 듯하다"라고 되어 있다. '明'이 더 적절해 보인다. '明'으로 교감하여 번역한다.

10 한불전 교감주에 "'說'의 원본 자체字體가 분명하지 않다"라고 되어 있다. 본문 아래의 해당 문단에는 "第五明次第者"(H1, 820c19)라고 되어 있으므로 '說'을 '明'으로 고친다.

(1) '명칭을 나열함'(列名)

첫 번째인 '명칭을 나열하는 것'(列名)은 [다음과 같다.] 어떤 것들을 '깨달음에 이르는 37가지 항목'(三十七種菩提分法)이라고 부르는가? '네 가지를 토대로 [빠져들지 않는 마음국면'(止)과 '진리다운 이해'(觀)를 수립하여] 간직해 감을 자리 잡게 하는 수행'(四念住),[11] '해로움은 끊고 이로움은 살리는 네 가지 수행'(四正斷),[12] '선정을 이루어 번뇌

---

11 4념주四念住: 범어는 'catvāri smṛty-upasthānāni'로서 4념처四念處, 4의지四意止, 4지념四止念, 4념四念, 신수심법身受心法이라고도 한다. 몸(身)·느낌(受)·마음상태(心)·'법칙적 경험'(法)으로 분류된 네 가지 경험범주에서 '해탈로 이어지는 이해와 마음지평'을 새기듯 잊지 않게 간직해 가는 수행이다. 아비달마나 구사론 위시하여 이 사념주 수행의 내용에 대한 종래의 통설적 이해는 대폭 보완 내지 수정해야 할 필요가 있어 보인다. 그런 점에서도 정념 등에 관한 원효의 이해는 매우 주목되는 통찰을 보여 주는데, 본 번역에서는 관련 용어들의 번역에서 원효의 관점을 반영하는 것을 원칙으로 한다. 사념주에 대한 기존의 이해를 사전적으로 정리한 사례로서 『불광대사전佛光大辭典』의 다음과 같은 설명을 참고로 소개해 둔다. 〈사념주: 하나의 대상에 마음을 집중하고 잡념이 일어나는 것을 방지하여 진리를 얻는 네 가지 방법이다. 신身·수受·심心·법法의 네 가지 대상에 관해 차례로 정淨·낙樂·상常·아我라고 보는 4전도四顚倒를 대치對治하여 부정不淨·고苦·무상無常·무아無我를 관찰하는 ①신념주身念住, ②수념주受念住, ③심념주心念住, ④법념주法念住의 네 가지를 말한다. 말하자면 ①신념주身念住는 몸의 자상自相이 부정不淨임을 관찰하고 동시에 몸의 공상共相이 비상非常·고苦·공空·비아非我임을 관찰하여 정전도淨顚倒를 대치하고, ②수념주受念住는 낙수樂受를 추구하는 것에서 도리어 고수苦受를 생겨나게 하는 원인을 관찰하고 아울러 고苦·공空 등의 공상共相을 관찰하여 낙전도樂顚倒를 대치하며, ③심념주心念住는 마음의 생멸무상生滅無常을 관찰하고 아울러 그 공상共相을 관찰하여 상전도常顚倒를 대치하고, ④법념주法念住는 모든 현상이 인연에 의해 생겨나 무자성無自性임을 관찰하고 아울러 그 공상共相을 관찰하여 아전도我顚倒를 대치한다. 염念은 혜관慧觀의 뜻을 지니고, 주住는 신身·수受·심心·법法의 네 가지 대상에서 부정不淨·고苦·무상無常·무아無我의 혜관慧觀이 생겨날 때 그 생겨난 자리에서 그쳐 머무르는 것이다. 『佛光大辭典』, pp.1708~1709 참조.〉

12 4정단四正斷: 범어는 'catvāri prahāṇani'로서 4정근四正勤, 4의단四意斷, 4의단四意端, 4정승四正勝, 4단四斷이라고도 한다. 단斷은 장애를 끊는다는 뜻이고 근勤은 게으르지 않다는 뜻으로 악업을 끊고 선업을 일으키는 네 가지 수행 방법이다. 초기경전들에서는 ①이미 생겨난 악업을 끊고 또 끊는 단단斷斷, ②아직 생겨나지 않은 악업을 끊는 율의단律儀斷, ③아직 생겨나지 않은 선업을 생겨나게 하는 수호단隨護斷(방호단防護斷), ④이미 생겨난 선업을 증장시키는 수단修斷의 네 가지를 밝히는데, 네 가지 방법으로 수행에서의 게으름(懈怠)을 끊기 때문에 또한 4정단四正斷이라고 한다. 『佛光大辭典』, pp.1679~1689 참조. 아래의 '(2) 석의釋義' 문단에서는 4정단 또는 4정근의 '정正'에 관해 다음과 같은 문답이 나오는데, "問. 如是七法, 莫非是正, 何故勤道偏得正名? 答. 如『智度』說, 四種精進, 心勇發動, 畏錯誤故, 名爲正勤. 又行道時, 畏墮邪道, 故言正道"(H1, 819c20~23)라고 하여 4념주四念住·4정단四正斷·4신족四神足·5근五根·5력五力·7각지七覺支·8정도八正道의 7법七法이 모두 바른 것(正)인데 왜 4정단과 8정도만을 정正이라고 부르는가라고 묻자,

를 끊게 하는 네 가지 능력의 계발'(四神足),[13] '[해탈을 성취하게 하는] 다섯 가지 능력의 수행'(五根),[14] '[다섯 가지 능력의 수행'(五根)으로 얻은] 다섯 가지 힘'(五力),[15] '깨달음을 성취하게 하는 일곱 가지 수행'(七覺支),[16] '여덟 가지 수행으로 이루어진 해탈의 길'(八

4정단(4종정진四種精進)의 과정에서 마음이 용감하게 발동할 때 착오에 빠질까 두렵고 8정도의 과정에서 사도邪道에 떨어질까 두려워서 정正이라 부른다고 설명한다.

13 4신족四神足: 범어는 'catvāra-ṛddhipādāḥ'로서 4여의분四如意分, 4여의족四如意足이라고도 한다. 욕구(欲), 정진精進(勤), 심념心念(心), 관조觀照(觀)의 네 가지 힘으로 여러 신묘한 작용을 발휘하여 삼매三昧(定)를 일으키는 것이다. ①욕삼마지단행성취신족欲三摩地斷行成就神足은 선정禪定의 신통神通에 도달하려는 의욕으로 선정禪定을 일으키는 것이고, ②근삼마지단행성취신족勤三摩地斷行成就神足은 끊임없이 악행을 그치려는 선한 힘으로 선정을 일으키는 것이며, ③심삼마지단행성취신족心三摩地斷行成就神足은 심념력心念力으로 선정을 일으키는 것이고, ④ 관삼마지단행성취신족觀三摩地斷行成就神足은 불법佛法을 사유하는 힘으로 선정을 일으키는 것이다. 『佛光大辭典』, pp.1751~1752 참조. 사전의 이와 같은 설명에 따르면 4신족에서 4四(네 가지)가 가리키는 것은 의욕(欲)·정진精進(勤)·심념心念(心)·관조觀照(觀)이고, 신족神足은 선정禪定을 일으키는 이 네 가지의 능력이 탁월하다는 뜻이 된다. 본문 아래의 '(2) 석의釋義' 문단에서도 "由此欲故, 三摩地成就"(H1, 819a14~15)라든가 "由正勤故, 三摩地成就"(H1, 819a19~20) 등의 논의가 전개되는 문맥이 있으므로 이에 따르면 4신족四神足은 '선정을 성취하는 네 가지 자유자재한 능력' 정도로 번역되어야 하겠다. 그런데 이 4신족을 '네 가지 선정 수행으로 인한 자유자재한 능력'으로 번역할 수도 있을 것으로 보이는데, 우선 4신족을 설명하는 『아비달마집이문족론阿毘達磨集異門足論』 권6을 보면 "云何欲三摩地斷行成就神足? 答. 欲增上所生諸善有漏及無漏道, 是名欲三摩地斷行成就神足. 云何勤三摩地斷行成就神足? 答. 勤增上所生諸善有漏及無漏道, 是名勤三摩地斷行成就神足.(하략)"(T26, 391c28~392a4)이라고 하는데, 첫 번째인 욕삼마지단행성취신족欲三摩地斷行成就神足이라는 것은 의욕(欲)이 증진된 상태인 욕삼마지欲三摩地에 의해 생겨난 모든 선유루善有漏와 무루도無漏道이고, 두 번째인 근삼마지단행성취신족勤三摩地斷行成就神足 역시 정진(勤)이 증진된 상태인 근삼마지勤三摩地에 의해 생겨난 모든 선유루善有漏와 무루도無漏道라는 등으로 설명한다. 이 설명에 따르면 4신족은 욕정欲定·근정勤定·심정心定·관정觀定으로 인해 생겨난 모든 선유루善有漏와 무루도無漏道의 탁월한 능력을 말하는 것으로 보인다. 본문 아래의 '(2) 석의釋義' 문단에서는 "知是若有欲等諸法, 有三摩地圓滿成辦, 有所堪能, 獲得不動, 能往能還, 騰躍勇健, 能得能證出世勝法, 由出世法, 最勝自在, 是最勝神, 彼能證此, 故名神足."(H1, 819b10~14)이라고 하여 욕欲·근勤·심心·관觀으로 삼마지三摩地가 원만해지면 감능堪能함이 있어서 부동법不動法과 함께 나아가 출세간법出世間法을 증득한다고 차근차근 설명한다. 그러므로 4신족에서 신족神足은 욕欲·근勤·심心·관觀에만 국한된 술어가 아니라 그 네 가지 수행으로 인해 증득된 공덕까지를 포괄하는 것으로 보인다. 한편 '(2) 석의釋義' 문단에서는 신족의 뜻에 관해 "如有足者能往能還, 騰躍勇健, 能得世間殊勝之法, 世殊勝法, 說名爲神, 彼能到此, 故名神足."(H1, 819b7~10)이라고 하여 발이 있으면 어디든 용감하게 갈 수 있어서 세상의 수승한 것들을 얻을 수 있는 것에 비유하여 수승한 것에 도달할 수 있는 발이 '신족'이라고 설명한다. 이에 따르면 욕정欲定·근정勤定·심정心定·관정觀定이라는 발(足)로 출세간법이라는 자유자재한 능력(神)에 도달하는 것이 신족神足이라고 하겠다.

支聖道)[17]을 말한다.

四念住者, 一身念住, 二受念住, 三心念住, 四法念住. 四正斷者, 一於已生惡不善法, 爲令斷故, 生欲策勵, 發勤精進, 策心持心正斷. 二於未生惡不善法, 爲不生故, 生欲策勵, 乃至持心正斷. 三於未生善法, 爲令生故, 生欲策勵, 乃至持心正斷. 四於已生善法, 爲欲令住, 令不忘失, 令修圓滿, 令倍修, 令增長, 令廣大, 生欲策勵, 乃至持心正斷. 四神足者, 一欲三摩地斷行成成[18]就神足, 二勤三摩地斷行成就神足, 三心三摩地斷行成就神足, 四觀三摩地斷行成就神足.

[H1, 817b11~c1: X48, 159a14~23]

'네 가지를 토대로 [빠져들지 않는 마음국면'(止)과 '진리다운 이해'(觀)를 수립하여] 간직해 감을 자리 잡게 하는 수행'(四念住)이라는 것은 [다음과 같다.] 첫 번째는 '신체를 토

14 5근五根: 범어는 'pañcendriyāṇi'로서 5무루근五無漏根을 말한다. 해탈을 성취하는 능력들 가운데 다섯 가지를 묶은 것이다. 신근信根, 정진근精進根, 염근念根, 정근定根, 혜근慧根의 다섯 가지이다. 아래의 '(2) 석의釋義' 문단에서는 5근의 근根에 관해 "增上義是根義"(H1, 819b24)라고 설명한다.

15 5력五力: 범어는 'pañca balāni'로서 ①신력信力, ②정진력精進力, ③염력念力, ④정력定力, ⑤혜력慧力을 말한다. 5력은 37도품三十七道品의 제4과목인 5근五根과 내용상 같으나, 5근의 수행으로 번뇌를 없애어 성도聖道로 향상해 가는 힘이 드러난 것이 5력五力이기에 둔근鈍根이 닦는 것이 5근이고 이근利根이 닦는 것이 5력이다. 『佛光大辭典』, pp.1043, 1752 참조.

16 7각지七覺支: 범어는 saptabodhyaṅgāni로서 7등각지七等覺支, 7변각지七遍覺支, 7보리분七菩提分, 7각분七覺分, 7각의七覺意, 7각지七覺志, 7각七覺 등이라고도 한다. 염각지念覺支, 택법각지擇法覺支, 정진각지精進覺支, 희각지喜覺支, 안각지安覺支(경안각지輕安覺支·의각지猗覺支), 정각지定覺支, 사각지捨覺支라는 일곱 가지에 의해 깨달음을 완성해 가는 체계이다. 본문 아래의 '(2) 석의釋義' 문단에서는 '각지覺支'에 관해 "亦名覺分, 分之言因, 能得覺果, 故名覺分"(H1, 819c12~13)이라고 하여 각지는 각분覺分이라고도 하는데, 분分은 각과를 얻게 하는 원인(因)을 말한다고 설명한다.

17 8지성도八支聖道: 범어는 'āryāṣṭāṅgika-mārga'로서 8정도八正道, 8성도八聖道, 8성도분八聖道分, 8도행八道行, 8직행八直行, 8지八支, 8도八道, 8로八路 등이라고도 한다. 37도품三十七道品 중에서 열반과 해탈에 도달하는 수행법을 대표한다.

18 한불전 교감주에 "'成'은 삭제해야 할 듯하다"라고 되어 있다. 교감주에 따른다.

대로 [‘빠져들지 않는 마음국면’(止)과 ‘진리다운 이해’(觀)를 수립하여] 간직해 감을 자리 잡게 하는 수행’(身念住)이고, 두 번째는 ‘느낌을 토대로 [‘빠져들지 않는 마음국면’(止)과 ‘진리다운 이해’(觀)를 수립하여] 간직해 감을 자리 잡게 하는 수행’(受念住)이며, 세 번째는 ‘마음을 토대로 [‘빠져들지 않는 마음국면’(止)과 ‘진리다운 이해’(觀)를 수립하여] 간직해 감을 자리 잡게 하는 수행’(心念住)이고, 네 번째는 ‘이법理法을 토대로 [‘빠져들지 않는 마음국면’(止)과 ‘진리다운 이해’(觀)를 수립하여] 간직해 감을 자리 잡게 하는 수행’(法念住)이다.

‘해로움은 끊고 이로움은 살리는 네 가지 수행’(四正斷)이라는 것은 [다음과 같다.] 첫 번째는 ‘이미 생겨난 해로우며 이롭지 않은 것들’(已生惡不善法)[19]을 끊기 위해 의욕(欲)[20]을 일으켜 독려하고 부지런히 노력하는 마음을 일으켜 [그] 마음을 [가라앉지 않게] 채찍질하고 [들떠 산란하지 않게] 지니면서[21] ‘바르게 [번뇌를] 끊는 것’(正斷)이다. 두 번째는 ‘아직 생겨나지 않은 해로우며 이롭지 않은 것들’(未生惡不善法)을 생겨나지 않게 하기 위해 의욕(欲)을 일으켜 독려하고 [부지런히 노력하는 마음을 일으켜 그 마음을 가라앉지 않게 채찍질하고 들떠 산란하지 않게] 지니면서 ‘바르게 [번뇌를] 끊는 것’(正斷)이다. 세 번째는 ‘아직 생겨나지 않은 이로운 것들’(未生善法)[22]을 생겨나게 하기 위해 의욕(欲)을 일으켜 독려하고 [부지런히 노력하는 마음을 일으켜 그 마음을 가라앉지 않게 채찍질하고 들떠 산란하지 않게] 지니면서 ‘바르게 [번뇌를] 끊는 것’(正斷)이다. 네 번째는 ‘이미 생겨난 이로운 것들’(已生善法)을 확고히 자리 잡게 하고 잃어버리지 않게 하며 완전해지도록 닦게 하고 배가하여 닦게 하며 더욱 늘어나게 하고 더욱 커지게 하기 위해

---

19 이생악불선법已生惡不善法: 본문 아래의 ‘(2) 석의釋義’ 문단에서는 “云何已生惡不善法? 謂能起惡行欲界煩惱及隨煩惱.”라고 하여 이생악불선법已生惡不善法을 욕계欲界의 번뇌煩惱와 수번뇌隨煩惱라고 설명한다.

20 욕欲: 본문 아래의 ‘(2) 석의釋義’ 문단에서는 “生欲者 謂起證斷樂欲故”(H1, p.818a22~23)라고 하여 생욕生欲의 욕欲은 ‘번뇌를 끊는 것을 증득하려는 즐거운 의욕’(證斷樂欲)이라고 설명한다.

21 책심지심策心持心: 본문 아래의 ‘(2) 석의釋義’ 문단에서는 “策心者, 謂修彼對治, 修慧現行, 若心沈沒, 煩惱染汙, 策心令擧故. 持心者, 謂卽此對治現行之時, 若心浮擧, 煩惱染汙, 持心令下故.”(H1, 818b2~5)라고 하여 책심策心은 번뇌를 다스리는 과정에서 마음이 침몰沈沒하여 번뇌에 오염될 때 그 마음을 떠받치는(擧) 것이고 거꾸로 지심持心은 마음이 들떠서(浮擧) 번뇌에 오염될 때 그 마음을 가라앉히는(下) 것이라고 설명한다.

22 미생선법未生善法: 본문 아래의 ‘(2) 석의釋義’ 문단에서는 “云何未生善法? 謂聞思修所生三慧.”(H1, 818b10~11)라고 하여 미생선법未生善法을 문聞·사思·수修의 3혜三慧라고 설명한다.

의욕(欲)을 일으켜 독려하고 [부지런히 노력하는 마음을 일으켜 그 마음을 가라앉지 않게 채찍질하고 들떠 산란하지 않게] 지니면서 '바르게 [번뇌를] 끊는 것'(正斷)이다.[23]

---

23 4정단四正斷은 초기불교 이래 제시되어 온 수행법문이므로 그 설명은 『아함경』과 아비달마 논서들에 걸쳐 곳곳에서 제시되는데, 예를 들어 『중아함경』 권60에서 "已生惡不善法爲斷故, 發欲求方便, 精勤擧心斷, 未生惡不善法爲不生故, 發欲求方便, 精勤擧心斷. 未生善法爲生故, 發欲求方便, 精勤擧心斷. 已生善法爲久住不忘, 不退, 增長, 廣大修習具足故. 發欲求方便, 精勤擧心斷. 是謂欲斷無明者, 當修四正斷."(T1, 806a1~7)라고 하는 대목이나 『아비달마법온족론阿毗達磨法蘊足論』 권4에서 "四正勝者, 爲斷已生惡不善法, 生起諸欲, 發勤精進, 策心持心, 爲令未生惡不善法得不生故. 生起諸欲, 發勤精進, 策心持心, 爲生未生諸善法故. 生起諸欲, 發勤精進, 策心持心, 爲令已生善法堅住不忘修滿倍增廣大智作證故. 生起諸欲, 發勤精進, 策心持心, 具如是能, 故名正勝, 亦名正斷, 斷懈怠故."(T26, 471c4~11)라고 하는 대목 등이 대표적이다. 본문의 4정단四正斷에 관한 설명과 비교해 보면 몇몇 어구를 제외하고는 대동소이한 내용의 흐름을 살펴볼 수 있고, 『중아함경』과 『아비달마법온족론』의 설명을 비교해 보면 책심지심策心持心의 용어 정도가 『아비달마법온족론』에 추가되어 있음을 확인할 수 있다. 한편 4정단四正斷을 포함하여 37도품三十七道品에 관한 '(1) 열명列名' 문단 전체에서 정작 의빙하는 논서는 『유가사지론瑜伽師地論』 권28인 것으로 보이는데, 참고로 제시하면 다음과 같다. "何等名爲三十七種菩提分法? 謂四念住, 四正斷, 四神足, 五根五力, 七覺支, 八聖道. 四念住者, 一身念住, 二受念住, 三心念住, 四法念住. 四正斷者, 一於已生惡不善法爲令斷故, 生欲策勵發勤精進, 策心持心正斷. 二於未生惡不善法爲不生故, 生欲策勵發勤精進, 策心持心正斷. 三於未生善法爲令生故, 生欲策勵發勤精進, 策心持心正斷. 四於已生善法爲欲令住令不忘失, 令修圓滿令倍修習, 令其增長令其廣大, 生欲策勵發勤精進, 策心持心正斷. 四神足者, 一欲三摩地斷行成就神足. 二勤三摩地斷行成就神足. 三心三摩地斷行成就神足. 四觀三摩地斷行成就神足. 五根者, 一信根, 二精進根, 三念根, 四定根, 五慧根. 五力者, 一信力, 二精進力, 三念力, 四定力, 五慧力. 七覺支者, 一念等覺支, 二擇法等覺支, 三精進等覺支, 四喜等覺支, 五安等覺支, 六定等覺支, 七捨等覺支. 八支聖道者, 一正見, 二正思惟, 三正語, 四正業, 五正命, 六正精進, 七正念, 八正定."(T30, 439c20~440a12). 원효는 37도품三十七道品의 명칭이 잘 정리되어 있는 『유가사지론』 권28의 이 대목을 제시하는 것으로 보인다. 그리고 '(2) 석의釋義' 단락에서는 예를 들어 4정단四正斷의 석의釋義를 진행하면서 "此義廣如『顯揚論』說"(H1, 818b22~23)이라고 하거나 "上來所說出『瑜伽論』"(H1, 818c14)이라고 하여, 인용의 형식을 취하지 않으면서 의빙하는 논서들을 밝히기도 한다. 말하자면 원효는 『중변분별론中邊分別論』 제4 「대치수주품對治修住品」의 주제인 37도품三十七道品을 설명하기 위해 자신의 안목에 따라 각 문단의 주제에 맞는 다양한 문헌의 내용들을 적절히 배치하면서 논의를 전개해간다고 하겠다. 〈산스크리트본의 해당 내용: ŚrBh, pp.174-176. tadyathā caturṇṇāṃ smṛtyupasthānānāṃ, caturṇṇāṃ samyakprahāṇānāṃ, caturṇṇāṃ ṛddhi-pādānāṃ / pañcānām indriyāṇāṃ, pañcānāṃ balanaṃ, saptānāṃ bodhyaṅgānāṃ, āryāṣṭāṅgasya mārgasya / kāyasmṛtyupasthānasya vedanācittadharmasmṛtyupasthānasya / anutpannānāṃ pāpakānām akuśalānāṃ dharmāṇām anutpādāya cchandaṃ janayati vyāyacchate vīryam ārabhate cittaṃ pragṛhṇāti pradadhātīti samyakprahāṇasya, utpannānāṃ pāpakānām akuśalānāṃ dharmāṇāṃ prahāṇāya, anutpannānāṃ kuśalānāṃ dharmāṇām utpādāya, utpannānāṃ kuśalānāṃ dharmāṇāṃ sthitaye 'saṃmoṣāya bhāvanāparipūraye

'선정을 이루어 번뇌를 끊게 하는 네 가지 능력의 계발'(四神足)이라는 것은 [다음과 같다.] 첫 번째는 '의욕으로 선정을 이루어 번뇌를 끊는 것을 성취하는 능력의 계발'(欲三摩地斷行成就神足)[24]이고, 두 번째는 '정진으로 선정을 이루어 번뇌를 끊는 것을 성취하는 능력의 계발'(勤三摩地斷行成就神足)이며, 세 번째는 '마음으로 선정을 이루어 번뇌를 끊는 것을 성취하는 능력의 계발'(心三摩地斷行成就神足)이고, 네 번째는 '이해수행으로 선정을 이루어 번뇌를 끊는 것을 성취하는 능력의 계발'(觀三摩地斷行成就神足)이다.

---

bhūyobhāvavṛddhivipulatāyai chandaṃ janayati vyāyacchate vīryam ārabhate cittaṃ pragṛhṇāti, pradadhātīti samyakprahāṇasya / chandasamādhiprahāṇasaṃskārasamanvāgatasya_ṛddhipādasya, vīryacittamīmāṃsāsamādhiprahāṇasaṃskārasamanvāgatasya_ṛddhipādasya / śraddhāvīryasmṛtisamādhiprajñendriyasya / śraddhāsmṛtisamādhiprajñābalānāṃ / smṛtisaṃbodhyaṅgasya dharmapravicayavīryaprītipraśrabdhisamādhyupekṣāsaṃbodhyaṅgasya ca / samyag dṛṣṭeḥ samyaksaṃkalpasya samyagvākkarmāntājīvānāṃ samyagvyāyāmasya samyaksmṛteḥ samyaksamādheś ca //; (그중에서 보리분의 수습이란 무엇인가? 37보리분법의 반복, 적집, 친근을 많이 하는 것을 보리분의 수습이라 한다.) 곧 4념처, 4정단, 4신족, 5근, 5력, 7각지, 8정도의 (수습)이다. (4념처란) 몸·느낌·마음·심리현상에 대한 염처다. (4정단이란) ①아직 발생하지 않는 악하고 불선한 심리현상이 발생하지 않도록 의욕을 일으키고, 책려하고 정진을 일으켜, 마음을 다잡고 안치하는 것이 (첫 번째) 정단이다. ②이미 발생한 악하고 불선한 심리현상이 소멸하도록, ③아직 발생하지 않은 선한 심리현상이 발생하도록, ④이미 발생한 선한 심리현상을 지속시키도록, 잊지 않도록, 수습을 완성하도록, 더 증대하고 확장하도록 의욕을 일으키고, 책려하고 정진을 일으켜, 마음을 다잡고 안치하는 것이 (차례대로 나머지 세) 정단이다. (4신족이란) 의욕의 삼매와 (번뇌를) 단절하는 성향(斷行)을 구비한 신족, 정진·마음·관찰의 삼매와 (번뇌를) 단절하는 성향(斷行)을 구비한 신족이다. (5근이란) 믿음·정진·주의집중·삼매·지혜의 근이다. (5력이란) 믿음·정진·주의집중·삼매·지혜의 힘이다. (7각지란) 주의집중이라는 각지와 법의 변별·정진·만족·경쾌함·선정·평정각지다. (8정도란) 바른 견해·바른 결심·바른 말·바른 행위·바른 생계·바른 노력·바른 주의집중·바른 선정이다.〉

24 욕삼마지단행성취신족欲三摩地斷行成就神足의 단행斷行: 본문 아래의 '(6) 변제문辨諸門' 문단에서는 "神足修習者, 謂數修習八種斷行, 謂 ①欲 ②精進 ③信 ④安 ⑤正念 ⑥正知 ⑦思 ⑧捨."(H1, 823b9~11, 번호는 역자 보충)라고 하여 4신족四神足을 닦는 과정에서 성취하는 8종단행八種斷行을 제시하는데, 이하에서는 이 단행斷行들에 의해 끊어지는 다양한 번뇌의 유형들을 설명한다.

五根者, 一信根, 二精進根, 三念根, 四定根, 五慧根. 五力者, 信力乃至慧力. 七覺支者, 一念覺支, 二擇法覺支, 三精進覺支, 四喜覺支, 五安覺支, 六定覺支, 七捨覺支. 八支聖道者, 一正見, 二正思惟, 三正語, 四正業, 五正命, 六正精進, 七正念, 八正定.

[H1, 817c1~8: X48, 159a23~b4]

'[해탈을 성취하게 하는] 다섯 가지 능력의 수행'(五根)이라는 것은 [다음과 같다.] 첫 번째는 '믿는 능력'(信根)이고, 두 번째는 '정진하는 능력'(精進根)이며, 세 번째는 '['빠져들지 않는 마음국면'(止)과 '진리다운 이해'(觀)를 수립하여] 간직해 가는 능력'(念根)이고, 네 번째는 '선정禪定의 능력'(定根)이며, 다섯 번째는 '지혜의 능력'(慧根)이다.

'['다섯 가지 능력의 수행'(五根)으로 얻은] 다섯 가지 힘'(五力)이라는 것은 '믿음으로 얻은 힘'(信根)에서 '지혜로 얻은 힘'(慧力)까지이다.[25]

'깨달음을 성취하게 하는 일곱 가지 수행'(七覺支)이라는 것은 [다음과 같다.][26] 첫

25 본문 아래의 '(5) 명차제明次第' 문단에서는 5근五根과 5력五力의 관계에 관해 "五根增長, 能遮煩惱, 是名爲力."(H1, 821a9~10)이라고 하여 5력五力은 5근五根이 증장되어 번뇌를 차단할 수 있게 된 것이라고 설명한다.

26 염각지念覺支·택법각지擇法覺支·정진각지精進覺支·희각지喜覺支·안각지安覺支(경안각지輕安覺支·의각지猗覺支)·정각지定覺支·사각지捨覺支의 일곱 가지로 이루어진 7각지七覺支의 각 지분에 관해 『유가사지론』(권98)에서는 다음과 같이 설명한다. "如轉輪王於四洲渚得大自在所獲七寶, 如是心王於四聖諦得大自在所獲眞淨七覺支寶, 當知亦爾. 謂於奢摩他毘鉢舍那雙品運轉, 降伏一切煩惱勝怨. 由此義故, 初念覺支猶如輪寶. 所知境相其量無邊, 能知智體亦隨廣大. 由此義故, 擇法覺支猶如象寶. 依此速能乃至往彼所行所得殊異勝處. 由此義故, 精進覺支猶如馬寶. 悅意無罪最爲殊勝, 由此義故, 其喜覺支猶如女寶. 身心映徹有所堪能, 由此義故, 輕安覺支如神珠寶. 能辦一切所欣求事, 由此義故, 其定覺支如藏臣寶. 能摧一切染污法軍, 能率一切清淨法軍, 能趣無相安隱住處, 由此義故, 其捨覺支如軍將寶."(T30, 864c19~865a4.) 여기서는 7각지七覺支를 각각 전륜왕轉輪王의 7보七寶(윤보輪寶·상보象寶·마보馬寶·여보女寶·신주보神珠寶·장신보藏臣寶·군장보軍將寶)에 비유하여 각 지분을 설명하는데, 이 설명에 따르면 ①염각지念覺支는 지止(사마타奢摩他)와 관觀(비발사나毘鉢舍那)을 쌍으로 운용하여 모든 번뇌를 항복시키는 것이고, ②택법각지擇法覺支는 광대무변한 대상(境)의 양상에 따르는 지혜의 본연(智體)을 아는 것이며, ③정진각지精進覺支는 택법각지擇法覺支에 의거해 정진수행하여 탁월한 자리에 신속히 이르는 것이고, ④희각지喜覺支는 허물 없는 열의悅意가 가장 탁월한 것이며, ⑤안각지安覺支(경안각지輕安覺支)는 이전까지의 수행이

번째는 '[빠져들지 않는 마음국면'(止)과 '진리다운 이해'(觀)를 수립하여] 간직해 가는 능력을 계발하여 깨달음으로 나아가는 수행'(念覺支)이고, 두 번째는 '[염각지念覺支를 토대로] 지혜로운 판단능력을 계발하여 깨달음으로 나아가는 수행'(擇法覺支)이며, 세 번째는 '[택법각지擇法覺支를 토대로] 정진하는 능력을 계발하여 깨달음으로 나아가는 수행'(精進覺支)이고, 네 번째는 '[정진각지精進覺支를 토대로] 즐기면서 하는 능력을 계발하여 깨달음으로 나아가는 수행'(喜覺支)이며, 다섯 번째는 '[희각지喜覺支를 토대로] 흔들리지 않는 능력을 계발하여 깨달음으로 나아가는 수행'(安覺支)이고, 여섯 번째는 '[안각지安覺支를 토대로] 선정 능력을 계발하여 깨달음으로 나아가는 수행'(定覺支)이며, 일곱 번째는 '[정각지定覺支를 토대로] 어디에도 빠져들지 않는 능력을 계발하여 깨달음으로 나아가는 수행'(捨覺支)이다.

'여덟 가지 수행으로 이루어진 해탈의 길'(八支聖道)이라는 것은 [다음과 같다.][27]

신심身心에 반영되어 투철해져서(映徹) 무엇이든 감당할 만한 안정감이 있는 것이고, ⑥정각지定覺支는 기쁘게 추구할 만한 모든 일을 주관할 수 있는 것이며, ⑦사각지捨覺支는 모든 염오법染汚法을 깨뜨리고 모든 청정법淸淨法을 거느리면서도 무상안은주처無相安隱住處로 나아갈 수 있는 것이다. 본문 아래의 '(6) 변제문辨諸門' 문단에서는 7각지七覺支 각각의 뜻에 관해 "覺支修習者, 有共不共"(H1, 824c12)이라고 하여 공共과 불공不共의 측면으로 나누면서 다각도로 분석한다.

27 8지성도八支聖道의 각 지분에 관한 이해를 도모하기 위해 참고할 만한 설명은 『대승아비달마잡집론大乘阿毘達磨雜集論』 권10의 다음과 같은 내용이다. "八聖道支所緣境者, 謂即此後時四聖諦如實性. 由見道後所緣境界, 即先所見諸諦如實性爲體故. 道支自體者, 謂正見·正思惟·正語·正業·正命·正精進·正念·正定, 如是八法名道支自體. 正見者, 是分別支, 如先所證眞實簡擇故. 正思惟者, 是誨示他支, 如其所證方便安立發語言故. 正語·正業·正命者, 是令他信支, 如其次第, 令他於證理者決定信有見戒正命清淨性故. 所以者何, 由正語故, 隨自所證, 善能問答論議決擇, 由此了知有見清淨. 由正業故, 往來進止正行具足, 由此了知有戒清淨. 由正命故, 如法乞求佛所聽許衣鉢資具, 由此了知有命清淨. 正精進者, 是淨煩惱障支, 由此永斷一切結故. 正念者, 是淨隨煩惱障支, 由此不忘失正止舉相等, 永不容受沈掉等隨煩惱故. 正定者, 是能淨最勝功德障支, 由此引發神通等無量勝功德故."(T31, 741a1~18.) 이 설명에 따르면 4성제四聖諦의 여실성如實性을 소연경所緣境으로 삼는 8지성도八支聖道에서 먼저 ①정견正見은 진실을 구별해 내는 지분(分別支)으로서 앞의 7각지七覺支(인용문의 앞 대목은 7각지에 관한 서술임)에서 증득한 것에 따라 진실을 간택簡擇하는 것이다. ②정사유正思惟는 다른 사람에게 진실을 가르쳐 주는 지분(誨示他支)으로서 정견으로 증득한 것에 따라 방편을 세워 어언語言을 일으키는 것이다. ③정어正語는 정업正業·정명正命과 함께 다른 사람이 진실을 믿도록 하는 지분(令他信支)으로서 스스로 증득한 것에 따라 잘 문답하여 논의를 결택決擇함으로써 견해가 청정해지는 것이다. ④정업正業은 오고 가며 나아가고 멈추는 데에 바른 행동(正行)이 갖추어짐으로써 계율이 청정해지는 것이다. ⑤정명正命은 부처님이 허락한 옷과 바리때 등의 생계도구들을 이치에 따라 걸구乞求함으로써 살림이 청

첫 번째는 '견해를 진리답게 수립하는 수행'(正見)[28]이고, 두 번째는 '생각을 진리답게 일으키는 수행'(正思惟)이며, 세 번째는 '말을 진리답게 하는 수행'(正語)이고, 네 번째는 '행위를 진리답게 하는 수행'(正業)이며, 다섯 번째는 '생계를 진리답게 유지하는 수행'(正命)이고, 여섯 번째는 '정진을 진리답게 행하는 수행'(正精進)이며, 일곱 번째는 '['빠져들지 않는 마음'(止)과 이해(觀)를] 진리답게 간직해 가는 수행'(正念)이고, 여덟 번째는 '선정을 진리답게 행하는 수행'(正定)이다.

第二釋義. 所謂於身與念相應, 住修[29]身觀, 是身念住, 乃至於法, 皆如是說. 云何爲念? 謂依身增上, 受持正法, 思惟法義, 修習作證, 於文義於,[30] 修作證中, 心無忘失故. 云何爲觀? 謂依身增上, 聞思修慧, 由此慧故, 於一切身一切相中, 正觀察正推求, 隨觀隨覺故.

[H1, 817c9~15: X48, 159b5~9]

정해지는 것이다. 정명의 범어인 'samyag-ājīva'에서 명命에 해당하는 'ājīva'는 생계·생활·살림(livelihood)의 뜻이다. Monier Williams Dictionary, p.131 참조. ⑥정정진正精進은 탐貪·진瞋·치痴·만慢·의疑·견見의 근본번뇌根本煩惱의 장애를 청정하게 하는 지분(淨煩惱障支)이다. ⑦정념正念은 근본번뇌根本煩惱에 따르는 혼침昏沈·도거掉擧 등 수번뇌隨煩惱의 장애를 청정하게 하는 지분(淨隨煩惱障支)으로서 정념正念에 의거하여 잊어버리지 않기에 실체관념들이 일어나는 것을 올바로 그치게 하는 것이다. 정념正念의 범어인 'samyag-smṛti'에서 염念에 해당하는 'smṛti'는 기억(remembrance), 생각해 냄(calling to mind) 등의 뜻이다. Monier Williams Dictionary, p.1272 참조. ⑧정정正定은 탁월한 공덕을 장애하는 것을 청정하게 하는 지분(能淨最勝功德障支)으로서 이 정정正定으로 인해 신통神通 등의 무량공덕을 일으키는 것이다. 본문 아래의 '(6) 변제문辨諸門' 문단에서는 "道支修果者, 謂分別誨示他, 令信煩惱障淨, 隨煩惱障淨, 最勝功德障淨, 能得無量殊勝功德故."(H1, 825b21~24)라고 하여『대승아비달마잡집론』 권10의 위 내용을 요약한 것으로 보이는 설명이 나오는데, 8지성도를 수행한 결과(修果)로서 제시되어 있다. 아울러 같은 문단에서는 "此中正見正思惟正精進, 慧蘊所攝, 正語正業正命, 戒蘊所攝, 正念正定, 定蘊所攝故."(H1, 825b6~8)라는『유가사지론』의 문장을 인용하면서 ①정견正見·②정사유正思惟·⑥정정진正精進은 혜온慧蘊에 속하고, ③정어正語·④정업正業·⑤정명正命은 계온戒蘊에 속하며, ⑦정념正念·⑧정정正定은 정온定蘊에 속한다고 하여 계戒·정定·혜慧 3학三學에 8지성도八支聖道의 각 지분을 배속시킨다. 붓다는 정견· 정사유를 혜학, 정어·정업·정명을 계학, 정정진·정념·정정을 정학에 배정하는데, 여기서는 정정진을 정학이 아닌 혜학에 배정하고 있어 차이를 보인다.

(2) '[명칭의] 뜻을 해석함'(釋義)

두 번째인 '[명칭의] 뜻을 해석하는 것'(釋義)[은 다음과 같다].

① '네 가지를 토대로 ['빠져들지 않는 마음국면'(止)과 '진리다운 이해'(觀)를 수립하여] 간직해 감을 자리 잡게 하는 수행'(四念住)

몸(身)에서 '['빠져들지 않는 마음국면'(止)과 '진리다운 이해'(觀)를 수립하여] 간직해 감'(念)과 상응하면서 '몸[의 다양한 양상]을 거듭 좇아가면서 이해하는 수행'(循身觀)[31]에 자리

---

28 팔정도 각 수행항목 앞에 공통적으로 붙는 '정正(sāmma)'이라는 말은 '온전한, 완전한'이라는 의미인데, '진리에 상응하는'이라는 뜻을 담고 있다고 보아 '진리답게'라는 번역어로 반영하였다.

29 한불전 교감주에 "'修'는 '循'인 듯하다"라고 되어 있다. 교감주에 따른다.

30 문맥에 따라 '義於'를 '於義'로 고친다. 원효가 의빙하는 것으로 보이는 『유가사지론』 권28에도 "於文於義修作證中, 心無忘失."(T30, 440a25~26)이라고 되어 있다.

31 순신관循身觀: 본문의 다음 단락 서두에서 "云何修觀? 或者隨身, 或言循身."이라고 하는 것에 따르면 수신관隨身觀이라고도 한다. 또한 본문의 다음 단락에서 "言循觀者, 是循環義."라고 하는 것에 따르면 순신관循身觀의 순循은 순환의 의미이다. 『아비달마대비바사론阿毘達磨大毗婆沙論』 권187에서는 "有一趣道能令有情清淨超滅憂苦, 謂四念住. 何等爲四? 謂於身循身觀念住, 乃至於法循法觀念住."(T27, 936c16~19)라고 하여 4념주四念住 각각을 ①어신순신관념주於身循身觀念住(身念住), ②어수순수관념주於受循受觀念住(受念住), ③어심순심관념주於心循心觀念住(心念住), ④어법순법관념주於法循法觀念住라고 설명한다. 간단히 말하자면 신념주身念住의 내용이 순신관循身觀이고, 수념주受念住의 내용이 순수관循受觀이며, 심념주心念住의 내용이 순심관循心觀이고, 법념주法念住의 내용이 순법관循法觀이라고 하겠다. 『아비달마집이문족론阿毘達磨集異門足論』 권6에서는 "身念住云何? 答. 十有色處及法處所攝色, 是名身念住. 受念住云何? 答. 六受身, 謂眼觸所生受, 乃至意觸所生受, 是名受念住. 心念住云何? 答. 六識身, 謂眼識乃至意識, 是名心念住. 法念住云何? 答. 受蘊所不攝無色法處, 是名法念住."(T26, 391b23~28)라고 하여 각 염주念住에서 순관循觀하는 대상을 알려 주는데, 이에 따르면 순신관循身觀의 대상은 10색처十色處(안·이·비·설·신·색·성·향·미·촉)와 법처소섭색法處所攝色이고, 순수관循受觀의 대상은 안촉소생수眼觸所生受·이촉소생수耳觸所生受·비촉소생수鼻觸所生受·설촉소생수舌觸所生受·신촉소생수身觸所生受·의촉소생수意觸所生受라는 6수신六受身이며, 순심관循心觀의 대상은 안식·이식·비식·설식·신식·의식이라는 6식신六識身이고, 순법관循法觀의 대상은 수온受蘊에 속하지 않으면서 색色이 아닌 법처法處이다. 대승 논서인 『유가사지론』 권28에서 "略說身相有三十五. 謂內身·外身, 根所攝身·非根所攝身, 有情數身·非有情數身, 麁重俱行身·輕安俱行身, 能造身·所造身, 名身·色身, 那落迦身·傍生身, 祖父國身·人身天身, 有識身·無識身, 中身·表身, 變異身·不變異身, 女身·男身·半擇迦身, 親友身·非親友身, 中庸身·劣身·中身·妙身, 幼身·少身·老身, 如是名爲身相差別. 住循身觀

잡는 것을 '신체를 토대로 [빠져들지 않는 마음국면'(止)과 '진리다운 이해'(觀)를 수립하여] 간직해 감을 자리 잡게 하는 수행'(身念住)이라 말하고, [느낌(受), 마음(心) 및] 이법理法(法)에서도 모두 이와 같이 말한다. 무엇을 '[잊지 않고] 간직해 감'(念)[32]이라 하는가? '몸의 다양한 양상'(身增上)에 의거하여 '진리다운 가르침'(正法)을 받아 지니고 [그] '가르침의 뜻'(法義)을 사유하며 '체득을 통한 검증'(作證)을 실천(修習)하는 것이니, [가르침을 설한] 문장(文)과 [문장(文)의] 뜻(義)에 관해 '체득을 통한 검증'(作證)을 실천하면서 마음에서 잊어버림이 없기 때문이다. 무엇을 [몸의 다양한 양상을 거듭 좇아가면서 이해하는 수행'(循身觀)에서 말하는] 이해수행(觀)이라고 하는가? '몸의 다양한 양상'(身增上)에 의거하여 '듣고 사유하며 선정을 수행하여 얻는 지혜'(聞思修慧)[33][로 행하는 수행]을 말

略有三種, 謂依身增上聞思修慧, 由此慧故, 於一切身一切相, 正觀察正推求."(T30, 440a14~23)라고 하는 것에 따르면, 신상身相에는 내신內身으로부터 노신老身에 이르는 35가지 양상이 있어서 이 다양한 몸의 양상에 의거하는 문聞·사思·수修 3혜三慧로 몸의 양상들을 관찰하는 것이 순신관循身觀이다. 염念과 관觀을 설명하는 본문의 다음 문장에서도 "身增上"이라는 구문이 두 번 나오는데, 몸의 다양한 양상들을 가리키는 용어로 보인다. 인용한 『유가사지론』 권28의 문장은 "隨觀隨覺念. 謂依身增上受持正法. 思惟法義修習作證. 於文於義修作證中. 心無忘失."(T30, 440a24~26)로 이어지는데, 이 문장들은 염念과 관觀을 설명하는 본문의 다음 문장과 비교해 볼 때 거의 동일하므로 본문의 다음 문장은 『유가사지론』 권28의 이 대목에 의빙한 것인 듯하다. 『유가사지론』 권28(T30, 440a21~23) "住循身觀略有三種, 謂依身增上聞思修慧. 由此慧故於一切身一切相, 正觀察正推求." 〈산스크리트본의 해당 내용: ŚrBh., p.178. tatrānupaśyanā trividhā / yā kāyam adhipātiṃ kṛtvā śrutamayī vā prajñā cintāmayī vā bhāvanāmayī vā, yayā prajñayā sarvaṃ kāyaṃ sarvākāraṃ samyag evopaparīkṣate saṃtīrayaty anupraviśaty anubudhyate // tatra smṛtir yad asya kāyam adhipatiṃ kṛtvā ye dharmā udgṛhītas teṣām eva ca dharmāṇāṃ yo 'rthaś cintito ye ca bhāvanayā sākṣātkṛtāḥ, tatra vyañjane, cārthe ca, sākṣākriyāyāṃ ca taccetaso asaṃmoṣaḥ,; 이 중에서 [신체를 신체로] 관찰하는 것에는 세 가지가 있다. 신체를 주제로 하여 문소성혜 혹은 사소성[혜] 혹은 수소성[혜]가 있다. 그 지혜에 의해 모든 신체를 모든 측면에서 바르게 관찰하고 판단하고 이해하고 인지한다. 그중에서 주의집중[念]이란 그의 신체를 주제로 하여 파악된 바로 그 가르침들의 의미가 사유되고 수습에 의해 직접 경험되었는데, 그 문자와 의미와 직접 경험한 것에 대해 그의 마음에서 잊혀짐이 없는 것이다.〉

32 염念: 해당하는 빨리어 sati와 범어 smṛti는 기억(remembrance), 생각해 냄(calling to mind) 등의 뜻이다. Monier Williams Dictionary, p.1272 참조.

33 문사수혜聞思修慧: 문혜聞慧(聞所成慧)·사혜思慧(思所成慧)·수혜修慧(修所成慧)의 3혜三慧를 말한다. 『아비달마구사론』 권22에서 "諸有發心將趣見諦. 應先安住清淨尸羅然後勤修聞所成等. 謂先攝受順見諦聞. 聞已勤求所聞法義. 聞法義已無倒思惟. 思已方能依定修習. 行者如是住戒勤修. 依聞所成慧起思所成慧. 依思所成慧起修所成慧."(T29, 116c4~9)라고 하는 것에 따르면, 발심하여 진리를 이해하는 길에 나아가고자 하는 자는 먼저 청정한 계율(尸羅)을 지킨 연후에 문소성

하니, 이러한 지혜 때문에 모든 몸의 모든 양상에서 '진리답게 이해하고 살피며'(正觀察) '진리답게 추구하면서'(正推求) [몸의 모든 양상을] '따라가면서 이해하고'(隨觀) '따라가면서 알아차리기'(隨覺) 때문이다.

> 云何修觀? 或者隨身, 或言修[34]身. 言隨身者, 隨本質身, 觀影像身, 名隨身觀. 如『對法』說, "云何於身[35]隨[36]身觀? 謂[37]分別別[38]影像身, □□□[39]身平等, 隨[40]觀於身境, 隨[41]觀身, 相似性故, 名於身[42]隨[43]身觀. 由隨[44]觀察[45]影像身門, 審諦觀察本質身故." 言"修[46]觀"者, 是修[47]環義, 謂非直觀相身而已, 於中復觀眞如身故. 如「菩薩地決擇」中說, "云何菩薩於身住修[48]身觀? 謂於相身修[49]環, 觀眞如身"故.
>
> [H1, 817c15~818a4: X48, 159b9~16]

혜聞所成慧 등의 3혜三慧를 부지런히 닦아야 하는데, 먼저 '들은 것에 대한 이해에 순응하여'(順見諦聞) 받아들이고 다음으로는 '가르침의 뜻'(法義)을 부지런히 추구하여 전도됨이 없이 사유하고 나서야 비로소 선정(定)에 의거하는 수행으로 수소성혜修所成慧를 이룬다고 설명한다. 한편 『아비달마구사론』 권23에서도 "自性念住以慧爲體. 此慧有三種. 謂聞等所成. 即此亦名三種念住."(T29, 118c~119a1)라고 하여 문사수聞思修 3혜三慧를 4념주四念住와 결부시키는데, 4념주四念住의 자성自性이 문사수聞思修 3혜三慧이기 때문에 4념주四念住를 3종념주三種念住라고도 부른다고 설명한다.

34 한불전 교감주에 "'修'는 '循'인 듯하다"라고 되어 있다. 교감주에 따른다.
35 『대승아비달마잡집론』 원문에 따라 '身' 뒤에 '修'를 넣는다.
36 『대승아비달마잡집론』 원문에 따라 '隨'를 '循'으로 고친다.
37 『대승아비달마잡집론』 원문에 따라 '謂' 뒤에 '以'를 넣는다.
38 『대승아비달마잡집론』 원문에 따라 '別別'을 '別'로 고친다.
39 『대승아비달마잡집론』 원문에 따라 '□□□'에 '與本質'을 넣는다.
40 『대승아비달마잡집론』 원문에 따라 '隨'를 '循'으로 고친다.
41 『대승아비달마잡집론』 원문에 따라 '隨'를 '循'으로 고친다.
42 『대승아비달마잡집론』 원문에 따라 '身' 뒤에 '修'를 넣는다.
43 『대승아비달마잡집론』 원문에 따라 '隨'를 '循'으로 고친다.
44 『대승아비달마잡집론』 원문에 따라 '隨'를 '循'으로 고친다.
45 『대승아비달마잡집론』 원문에 따라 '察' 뒤에 '分別'을 넣는다.
46 한불전 교감주에 "'修'는 '循'인 듯하다"라고 되어 있다. 교감주에 따른다.
47 한불전 교감주에 "'修'는 '循'인 듯하다"라고 되어 있다. 교감주에 따른다.

무엇을 '이해수행을 닦음'(修觀)이라고 하는가? 어떤 사람은 '몸[의 다양한 양상]에 따라가면서 [하는 이해수행]'(隨身)이라 하고, [또] 어떤 사람은 '몸[의 다양한 양상]에 거듭 좇아가면서 [하는 이해수행]'(循身)이라고 말한다. '몸[의 다양한 양상]에 따라가면서 [하는 이해수행]'(隨身)이라는 것은 '본연의 몸'(本質身)에 따르면서 '[사실과 달라진] 몸의 영상'(影像身)을 이해하는 것을 '몸[의 다양한 양상]에 따라가면서 하는 이해수행'(隨身觀)이라고 부른다. 마치 『대승아비달마잡집론大乘阿毘達磨雜集論』에서 [다음과 같이] 말하는 것과 같다. "무엇을 '몸에서 몸[의 다양한 양상]을 거듭 좇아가면서 이해하는 수행을 닦는다'(於身修循身觀)라고 하는가? '[사실과 달라진] 몸의 영상'(影像身)을 [제대로] 이해(分別)함으로써 '본연의 몸'(本質身)과 평등해지는 것을 말하니, '[사실과 달라진 영상으로서의] 몸이라는 대상'(身境)을 '거듭 좇아가면서 이해하는 것'(循觀)과 [본연의] 몸(身)을 '거듭 좇아가면서 이해하는 것'(循觀)은 '서로 유사한 것'(相似性)[50]이기 때문에 '몸에서 몸[의 다양한 양상]을 거듭 좇아가면서 이해하는 수행을 닦는다'(於身修循身觀)라고 부른다. <'[사실과 달라진] 몸의 영상'(影像身)에 따라가면서 관찰하고 [제대로] 이해하는 방식>으로 말미암아 '본연의 몸'(本質身)을 자세히 살펴 관찰하기 때문이다."[51]

---

48 『유가사지론』 원문에 따라 '修'를 '循'으로 고친다. 한불전 교감주에도 "'修'는 '循'인 듯하다"라고 되어 있다.

49 『유가사지론』 원문에 따라 '修'를 '循'으로 고친다. 한불전 교감주에도 "'修'는 '循'인 듯하다"라고 되어 있다.

50 '본연의 몸'(本質身)은 사실대로의 몸이고, '몸의 영상'(影像身)은 사실과 달라진 이미지가 투영된 몸이다. 그런데 영상신은 본질신과 무관한 것이 아니라, 본질신에 의거하면서 사실과 다른 이미지가 투영된 것이다. 그런 점에서 본질신과 영상심은 '서로 유사한 것'(相似性)이다.

51 『대승아비달마잡집론大乘阿毘達磨雜集論』 권10(T31, 739a17~20). "云何於身修循身觀? 謂以分別影像身與本質身平等, 循觀於身境循觀身相似性故, 名於身修循身觀, 由循觀察分別影像身門, 審諦觀察本質身故."(한역본 『잡집론』에는 『집론』 문장이 모두 인용되어 있지만, 범본 『잡집론』에는 『집론』 문장이 모두 인용되어 있지는 않다. 따라서 한역본 『잡집론』에 인용된 『집론』에 해당하는 범본을 출전(1)로, 한역본 『잡집론』에 해당한 범본 문장을 출전(2)로 표시하였다. 이하 동일.) <산스크리트본의 해당 내용: 출전(1) ASBh., p.72. kāye kāyānupaśyanā katamā / yā vikalpapratibimbakāyena prakṛtibimbakāyasya samatāpaśyanā //; 신체에 대해 신체로 관찰한다는 것은 무엇인가? 분별된 영상으로서 신체와 본질로서의 신체가 동일하다고 관찰하는 것이다.> <산스크리트본의 해당 내용: 출전(2) AS., p.85. kāye kāyasya sādṛśyena paśyanā kāye kāyānupaśyanā, vikalpapratibimbakāyadarśanānusāreṇa prakṛtibimbakāyāvadhāraṇāt //; 신체에 대해 신체로 관찰한다는 것은 신체에 대해 신체와 유사한 것으로 관찰하는 것이다. 분별된

[『대승아비달마잡집론』에서] "몸[의 다양한 양상]에 거듭 좇아가면서 관찰한다"(循觀)라고 말한 것[에서 '순循']은 '다시 좇아간다'(循環)는 뜻이니, 단지 '[사실과 달라진] 몸의 형상'(相身)을 관찰할 뿐 아니라 거기서 다시 '참 그대로의 몸'(眞如身)을 관찰하는 것을 말한다. 마치 [『유가사지론』]「섭결택분중보살지攝決擇分中菩薩地」에서 "무엇을 〈보살은 몸(身)에서 '몸[의 다양한 양상]을 거듭 좇아가면서 이해하는 수행'(循身觀)에 머무른다〉고 하는가? '[사실과 달라진] 몸의 형상'(相身)에서 다시 거듭 좇아가면서 '참 그대로의 몸'(眞如身)을 관찰하는 것을 일컫는다"[52]라고 말하는 것과 같다.

> 云何念住? 爲守護念, 爲於境無染, 爲安住所緣故. 爲守護念者, 說[53]言, 先守護念, 若常委念. 爲於境無染者, 謂如說言, 念守護心行來[54]等住,[55] 不住[56]取其相, 不取隨好, 廣說乃至, 守護意根, 修律儀. 爲安住所緣者, 謂如說言, 於四所緣, 安住其念. 由此三相, 善住其念, 故名念住.
>
> [H1, 818a4~11: X48, 159b16~21]

영상으로서 신체를 보는 것을 따라서 본질로서의 신체를 확정하기 때문이다.〉

52 『유가사지론』 권75 「섭결택분중보살지攝決擇分中菩薩地」(T30, 712c7~8). "云何菩薩於身住循身觀? 謂於相身循環觀眞如身." 원효는 대승논서인 『대승아비달마잡집론』과 『유가사지론』을 인용하면서 본질신本質身과 진여신眞如身의 개념을 제기하여 4념주四念住 수행과 결부시키고 있는데, 아비달마 경론에서는 검색되지 않으므로 이 두 개념은 4념주 수행의 대승적 의미를 드러내는 역할로서 제시되는 것으로 보인다. 이와 관련하여 원효는 『열반종요涅槃宗要』에서 열반涅槃의 4덕四德인 상락아정常樂我淨을 4념주 수행과 결부하여 설명하면서 "聲聞四無爲倒行, 雖對治凡夫有爲四倒, 而翻法身無爲四德."(H1, 534a7~9)이라고 하여 성문4무위도聲聞四無爲倒는 범부유위4도凡夫有爲四倒를 대치하지만 법신무위4덕法身無爲四德을 뒤집어 왜곡한다고 설명한다. 여기서 성문4무위도라는 것은 성문聲聞의 4념주 수행에서 범부유위4도인 정淨·낙樂·상常·아我의 집착을 다스려 부정不淨·고苦·무상無常·무아無我를 정념正念하는 것을 말하는데, 범부유위4도를 다스린다는 점에서는 무위無爲이지만 법신法身의 상락아정常樂我淨을 왜곡한다는 점에서는 전도顚倒이다. 이에 따르자면 본문에서 제기되는 본질신本質身과 진여신眞如身은 성문4무위도를 대치한 법신法身의 상락아정에 결부되는 개념이라고 하겠다

53 문맥에 따라 '說' 앞에 '謂如'를 넣는다. 『유가사지론』에 "謂如說言先守護念"이라고 되어 있다.

54 문맥에 따라 '來'를 '平'으로 고친다. 『유가사지론』에 "念守護心行平等位"라고 되어 있다.

55 문맥에 따라 '住'를 '位'로 고친다. 『유가사지론』에 "念守護心行平等位"라고 되어 있다.

56 문맥에 따라 '住'를 삭제한다. 『유가사지론』에 "不取其相"이라고 되어 있다.

어째서 '[네 가지를 토대로 '빠져들지 않는 마음국면'(止)과 '진리다운 이해'(觀)를 수립하여] 간직해 감을 자리 잡게 하는 수행'(念住)이라고 하는가?[57] '['빠져들지 않는 마음국면'(止)과 '진리다운 이해'(觀)를 수립하여] 간직해 가는 것을 지켜 보호하고'(守護念), '[신체(身)·느낌(受)·마음(心)·이법理法(法)이라는 네 가지] 대상들에서 [그것들에 빠져들거나 착각하지 않아] 오염됨이 없으며'(於境無染), '[빠져들거나 착각하지 않게 된] 대상에 확고히 자리 잡기'(安住所緣) 때문이다. '['빠져들지 않는 마음국면'(止)과 '진리다운 이해'(觀)를 수립하여] 간직해 가는 것을 지켜 보호한다'(守護念)는 것은, 말한 그대로 먼저 '['빠져들지 않는 마음국면'(止)과 '진리다운 이해'(觀)를 수립하여] 간직해 감'(念)을 지켜 보호하여 마치 항상 그러한 듯 '간직해 가는 마음상태에 맡겨 둠'(委念)을 말한다. '[신체(身)·느낌(受)·마음(心)·이법理法(法)이라는 네 가지] 대상들에서 [그것들에 빠져들거나 착각하지 않아] 오염됨이 없다'(於境無染)는

57 이하 이 문단의 내용은 『유가사지론』 권28의 다음 문장에 의빙한 것으로 보인다. "又爲守護念, 爲於境無染, 爲安住所緣, 名爲念住. 爲守護念者, 謂如說言先守護念, 若常委念. 爲於境無染者, 謂如說言, 念守護心行平等位, 不取其相, 不取隨好, 廣說乃至, 守護意根, 修(意根)律儀. 爲安住所緣者, 謂如說言, 於四所緣, 安住其念. (謂於遍滿所緣淨行所緣善巧所緣淨惑所緣.) 由此三相, 善住其念, 故名念住."(T30, 440a29~b8.) 괄호로 표시한 생략된 부분을 제외하고는 거의 동일한 구문임을 살펴볼 수 있다. 본문 이해와 관련하여 생략된 부분들 중에서 주목되는 내용은 4소연四所緣을 편만소연遍滿所緣·정행소연淨行所緣·선교소연善巧所緣·정혹소연淨惑所緣이라고 밝히는 대목인데, 4소연四所緣이라는 것은 신身·수受·심心·법法의 4경四境이 어경무염於境無染의 과정을 통해 오염이 없어진 상태를 가리키는 용어이므로 이미 진행된 어경무염於境無染의 논의와 중복된다는 점에서 원효는 논의의 단순화를 위해 이 대목을 생략한 것으로 보인다. 이 생략의 의도에 따라 번역에서도 해당 '소연所緣'을 '빠져들거나 착각하지 않게 된 대상'으로 하였다. 〈산스크리트본의 해당 내용: ŚrBh., p.180. tatra smṛtyārakṣā yathoktaṃ pūrvam evārakṣitasmṛtir bhavati nipakasmṛtir iti / tatra viṣayāsaṃkleśāya yathoktaṃ smṛtyārakṣitamānasaḥ samāvasthācārako na nimittagrāhī nānuvyañjanagrāhī yāvad vistareṇa rakṣati manaindriyaṃ manaindriyeṇa samvaram āpadyate / tatrālambanopanibandhāya yathoktaṃ caturvidha ālambane smṛtim upanibadhnataḥ / tadyathā vyāpiny ālambane caritaviśodhane kauśalyālambane kleśaviśodhane vā / ebhis tribhir ākārair yā sūpathitasmṛtitā, idam ucyate smṛter upasthānaṃ //; 그중에서 주의집중의 수호란 바로 앞에서 "[그에게는] 수호된 주의집중이 있고, 현명한 주의집중이 있다"고 설한 것과 같다. 그중에서 대상이 염오되지 않기 위해서란 "주의집중에 의해 수호된 마음을 가진 자는 [마음이] 고른 상태로 가고, 상을 취하지 않고 부수적인 상을 취하지 않는다"라고 한 것에서 "의근을 지키고 의근에 의해 서약을 행한다"에 이르기까지 자세히 설한 것과 같다. 그중에서 인식대상과 묶기 위해서란 [앞서] 설명한 것처럼 네 가지 인식대상, 곧 변만소연 혹은 정행소연 혹은 선교소연 혹은 정혹소연에 주의집중을 묶는 자에게 있는 것이다. 이 세 가지 방식으로 주의집중이 잘 확립된 것을 주의집중의 확립이라고 한다.〉

것은, 말한 그대로 ['빠져들지 않는 마음국면'(止)과 '진리다운 이해'(觀)를 수립하여] 간직해 가는 것을 지켜 보호하는 마음'(念守護心)이 '평등하게 유지되는 경지'(平等位)를 펼쳐 [신체(身)·느낌(受)·마음(心)·이법理法(法)들 각각의] 특징(相)들을 움켜쥐지 않아 [그 특징들을] '따라가며 좋아함'(隨好)[58]을 취하지도 않으니, [눈(眼)·귀(耳)·코(鼻)·혀(舌)·몸(身)·마음(意)으로 그 대상들을 만날 때도 그렇게 하는 것을] 자세히 설하여[59] '의식 능력'(意根)을 지켜 보호하여 ['의식 능력'(意根)을] '보호하는 형식'(律儀)[60]을 닦기에 이르는 것을 말한

---

58 상相과 수호隨好는 32상三十二相과 80수호八十隨好를 지칭하는 것일 수도 있다. 32상三十二相은 전륜성왕轉輪聖王이나 부처의 응화신應化身에 갖추어진 32가지 수승한 용모와 미묘한 형상이다. 32대인상三十二大人相, 32대장부상三十二大丈夫相, 32대사상三十二大士相, 사팔상四八相 등이라고도 한다. 80수호八十隨好와 합하여 상호相好라고 부른다. 32상은 두드러져서 쉽게 볼 수 있는 것이라면 80수호는 32상에 따르는 모습으로서 미세하고 은밀하여 보기 어려운 것이다. 80수호는 80종호八十種好, 80수형호八十隨形好, 80미묘종호八十微妙種好, 80종소상八十種小相 등이라고도 한다. 『佛光大辭典』, pp.268, 506 참조. 그런데 여기서는 염주念住 수행을 설명하는 것이므로 부처님 상호라는 제한된 대상보다는 사념처의 대상이 되는 모든 것을 지시하는 것으로 보는 것이 더 적절하다고 판단하여 이렇게 번역하였다.

59 광설廣說: 『유가사지론』 중의 이 자세한 설명에 해당하는 대목은 권21에서 근율의根律儀를 설명하는 다음과 같은 내용이다. "云何根律儀? 謂即依此尸羅律儀. 守護正念修常委念, 以念防心行平等位, 眼見色已而不取相不取隨好. (恐依是處由不修習眼根律儀防護而住其心, 漏泄所有貪憂惡不善法, 故即於彼修律儀行防護眼根, 依於眼根修律儀行. 如是行者, 耳聞聲已鼻嗅香已舌嘗味已身覺觸已意了法已. 而不取相不取隨好, 恐依是處由不修習意根律儀防護而住其心, 漏泄所有貪憂惡不善法.) 故即於彼修律儀行防護意根, 依於意根修律儀行, 是名根律儀."(T30, 397a19~b1.) 괄호로 표시한 부분이 광설廣說이라고 하여 생략한 내용에 해당한다. 안·이·비·설·신·의의 6근六根에 대해 평등위平等位를 수행하는 근율의根律儀를 수습하여 6근六根을 방호防護하는 마음에 머무름으로써 탐욕과 근심과 같은 악불선법惡不善法이 누설漏泄되지 않도록 한다는 것이 대체적인 내용이다. 본문에서 의빙하는 『유가사지론』 권28에서는 이 근율의를 수습하는 것에 관한 권21의 내용을 4념주四念住에서 어경무염於境無染을 설명하는 대목과 결부시키는 것으로 보이는데, 권28에서 안근眼根과 의근意根의 방호에 관해서만 설명하고 나머지는 광설이라고 하여 생략하는 까닭은 6근六根 중에서 안·이·비·설·신의 5근五根은 4념주四念住에서 신념주身念住에 포섭되므로 안근眼根에 관한 설명으로만 대체한 것이고 제6의근意根은 4념주에서 수受·심心·법념주法念住를 포괄하므로 의근에 관한 설명을 개진한 것이라고 미루어 짐작할 수 있겠다.

60 율의律儀: 『불광대사전』에 따르면 율의律儀는 계체戒體와 관련되는 용어이다. 계법戒法은 부처님이 제정한 계율戒律 그 자체로서 드러나는 것(表)라면 계체는 계율의 법칙이 악법惡法을 방지하는 작용으로서 드러나지 않는 것(無表)인데, 율의는 수계의식受戒儀式을 통해 무표無表인 계체를 얻는 것을 말한다. 율의의 범어인 'saṃvara'는 등호等護, 방호防護, 호護, 금계禁戒 등으로도 번역되는데, 신身·구口·의意 3악업三惡業을 방지하여 6근六根을 보호하는 작용을 갖추는 것이다. p.2897 참조. Monier Williams Sanskrit-English Dictionary에서는 saṃvara에 관해 간직해 둠·금지·자제(keeping back, restraint, forbearance) 등으로 설명한다. p.1116 참조.

다. '[빠져들거나 착각하지 않게 된] 대상에 확고히 자리 잡는다'(安住所緣)는 것은, 말한 그대로 [빠져들거나 착각하지 않게 된] '[신체(身)·느낌(受)·마음(心)·이법理法(法)들에서의] 네 가지 대상'(四所緣)에서 그 '[빠져들지 않는 마음국면'(止)과 '진리다운 이해'(觀)를 수립하여] 간직해 감'(念)을 확고히 자리 잡게 하는 것을 말한다. 이 세 가지 양상(相)에 의거하여 그 '[빠져들지 않는 마음국면'(止)과 '진리다운 이해'(觀)를 수립하여] 간직해 감'(念)을 잘 자리 잡게 하기 때문에 '[네 가지를 토대로 '빠져들지 않는 마음국면'(止)과 '진리다운 이해'(觀)를 수립하여] 간직해 감을 자리 잡게 하는 수행'(念住)이라고 부른다.

亦名念處, 處猶住義. 如『智度』說, "念隨順智, 緣中正住, 是名念處." 總而言之. "若於此念住, 若由此念住, 皆名念住. 於此念住者, 謂所緣念住. 由此念住者, 謂若慧若念, 攝持於定, 是自性念住. 所餘相應諸心心法, 是相應[61]念住." 此如「聞所成地」[62]中說, 是名略說念住義也.

[H1, 818a11~18: X48, 159b21~c2]

[네 가지를 토대로 '빠져들지 않는 마음국면'(止)과 '진리다운 이해'(觀)를 수립하여 간직해 감을 자리 잡게 하는 수행'(念住)을] '간직해 가는 자리를 확보하는 수행'(念處)이라고도 부르니, 자리(處)는 '자리 잡는다'(住)는 뜻과 같다. 마치 『대지도론大智度論』에서 "'[빠져들지 않는 마음국면'(止)과 '진리다운 이해'(觀)를 수립하여] 간직해 가는 것에 따르는 지혜'(念隨順智)가 [신체(身)·느낌(受)·마음(心)·이법理法(法)이라는] 대상(緣)에 '제대로 자리 잡는 것'(正住)을 '[빠져들지 않는 마음국면'(止)과 '진리다운 이해'(觀)를 수립하여] 간직해 가는 자리를 확보하는 수행'(念處)이라 부른다"[63]라고 말하는 것과 같다.

총괄하여 말하면 [다음과 같다.] "'[신체(身)·느낌(受)·마음(心)·이법理法(法)이라는 대상]

61 『유가사지론』 원문에 따라 '應'을 '雜'으로 고친다.
62 출전에 따라 '聞所成地'를 '聲聞地'로 고친다.
63 『대지도론』 권19(T25, 198b14~15). "念隨順智(慧)緣中正住, 是(時)名念處." 괄호는 생략된 부분을 표시한다.

여기에서 간직해 감을 자리 잡게 하는 수행'(於此念住)이든 '[신체(身)·느낌(受)·마음(心)·이법理法(法)이라는 대상] 여기에 의거하여 간직해 감을 자리 잡게 하는 수행'(由此念住)이든 모두 '간직해 감을 자리 잡게 하는 수행'(念住)이라고 부른다. '[신체(身)·느낌(受)·마음(心)·이법理法(法)이라는 대상] 여기에서 간직해 감을 자리 잡게 하는 수행'(於此念住)이라는 것은, '[빠져들거나 착각하지 않게 된] 대상에서 간직해 감을 자리 잡게 하는 수행'(所緣念住)을 말한다. '[신체(身)·느낌(受)·마음(心)·이법理法(法)이라는 대상] 여기에 의거하여 간직해 감을 자리 잡게 하는 수행'(由此念住)이라는 것은, [문聞·사思·수修로 얻는] 지혜(慧)나 [그] '[세 가지 지혜를 잊지 않고] 간직해 감'(念)이 선정(定)을 포섭하여 지니는 것을 말하니, 이것은 '[신체(身)·느낌(受)·마음(心)·이법理法(法)의] 본연을 간직해 감을 자리 잡게 하는 수행'(自性念住)이다.64 [소연념주所緣念住와 자성념주自性念住에] 상응하는 여타의 모든 '마음과 마음현상'(心心法)들은 '잡다한 [마음과 마음현상에] 상응하면서 [세

64 소연념주所緣念住와 자성념주自性念住: 이 두 용어는 앞서 제시되었던 진여신眞如身과 영상신影像身에 차례로 대응하는 개념인 것으로 보인다. 직전 문단에서 분석되었던 염주念住의 세 가지 내용 중 어경무염於境無染과 안주소연安住所緣은 오염된 신身·수受·심心·법法이라는 경境의 오염을 없애는 과정을 통해 오염이 없어진 네 가지 소연所緣에 안주하는 관계에 있었다. 이 오염이 없는 소연이 진여신眞如身이고 이 소연으로서의 진여신에 관한 염주가 소연념주所緣念住이며, 오염이 있는 경境이 영상신影像身이고 이 영상신에 관한 염주가 자성념주自性念住에 해당하는 것으로 보인다. 여기서 자성自性의 내용은 오염된 네 가지 대상의 부정不淨·고苦·무상無常·무아無我의 도리가 되겠다. 앞서 진여신과 영상신에 관한 논의의 결론으로서 제시되었던 문장에서는 "非直觀相身而已, 於中復觀眞如身"이라고 하여 상신相身(영상신影像身)을 관찰할 뿐 아니라 그 도중에 진여신도 관찰한다고 설명했다. 한편 지금 본문에서는 어경무염於境無染에서 안주소연安住所緣으로 향상해 가는 수행의 과정을 역전시켜 4념주四念住 수행의 결과인 소연념주所緣念住에서 자성념주自性念住로 다시 내려가는 방향을 제시하는 것으로도 보인다. 영상신과 진여신의 논의에서처럼 지금 본문의 논의도 4념주 수행에 관한 대승적 의의를 드러내는 사례라고 하겠다. 아비달마 논서에서의 설명과 대비해 보면『아비달마구사론』권23에서는 "四念住體各有三, 自性相雜所緣別故, 自性念住以慧爲體. 此慧有三種, 謂聞等所成, 即此亦名三種念住. 相雜念住以慧所餘俱有爲體, 所緣念住以慧所緣諸法爲體."(T29, 118c28~119a3)라고 하여 자성념주에 관해서는『유가사지론』에서와 같이 문혜聞慧·사혜思慧·수혜修慧의 3혜三慧에 관한 염주라고 설명하지만, 소연념주에 대해서는 이 3혜의 대상이 되는 모든 현상(慧所緣諸法)이라고 하여 3혜를 통해 얻는 부정不淨·고苦·무상無常·무아無我의 도리를 그저 모든 현상에 펼쳐가는 과정으로 설명하는 차이를 보인다. 이 역시 영상신의 허망함에 관한 수행만 있을 뿐인 아비달마 4념주 수행의 특징을 드러내는 설명으로 보인다.

가지 지혜를 잊지 않고] 간직해 감을 자리 잡게 하는 수행'(相雜念住)[의 대상]이다."[65] 이 [내용]은 [『유가사지론』「본지분중성문지本地分中聲聞地」[66]에서의 설명을 그대로 [인용한] 것인데, 이것을 '['빠져들지 않는 마음국면'(止)과 '진리다운 이해'(觀)를 수립하여] 간직해 감을 자리 잡게 하는 수행의 뜻에 관한 간략한 설명'(略說念住義)이라고 부른다.

> 次明四正斷義者. "云何已生惡不善法? 謂能起惡行欲界煩惱及隨煩惱, 麤纒所攝, 名爲已生. 爲令斷故者, 謂修對治, 令微薄故. 生欲者, 謂起證斷樂欲故. 策勵者, 謂不忍受惡, 及歸趣斷故. 發懃精進者, 謂多種堅固, 修彼對治故. 此上三句, 顯不定地中, 聞思兩慧, 下品對治. 策心者, 謂修彼對治, 修慧現行, 若心沈沒, 煩惱染汙, 策心令擧故. 持心者, 謂卽此對治現行之時, 若心浮擧, 煩染汙, 持心令下故.
>
> [H1, 818a18~b5: X48, 159c3~10]

---

65 『유가사지론』 권28「본지분중성문지제2유가처지3本地分中聲聞地第二瑜伽處之三」(T30, 442a10~14). "(問念住何義? 答)若於此〈住念〉. 若由此〈住念〉皆名念住, 於此〈住念〉者, 謂所緣念住. 由此住念者, 謂若慧若念攝持於定, 是自性念住, 所餘相應諸心心法, 是相雜念住." 괄호는 생략된 부분을 표시한다. 〈 〉로 표시한 '住念'들을 원효는 모두 '念住'로 바꾸는데, 불필요한 용어의 변형을 피하려는 의도로 보아 그대로 둔다. 〈산스크리트본의 해당 내용: ŚrBh., p.198. tatra smṛtyupasthānam iti ko 'rthaḥ / āha / yatra ca smṛtim upasthāpayati / yena ca smṛtim upasthāpayati / tad ucyate smṛtyupasthānaṃ / yatra smṛtim upasthāpayati / tad ālambanasmṛtyupasthānaṃ / yena smṛtim upasthāpayati / tatra yā prajñā smṛtiś ca samādhisaṃgrāhikā tat svabhāvasmṛtyupasthānaṃ / tadanye tatsaṃprayuktāś cittacaitasikā dharmāḥ saṃsargasmrtyupasthānaṃ /; 그중에서 '주의집중의 확립'(念住)란 어떤 의미인가? 답한다. 주의집중을 확립하는 대상(yatra)과 주의집중을 확립하는 수단(yena)을 [모두] 주의집중의 확립이라 한다. 주의집중을 확립하는 대상은 인식대상이라는 측면의 주의집중의 확립(所緣念住)이다. 주의집중을 확립하는 수단 중에서 분석력(慧)와 삼매를 포함한 주의집중은 본질로서 주의집중의 확립(곧 주의집중의 본질, 自性念住)이다. 그 외에 그 [심소]들과 결합한 심·심소법이 결합이라는 측면 주의집중의 확립(相雜念住)이라 한다.〉

66 출처에 관한 주석에서 보듯이 앞의 인용문은 『유가사지론』 권28「본지분중성문지제2유가처지3本地分中聲聞地第二瑜伽處之三」에 나온다. 「문소성지聞所成地」는 『유가사지론』 권13(T30, 345a17 이하)에서 권15(T30, 361b10 이상)에 걸치는 내용의 품명品名이다

② '해로움은 끊고 이로움은 살리는 네 가지 수행'(四正斷)

다음은 '해로움은 끊고 이로움은 살리는 네 가지 수행'(四正斷)의 뜻을 밝히는 것이다.[67] "[4정단四正斷의 첫 번째 수행에서][68] 〈'이미 생겨난 해로우며 이롭지 않은 것들'(已生惡不善法)〉은 무엇을 말하는가? '해로운 행위'(惡行)를 일으킬 수 있는 욕망세계(欲界)의 [근본]번뇌煩惱와 '[근본번뇌에] 따르는 번뇌'(隨煩惱)[69]를 말하니, '현재 뚜렷이

---

67 "次明四正斷義者" 이하부터 "此義廣如『顯揚論』說"(H1, 818b22~23)까지의 논의는 원효가 밝히고 있듯이 『현양성교론顯揚聖教論』 권2의 내용에 해당한다. 말하자면 원효는 『유가사지론』 권28에 의빙하여 '(1) 열명列名' 단락에서 나열한 4정단四正斷의 명칭을 해석하기 위해, '(2) 석의釋義' 단락에서는 『현양성교론』 권2를 차용하는 셈이다. 상당한 분량이므로 본문의 이 문단에만 해당하는 『현양성교론』 권2의 내용을 제시하면 다음과 같다. "①(四正斷者, 廣說如經. 一已生惡不善法, 爲令斷故, 生欲策勵發起正勤策心持心.) ②(已生者, 謂麁纏所攝.) ③(惡不善法者, 謂能起惡行欲界煩惱及隨煩惱.) ④(惡不善義, 已如前說.) 爲令斷故者, 謂修彼對治令微薄故. 生欲者, 謂起證斷樂欲. 策勵者, 謂不忍受惡及歸趣斷故. ⑤(發起正勤者,) 謂多種堅固修彼對治. 此上三句, 顯不定地中聞思兩慧下品對治. 策心者, 謂修彼對治修慧現行, 若心沈沒煩惱染污, 策心令舉故. 持心者, 謂即此對治現行之時, 若心浮舉煩惱染污, 持心令下故."(T31, 488b14~24.) 번호와 괄호는 본문과 다른 문장이나 구절을 구분하고자 표시한 것이다. ①의 문장은 본문의 '(1) 열명' 단락에서 제시된 제1정단正斷의 명칭에 해당한다. ①의 문장에서 다른 구문은 본문의 "發懃精進"이 『현양성교론』에서는 "發起正勤"이라고 되어 있는 것인데, '(1) 열명' 단락에서 "發勤精進"이라고 되어 있는 구절을 유지하기 위한 것으로 보인다. 그리고 『현양성교론』에서 "廣說如經"이라고 지목되어 있는 경전의 출전을 찾아보면 『아함경阿含經』 부류에서 다수 검색되고 대승경전으로는 『대반야바라밀다경大般若波羅蜜多經』, 『마하반야바라밀경摩訶般若波羅蜜經』, 『십지경十地經』, 『대보적경大寶積經』 등에서 검색되는데, 예를 들어 『십지경』 권3에서는 제1정단正斷에 관해 "於諸已生惡不善法, 爲永斷故, 生欲策勵發起精勤策心持心."(T10, 548a15~17)이라고 하여 거의 동일한 구문을 보인다. ②와 ③의 문장이 본문에서는 순서가 바뀌어 있고 ②는 본문에서 "麤纏所攝, 名爲已生"이라고 문장이 도치되어 있으며 ③의 문장의 "惡不善法者"가 본문에서는 "云何已生惡不善法?"이라고 되어 있다. 본문에서는 명칭을 나열할 필요가 없기 때문에 발생하는 현상으로서 모두 문장을 순조롭게 만들기 위한 조치로 보이는데, ①의 문장이 생략되고 그로 인해 ②와 ③의 문장과 관련하여 본문에서 다른 구문으로 제시되는 현상은 다음 문단에서도 반복되므로 이에 관해서는 재론하지 않는다. ④의 문장은 생략되어 있고, ⑤의 구절은 ①의 문장에서 보이는 "發起正勤"과 같은 사례이다.

68 이하 본문에서는 '(1) 열명列名' 단락에서 4정단四正斷을 설명하는 구절들을 수문해석하는데, '(1) 열명列名' 단락에서 나온 구절들에 대해서는 '〈 〉'로 표시했다.

69 근본번뇌根本煩惱와 수번뇌隨煩惱: 먼저 근본번뇌根本煩惱에 관해 『성유식론成唯識論』 권6에서는 "煩惱心所其相云何? 頌曰. 煩惱謂貪·瞋·癡·慢·疑·惡見. 論曰. 此貪等六性是根本煩惱攝故, 得煩惱名."(T31, 31b15~19)이라고 하여 근본번뇌根本煩惱에 속하는 번뇌로서 ①탐貪·②진瞋·③치癡·④만慢·⑤의疑·⑥악견惡見을 거론하고, 그 아래에서 "此見行相差別有五."(T31, 31c13)라고

나타나 작용하는 번뇌'(麤纏)[70]에 속하기에 〈'이미 생겨난 것'(已生)〉이라고 부른다. 〈끊기 위해(爲令斷故)〉라는 것은, 치유하는 수행을 닦아 ['이미 생겨난 해로우며 이롭지 않은 것들'(已生惡不善法)의 세력이] 미약하고 옅어지도록 하는 것을 말한다. 〈'의욕을 일으켜'(生欲)〉라는 것은, '['이미 생겨난 해로우며 이롭지 않은 것들'(已生惡不善法)을] 끊어 버리

하여 악견惡見(견見)이 다시 다섯 가지로 차별된다고 하면서 차례로 ①살가야견薩迦耶見(유신견有身見)·②변집견邊執見·③사견邪見·④견취견見取見·⑤계금취견戒禁取見의 5견五見을 거론하여 근본번뇌根本煩惱로서 탐貪·진瞋·치癡·만慢·의疑와 5견五見의 총 10번뇌가 있다고 설명한다. 『유가사지론』 권58에서는 근본번뇌라는 용어는 쓰고 있지 않지만, 악견惡見의 자성을 지니는 번뇌인 견성번뇌見性煩惱와 악견의 자성을 지니지 않는 비견성번뇌非見性煩惱로 나누어 "云何自性? 略有二種. 一見性煩惱, 二非見性煩惱. 云何自性差別? 略有十種, 見性煩惱五種差別, 非見性者亦有五種. 總此十種名爲煩惱自性差別. 見性五者, 謂薩迦耶見·邊執見·邪見·見取·戒禁取. 非見性五者, 謂貪·恚·慢·無明·疑."(T30, 621b1~6)라고 하는데, 『성유식론』에서 거론한 것과 동일한 10번뇌를 제시한다. 다음으로 수번뇌隨煩惱에 관해 『성유식론』 권6에서는 "已說根本六煩惱相, 諸隨煩惱其相云何? 頌曰. 隨煩惱謂忿·恨·覆·惱·嫉·慳·誑·諂與害·憍 ·無慚及無愧, 掉擧與惛沈, 不信并懈怠, 放逸及失念, 散亂·不正知. 論曰. 唯是煩惱分位差別, 等流性故名隨煩惱. 此二十種類別有三, 謂忿等十各別起故名小隨煩惱, 無慚等二遍不善故名中隨煩惱, 掉擧等八遍染心故名大隨煩惱."(T31, 33a28~b8)라고 하여 수번뇌는 근본번뇌가 분위차별分位差別된 것으로서 근본번뇌와 등류성等流性이라고 설명하면서 ①분忿·②한恨·③부覆·④뇌惱·⑤질嫉·⑥간慳·⑦광誑·⑧첨諂·⑨해害·⑩교憍·⑪무참無慚·⑫무괴無愧·⑬도거掉擧·⑭혼침惛沈·⑮불신不信·⑯해태懈怠·⑰방일放逸·⑱실념失念·⑲산란散亂·⑳부정지不正知를 거론하는데, 앞의 10가지는 각각 따로 일어나기 때문에 소수번뇌小隨煩惱라 부르고 다음의 2가지는 편불선심遍不善心이기 때문에 중수번뇌中隨煩惱라 부르며 뒤의 8가지는 편염심遍染心이기 때문에 대수번뇌大隨煩惱라 부른다고 설명한다. 『유가사지론』 권58에서는 수번뇌隨煩惱에 관해 『성유식론』에서 거론하는 20가지 이외에도 사욕邪欲·사승해邪勝解·심尋·사伺·악작惡作·수면睡眠 등을 추가하여 거론하기도 하는데, 예를 들어 심尋과 사伺에 관해 "非一切處非一切時, 若有極久尋求伺察, 便令身疲念失心亦勞損, 是故尋伺名隨煩惱."(T30, 622c5~7)라고 하여 모든 때와 장소에서 일어나는 것은 아니지만 지나친 심구尋求와 사찰伺察은 심신心身에 해로움을 끼치기 때문에 수번뇌라 부른다고 설명한다. 이 『유가사지론』 권58의 문장은 원효의 『이장의二障義』(H1, 791a22~b11)에 더 자세히 인용되어 있다.

70 추전麤纏: 전纏은 번뇌의 다양한 명칭들 중 하나로서 그 성격상 수면隨眠의 대칭이라고 할 수 있다. 『유가사지론』 권8에서는 전纏에 관해 "數起現行故名爲纏."(T30, 314b26~27)이라고 하여 자주 일어나 현행現行하는 번뇌라고 설명한다. 수면에 관해서는 "一切世間增上種子之所隨逐, 故名隨眠."(T30, 314b25~26)이라고 하여 아뢰야식阿賴耶識의 종자種子가 따르는 것(所隨逐)이라고 설명하는데, 소수축所隨逐은 수면의 수隨를 해석하는 술어이므로 수면은 곧 현행하는 일체세간을 증상增上하는 아뢰야식의 종자種子로서의 번뇌를 말한다. 그러므로 전纏은 현행하는 번뇌로서 '뚜렷한 것'(麤)이라면 수면은 잠재된 번뇌로서 '미세한 것'(細)이라고 하겠다. 본문에서도 이생악불선법已生惡不善法에 대해서는 "麤纏所攝"이라 하고, 다음 문단에 나오는 미생악불선법未生惡不善法에 대해서는 "增盛隨眠所攝, 能起麤纏之因."이라고 하여 추전과 수면을 차례로 결과와 원인이라는 대칭적 관계로서 설정하여 논의한다.

려는 즐거운 의욕'(證斷樂欲)을 일으키는 것을 말한다. 〈'독려하고'(策勵)〉라는 것은, 해로운 것을 참거나 받아들이지 않고 끊어 내는 길로 돌아가게 하는 것을 말한다. 〈'부지런히 노력하는 마음을 일으켜'(發懃精進)〉라는 것은, [부지런히 노력하는 마음들을] 많은 종류로 굳세게 하면서 저 [해로운 것들을] 치유하는 수행을 닦는 것을 말한다. [〈'의욕을 일으켜'(生欲)〉, 〈'독려하고'(策勵)〉, 〈'부지런히 노력하는 마음을 일으켜'(發懃精進)〉라는] 이상의 세 구절은, '선정禪定에 들지 않는 경지'(不定地)에서 [얻는] '들어서 얻는 지혜와 사유하여 얻는 지혜'(聞思) [이] 두 가지 지혜로 '낮은 단계'(下品)[의 번뇌]를 치유하는 것을 나타낸다. 〈'[그] 마음을 [가라앉지 않게] 채찍질하고'(策心)〉라는 것은, 저 ['선정禪定에 들지 않는 경지'(不定地)에서의] 치유수행을 닦다가 '[선정禪定을] 닦아서 얻는 지혜'(修慧)[71]가 나타나 작용하여 만약 마음이 가라앉아 번뇌가 오염시키려 하면 ['선정禪定을 닦아서 얻는 지혜'(修慧)로] 마음을 채찍질하여 들어 올리는 것을 말한다. 〈'[들떠 산란하지 않게] 마음을 지니면서'(持心)〉라는 것은, 이 ['선정禪定을 닦아서 얻는 지혜'(修慧)에 의거한] 치유수행이 나타나 작용할 때 만약 마음이 들떠 번뇌가 오염시키려 하면 마음을 [산란하지 않게] 지녀 가라앉히는 것을 말한다.

云何未生惡不善法? 謂增盛隨眠所攝, 能起麤纏之因, 名爲未生. 爲不生故者, 爲[72]令麤纏, 不現行故. 生欲者, 謂起爲證不現行欲. 策勵者, 謂由不忘住, 爲令不現行, 善住念故. 此下四[73]句, 如前所說. 云何未生善法? 謂聞思修所生三慧, 由無過故, 名爲善法, 所未得者,[74] 名爲未生. 令生故,[75] 生欲者, 謂起證得欲. 策勵者, 謂求彼, 攝受正方便故. 發正起懃[76]者, 謂長時殷重多堅修習. 此上三句 顯得不定地,[77] 聞思兩慧所攝善法. 策心持心者, 爲[78]得修慧故. 餘如前說.

[H1, 818b5~17: X48, 159c10~19]

---

71 문사수혜聞思修慧: '들은 것에 대한 이해에 순응하여'(順見諦聞) 받아들이고 다음으로는 '가르침의 뜻'(法義)을 부지런히 추구하여 전도됨이 없이 사유하고 나서야 비로소 선정(定)에 의거하는 수행으로 수소성혜修所成慧를 이룬다. 역주 33)에 상세한 설명이 있다.

[4정단四正斷의 두 번째 수행에서] 〈'아직 생겨나지 않은 해로우며 이롭지 않은 것들'(未生惡不善法)〉은 무엇을 말하는가? '힘이 강성한 잠재적 번뇌'(增盛隨眠)[79]에 속하는 것을 말하니, '현재 뚜렷이 나타나 작용하는 번뇌'(麤纏)를 일으킬 수 있는 원인이기에 〈'아직 생겨나지 않은 것'(未生)〉이라고 부른다.[80] 〈'생겨나지 않게 하기 위해'(爲不生故)〉라는 것은 [원인인 '힘이 강성한 잠재적 번뇌'(增盛隨眠)를 제압하여] '현재 뚜렷이 나타나 작용하는 번뇌'(麤纏)로서 나타나 작용하지 않게 한다는 것을 말한다. 〈'의욕을 일으켜'(生欲)〉라는 것은 ['현재 뚜렷이 나타나 작용하는 번뇌'(麤纏)로서] '나타나 작용하지 않게 하는 것을 체득하려는 의욕'(爲證不現行欲)을 일으키는 것을 말한다. 〈'독려하고'(策勵)〉라는 것은 [원인인 '힘이 강성한 잠재적 번뇌'(增盛隨眠)를 제압하려는 의욕

---

72 『현양성교론』 원문에 따라 '爲'를 '謂'로 고친다.

73 문맥에 따라 '四'를 '三'으로 고친다. 본문의 "此下四句如前所說"은 『현양성교론』 원문의 "發起正勤策心持心皆如前說"이라는 문장을 짧게 요약한 것인데, 원문에서 보듯이 '발기정근發起正勤', '책심策心', '지심持心'의 3구三句이다. 4정단四正斷의 첫 번째 수행에 관한 앞 설명의 말미에서도 이 세 가지 구절만을 설명했다.

74 '者' 뒤에 '故'가 빠진 것으로 보인다.

75 『현양성교론』 원문에 따라 '令生故'를 '爲令生故者, 謂令彼得故'로 고친다.

76 '發正起懃'이 『현양성교론』 원문에는 '發起正勤'으로 되어 있으나, '(1) 열명列名' 단락에서 '發勤精進'이라고 되어 있는 구절을 유지하려는 원효의 의도에 따라 '發懃精進'으로 고친다.

77 『현양성교론』 원문에 따라 '地' 뒤에 '對治惡不善法'을 넣는다.

78 『현양성교론』 원문에 따라 '爲' 앞에 '謂'를 넣는다.

79 증성수면增盛隨眠: 『현양성교론』 권3에서는 "所調伏無量作意"(T31, 493a11)라고 하면서 조복調伏해야 할 무량한 현상들을 나열하는데, 그중에 조복調伏해야 할 수면隨眠들로서 "此增盛隨眠, 此微薄隨眠, 此極細隨眠, 此羸損隨眠, 此不羸損隨眠, 此全隨眠, 此不全隨眠."(T31, 493a19~21)이라고 하여 증성수면增盛隨眠·미박수면微薄隨眠·극세수면極細隨眠 등의 수면들을 제시한다. 이에 따르면 증성수면은 잠재적 번뇌이긴 하지만 미박수면微薄隨眠·극세수면極細隨眠에 비해 그 세력이 강성한 것을 가리키는 것으로 보인다.

80 소승 논서인 『아비달마대비바사론阿毘達磨大毗婆沙論』에서 4정단四正斷을 논의하는 곳은 권141(T27, 724a23~725a27)인데, 여기서도 "四正斷者, 一於已生惡不善法爲令斷故, 生欲發懃攝心持心. 二於未生惡不善法爲不生故, 餘說如前. 三於未生善法爲令生故, 餘說如前. 四於已生善法爲令安住不忘倍修增廣故, 餘說如前."(T27, 724a23~27)이라고 하여 4정단의 명칭을 나열하는 것은 『유가사지론瑜伽師地論』 권28의 내용과 유사하지만, 이후 네 가지 각각의 정단正斷을 자세히 설명하는 곳에서 『현양성교론顯揚聖教論』 권2와 같이 추전麤纏과 수면隨眠의 용어를 사용하여 논의하는 대목은 찾아지지 않는다. 추전현행麤纏現行을 이생악불선법已生惡不善法에 대응시키고 증성수면增盛隨眠으로 미생악불선법未生惡不善法을 설명하는 방식은 대승 유식불교의 8식설八識說에 기반한 것이므로 아비달마 논서에 이러한 논의가 보이지 않는 것은 당연하다고 하겠다.

(欲)을] 잊지 않음으로써 [그 의욕을] 자리 잡게 하는 것이니, ['현재 뚜렷이 나타나 작용하는 번뇌'(麤纏)로서] 나타나 작용하지 않게 하기 위해 [그 의욕(欲)을] '[잊지 않고] 간직해 가는 상태'(念)에 잘 자리잡게 하는 것이다. 이 아래의 [〈'부지런히 노력하는 마음을 일으켜'(發懃精進)〉, 〈'[그] 마음을 [가라앉지 않게] 채찍질하고'(策心)〉, 〈'[들떠 산란하지 않게] 지니면서'(持心)라는] 세 구절은 앞[의 4정단四正斷의 첫 번째 수행]에서 설명한 것과 같다.

[4정단四正斷의 세 번째 수행에서] 〈'아직 생겨나지 않은 이로운 것들'(未生善法)〉은 무엇을 말하는가? '듣고 사유하며 선정을 수행하여 생겨나는 세 가지 지혜'(聞思修所生三慧)를 말하니, [그 세 가지 지혜는] 허물이 없기 때문에 〈'이로운 것들'(善法)〉이라 부르고 [이로운 세 가지 지혜를] 아직 얻지 못했기 때문에 〈'아직 생겨나지 않은 것'(未生)〉이라고 부른다. 〈'생겨나게 하기 위해'(爲令生故)〉라는 것은 저 ['아직 생겨나지 않은 이로운 것들'(未生善法)]을 얻게 하는 것을 말한다. 〈'의욕을 일으켜'(生欲)〉라는 것은 ['아직 생겨나지 않은 이로운 것들'(未生善法)을] '체득하려는 의욕'(證得欲)을 일으키는 것을 말한다. 〈'독려하고'(策勵)〉라는 것은 저 ['아직 생겨나지 않은 이로운 것들'(未生善法)]을 구하려고 '진리다운 수단과 방법'(正方便)들을 포섭하고 수용하는 것을 말한다. 〈'부지런히 노력하는 마음을 일으켜'(發懃精進)〉라는 것은 오래도록 특별히 소중하게 여기면서 매우 굳세게 ['진리다운 수단과 방법'(正方便)들을] 실천하는 것을 말한다. [〈'의욕을 일으켜'(生欲)〉, 〈'독려하고'(策勵)〉, 〈'부지런히 노력하는 마음을 일으켜'(發懃精進)〉라는] 이상의 세 구절은, '선정禪定에 들지 않는 경지'(不定地)에서 '해로우며 이롭지 않은 것들'(惡不善法)을 치유하여 〈'듣는 것과 사유하는 것에 의해 얻는 두 가지 지혜'(聞思兩慧)에 포함되는 '이로운 것들'(善法)〉을 얻는 것을 드러낸다. 〈'[그] 마음을 [가라앉지 않게] 채찍질하고 [들떠 산란하지 않게] 지니면서'(策心持心)〉라는 것은 [높은 단계인] '[선정禪定을] 닦아서 얻는 지혜'(修慧)를 얻으려는 것을 말한다. ['마음을 채찍질하고 지니는 것'(策心持心)에 관한] 나머지 [내용][81]은 앞[의 4정단四正斷의 첫 번째 수행]에서 설명한 것과 같다.[82]

---

81 나머지 내용: 첫 번째 수행의 책심策心과 지심持心에 관한 설명에서 만약 마음이 가라앉아 번뇌가 오염시키려 하면 마음을 채찍질하여 들어 올리고 만약 마음이 들떠 번뇌가 오염시키려 하면 마음을 산란하지 않게 지녀 가라앉힌다고 말한 내용을 가리키는 것으로 보인다.

82 『현양성교론』 권2(T31, 488b24~c7). "二未生惡不善法爲不生故, 乃至廣說. 未生者, 謂增盛隨眠

云何已生善法? 謂已得故. 爲念[83]住者, 謂聞慧, 令不忘者, 謂思慧, 令修滿者, 謂修慧. 此上三句, 顯唯守護已所得善. 令倍修, 令增長, 令廣大者, 如其次第, 不唯於彼生知足故. 生欲等句, 皆如前說." 此義廣如『顯揚論』說. 言正斷者, 亦名正懃, 懃是體名, 斷是業稱. 『智度論』云, "破諸[84]耶[85]法, 正道中行故, 名正懃行.[86]"

[H1, 818b17~c1: X48, 159c19~24]

[4정단四正斷의 네 번째 수행에서] 〈'이미 생겨난 이로운 것들'(已生善法)〉은 무엇을 말하는가? 이미 얻어진 [이로운] 것들을 말한다. 〈'확고히 자리잡게 하고'(爲令住)〉라는 것은 '들어서 얻는 지혜'(聞慧)를 [대상으로 하여 그렇게] 말하는 것이고, 〈'잊어버리지 않게 하며'(令不忘)〉라는 것은 '사유하여 얻는 지혜'(思慧)를 [대상으로 하여 그렇게] 말하는 것이며, 〈'완전해지도록 닦게 하고'(令修滿)〉라는 것은 '[선정禪定을] 닦아서 얻는 지혜'(修慧)를 [대상으로 하여 그렇게] 말하는 것이다. 이상의 세 구절은 오직 '이미 얻어진 이로운 것들'(已所得善)을 지켜 보호하는 것만을 드러낸다. 〈'더욱 닦아 늘어나게 하고 더 커지게 하기 위해'(令倍修, 令增長, 令廣大)〉라는 것은 그 순서대로 오직 저 ['이미 얻어진 이로운 것들'(已所得善)을 지켜 보호하는 것]에 만족해하는 마음을 일으키지 않는

所攝, 能起麁纏之因. 爲不生故者, 謂令麁纏不現行故. 生欲者, 謂起爲證不現行欲. 策勵者, 謂由不忘住爲令不現行, 善住念故, (發起正勤策心持心皆如前說.) 三未生善法爲令生故, 乃至廣說. 未生者, 謂所未得.善法者, 謂聞思修所生三慧, 由無過義故名爲善. 爲令生故者, 謂令彼得故. 生欲者, 謂起證得欲. 策勵者, 謂求彼攝受正方便故. 發起正勤者, 謂長時殷重多堅修習. 此上三句, 顯得不定地對治, 惡不善法聞思兩慧所攝善法. 策心持心者, 謂爲得修慧故, 餘如前說." 괄호는 본문에서 짧게 요약한 부분을 표시한다. 본문에서 4정단四正斷 각각의 명칭을 나열할 필요가 없기 때문에 발생하는 구문 변화의 현상은 여기서도 반복된다. 이에 관해서는 역주 67) 참조.

83 『현양성교론』 원문에 따라 '念'을 '令'으로 고친다. 본서의 '(1) 열명列名' 단락에서는 이 구절이 '爲欲令住'(H1, 817b18)라고 되어 있다.

84 『대지도론』 원문에 따라 '諸'를 삭제한다.

85 『대지도론』 원문에 따라 '耶'를 '邪'로 고친다. 한불전 교감주에 "'耶'는 '邪'와 통한다. 다음에 나오는 것도 동일하다"라고 되어 있다.

86 『대지도론』 원문에 따라 '行'을 삭제한다.

것이다. [이하의] 〈'의욕을 일으켜'(生欲)〉 [〈독려하고(策勵)〉] 등의 구절들은 모두 앞의 설명과 같다."[87] 이러한 뜻은『현양성교론顯揚聖敎論』에서 자세히 말한 것과 같다.

'[해로움을] 끊는 수행'(正斷)이라고 말하는 것을 '[이로움을] 살리고자 노력하는 수행'(正懃)이라고도 부르니, '노력함'(懃)은 ['해로움은 끊고 이로움은 살리는 네 가지 수행'(四正斷)의] '바탕에 관한 명칭'(體名)이고 '끊음'(斷)은 [그 바탕(體)에 의거한] '행위에 관한 명칭'(業稱)이다.『대지도론大智度論』에서는 "'잘못된 것들'(邪法)을 깨뜨리고 '진리다운 길'(正道)에서 나아가기 때문에 '진리답게 노력하는 수행'(正懃)이라 부른다"[88]라고 말한다.

言斷者, 知[89]『瑜伽』說. "初名律儀斷, 第二名斷斷. 由於已生惡不善法, 應修律儀, 令其斷滅, 不應忍受故, 名律儀斷. 於未生惡, 令不現行,[90] 爲[91]令彼不現前,[92] 斷爲故斷,[93] 名爲斷斷. 三者名修斷, 四名防護斷. 由於善法, 數修數習, 先所未得能定[94]現前, 能有所斷故, 名修斷. 由於已得諸善法中, 遠離放逸, 修習圓滿, 防護已生, 能有所斷故, 名防護斷." 總而言之. "爲欲顯示, 於黑白品捨取事中, 增上意樂圓滿, 及加行圓滿, 是故宣說四種正斷. 當知此中由生欲故, 意樂圓滿, 由自策勵, 乃至持心故, 加行圓滿." 上來所說出『瑜伽論』, 是名略說正斷也.

[H1, 818c1~15: X48, 160a1~11]

87 『현양성교론』 권2(T31, 488c7~13). "四已生善法令住, 令不忘, 令修滿, 令倍修, 令增長令廣大, 生欲策勵乃至廣說. 已生者, 謂已得故. 令住者謂聞慧, 令不忘者, 謂思慧. 令修滿者, 謂修慧. 此上三句, 顯唯守護已所得善. 令倍修令增長令廣大者, 如其次第不唯於彼生知足故. (生欲者, 謂起證得欲, 餘如前說.)" 괄호는 본문에서 짧게 요약한 부분을 표시한다. 본문에서 4정단四正斷 각각의 명칭을 나열할 필요가 없기 때문에 발생하는 구문 변화의 현상은 여기서도 반복된다.

88 『대지도론大智度論』 권19(T25, 198b15). "破邪法, 正道中行, 故名正懃."

89 한불전 교감주에 "'知'는 '如'인 듯하다"고 되어 있다. 교감주에 따른다.

90 『유가사지론』 원문에 따라 '令不現行'을 '爲欲令彼不現行斷'으로 고친다.

91 『유가사지론』 원문에 따라 '爲' 뒤에 '欲'을 넣는다.

92 『유가사지론』 원문에 따라 '前' 뒤에 '斷'을 넣는다.

'끊음'(斷)이라고 하는 것은 『유가사지론』에서 [다음과 같이] 말한 것과 같다. "[4정단四正斷의] 첫 번째 [수행]은 '윤리적 행위규범[을 준수함]으로써 ['이미 생겨난 해로운 것들'(已生惡)을] 끊는 수행'(律儀斷)이라 부르고, 두 번째 [수행]은 '[나타나 작용하지 않게] 끊고 [아예 나타나지 않도록 미연未然에] 끊는 수행'(斷斷)이라고 부른다. '이미 생겨난 해로우며 이롭지 않은 것들'(已生惡不善法)에 대해서는 '윤리적 행위규범'(律儀)을 닦아 그 ['이미 생겨난 해로운 것들'(已生惡)]을 끊어 없애어 [그것들을] 용인하고 수용하지 않아야 하기 때문에 '윤리적 행위규범[을 준수함]으로써 ['이미 생겨난 해로운 것들'(已生惡)을] 끊는 수행'(律儀斷)이라고 부른다. '아직 생겨나지 않은 해로운 것들'(未生惡)에 대해서는 저 ['아직 생겨나지 않은 해로운 것들'(未生惡)]로 하여금 나타나 작용하지 않도록 끊고자 하고 저 ['아직 생겨나지 않은 해로운 것들'(未生惡)]로 하여금 [아예] 나타나지 않도록 [미연未然에] 끊고자 하니, [나타나 작용하지 않게] 끊으려 하는 것이고 [아예 나타나지 않도록 미연未然에] 끊으려 하는 것이기 때문에 '[나타나 작용하지 않게] 끊고 [아예 나타나지 않도록 미연未然에] 끊는 수행'(斷斷)이라고 부른다. 세 번째 [수행]은 '['아직 생겨나지 않은 이로운 것들'(未生善法)을] 닦아서 ['해로운 것들'(惡法)을] 끊는 수행'(修斷)이라 부르고, 네 번째 [수행]은 '['이미 생겨난 이로운 것들'(已生善法)을] 지키고 보호하여 ['해로운 것들'(惡法)을] 끊는 수행'(防護斷)이라고 부른다. '이로운 것들'(善法)을 자주 닦고 자주 익힘에 의거하여 먼저 아직 얻지 못한 [이로운] 것들을 나타날 수 있게 하여 ['해로운 것들'(惡法)이] 끊어짐이 있게 할 수 있기 때문에 '['아직 생겨나지 않은 이로운 것들'(未生善法)을] 닦아서 ['해로운 것들'(惡法)을] 끊는 수행'(修斷)이라고 부른다. '이미 얻은 모든 이로운 것들'(已得諸善法)에서 해이(放逸)[95]하지 않음으로써 ['이로운 것들'(善法)을] '닦아 익히는 수행'(修習)을 완성시키고 [그로써] '이미 생겨난 [이로운] 것들'(已生)을 지키고 보호하여 ['해로운 것들'(惡法)이]

93 『유가사지론』 원문에 따라 '斷爲故斷'을 '爲斷故斷故'로 고친다.

94 『유가사지론』 원문에 따라 '定'을 '令'으로 고친다.

95 방일放逸: 20가지 수번뇌隨煩惱 중 하나이다. 수번뇌隨煩惱에 관해서는 『중변분별론소(03,박태원)』 주 34번 참조. 『성유식론成唯識論』 권6에서는 "云何放逸? 於染淨品不能防修, 縱蕩爲性."(T31, 34b17~18)이라고 하여 염정품染淨品을 닦지 못하여 염품染品에 방종·방탕한 것(縱蕩)이라고 설명한다. 이러한 기본개념과 사정단 수행의 내용을 함께 반영하여 '해이함'으로 번역하였다.

끊어짐이 있게 할 수 있기 때문에 '['이미 생겨난 이로운 것들'(已生善法)을] 지키고 보호하여 ['해로운 것들'(惡法)을] 끊는 수행'(防護斷)이라고 부른다."[96]

---

96 『유가사지론』 권29(T30, 443a22~b8). "一名律儀斷, ①(謂於已生惡不善法. 爲令斷故生欲策勵, 乃至廣說.) 二名斷斷, ②(謂於未生惡不善法, 爲不生故生欲策勵, 乃至廣說.) 由於已生惡不善事, 應修律儀令其斷滅, 不應忍受, 由是因緣名律儀斷. 於其未生惡不善事, 爲欲令彼不現行斷, 爲欲令彼不現前斷, 爲斷故斷故名斷斷. 三名修斷, ③(謂於未生一切善法爲令生故. 廣說乃至策心持心.) 由於善法數修數習, 先所未得能令現前, 能有所斷故名修斷. 四名防護斷, ④(謂於已生一切善法爲欲令住廣說乃至策心持心.) 由於已得, ⑤(已現在前) 諸善法中, 遠離放逸, ⑥(修不放逸, 能令善法住不忘失) 修習圓滿, 防護已生, ⑦(所有善法.) 能有所斷故, 名防護斷. ⑧(如是廣辨四正斷已, 復云何知此中略義?)" 괄호와 번호는 생략된 부분을 표시한다. ①~④의 문장은 4정단四正斷의 열명列名에 해당하므로 생략되었고 ⑤의 문장은 이미 얻은 선법善法은 어차피 현전現前하는 것이기 때문에 생략된 것으로 보인다. ⑥과 ⑦의 문장 역시 의미의 중복에 따른 생략으로 보이는데, 번역에 일부 반영했다. 생략된 ⑧의 문장에 따르면 앞의 논의는 4정단에 관한 '광변廣辨'이고 다음의 논의에서는 4정단에 관한 '약의略義'가 이어짐을 알 수 있는데, 본문에서 "總而言之" 이후에 다시 인용되는 문장이 이 약의에 관한 논의로서 원효는 이 대목을 '약설정단略說正斷'이라 부르고 있다. 이외에 '一'을 '初'로 '二'를 '第二'로 '事'를 '法'으로, '由是因緣'을 '故'로, '於其未生惡不善事'를 '於未生惡'으로, '名'을 '名爲'로, '三'을 '三者' 등으로 바꾼 것과 같이 번역에서 의미가 달라지지 않는 곳은 교감하지 않았다. 한편 4정단을 율의단律儀斷·단단斷斷·수단修斷·방호단防護斷으로 정리하는 이 『유가사지론』 권29의 내용에서 추전麤纏과 수면隨眠의 개념에 의거한 유식학적 구도의 설명이 전면에 나타나지는 않으므로(인용문 뒤로 이어지는 권29의 내용에서는 "爲斷諸纏及隨眠故."(T30, 443b15~16)라고 하여 전纏과 수면隨眠의 용어가 나옴) 『현양성교론』 권2의 내용을 먼저 제시했던 원효의 의도가 분명해진다고 하겠다. 〈산스크리트본의 해당 내용: ŚrBh, pp.208-210. tatraikaṃ samvaraṇaprahāṇaṃ yad utpannānām pāpakānām akuśalānāṃ dharmāṇāṃ prahāṇāya cchandaṃ janayatīti vistareṇa / dvitīyaṃ prahāṇaprahāṇaṃ yad anutpannānām anutpādāya cchandaṃ janayatīti vistareṇa / utpannaṃ hi saṃvarayitavyaṃ pāpakaṃ ca vastu, anutpannaṃ ca yat tad asamudācārataḥ prahīṇam eva tad asaṃmukhībhāvataḥ prahātavyam iti kṛtvā, prahīṇasya prahāṇaṃ prahāṇaprahāṇaṃ / tatra bhāvanāprahāṇam ekaṃ / yad āha / anutpannānāṃ kuśalānāṃ dharmāṇām utpādāyeti vistareṇa yāvac cittaṃ pragṛhṇāti pradadhātīti / tathā hi kuśalā dharmā āsevyamānā bhāvyamānā apratilabdhāś ca pratilabhyante, pratilabdhāś ca sammukhīkriyante / tatrānurakṣaṇāprahāṇam ekaṃ / yad āha / utpannānāṃ kuśalānāṃ dharmāṇāṃ sthitaye / vistareṇa yāvac cittaṃ pragṛhṇāti, pradadhāti / tathā hi pratilabdheṣu saṃmukhīkṛteṣu ca kuśaleṣu dharmeṣu yā pramādavarjanāpramādaniṣevaṇā ca sā kuśalānāṃ dharmāṇāṃ sthitaye, asammoṣāya, bhāvanāparipūraye saṃvartate / evam utpannāḥ kuśalā dharmā anurakṣitā bhavanty / ayaṃ tāvat samyakprahāṇānām vistaravibhāgaḥ // samāsārthaḥ punaḥ katamaḥ / āha / kṛṣṇaśuklapakṣikasya tyāgādānavastuno 'dhyāśayasampad prayogasampac ca paridīpitā bhavati / tatrādhyāśayasampac chandajananatayā, prayogasampat punaḥ vyāyāmavīryārambhacittapragrahapradadhanaiḥ /; 그 [4정단] 중에서 하나는 율의에 의한 단절(律儀斷)이니, '이미 발생한 악하고 불선한 심리현상을 끊기 위해 의욕을 일으킨다'고 자세히 설한 것이다.

총괄하여 말하면 [다음과 같다.] "'해로운 것이나 이로운 것'(黑白品)에 대하여 [해로운 것은] 버리고 [이로운 것은] 취하는 일에서, '향상해 가려는 의욕'(增上意樂)[97]이 완전해지는 것[98]과 '이로운 것을 더해 가는 수행'(加行)이 완전해지는 것[99]을 드러내 보이고자 하니, 이런 까닭에 '해로움은 끊고 이로움은 살리는 네 가지 수행'(四種正斷)을 펼친다. 이 [4정단四正斷의 과정] 중에서 '의욕을 일으키는 것'(生欲) 때문에 [향상해 가려는] 의욕(意樂)이 완전해지고, '독려하는 것'(策勵)부터 '[마음이 들떠 산란하지 않게] 지니는 것'(持心)까지[의 노력들] 때문에 '이로운 것을 더해 가는 수행'(加行)이 완전해진다."[100] 앞에서 말한 것은 『유가사지론』에 나오는데, 이 [내용]을 '해로움은 끊고 이로

둘째는 '단절에 의한 단절'(斷斷)이니, '아직 발생하지 않는 [악하고 불선한 심리현상이] 발생하지 않도록 의욕을 일으킨다'하고 자세히 설한 것이다. 발생한 악한 현상은 자제해야만 하고 발생하지 않은 것은 표면적으로 활동하지 않는 자에게는 끊어졌고 그것이 현전하지 않는 자에게는 끊어져야 하기 때문이다. 끊어진 자에게 끊음이 있는 것이 단절에 의한 단절이다. 그중에서 하나는 '수습에 의한 단절'(修斷)이다. 곧 '아직 발생하지 않은 선한 심리현상을 발생시키기 위해'에서 '마음을 다잡고 안치한다'에 이르기까지 자세히 설한 것이다. 선한 심리현상에 친근하고 수습하면서, 아직 획득하지 못한 자들은 획득하고, 이미 획득한 자는 현전하기 때문이다. 그중에서 하나는 '방호에 의한 단절'(防護斷)이다. 곧 '발생한 선한 심리현상을 지속시키기 위해'에서 '마음을 다잡고 안치시킨다'에 이르기까지 자세히 설한다. 이미 획득하고 현전한 선법에 대해 방탕함을 끊고 방탕하지 않음에 친근하는 것은 선한 심리현상을 지속시키기 위해, 잊지 않기 위해, 수습을 완성하기 위해 발생하기 때문이다. 이와 같이 이미 발생한 선한 심리현상을 수호한다. 이것이 먼저 [4]정단을 자세히 변별한 것이다. 또 간략한 의미는 무엇인가? 설한다. 흑품과 백품이라는 버려야 할 현상과 유지해야 할 현상에 대해 뛰어난 의도를 완성하는 것과 노력을 완성하는 것을 설명한 것이다. 그중에서 의욕을 발생시킴으로써 뛰어난 의도의 완성이 있고, 그리고 책려와 정진을 개시하고 마음을 다잡고 안치함으로써 노력의 완성이 있다.〉

97 의락意樂: 해당하는 범어인 āśaya는 아세야阿世耶, 아사야阿奢也로 음역되는데, 휴식처, 머무르는 곳, 의사意思, 의향意向 등의 뜻이다. 의락意樂, 의욕意欲, 지원志願이라고 의역된다. 『佛光大辭典』, p.5448 참조. 본문에서 의락意樂과 가행加行을 연관하여 논의하는 것과 같은 사례로서, 『유가사지론』 권32에서도 "以要言之, 於諸學處當令增上意樂圓滿, 亦令所有加行圓滿."(T30, 460a14~16)이라고 하여 모든 학처學處에서 증상의락增上意樂을 원만하게 하고 또 그 증상의락에 속하는 가행加行들을 원만하게 한다고 설명한다.

98 '이미 생겨난 해로우며 이롭지 않은 것들'(已生惡不善法)과 '아직 생겨나지 않은 해로우며 이롭지 않은 것들'(未生惡不善法)을 끊는 수행이 이에 해당한다.

99 '아직 생겨나지 않은 이로운 것들'(未生善法)과 '이미 생겨난 이로운 것들'(已生善法)을 닦아 가는 수행이 이에 해당한다.

100 『유가사지론』 권29(T30, 443b8~12). "爲顯示於黑白品捨取事中, 增上意樂圓滿及加行圓滿, 是故宣說四種正斷. 當知此中由生欲故(增上)意樂圓滿, 由自策勵(發勤精進策心)持心故加行圓滿." 괄호는 생략된 부분을 표시한다. 본문에서 첫 글자인 '爲' 뒤에 '欲'을 첨가하는데, 뜻을 분명히 하

움은 살리는 네 가지 수행에 관한 간략한 설명'(略說正斷)이라고 부른다.

四神足義者. 云何名爲欲懃心觀? 知足四種有其二義, 或於一人具此四法, 或於別人 隨一增上.

[H1, 818c15~17: X48, 160a11~12]

③ **'선정을 이루어 번뇌를 끊게 하는 네 가지 능력의 계발'**(四神足)

'선정을 이루어 번뇌를 끊게 하는 네 가지 능력의 계발'(四神足)이라는 뜻[은 다음과 같다.] 무엇을 '의욕(欲)·정진(懃)·마음(心)·이해수행(觀)[101]이라고 하는가? 네 가지 [능력]에 두 가지 뜻이 있음을 알아야 하니, 어떤 [논서]에서는 한 사람[의 수행]에서 이 네 가지 항목을 [모두] 갖추는 것이라 하고, [또] 어떤 [논서]에서는 각각의 사람[의 수행]에서 한 가지 항목에 따르면서 향상해 가는 것이라고 한다.

기 위한 의도로 보인다.

101 욕欲·근懃·심心·관觀: ①욕삼마지단행성취신족欲三摩地斷行成就神足·②근삼마지단행성취신족勤三摩地斷行成就神足·③심삼마지단행성취신족心三摩地斷行成就神足·④관삼마지단행성취신족觀三摩地斷行成就神足으로 열명列名되어 있는 4신족四神足에 관해 아래의 '(6) 변제문辨諸門' 단락에서는 "神足所緣者, 謂已成滿定所住事. 此復云何? 由已成滿三摩地力, 發起種種神變等事, 是所緣境. 神足自體者, 謂三摩地. 神足助伴者, 謂欲勤心觀, 及彼相應心心法等."(H1, 823b5~9)이라고 하여 신족神足의 소연所緣과 자체自體와 조반助伴을 나누어 제시하는데, 신족神足의 소연所緣은 이미 성취된 삼마지三摩地의 힘이 갖가지 신변神變 등의 현상을 일으키는 것이고 신족의 자체自體는 삼마지三摩地이며 욕欲·근懃·심心·관觀은 신족의 조반이라고 설명한다. 본문의 아래에서 인용되는 두 논서인 『유가사지론』과 『현양성교론』의 대체적 내용은 신족의 조반인 욕欲·근懃·심心·관觀에 의해 신족의 자체自體인 삼마지가 성취되는 두 가지 방식에 관한 설명인 것으로 보인다.

如『瑜伽論』九十八卷云, “復次由四種力, 持心令定, 是故建在四種神足. 云何爲四? 一淨意樂力, 二勤務力, 三心喜樂力, 四正智力. 當知, 此中由第一力, 於三摩地, 發生樂欲, 爲證得故, 修習勤務. 由第二力, 最初住心, 令其安定. 由第三力, 已住定心無復散動, 不令於我,[102] 更復飄轉. 由第四力, 觀察等持所治煩惱, 於斷未斷, 如實了知, 又於等持入住出相, 能善了別. 如是復於奢摩他等所有諸相, 若於止觀諸隨煩惱, 及彼對治等, 皆如實知. 樂等持者, 於等持中, 但有爾所等持作事, 除此, 更無若過若增.” 此文顯示, 於一行者具四種力, 成就等持, 是故建立四種神足.

[H1, 818c17~819a9: X48, 160a13~23]

[한 사람의 수행에서 네 가지 항목을 모두 갖추는 것에 관해서는] 『유가사지론瑜伽師地論』 제98권에서 [다음과 같이] 말한 것과 같다. “또한 ‘[의욕(欲)·정진(懃)·마음(心)·이해수행(觀), 이] 네 가지 능력’(四種力)에 의거하여 마음을 [산란하지 않게] 지녀 선정禪定(定)을 이루게 하기 때문에 ‘선정禪定을 이루어 번뇌를 끊게 하는 네 가지 능력의 계발’(四種神足)을 굳건히 수립한다. 무엇을 네 가지 [능력]이라고 하는가? 첫 번째는 ‘청정한 의욕을 일으키는 능력’(淨意樂力)이고, 두 번째는 ‘부지런히 노력하는 능력’(勤務力)이며, 세 번째는 ‘마음으로 기뻐하며 즐기는 능력’(心喜樂力)이고, 네 번째는 ‘바른 지혜[로 이해하는] 능력’(正智力)이다. [이 네 가지 능력이 성취되는 과정에 관해] 알아야 하는 것은 [다음과 같다.] 이 [네 가지 능력] 중에서 ‘첫 번째[인 청정한 의욕을 일으키는] 능력’(第一力)에 의거하여 선정禪定(三摩地)에서 ‘즐거운 의욕’(樂欲)을 일으키고, [‘즐거운 의욕’(樂欲)을] 체득하기 때문에 [두 번째 능력인] ‘부지런한 노력’(勤務)을 실천(修習)하게 된다. ‘두 번째[인 부지런히 노력하는] 능력’(第二力)에 의거하여 최초로 ‘[선정에 드는] 마음을 자리잡게 하고’(住心) 그 [마음]을 선정禪定(定)에 안착시킨다. ‘세 번째[인 마음으로 기뻐하고

102 『유가사지론』 원문에 따라 ‘我’를 ‘外’로 고친다.

즐기는] 능력'(第三力)에 의거하여 '이미 자리 잡아 선정禪定에 안착한 마음'(已住定心)은 다시 흩어져 동요하는 일이 없어져 [이미 자리 잡아 선정에 안착한 마음이] 다시는 외부 [대상]에 끌려 나가지 않게 한다. '네 번째[인 바른 지혜로 이해하는] 능력'(第四力)에 의거하여 선정禪定(等持)[103]으로 치유되는 번뇌들을 '이해하고 살핌'(觀察)으로써 '끊어

103 등지等持: 범어 'samādhi'의 의역이다. 정定·정정正定·정의定意·조직정調直定·정심행처正心行處 등으로도 의역되고, 삼마지三摩地·삼매三昧·삼마제三摩提·삼마제三摩帝 등은 그 음역이다. 『佛光大辭典』, p.580 참조. 본문에서도 서두에서 "由四種力, 持心令定"이라 하고 말미에서 "具四種力 成就等持"라고 하여 같은 내용에 관해 정定과 등지等持를 구분 없이 혼용하고 있음을 살펴볼 수 있다. Monier Williams Sanskrit-English Dictionary에서는 'samādhi'에 관해 모음(putting together), 결합(combining with), 성취·완성(completion·accomplishment) 등이라는 기초적 의미와 함께 '생각의 집중'(concentration of the thoughts), '특정 대상에 관한 집중적 몰입'(intense contemplation of any particular object) 등으로 설명한다(p.1159 참조). 『성유식론成唯識論』 권5에서는 보편적으로 작용하는 마음현상인 촉觸·작의作意·수受·상想·사思의 5변행심소五遍行心所와 구별하여 5별경심소五別境心所에 관해 "別境謂欲勝解念定慧"(T31, 27c28~29)라고 하는데, 특정한 대상에 결합하는 마음현상인 욕欲·승해勝解·염念·정定·혜慧의 5별경심소五別境心所 중 하나로서 정심소定心所가 거론된다. 같은 곳에서는 "云何爲定? 於所觀境, 令心專注, 不散爲性, 智依爲業."(T31, 28b25~26)이라고 하여 정定의 기본면모(性)는 '이해의 대상'(所觀境)에 '마음을 오롯하게 기울여 흩어지지 않게 함'(專注不散)이고 정定의 행위(業)는 '지혜에 의거하는 것'(智依)이라고 하며, "若不繫心, 專注境位, 便無定起, 故非遍行."(T31, 28c1~2)이라고 하여 마음을 대상에 오롯하게 기울이는 상태에 묶어 두지 않으면 정定이 일어나지 않기 때문에 보편적으로 작용하는 마음현상인 변행심소遍行心所가 아니라고 설명한다. 한편 본문 아래의 '2) 소문消文' 단락에서는 "心住名三摩提者, 此云等持. 欲明心住者, 九種中唯取第九等持之住, 以爲四如意足之體. 何等名爲九種心住? 一者內住, 二者等住, 三者安住, 四者近住, 五者調順, 六者寂靜, 七者最極寂靜, 八者專住一趣, 九者等持."(H1, 827a4~9)라고 하여 삼마제三摩提의 의역이 등지等持이고 이 등지等持가 4신족四神足(四如意足)의 바탕(體)이라고 하면서 이 4신족의 바탕(體)으로서의 등지는 9종심주九種心住 중에서 마지막인 제9등지第九等持를 가리킨다고 설명한다. 원효가 『기신론소』 권2에서 지止 수행을 설명하기 위해 인용한 『유가사지론』 권30에서는 9종심주 각각에 관해 논의하다가 마지막인 제9등지에 관해 "數修數習數多修習爲因緣故, 得無加行無功用, 任運轉道, 故名等持."(H1, 727c10~11)라고 하여, 이전까지의 수많은 수행을 인연으로 삼아 '더 이상의 힘을 더해 가는 수행'(加行)과 능력발휘(功用)가 필요 없는 경지를 얻어 삼매를 고르게 유지하며 '깨달음의 길을 자유롭게 걸어가는 것'(任運轉道)이라고 설명한다. 이어지는 설명에서 지관止觀 수행과 정定(等持)의 개념의 관계에 관련하여 주목되는 내용은 "又如是得奢摩他者, 復卽由是四種作意, 方能修習毗鉢舍那, 故此亦是毗鉢舍那品."(H1, 727c11~14)인데, 9종심주로 사마타奢摩他(지止) 수행을 성취한 자는 4종작의四種作意에 의거하여 비발사나毘鉢舍那(관觀) 수행을 닦을 수 있다는 설명이다. 여기서 4종작의四種作意라는 것은 『유가사지론』 권30에 따르면 "即於如是九種心住, 當知復有四種作意. 一力勵運轉作意, 二有間缺運轉作意, 三無間缺運轉作意, 四無功用運轉作意. 於內住等住中, 有力勵運轉作意, 於安住近住, 調順寂靜, 最極寂靜中, 有有間缺運轉作意, 於專注一趣中, 有無間缺運轉作意, 於等持中, 有無功用運轉作意. 當知如是四種作意, 於九種心住中是

진 번뇌와 아직 끊어지지 않은 번뇌'(斷未斷)를 '사실 그대로 분명히 알게 되고'(如實了知), 또 '선정禪定에 들어가고 머무르며 나오는 양상'(等持入住出相)을 잘 구별(了別)할 수 있게 된다. 이와 같이 [4신족四神足은] 또한 '빠져들지 않는 마음국면'(奢摩他)[과 '진리다운 이해'(毘鉢舍那)][104] 등이 지니는 모든 특징이라든가 '[빠져들지 않는 마음국면인]

奢摩他品."이라고 하여 9종심주 중에서 ①내주內住와 ②등주等住에 있는 '역려운전작의力勵運轉作意', ③안주安住와 ④근주近住와 ⑤조순調順과 ⑥적정寂靜과 ⑦최극적정最極寂靜에 있는 '유간결운전작의有間缺運轉作意', ⑧전주일취專住一趣에 있는 '무간결운전작의無間缺運轉作意', ⑨등지等持에 있는 '무공용운전작의無功用運轉作意'의 네 가지를 가리킨다. 말하자면 이 4종작의는 9종심주로 일체경계상一切境界相을 그치게 하는 지止 수행의 적극적 내용에 해당하는 것인데, 이러한 지止 수행의 정점에 등지等持가 있고 이 등지를 매개로 지止(사마타)와 관觀(비발사나) 수행이 결합하는 형식을 갖는 것으로 보인다. 여기에 착안한다면 등지(또는 정定)은 지止와 관觀을 매개하거나 포괄하는 지위를 가진다고 하겠다.

104 사마타奢摩他와 비발사나毘鉢舍那: 차례로 지止와 관觀의 음역이다. 아래 인용문 출처에 관한 주석에서 보듯이 원효 역시 사마타와 비발사나를 지止·관觀과 동일한 용어로 사용한다. 일반적인 설명으로서 『佛光大辭典』에서는 마음을 한곳으로 거두어들여 산동散動하지 않도록 방지防止하고 망상이 일어나는 것을 차지遮止하는 것이 지止이고, 관觀은 진일보하여 정지正智를 열어 모든 현상을 관조하는 것이라고 한다. p.1474 참조. 범어 'śamatha'는 고요(quiet), 평정(tranquillity), 격정의 부재(absence of passion) 등의 뜻이고, 'vipaśyanā'는 바른 앎(right knowledge)의 뜻이며, 지관안주止觀安住로 의역되는 'śamatha-vipaśyanā-vihārin'은 고요함과 바른 앎을 향유함(enjoying quietude and right knowledge)의 뜻이라고 성명하고 있다. Monier Williams Sanskrit-English Dictionary, pp.974, 1054 참조. 『대승기신론』 권1에서는 "云何修行止觀門? 所言止者, 謂止一切境界相, 隨順奢摩他觀義故. 所言觀者, 謂分別因緣生滅相, 隨順毘鉢舍那觀義故."(T32, 582a12~15)라고 하여 일체경계상一切境界相을 그치는 것이 지止이고, 인연생멸상因緣生滅相을 구분하여 아는 것이 관觀이라고 설명한다. 원효는 이 대목에 관해 『기신론소』 권2에서 "言謂止一切境界相者, 先由分別作諸外塵, 今以覺慧破外塵相, 塵相既止, 無所分別, 故名爲止也. 次言分別生滅相者, 依生滅門, 觀察法相, 故言分別. 如『瑜伽論』「菩薩地」云, 〈此中菩薩, 即於諸法, 無所分別, 當知名止, 若於諸法, 勝義理趣. 及諸無量安立理趣, 世俗妙智, 當知名觀.〉 是知依眞如門, 止諸境相, 故無所分別, 即成無分別智, 依生滅門, 分別諸相, 觀諸理趣, 即成後得智也."(T44, 221c25~222a4. 〈 〉는 『유가사지론』 권45의 인용 부분을 표시함)라고 하는데, 모든 현상에 대해 무소분별無所分別인 것이 지止이고 모든 현상의 승의이취勝義理趣와 무량안립이취無量安立理趣에 관한 세속묘지世俗妙智가 관觀이라는 『유가사지론』 권45의 설명에 따라 지止는 진여문眞如門에 의거하여 각혜覺慧로 외진상外塵相을 깨뜨려 외진상에 대해 무분별지無分別智를 이루는 것이고 관觀은 생멸문生滅門에 의거하여 모든 현상의 특징들(法相)과 이취理趣를 관찰하여 후득지後得智를 이루는 것이라고 결론짓는다. 본문 아래 '(6) 변제문辨諸門' 단락의 4신족四神足에 관한 논의에서는 『유가사지론』 권28을 인용하여 지止와 관觀에 관한 보다 미시적이고 구체적인 설명이 진행되는데, "或修奢摩他時, 修習止品上下想, 或修毘鉢舍那時, 修習觀品前後想. 上下想者, 謂觀察此身如其所住如其所願, 上從頂上下至足下, 種種雜類不淨充滿, 謂此身中所有種種髮毛爪齒, 如前廣說. 前後想者, 謂如有一於所觀相殷勤懇到, 善取善思善了善達, 謂住觀於坐坐觀於臥, 或在後行

그침'(止)과 '[진리다운] 이해'(觀)의 [대상인] 모든 '[근본번뇌에] 따르는 번뇌'(隨煩惱) 및 저 [근본번뇌에 따르는 번뇌'(隨煩惱)]의 치유(對治) 등에 관해 모두 '사실 그대로 아는 것'(如實知)이다. '선정禪定을 즐긴다'(樂等持)는 것은, 선정禪定(等持)[을 유지하는] 가운데 단지 선정禪定(等持)을 이루는 일만 있을 뿐 이 [선정을 이루는 일] 외에 [선정을 이루는 일에] 모자라거나 [선정을 이루는 일에서] 넘치는 것이 없는 것이다."[105] 이 [『유가사지론』의] 문장은 〈한 사람의 수행자에서 '[의욕(欲)·정진(懃)·마음(心)·이해수행(觀), 이] 네 가지 능력'(四種力)을 갖추어 선정禪定(等持)을 성취하기 때문에 '선정禪定을 이루어 번뇌를 끊게 하는 네 가지 능력의 계발'(四種神足)을 굳건히 수립한다〉는 것을 드러내는 것이다.

云何別人隨一增上? 如『顯揚論』說, "欲增上故, 得三摩地者,[106] 如有行者, 先世修習上品善根於大師所, 或於有智同梵行處, 生信生欲, 聽聞正法,

---

觀察前行, 此則顯示以毘鉢舍那行, 觀察三世緣生諸行."(T30, 439b27~c6, H1, 823c17~824a2)이라고 하는 것에 따르면, 지止 수행에서는 위로는 정수리로부터 아래로는 발에 이르기까지 잡류雜類의 부정不淨함으로 충만되어 있음을 관찰하고, 관觀 수행에서는 현재 머무르고 있다가 미래에 앉아 있을 것을 관찰하고 앉아 있다가 과거에 누워 있었던 것을 관찰하기도 하며(인용하지 않은 뒷 내용에서 현재·미래·과거의 관계로 주住·좌坐·와臥를 자세히 설명함) 새롭게 생겨난 '뒷 행동'(後行)에서 이미 사라진 '앞 행동'(前行)을 관찰하기도 하는 것이라고 설명한다. 지금 본문의 문맥과 관련해서는 욕欲·근懃·심心·관觀의 4력四力에 의해 성취된 삼마지三摩地들 중에서도 심삼마지心三摩地와 관삼마지觀三摩地에 각각 지止와 관觀을 배당하여 논의하는 것으로도 보이는데, 앞서 심삼마지는 근무력勤務力에 의거하여 최초로 안정된 마음인 정심定心에 산동散動이 없어진 것이고 관삼마지는 정심定心의 입주출상入住出相을 잘 요별了別하는 것이라고 설명했다.

105 『유가사지론』 권98(T30, 862a13~25). "復次(應知建立四種神足, 如聲聞地已廣分別. 若略說者,) 由四種力持心令定, 是故建立四種神足. 云何爲四? 一淨意樂力, 二勤務力, 三心喜樂力, 四正智力. 當知此中, 由第一力, 於三摩地, 發生樂欲, 爲證得故, 修習勤務. 由第二力, 最初住心令其安定. 由第三力, 已住定心, 無復散動, 不令於外更復飄轉. 由第四力, 觀察等持所治煩惱, 於斷未斷如實了知. 又於等持入住出相, 能善了別, 如是復於奢摩他等所有諸相. 若〈奢摩他毘鉢舍那〉諸隨煩惱, 及〈隨煩惱能對治〉等, 皆如實知. 樂等持者, 於等持中, 但有爾所等持作事, 除此更無若過若增." 괄호는 생략된 내용을 표시한다. 〈 〉로 표시된 부분에서는 "奢摩他毘鉢舍那"가 "止觀"으로, "隨煩惱能對治"가 "彼對治"로 대체되어 있음을 볼 수 있다.

106 『현양성교론』 원문에는 '者'가 없지만, 문맥을 분명히 하기 위해 보충한 것으로 보인다.

如所信樂,[107] 聞正法已, 展轉證得心[108]一境性. 由此欲故, 三摩地成就, 言成就者, 謂於此中而得自在. 第二勤增上故, 得三摩地者,[109] 如有行者, 依於教授及敎誡法, 或在空閑, 或在林樹, 或止靜室, 於如是處, 長時勇猛純熟, 熾然正勤, 證得心住一境性. 由正勤故, 三摩地成就.

[H1, 819a9~20: X48, 160a23~b7]

무엇을 〈각각의 사람이 한 가지 항목에 따르면서 향상해 간다〉고 하는가? 『현양성교론顯揚聖教論』에서 [다음과 같이] 말한 것과 같다. "[첫 번째로] 의욕(欲)을 향상시키기 때문에 선정禪定(三摩地)을 얻는다는 것은, 어떤 수행자가 전생前生에 '위대한 스승'(大師)이 있는 곳에서 '높은 수준의 이로운 능력'(上品善根)을 닦다가 [현생現生에] 지혜(智)와 '청정한 수행'(梵行)[110]을 함께 지닌 사람이 있는 곳에서 믿음(信)을 일으키고 의욕(欲)을 일으켜 [부처님의] '바른 진리'(正法)를 듣게 되면, '믿음과 의욕'(信欲)에 따라 '바른 진리'(正法)를 듣고 나서 점점 바뀌어 '마음이 한결같아진 상태에 자리잡음'(心住一境性)[111]을 체득하는 것이다. 이 의욕(欲) 때문에 선정禪定(三摩地)을

107 『현양성교론』 원문에 따라 '樂'을 '欲'으로 바꾼다.

108 『현양성교론』 원문에 따라 '心' 뒤에 '住'를 넣는다. 한불전 교감주에도 "'心' 뒤에 '住'가 탈락된 듯하다"라고 되어 있다.

109 『현양성교론』 원문에는 '者'가 없지만, 문맥을 분명히 하기 위해 보충한 것으로 보인다.

110 범행梵行: 원래 인도 바라문婆羅門 일생의 4주기(범행기梵行期·가주기家住期·임서기林棲期·유행기遊行期) 중에서 첫 번째 범행기에 불음不淫의 계율을 지키고 경전과 제사의식을 배우는 행위를 가리켰는데, 불교에서는 계율을 지키고 자慈·비悲·희喜·사捨의 사무량심四無量心을 닦는 등의 청정한 수행을 말한다. 『佛光大辭典』, p.4631 참조.

111 심주일경성心住一境性: 심일경성心一境性이라고도 한다. 심일경성은 초기불교 경전에서 사선四禪을 구성하는 주요 내용으로 등장한다. 사선에 관한 니까야/아함의 정형구문들에서는 심일경성이 등장하는 경우와 등장하지 않는 경우가 모두 목격된다. 심일경성은 아비달마 논서 이후 선정禪定의 특징을 설명하는 말 중에서 대표적인 술어로 간주된다. 이 말의 팔리어 원어는 'cittekaggatā'인데, 어원에 따른 뜻은 '마음(citta)이 하나인(eka) 최상에(agga) [도달한] 상태(-tā)'로 파악할 수 있다. 『청정도론』이 종합하고 있는 일련의 교학/수행 전통에서는 이 말의 의미를 '대상에 대한 고도의 집중상태'로 이해하는데, 이후의 불교전통에서는 이러한 『청정도론』 류類의 관점이 큰 영향을 미친 것으로 보인다. 선정의 의미를 '마음이 하나의 대상에 몰입된 상태'

성취하니, '성취한다'(成就)는 것은 이 ['의욕으로 이룬 선정禪定'(欲三摩地)]에서 ['번뇌를 끊는 수행'(斷行)[112]의] 자유자재함(自在)을 얻는다는 것이다. 두 번째로 정진(勤)을 향상시키기 때문에 선정禪定(三摩地)을 얻는다는 것은, 어떤 수행자가 '[스승의] 가르침'(敎授)[113]

로 이해하는 전통이 뿌리내린 것이다. 그러나 니까야/아함이 전하는 심일경성이라는 말에는 원래 '대상에 대한 집중'이라는 의미가 없다. 불교의 선禪 수행이나 선정을 '대상 집중'으로 파악하는 것은 불교내부 특정집단의 특정한 해석학적 선택으로 보아야 한다. 만약 붓다 자신이 '심일경성'이라는 말을 사용하였다면, 그 말의 의미와 내용은 달리 해석할 여지가 충분하다. 이것은 '붓다가 설한 선禪 수행 내지 선정이란 어떤 것인가?'라고 하는 근원적 문제이기도 한데, 통념처럼 뿌리내린 '대상 집중'이라는 선관禪觀은 원천에서부터 재음미할 필요가 있어 보인다. 『아비달마구사론』 권4에서는 심대지법心大地法의 10가지 심소법心所法들을 설명하면서 그중 삼마지三摩地 심소心所에 관해 "三摩地謂心一境性"(T29, 19a22)이라고 하여 삼마지三摩地(정定) 자체의 설명어로서 심일경성을 제시하는데, 같은 책 권28 「분별정품分別定品」에서는 "何名一境性? 謂專一所緣."(T29, 145b1)이라고 하여 하나의 대상(一所緣)에 전념하는 것이라고 설명한다. 『성유식론』에서도 앞 '등지等持' 주석에서 보듯이 정定의 기본면모(性)가 '이해의 대상'(所觀境)에 마음을 '오롯하게 기울여 흩어지지 않는 것'(專注不散)이라고 하여 대상(境)의 의미가 부각되고, 정定이 보편적으로 작용하는 마음현상인 변행심소遍行心所가 아니라 5별경심소別境心所 중 하나로 꼽히는 것도 마음이 특정한 대상에 마음을 쏟기 때문이라고 하여 역시 대상(境位)의 의미가 부각된다. 『유가사지론』 권63 「섭결택분중삼마희다지攝決擇分中三摩呬多地」에서 "問. 何因緣故說諸靜慮名心一境性? 答. 略有二種所緣境界, 一不定地所緣境界, 二者定地所緣境界. 此中一境, 所謂定地所緣境界, 非第二境繫心於此一所緣境, 是故說名心一境性."(T30, 650b13~17)이라고 하는 것에 따르면 정려靜慮(定)를 심일경성心一境性이라고 할 때 그 소연경계所緣境界에는 두 종류가 있어서 부정지소연경계不定地所緣境界와 정지소연경계定地所緣境界인데, 여기서 일경一境이라는 것은 부정지소연경계가 아니라 정지소연경계를 가리킨다고 설명한다. 여기서는 일경이 특정한 하나의 대상이라고 설명하지는 않고 정지定地에서 반연되는 대상 일반을 가리키는 것으로 설명하지만, 여전히 선정에 대해 '대상 집중으로 이해하는 전통'을 살펴볼 수 있다. 하지만 『유가사지론』 권77 「섭결택분중보살지攝決擇分中菩薩地」에서는 그 전통에서 벗어나는 설명이 보이는데, "云何心一境性? 善男子! 謂通達三摩地所行影像唯是其識."(T30, 724a25~26)이라고 하여 삼마지三摩地에 의해 작용하는 모든 영상들이 오직 마음(識)임을 통달通達하는 것이 심일경성이라고 설명한다.

112 단행斷行: 4신족四神足에서 첫 번째 신족神足의 명칭이 욕삼마지단행성취신족欲三摩地斷行成就神足이고, 『현양성교론』 인용문의 출처에 관한 아래 주석에서 보듯이 『현양성교론』의 생략된 부분의 내용은 욕삼마지欲三摩地에 의해 끊어지는 번뇌 및 8종단행八種斷行에 관한 논의이다.

113 교수敎授: 스승이 제자에게 가르침을 주는 방법을 말하는데, 『유가사지론』 권27에서는 "云何教授? 謂四教授, 一無倒教授, 二漸次教授, 三教教授, 四證教授."(T30, 435b23~25)라고 하여 네 가지로 구분하고, 이하에서는 "云何無倒教授? 謂無顚倒宣說法義, 令其受持讀誦修學, 如實出離正盡衆苦作苦邊際, 如是名爲無倒教授. 云何漸次教授? 謂稱時機宣說法義, 先令受持讀誦淺近後方令彼學深遠處. 又爲令入初諦現觀, 先教苦諦後集滅道. 又爲令得靜慮等至, 先教最初靜慮等至, 後教其餘靜慮等至. 如是等類應知名爲漸次教授. 云何教教授? 謂從尊重若似尊重達解瑜伽軌範親教, 或諸如來或佛弟子所, 聞正教, 即如其教不增不減教授於他名教教授. 云何證教授? 謂如自己獨處空閑, 所得所觸所證諸法, 爲欲令他得觸證故, 方便教授名證教授."(T30, 435b25~c9)라고 하여 대체

과 [스승으로부터 받은] '교훈적 진리'(敎誡法)에 의거하여 한적한 곳에 머물거나 숲속의 나무 아래 머물거나 고요한 방에 있거나 하면서 이와 같은 곳에서 오랜 시간 용맹하고 오롯하게 [공부를] 익히고 치열하게 정진하여 '마음이 한결같아진 상태에 자리잡음'(心住一境性)을 체득하는 것이다. [이] 정진(正勤) 때문에 선정禪定(三摩地)을 성취한다.[114]

第三心增上故, 得三摩地者,[115] 如有行者, 先已修習奢摩他行, 由此因緣, 思惟內法, 速疾證得心住一境性. 由修心故, 三摩地成就. 第四觀增上故, 得三摩地者,[116] 如有行者, 多聞聞持, 其聞積集, 獨處樂[117]靜, 卽於彼法, 以慧簡擇, 極細簡擇, 遍覺觀察, 由[118]此證得心住一境性. 由觀察故, 三摩地成就." 此文顯示, 依四行者, 隨一增上, 成就等持, 是故建立四種神足.

[H1, 819a20~b5; X48, 160b7~14]

로 ①무도교수無倒敎授는 전도됨이 없는 법의法義를 설하여 수학修學하게 하는 것이고, ②점차교수漸次敎授는 때와 근기(時機)에 맞게 법의法義를 설하는 것이며, ③교교수敎敎授는 여래如來나 불제자佛弟子에게서 들은 정교正敎를 늘이거나 줄임이 없이(不增不減) 그대로 다른 사람에게 전하는 것이고, ④증교수證敎授는 스스로 독처獨處에서 증득한 진리를 다른 사람이 촉증觸證하게 하는 것이라고 설명한다.

114 이 문단에만 해당하는 『현양성교론』 권2의 내용을 인용하면 다음과 같다. "欲增上故得三摩地, 如有行者先世修習上品善根, 於大師所或於有智同梵行處, 生信生欲聽聞正法, 如所信欲聞正法已, 展轉證得心住一境性, 由此欲故三摩地成就. (중략) (由此欲故三摩地成就者,) 謂於此中而得自在. (중략) 第二勤增上故得三摩地, 如有行者依於敎授及敎誡法, 或在空閑或居林樹或止靜室, 於如是處長時勇猛純熟熾然正勤, 證得心住一境性, 由正勤故三摩地成就."(T31, 488c14~489a15.) 괄호로 표시한 "由此欲故三摩地成就者"가 본문에서는 직전 문장과의 중복을 피하기 위해 "言成就者"로 축약되어 있다. 중략으로 표시된 부분은 분량이 많아 세시하지 않았는데, 대략 두 가지 내용으로서 첫 번째는 이생악불선법已生未生惡不善法을 생욕生欲에서 지심持心까지의 수행으로 치유하는 내용이고, 두 번째는 8종단행八種斷行에 관한 내용이다. 첫 번째는 앞의 4정단四正斷에 관한 논의와 중복되고 두 번째는 뒤의 '(6) 변제문辨諸門' 문단의 "神足修習者, 謂數修習八種斷行, 謂①欲②精進③信④安⑤正念⑥正知⑦思⑧捨."(H1, 823b9~11, 번호는 역자 보충)라고 하는 것 이하에서 8종단행八種斷行에 관해 자세히 설명하는 것과 중복되기 때문에 생략하는 것으로 보인다.

세 번째로 〈마음(心)을 향상시키기 때문에 선정禪定(三摩地)을 얻는다〉는 것은, 어떤 수행자가 앞서 이미 '선정 수행'(奢摩他行)을 닦았기에 이 인연으로 말미암아 [마음] 내면의 현상을 성찰하여 빠르게 '마음이 한결같아진 상태에 자리잡음'(心住一境性)을 체득한다는 것이다. '마음 [성찰]을 수행하는 것'(修心) 때문에 선정禪定(三摩地)을 성취하는 것이다. 네 번째로 〈이해(觀)를 향상시키기 때문에 선정禪定(三摩地)을 얻는다〉는 것은, 어떤 수행자가 [가르침을] 많이 듣고 들은 것을 간직하며 그 들은 것들을 축적하여 홀로 한적하고 고요한 곳에 머물면서 저 [모아둔] 가르침(法)들에 관해 지혜(慧)[119]로써 취사선택(簡擇)함에 매우 미세하게 취사선택(簡擇)하고, [선택한 것에 대해] 두루 사유(覺觀)하고 성찰(察)하여, 이로 인해 '마음이 한결같아진 상태에 자리잡음'(心住一境性)을 체득하는 것이다. '이해와 성찰'(觀察) 때문에 선정禪定(三摩地)을 성취하는 것이다."[120] 이 [『현양성교론顯揚聖敎論』의] 문장은, [의욕(欲)·정진(勤)·마음(心)·이해수행(觀), 이] 네 가지에 의거하는 [각각의] 수행자가 하나의 항목에 따르면서 향상하여 선정禪定(等持)를 성취하기 때문에 '선정禪定을 이루어 번뇌를 끊게 하는 네 가지 능력의 계발'(四種神足)을 굳건히 수립한다는 것을 드러내 보여 준다.

---

115 『현양성교론』 원문에는 '者'가 없지만, 문맥을 분명히 하기 위해 보충한 것으로 보인다.

116 『현양성교론』 원문에는 '者'가 없지만, 문맥을 분명히 하기 위해 보충한 것으로 보인다.

117 『현양성교론』 원문에 따라 '樂'을 '閑'으로 고친다. 한불전 교감주에도 "'樂'은 '閑'인 듯하다"라고 되어 있다.

118 『현양성교론』 원문에 따라 '由'를 '因'으로 고친다.

119 혜慧: 욕欲·승해勝解·염念·정定·혜慧의 5별경심소五別境心所 중 하나이다. 『성유식론』 권5에서는 "云何爲慧? 於所觀境簡擇爲性, 斷疑爲業, 謂觀得失俱非境中, 由慧推求得決定故. 於非觀境愚昧心中無簡擇故非遍行攝."(T31, 28c11~14)이라고 하여 이해의 대상(所觀境)에서 간택簡擇하는 것을 기본면모(性)으로 삼고, 의심을 끊는 것을 작용행위(業)로 삼으며, 득得·실失 및 득得도 아니고 실失도 아닌 것을 관찰하는 중에 지혜(慧)로 추구하여 결정하는 것이고, 이해의 대상이 아닌 것과 우매한 마음에서는 간택簡擇이 없으므로 변행심소遍行心所에 속하지 않는다고 설명한다.

120 『현양성교론』 권2(T31, 489a15~22). "第三心增上故得三摩地, 如有行者先已修習奢摩他行, 由此因緣思惟內法, 速疾證得心住一境性, 由修心故三摩地成就. (餘如前說.) 第四觀增上故得三摩地, 如有行者多聞聞持其聞積集獨處閑靜, 即於彼法以慧簡擇, 極細簡擇遍覺觀察, 因此證得心住一境性, 由觀察故三摩地成就." 괄호는 생략된 내용을 표시한다.

> 四中皆言斷行成就者, 八種斷行, 後當廣說. 言神足者, 從喩立名. 如『瑜伽』說, “如有足者, 能往能還, 騰躍勇健, 能得世間殊勝之法. 世殊勝法, 說名爲神, 彼能到此, 故名神足. 如是若有欲等諸法, 有三摩地圓滿成辦, 有所堪能, 獲得不動, 能往能還, 騰躍勇健, 能得能證出世勝法. 由出世法最勝自在, 是最勝神, 彼能證此, 故名神足.”
>
> [H1, 819b5~14; X48, 160b14~20]

[4신족四神足의] 네 가지 [명칭] 중에서 모두 〈‘번뇌를 끊는 것을 성취한다’(斷行成就)〉고 말한 것은 ‘[욕欲·정진精進·신信·안安·정념正念·정지正知·사思·사捨, 이] 여덟 가지로 번뇌를 끊음’(八種斷行)이니, 나중에 자세히 설명하겠다.[121] 〈‘선정을 이루어 번뇌를 끊게 하는 능력의 계발’(神足)〉이라고 말한 것은 비유에 따라 명칭을 세운 것이다. 『유가사지론瑜伽師地論』에서 [다음과 같이] 말한 것과 같다. “다리(足)가 있는 자라면 [어디든] 갈 수도 있고 돌아올 수도 있으며 높은 곳에 뛰어오르고 날쌔며 튼튼하여 세간의 탁월한 것들을 얻을 수 있다. ‘세간의 탁월한 것들’(世殊勝法)은 비범함(神)이라 불리는데, 저 [다리(足)]는 이 [비범함(神)]에 도달할 수 있기 때문에 ‘비범한 다리’(神足)라고 부른다. 이와 같이 만약 의욕(欲)[·정진(勤)] 등의 모든 [능력]을 지녀 [욕삼마지欲三摩地·근삼마지勤三摩地 등의] 선정禪定(三摩地)을 완전하게 이루게 되면 [모든 번뇌를 끊을 만한] 능력을 지녀 ‘[번뇌에] 동요하지 않음’(不動)을 획득하니, [어떤 경지로든] 가거나 돌아올 수 있으며 높은 곳에 뛰어오르고 날쌔며 튼튼하여 ‘세간을 넘어서는 탁월한 것들’(出世勝法)[122]을 직접 체득할 수 있다. ‘세간을 넘어서는 것들’(出世法)은 가장 탁

121 본문 아래의 ‘(6) 변제문辨諸門’ 문단에서는 “神足修習者, 謂數修習八種斷行, 謂欲精進信安正念正知思捨.”(H1, 823b9~11)라고 하는 것 이하에서 8종단행八種斷行을 논의한다.

122 출세승법出世乘法: 본문 아래의 ‘(6) 변제문辨諸門’ 문단에서는 “神足所緣者, 謂已成滿定所住事. 此復云何? 由已成滿三摩地力, 發起種種神變等事, 是所緣境.”(H1, 823b5~7)이라고 하여 4신족四神足의 소연경所緣境에 관해 갖가지 신변神變의 현상이라고 설명한다. 『유가사지론』 권27에서는 신변에 관해 “三神變者, 一神境神變, 二記說神變, 三教誡神變. 由神境神變, 能現種種神通境界, 令他於己生極尊重, 由彼於己生尊重故, 於屬耳聽瑜伽, 作意極生恭敬. 由記說神變, 能尋求他心行

월한 자유자재함이기에 '가장 탁월한 비범함'(最勝神)이니, 저 [의욕(欲)·정진(勤)·마음(心)·이해수행(觀)의 능력]이 [선정을 이루어] 이 ['가장 탁월한 비범함'(最勝神)]을 체득할 수 있기 때문에 '선정을 이루어 번뇌를 끊게 하는 능력의 계발'(神足)이라고 부른다."[123]

此亦名如意足. 足是滿足, 足於如意, 名如意足. 又是脚足, 有所至故. 如『智度』說, "問[124]四正懃時, 心小亂[125]故, 以定攝心, 故如[126]意足. 譬如美食, 少鹽則無味, 得鹽則味足如意. 又如人有二足, 復得好馬好車, 如意所至, 行者如是. 得四念處實智慧, 四正懃中正精進, 由[127]精進故, 智慧增多, 定力少[128]弱. 得四種定, 以定[129]心故, 智定力等, 所願皆得. 故名如意足." 是名略說神足義.

[H1, 819b14~23; X48, 160b20~c3]

差別. 由教誡神變, 如根如行如所悟入, 爲說正法於所修行能正教誡."(T30, 435c10~16)라고 하여 신경신변神境神變·기설신변記說神變·교계신변教誡神變을 거론하는데, ①신경신변神境神變은 갖가지 신통경계神通境界를 나타내어 다른 사람들로부터 존중받는 것이고, ②기설신변記說神變은 다른 사람의 다양한 마음 작용에 능통한 것이며, ③교계신변教誡神變은 스스로 선근善根을 닦아 깨달아 들어간 바대로 수행처에서 정법正法을 설하여 교훈적 가르침을 바르게 펼치는 것이라고 설명한다.

123 『유가사지론』 권29(T30, 444b1~8). "如有足者, 能往能還, 騰躍勇健, 能得(能證)世間(所有)殊勝之法. 世殊勝法, 說名爲神, 彼能到此, 故名神足. 如是若有〈如是〉諸法, 有三摩地圓滿成辦. (彼心如是清淨鮮白無諸瑕穢, 離隨煩惱安住正直.) 有所堪能, 獲得不動, 能往能還, 騰躍勇健, 能得能證出世間法. 由出世法最勝自在, 是最勝神, 彼能證此, 故名神足." 괄호는 생략된 내용을 표시한다. 삼마지三摩地가 원만해진 마음은 허물(瑕穢)이 없고 수번뇌隨煩惱에서 벗어나 안주정직安住正直하다는 내용의 세 번째 괄호에 해당하는 문장은 신족神足을 세간에서의 용례에 빗대어 설명하는 문맥에 그다지 필요하지 않다고 보아 생략한 듯하다. 그리고 〈 〉로 표시한 '如是'가 본문에서는 '欲等'으로 대체되어 있는데, '如是'가 욕欲·근懃·심心·관觀의 4력四力을 가리키는 것임을 분명히 하기 위한 것으로 보인다. 〈산스크리트본의 해당 내용: ŚrBh., p.222. (kena kāraṇena_ṛddhipāda ity ucyate / āha /) tad yathā / yasya pādaḥ samvidyate so 'bhikramapratikramaparākramasamartho bhavati / evam eva yasya ete dharmāḥ saṃvidyante, eṣa ca samādhiḥ saṃvidyate paripūrṇaḥ, sa evaṃ pariśuddhe citte, paryavadāte, anaṅgaṇe, vigatopakleśe, ṛjubhūte, karmaṇyasthite, āniñjyaprāpte, abhikramapratikramasamartho bhavati, lokottarāṇāṃ dharmānāṃ prāptaye sparśanāyai / eṣā hi parā_ṛddhiḥ, parā samṛddhiḥ, yaduta lokottarā dharmāḥ / tenocyata ṛddhipāda iti //; [무엇 때문에 신족이라 하는가. 대답한다.] 다리를 가진 자는 가거나

이 [‘선정을 이루어 번뇌를 끊게 하는 능력의 계발’(神足)]을 ‘선정으로 번뇌를 끊어 원하는 대로 할 수 있는 능력의 계발’(如意足)이라고도 부른다. [여의족如意足의] 족足은 만족滿足[의 족足으로서 완성의 뜻]이니, ‘뜻대로 하는 능력’(如意)을 완성한 것을 ‘선정으로 번뇌를 끊어 원하는 대로 할 수 있는 능력의 계발’(如意足)[130]이라고 부른다. 또 [여의족如意足의 족足은] 다리(脚足)이니, [‘세간을 넘어서는 탁월한 것’(出世勝法)에] 도달함이 있기 때문이다. 마치 『대지도론大智度論』에서 [다음과 같이] 말한 것과 같다. “[4여의족四如意足 수행에 앞서] ‘해로움은 끊고 이로움은 살리는 네 가지 수행’(四正懃)을 닦을 때 마음이 조금 흩어지기 때문에 [욕欲·근懃·심心·관觀으로 이루는] 선정禪定(定)으로 마음을 거두어들이니, 그러므로 ‘선정으로 번뇌를 끊어 원하는 대로 할 수 있는 능력의 계발’(如意足)이라고 부른다. 비유하자면 마치 훌륭한 먹을거리에 소금이 적으면 맛이 없지만 소금을 [알맞게] 넣으면 맛이 뜻대로 완성되는 것과 같다. 또 마치 사람에게 두 다리가 있고 또한 좋은 말과 좋은 수레를 얻으면 뜻대로 [어디든] 이르게 되는 것과 같이, 수행자도 이와 같다. [수행자는] ‘네 가지를 토대로 [‘빠져들지 않는 마음국면’(止)과 ‘진리다운 이해’(觀)를 수립하여] 간직해 가는 수행’(四念處)을 성취하여 지혜智慧를 결실 맺고 ‘해로움은 끊고 이로움은 살리는 네 가지 수행’(四正懃)에서 ‘진리답게 노력하는데’(正精進),[131] [이렇게] 노력하기 때문에 지혜智慧는 더욱 많아지지만 ‘선정

오거나 뛰어오르는 능력이 있다. 마찬가지로 이 법들을 가지고 있고, 삼매가 완전한 자가 이와 같이 마음이 청정하고, 깨끗하며, 번뇌가 없고, 수번뇌가 없으며, 올곧고, 유연하게 머물며, 부동을 얻었을 때, 출세간법을 획득하고 체험하기 위해, 가거나 오거나 뛰어오르는 능력이 있다. 이 [법들은] 최고의 신통력, 최고의 능력 곧 출세간법이다. 그러므로 신족이라 한다.〉

124 『대지도론』 원문에 따라 ‘問’을 ‘行’으로 고친다.

125 『대지도론』 원문에 따라 ‘亂’을 ‘散’으로 고친다.

126 『대지도론』 원문에 따라 ‘如’ 앞에 ‘名’을 넣는다.

127 『대지도론』 원문에는 ‘由’가 없으나 문맥을 분명히 하기 위해 보충한 것으로 보인다.

128 『대지도론』 원문에 따라 ‘少’를 ‘小’로 고친다.

129 『대지도론』 원문에 따라 ‘以定’을 ‘攝’으로 고친다.

130 여의족如意足: 4신족四神足(四如意足)의 범어인 ‘catvāra-ṛddhipādāḥ’에서 신족神足(如意足)에 해당하는 ‘ṛddhi-pāda’에 관해 Monier Williams Sanskrit-English Dictionary에서는 초자연적 능력을 이루는 네 가지 구성요소 중 하나(one of the four constituent parts of supernatural power)라고 설명한다. p.226 참조.

131 4념주四念住와 4정단四正斷의 자체自體: 본문 아래의 ‘(6) 변제문辨諸門’ 문단에서는 4념주四念住에

禪定의 능력'(定力)은 조금 약해진다. [그리하여 '선정으로 번뇌를 끊어 원하는 대로 할 수 있는 네 가지 능력의 계발'(四如意足)로써] '[욕삼마지欲三摩地·근삼마지懃三摩地·심삼마지心三摩地·관삼마지觀三摩地, 이] 네 가지 선정禪定'(四種定)을 얻어 [조금 흩어졌던] 마음을 거두어들이기 때문에 '지혜智慧의 능력과 선정禪定의 능력'(智定力)이 동등해져서 원하는 것을 모두 얻는다. 그러므로 '선정으로 번뇌를 끊어 원하는 대로 할 수 있는 능력의 계발'(如意足)이라고 부른다."[132] 이것을 '선정을 이루어 번뇌를 끊게 하는 네 가지 능력의 계발이 지니는 뜻에 관한 간략한 설명'(略說神足義)이라고 부른다.

五根義者. 增上義是根義, 謂於能生出世間法, 是信等行爲增上故. 又復前前望後後法, 於能生起, 爲增上故, 乃至慧根, 唯望出世. 是名略說五根義也.

[H1, 819b24~c3; X48, 160c3~6]

④ '[해탈을 성취하게 하는] 다섯 가지 능력의 수행'(五根)

'[해탈을 성취하게 하는] 다섯 가지 능력의 수행'(五根)의 뜻[은 다음과 같다]. 향상시킨

관해 먼저 "念處所緣者, 謂身受心法, 卽是四事"(H1, 821b4)라고 하여 그 소연所緣은 신身·수受·심心·법法의 4사四事라 밝히고, 그 자체自體는 "念住自體者, 此有二義. 若對所治, 以慧爲體, 由慧正治四顚倒故."(H1, 821c17~19)라고 하여 신身·수受·심心·법法의 4사에 대한 4전도四顚倒의 사견邪見을 치유하는 혜慧라고 설명한다. 4전도에 관해서는 『중변분별론소(02,박태원)』 주 57번 참조. 그리고 4정단四正斷에 관해서는 "正斷自體者, 謂於四境所起精進."(H1, 823a11)이라고 하여 이생악已生惡·미생악未生惡·미생선未生善·이생선已生善의 4경四境에서 일어나는 정진精進이 4정단의 자체自體라고 설명한다. 본문의 『대지도론』에서는 4념주와 4정단의 과정을 묶어 4념주에서 이룬 지혜智慧를 4정단에서 4경四境을 상대로 펼쳐나가는 것이라고 설명하는 것으로 보인다. 한편 아래의 '(6) 변제문辨諸門' 문단에서 4신족四神足에 관해서는 "神足自體者, 謂三摩地."라고 하여 욕欲·근懃·심心·관觀의 네 가지 선정禪定(三摩地)이라고 밝힌다.

132 『대지도론』 권19(T25, 202c6~12). "行四正懃時, 心小散故, 以定攝心故, 名如意足. 譬如美食, 少鹽則無味, 得鹽則味足如意. 又如人有二足, 復得好馬好車, 如意所至. 行者如是得四念處實智慧, 四正懃中正精進, 精進故智慧增多, 定力小弱, 得四種定攝心故. 智·定力等, 所願皆得故, 名如意足."

다(增上)[133]는 뜻이 능력(根)의 뜻이니, '세간을 넘어서는 것들'(出世間法)을 일으키는 데에서 믿음(信)[·정진함(精進)] 등의 수행이 ['세간을 넘어서는 것'(出世間法)을] 향상시키는 것이 되기 때문이다.[134] 또한 [신信·정진精進·염念·정定·혜慧, 이 5근五根에서는] 앞에 있는 것들은 뒤에 있는 것들을 향하니, [5근五根을] 일으키는 데에서 [앞에 있는 것들이 뒤의 것들을] 향상시키는 것이 되기 때문이며, [마지막인] '지혜의 능력'(慧根)에 이르면 오직 '세간을 넘어서는 경지'(出世)만을 향하게 된다.[135] 이것을 '[해탈을 성취하게 하는] 다섯

133 증상增上: 증상의 범어인 'aupacayica는 upacaya'의 형용사형인데, 'upacaya'는 축적·다량·향상시킴·증진·번영(accumulation, quantity, elevation, increase, prosperity) 등의 뜻이다. Monier Williams Sanskrit-English Dictionary, p.197 참조.

134 7법七法 구분: 본문 아래의 '(4) 현명위지顯明位地' 단락에서는 37도품三十七道品의 위지位地에 관해 논의하면서 "大分其地, 判爲二位, 謂前五法在凡夫位, 後之二法立聖位中"(H1, 820b11~13)이라고 하는데, ①4념주四念住·②4정단四正斷·③4신족四神足·④5근五根·⑤5력五力·⑥7각지七覺支·⑦8성도八聖道의 7법七法을 크게 두 가지로 구분하여 앞의 ①~⑤ 항목을 범부위凡夫位에, 뒤의 ⑥·⑦ 항목을 성위聖位에 배당한다. '(5) 명차제明次第' 문단에서 5근과 5력의 관계에 관해 "五根增長, 能遮煩惱, 是名爲力"(H1, 821a9~10)이라고 하여 5력은 5근이 증장되어 번뇌를 차단할 수 있게 된 것이라고 설명하므로 ④5근五根과 ⑤5력五力의 항목을 다시 한 항목으로 묶는다면 5근과 5력은 범부위凡夫位에 속하면서 견도見道 이상 성위聖位의 출세간법出世間法으로 향상하는 마지막 단계라고 하겠다.

135 『유가사지론』 권29에서 5력五力을 설명하는 대목에서는 4신족四神足과의 연속선 상에서 5력을 논의하는데, "是最勝神彼能證此故名神足. 彼由如是勝三摩地爲所依持, 勝三摩地爲所依止, 能進修習增上心學增上慧學所有瑜伽, 由進修習此瑜伽故. 於他大師弟子所證, 深生勝解深生淨信, 此淸淨信增上義故, 說名信根. 〈問於何增上, 答於能生起出世間法而爲上首, 及於能起精進念定慧. 爲其增上, 餘精進等於能生起出世間法, 及於能起, 展轉乃至慧爲其增上, 乃至其慧唯於能起出世間法爲其增上. 是故信等說名五根.〉 若復了知前後所證而有差別, 隨此能於後後所證出世間法, 深生勝解深生淨信, 此淸淨信難伏義故,說名信力."(T30, 444b7~20, 〈 〉 표시는 역자 보충)이라고 하는 것에 따르면 4신족四神足을 닦은 자는 욕欲·근懃·심心·관觀의 승삼마지勝三摩地에 의거하여 증상심학增上心學과 증상혜학增上慧學에 있는 유가瑜伽 수행을 진전시킴으로써 다른 대사大師와 그 제자들이 증득한 진리에 관해 승해勝解를 깊이 일으키게 되면 정신淨信이 깊이 일어나게 되는데, 이 정신의 증상의增上義가 5근五根의 첫 번째인 신근信根이라고 설명한다. 〈 〉로 표시한 부분은 본문에서 의거하는 내용에 해당하는데, 먼저 신근은 무엇을 증상增上하는가라는 물음에 대해 출세간법出世間法을 일으키는 것에서 첫머리(上首)가 되어 뒤의 정진精進·염念·정定·혜慧의 4근을 일으켜 증상하고 나머지 4근四根들도 출세간법을 일으키는 것에서 뒤의 근根들을 증상增上하다가 오직 혜근慧根에 이르러서야 출세간법을 일으켜 본격적으로 출세간법을 증상한다고 설명한다. 이하의 내용에서는 5근의 순서에서 전후로 증득함에 차이가 있어서 이 차이에 따라 뒤에서 각각 증득하는 출세간법에 관해 다시 승해勝解를 깊이 일으켜 정신淨信을 깊이 일으킨 것이 5력의 첫 번째인 신력信力이므로 난복難伏이라고 설명한다. 여기서 5력이 난복이라고 하는 또 하나의 근거라면 5근은 "於他大師弟子所證, 深生勝解深生淨信"이라고 설명하는 대목으로서 5력은

가지 능력의 수행이 지닌 뜻에 관한 간략한 설명'(略說五根義)이라고 부른다.

> 五力義者. 難伏義是力義, 謂"若天魔, 若諸沙門, 若婆羅門, 若餘世間, 無有如法引奪者, 諸煩惱經[136]亦不能屈故, 名難伏. 由此諸力, 具大威勢, 摧伏一切魔軍勢力, 能證一切諸漏永盡, 是故名力." 是名略說五力義也. 此根力義, 依『瑜伽』說.
>
> [H1, 819c3~9: X48, 160c6~10]

⑤ '[다섯 가지 능력의 수행'(五根)으로 얻은] **다섯 가지 힘'**(五力)

'[다섯 가지 능력의 수행'(五根)으로 얻은] 다섯 가지 힘'(五力)의 뜻[은 다음과 같다]. '제압하기 어렵다'(難伏)는 뜻이 힘(力)의 뜻이니, 말하자면 [다음과 같다.] "'[수행을] 방해하는 신적 존재'(天魔)[137]이든 모든 출가수행자(沙門)[138]이든 바라문婆羅門이든 여타 '세간의 사람'(世間)이든, 진리대로는 [그 힘을] 빼앗을 수 있는 자가 없고 '현재 나타나 작용하는 모든 번뇌'(諸煩惱纏)로도 굴복시킬 수 없기 때문에 '제압하기 어려운 것'(難伏)이라고 부른다. 이 모든 [제압하기 어려운 다섯 가지] 힘(力)으로 말미암아 큰 위력을

5근과 달리 남에게 의지하는 것이 아니라는 점을 짚을 수 있겠다.

136 『유가사지론』 원문에 따라 '經'을 '纏'으로 고친다.

137 천마天魔: 『대지도론』 권56에서는 "魔有四種: 一者, 煩惱魔, 二者, 五衆魔, 三者, 死魔, 四者, 自在天子魔."(T25, 458c3~5)라고 하는데, 마魔에는 4종류가 있어서 앞의 3가지는 자기 몸과 마음에서 발동하는 내마內魔이고, 마지막의 자재천자마自在天子魔는 외마外魔라고 한다. 천마天魔는 파순波旬이라는 이름의 마왕과 그 권속을 통칭하는데, 욕계 제6천인 타화자재천他化自在天에서 머무르다가 수행을 어지럽히기 위해 내려오는 외마이다. 『불광대사전佛光大辭典』, p.1879 참조.

138 사문沙門: 노력하는 자, 고행苦行하는 자, 유행승遊行乘을 뜻하는 'śramaṇa'의 음역으로 사문나沙門那, 상문桑門 등이라고도 하고, 의역으로는 근식勤息, 근로勤劳, 식심息心, 빈도貧道 등이라고 한다. 출가자의 총칭으로 내도內道와 외도外道에 모두 통하는 명칭이다. 『불광대사전佛光大辭典』, p.2972 참조. 사문沙門 이외에 욕계欲界의 천마天魔와 인도 사회 4성계급四姓階級의 최고위인 바라문婆羅門 및 세간世間의 사람들을 나열하는 본문의 문맥과 함께 5력五力이 또한 범부위凡夫位의 수행이라는 점에서 여기의 사문은 외도外道의 수행자를 가리키는 것으로 보인다.

갖추어 모든 '[수행을] 방해하는 존재들'(魔軍)의 세력을 꺾어 제압하여 모든 '[번뇌가] 흘러들어오는 경향성'(漏)이 영원히 사라지는 것을 체득할 수 있으니, 그러므로 힘(力)이라고 부른다."[139] 이것을 '[다섯 가지 능력의 수행'(五根)으로 얻은] 다섯 가지 힘이 지닌 뜻에 관한 간략한 설명'(略說五力義)이라고 부른다. 이 '[해탈을 성취하게 하는 다섯 가지] 능력과 [다섯 가지 능력의 수행'(五根)으로 얻은 다섯 가지] 힘에 관한 뜻'(根力義)은 『유가사지론瑜伽師地論』의 설명에 의거한 것이다.

> 七覺支義者. 諸已證入正性離生補特伽羅, 如實覺慧, 用此爲支, 故名覺支. 亦名覺分, 分之言因. 能得覺果, 故名覺分. 如『智度』說, "無學實慧,[140] 此七事能到, 故名爲分." 是名略說覺[141]支義也.
>
> [H1, 819c10~14; X48, 160c10~14]

⑥ '깨달음을 성취하게 하는 일곱 가지 수행'(七覺支)

'깨달음을 성취하게 하는 일곱 가지 수행'(七覺支)의 뜻[은 다음과 같다]. '진리 길

139 『유가사지론』 권29(T30, 444b20~25). "(問. 誰不能伏? 答. 此清淨信.) 若天(若)魔若諸沙門, 若婆羅門若餘世間, 無有如法(能)引奪者, 諸煩惱纏亦不能屈, 故名難伏. (此爲上首此爲前行餘精進等亦名爲力.) 由此諸力, 具大威勢, 摧伏一切魔軍勢力, 能證一切諸漏永盡, 是故名力." 괄호는 생략된 부분을 표시한다. 〈산스크리트본의 해당 내용: ŚrBh., p.224. asaṃhāryā sā śraddhā devena vā, māreṇa vā, brahmaṇā vā / kenacid vā punar loke sahadharmeṇa, kleśaparyavasthānena vā / tena sānavamṛdyety ucyate / tatpramukhās tatpūrvaṃgamā ye vīryādayas te 'pi balānīty ucyante / taiḥ sa balair balavān sarvaṃ mārabalaṃ vijitya prayujyata āsravāṇāṃ kṣayāya / tasmād balānīty ucyante //; 그 믿음은 천신에 의해, 혹은 마라에 의해, 혹은 브라만에 의해, 혹은 나아가 세간에서 법을 동반한 것에 의해, 혹은 번뇌와 표면적 번뇌에 의해서 제거되지 않는다. 그러므로 그 [믿음]은 억제되지 않는 것이라고 한다. 그 [믿음]을 앞세우고 그 [믿음]을 선행시키는 정진 등도 력(力)이라고 한다. 그 [5]력을 가진 자는 그 힘으로 모든 마라의 힘을 이기고 루(漏)의 소멸을 위해 노력한다. 그러므로 [5]력이라고 한다.〉

140 『대지도론』 원문에 따라 '慧'를 '覺'으로 고친다.

141 '覺' 앞에 '七'이 빠진 것으로 보인다. '七覺'으로 고친다.

에 들어섬으로써 중생 길에서 벗어남'(正性離生)[142]을 이미 체득해 들어간 모든 사람(補特伽羅)[143]은 사실 그대로 지혜(慧)를 깨달으니, 이 [깨달음(覺)]으로써 [수행을 지탱하는] 가지(支)[144]로 삼기 때문에 '깨달음을 성취하게 하는 수행'(覺支)이라고 부른다.[145] [각지覺支를] '깨달음을 성취하게 하는 [원인이 되는] 부분'(覺分)이라고도 부르니, 부분

142 정성리생正性離生: 견도見道의 다른 이름이다. 『佛光大辭典』 p.1991 참조. 『아비달마대비바사론阿毘達磨大毗婆沙論』 권3에서는 "能入正性離生者, 謂此心心所法, 能入見道."(T27, 13a2~3)라고 하여 정성리생正性離生에 들어가는 것과 견도見道에 들어가는 것을 같은 것으로 보고, 또 같은 곳에서는 "如是心心所法, 爲等無間, 捨異生性得聖性, 捨邪性得正性, 能入正性離生, 故名世第一法."(T27, 12a13~15)이라고 하여 '중생의 면모'(異生性)인 사성邪性을 버리고 정성正性을 얻어 견도見道인 정성리생正性離生에 들어가는 것이 범부위凡夫位 수행의 마지막 단계인 세제일법世第一法이라고 설명한다. 『불지경론佛地經論』 권6에서는 "初地已上菩薩復有三種. 一初發心, 謂在初地, 已入見道正性離生, 眞無漏心創現行故. 二已修行, 謂上六地, 已得修道, 進修行故. 三不退轉, 謂上三地, 修道已滿, 離諸功用無加行道, 任運現前一切煩惱畢竟不起, 念念勝進無退轉故."(T26, 321b29~c1)라고 하는데, 대승의 10지十地 수행을 초발심初發心(초지)·이수행已修行(제2~7지)·불퇴전不退轉(제8~10지)의 세 가지로 나누면서 초지初地는 견도정성리생見道正性離生에 들어가 진무루심眞無漏心을 비로소 현행시키는 것이라고 하여 역시 견도見道와 정성리생正性離生을 동의어로 사용한다. 본문에서 7각지七覺支의 뜻을 해석하기 위해 원효가 의거하는(이에 관해서는 아래 출처 주석 참조) 『유가사지론』 권29의 아래 내용에서는 "彼於爾時, 最初獲得七覺支, 故名初有學. 見聖諦迹已永斷滅, 見道所斷一切煩惱, 唯餘修道所斷煩惱, 爲斷彼故, 修習三蘊所攝八支聖道."(T30, 445a7~10)라고 하여 7각지와 견도見道의 관계뿐 아니라 8정도와 수도修道의 관계에 관해서도 논의하는데, 수행자가 최초로 7각지를 획득한 것을 최초의 유학(初有學)이라 부르고 이 초유학初有學이 견도에서 4성제四聖諦의 자취까지 이해하여 견도소단見道所斷의 모든 번뇌를 끊으며 나머지 수도소단修道所斷의 번뇌를 끊기 위해서는 3온三蘊(인용하지 않은 아래 내용에서는 3온을 계戒·정定·혜慧라고 밝히면서 8정도를 3온에 분속시킴)에 속하는 8정도를 닦는다고 설명한다. 같은 문맥으로 본서의 말미에 37도품三十七道品을 총집분별總集分別하는 문단에서는 "上品修者, 是七覺分, 始入出世上於世間故, 彼論名爲勝智修也. 勝品修者, 是八聖道, 進入修道, 勝於上品故, 彼論名爲上上修也."(H1, 836c6~10)라고 하여 칠각지는 출세간出世間에 처음 들어간 수행이고, 8정도는 수도修道에 들어간 수행이라고 설명한다.

143 보특가라補特伽羅: 범어인 'pudgala'의 음역이다. 인人, 중생衆生 등으로 의역된다. 『佛光大辭典』, p.5270 참조. Monier-Williams Sanskrit-English Dictionary에서는 몸(the body), 사람(man), 영혼(soul), 인격적 존재(personal entity), 부정적 의미의 자아나 개인(the Ego or individual in a disparaging sense) 등의 뜻이라고 설명한다. p.633 참조. 『유가사지론』에서는 전체 수행 과정을 여러 단계로 나눌 때 특정 단계에 해당하는 사람을 가리키는 용어로 자주 나오는데, 예를 들어 권97에서는 "依四念住修習增上, 略由三處三地三種補特伽羅."(T30, 854b13~14)라고 하여 4념주四念住 수행에 의거하여 향상해 가는 것에도 세 가지 보특가라가 있다고 하면서 "云何三種補特伽羅? 一正加行異生補特伽羅, 二有學補特伽羅, 三無學補特伽羅."(T30, 854b17~19)라고 하여 이생異生 범부위凡夫位와 유학有學 성위聖位 및 무학無學 성위聖位라는 세 가지 보특가라의 단계가 있다고 설명한다.

(分)이라는 것은 원인(因)을 일컫는다. [칠각지七覺支 수행으로] '깨달음의 결과'(覺果)를 얻을 수 있기 때문에 [각지覺支를] '깨달음을 성취하게 하는 [원인이 되는] 부분'(覺分)이라고 부르는 것이다. 마치 『대지도론大智度論』에서 "'더 이상 배울 것이 없는 경지의 진실한 깨달음'(無學實覺)에 이 '[염念·택법擇法·정진精進·희喜·안安·정定·사捨의] 일곱 가지'(七事)로써 도달할 수 있기 때문에 부분(分)이라고 부른다"[146]라고 말하는 것과 같다. 이것을 '깨달음을 성취하게 하는 일곱 가지 수행이 지니는 뜻에 관한 간략한 설명'(略說七覺支義)이라고 부른다.

八支聖道義者. 諸聖有學已見迹者, 由八支, 攝行迹正道, 能無餘斷一切煩惱, 能於解脫究竟作證, 是故名爲八支聖道. 亦名正道, 『智度論』云, "欲入涅槃無爲城故, 行是諸法, 是時名正[147]道." 是名略說正道義也. 問. 如是七法, 莫非是正, 何故勤道, 偏得正名? 答. 如『智度』說, "四種精進, 心勇發動, 畏錯誤故, 名爲正勤, 又行道時, 畏墮耶[148]道,[149] 故言正道." 於中差別, 亦當後說. 是名略說八道支[150]義也.

[H1, 819c14~820a1; X48, 160c14~21]

---

144 지支: 7각지七覺支의 범어인 'sapta-bodhi-aṅga'에서 '지支'에 해당하는 'aṅga'는 팔다리나 큰 가지(a limb), 하위 부문(a subordinate division), 수단·방편(a expedient) 등의 뜻이고, 'aṅgatva'는 버금가게 중요한 존재(the being of secondary importance)의 뜻이다. Monier-Williams Sanskrit-English Dictionary, p.7 참조.

145 7각지七覺支에 관한 여기까지의 설명은 『유가사지론』 권29의 다음 내용에 의거한 것으로 보인다. 괄호는 생략된 내용을 표시한다. "(此復云何? 謂七覺支.) 諸已證入正性離生補特伽羅, 如實覺慧, 用此爲支, 故名覺支."(T30, 444c29~445a1) 〈산스크리트본의 해당 내용: ŚrBh., p.228. (te punaḥ katame / āha /) saptabodhayaṃgāni / yo 'sau yathābhūtāvabodhaḥ samyaktvanyāmāvakrāntasya pudgalasya tasyaitāny aṅgāni /; (또 그 [무루법]은 무엇인가? 답한다.) 7각지다. 정성이생에 든 그 사람에게는 여실한 각지가 있고, 그 [각지]에는 그 [7]지분이 있다.〉

146 『대지도론』 권19(T25, p.198c8). "無學實覺, 此七事能到, 故名爲分."

147 『대지도론』 원문에 따라 '正'을 '爲'로 고친다.

148 『대지도론』 원문에 따라 '耶'를 '邪'로 고친다. 한불전 교감주에는 "'耶'는 '邪'와 통한다"라고 되어 있다.

⑦ '여덟 가지 수행으로 이루어진 해탈의 길'(八支聖道)

'여덟 가지 수행으로 이루어진 해탈의 길'(八支聖道)의 뜻[은 다음과 같다]. '배워야 할 것이 남아 있는 성인들'(諸聖有學)로서 이미 '열반의 자취를 본'(見迹)[151] 사람들은 '여덟 가지 수행'(八支)에 의거하여 '열반의 자취를 따라가는 진리다운 길'(行迹正道)을 끌어안아 모든 번뇌를 남김없이 끊을 수 있고 '궁극적인 해탈'(解脫究竟)을 체득할 수 있기 때문에 '여덟 가지 수행으로 이루어진 해탈의 길'(八支聖道)이라고 부른다.[152] [성도聖道를] '진리다운 길'(正道)이라고도 부르니, 『대지도론大智度論』에서는 "'[근본무지를 조건으로 하는] 행위가 없는 열반의 성'(涅槃無爲城)에 들어가려 하기 때문에 이 [8정도八正道에 관한] 모든 가르침(法)을 수행하니, 이때 '[진리다운] 길'(道)이라 부른

---

149 『대지도론』 원문에 따라 '道'를 '法'으로 고친다.

150 '팔도지八道支'는 '팔지성도八支聖道'의 오기誤記로 보인다. '팔지성도八支聖道'로 교감한다.

151 견적見迹과 행적行迹: 『유가사지론』에서 견적見迹의 용례는 권17의 "佛聖弟子, 有學見迹, 於隨順喜眼所識色."(T30, 373a7~8)이라든가 권18의 "云何精進能捨衆苦? 謂如有一有學見迹作是思惟."(T30, 376a16~17)라는 것에서 보듯이 '유학견적有學見迹'이라고 하여 범부위凡夫位에서는 벗어났지만 아직 유학有學인 성위聖位의 단계와 결부되어 쓰인다. 본문의 문맥에서 보면 앞서 7각지七覺支 수행이 정성리생正性離生의 견도見道를 체득한 단계라고 논의했으므로 8정도八正道를 설명하는 지금 단락에서 견적이라는 용어는 유학有學의 성위聖位인 견도와 수도 중에서 특히 견도를 가리키는 용어로 보인다. 『유가사지론』 권20에서는 "先得見道有學解脫已得見迹, 於上修道由數習故. 更復證得無學解脫, 由證此故解脫圓滿."(T30, 389b8~10)이라고 하여 먼저 견도유학見道有學 단계의 해탈을 얻고 나서 견적을 얻고, 윗 단계인 수도修道에서 수습數習하여 원만한 무학해탈無學解脫을 증득한다고 설명한다. 정리하자면 견적은 견도見道에서 해탈원만解脫圓滿(또는 열반涅槃)의 자취(迹)를 이해(見)하는 것이라면 다음 문장에서 나오는 행적은 수도修道에서 열반涅槃의 자취(迹)를 좇아 수행(行)하는 것이라는 뜻으로 보인다.

152 8지성도八支聖道에 관한 여기까지의 설명은 『유가사지론』 권29의 다음 내용에 의거한 것으로 보인다. 괄호는 생략된 내용을 표시한다. "(問. 何因緣故名八支聖道? 答.) 諸聖有學已見迹者, 由八支攝行迹正道, 能無餘斷一切煩惱, 能於解脫究竟作證. 是故名爲八支聖道."(T30, 445a12~15) 〈산스크리트본의 해당 내용: ŚrBh., p.230. kena kāraṇenāryāṣṭāṅgo mārga ity ucyate / āha / āryasya śaikṣasya dṛṣṭapadasyāyaṃ mārga iyaṃ pratipad aṣṭābhir aṅgaiḥ saṃgṛhītāḥ, apariśeṣaḥ sarvakleśaprahāṇāya vimuktisākṣātkriyāyai tena ucyate āryāṣṭāṅgo mārgaḥ //; 무엇 때문에 8정도라 하는가? 답한다. 성자이고 유학이자 [진리의] 흔적을 본 자에게 이 길은 이 실천행이다. 곧 남김없이 모든 번뇌를 끊고 해탈을 직접 체험하기 위한 8지분에 포함되는 [실천행이다.] 그러므로 8정도라고 한다.〉

다"[153]라고 말한다. 이 [『대지도론』의 문장]을 '진리다운 길의 뜻에 관한 간략한 설명'(略說正道義)이라고 부른다.

묻는다. 이와 같은 '[4념주四念住·4정근四正勤·4신족四神足·5근五根·5력五力·7각지七覺支·8성도八聖道, 이] 일곱 가지 항목'(七法)은 [모두] 진리답지(正) 않은 것이 없는데, 어찌하여 '해로움은 끊고 이로움은 살리는 네 가지 수행'([四正]勤)과 '여덟 가지 수행으로 이루어진 해탈의 길'([八聖]道)만 '진리답다'(正)는 명칭을 얻는가? 답한다. 마치 『대지도론大智度論』에서 "'해로움은 끊고 이로움은 살리는 네 가지 수행'(四種精進/四正勤)에서는 마음이 씩씩하게 발동하기에 [자칫] 착오[가 있을 것]을 경계해야 하므로 '진리다운 노력'(正勤)이라 부르고, 또 '[여덟 가지 수행으로 이루어진 해탈의] 길'([八聖]道)을 수행할 때는 '잘못된 가르침'(邪法)에 빠질 것을 경계해야 하기 때문에 '진리다운 길'(正道)이라고 말한다"[154]라고 말하는 것과 같다. 여기서 [말하는 '잘못된 가르침'(邪法)과 '진리다운 길'(正道)의] 구별에 대해서는 또한 뒤에서 설명하겠다.[155] 이것을 '여덟 가지 수행으로 이루어진 해탈의 길이 지니는 뜻에 관한 간략한 설명'(略說八支聖道義)이라고 부른다.[156]

---

153 『대지도론』 권19(T25, 198c9~10). "欲入涅槃無爲城故, 行是諸法, 是時名爲道." 인용문에서는 '정도正道'가 아니라 '도道'라고 되어 있는데, 인용문이 나오는 『대지도론』 권19의 앞 대목에서 "先說四念處, 後說八正道."(T25, 198b20)라고 하는 것에서 보듯이 8지성도八支聖道를 8정도八正道라고 부른다.

154 『대지도론』 권19(T25, 202c2~4). "四種精進, 心勇發動, 畏錯誤〈故言〉正懃, 〈行道〉, 畏墮邪法, 故言正道." 〈 〉로 표시한 '故言'이 본문에서는 '名爲'로 바뀌어 있고, '行道' 앞에는 '又'가 첨가되어 있다.

155 본문 아래의 '(6) 변제문辨諸門' 문단에 "道支修習者"(H1, 825b13) 이하에서는 다시 『대지도론』 권19의 내용을 인용하면서 "菩薩於諸法空無所得, 住如是正見中, 觀正思惟相, 知一切思惟皆是邪."(H1, 825b14~16; T25, 205b1~3)라고 하여 8정도八正道 수행 중에서의 정사正邪의 구별을 논의한다.

156 여기까지의 과문은 다음과 같다.

4. 「대치품對治品」
1) '깨달음에 이르는 37가지 항목의 뜻을 밝힘'(明三十七菩提分義)
(1) '명칭을 나열함'(列名)
(2) '[명칭의] 뜻을 해석함'(釋義)
① '네 가지를 토대로 ['빠져들지 않는 마음국면'(止)과 '진리다운 이해'(觀)를 수립하여] 간직해 가는 수행'(四念住)

第三明體性者. 用合建立, 有三十七, 論其體性, 不出十法, 謂戒思受念定慧勤信安捨. 此中戒者, 謂表無表色法所攝, 餘九皆是心法所攝. 於中思受, 遍行中二, 念定慧者, 別境中三, 勤信安捨, 在善大地. 依此十法, 立三十七.

[H1, 820a2~7; X48, 160c22~161a2]

(3) '바탕이 되는 면모를 밝힘'(明體性)

세 번째로 ['깨달음에 이르는 37가지 방법'(三十七道品)의] '바탕이 되는 면모'(體性)를 밝힌다. [깨달음에 이르는 수행방법의 명칭을] 합하여 수립하면 37가지가 있지만 그 '바탕이 되는 면모'(體性)를 논한다면 '열 가지'(十法)를 벗어나지 않으니, 계율(戒), 사유(思), 느낌(受), '['빠져들지 않는 마음국면'(止)과 '진리다운 이해'(觀)를 수립하여] 간직해 감'(念), 선정(定), 지혜(慧), 정진(勤), 믿음(信), 평안(安), '치우치지 않음'(捨)이 그것이다. 이 [열 가지] 중에서 계율(戒)은 '겉으로 드러나거나 드러나지 않는 물질적 현상'(表無表色法)[157]

---

② '해로움은 끊고 이로움은 살리는 네 가지 수행'(四正斷)
③ '선정을 이루어 번뇌를 끊게 하는 네 가지 능력의 계발'(四神足)
④ '[해탈을 성취하게 하는] 다섯 가지 능력의 수행'(五根)
⑤ '['다섯 가지 능력의 수행'(五根)으로 얻은] 다섯 가지 힘'(五力)
⑥ '깨달음을 성취하게 하는 일곱 가지 수행'(七覺支)
⑦ '여덟 가지 수행으로 이루어진 해탈의 길'(八支聖道)

157 표무표색법表無表色法과 계戒: 『아비달마구사론』 권1에서는 "色蘊者何? 頌曰. 色者唯五根·五境及無表."(T29, 2b6~7)라고 하여 안眼·이耳·비鼻·설舌·신身의 5근五根 및 색色·성聲·향香·미味·촉觸의 5경五境의 표색表色과 함께 무표색無表色을 거론하여 총 11가지를 색온色蘊에 포함시키는데, 같은 곳에서 무표색無表色에 관해 "無表雖以色業爲性如有表業, 而非表示令他了知, 故名無表."(T29, 3a23~24)라고 하여 색업色業을 기본 면모로 삼는 것은 유표업有表業과 같지만 겉으로 드러나 다른 사람들이 알 수 있는 것이 아닌 것이라고 설명한다. 같은 책 권13에서는 "若撥無無表色者, 則亦應無有別解脫律儀, 非受戒後有戒相續."(T29, 69a24~25)이라고 하여 만약 무표색이 없다면 별해탈율의別解脫律儀가 없어서 수계受戒 후에 계율의 상속相續이 있을 수 없게 된다고 하는데, 말하자면 계체戒體인 별해탈율의가 무표색의 상태로 계율을 받은 자에게 작용하기 때문에 계법戒法의 수계受戒 이후에도 계상속戒相續이 이루어질 수 있다는 설명이다. 『佛光大辭典』

에 속하고 나머지 아홉 가지는 모두 마음현상(心法)에 속한다. [아홉 가지] 중에서 사유(思)와 느낌(受)은 '보편적으로 작용하는 [마음현상]'(遍行)[158]에서의 두 가지이고, '[빠

(p.2897)에서는 계법은 부처님이 제정한 계율戒律 그 자체로서 드러나는 것(表)이라면 계체戒體는 계율의 법칙이 악법惡法을 방지하는 작용으로서 드러나지 않는 것(無表)인데, 율의는 수계의식受戒儀式을 통해 무표無表인 계체를 얻은 것을 말한다고 설명한다. 이에 따르면 계율(戒)은 계법의 측면에서는 보이거나 들리는 것으로서 표색이면서도 계체인 율의의 측면에서는 무표색이라고 하겠다. 한편 『유가사지론』 권9에서도 "大種所造色云何? 謂十色處及法處所攝色."(T30, 323a14)이라고 하여 색온色蘊을 10색처十色處와 법처소섭색法處所攝色의 11가지로 나누는데, 『아비달마구사론』 권13에서 무표색을 "法處所攝無表色"(T29, 69a18)이라고 표현하기도 하므로 법처소섭색은 무표색의 다른 이름인 것으로 보인다. 『현양성교론顯揚聖敎論』 권1에서는 "法處所攝色, 謂一切時意所行境. 色蘊所攝, 無見無對, 此復三種. 謂律儀色·不律儀色及三摩地所行境色."(T31, 484a13~15)이라고 하여 '의근意根에 의해 작용하는 대상'(意所行境)으로서 색온色蘊에 속하는 것이라고 법처소섭색을 설명하면서, 불율의색不律儀色 및 삼마지소행경색三摩地所行境色과 함께 계체에 해당하는 율의색律儀色을 법처소섭색의 하나로서 거론한다. 『유가사지론』 권9에는 "法處所攝假色"(T30, 323a15)이라는 표현도 보이는데, 유식계唯識系 대승 논서에서 법처소섭색을 위시한 색법色法 전체를 오직 마음(識)에 의해 가립假立된 것으로 볼 것임은 당연하다고 하겠다.

158 변행遍行: 유식불교의 6위심소六位心所 분류 중의 한 항목이다. 아비달마불교의 6위심소六位心所 체계와 대조하여 표로 나타내면 다음과 같다. 『佛光大辭典』, pp.1264~1265 참조.

아비달마불교(46심소)		유식불교(51심소)	
대지大地(10)	수受·상想·사思·촉觸·욕欲·혜慧·염念·작의作意·승해勝解·삼마지三摩地	변행遍行(5)	촉觸·작의作意·수受·상想·사思
대선지大善地(10)	신信·불방일不放逸·경안輕安·사捨·참慚·괴愧·무탐無貪·무진無瞋·불해不害·근勤	별경別境(5)	욕欲·승해勝解·염念·정定·혜慧
대번뇌지大煩惱地(6)	치癡·방일放逸·해태懈怠·불신不信·혼침惛沈·도거掉擧	선善(11)	신信·정진精進·참慚·괴愧·무탐無貪·무진無瞋·무치無癡·경안輕安·불방일不放逸·행사行捨·불해不害
대불선지大不善地(2)	무참無慚·무괴無愧	번뇌煩惱(6)	탐貪·진瞋·치癡·만慢·의疑·악견惡見
소번뇌지小煩惱地(10)	분忿·부覆·간慳·질嫉·뇌惱·해害·한恨·첨諂·광誑·교憍	수번뇌隨煩惱(20)	분忿·한恨·부覆·뇌惱·질嫉·간慳·광誑·첨諂·해害·교憍·무참無慚·무괴無愧·도거掉擧·혼침惛沈·불신不信·해태懈怠·방일放逸·실념失念·산란散亂·부정지不正知
부정지不定地(8)	심尋·사伺·수면睡眠·악작惡作·탐貪·진瞋·만慢·의疑	부정不定(4)	회悔·면眠·심尋·사伺

『성유식론成唯識論』 권5에서는 "六識與幾心所相應. 頌曰. 此心所遍行, 別境善煩惱, 隨煩惱不定, 皆三受相應. 論曰. 此六轉識總與六位心所相應."(T31, 26c11~14)이라고 하여 육식六識에 상응하는 변행遍行·별경別境·선善·번뇌煩惱·수번뇌隨煩惱·부정不定의 6위심소六位心所를 거론하고, 같은 곳에서는 표에서 본 것과 같은 6위심소의 개수에 관해 "雖諸心所名義無異而有六位種類差別. 謂遍行有五, 別境亦五. 善有十一, 煩惱有六, 隨煩惱有二十, 不定有四, 如是六位合五十一. 一

져들지 않는 마음국면'(止)과 '진리다운 이해'(觀)를 수립하여] 간직해 감'(念)과 선정(定)과 지혜(慧)는 '각각의 대상에 따라 일어나는 [마음현상]'(別境)[159]에서의 세 가지이며, 정진(勤)

切心中定可得故, 緣別別境而得生故, 唯善心中可得生故, 性是根本煩惱攝故, 唯是煩惱等流性故, 於善染等皆不定故."(T31, 26c27~27a4)라고 하면서 각 항목의 특징에서도 논의하는데, 변행심소遍行心所는 모든 마음에서 반드시 얻을 수 있는 것이고, 별경심소別境心所는 각각의 별경別境을 반연하여 생겨나는 것이며, 선심소善心所는 오직 선심善心에서 생겨나는 것이고, 번뇌심소煩惱心所는 근본번뇌根本煩惱에 속하는 것이며, 수번뇌심소隨煩惱心所는 번뇌심소煩惱心所의 등류성等流性이고, 부정심소不定心所는 선善인지 염染인지 정해지지 않은 것이라고 설명한다. 같은 곳에서는 다섯 가지 변행심소 각각의 이치에 관해 "理謂識起, 必有三和, 彼定生觸, 必由觸有. 若無觸者, 心心所法應不和合觸一境故. 作意引心, 令趣自境, 此若無者, 心應無故. 受能領納順違中境, 令心等起歡慼捨相, 無心起時無隨一故. 想能安立自境分齊, 若心起時無此想者, 應不能取境分齊相. 思令心取正因等相造作善等, 無心起位無此隨一故必有思. 由此證知, 觸等五法心起必有, 故是遍行."(T31, 28a10~18)이라고 하는데, 촉觸에 관해서는 식識이 일어날 때 반드시 3화三和가 있고 그 3화가 촉을 일으킨다고 하면서 만약 3화로 일어나는 촉이 없으면 마음(心)과 마음현상(心所法)이 화합하여 하나의 대상에 접촉하지 못하게 된다고 설명한다. 3화에 관해서는 같은 곳에서 "眼色爲緣生於眼識, 三和合觸, 與觸俱生有受想思."(T31, 28a3~4)라고 하여 안근眼根과 색경色境이 조건이 되어 안식眼識을 일으키는 것이라고 하는데, 이 세 가지가 화합한 것이 촉觸이고 촉과 더불어 수受·상想·사思가 함께 생겨난다고 설명한다. 작의는 촉으로 생겨난 마음을 이끌어 스스로 마주 대하고 있는 대상(自境)에 나아가도록 하는 것으로서 작의가 없으면 마음도 없는 것이고, 수受는 따르거나 거슬리거나 그 중간에 해당하는 대상(順違中境)을 받아들여 기쁘거나 슬프거나 둘 다 아닌 마음의 양상(歡慼捨相)을 고르게 일으키는 것으로서 마음이 일어날 때 어느 하나의 양상에 따르지 않을 수 없기 때문이며, 상想은 스스로 마주 대하고 있는 대상의 분한(自境分齊)을 수립하는 것이고, 사思는 정인正因과 같은 양상을 취하여 선善이라거나 불선不善이라고 하는 것과 같은 판단을 만들어 내는 것으로서 이 사思가 없으면 어느 하나의 판단에 따를 수 없다고 설명한다.

159 별경別境: 욕欲·승해勝解·염念·정定·혜慧로서 각각의 대상에 따라 일어나는 마음현상이다. 『성유식론』 권5에서는 욕欲에 관해 "云何爲欲? 於所樂境希望爲性, 勤依爲業."(T31, 28a20~21)이라고 하여 낙경樂境을 희망하는 것이 기본면모(性)이고 애씀에 의거하는 것을 작용(業)이라 하고, 승해勝解에 관해 "云何勝解? 於決定境印持爲性, 不可引轉爲業, 謂邪正等教理證力, 於所取境, 審決印持, 由此異緣, 不能引轉."(T31, 28b10~12)이라고 하여 잘못된 교리이든 올바른 교리이든 증득한 힘으로 소취경所取境의 성격을 결정하여 그 견해를 확고히 지니는 것이 기본면모(性)이고 이 기본면모(性) 때문에 다른 반연(異緣)으로 이끌려 바뀔 수 없는 것이 작용(業)이라고 하며, 염念에 관해 "云何爲念? 於曾習境, 令心明記不忘爲性, 定依爲業."(T31, 28b18~19)이라고 하여 대상에 대해 익혔던 것을 마음에 분명히 새겨 잊지 않는 것(明記不忘)이 기본면모(性)이고 선정禪定(定)에 의거하는 것이 작용(業)이라 하고, 정定에 관해 "云何爲定? 於所觀境, 令心專注, 不散爲性, 智依爲業."(T31, 28b25~26)이라고 하여 기본면모(性)는 이해의 대상(所觀境)에 마음을 오롯하게 기울여 흩어지지 않게 함(專注不散)이고 작용(業)은 지혜에 의거하는 것(智依)이라고 하며, 혜慧에 관해 "云何爲慧? 於所觀境簡擇爲性, 斷疑爲業, 謂觀得失俱非境中, 由慧推求得決定故, 於非觀境愚昧心中無簡擇故, 非遍行攝."(T31, 28c11~14)이라고 하여 이해의 대상(所觀境)에

과 믿음(信)과 평안(安)과 '치우치지 않음'(捨)[160] [이 네 가지]는 '유익한 것과 함께하는 [마음현상]'(善大地)[161]에 있다. 이 '열 가지'(十法)에 의거하여 37가지 [깨달음에 이르는 방법]을 수립한 것이다.[162]

開戒爲三, 正語業命. 思數立一, 謂正思惟. 受亦立一, 謂喜覺支. 開念立四, 謂念根念力念覺[163]正念. 開定立八, 謂四如意足定根定力定覺[164]正定. 慧亦立八, 謂四念住慧根慧力擇法覺支及與正見. 勤亦立八, 謂四正斷精進根力精進覺支及正精進. 信中立二, 信根信力. 安捨各一, 謂安覺支及捨覺支.

[H1, 820a7~15; X48, 161a2~7]

서 간택簡擇하는 것이 기본면모(性)이고 의심을 끊는 것이 작용(業)이며, 득得·실失 및 득得도 아니고 실失도 아닌 것을 관찰하는 중에 혜慧로 추구하여 결정하는 것이고, 이해의 대상이 아닌 것과 우매한 마음에서는 간택簡擇이 없으므로 변행심소遍行心所에 속하지 않는다고 설명한다.

160 근勤·신信·안安·사捨: 6위심소六位心所 중에서 선심소善心所에 속하는 마음현상이다. 『성유식론』 권6에서는 근勤(정진精進)에 관해 "勤謂精進, 於善惡品, 修斷事中, 勇悍爲性, 對治懈怠滿善爲業."(T31, 30a24~25)이라고 하여 선善을 닦고 악惡을 끊는 중에 씩씩하고 굳센 것(勇悍)이 기본면모(性)이고 해태懈怠를 치유하여 선善을 완성하는 것이 작용(業)이라 하고, 신信에 관해 "云何爲信? 於實德能深忍樂欲心淨爲性, 對治不信樂善爲業."(T31, 29b22~23)이라고 하여 실덕實德을 깊이 받아들이고 즐겁게 의욕하여 마음이 청정한 것이 기본면모(性)이고 불신不信을 치유하여 선善을 즐기는 것이 작용(業)이라고 하며, 안安(경안輕安)에 관해 "安謂輕安? 遠離麁重調暢身心堪任爲性, 對治惛沈轉依爲業, 謂此伏除能障定法令所依止轉安適故."(T31, 30b5~7)라고 하여 선정禪定(定)을 장애하는 번뇌(麁重)에서 벗어나 몸과 마음의 능력(堪任)을 조화롭게 펼치는 것이 기본면모(性)이고 혼침惛沈을 치유하여 의지처를 바꾸는 것이 작용(業)이라 하고, 사捨(행사行捨)에 관해 "云何行捨? 精進三根令心平等正直無功用住爲性, 對治掉擧靜住爲業."(T31, 30b21~23)이라고 하여 3근三根에 정진함으로써 마음이 평등平等과 정직正直과 무공용無功用에 머무르는 것이 기본면모(性)이고 도거掉擧를 대치하여 고요함(靜)에 머무르는 것이 작용(業)이라고 설명한다. 『성유식론』 권6에서는 "無貪等三根"(T31, 29b19)이라고 하여 선심소善心所 중에서 무탐無貪·무진無瞋·무치無癡의 세 가지를 3근이라는 용어로 묶어 부른다.

161 선대지善大地: 『성유식론』 권6에서는 "唯善心俱名善心所"(T31, 29b22)라고 하여 6위심소六位心所 중의 선심소善心所는 오직 선심善心과 함께하는 마음현상이라고 설명한다.

'열 가지'(十法) 가운데 첫 번째인] 계율(戒)을 펼치면 ['37가지 방법'(三十七道品) 중에서] 세 가지가 되니, [8정도八正道에서] '말을 진리답게 하는 수행'(正語)과 '행위를 진리답게 하는 수행'(正業), '생계를 진리답게 유지하는 수행'(正命)이 그것이다. [두 번째인] 사유(思數)는 하나를 세우니, [8정도八正道에서] '생각을 진리답게 일으키는 수행'(正思惟)이 그것이다. [세 번째인] 느낌(受) 또한 하나를 세우니, [7각지七覺支에서] '[정진각지精進覺支를 토대로 정진을] 즐기면서 하는 능력을 계발하여 깨달음으로 나아가는 수행'(喜覺支)이 그것이다.

[네 번째인] '['빠져들지 않는 마음국면'(止)과 '진리다운 이해'(觀)를 수립하여] 간직해 감'(念)을 펼쳐 네 가지를 세우니, [5근五根에서] '간직해 가는 능력'(念根), [5력五力에서] '간직해 감으로 얻은 힘'(念力), [7각지七覺支에서] '간직해 가는 능력을 계발하여 깨달음으로 나아가는 수행'(念覺支), [8정도八正道에서] '['빠져들지 않는 마음'(止)과 이해(觀)를] 진리답게 간직해 가는 수행'(正念)이 그것이다. [다섯 번째인] 선정(定)을 펼쳐 여덟 가지를 세우니, '선정을 이루어 번뇌를 끊게 하는 네 가지 능력의 계발'(四如意足), [5근五根에서] '선정禪定에 드는 능력'(定根), [5력五力에서] '선정으로 얻은 힘'(定力), [7각지七覺支에서] '[안각지安覺支를 토대로] 선정 능력을 계발하여 깨달음으로 나아가는 수행'(定覺支), [8정도에서] '선정을 진리답게 행하는 수행'(正定)이 그것이다. [여섯 번째인] 지혜(慧)도 여덟 가지를 세우니, '네 가지를 토대로 ['빠져들지 않는 마음국면'(止)과 '진리다운 이해'(觀)를 수립하여] 간직해 가는 수행'(四念住), [5근五根에서] '지혜의 능력'(慧根), [5력五力에서] '지혜로 얻은 힘'(慧力), [7각지七覺支에서] '[염각지念覺支를 토대로] 지혜로운 판단능력을 계발하여 깨달음으로 나아가는 수행'(擇法覺支) 그리고 [8정도八正道에서] '견해를 진리답게 수립하는 수행'(正見)이 그것이다.

---

162 10법十法을 다시 4법四法으로 분류한 내용에 관해 표로 나타내면 다음과 같다.

색법色法	계戒
변행심소법遍行心所法	사思, 수受
별경심소법別境心所法	염念, 정定, 혜慧
선대지심소법善大地心所法	근勤, 신信, 안安, 사捨

163 '支'가 생략되어 있다. '念覺支'로 교감한다.

164 '支'가 생략되어 있다. '定覺支'로 교감한다.

[일곱 번째인] 정진(勤)도 여덟 가지를 세우니, '해로움은 끊고 이로움은 살리는 네 가지 수행'(四正斷), [5근五根에서] '정진하는 능력'(精進根), [5력五力에서] '정진으로 얻은 힘'(精進力), [7각지七覺支에서] '[택법각지擇法覺支를 토대로] 정진하는 능력을 계발하여 깨달음으로 나아가는 수행'(精進覺支) 그리고 [8정도八正道에서] '정진을 진리답게 행하는 수행'(正精進)이 그것이다. [여덟 번째인] 믿음(信)에서는 두 가지를 세우니, [5근五根에서] '믿는 능력'(信根)과 [5력五力에서] '믿음으로 얻은 힘'(信力)이 그것이다. [아홉 번째인] 평안(安)과 [열 번째인] '치우치지 않음'(捨)은 각각 한 가지를 세우니, [7각지七覺支에서] '[희각지喜覺支를 토대로] 흔들리지 않는 능력을 계발하여 깨달음으로 나아가는 수행'(安覺支) 및 '[정각지定覺支를 토대로] 치우치지 않는 능력을 계발하여 깨달음으로 나아가는 수행'(捨覺支)이 그것이다.

總而言之, 有其五類. 一者開八有三, 謂定慧勤. 二者開四有一, 謂念. 三者開三有一, 謂戒. 四者開二有一, 謂信. 五者唯一有四, 思受安捨. 第一類內, 有二十四, 後四類中, 總有十三, 都合則有三十七也. 所以開合有不第[165]者, 良由定慧與勤, 進修力長故, 開爲八. 思受安捨, 助道勢短故, 各立一合. 信等法力, 在其中故, 隨階降, 立四三二. 是故體性唯有十法. 如『智度論』云, "三十七品, 十法爲本," 乃至廣說故.

[H1, 820a15~b2; X48, 161a7~15]

[이 열 가지를 다시] 총괄하여 말하면, 그것들의 다섯 가지 유형이 있다. 첫 번째로, 여덟 가지로 펼치는 것에는 세 가지가 있는데 선정(定)·지혜(慧)·정진(勤)이 그것이다. 두 번째로, 네 가지로 펼치는 것에는 한 가지가 있는데 '[빠져들지 않는 마음 국면'(止)과 '진리다운 이해'(觀)를 수립하여] 간직해 감'(念)이 그것이다. 세 번째로, 세 가지

165 한불전 교감주에 "'第'는 '等'인 듯하다"라고 되어 있다. 교감주에 따른다.

로 펼치는 것에는 한 가지가 있는데 계율(戒)이 그것이다. 네 번째로, 두 가지로 펼치는 것에는 한 가지가 있는데 믿음(信)이 그것이다. 다섯 번째로, 오직 하나를 세운 것에는 네 가지가 있는데 사유(思)·느낌(受)·평안(安)·평등(捨)이 그것이다. [여덟 가지로 펼치는] 첫 번째 유형[인 정定·혜慧·근勤, 이 세 가지 항목] 안에 [37도품三十七道品의] 24가지가 있고 뒤의 네 가지 유형[인 염念·계戒·신信·사思·수受·안安·사捨, 이 일곱 가지 항목]에 모두 [37도품三十七道品의] 13가지가 있기에 다 합하면 37가지가 있다.[166] '펼침과 합함'(開合)에 차이(不等)가 있는 이유는 [다음과 같다.] 실로 선정(定)·지혜(慧)·정진(勤)은 '[다양한] 수행으로 나아가는 힘'(進修力)[의 범위]가 넓기 때문에 펼쳐서(開) 여덟 가지가 된다. 사유(思)·느낌(受)·평안(安)·평등(捨)은 '[깨달음의] 방법들을 돕는 힘'(助道勢)[의 범위]가 좁기 때문에 각각 하나로 합하여(合) 세운다. 믿음(信)[·간직해 감(念)·계율(戒)] 등의 힘은 그 중간에 해당하기 때문에 [힘의] 단계(階降)에 따라 [간직해 감(念)은] 네 가지, [계율(戒)은] 세 가지, [믿음(信)은] 두 가지를 [펼쳐] 세운다. 그러므로 ['깨달음에 이르는 37가지 방법'(三十七道品)의] '바탕이 되는 면모'(體性)에는 오직 '열 가지'(十法)가 있다.[167] 마치 『대지도론大智度論』에서 "'37가지 수행방법'(三十七品)은 '열 가지'(十法)를 근본으로 삼는다"[168]라고 하면서 자세하게 설명한 것과 같다.

---

166 원효의 『금강삼매경론金剛三昧經論』 권3 「진성공품眞性空品」의 '명도품행종진성립明道品行從眞性立' 단락의 "此中略明道品之義"라고 하는 문장 이하(H1, 652b9~c12)에는 지금 본문에서 진행된 '명체성明體性' 단락과 비교해 볼 때 문장 순서의 차이가 있을 뿐 내용이나 구문에서 거의 동일한 문단이 전개되어 있음을 확인할 수 있다. 하지만 『금강삼매경론』의 이 문단에서는 "於中卽以四句分別. 一攝三十七以爲十法, 二攝十法以爲四法, 三攝四法以爲一義, 四明一義具三十七."(H1, 652b9~12)이라고 하여 4구분별四句分別을 전개하는 차이가 나타나기도 하는데, 37도품三十七道品을 10법十法으로 분류하고 10법十法을 다시 색色·변행遍行·별경別境·선善의 4법四法으로 포섭하는 지금 본문의 '명체성明體性' 단락에서의 내용을 가져와 『금강삼매경론』에서는 제1구와 제2구의 논의에서 활용하고 나서, 제3구와 제4구의 논의로 더 전개해 나아가는 모습을 보여 준다. 간단히 말해 제3구에서는 4법四法을 평등일미平等一味의 일의一義로 합치고, 제4구에서는 일의에서 다시 37도품三十七道品을 펼치는 과정을 보임으로써, 개합開合 논리의 극치를 이루는 것으로 보인다. 이에 관해서는 『금강삼매경론』 권3(H1, 652b12~c1) 참조. 한편 본문 아래 '명체성明體性' 단락의 나머지 내용, 즉 개합부등開合不等의 이유에 관한 내용은 『금강삼매경론』 권3의 해당 대목에서 보이지 않는다.

167 37도품三十七道品을 5류五類에 따라 10법十法으로 분류한 것에 관해 표로 나타내면 다음과 같다.

	4념주	4정단	4신족	5근	5력	7각지	8정도	유형
정定			4신족四神足	정근定根	정력定力	정각지定覺支	정정正定	제1유형 (8가지)
혜慧	4념주四念住			혜근慧根	혜력慧力	택법각지 擇法覺支	정견正見	
근勤		4정단四正斷		정진근 精進根	정진력 精進力	정진각지 精進覺支	정정진 正精進	
염念				염근念根	염력念力	염각지 念覺支	정념正念	제2유형 (4가지)
계戒							정어正語, 정업正業, 정명正命	제3유형 (3가지)
신信				신근信根	신력信力			제4유형 (2가지)
사思							정사유 正思惟	제5유형 (1가지)
수受						희각지 喜覺支		
안安						안각지 安覺支		
사捨						사각지 捨覺支		

이러한 10법十法 분류의 의미는 주목할 필요가 있다. 무엇보다도 37가지 수행법들의 초점을 10가지로 압축시키고 있다는 점이다. 예를 들어 4념주四念住는 혜慧의 향상에, 4정단四正斷은 근勤(정진精進)의 향상에, 4신족四神足은 정定의 향상 등에 그 핵심이나 궁극목표가 있다는 관점은 중요한 수행론적 의미를 지닌다.

168 『대지도론』 권19(T25, 198b8). "三十七品, 十法爲(根)本." 괄호는 생략된 부분을 표시한다. 『대지도론』의 이하 광설廣說 내용을 인용하면 다음과 같다. "何等十? 信·戒·思惟·精進·念·定·慧·除·喜·捨. 信者, 信根·信力. 戒者, 正語·正業·正命. 精進者, 四正懃·精進根·精進力·精進覺·正精進. 念者, 念根·念力·念覺·正念. 定者, 四如意足·定根·定力·定覺·正定. 慧者, 四念處·慧根·慧力·擇法覺·正見."(T25, 198b9~13.) 10법十法의 열거 순서에 차이는 있지만, 37도품三十七道品을 10법十法으로 분류하는 내용에서는 동일한 것을 확인할 수 있고, 사思·수受·안安·사捨의 4법四法(제5유형)은 37도품에서 각각 하나에만 해당하므로 생략하는 것으로 보인다. 이 10법 분류와 관련하여 『대지도론』 권19에서 더 이상의 진전된 논의는 전개되지 않는다. 10법 각각에 관한 용어의 동이同異를 살펴보면 계戒·염念·정定·혜慧·신信·사捨의 6가지는 동일하지만 원효가 사思·근勤·안安·수受라고 표기한 것이 『대지도론』에는 차례대로 사유思惟·정진精進·제除·희喜라고 되어 있어 차이가 있다. 원효는 『대지도론』의 사유와 정진을 사思와 근勤의 한 글자로 대체한다. 또 『대지도론』은 안각지安覺支를 제각지除覺支라고 표현하는데(권19, T25, 205a18~20. "是爲眞喜, 得是眞喜, 先除身麁, 次除心麁, 然後除一切法相, 得快樂遍身心中, 是爲除覺分" 참조), 원효는 유식학의 심소법心所法 분류에 따라 제除를 선심소善心所에 속하는 안安(경안輕安)으로 대체하고 있다. 또 원효는 『대지도론』의 희喜를 변행심소遍行心所에 속하는 수受로 대체하고 있는데, 전체적으로 『대지도론』의 내용에 의거하면서도 앞서 10법을 다시 색법色法·변행심소법遍行心所法·별경심소법別境心所法·선대지법善大地法의 네 가지로 나누었던 법수法數 체계에 따라 용어 사용의 일관성을 유지하면서 유식학의 논의지평으로 확장해 가고 있다.

第四明階位者. 論其行實, 皆通諸位. 如『瑜伽』說, "又由身受心法, 增上所生, 善有漏無漏道, 皆名念住." 又後文言, "略說一切人[169]聖道支, 二處所攝, 一者世間, 二出世間. 其世間者, 三漏四取所隨縛故, 不能盡苦, 是善性故, 能往善趣. 出世間者, 與彼相違, 能盡衆苦." 初後二法, 旣如是說, 中間五法, 當知亦爾.

[H1, 820b3~10; X48, 161a16~21]

(4) [각 수행항목들의] 단계를 밝힘(明階位)

네 번째는 [각 수행항목들의] 단계(階位)를 밝히는 것이다. 그 [37가지 항목들]의 '수행의 실제'(行實)를 논한다면 다 모든 [수행] 단계에 통한다. 마치 『유가사지론瑜伽師地論』에서 "신체(身)·느낌(受)·마음(心)·이법理法(法)[에 대한 수행]을 향상시켜 생겨나는 '[번뇌가] 흘러들어오는 경향성이 있지만 유익한 수행'(善有漏)과 '[번뇌가] 흘러들어오는 경향성이 없는 수행'(無漏道)을 모두 '[네 가지를 토대로 '빠져들지 않는 마음국면'(止)과 '진리다운 이해'(觀)를 수립하여] 간직해 감을 자리 잡게 하는 수행'(念住)이라 부른다"[170]

---

169 『유가사지론』 원문에 따라 '人'을 '八'로 고친다. 한불전 교감주에는 "'人'은 '入'인 듯하다"라고 되어 있다.

170 『유가사지론』 권28(T30, 442a14~15). "又由身受心法, 增上所生, 善有漏無漏道, 皆名念住." 〈산스크리트본의 해당 내용: ŚrBh., p.198. api ca kāyavedanācittadharmādhipateyo yo mārgaḥ samutpannaḥ kuśalaḥ sāsravo 'nāsravaś ca tatsmṛtyupasthānaṃ /; 또 신·수·심·법을 위주로 하여 함께 발생한 선한 유루와 무루의 도를 '주의집중의 확립'(念住)이라고 한다.〉 인용문 직후로 이어지는 문장에서는 "此復三種, 一聞所成, 二思所成, 三修所成. 聞思所成唯是有漏, 修所成者通漏無漏."(T30, 442a15~17)라고 하여 4념주四念住 수행이 의거하는 문聞·사思·수修 3혜三慧에서 문聞·사思 2혜二慧는 오직 유루有漏이고 수혜修慧가 유루有漏와 무루無漏에 통한다고 설명한다. 앞서 '(2) 석의釋義' 단락에서는 "所謂於身與念相應, 住循身觀, 是身念住."(H1, 817c9~10)라고 하여 4념주四念住의 첫 번째인 신념주身念住에 관해 순신관循身觀에 자리잡는 것이라고 하면서, 이 순신관循身觀의 관觀에 관해 "云何爲觀? 謂依身增上, 聞思修慧, 由此慧故, 於一切身一切相中, 正觀察正推求."(H1, 817c13~15)라고 하여 문聞·사思·수修 3혜三慧에 의거하기 때문에 신체(身)를 진리답게 관찰하게 된다고 설명한 적이 있다. 지금 본문의 설명과 연결해 보면, 4념주의 첫 번째인 신념주身念住 수행도 문聞·사思 2혜二慧에 의거할 때는 선유루善有漏의 범부행凡夫行이지만 수혜修慧

라고 말하는 것과 같다. 또 [『유가사지론』의] 뒷 문장에서는 [다음과 같이] 말한다. "모든 '여덟 가지 수행으로 이루어진 해탈의 길'(八聖道支)을 간략히 말한다면 두 가지 경지에 속하니, 첫 번째는 세간世間[의 경지]이고 두 번째는 '세간을 넘어서는 [경지]'(出世間)이다. 그 세간世間[의 경지]에서는 ['여덟 가지 수행으로 이루어진 해탈의 길'(八聖道支)이 아직] '[번뇌가] 흘러 들어오는 세 가지 경향성'(三漏)[171]과 '네 가지 집착'(四取)[172]에 따라 묶이기 때문에 괴로움(苦)을 다 없애지는 못하지만 '유익한 면모'(善性)이기 때문에 '유익한 곳'(善趣)[173]에 가서 [태어날] 수 있다. '세간을 넘어서는 [경지]'(出世間)에서는 저 [세간의 경지]]와는 달라서 모든 괴로움(苦)을 다 없앨 수 있다."[174] [37도품三十七道品의

에 의거할 때는 무루善無漏의 성인행聖人行에 통한다고 하겠다.

171 3루三漏: 『열반경』 권22에서 "三漏者, 欲界一切煩惱除無明是名欲漏. 色無色界一切煩惱除無明是名有漏. 三界無明名無明漏. 如來永斷是故非漏."(T12, 495b27~29)라고 하는 것에 따르면, 3루는 무명無明을 제외한 욕계欲界의 모든 번뇌인 욕루欲漏, 무명無明을 제외한 색계色界와 무색계無色界의 모든 번뇌인 유루有漏, 그리고 삼계三界의 무명無明인 무명루無明漏를 말한다. 3루의 범어인 'traya āsravāḥ'에서 'āsrava'는 물길이 흘러 내려가도록 열려 있는 문(a door opening into water and allowing the stream to descend through it)을 말한다. *Monier Williams Sanskrit-English Dictionary*, p.162 참조.

172 4취四取: 『유가사지론』 권8에서는 "彼種種煩惱門中, 建立差別."(T30, 314c13)이라고 하면서 번뇌에 관한 다양한 용어들을 결結·박縛·수면睡眠·수번뇌隨煩惱·전纏·폭류暴流 등으로 논의하다가, "取者四取, 謂欲取·見取·戒禁取·我語取."(T30, 314c19~20)라고 하여 번뇌의 한 종류로서 욕취欲取·견취見取·계금취戒禁取·아어취我語取를 제시한다. 『대승아비달마잡집론』 권7에서 "取有四種, 謂欲取·見取·戒禁取·我語取. 執取諍根, 執取後有是取義. 所以者何? 由貪著欲繫縛耽染爲因, 諸在家者更相鬪諍, 此諍根本是第一取. 由貪著見繫縛耽染爲因, 諸出家者更相鬪諍, 此諍根本是後三取. 六十二見趣是見取, 各別禁戒多分苦行是戒禁取, 彼所依止薩迦耶見是我語取."(T31, 724c4~10)라고 하는 것에 따르면, 제1취第一取인 욕취는 본래 쟁근諍根으로서 욕망(欲)에 탐착貪著하여 탐염耽染에 계박繫縛되는 것을 원인으로 삼아 모든 재가자在家者들과 투쟁하는 것이고, 뒤의 3취三取인 견취見取(62견六十二見에 나아가는 것)와 계금취戒禁取(각각의 금계禁戒에 따라 크게 고행苦行하는 것)와 아어취我語取(살가야견薩迦耶見에 의지하는 것)는 견해(見)에 탐착하여 탐염에 계박되는 것을 원인으로 삼아 모든 출가자出家者들과 투쟁하는 것이라고 한다. 즉 4취의 취取의 뜻은 기본적으로 쟁근에 집취執取하여 후유後有에 집취하는 것이라고 설명하고 있다. 4취의 범어인 'catvāry upādānāni'에서 'upādāna'는 존재에 대한 집착(grasping at or clinging to existence)을 말한다. *Monier Williams Sanskrit-English Dictionary*, p.213 참조.

173 선취善趣: 선업인善業因으로써 가는 곳을 말하는데, 예를 들어 천계天界와 같은 곳이다. 선처善處, 선도善道라고도 하며 악취惡趣의 상대어이다. 『佛光大辭典』, p.4896 참조. 취趣의 범어인 'gati'는 감, 움직임, 길, 행로, 존재방식(going, moving, way, course, mode of existence) 등의 뜻이 있다. *Monier Williams Sanskrit-English Dictionary*, p.347 참조.

174 『유가사지론』 권98(T30, 865c5~8). "略說一切八聖道支, 二處所攝, 一者世間, 二出世間. 其世間

'일곱 가지 항목'(七法)에서] 처음과 마지막의 두 항목[인 4념주四念住와 팔정도八正道]를 이미 이와 같이 설명했으므로 중간의 다섯 가지 항목도 이렇게 [세간과 출세간의 모든 경지에 통한다고] 알아야 한다.

> 約行雖通, 依位別立, 是義云何? 大分其地, 判爲二位, 謂前五法在凡夫位, 後之二法立聖位中. 凡位五法立, 有二義. 依毗曇說, 四念處觀在煗[175]法前, 其四正勤在於煗[176]法, 四如意足在於頂法, 五根在於忍法, 五力在世第一法. 若依此論, 前之三四在解脫分, 次之二五在通達分. 隨宜施設, 皆有道理.
>
> [H1, 820b11~18; X48, 161a21~b3]

[그런데] 수행(行)[의 실제]에 의거하면 [37도품三十七道品들이 세간과 출세간의 모든 경지에] 통하지만 [세간과 출세간 경지의] 단계(位)에 의거한다면 [37도품三十七道品들을] 구별하여 세우게 되니, 이 뜻은 무엇을 말하는가? 그 [수행의] 경지(地)를 크게 나누면 '두 가지 단계'(二位)로 구분되니, 앞의 '다섯 가지'(五法)[인 4념주四念住·4정단四正斷·4신족四神足·5근五根·5력五力]은 '범부의 단계'(凡夫位)에 있고 뒤의 '두 가지'(二法)[인 7각지七覺支·8정도八正道]는 '성인의 단계'(聖位)에서 수립된다는 것이 그것이다.

'범부의 단계'(凡位)에 '다섯 가지'(五法)를 세우는 것에는 두 가지 뜻이 있다. '[부파불교 시대] 논서들'(毗曇)[177]의 설명에 의거하면 '네 가지를 토대로 [빠져들지 않는 마음

者, 三漏四取所隨縛故, 不能盡苦, 是善性故, 能往善趣. 出世間者, 與彼相違能盡衆苦."

175 한불전에는 '煗'으로 되어 있고, 대정본에는 '暖'으로 되어 있다. 아비달마 논서들에서는 예를 들어 『아비달마구사론』 권23에서 "此煖頂忍世第一法"(T29, 120a17)이라고 하듯이 일반적으로 '煖'으로 표기하므로 문맥에 따라 '煖'으로 고친다.

176 앞 교감주와 같이 '煗'를 '煖'으로 고친다.

177 비담毗曇: 범어 'abhidharma'의 음역인 아비달마阿毗達磨의 약칭으로서 아비담阿毗曇이라고도 하고, 대법對法으로 의역된다. 부처님이 설한 경經과 율律에 대한 체계적 논의論議라는 뜻으로 경經·율律·논論 3장三藏 중에 대승 이전 부파불교 시대에 성립한 논장論藏을 가리킨다. 대표적으로

국면'(止)과 '진리다운 이해'(觀)를 수립하여] 간직해 가는 이해수행'(四念處觀)은 '[4제四諦에 관한 이해를] 착수하는 수행'(煖法) 이전에 있고, 그 '해로움은 끊고 이로움은 살리는 네 가지 수행'(四正勤)은 '[4제四諦에 관한 이해를] 착수하는 수행'(煖法)에 있으며, '선정으로 번뇌를 끊어 원하는 대로 할 수 있는 네 가지 능력의 계발'(四如意足)은 '[4제四諦에 관한 이해가] 탁월해진 수행'(頂法)에 있고, '[해탈을 성취하게 하는] 다섯 가지 능력의 수행'(五根)은 '[4제四諦의 도리를] 감당해 내는 수행'(忍法)에 있으며, '[다섯 가지 능력의 수행'(五根)으로 얻은] 다섯 가지 힘'(五力)은 '[견도見道 이전의 단계에서] 가장 뛰어난 수준의 수행'(世第一法)[178]에 있다. 만약 이 논서(『중변분별론中邊分別論』)에 의거한다면 [37도품

『아비달마대비바사론阿毘達磨大毗婆沙論』(T27, 200권)이 있고, 『아비달마구사론阿毘達磨俱舍論』(T29, 30권)은 그 강요서綱要書이다. 『佛光大辭典』, pp.3641, 3644 참조.

178 난법煖法·정법頂法·인법忍法·세제일법世第一法의 4선근四善根: 견도見道 이전에 4제四諦를 관찰하고 16행상十六行相을 닦아 성위聖位에 도달하는 수행 계위를 말한다. 『佛光大辭典』, p.1767 참조. 『아비달마구사론』 권23에서 4선근에 관한 설명이 시작되기 직전의 논의부터 살펴보면 "居緣總雜法念住中, 總觀所緣身等四境修四行相, 所謂非常苦空非我. 修此觀已, 生何善根."(T29, 119b1~3)이라고 하여 4념주四念住 수행의 마지막 단계인 총잡법념주總雜法念住에서 신身·수受·심心·법法의 4경四境에 대해 비상非常·고苦·공空·비아非我의 4행상四行相을 총관總觀하는 총상념주總相念住의 관觀 수행에 관한 설명을 마치고 나서 곧바로 4선근이 어떻게 생겨나는지에 관해 논의하기 시작한다. 먼저 난법煖法에 관해 같은 곳에서 "從此念住後, 有順決擇分初善根生, 名爲煖法. 此法如煖立煖法名, 是能燒惑薪聖道火前相, 如火前相故名爲煖. 此煖善根分位長故, 能具觀察四聖諦境, 及能具修十六行相. 觀苦聖諦修四行相, 一非常二苦三空四非我. 觀集聖諦修四行相, 一因二集三生四緣. 觀滅聖諦修四行相, 一滅二靜三妙四離. 觀道聖諦修四行相, 一道二如三行四出."(T29, 119b11~19)이라고 하는 것에 따르면, 순해탈분順解脫分에 해당하는 4념주 수행으로부터 순결택분順決擇分의 첫 번째 선근善根이 일어난 것이 난법煖法이고, 따뜻함(煖)이라는 명칭이 붙여진 것은 번뇌라는 땔감(惑薪)을 태우는 성도聖道의 불길(聖道火)이 일어나기 이전의 양상(前相)이기 때문이다. 이 난선근煖善根의 단계는 길기 때문에 4성제四聖諦와 그에 부속하는 16행상十六行相을 구관具觀·구수具修할 수 있는데, 여기서 4제四諦 16행상이라는 것은 고성제苦聖諦의 비상非常·고苦·공空·비아非我, 집성제集聖諦의 인因·집集·생生·연緣, 멸성제滅聖諦의 멸滅·정靜·묘妙·이離, 도성제道聖諦의 도道·여如·행行·출出이다. 정법頂法에 관해서는 "此煖善根下中上品, 漸次增長至成滿時, 有善根生, 名爲頂法. 此轉勝故, 更立異名, 動善根中, 此法最勝, 如人頂故, 名爲頂法. 或由此是進退兩際, 如山頂故, 說名爲頂. 此亦如煖, 具觀四諦, 及能具修十六行相."(T29, 119b20~24)이라고 하여, 난선근煖善根이 점차 증장하여 완성된 것으로서 난선근煖善根이 바뀌어 탁월해진 것(轉勝)이기 때문에 달리 명칭을 붙인 것이 정법頂法이다. 꼭대기(頂)라는 명칭이 붙여진 것은 진퇴進退의 움직임이 있는 동선근動善根 중에 가장 탁월하여 사람의 정수리(人頂)와 같고, 앞으로 나아가거나 뒤로 물러서는 두 방향 사이에 위치하여 '산의 정상'(山頂)과 같기 때문이며, 그 수행의 내용은 난법煖法과 같이 4제四諦 16행상 구관具觀·구수具修하는 것이라고 설명한다. 인법忍法에 관해서는 "頂善根下中上品, 漸次增長至成滿時, 有善根生, 名爲

三十七道品을 이루는 일곱 가지 중에서] 앞에 있는 '네 가지 항목으로 이루어진 [4념주四念住·4정단四正斷·4신족四神足] 세 가지'(三四)는 '해탈의 가능성을 높이는 과정'(解脫分)이고, 다음에 있는 '다섯 가지 항목으로 이루어진 [5근五根·5력五力] 두 가지'(二五)는 '[4

忍法. 於四諦理, 能忍可中, 此最勝故. 又此位忍無退墮故, 名爲忍法. (중략) 然此忍法有下中上, 下中二品與頂法同, 謂具觀察四聖諦境及能具修十六行相, 上品有異, 唯觀欲苦與世第一相隣接故."(T29, 119b29~c6)라고 하여, 앞의 정선근頂善根이 점차 증장하여 완성된 것으로서 '4제의 이치'(四諦理)를 받아들이는 고통을 참아내어 인가忍可하는 것 중에서 가장 탁월한 것이다. 앞의 난법과 정법까지는 진퇴가 있는 동선근動善根이라면 인법忍法은 퇴타退墮가 없는 부동선근不動善根이며, 인법의 하·중·상품 중에서 하·중품은 난법 및 정법에서와 같이 4제 16행상을 구관具觀·구수具修하지만 상품에서는 차이가 있어서 오직 욕계欲界의 고성제苦聖諦(欲苦)만을 관찰하는데, 이것은 세제일법世第一法과 서로 인접하기 때문이라고 설명한다. 권오민에 따르면 이 인법忍法의 상품上品에서 이루어지는 수행을 "감연감행減緣減行"이라고 하는데, 기본적으로 4제 16행상을 수행 대상으로 삼는 4선근 수행의 과정이 인법忍法 상품上品에 이르면 "더 이상 욕계와 상계(색계와 무색계: 역자 보충)의 8제 32행상을 모두 닦지 않고 그것을 점차 감소시켜 마침내 고제의 '비상'을 관찰하는 일찰나로 판단력을 응집한다"고 한다. 『아비달마불교, 서울: 민족사, 2003, p.245 참조. 한편 인법忍法의 범어인 'kṣānti'는 어떤 것을 위해 참고 기다리는 것(patient waiting for anything)의 뜻으로서(*Monier Williams Sanskrit-English Dictionary*, p.326 참조), 권오민은 위의 책에서 인忍의 뜻에 관해 "진리에 대한 인가는 필시 고통을 감내해야 하기 때문에 '인'이다. 진실을 인가하는 일은 세세생생 쌓아 온 '자기'와 '자기의 세계'가 파기되는 것이기에 필연적으로 고통이 따른다"(p.245)라고도 설명한다. 범부위凡夫位의 마지막 단계인 세제일법에 관해 『아비달마구사론』 권23에서는 "上品忍無間生世第一法, 如上品忍緣欲苦諦修一行相唯一刹那, 此有漏故名爲世間, 是最勝故名爲第一, 此有漏法世間中勝, 是故名爲世第一法."(T29, 119c12~16)이라고 하여, 앞에서 보았듯이 인법忍法의 상품上品이 무간無間으로 세제일법을 일으켜 욕계 고성제(欲苦諦)라는 일행상一行相만을 한 찰나에 닦는 것으로서 유루有漏이기 때문에 세간世間이고, 가장 탁월한 것이기 때문에 제일第一이니, 결국 세간의 유루법有漏法 중에 가장 탁월하기 때문에 세제일법이라 한다고 설명한다. 37도품의 앞의 5법五法과 난煖·정頂·인忍·세제일법世第一法의 4선근을 직접적으로 연결하여 논의하는 대목은 『아비달마구사론』 권25에서 찾아볼 수 있다. 거기에서는 "初業位中能審照了身等四境, 慧用勝故說念住增, 煖法位中能證異品殊勝功德, 用勤勝故說正斷增, 頂法位中能持勝善趣無退德, 定用勝故說神足增, 忍法位中必不退墮善根堅固, 得增上義故說根增. 第一位中非惑世法所能屈伏, 得無屈義故說力增."(T29, 132c20~26)이라고 하여, 초업위初業位에서는 신身·수受·심心·법法의 4경四境을 이해하기에 혜용慧用이 탁월하므로 4념주가 증가하고, 난법위煖法位에서는 근勤이 탁월하므로 4정단四正斷이 증가하며, 정법위頂法位에서는 정용定用이 탁월하므로 4신족이 증가하고, 인법위忍法位에서는 퇴타退墮하지 않는 선근善根으로 증상의增上義를 얻으므로 5근이 증가하며, 세제일법위世第一法位에서는 번뇌(惑)인 세속법(世法)에 굴복되지 않는 무굴의無屈義를 얻으므로 5력이 증가한다고 설명한다. 이러한 분석적 해석학이 얼마나 타당한 것인지는 별개의 문제이다. 단지 사제나 사념처에 관한 특정한 이해가 정밀한 체계로 표현된 것이며, 붓다 교설에 관한 이해와 해석의 한 유형일 뿐이라는 점을 동시에 고려해야 한다.

제四諦의 이치를] 통달하여 [견도見道에 오르는] 과정'(通達分)이다.[179] [비담毗曇과 『중변분별론

179 『중변분별론』의 해탈분解脫分과 통달분通達分: 『중변분별론』 권2 「대치수주품제4對治修住品第四」에서는 5근五根에 관한 설명에서 "因此心已下解脫分善根種子, 一欲增上故, 二勤修增上故, 三不忘境界增上故, 四不散動增上故, 五思擇法增上故, 如次第信等五根應知."(T31, 458c11~14)라고 하여, 해탈분선근종자解脫分善根種子를 이미 심었기 때문에 욕증상欲增上인 신근信根과 근수증상勤修增上인 정진근精進根과 불망경계증상不忘境界增上인 염근念根과 불산동증상不散動增上인 정근定根과 사택법증상思擇法增上인 혜근慧根이 생겨난다고 한다. 따라서 『중변분별론』에서는 5근을 기점으로 이전의 세 단계를 4념주·4정단·4신족을 해탈분解脫分으로 설정한다. 본문 아래의 '2) 소문消文' 단락에서 원효는 이 대목을 주석하면서 "初言已下解脫種者, 五根位在通達分中故, 先已下解脫分種, 望出離果, 所修善根與解脫果, 作初種子故, 言已下解脫種子."(H1, 828c6~9)라고 한다. "해탈분선근종자解脫分善根種子를 이미 심었다"고 말한 것은 5근의 단계가 통달분通達分에 있기 때문에 이미 해탈분종解脫分種을 이미 심은 것이고, 수행과정을 통해 벗어난 결과(出離果)의 관점에서 보면 이미 닦은 선근善根(이전 세 단계인 4념주·4정단·4신족의 해탈분)은 해탈과解脫果와의 관계에서 최초의 종자種子가 되는 것이라고 설명한다. 여기서 해탈과의 구체적 단계는 통달분通達分의 첫 번째인 5근이므로, 이 이치에 따라 해탈분 다음의 통달분은 성위聖位인 견도見道의 이치를 통달하기 위한 선근종자善根種子를 심는 과정이라고 하겠다. 『중변분별론』에서는 이어 통달분에 관해 설명하면서 "若人已下通達分善根者, 爲在五根位中, 爲當在力位中, 二二通達分, 五根及五力. 煖位及頂位立行五根, 忍位及世第一法立行五力. 若人下解脫善根種, 此二二位決定通達分."(T31, 458c24~459a1)이라고 한다. 여기에서는 통달분선근通達分善根을 이미 심은 자는 5근에 있는가 5력에 있는가라는 질문에 대해, 난위煖位와 정위頂位의 두 가지 선근에서 수행하는 5근과 인위忍位와 세제일법世第一法의 두 가지 선근에서 수행하는 5력의 두 가지(二二) 모두를 통달분으로 설정한다. 범부위凡夫位의 5법五法을 4선근의 단계로 구분하는 비담설毗曇說과 『중변분별론』의 설에 관해 표로 나타내면 다음과 같다.

<table>
<tr><th colspan="2">비담毗曇</th><th colspan="3">중변분별론中邊分別論</th></tr>
<tr><td>4념주</td><td>4선근四善根 이전</td><td>4념주</td><td colspan="2" rowspan="3">해탈분解脫分: 4선근四善根 이전</td></tr>
<tr><td>4정단</td><td>난법煖法</td><td>4정단</td></tr>
<tr><td>4신족</td><td>정법頂法</td><td>4신족</td></tr>
<tr><td>5근</td><td>인법忍法</td><td>5근</td><td>난법煖法·정법頂法</td><td rowspan="2">통달분通達分</td></tr>
<tr><td>5력</td><td>세제일법世第一法</td><td>5력</td><td>인법忍法·세제일법世第一法</td></tr>
</table>

표에서 나타나듯이 비담설毗曇說에서는 4념주만을 4선근 이전의 수행으로 설정하는 데 비해, 『중변분별론』에서는 4신족 이하의 3법三法을 4선근 이전의 해탈분解脫分으로 설정하는 차이를 보인다. 한편 해탈분解脫分과 통달분通達分이라는 『중변분별론』 권2의 용어는, 동본이역同本異譯인 현장 역 『변중변론辯中邊論』 권2의 해당 대목에서 예를 들어 "順解脫分既圓滿已復修五根. 何位修習順決擇分, 爲五根位五力位耶?"(T31, 472a14~16)라고 하는 문장에서 보듯이, 각각 차례로 '순해탈분順解脫分'과 '순결택분順決擇分'에 해당하는 용어이다. 『아비달마구사론』 권18에서 "順福順解脫, 順決擇分三."(T29, 98a10)이라고 하여, 5계五戒·10선十善의 수행을 닦는 순복분順福分과 5정심五停心·4념주四念住 수행을 닦는 순해탈분順解脫分과 난煖·정頂·인忍·세제일법世第一法을 닦는 순결택분의 세 가지 단계를 설정하고 있는데, 그 연장선에 있는 용어가 『중변분별론』에서 제시되는 해탈분과 통달분이라고 하겠다.

中邊分別論』의 설명은] '[각각의] 타당한 이치에 따라 베풀어진 것'(隨宜施設)이니, 모두 도리가 있다.

聖位二法立, 有三義. 一者, 如『俱舍論』述餘義云, "有餘師說不破次第, 於見道中, 修習覺分, 於見道修道中, 修聖道分"故. 第二義者, 如『智度』說, "修道用, 故名覺, 見道用, 故名道." 毗婆沙師亦同此說, 如彼論云, "道分見道, 覺分修道. 何故如是? 道是知[180]義, 於見道中, 知[181]極速疾,[182] 覺是覺義, 於修道中, 有九種覺, 數數覺故." 隨數次第, 先七後八. 第三義者, 如此論說, 覺分在見道, 道支在修道.『智度論』中. 亦有是說.

[H1, 820b18~c5; X48, 161b3~10]

'성인의 단계'(聖位)에 [7각지七覺支와 8정도八正道의] '두 가지'(二法)를 세우는 것에는 세 가지 뜻이 있다. 첫 번째는『아비달마구사석론阿毘達磨俱舍釋論』에서 [아비달마의 관점과는] 다른 뜻을 서술하여 "'다른 뜻을 가진 논사'(有餘師)[183]는 [7각지七覺支와 8정도八正道 수행의] 차례를 깨뜨리지 않는다고 말하니, '[진리다운] 이해를 밝히는 수행'(見道)에서 '깨달음을 성취하게 하는 [일곱 가지] 수행'(覺分)을 닦아 익히고 '[진리다운] 이해를 밝히는 수행'(見道)과 '거듭 익혀 가는 수행'(修道)에서 '[여덟 가지 수행으로 이루어진] 해탈의 길'(聖道分)을 닦는다"[184]라고 말한 것과 같다.

---

180 『아비담비바사론』 원문에 따라 '知'를 '去'로 고친다.

181 『아비담비바사론』 원문에 따라 '知'를 '去'로 고친다.

182 『아비담비바사론』 원문에 따라 '疾' 뒤에 '故'를 넣는다.

183 유여사有餘師: 아비달마 논서들에서 애용되는 표현이다. 본문의 인용문인『아비달마구사석론』 권18의 해당 대목에서 "毘婆沙師說如此, 有餘師不破此次第說."(T29, 284a29)이라고 하는 것과 같이, 아비달마 논서들에서는 아비달마 교학의 정통설에 해당하는 비바사사毘婆沙師의 교설을 먼저 논의하고 정통설과 다른 대론자對論者들의 교설을 소개할 필요가 있을 경우 유여사설有餘師說로 통칭하여 논의를 이어가는 형식을 취한다.『佛光大辭典』(p.2459)에 따르면 유여有餘, 여사餘師, 유제사有諸師, 유인有人이라고도 하고 정통파 이외의 논사를 가리킨다고 설명한다.

184 진제眞諦 역,『아비달마구사석론』 권18(T29, 284a29~b12). "有餘師不破(此)次第說, … 於見道中

두 번째 뜻은 『대지도론大智度論』에서 "'거듭 익혀 가는 수행'(修道)에서 작용하기 때문에 '깨달음[을 성취하게 하는 일곱 가지 수행]'(覺)이라 부르고, '[진리다운] 이해를 밝히는 수행'(見道)에서 작용하기 때문에 '[여덟 가지 수행으로 이루어진 해탈의] 길'(道)이라고 부른다"[185]라고 말한 것과 같다. '설일체유부說一切有部의 논사'(毘婆沙師)[186][의 관점]도 이 설명과 같으니, 저 논서(『아비담비바사론阿毘曇毘婆沙論』)에서 "'[여덟 가지 수행으로 이루어진 해탈의] 길'(道分)은 '[진리다운] 이해를 밝히는 수행'(見道)[의 과정에서 탁월하게 발

修覺分, 於見修道中修聖道分." 〈산스크리트본의 해당 내용: Abhi-K-bh., p.385. darśanamārge bodhyaṅgāni, prathamato dharmatattvāvalokāt / ubhayor mārgāṅgāni /; 견도에는 [7]각지가 있다. 처음으로 법의 진실을 보기 때문이다. [견도와 수도] 둘에는 [8성]도지가 있다.〉 괄호는 생략된 부분을 표시한다. 본문에서 '說'의 위치가 바뀌고 '修' 뒤에 '習'이 추가되며 '見' 뒤에 '道'가 추가된 것 등은 문장을 순조롭게 하기 위한 의도로 보인다. 동본이역인 현장玄奘 역 『아비달마구사론』 권25의 해당대목은 "有餘於此不破, … 於見道位建立覺支, 如實覺知四聖諦故, 通於二位建立道支"(T29, 133a2~14)인데, 구문에서 상당한 차이를 보이므로 『중변분별론소』 저술 당시 원효는 진제眞諦 역본에 의거했음을 알 수 있다. 중략된 부분은 37도품三十七道品의 앞의 5법五法의 차례에 관한 내용이다. 인용문의 직전 내용에서는 "由近菩提位故, 是故於修道中修覺分, 由發行所顯故. 是故於見道中修聖道, 是彼所隨逐故, 爲隨數次第故. 先說七後說八, 若隨修次第, 先修八後修七. … 毘婆沙師說如此, 有餘師不破此次第說, …."(T29, 284a24~29)이라고 하여, 견도見道에서 7각지七覺支를 닦고 견도見道와 수도修道에서 8정도八正道를 닦는다고 설명하는 유여사有餘師와 달리 비바사사설毘婆沙師說에서는 수도修道에서 7각지七覺支를 닦고 견도見道에서 8정도八正道를 닦는 것이라고 한다. 또한 37도품三十七道品의 뒤의 2법二法이 7각지七覺支 다음에 8정도八正道인 것으로 나열되어 있는 이유는 7과 8이라는 숫자의 차례(數次第)에 따른 것이지 견도見道와 수도修道라는 수행의 차례(修次第)에 따른 것이 아니라고 설명한다. 말하자면 비바사사毘婆沙師는 2법二法의 숫자의 차례(數次第)를 수행의 차례(修次第)에 따라 깨뜨리는 반면 유여사有餘師는 깨뜨리지 않는데, 원효는 지금 제1의第一義에서는 유여사설有餘師說을 소개하고 다음의 제2의第二義에서는 『아비담비바사론阿毘曇毘婆沙論』을 인용하면서 비바사사설毘婆沙師說을 소개한다.

185 『대지도론』 권19(T25, 198b17~18). "修道用, 故名覺. 見道用, 故名道."

186 비바사사毘婆娑師: 범어 'vibhāṣā'의 음역인 비바사毘婆娑는 '위대한 주석서'(a great Commentary)라는 뜻이고, 'vaibhāṣika'의 음역인 비바사사毘婆娑師는 '비바사毘婆娑를 따르는 사람'(a follower of the vibhāṣā)이라는 뜻이다. *Monier Williams Sanskrit-English Dictionary*, pp.951, 1024 참조. 'vibhāṣā'는 광해廣解, 광설廣說, 승설勝說, 종종설種種說 등으로 의역된다. 『佛光大辭典』, p.3855 참조. 권오민에 따르면 비바사사毘婆沙師는 설일체유부說一切有部의 논사를 말하는데, 이 비바사사毘婆沙師들이 근본 아비달마로 꼽는 7론七論(『집이문족론集異門足論』 20권, 『법온족론法蘊足論』 12권, 『시설론施設論』 7권, 『식신족론識身足論』 16권, 『계신족론界身足論』 3권, 『품류족론品類足論』 18권, 『발지론發智論』 20권) 중에서 『발지론發智論』 20권에 대한 방대한 주석서인 『대비바사론大毘婆沙論』 200권이 다른 학파의 학설뿐만 아니라 자파 내부의 이설들까지 포함하여 편찬됨으로써 설일체유부說一切有部의 학설이 집대성된다. 『아비달마불교』(서울: 민족사, 2003), pp.33~35 참조.

휘]되고 '깨달음[을 성취하게 하는 일곱 가지 수행]'(覺分)은 '거듭 익혀 가는 수행'(修道)[의 과정에서 탁월하게 발휘]된다. 어째서 이와 같은가? 길(道)이라는 것은 '나아간다는 뜻'(去義)이니 ['여덟 가지 수행으로 이루어진 해탈의 길'(八正道)에 의거하는] '[진리다운] 이해를 밝히는 수행'(見道)[의 과정]에서는 나아감(去)이 지극히 신속하고, 깨달음(覺)이라는 것은 '깨닫는다는 뜻'(覺義)이니 ['깨달음을 성취하게 하는 일곱 가지 수행'(七覺支)에 의거하는] '거듭 익혀 가는 수행'(修道)[의 과정]에는 '아홉 가지 깨달음'(九種覺)이 있어서 자주 깨닫기 때문이다[187]"[188]라고 말하는 것과 같다. [7과 8이라는] '숫자의 차례'(數次第)에 따라

187 견見·수도修道와 수도修道의 9종각九種覺: 견도見道 수행의 과정인 4제현관四諦現觀의 16찰나十六刹那에 관해 표로 나타내면 다음과 같다. 『아비달마구사론阿毘達磨俱舍論』 권23(T29, p.121a23 이하) 및 권오민, 『아비달마불교』(서울: 민족사, 2003), p.252 참조.

	고제苦諦	집제集諦	멸제滅諦	도제道諦	도道
욕계欲界	고법지인 苦法智忍	집법지인 集法智忍	멸법지인 滅法智忍	도법지인 道法智忍	무간도無間道
	고법지苦法智	집법지集法智	멸법지滅法智	도법지道法智	해탈도解脫道
색色·무색계無色界 (상이계上二界)	고류지인 苦類智忍	집류지인 集類智忍	멸류지인 滅類智忍	도류지인 道類智忍	무간도無間道
	고류지苦類智	집류지集類智	멸류지滅類智	도류지道類智	해탈도解脫道

『아비달마구사론』의 같은 곳에서는 "此十六心, 皆見諦理, 一切可說, 見道攝耶? 不爾. 云何? 頌曰. 前十五見道, 見未曾見故. 論曰. 苦法智忍爲初, 道類智忍爲後, 其中總有十五刹那, 皆見道所攝. 見未見諦故. 至第十六道類智時, 無一諦理未見今見, 如習曾見, 故修道攝."(T29, 122a22~28)이라고 하는데, 4제현관四諦現觀의 16심十六心이 모두 견도見道에 속하는 것인가라는 물음에 관해 욕계欲界 무간도無間道에 속하는 최초의 고법지인苦法智忍으로부터 상이계上二界 무간도無間道에 속하는 제15 도류지인道類智忍까지의 15찰나十五刹那가 이전의 4선근四善根의 수행으로는 아직 이해하지 못한 4제四諦의 이치를 이해하는 견도見道에 속하고, 최후의 제16 찰나인 도류지道類智부터는 어떤 4제의 이치라도 아직 이해하지 못했던 것을 지금 이해하는 일이 없어 일찍이 견도見道의 과정에서 이해한 것을 거듭 익히는 것에 해당하기 때문에 수도修道에 속한다고 설명한다. 『아비달마대비바사론阿毘達磨大毗婆沙論』 권51에서는 견도見道와 수도修道의 특징을 구분하면서 "見道是猛利道, 暫現在前一時能斷九品煩惱, 修道是不猛利道. 數數修習, 久時方斷九品煩惱."(T27, 267a28~b1)라고 하여, 견도의 수행은 4념주四念住와 4선근四善根의 수행을 통해 벼려진 맹리도猛利道이어서 갑자기 나타나 일시에 9품번뇌九品煩惱를 끊는 반면, 수도의 수행은 불맹리도不猛利道이어서 자주 수습하여 오랜 시간이 지나야 9품번뇌를 끊게 된다고 설명한다. 이러한 견·수도 수행의 특징과 관련하여 권오민은 "견도에 의해 이지적 번뇌가 모두 끊어졌으므로 이제 남은 것은 정의적인 번뇌 즉 탐 진 만과 이와 상응하는 무명이다. 그런데 정의적인 번뇌는 선천적이고도 본능적인 것이기 때문에 그 성질이 무디면서도 무거워 이지적인 관찰이나 판단에 의해 즉각적으로 끊어지지 않는다. 그것은 선정을 통해 4제의 진리성을 반복적으로 관찰함으로써 점진적으로 끊어진다"(같은 책, p.254)라고 설명한다. 수도의 9품번뇌에 관해 『아비달마구사론』의 같은 곳에서는 "當約修惑辯漸次生能對治道分位差別. 頌曰. 地地失德九, 下中上各

['일곱 가지 항목'(七法)의 나열에서] '[깨달음을 성취하게 하는] 일곱 가지 [수행]'(七)을 앞에 두고 '여덟 가지 [수행으로 이루어진 해탈의 길]'(八)을 뒤에 둔 것이다.

세 번째 뜻은 이 논서(『중변분별론中邊分別論』)가 설명하는 것과 같으니, '깨달음[을 성취하게 하는 일곱 가지 수행]'(覺分)은 '[진리다운] 이해를 밝히는 수행'(見道)에 있고 '[여덟 가지 수행으로 이루어진 해탈의] 길'(道支)은 '거듭 익혀 가는 수행'(修道)에 있다.[189] 『대지도론大智度論』에도 이러한 설명이 있다.[190]

三. 論曰. 失謂過失, 即所治障, 德謂功德, 即能治道, 如先已辯欲修斷惑九品差別. 如是上地乃至有頂例亦應爾. 如所斷障一一地中各有九品, 諸能治道無間解脫九品亦然. 失德如何各分九品? 謂根本品有下中上, 此三各分下中上別, 由此失德各分九品, 謂下下下中下上, 中下中中中上, 上下上中上上品. 應知此中下下品道勢力能斷上上品障, 如是乃至上上品道勢力能斷下下品障."(T29, 123b29~a11)이라고 설명한다. 이에 따르면 수혹修惑의 대치도對治道인 수도修道의 분위차별分位差別이라는 것은, 욕계欲界 수소단혹修所斷惑(欲修斷惑) 및 상지上地(색계色界 초정려初靜慮)로부터 유정처有頂處(무색계無色界의 네 번째인 비상비비상처非想非非想處)까지의 3계三界 9지九地 각각(一一地)의 9품차별九品差別을 기준으로 소치장所治障의 과실(失)을 구분하고 그에 따라 능치도能治道(덕德)를 똑같이 무간無間·해탈解脫의 9품九品으로 구분하는 것이다. 이때 9품은 하하下下·하중下中·하상下上·중하中下·중중中中·중상中上·상하上下·상중上中·상상上上으로 구분되는데, 예를 들어 하하품下下品의 가장 낮은 수준의 해탈도解脫道(道)로 상상품上上品의 가장 뚜렷한 장애(障)를 끊고 상상품上上品의 가장 높은 수준의 해탈도解脫道로 하하품下下品의 가장 미세한 장애를 끊는 방식으로 수도修道의 과정이 진행된다고 설명한다. 본문에서 제시되는 9종각九種覺은 인용된 『아비담비바사론』 권48의 문장에서만 검색되는데, 이 3계三界 9지九地 각각의 경지에서 장애를 끊고 획득하는 9품차별九品差別의 해탈도解脫道를 통칭하는 용어로 보인다.

188 『아비담비바사론』 권48(T28, 365a29~b4). "①〈道支於見道中勝, 覺支於修道中勝.〉 (問曰.) 何故 ②〈見道中道支勝修道中覺支勝耶?〉 (答曰.) ③〈去義是道義.〉 ④〈 〉見道中去極速疾故, 覺是覺(支)義. ⑤〈 〉修道中有九種覺數數覺故."(번호와 〈 〉 표시는 역자 보충.) 괄호는 생략된 부분을 표시한다. ①의 문장은 본문에 "道分見道, 覺分修道."로 축약되어 있는데, 축약된 내용을 번역에 반영했다. ②의 문장은 앞 문장과 중복되므로 본문에서는 "如是"라고 축약되어 있다. ③의 문장은 본문에서 "道是去義"로 도치되어 있다. ④와 ⑤의 자리에 본문에는 '於'가 첨가되어 있다.

189 『중변분별론中邊分別論』 권2 「대치수주품제4對治修住品第四」에서는 7각지七覺支와 8정도八正道를 설명하는 대목에서 각각 "見道位中顯立覺分"(T31, 459a5)이라 하고 "修習道位中顯立道分."(T31, 459a17)이라고 하여, 견도위見道位에 각분覺分을 세우고 수습도위修習道位(수도위修道位)에 도분道分을 세운다고 설명한다.

190 본문 앞에서 7각지七覺支는 수도修道이고 8정도八正道가 견도見道라는 제2의第二義의 경증으로 『대지도론』 권19의 문장이 인용되었는데, 이 인용문의 이어지는 문장에서는 "問曰. 應先說道, 何以故? 行道然後, 得諸善法, 譬如人先行道, 然後得所至處. 今何以顛倒, 先說四念處, 後說八正道? 答曰. 不顛倒也."(T25, 198b18~21)라고 하여, '사람들이 먼저 길(道)에 나아간 후에 어떤 곳에 이르는 것처럼 8정도를 행한 후에 모든 선법善法을 얻는 것이어서 먼저 8정도를 말해야 마땅한데 어찌하여 37도품三十七道品을 구성하는 7법七法의 차례가 전도되어 있는가?'라는 내용의 제2의第二

如是三義皆有道理, 隨義建立, 無不宜故. 『瑜伽論』中通說三義. 第六十二卷云, "解了自性者, 謂八支聖道. 對治三種雜染故, 建立三蘊, 謂對治惡行雜染故, 對治諸欲雜染故, 對治諸見雜染故." 此文當於初師所說, 治諸見者, 在於見道, 治諸欲者, 在修道故.

[H1, 820c5~11; X48, 161b10~15]

이와 같은 ['성인의 단계'(聖位)에 7각지七覺支와 8정도八正道를 세우는] 세 가지 뜻에는 모두 이치가 있으니, [7각지七覺支와 8정도八正道 수행이 지니는] 뜻(義)에 따라 [두 가지 수행의 순서를] 세워 타당하지 않음이 없기 때문이다. 『유가사지론瑜伽師地論』에서는 세 가지 뜻을 모두 설명한다. 제62권에서는 "'[오염의] 특성을 명료히 이해하는 것'(解了自性)은 '여덟 가지 수행으로 이루어진 해탈의 길'(八支聖道)이 그것이다. '세 가지의 잡다한 오염'(三種雜染)을 치유하기 때문에 '[계율(戒)·선정(定)·지혜(慧), 이] 세 유형의 수행 더미'(三蘊)[191]를 세우니, [계율수행(戒學)으로는] '갖가지로 오염된 해로운 행위들'(惡行雜染)을 치유하고 [선정수행(定學)으로는] '갖가지로 오염된 욕망들'(諸欲雜染)을 치유하며 [지혜수행(慧學)으로는] '갖가지로 오염된 견해들'(諸見雜染)을 치유하는 것이 그것이

義에 의거한 질문이 제시된다, 그리고 이 질문에 대해 그 차례가 전도된 것이 아니라는 내용으로 본문의 제3의第三義에 부합하는 대답이 이어진다. 대답 내용 중에서 7각지와 8정도에 대한 설명에 해당하는 부분을 인용하면 다음과 같다. "擇法覺·精進覺·喜覺, 此三法, 行道時若心沒, 能令起. 除覺·定覺·捨覺, 此三法, 若行道時, 心動散, 能攝令定. 念覺在二處, 能集善法, 能遮惡法, 如守門人, 有利者令入, 無益者除却. 若心沒時, 念三法起, 若心散時, 念三法攝, 無學實覺, 此七事能到, 故名爲分. 得是法安隱具足已, 欲入涅槃無爲城故. 行是諸法, 是時名爲道."(T25, 198c2~10.) 이에 따르면 대체로 7각지는 8정도 수행에서 마음이 가라앉거나(沒) 흩어지거나(散動) 선법善法을 모으고 악법惡法을 막아야 할 때 돕는 역할을 하며, 무학無學의 실각實覺에 이르러 7각지가 구족具足되고 나면 열반무위성涅槃無爲城에 들어가는 8정도가 수행되는 것으로 설명한다.

191 3온三蘊: 8성도八聖道의 각 도분道分을 계戒·정定蘊·혜慧 3학三學으로 분류한 것을 말한다. 『유가사지론』 권29에서는 "修習三蘊所攝八支聖道. 此中正見·正思惟·正精進, 慧蘊所攝, 正語·正業·正命, 戒蘊所攝, 正念·正定, 定蘊所攝."(T30, 445a10~12)이라고 하여, 정견正見·정사유正思惟·정정진正精進은 혜온慧蘊에 속하고 정어正語·정업正業·정명正命은 계온戒蘊에 속하며 정념正念·정정正定은 정온定蘊에 속한다고 설명한다. 계온戒蘊으로는 악행잡염惡行雜染을, 정온定蘊으로는 제욕잡염諸欲雜染을, 혜온慧蘊으로는 제견잡염諸見雜染을 치유한다.

다"[192]라고 말한다. 이 문장은 [세 가지 뜻에서] 첫 번째 논사가 설명한 [8정도八正道에서 견도見道와 수도修道를 닦는다는] 것에 해당하니, '[갖가지로 오염된] 견해들'(諸見)을 치유하는 것은 '[진리다운] 이해를 밝히는 수행'(見道)에 있고 '[갖가지로 오염된] 욕망들'(諸欲)을 치유하는 것은 '[선정을 토대로 이해를] 거듭 익혀 가는 수행'(修道)[193]에 있기 때문이다.

---

192 『유가사지론』 권62(T30, 647c5~9). "解了自性者, 謂八聖支道. (此復種種差別, 宣說對治外道諸邪道故, 名八聖支道.) 對治三種雜染故, 建立三蘊, 謂對治惡行雜染故, 對治諸欲雜染故, 對治諸見雜染故." 괄호는 생략된 내용을 표시한다.

193 견도見道와 수도修道의 번역: 현상의 인과적 연속에 대한 불교적 통찰에 따르면, '무지에 의한 사유'(분별)과 그에 따른 번뇌는 선천적인 것과 후천적인 것이 모두 결합되어 있다. 이러한 통찰은 수행론과 직결된다. 선천적 유형과 후천적 유형의 결합이라는 사실을 이해해야 무지와 번뇌의 치유 방법이 제대로 마련되기 때문이다. 『유가사지론』이 설하는 분별기分別起와 임운기任運起의 구분은 이러한 통찰의 산물이다. 후천적으로 생겨난 '사실대로 이해하지 못하는 분별에 따른 발생'을 분별기分別起라 하고, 선천적으로 지닌 근본무지의 경향성에 의해 생겨나는 분별과 번뇌를 임운기任運起 혹은 구생기俱生起라 부른다. '자아에 대한 잘못된 견해'(我見)의 발생도 후천적인 분별기와 선천적인 임운기(구생기)의 두 가지로 구분된다. 후천적인 분별과 번뇌는 그 양상과 정도가 뚜렷하고 강하지만 '사실대로의 이해'(正見)를 수립하면 치유되기에, 분별기分別起의 치유를 견소단見所斷(이해에 의한 제거) 혹은 견도소단見道所斷(사실에 맞는 이해를 수립하는 수행방법에 의한 제거)이라 부른다. 이에 비해 선천적인 분별과 번뇌는 그 양상과 정도가 미세하고 은밀하지만 잠재적 경향성이기 때문에 '이해의 수립'만으로는 온전한 치유가 어렵다. 따라서 임운기任運起 혹은 구생기俱生起는 '사실대로 보는 이해에 의거한 지속적 수행'(修道)으로 치유해야 한다. 이것을 수소단修所斷(사실대로의 이해에 의거한 수행에 의한 제거) 혹은 수도소단修道所斷(사실대로의 이해에 의거하여 지속하는 수행방법에 의한 제거)이라 부른다. 지적知的 이해의 힘이 무지의 분별·번뇌를 제거하는 측면을 중시하는 것이 견도見道인데, '언어능력에 의한 이해'라는 인간 특유의 면모를 반영한 수행론이다. 그러나 선천적이고 잠재적인 무지의 분별과 번뇌는 단지 지적 이해능력의 확보만으로 치유되지 않는다. 붓다가 설한 정학定學은 무지의 분별·번뇌가 지닌 이 심층적 측면에 대한 수행론적 대응으로 보인다. 이런 관점에 의거하여 견도見道를 '[진리다운] 이해를 밝히는 수행'으로, 수도修道를 '[선정을 토대로 이해를] 거듭 익혀 가는 수행'으로 번역하였다. 한편 견도와 수도의 문제는 교학의 발달사에서 견수이혹見修二惑, 즉 견도와 수도에서 끊어지는 번뇌의 문제로 거론된다. 견혹은 견도소단번뇌見道所斷煩惱·미리혹迷理惑이라고도 한다. 『아비달마구사론』 권19에 따르면 번뇌는 탐貪·진瞋·만慢·무명無明(치癡)·의疑·견見의 육수면六隨眠, 또는 육수면六隨眠 중에서 견見의 작용이 다섯 가지로 달라진 것인 유신견有身見·변집견邊執見·사견邪見·견취見取·계금취戒禁取를 합한 십수면十隨眠으로 나눌 수 있다. 이 중 진瞋과 의疑 및 견見의 다섯 가지 작용인 유신견有身見·변집견邊執見·사견邪見·견취見取·계금취戒禁取의 일곱 가지가 견도見道에서 완전히 끊어지는 번뇌이다. 수혹修惑은 수소단번뇌修所斷煩惱로서 『아비달마구사론』에서는 탐貪·진瞋·만慢·무명無明의 네 가지(욕계 기준)를 꼽는 반면, 『유가사지론』에서는 이 네 가지 번뇌에 유신견有身見·변집견邊執見을 추가한다. 이 점과 관련하여 『성유식론成唯識論』 권6의 번뇌에 관련된 다음과 같은 대목이 주목된다. "十煩惱中, 六通俱生及分別起, 任運思察俱得生故. 疑後三見唯分別起, 要由惡友或邪教力, 自審思察方得生故."(T31, 32a5~7) 이에

第十八卷言, "云何正直? 謂彼生起逆流, 正直聖八支道能斷見斷所有煩惱, 於逆流道, 得預隨順.[194]" 此文當於第二義也. 第二十九卷云, "彼於爾時, 最初獲得七覺支故, 名初有覺,[195] 見聖諦迹已, 永斷滅見道所斷一切煩惱. 修除[196]修道所斷煩惱." 此文當於第三義也.

[H1, 820c11~18; X48, 161b15~20]

제18권에서는 "무엇을 '바로잡음'(正直)이라고 하는가? 저 [8정도八正道]가 '[근본무지에 따라 흘러가는] 흐름에 거슬러감'(逆流)을 생겨나게 하는 것을 말하니, '바로잡는 여덟 가지 수행으로 이루어진 해탈의 길'(正直聖八支道)은 '[진리다운] 이해를 밝히는 수행에서 끊어지는 번뇌'(見斷所有煩惱)[197]를 끊을 수 있어 '[근본무지에 따라 흘러가는]

따르면 탐貪·진瞋·만慢·무명無明·유신견有身見·변집견邊執見의 여섯 가지 번뇌는 구생기俱生起와 분별기分別起 번뇌에 모두 통하지만, 의疑·사견邪見·견취見取·계금취戒禁取의 네 가지 번뇌는 오직 분별기分別起 번뇌이다. 여섯 가지 번뇌는 구생기俱生起와 분별기分別起 번뇌에 모두 통하기 때문에 『유가사지론』에서는 이 여섯 가지 번뇌를 견혹見惑과 수혹修惑에 모두 포함시키고, 네 가지 번뇌는 오직 분별기分別起 번뇌이기 때문에 견혹見惑에만 포함시키는 것으로 볼 수 있다. 견도見道에서는 분별기分別起 번뇌에만 속하는 의疑·사견邪見·견취見取·계금취戒禁取의 네 가지 번뇌가 모두 끊기고, 수도修道에서는 구생기俱生起 번뇌에도 통하는 탐貪·진瞋·만慢·무명無明·유신견有身見·변집견邊執見이 끊어진다는 것이다.

194 『유가사지론』 원문에 따라 '順'을 '流'로 고친다.

195 『유가사지론』 원문에 따라 '覺'을 '學'으로 고친다.

196 『유가사지론』 원문에 따라 '修除'를 '唯餘'로 고친다.

197 견단소유번뇌見斷所有煩惱와 수단소유번뇌修斷所有煩惱: 견단소유번뇌는 견혹見惑·견도소단혹見道所斷惑·미리혹迷理惑이라고도 하고, 수단소유번뇌는 수혹修惑·수도소단혹修道所斷惑·미사혹迷事惑이라고도 한다. 『佛光大辭典』, p.2997 참조. 『아비달마구사론阿毘達磨俱舍論』 권19에서는 "隨眠諸有本, 此差別有六. 謂貪·瞋亦慢·無明·見及疑."(T29, 98b21~22)라고 하여 '모든 존재의 근본'(諸有本)이 되는 수면隨眠으로 탐貪·진瞋·만慢·무명無明(치癡)·견見·의疑의 여섯 가지를 제시한다. 또 "六隨眠中, 見行異爲五. 餘非見五積數總成十故, 於十中五是見性, 一有身見, 二邊執見, 三邪見, 四見取, 五戒禁取. 五非見性, 一貪二瞋三慢四無明五疑."(T29, 99b2~5)라고 하여, 6수면六隨眠 중에서 견見의 작용이 다섯 가지로 달라진 것이 유신견有身見·변집견邊執見·사견邪見·견취見取·계금취戒禁取이므로 6수면 중에서 견해와 관련된 다섯 가지와 견해와 관련된 것이 아닌 탐貪·진瞋·만慢·무명無明·의疑의 다섯을 합하여 총 10수면十隨眠이 있다고 설명한다. 이어서 "此所辯十種隨眠, 部界不同成九十八. 部謂見四諦修所斷五部, 界謂欲色無色三界."(T29, 99b14~16)라고 하여, 이 10수면을 상대로 견고소단見苦所斷·견집소단見集所斷·견멸소단見滅所斷·견도소단見

道所斷이라는 견사제소단見四諦所斷의 4부四部와 수소단修所斷의 1부一部를 합한 5부五部 및 욕欲·색色·무색無色이라는 3계三界의 차이를 기준으로 삼아 모두 98수면九十八隨眠이 성립한다고 설명한다. 먼저 욕계의 5부에 관해서는 "於欲界五部不同乘十隨眠成三十六. (중략) 謂見苦諦所斷具十, 見集滅諦所斷各七, 離有身見邊見戒取. 見道諦所斷八, 離有身見及邊執見, 修所斷四, 離見及疑. 如是合成三十六種."(T29, 99b16~22)이라고 하여, 제1부인 견고제소단혹見苦諦所斷惑은 10가지 전체이고 제2부와 제3부인 견집멸제소단혹見集滅諦所斷惑(견집제소단혹見集諦所斷惑과 견멸제소단혹見滅諦所斷惑)은 유신견有身見·변견邊見·계금취戒禁取를 제외한 7가지이며 견도제소단혹見道諦所斷惑은 유신견有身見·변집견邊執見을 제외한 8가지이고 수소단혹修所斷惑은 5견五見과 의疑를 제외한 4가지이므로, 욕계 5부의 견혹見惑과 수혹修惑은 총 36가지라고 한다. 색계와 무색계의 5부에 관해서는 "色·無色界五部各除瞋, 餘與欲同, 故各三十一."(T29, 99c4~5)이라고 하여, 욕계의 5부에서 견혹見惑과 수혹修惑을 분류한 것(36가지)과 동일하지만 색계와 무색계의 5부에서는 진瞋을 모두 제외하므로 각각 31가지가 된다고 설명한다. 이리하여 총 98가지가 성립한다. 이상의 내용을 표로 나타내면 다음과 같다.

5부五部	욕계欲界	색계色界	무색계無色界
견고제소단 見苦諦所斷	탐貪·진瞋·만慢·무명無明·의疑·5견五見(유신견有身見·변집견邊執見·사견邪見·견취見取·계금취戒禁取)의 10가지	진瞋을 제외한 9가지	진瞋을 제외한 9가지
견집제소단 見集諦所斷	유신견有身見·변집견邊執見·계금취戒禁取가 빠진 7가지	진瞋을 제외한 6가지	진瞋을 제외한 6가지
견멸제소단 見滅諦所斷	유신견有身見·변집견邊執見·계금취戒禁取가 빠진 7가지	진瞋을 제외한 6가지	진瞋을 제외한 6가지
견도제소단 見道諦所斷	유신견有身見·변집견邊執見이 빠진 8가지	진瞋을 제외한 7가지	진瞋을 제외한 7가지
수소단修所斷	5견五見과 의疑를 제외한 4가지: 탐貪·진瞋·만慢·무명無明	진瞋을 제외한 3가지	진瞋을 제외한 3가지
총계	36가지	31가지	31가지

이 중에서, 예를 들어 5견五見 중에 유신견有身見(살가야견薩迦耶見)과 변집견邊執見에 관해 "十隨眠中薩迦耶見唯在一部, 謂見苦所斷, 邊執見亦爾."(T29, 99b25~26)라고 하여 이 두 가지는 오직 견고소단見苦所斷의 1부一部에만 있는 번뇌라고 설명하는 것에서 엿볼 수 있듯이, 10가지 번뇌들과 그에 따른 5부五部의 수행 및 3계三界의 차별에서 빚어질 수행론적 다양성을 가늠해 볼 수 있다. 그리고 10수면만을 상대로 견혹見惑과 수혹修惑을 구분한다면, 수도소단修道所斷의 번뇌가 탐貪·진瞋·만慢·무명無明의 네 가지(색계와 무색계에서는 진瞋을 제외한 3가지)이므로 견도소단見道所斷의 번뇌는 의疑·5견五見(유신견有身見·변집견邊執見·사견邪見·견취見取·계금취戒禁取)의 여섯 가지라고 요약할 수 있을 것이다. 한편 『유가사지론瑜伽師地論』 권8에서는 "煩惱分別者, (중략) 或分十種, 一薩迦耶見, 二邊執見, 三邪見, 四見取, 五戒禁取, 六貪, 七恚, 八慢, 九無明, 十疑. 或分一百二十八煩惱."(T30, 313b1~15)라고 하여 『아비달마구사론』에서와 같이 10번뇌를 거론하고 이하에서 5부와 3계를 기준으로 구분하면 128번뇌가 성립한다고 설명하는데, 다음과 같은 내용이다. "此中於欲界苦集諦及於欲界增上滅道諦, 具有十煩惱迷執. 於色界苦集諦及於彼增上滅道諦, 除瞋有餘煩惱迷執. 如於色界, 於無色界亦爾. 於欲界對治修中, 有六煩惱迷執, 謂除邪見見取戒禁取疑, 於色界對治修中, 有五煩惱迷執. 謂於上六中除瞋, 如於色界對治修中, 於無色對治修中亦爾."(T30, 313b21~28.) 먼저 견혹見惑에 관해 살펴보면, 욕계에서는 10번뇌 전체가 고

苦·집集·멸滅·도소단道所斷 4부四部의 대상이 되고 색계와 무색계에서는 진瞋을 제외한 9가지가 4부四部의 대상이 된다. 수혹修惑의 경우에는, 욕계에서는 사견邪見·견취見取·계금취戒禁取·의疑를 제외한 탐貪·에恚(진瞋)·만慢·무명無明·살가야견薩迦耶見(유신견有身見)·변집견邊執見의 6가지가 수소단修所斷의 대상이 되고, 색계와 무색계에서는 욕계의 6번뇌 중에서 진瞋을 제외한 5가지가 수소단의 대상이 된다. 욕계의 견혹·수혹인 46번뇌와 색色·무색계無色界의 견혹·수혹인 82번뇌를 합하여 총 128번뇌가 성립하는데, 이상의 내용을 표로 나타내면 다음과 같다.

5부五部	욕계欲界	색계色界	무색계無色界
견고제소단 見苦諦所斷	탐貪·진瞋·만慢·무명無明·의疑·5견五見(유신견有身見·변집견邊執見·사견邪見·견취見取·계금취戒禁取)의 10가지	진瞋을 제외한 9가지	진瞋을 제외한 9가지
견집제소단 見集諦所斷	위의 10가지	진瞋을 제외한 9가지	진瞋을 제외한 9가지
견멸제소단 見滅諦所斷	위의 10가지	진瞋을 제외한 9가지	진瞋을 제외한 9가지
견도제소단 見道諦所斷	위의 10가지	진瞋을 제외한 9가지	진瞋을 제외한 9가지
수소단修所斷	사견邪見·견취見取·계금취戒禁取·의疑를 제외한 6가지: 탐貪·진瞋·만慢·무명無明·유신견有身見·변집견邊執見	진瞋을 제외한 5가지	진瞋을 제외한 5가지
총계	46가지	41가지	41가지

수소단번뇌修所斷煩惱로서 『아비달마구사론』에서는 탐貪·진瞋·만慢·무명無明의 네 가지를 꼽는 반면 『유가사지론』에서는 이 네 가지 번뇌에 유신견有身見·변집견邊執見을 추가하는데, 이 점과 관련하여 『성유식론』 권6에서 6위심소六位心所 중 제4위인 번뇌심소煩惱心所로서의 10번뇌를 논의하는 다음과 같은 대목이 주목된다. "十煩惱中, 六通俱生及分別起, 任運思察俱得生故. 疑後三見唯分別起, 要由惡友或邪敎力自審思察方得生故."(T31, 32a5~7) 이에 따르면 탐貪·진瞋·만慢·무명無明·유신견有身見·변집견邊執見의 여섯 가지 번뇌는 구생기俱生起와 분별기分別起 번뇌에 모두 통하지만, 의疑·사견邪見·견취見取·계금취戒禁取의 네 가지 번뇌는 오직 분별기分別起 번뇌이다. 견見·수혹修惑의 논의와 연관하여 이해해 보자면, 여섯 가지 번뇌는 구생기와 분별기 번뇌에 모두 통하기 때문에 『유가사지론』에서는 이 여섯 가지 번뇌를 견혹과 수혹에 모두 포함시키고, 네 가지 번뇌는 오직 분별기 번뇌이기 때문에 견혹에만 포함시키는 것으로 볼 수 있겠다. 다시 말해 견도見道에서는 분별기 번뇌에만 속하는 의疑·사견邪見·견취見取·계금취戒禁取의 네 가지 번뇌를 모두 끊으므로 수도에는 구생기俱生起 번뇌에도 통하는 탐貪·진瞋·만慢·무명無明·유신견有身見·변집견邊執見만이 남게 된다는 것이다. 『성유식론』 권1에서는 "諸我執略有二種, 一者俱生, 二者分別. 俱生我執, 無始時來, 虛妄熏習內因力故, 恒與身俱, 不待邪敎及邪分別, 任運而轉, 故名俱生. 此復二種, 一常相續在第七識, 緣第八識起自心相執爲實我, 二有間斷在第六識, 緣識所變五取蘊相, 或總或別起自心相執爲實我. 此二我執細故難斷, 後修道中數數修習勝生空觀方能除滅. 分別我執亦由現在外緣力故非與身俱, 要待邪敎及邪分別然後方起故名分別, 唯在第六意識中有, 此亦二種, 一緣邪敎所說蘊相起自心相分別計度執爲實我, 二緣邪敎所說我相, 起自心相分別計度執爲實我, 此二我執麁故易斷, 初見道時觀一切法生空眞如卽能除滅."(T31, 2a9~24)이라고 하여 구생아집俱生我執과 분별아집分別我執의 특징에 관해 설명하는데, 먼저 구생아집俱生我執은 무시無始 이래의 허망훈습내인력虛妄熏習內因力 때문에 항상 자신의 몸(身)에 함께하는 것이고 사교邪敎와 사분별邪分別의 의식적인 작용에 의지하지 않아도 제멋대로 바뀌어 일어나는

흐름에 거슬러 가는 길'(逆流道)[인 8성도八聖道]에서 '처음 성인의 반열에 들어간 경지'(預隨流)[198]를 얻는다"[199]라고 말한다. 이 문장은 두 번째 뜻[인 '견도見道에서 8성도八聖道를 닦는다'는 것]에 해당한다.

제29권에서는 "저 [수행자]가 이때에 '깨달음을 성취하게 하는 일곱 가지 수행'(七覺支)을 최초로 성취하였기 때문에 '처음 성인의 반열에 들어갔지만 배울 것이 남아 있는 경지'(初有學)[200]라고 부르니, '[네 가지] 고귀한 진리의 자취'(聖諦迹)를 다

것이다. 구생아집俱生我執에는 다시 두 가지가 있는데, 첫 번째는 늘 상속하는 것(常相續)으로서 제7식第七識에 있으면서 제8식第八識을 반연하여 자심상自心相을 일으켜 실아實我라고 집착한다. 두 번째는 간혹 단절됨이 있는 것(有間斷)으로서 제6식第六識에 있으면서 제8식第八識이 변하여 나타난 5취온상五取蘊相을 반연하여 자심상自心相을 일으켜 실아實我라고 집착한다. 이 두 가지 구생아집俱生我執은 미세하기 때문에 끊기가 어려워 견도見道 뒤의 수도修道에서 자주 수습하여 탁월하게 공관空觀을 일으키고 나서야 소멸시킬 수 있다. 다음으로 분별아집分別我執은 현재의 외연력外緣力에 의거하기 때문에 자신의 몸(身)과 함께하는 것이 아니고 반드시 사교邪教와 사분별邪分別에 의지한 연후에야 일어나는 것으로서 오로지 제6의식第六意識에 있다. 분별아집分別我執에는 다시 두 가지가 있는데, 첫 번째는 사교邪教에서 설해진 온상蘊相을 반연하여 자심상自心相을 일으켜 실아實我라고 집착하는 것이고, 두 번째는 사교邪教에서 설해진 아상我相을 반연하여 자심상自心相을 일으켜 실아實我라고 집착하는 것이다. 이 두 가지 분별아집分別我執은 뚜렷하기 때문에 끊기가 쉬워 처음의 견도見道에서 일체법一切法을 이해하여 공진여空眞如를 일으키면 곧바로 소멸시킬 수 있다. 이상의 내용을 요약해 보자면, 유식불교에서는 제6의식에 있는 분별기分別起 번뇌를 끊는 과정이 견도見道이고 제6·7·8식에 걸치는 구생기俱生起 번뇌를 끊는 과정이 수도修道이며, 구체적으로는 분별기 번뇌에만 속하는 의疑·사견邪見·견취見取·계금취戒禁取의 네 가지 번뇌가 견도에서 끊어지고 구생기俱生起 번뇌에도 통하는 탐貪·진瞋·만慢·무명無明·유신견有身見·변집견邊執見의 여섯 가지 번뇌는 수도에서 끊어진다고 설명하는 것이다.

198 예수류豫隨流: '예수류豫隨流'는 인용된 『유가사지론』 권18의 문장에서만 한 번 검색되는 용어인데, 예류預流의 다른 이름인 것으로 보인다. 음역인 수다원須陀洹은 팔리어 'sotāpanna'의 발음(산스크리트어로는 'śrotāpanna')을 옮긴 말이다. 어원을 분석하면 〈'sota'(강, 물결) + 'āpanna'(apajjati: 들어가다/도달하다의 과거분사형)〉이 되므로 '성자의 반열 속으로 들어간 자'라는 의미를 강물의 비유를 써서 표현한 말이다. 따라서 한역漢譯은 입류入流가 되겠지만, 전통적으로 '예류'라는 번역어를 주로 쓰게 되었다. 수다원은 소승 성인의 수행 지위를 넷으로 나눈 것 중에서 첫 번째 지위에 해당한다. 권오민에 따르면 견도見道 16찰나十六刹那 중에서 제1찰나인 고법지인苦法智忍으로부터 제15찰나인 도류지인道類智忍까지의 성자를 예류향豫流向이라 하고, 제16찰나인 도류지道類智에 이르러 일체의 견소단번뇌見所斷煩惱가 끊어진 성자를 예류과預流果라고 한다. 『아비달마불교』(서울: 민족사, 2003), p.253 참조.

199 『유가사지론』 권18(T30, 375a14~16). "云何正直? 謂彼生起逆流正直聖八支道, 能斷見斷所有煩惱, 於逆流道得預隨流."

200 초유학初有學: 유학有學과 관련하여 『대지도론』 권18에서는 "是智慧有三種, 學·無學·非學非無學. 非學非無學智者, 如乾慧地, 不淨·安那般那·欲界繫四念處·煖法·頂法·忍法·世間第一法等.

이해하여 '[진리다운] 이해를 밝히는 수행에서 끊어지는 모든 번뇌'(見道所斷一切煩惱)를 영원히 끊었다. 오직 남아 있는 것은 '[선정을 토대로 이해를] 거듭 익혀 가는 수행에서 끊어지는 번뇌'(修道所斷煩惱)이[니, 이를 끊기 위해 8성도八聖道를 닦는]다"[201]라고 말한다. 이 문장은 세 번째 뜻[인 '견도見道에서 7각지七覺支를 닦고 수도修道에서 8성도八聖道를 닦는다'는 것]에 해당한다.

第五明次第者. 如『智度』說, "問曰. 應先說道, 何以故? 行道然後, 得諸善法, 譬如人先行道, 然後得至處. 今何以顚倒, 先說念處, 後說正道?

[H1, 820c19~22; X48, 161b21~23]

學智者, 苦法智忍慧, 乃至向阿羅漢第九無礙道中金剛三昧慧. 無學智者, 阿羅漢第九解脫智, 從是已後, 一切無學智· 如盡智·無生智等, 是爲無學智."(T25, 191a15~22)라고 하여, 대체로 비학비무학非學非無學은 부정관不淨觀·자비관慈悲觀·연기관緣起觀·계차별관界差別觀·수식관數息觀(안나반나安那般那)의 5정심관五停心觀 수행, 신身·수受·심心·법法의 4상四相에 대한 별상념주別相念住와 총상념주總相念住의 4념처四念處 수행, 그리고 난법煖法·정법頂法·인법忍法·세간제일법世間第一法의 4선근四善根 수행에 이르는 범부凡夫의 수행 과정을 말하고, 학學은 견도見道의 16심十六心이라는 4성제四聖諦를 깨닫는 과정의 첫 단계인 고법지인혜苦法智忍慧(예류향豫流向, 수다원향須陀洹向)의 단계로부터 일래一來(사다함斯陀含)와 불환不還(아나함阿那含)을 거쳐 수도修道의 마지막 단계인 아라한향阿羅漢向의 금강삼매혜金剛三昧慧(금강유정金剛喩定)에 이르는 성인聖人의 수행 과정을 말하며, 무학無學은 진지盡智와 무생지無生智 등의 해탈지解脫智를 얻는 아라한과阿羅漢果를 말한다고 한다. 요약하면 비학비부학非學非無學은 견도見道 이전의 범부 수행이고, 학學은 예류향預流向에서 아라한향阿羅漢向에 이르는 성인의 수행이며, 무학無學은 아라한과를 말하는데, 그중에서 초유학初有學은 예류預流(수다원須陀洹)·일래一來(사다함斯陀含)·불환不還(아나함阿那含)·아라한阿羅漢의 네 가지 성위聖位 중에 첫 번째인 예류預流(수다원須陀洹, 예수류豫隨流)를 가리키는 것으로 보인다.

201 『유가사지론』 권29(T30, 445a7~10). "彼於爾時, 最初獲得七覺支, 故名初有學, 見聖諦迹已, 永斷滅見道所斷一切煩惱, 唯餘修道所斷煩惱. (爲斷彼故修習三蘊所攝八支聖道.)" 괄호는 생략된 부분을 표시하는데, 그 내용을 번역에 일부 반영했다. 〈산스크리트본의 해당 내용: ŚrBh., p.230. sa tasmin samaye tatprathāmato bodhyaṅgalābhāc chaikṣo bhavati dṛṣṭapadaḥ // darśanaprahātavyāś cāsya kleśāḥ prahīṇā bhavanti, bhāvanā-prahātavyāś cāvaśiṣṭāḥ /; 그때 그는 처음으로 [7]각지를 획득하므로 진리의 흔적을 본 유학자가 된다. 그리고 그에게는 견도 위에서 끊어야 할 번뇌는 끊어졌고, 수도 위에서 끊어야 할 번뇌가 남아 있다.〉

(5) [37가지 항목의] 순서[가 성립한 이유]를 밝힘(明次第)

다섯 번째는 [37가지 항목의] 순서(次第)[가 성립한 이유]를 밝히는 것이다. 『대지도론大智度論』에서 [다음과 같이] 말하는 것과 같다. "묻는다.[202] 응당 먼저 '[여덟 가지 수행으로 이루어진 해탈의] 길'(道)을 말해야 하니, 어째서인가? '[여덟 가지 수행으로 이루어진 해탈의] 길'(道)을 수행한 후에 모든 '유익한 것'(善法)들을 얻는 것이니, 비유하자면 사람이 먼저 길(道)을 걸어간 후에 목적지에 이르게 되는 것과 같다. 지금 어찌하여 [순서가] 뒤바뀌어서, 먼저 '[네 가지를 토대로 '빠져들지 않는 마음국면'(止)과 '진리다운 이해'(觀)를 수립하여] 간직해 가는 수행'(念處)을 말하고 나중에 '진리다운 [여덟 가지 해탈의] 길'(正道)을 말하는가?

> 答曰. 不顚倒也. 三十七品, 是初欲入道時名因[203]字. 如行者至[204]師所, 聽道[205]時, 先用念, 持是法, 是時名念處. 持已, 從法中, 求果故, 精進行, 是時名正勤. 多精進故, 心散亂,[206] 攝心調柔故, 名如意足. 心調柔已, 生五根. 諸法實相甚深難解, 信根故, 能信, 是名信根. 不惜身命, 一心求道理,[207] 是[208]精進根. 常念是[209]道, 不念餘東[210]事, 是名念根. 攝[211]心在道, 是名定根. 觀諦[212]實相, 是名慧根. 五根增長, 能遮煩惱, 是名爲力. 得是[213]力已, 分別道法, 有二[214]分. 三法三起, 三法三下, 念[215]在二處, 如守門人, 是名七覺分. 得是法已, 欲入涅槃無爲城故, 行是八法, 是[216]名爲道"故.
>
> [H1, 820c22~821a13; X48, 161b23~c9]

---

202 아래의 물음은 『대지도론』 권19의 직전 문장에서 "修道用, 故名覺, 見道用, 故名道."(T25, 198b17~18)라고 하여 수도修道에서 작용하기 때문에 7각지七覺支라 하고 견도見道에서 작용하기 때문에 8정도八正道라고 한다는 진술에 대해 반론의 성격으로 제기되는 것이다. 그리고 이 "修道用, 故名覺, 見道用, 故名道."라고 한 문장은 앞의 '(4) 명계위明階位' 단락에서 성위2법聖位二法의 계위階位에 관한 3의三義 가운데 7각지는 수도이고 8정도가 견도라는 제2의第二義의 경증으로 제시되었던 적이 있다.

답한다. [수행의 순서가] 뒤바뀐 것이 아니다. '[4념처四念處·4정근四正勤·4신족四神足·5근五根·5력五力·7각지七覺支·8성도八聖道로 구성된] 37가지 [깨달음에 이르는] 항목들'(三十七品)은 '[부처가 되는] 길'(道)에 처음 들어가려 할 때의 [모든 수행법에 대한] 명칭이다. 만일 수행자가 스승이 있는 곳에 가서 '[부처가 되는] 길에 관한 가르침'(道法)을 들을 때라면 먼저 '[잊지 않고] 간직해 감'(念)으로써 이 가르침(法)을 지니니, 이때를 '간직해 가는 수행'(念處)이라고 부른다.[217] [그리고] [가르침(法)을] 지니고 나서는 가르침(法)에 따르는 가운데 '[이로운] 결과'(果)를 구하려고 '노력하는 수행'(精進行)을 하니, 이때를 '진리답게 노력하는 [네 가지] 수행'(正勤)이라고 부른다. [그런데] 많이 정진하기 때문에 마음이 흩어지고 어지러워지면 [선정(定)으로] 마음을 거두어들여 조화롭고 부드럽게 하기 때문에 [이때를] '선정으로 번뇌를 끊어 원하는 대로 할 수 있는 [네 가지] 능력의 계발'(如意足)이라고 부른다. 마음을 조화롭고 부드럽게 하고 나면 '[해탈을 성취하게 하는] 다섯 가지 능력의 수행'(五根)[인 신근信根·정진근精進根·염근念根·정근定根·혜근慧根]을 일으킨다. [먼저] '모든 현상의 참된 면모'(諸法實相)는 매우 심오하여 이해

---

203 『대지도론』 원문에 따라 '因'을 삭제한다.
204 『대지도론』 원문에 따라 '至'를 '到'로 고친다.
205 『대지도론』 원문에 따라 '道' 뒤에 '法'을 넣는다.
206 『대지도론』 원문에 따라 '麤'를 '亂'으로 고친다.
207 『대지도론』 원문에 따라 '理'를 삭제한다.
208 『대지도론』 원문에 따라 '是' 뒤에 '名'을 넣는다.
209 『대지도론』 원문에 따라 '是'를 '佛'로 고친다.
210 『대지도론』 원문에 따라 '東'을 삭제한다. 한불전 교감주에 "'東'은 잉자剩字인 듯하다"라고 되어 있다.
211 『대지도론』 원문에 따라 '攝' 앞에 '常'을 넣는다.
212 『대지도론』 원문에 따라 '諦' 앞에 '四'를 넣는다.
213 『대지도론』 원문에 따라 '是'를 삭제한다.
214 『대지도론』 원문에 따라 '二'를 '三'으로 고친다.
215 『대지도론』 원문에 따라 '念' 뒤에 '覺'을 넣는다.
216 『대지도론』 원문에 따라 '是' 뒤에 '時'를 넣는다.
217 『대지도론』의 이 설명은 정념正念 수행의 '념念'(sati)의 언어적 의미인 '잊지 않고 간직해 감'에 초점을 둔 것이다. 그런데 정념 수행의 내용을 파악하기 위해서는 '잊지 않고 간직해 가야 할 내용'이 무엇인가를 탐구해야 한다. 이 잊지 말아야 할 내용을 반영할 때 본 번역에서는 '정념正念'이나 '염처念處'를 '[네 가지를 토대로 '빠져들지 않는 마음국면'(止)과 '진리다운 이해'(觀)를 수립하여] 간직해 가는 수행'이라 하고 있다.

하기 어렵지만 '믿는 능력'(信根) 때문에 [그 지평을] 믿을 수 있으니, 이것을 '믿는 능력'(信根)이라고 부른다. [다음으로] '몸과 목숨'(身命)을 아끼지 않고 '한결같은 마음'(一心)으로 진리(道)를 추구하니, 이것을 '정진하는 능력'(精進根)이라고 부른다. [그리고는] '부처가 되는 길'(佛道)을 늘 간직하고 다른 것을 간직하지 않으니, 이것을 '간직해 가는 능력'(念根)이라고 부른다. [또] [선정(定)으로] 늘 마음을 거두어들여 '[부처가 되는] 길'(道)에 두니, 이것을 '선정禪定의 능력'(定根)이라고 부른다. [그리고] '네 가지 고귀한 진리의 참된 면모'(四諦實相)를 이해하니, 이것을 '지혜의 능력'(慧根)이라고 부른다. [이러한] '[해탈을 성취하게 하는] 다섯 가지 능력의 수행'(五根)이 증장되면 번뇌를 막을 수 있으니, 이것을 '[다섯 가지 능력의 수행'(五根)으로 얻은 다섯 가지] 힘'(力)이라고 부른다. '[다섯 가지 능력의 수행'(五根)으로 얻은 다섯 가지] 힘'(力)을 얻고 나서 [7각지七覺支라는] '[부처가 되는] 길에 관한 가르침'(道法)을 구별하면 세 가지 구분이 있다. [첫 번째인 택법각지擇法覺支·정진각지精進覺支·희각지喜覺支, 이] 세 가지 항목은 세 가지 [각각의 방식]으로 ['마음이 가라앉는 것'(心沒)을] 일으켜 세우고, [두 번째인 제각지除覺支(안각지安覺支)·정각지定覺支·사각지捨覺支, 이] 세 가지 항목은 세 가지 [각각의 방식]으로 ['마음이 동요하여 흩어지는 것'(心動散)을] 가라앉혀 [안정시키며], [세 번째인] '['빠져들지 않는 마음국면'(止)과 '진리다운 이해'(觀)를 수립하여] 간직해 가는 능력을 계발하여 깨달음으로 나아가는 수행'(念覺)은 ['마음이 가라앉는 것'(心沒)과 '마음이 동요하여 흩어지는 것'(心動散), 이] 두 곳에 [모두] 있으면서 마치 [이로운 자는 들여보내고 이로움이 없는 자는 제지하는] 수문장과 같은 [역할을] 하니, 이것을 '깨달음을 성취하게 하는 [원인이 되는] 일곱 가지 부분'(七覺分)이라고 부른다. 이 ['깨달음을 성취하게 하는 원인이 되는 일곱 가지 부분'(七覺分)에 관한] 도리(法)를 얻고 나서는 '[근본무지를 조건으로 하는] 행위가 없는 열반의 성'(涅槃無爲城)에 들어가고자 [8정도八正道의] 이 '여덟 가지 항목'(八法)을 실천하니, 이때를 '[여덟 가지 수행으로 이루어진 해탈의] 길'([八正]道)이라고 부른다."[218]

---

218 『대지도론』 권19(T25, 198b18~c10). "問曰. 應先說道, 何以故? 行道然後得諸善法, 譬如人先行道, 然後得所至處. 今何以顚倒, 先說(四)念處, 後說(八)正道? 答曰, 顚倒也. 三十七品, 是初欲入道時名字, 如行者到師所, 聽道法時, 先用念持是法, 是時名念處. 持已從法中求果, 故精進行, 是時名正懃. 多精進故心散亂, 攝心調柔故, 名如意足. 心調柔已, 生五根, 諸法實相, 甚深難解, 信根

又『瑜伽』說, "當知, 此中於念住位, 最初繫心, 置所緣境. 次於所緣念[219] 安住, 勤修正斷. 次得定已, 後[220]令此定善圓滿故, 於神足中, 勤修加行. 定圓滿已, 爲令一切相及麤重, 得離繫故, 依信等根, 修加行, 加行中, 根是下品, 力是上品. 如是正修加行道已, 次得覺支, 通達實際. 通達實際已, 次修道支, 漸漸乃至證得阿耨菩提, 於一切障, 皆得解脫." 如是二論所說次第, 皆約隨數階位門說.

[H1, p.821a13~23; X48, p.161c9~16]

또 『유가사지론』에서는 [다음과 같이] 말한다. "[37도품三十七道品의 순서를 다음과 같이] 알아야 한다. 여기 '[네 가지를 토대로 '빠져들지 않는 마음국면'(止)과 '진리다운 이해'(觀)를 수립하여] 간직해 가는 수행의 단계'(念住位)에서 처음으로 마음을 잡아매어 [신체(身)·느낌(受)·마음(心)·이법(法), 이 네 가지] 대상(所緣境)에 둔다. 다음으로 [그 네 가지] 대상(所緣)에 [마음이] 확고히 자리잡도록 '해로움은 끊고 이로움은 살리는 [네 가지] 수행'(正

故能信, 是名信根. 不惜身命, 一心求道, 是名精進根. 常念佛道, 不念餘事, 是名念根. 常攝心在道, 是名定根. 觀四諦實相, 是名慧根. (是)五根增長, 能遮煩惱, (如大樹力能遮水, 是五根增長時, 能轉入深法,) 是名爲力. 得力已, 分別道法有三分, ①〈擇法覺·精進覺·喜覺, 此三法, 行道時若心沒, 能令起. 除覺·定覺·捨覺, 此三法, 若行道時心動散, 能攝令定.〉 念覺在二處, (能集善法, 能遮惡法). 如守門人, ②(有利者令入, 無益者除却, 若心沒時, 念三法起, 若心散時, 念三法攝, 無學實覺, 此七事能到故), ③〈名爲分〉. 得是法(安隱具足)已, 欲入涅槃無爲城故, 行是, ④〈諸〉法, 是時名爲道." 괄호는 생략된 부분을 표시하고, 번호와 〈 〉 표시는 대조를 위해 보충했다. ①의 문장은 본문에서 "三法三起, 三法三下"로 축약되어 있다. 앞의 "三法"은 원문에서 〈擇法覺 `精進覺 `喜覺, 此三法〉에 해당하고 "三起"는 원문에서 〈行道時若心沒, 能令起〉에 해당하며 뒤의 "三法"은 원문에서 〈除覺 `定覺 `捨覺, 此三法〉에 해당하고 "三下"는 〈若行道時心動散, 能攝令定〉에 해당하는 것을 알 수 있다. 축약된 내용을 번역에 일부 반영했다. ②의 생략된 문장에서 '수문인守門人'에 관련된 "有利者令入, 無益者除却"의 내용 역시 번역에 반영했다. ③의 〈名爲分〉은 본문에서 "是名七覺分"이라고 되어 있는데, 직전의 원문을 많이 생략한 후에 문맥을 분명히 하려는 의도로 보아 그대로 두었다. ④의 〈諸〉는 본문에서 '八'이라고 되어 있는데, 역시 같은 의도로 보아 그대로 두었다.

219 『유가사지론』 원문에 따라 '念'을 '令'으로 고친다.

220 『유가사지론』 원문에 따라 '後'를 '復'로 고친다.

斷)을 부지런히 닦는다. 다음으로 선정禪定(定)을 얻고 나면 다시 이 선정禪定(定)을 훌륭하게 완성하도록 '선정을 이루어 번뇌를 끊게 하는 [네 가지] 능력의 계발'(神足)[의 단계]에서 '이로운 것을 더해 가는 수행'(加行)을 부지런히 닦는다. 선정禪定(定)이 완성되고 나면 모든 실체관념(相)과 '거칠고 무거운 잠재적 번뇌'(麤重)[221]들로 하여금 '[근본무지에 의한] 속박에서 벗어남'(離繫)을 얻게 하기 위해 믿음(信)[·정진精進] 등의 '[해탈을 성취하게 하는 다섯 가지] 능력의 수행'(根)에 의거하여 '이로운 것을 더해 가는 수행'(加行)을 닦는데, [이] '이로운 것을 더해 가는 수행'(加行) 중에서 '[해탈을 성취하게 하는 다섯 가지] 능력의 수행'(根)은 '낮은 단계'(下品)이고 '['다섯 가지 능력의 수행'(五根)으로 얻은 다섯 가지] 힘'(力)은 '높은 단계'(上品)이다. 이와 같이 '이로운 것을 더해 가는 수행의 길'(加行道)[222]을 온전하게 닦고 나면, 다음으로 '깨달음을 성취하게 하는 [일

---

221 추중麤重: 『유가사지론』 권2에서는 "於諸自體中所有種子, 若煩惱品所攝, 名爲麁重亦名隨眠."(T30, 284c3~4)이라고 하여, 모든 아뢰야식阿賴耶識 자체自體에 있는 종자種子 중에서 번뇌품煩惱品에 속하는 것을 추중麤重 또는 수면隨眠이라 부른다고 설명한다. 원효의 『이장의二障義』에서는 현행하는 번뇌인 전纏과 대비하여 잠재적인 번뇌인 수면의 두 가지 명칭으로서 추중과 종자를 거론하는데, "隨眠之內, 亦有二種, 一卽種子, 二是麤重."(H1, 793a17~18)이라고 하여 잠재적인 번뇌인 수면에 동일하게 속하는 두 가지 부류라 하고, 그 차이에 대해서는 "染所熏發, 不發調柔性, 無堪能性, 在異熟識, 而非能生現纏之能, 此謂麤重, 不名種子. 又彼識中, 染所熏發, 成自類性故, 能生現行, 說名種子, 卽不調柔, 亦名麤重."(H1, 793a19~23)이라고 하여 이숙식異熟識에 저장되어 있더라도 조유성調柔性과 감능성堪能性이 없어 현재 작용하는 전纏을 일으킬 수 없는 것이 추중이고 종자는 자류성自類性이 있어 현행現行을 일으킬 수 있는 것이라고 설명한다. 〈번뇌로 나타나려면 구체적 특징이 세밀해져야 하는데 아직 그런 상태가 아니라는 의미에서 '거칠다'(麤)는 것이고, 구체적 번뇌로 나타나면 그 구체성만큼이나 범위가 좁아진다는 뜻에서 '가벼워지는 것'인데 아직 그런 상태가 아니라는 의미에서 '무겁다'(重)는 것이다〉라는 이해(박태원)를 반영하여 추중을 '거칠고 무거운 번뇌'라고 번역하였다.

222 가행도加行道와 통달通達: '5근五根·5력五力의 가행도加行道를 온전하게 닦고 나면 다음으로 7각지七覺支를 얻어 실제實際를 통달通達한다'는 『유가사지론』의 진술은, 자량위資糧位·가행위加行位·통달위通達位·수습위修習位·구경위究竟位라는 유식唯識 5위五位의 수행 체계에 의거한 것으로 보인다. 『성유식론成唯識論』 권9에서는 "何謂悟入唯識五位? 一資糧位, 謂修大乘順解脫分. 二加行位, 謂修大乘順決擇分. 三通達位, 謂諸菩薩所住見道. 四修習位, 謂諸菩薩所住修道. 五究竟位, 謂住無上正等菩提. 云何漸次悟入唯識? 謂諸菩薩於識相性, 資糧位中能深信解, 在加行位能漸伏除所取能取引發眞見, 在通達位如實通達, 修習位中如所見理數數修習伏斷餘障, 至究竟位出障圓明."(T31, 48b11~19)이라고 하여 유식唯識을 깨달아 들어가는 5위五位에 관해 개괄한다. 이에 따르면 ①자량위資糧位는 대승의 순해탈분順解脫分을 닦아 식識의 상성相性에 관해 깊이 신해信解하는 단계이고, ②가행위加行位는 대승의 순결택분順決擇分(『중변분별론中邊分別論』에서는 통달분通達

곱 가지] 수행'(覺支)을 얻어 '참 그대로가 온전하게 드러나는 지평'(實際)을 통달한다. ['깨달음을 성취하게 하는 일곱 가지 수행'(七覺支)으로] '참 그대로가 온전하게 드러나는 지평'(實際)을 통달하고 나면, 다음으로 '[여덟 가지 수행으로 이루어진 해탈의] 길'(道支)을 닦아 점점 '최고의 깨달음'(阿耨菩提)을 체득하기 이르러 '모든 장애'(一切障)에서 다 풀려날 수 있다."[223] 이상과 같이 두 논서(『대지도론大智度論』과 『유가사지론瑜伽師地論』)에

分이라 부른다)을 닦아 소취所取와 능취能取를 점차 제복除伏함으로써 진견眞見을 인발引發하는 단계이며, ③통달위通達位는 보살이 머무르는 견도見道로서 여실통달如實通達하는 단계이고, ④수습위修習位는 보살이 머무르는 수도修道로서 견도見道에서 통달한 진리대로 자주 수습하여 남은 장애를 복단伏斷하는 단계이며, ⑤구경위究竟位는 무상정등보리無上正等菩提에 머물러 모든 장애에서 벗어나 원명圓明해지는 단계이다. 『성유식론』의 같은 곳에서는 가행위加行位에 관해 "菩薩先於初無數劫善備福德智慧資糧順解脫分既圓滿已, 爲入見道住唯識性, 復修加行伏除二取, 謂煖·頂·忍·世第一法, 此四總名順決擇分. 順趣眞實決擇分故, 近見道故."(T31, 49a25~29)라고 설명한다. 이에 따르면 보살이 먼저 초무수겁初無數劫 동안 복덕福德과 지혜智慧의 자량資糧인 순해탈분을 이미 원만하게 하고 나서 그 다음으로 견도見道에 들어 유식성唯識性에 머무르기 위해 다시 가행加行을 닦아 능취能取와 소취所取의 이취二取를 제복除伏하는 것이 난煖·정頂·인忍·세제일법世第一法의 4선근四善根의 단계인데, 이 4선근을 총괄하여 순결택분順決擇分이라고 부르는 것은 진실결택분眞實決擇分인 견도見道에 순취順趣하기 때문이고 견도에 가깝기 때문이다. 통달위通達位에 관해서는 "加行無間此智生時, 體會眞如, 名通達位"(T31, 50a4~5)라고 하여 가행위加行位의 단계와 무간無間으로 지혜가 생겨날 때 진여眞如를 체득한 단계가 통달위라고 설명한다. 수습위修習位에 관해서는 "菩薩從前見道起已, 爲斷餘障證得轉依, 復數修習無分別智. (중략) 十地中無分別智, 數修此故捨二麁重, 二障種子立麁重名."(T31, 50c21~51a1)이라고 하여, 견도見道를 일으키고 나면 남아 있는 장애를 끊어 전의轉依를 증득하기 위해 다시 무분별지無分別智를 자주 수습하는 것이 수습위修習位로서, 견도見道에서 얻은 무분별지無分別智를 자주 닦기 때문에 번뇌장煩惱藏과 소지장所知障의 종자種子인 두 가지 추중麁重을 보살 10지十地의 수행 과정 중에서 버리게 된다고 설명한다. 앞의 '(4) 명계위明階位' 단락에서는 "若依此論, 前之三四在解脫分, 次之二五在通達分."(H1, 820b16~18)이라고 하여 순결택분順決擇分(통달분通達分)인 4선근四善根을 기준으로 삼아 범부위凡夫位의 5법五法을 4선근 이전과 이후로 구분하는 『중변분별론』의 논의에 관해 언급한 적이 있는데, 이 내용과 연계하여 37도품三十七道品의 순서를 유식학唯識學의 수행 단계에 배당해 보면 다음과 같다.

37도품三十七道品	수행 단계
4념주四念住·4정단四正斷·4신족四神足	자량위資糧位: 순해탈분順解脫分
5근五根·5력五力	가행위加行位: 순결택분順決擇分(4선근四善根)
7각지七覺支	통달위通達位: 견도見道
8정도八正道	수습위修習位: 수도修道

223 『유가사지론』 권75(T30, 712c15~23). "當知此中於念住位, 最初繫心置所緣境. 次於所緣令(心)安住, 勤修正斷. 次得定已復令此定善圓滿故, 於神足中勤修加行, 定圓滿已爲令一切相及麁重得離繫故. 依信等根修加行(道), 加行(道)中根是下品, 力是上品. 如是正修加行道已, 次得覺支通達實

서 설명한 [37도품三十七道品의] 순서는 모두 '숫자[의 순서]에 따라 단계를 설정하는 방식'(隨數階位門)[224]에 의거하여 말한 것이다.[225]

第六辨諸門者. 如是七法皆有五門. 如『對法』說, "復以[226]一切菩提分法無有差別, 皆由五門, 而得建立, 謂所緣故, 自體故. 助伴故, 修習故, 修果故."

[H1, 821a24~b3: X48, 161c17~19]

(6) [각 수행항목의] 여러 측면들을 분석함(辨諸門)

여섯 번째는 [각 수행항목의] '여러 측면들'(諸門)을 분석하는 것이다. 이상과 같은 '[4념주四念住·4정근四正勤·4신족四神足·5근五根·5력五力·7각지七覺支·8성도八聖道, 이] 일곱 가지'(七法)에는 모두 '다섯 가지 측면'(五門)이 있다. 『대승아비달마잡집론大乘阿毘達磨雜集論』에서 "또한 모든 '깨달음에 이르는 [37가지] 항목'(菩提分法)은 구별 없이

際, 〈 〉達實際已次修道支, 漸漸乃至證得阿耨(多羅三藐三)菩提, 於一切障皆得解脫." 괄호는 생략된 내용을 표시한다. 본문의 인용문에서는 〈 〉 표시의 지점에 '通'이 첨가되어 있다.

224 수수계위문隨數階位門: 앞서 본서의 '(4) 명계위明階位' 단락에서는 성위聖位의 2법二法인 7각지七覺支와 8정도八正道를 설명하면서 "[7과 8이라는] '숫자의 차례'(數次第)에 따라 ['일곱 가지 항목'(七法)의 나열에서] '[깨달음을 성취하게 하는] 일곱 가지 [수행]'(七)을 앞에 두고 '여덟 가지 [수행으로 이루어진 해탈의 길]'(八)을 뒤에 둔 것이다"(隨數次第, 先七後八. H1, 820c2~3)라고 하여 수수계위문隨數階位門에 관해 언급한 적이 있다.

225 여기까지 대강의 과문은 다음과 같다.

4. 「대치품對治品」
  1) 깨달음에 이르는 37가지 항목의 뜻을 밝힘(明三十七菩提分義)
    (1) 명칭을 나열함(列名)
    (2) [명칭의] 뜻을 해석함(釋義)
    (3) 바탕이 되는 면모를 밝힘(明體性)
    (4) [각 수행항목들의] 단계를 밝힘(明階位)
    (5) [37가지 항목의] 순서[가 성립한 이유]를 밝힘(明次第)

226 『대승아비달마잡집론』 원문에 따라 '以'를 '次'로 고친다.

다 '다섯 가지 측면'(五門)에 의거하여 수립되어 있으니, '[수행의] 대상'(所緣), '[수행의] 바탕'(自體), '[수행에] 동반되는 것'(助伴), '[수행을] 닦아 익히는 과정'(修習), '수행의 결과'(修果)가 그것이다"[227]라고 말한 것과 같다.

> 念處所緣者, 謂身受心法, 卽是四事, 謂我所依事, 我受用事, 我自體事, 我染淨事. 何故唯立此四境者? 由顚倒覺, 愚癡凡夫多分計我, 依止有根身, 受用苦樂故,[228] 取了境爲相, 由貪等染汙, 由信等淸淨. 是故最初爲正觀察眞實事相, 故立此四, 爲所緣境.
>
> [H1, 821b4~10: X48, 161c20~24]

① 네 가지를 토대로 ['빠져들지 않는 마음국면'(止)과 '진리다운 이해'(觀)를 수립하여] 간직해 가는 수행(四念住)

가. [염처念處/念住 수행의] 대상(所緣)

'[네 가지를 토대로 '빠져들지 않는 마음국면'(止)과 '진리다운 이해'(觀)를 수립하여] 간직해 가는 수행'(念處)의 대상(所緣)은 몸(身)·느낌(受)·마음(心)·이법理法(法)인데 [그것들은] 바

227 『대승아비달마잡집론』 권10(T31, 738c22~24). "復次一切菩提分法無有差別, 皆由五門, 而得建立, 謂所緣故, 自體故. 助伴故, 修習故, 修果故." 『대승아비달마잡집론』 권10에서는 이 문장 이하(T31, 738c22~741b3)에서 37도품三十七道品의 7법七法 각각을 소연所緣·자체自體·조반助伴·수습修習·수과修果의 5문五門으로 구별하여 설명해 가는데, 원효는 이 인용문의 출처를 밝히는 것으로써 『대승아비달마잡집론』 권10에서의 논의 내용과 형식에 의거하여 '(6) 변제문辨諸門' 단락의 얼개를 설정한 것을 알려 준다. 본문에서는 이후로 『대승아비달마잡집론』 권10에 의거한 논의에 한해 인용 출처가 생략되는 경우가 있으므로 본서에서는 그 대목마다 출처를 제시하도록 하는데, 직접 인용의 형식이 아니므로 문맥에 저촉되는 경우가 아니라면 사소한 교감은 피하는 것으로 한다. 〈산스크리트본의 해당 내용: ASBh., p.84. punar bodhipakṣyāṇāṃ dharmāṇāṃ pañcabhiḥ prakāraiḥ vyavasthānaṃ veditavyam ālambanataḥ svabhāvataḥ sahāyato bhāvanāto bhāvanāphalataś ca //; 또 보리분법은 다섯 가지 양상으로 확립된다고 알아야 한다. 인식대상의 측면, 본질의 측면, 조력의 측면, 수습의 측면, 수습의 결과라는 측면이다.〉

228 『대승아비달마잡집론』을 참고하여 '故'를 '等'으로 고친다.

로 [다음과 같은] '네 가지의 현상'(四事)이니, [몸(身)은] '자아가 [물질적으로] 의거하는 현상'(我所依事)이고 [느낌(受)은] '자아가 [감관으로] 받아들이는 현상'(我受用事)이며 [마음(心)은] '자아의 바탕[이 되는] 현상'(我自體事)이고 [이법(法)은] '자아를 오염시키거나 청정하게 하는 현상'(我染淨事)이다. 어찌하여 오직 이 '네 가지 대상'(四境)만을 세우는가? '뒤바뀐 사유'(顚倒覺)[229]에 의거하여 어리석은 범부凡夫들은 다양하게 자아(我)를 분별하니, '감관을 지닌 몸'(有根身)에 의지하기도 하고, 괴로움(苦)이나 즐거움(樂) 등[의 느낌]을 [자아로서] 받아들이기도 하며, [마음으로] 대상(境)을 취하여 [자아의] 모습(相)으로 삼기도 하고, 탐욕[230](貪)[·분노(瞋)] 등[을 발생시키는 이법(法)]에 의해 오염되거나 믿음(信)[·정진精進] 등[을 발생시키는 이법(法)]에 의해 청정해지기도 한다. 그러므로 [자아를 잘못 분별하는] 최초[의 토대]에서 '현상의 진실한 면모'(眞實事相)를 온전하게 관찰하려고 이 네 가지를 세워 [수행의] 대상(所緣境)으로 삼는다.[231]

---

229 각覺: 범어 'bodhi'의 의역일 때에는 깨달음·지혜 등의 뜻이지만 범어 'vitarka'의 의역일 때에는 심구추도尋究推度의 뜻으로서 심尋이라고도 의역되는데,(『佛光大辭典』, pp.6792~6793 참조) 본문의 각覺은 후자에 해당하는 것으로 보인다. 심尋(각覺)은 사伺와 함께 유식불교의 6위심소六位心所(변행遍行·별경別境·선善·번뇌煩惱·수번뇌隨煩惱·부정不定) 분류 중 부정심소不定心所에 속하는 심소법心所法이다.(이에 관해서는 '변행遍行'에 관한 역주 참조) 『성유식론』 권7에서는 "不定有四, 其相云何? 頌曰. 不定謂悔眠, 尋伺二各二. 論曰. 悔眠尋伺於善染等皆不定故, 非如觸等定遍心故, 非如欲等定遍地故, 立不定名."(T31, 35c6~11)이라고 하여, 회悔·면眠·심尋·사伺의 네 가지는 선善·염染 등으로 정해지지 않고, 촉觸·작의作意 등의 변행심소遍行心所들처럼 모든 마음(心)에 두루 있는 것으로 정해진 것이 아니며, 욕欲·승해勝解 등의 별경심소別境心所들처럼 모든 경지(地)에 두루 있는 것으로 정해진 것이 아니니, 그러므로 부정심소라 부른다고 설명한다. 이어서 심尋과 사伺에 관해 "尋謂尋求, 令心悤遽, 於意言境, 麁轉爲性. 伺謂伺察? 令心悤遽, 於意言境, 細轉爲性."(T31, 35c28~36a1)이라고 하는 것에 따르면, 심尋은 심구尋求로서 그 특징(性)은 마음을 분주하게(悤遽) 하여 의언意言의 대상에 대해 '거칠게 다가가는'(麁轉) 것이고 사伺는 사찰伺察로서 그 특징(性)은 마음을 분주하게(悤遽) 하여 의언意言의 대상에 대해 '세밀하게 다가가는'(細轉) 것이다. 심尋의 범어인 'vitarka'는 추측(conjecture), 추정(guess) 등의 뜻이고, 사伺의 범어인 'vicāra'는 깊이 생각함(pondering), 숙고(deliberation) 등의 뜻이다. *Monier-Williams Sanskrit-English Dictionary*, pp.958, 962 참조.

230 탐등貪等과 신등信等: 본문에서 탐등貪等과 신등信等이라는 표현은 유식불교의 6위심소六位心所(변행遍行·별경別境·선善·번뇌煩惱·수번뇌隨煩惱·부정不定) 분류(이에 관해서는 '변행遍行'에 관한 역주 참조)에서 탐貪이 속하는 번뇌심소煩惱心所 일반과 신信이 속하는 선심소善心所 일반을 각각 가리키는 것으로 보인다.

231 『대승아비달마잡집론』 권10(T31, 738c26~739a3). "四念住所緣境者, 謂身受心法, 復有四事, 謂我所依事, 我受用事, 我自體事, 我染淨事. 何故唯建立此爲所緣境? 由顚倒覺, 愚癡凡

總說雖然, 於中分別者, 如是四事各有三種, 一內, 二外, 三者內外. 『瑜伽論』中, 略說六義. "一者, 內自有情數色, 爲內身境, 外非有情數色, 爲外身境, 他有情數色, 爲內外身境. 緣此內身, 起愛念法,[232] 名爲內受內心內法, 法外與內外, 亦如是說."

[H1, 821b10~16: X48, 161c24~162a5]

夫多分計我, 依止有根身, 受用苦樂等, 取了境爲相, 由貪等染污, 由信等清淨. 是故最初爲正觀察眞實事相, 是故建立此四種事爲所緣境." 〈산스크리트본의 해당 내용: ASBh., pp.84-85. tatra smṛtyupasthānānām ālaṃbanaṃ yathākramaṃ kāyo vedanā cittaṃ dharmāḥ / kim artha punar etad evam ālaṃbanaṃ vyavasthāpyate / yasmād viparyastabuddhayo bālāḥ prāyeṇa sendriyaṃ kāyam āśritya sukhādim upabhuñjānā upalabdhalakṣaṇā ātmarāgādibhiḥ śraddhādibhiś ca saṃkliśyante vyavadāyante ceti vikalpayantyata āditaḥ samyaktadvastulakṣa ṇaparīkṣārtham evaṃ caturdhālambanavyavasthānaṃ veditavyam //; 그중에서 '주의집중의 확립'(念住)의 인식대상은 순서대로 신·수·심·법이다. 또 이와 같은 이 인식대상은 어떤 의미에서 확립되는가? 전도된 인식을 가진 범부들이 대부분 감관을 가진 신체에 의지하여 아애 등에 의해 고통 등을 경험하고 획득한다는 특징을 가지고, 믿음 등에 의해 염오되거나 청정해진다고 분별한다. 처음으로 바르게 그 현상의 특징을 관찰하기 위해 이와 같이 네 가지 인식대상을 확립한다고 알아야 한다.〉

232 『유가사지론』 권28(T30, 441a18~29). "若緣內自有情數身色爲境住循身觀, 是名於內身住循身觀. 若緣外非有情數色爲境住循身觀, 是名於外身住循身觀. 若緣外他有情數身色爲境住循身觀, 是名於內外身住循身觀. 〈若緣依內自有情數身色所生受心法爲境住循三觀, 是名於內受心法住循受心法觀. 若緣依外非有情數身色所生受心法爲境住循三觀, 是名於外受心法住循受心法觀. 若緣依外他有情數身色所生受心法爲境住循三觀, 是名於內外受心法住循受心法觀.〉" 〈 〉로 표시한 문단은 본문의 마지막 대목에서 "緣此內身, 起愛念法, 名爲內受內心內法, 法外與內外, 亦如是說"이라고 요약된 문장에 대응한다. 특히 원문의 첫 번째 문장에서는 "若緣依內自有情數身色所生受心法爲境住循三觀"이라고 하는데, 자기 내부의 유정수신색(內自有情數身色)에 의거하여 생겨나는 수受·심心·법法을 반연하여 수행의 대상(境)으로 삼는다면 내부(內)의 순수관循受觀·순심관循心觀·순법관循法觀이라는 3관三觀에 자리잡게 된다고 설명하므로 이 내용을 원효는 앞에서처럼 3관의 수행 문맥을 생략한 채 "緣此內身, 起愛念法, 名爲內受內心內法"이라고 요약하는 것을 알 수 있다. 본문 아래에 4소연四所緣을 내內·외外·내외內外로 구분하는 두 번째와 세 번째 및 여섯 번째 뜻의 논의에서도 "내內·외外·내외內外의 신身을 반연하여 수受·심心·법法을 일으킨다"라는 기본 내용의 문장들이 반복되는데, "緣此三種, 起受心法"(H1, 821b19), "緣此三種, 起受心法"(H1, 821b22~23), "緣此三境, 起受心法"(H1, 821c4) 등이 그 사례이다. 이러한 정황으로 볼 때 『유가사지론』 원문을 요약하고 있는 문맥을 고려하여 '愛念法'을 '受心法'으로 교감

총괄적으로 설명하면 이러하지만, 여기에서 [다시] 구분하면 이와 같은 [몸(身)·느낌(受)·마음(心)·이법理法(法)의] '네 가지 현상'(四事)에는 각각 세 가지가 있으니, 첫 번째는 '안의 것'(內)이고 두 번째는 '밖의 것'(外)이며 세 번째는 '안과 밖의 것'(內外)이다.

『유가사지론瑜伽師地論』에서는 대략 여섯 가지의 뜻을 말한다.[233] "첫 번째 [뜻은 다음과 같다.] '자신의 안에 있는 갖가지 살아 있는 유형의 것들'(內自有情數色)[234]은 '몸 안에 있는 대상'(內身境)이 되고,[235] '밖에 있어 자신의 것이 아닌 갖가지 살아 있지 않은 유형의 것들'(外非有情數色)은 '몸 밖에 있는 대상'(外身境)이 되며, '다른 사람이 지닌 갖가지 살아 있는 유형의 것들'(他有情數色)[236]은 '몸 안과 밖의 대상'(內外身境)이 된다. 이 '몸 안의 것'(內身)을 대상으로 삼아 느낌(受)과 마음현상(心)과 이법(法)

한다.

233 이하 『유가사지론』에서 6의六義를 설명하는 곳은 권28의 "云何於內身等住循身等觀? … 如是等類身受心法諸差別門當知多種"(T30, 441a16~441c5)까지이다. 많은 분량의 내용을 원효는 직접 인용하지 않고 뜻을 취하여 요약하는 방식을 택하고 있는데, 『유가사지론』 원문과의 비교를 위해 문단별로 해당 대목을 제시하는 것으로 한다.

234 유정有情: 『성유식론술기成唯識論述記』 권1(T43, 233c29~234a1)에서는 "梵云薩埵, 此言有情, 有情識故."라고 하여 범어 'sattva'의 음역인 살타薩埵를 유정有情이라고 의역하는 것은 '정식情識'이 있기 때문이라고 설명한다. 『佛光大辭典』(p.2441)에서는 유정有情은 신역新譯으로서 구역舊譯인 중생衆生과 일반적으로 통용되는 용어이지만, 유정은 인人·천天·아귀餓鬼·축생畜生·아수라阿修羅 등 '의식이 있는 것'(有情識之物)인 데 비해 중생衆生은 초목금석草木金石, 산하대지山河大地 등의 비정非情·무정無情인 것까지 포함한다는 일설一說도 소개한다.

235 본문에 "內自有情數色爲內身境"의 문장은 『유가사지론』 원문의 "若緣內自有情數身色爲境住循身觀, 是名於內身住循身觀."에 해당하는 내용을 간결하게 요약한 것이다. 원효는 "若緣", "是名", "住循身觀" 등의 술어구를 생략하면서도 논서의 취지를 효과적으로 전달한다. 이하 6의六義에 관한 내용도 같은 형식으로 대부분 요약되어 있다. 『유가사지론』 원문의 순신관循身觀은 본서의 '(2) 석의釋義' 단락에서 "所謂於身與念相應, 住循身觀, 是身念住."(H1, 817c9~10)라고 하여 4념주四念住의 첫 번째인 신념주身念住를 설명하는 용어로 나온 적이 있고 '몸[의 다양한 양상]을 거듭 좇아가면서 이해하는 수행'(循身觀)이라고 본서에서 번역했다. 4념주의 4소연四所緣인 신身·수受·심心·법法에 대응하여 순신관循身觀·순수관循受觀·순심관循心觀·순법관循法觀이 성립한다.

236 타유정수색他有情數色과 내외신경內外身境: 신체(色身)에 해당하는 모든 것을 내內·외外·내외內外로 구분하여 포괄하는 문맥에서 먼저 '살아 있는 것'(有情數)을 기준으로 내內와 외外를 나누어 내신內身은 유정수有情數 내부의 물질적인 것(內自有情數色)이고 외신外身은 유정수有情數 외부의 비물질적인 것(外非有情數色)으로 나누었으므로 신체(色身)에 해당하는 남아 있는 영역은 다른 유정수有情數 내부의 물질적인 것(他有情數色)이라고 하겠다. 이 타유정수색他有情數色은 자유정수색自有情數色과 대비해서는 외부이지만 타유정수색他有情數色 자체로는 내부의 신체(色身)에 해당므로 내외신內外身의 범주에 속하는 것으로 보인다.

을 일으킨 것을 '안의 느낌'(內受)·'안의 마음'(內心)·'안의 이법理法'(內法)이라 부르고, '밖의 것'(外)과 '안과 밖의 것'(內外)도 이와 같이 설명된다."237

> "二者, 根所攝有執受色, 爲內身, 非根所攝無執受色, 爲外身, 非根所攝有執受色, 爲內外身. 緣此三種, 起受心法, 隨其所應, 卽爲三種."
>
> [H1, 821b16~20: X48, 162a5~7]

237 『유가사지론』 권28(T30, 441a16~29). "云何於內身等住循身等觀? 云何於外身等住循身等觀? 云何於內外身等住循身等觀? 謂若緣內自有情數身色爲境住循身觀, 是名於內身住循身觀. 若緣外非有情數色爲境住循身觀, 是名於外身住循身觀. 若緣外他有情數身色爲境住循身觀, 是名於內外身住循身觀. 若緣依內自有情數身色所生受心法爲境住循三觀, 是名於內受心法住循受心法觀. 若緣依外非有情數色所生受心法爲境住循三觀, 是名於外受心法住循受心法觀. 若緣依外他有情數身色所生受心法爲境住循三觀, 是名於內外受心法住循受心法觀." 〈산스크리트본의 해당 내용: 첫 번째 문단. ŚrBh., pp.299-300. tatra katham adhyātmaṃ kāye kāyānudarśī viharati / kathaṃ bahirdhā, katham adhyātmabahirdhā / yadā adhyātmaṃ pratyātmaṃ sattvasaṃkhyāte kāye kāyānupaśyī viharati / evam adhyātmaṃ kāye kāyānudarśī viharati / yadā bahirdhāsattavasaṃkhyātaṃ rūpam ālambanīkaroty, evaṃ bahirdhā kāye kāyānudarsī viharati / yadā bahirdhā parakyaṃ sattvasaṃkhyātaṃ rūpam ālambanīkaroty, evam adhyātmabahirdhā kāye kāyānudarśī viharati / tatrādhyātmaṃ rūpam upādāya svakyaṃ sattvasaṃkhyātaṃ yā_utpannā vedanā cittaṃ dharmās tān ālambanīkurvann adhyātmaṃ vedanāsu citte dharmeṣu dharmānudarśī viharati / bāhyam asattvasaṃkhyātaṃ rūpam upādāya / yā_utpannā vedanā cittaṃ dharmās tān ālambanīkurvan bahirdhā vedanāyāṃ citte dharmeṣu dharmānudarśī viharati / bahirdhā bāhyaṃ rūpaṃ sattvasaṃkhyātaṃ upādāya yā_utpannā vedanā cittaṃ dharmās tān ālambanīkurvvann adhyātmabahirdhā vedanāyāṃ citte dharmeṣu dharmānudarśī viharati //; 그중에서 어떻게 내적으로 신체를 신체로 보면서 머무는가? 어떻게 외적으로, 어떻게 내외로 [보면서 머무는가?] 내적이고 개별적으로 중생에 포함되는 신체를 신체로 관찰하면서 머물 때, 그때 내적으로 신체를 신체로 보면서 머문다. 외적으로 중생에 포함되는 색色을 인식대상으로 할 때, 그때 외적으로 신체를 신체로 보면서 머문다. 외적으로 중생에 포함되는 다른 사람의 색을 인식대상으로 할 때, 그때 내외로 신체를 신체로 보면서 머문다. 그중에서 내적으로 중생에 포함되는 자신의 색을 근거로 발생한 느낌·마음·심리현상을 인식대상으로 하는 자가 내적으로 느낌·마음·심리현상을 [느낌·마음]·심리현상으로 관찰하여 머문다. 외적으로 중생에 포함되지 않는 색에 기반하여 발생한 느낌·마음·심리현상을 인식대상으로 하는 자가 외적으로 느낌·마음·심리현상을 느낌·마음·심리현상으로 관찰하여 머문다. 외적으로 중생에 포함되는 색에 기반하여 발생한 느낌·마음·심리현상을 인식대상으로 하는 자가 내외로 느낌·마음·심리현상을 느낌·마음·심리현상으로 관찰하여 머문다.〉

"두 번째 [뜻은 다음과 같다.] '[안眼·이耳·비鼻·설舌·신身의] 감관능력에 포함되어 [고苦·낙樂 등의] 느낌을 지니는 유형의 것들'(根所攝有執受色)[238]이 '몸 안의 것'(內身)이고, '[안眼·이耳·비鼻·설舌·신身의] 감관능력에 포함되지 않아 [고苦·낙樂 등의] 느낌을 지니지 않는 유형의 것들'(非根所攝無執受色)이 '몸 밖의 것'(外身)이며, '[안眼·이耳·비鼻·설舌·신身의] 감관능력에 포함되지 않으면서도 [고苦·낙樂 등의] 느낌을 지니는 유형의 것들'(非根所攝有執受色)이 '몸 안과 밖의 것'(內外身)이다. 이 [내신內身·외신外身·내외신內外身이라는] 세 가지[의 몸(身)]을 대상으로 삼아 느낌(受)·마음(心)·이법理法(法)을 일으키는 것이니, 그 대응하는 것에 따라 곧바로 [내內·외外·내외內外라는] 세 가지[의 느낌

---

238 유집수有執受와 무집수無執受: 각각 범어 'upātta'와 'anupātta'의 의역이다. 'upātta'는 느껴짐(felt), 지각됨(perceived)의 뜻이다. Monier-Williams Sanskrit-English Dictionary, p.213 참조. 『아비달마구사론』 권2에서는 "幾有執受幾無執受?"(T29, 8b10)라 물음을 제기하고, 이어서 "十八界中九無執受, 前七心界及法界全, 此八及聲皆無執受. 所餘九界各通二門, 謂有執受無執受故. 眼等五根住現在世名有執受, 過去未來名無執受. 色香味觸住現在世不離五根名有執受, 若住現在非不離根過去未來名無執受. 如在身內除與根合, 髮毛爪齒大小便利洟唾血等, 及在身外地水等中, 色香味觸雖在現世, 而無執受."(T29, 8b16~24)라고 설명한다. 이에 따르면 6근六根·6경六境·6식六識의 18계十八界 중에서 의근意根·육식六識의 7심계七心界와 법경法境 및 성경聲境이 고苦·낙樂 등의 느낌을 지니지 않는 무집수이고, 나머지 전5근前五根과 색色·향香·미味·촉觸의 4경四境(9계九界)은 유집수와 무집수의 2문二門에 통한다. 유집수와 무집수의 2문二門에 통하는 9계九界에서 전5근前五根의 경우에는 현재에 머무를 때가 유집수이고 과거와 미래에 머무를 때가 무집수이다. 색色·향香·미味·촉觸의 4경四境의 경우에는 현재에 머무르면서 전5근에서 떠나지 않았을 때가 유집수이고, 과거와 미래에 머무르면서 전5근에서 떠났을 때가 무집수이다. 색色·향香·미味·촉觸의 4경四境이 무집수인 사례는 신체 내부에 있는 것이면서도 5근과 화합하지 않는 머리카락이나 손·발톱 등과 신체 외부에 있는 땅·물 등으로서 이러한 것들은 현재에 있더라도 무집수이다. 유집수와 무집수를 기준으로 내신內身·외신外身·내외신內外身을 구분하는 본문 아래의 논의는 이 『아비달마구사론』 권2의 설명과 부합하는 것으로 보인다. 따라서 근소섭유집수색根所攝有執受色인 내신內身은 현재에 머무르는 전5근이다. 그리고 비근소섭무집수색非根所攝無執受色인 외신外身은, 의근意根·육식六識의 7심계七心界와 법경法境 및 성경聲境, 전5근, 색色·향香·미味·촉觸의 4경四境(九界) 중에서는 과거와 미래에 머무르는 전5근 및 과거와 미래에 머무르면서 전5근에서 떠났거나 현재에 머무르더라도 신체 외부에 있는 색色·향香·미味·촉觸의 4경이 그것이다. 또 비근소섭유집수색非根所攝有執受色인 내외신內外身은, 5근에 속하지 않는 13계十三界 중에서 무집수인 의근意根·육식六識의 7심계七心界와, 법경法境 및 성경聲境의 9계九界를 제외한 색色·향香·미味·촉觸의 4경이 현재에 머무르면서 5근에서 떠나지 않은 경우가 될 것이다. 요약하면 내신內身은 현재에 머무르는 전5근이고, 외신外身은 의근意根·육식六識의 7심계七心界와 법경法境 및 성경聲境 그리고 과거와 미래에 머무르는 전5근과 과거·현재·미래에 걸치는 신체 외부의 4경이며, 내외신內外身은 현재에 머무르면서 5근과 화합하는 신체 내부의 4경이라고 하겠다.

(受)·마음(心)·이법理法(法)]이 [수립]된다."[239]

"三者, 自內定地輕安俱色, 爲內身, 自內不定地麤重俱色, 爲外身, 若他輕安俱色麤重俱色, 爲內外身. 緣此三種, 起受心法, 卽以爲三, 如前應知."

[H1, 821b20~24: X48, 162a7~10]

"세 번째 [뜻은 다음과 같다.] '자기 안의 선정禪定의 경지에서 평안한 마음과 함께 작용하는 유형의 것들'(自內定地輕安俱色)[240]이 '몸 안의 것'(內身)이고, '자기 안의 선정

---

239 『유가사지론』 권28(T30, 441a29~b6). "復有差別, 謂若緣根所攝有執有受色, 爲境, 是名於內身住循身觀, 若緣非根所攝無執無受色, 爲境, 是名於外身住循身觀, 若緣非根所攝有執有受色, 爲境, 是名於內外身住循身觀. 如是若緣依前三色所生受心法, 爲境, 隨其所應, 當知即是住循三觀." 〈산스크리트본의 해당 내용: 두 번째 문단. ŚrBh., pp.300-301. aparaḥ paryāyaḥ / indriyasaṃgṛhītaṃ rūpam ālambanīkurvann adhyātmaṃ kāye kāyānupaśyī viharati / anindriyasaṃgṛhītaṃ rūpam anupagatam anupādattam ālambanīkurvan bahirdhā kāye kāyānudarśī viharati / anindriyasaṃgṛhītam eva rūpam adhyātmam upagatam upādattaṃ rūpam ālambanīkurvvann adhyātmabahirdhā kāye kāyānupaśyī viharati / evaṃ pūrvaṃ trividhaṃ rūpam upādāya yā_utpannā vedanā cittaṃ dharmās tān yathāyogam ālambanīkurvaṃs tathādarśī viharatīti veditavyam //; 다른 해석이 있다. 감관에 포함되는 색을 인식대상으로 하는 자가 내적으로 신체를 신체로 보면서 머문다. 감관에 포함되지 않고, 수반되지 않으며, 집수되지 않는 색을 인식대상으로 하는 자가 외적으로 신체를 신체로 보면서 머문다. 감관에 포함되지 않고 내적으로 수반되고 집수되는 색을 인식대상으로 하는 자가 내외와 신체를 신체로 보면서 머문다. 이와 같이 이전에 세 가지로 색을 기반으로 하여 발생한 느낌·마음·심리현상을 논리적 관계대로 인식대상으로 하는 자가 그와 같이 보면서 머문다고 알아야 한다.〉

240 자내정지경안구색自內定地輕安俱色: 『유가사지론』 원문에서는 자내정지경안구행색自內定地輕安俱行色이라고도 하는데, '俱行'의 '行'을 번역에서 '작용하는'이라고 반영했다. 『유가사지론』 권9에서는 "大種所造色云何? 謂十色處及法處所攝色."(T30, 323a14)이라고 하여 색온色蘊을 안眼·이耳·비鼻·설舌·신身·색色·성聲·향香·미味·촉觸의 10색처十色處와 법처소섭색法處所攝色의 11가지로 나누는데, 『아비달마구사론』 권13에서는 무표색無表色을 "法處所攝無表色"(T29, 69a18)이라고 표현하기도 하므로 법처소섭색은 무표색의 다른 이름인 것으로 보인다. 『아비달마집이문족론阿毘達磨集異門足論』 권6에서는 "身念住云何? 答十有色處及法處所攝色, 是名身念住."(T26, 391b23~24)라고 하여 신념주 수행의 대상으로 법처소섭색을 거론하기도 한다. 법처소섭색에 관해 『현양성교론顯揚聖教論』 권1에서는 "法處所攝色謂一切時意所行境, 色蘊所攝, 無見無對. 此復三種, 謂律儀色不律儀色及三摩地所行境色."(T31, 484a13~15)이라고 하여 '의근意根에 의해 작용하는 대상'(意所行境)으로서 색온色蘊에 속하는 것이라고 설명하면서, 율의색律儀色 및 불율

禪定이 아닌 경지에서 거칠고 무거운 번뇌와 함께 작용하는 유형의 것들'(自內不定地麤重俱色)이 '몸 밖의 것'(外身)이며, 만약 '다른 [수행자의 선정禪定의 경지에서] 평안한 마음과 함께 작용하는 유형의 것들과 [다른 수행자의 선정禪定이 아닌 경지에서] 거칠고 무거운 번뇌와 함께 작용하는 유형의 것들'(他輕安俱色麤重俱色)이라면 '몸 안과 밖의 것'(內外身)이다. 이 [내신內身·외신外身·내외신內外身이라는] 세 가지[의 몸(身)]을 대상으로 삼아 느낌(受)·마음(心)·이법理法(法)을 일으킴으로써 곧바로 [내內·외外·내외內外라는] 세 가지[의 느낌(受)·마음(心)·이법理法(法)]이 [수립]되니, 앞에서와 같이 알아야 한다."[241]

의색不律儀色과 함께 삼마지소행경색三摩地所行境色을 법처소섭색法處所攝色의 하나로서 거론하는데, 본문의 자내정지경안구색自內定地輕安俱色은 이 법처소섭색인 삼마지소행경색三摩地所行境色의 다른 표현인 것으로 보인다. 경안輕安은 유식불교의 6위심소六位心所 체계에서 선심소善心所에 속하는데, 『성유식론』 권6에서는 "安謂輕安, 遠離麁重調暢身心堪任爲性, 對治惛沈轉依爲業, 謂此伏除能障定法, 令所依止轉安適故."(T31, 30b05~7)라고 하여 그 특성(性)은 추중麁重에서 벗어나 신심身心을 조화롭게 하여 무엇이든 감당할 수 있게 된 것이고, 그 작용(業)은 혼침惛沈을 치유하여 전의轉依하게 하는 것이며, 선정禪定을 장애하는 것들을 제거함으로써 의지처를 바꾸어 평안하게 나아가는 것이라고 설명한다. 둔륜遁倫의 『유가론기瑜伽論記』 권7에서는 『유가사지론』의 이 대목을 주석하면서 "第三若緣自內定地輕安俱行色, 名住內身觀者, 行者身在欲界, 由得定故, 離於麁重, 此身即是輕安俱行."(T42, 456b1~3)이라고 하여 수행자의 신체가 욕계欲界에서 선정을 얻어 추중에서 벗어나면 이 신체는 곧바로 경안과 함께 작용한다고 하는데, 본문에서도 자내정지경안구색自內定地輕安俱色과 대비되는 용어로 자내부정지추중구색自內不定地麤重俱色이 제시되므로 경안과 추중은 서로 반대의 의미를 가지는 짝개념이라고 하겠다.

241 『유가사지론』 권28(T30, 441b6~12). "復有差別, 謂若緣自內定地輕安俱行色, 爲境, 是名於內身住循身觀, 若緣自內不定地麁重俱行色, 爲境, 是名於外身住循身觀, 若緣他輕安俱行麁重俱行色, 爲境, 是名於內外身住循身觀. 如是若緣依前三色所生受心法, 爲境, 隨其所應, 當知即是住循三觀." 〈산스크리트본의 해당 내용: 세 번째 문단. ŚrBh., p.301. aparaṃ paryāyaḥ / yat samāhitabhūmikaṃ praśrabdhisahagataṃ rūpam ālambanīkaroty evam adhyātmaṃ kāye kāyānudarśī viharati / yat svakyam evādhyātmam asamāhitabhūmikaṃ dauṣṭhulyasahagataṃ rūpam ālambanīkaroti / evaṃ bahirdhā kāye kāyānupaśyī viharati / parakyaṃ dauṣṭhulyasahagataṃ praśrabdhisahagataṃ ca rūpam ālambanīkurvvan adhyātmabahirdhā kāye kāyānudarśī viharaty evaṃ tadupādāyotpannā vedanā cittaṃ dharmā yathāyogaṃ veditavyāḥ /; 다른 해석이 있다. 삼매에 든 단계에 속하는 경안을 동반한 색을 인식대상으로 하여, 이와 같이 내적으로 신체를 신체로 보면서 머문다. 삼매에 든 단계가 아니고 추중에 동반하는 자신의 색만을 인식대상으로 하여, 이와 같이 외적으로 신체를 신체로 보면서 머문다. 추중을 동반하고 경안을 동반한 다른 사람의 색을 인식대상으로 하는 자가 내외로 신체를 신체로 보면서 머문다. 이와 같이 그것에 기반하여 발생한 느낌·마음·심리현상을 논리적 관계대로 알아야 한다.〉

"乃至第六, 自身中髮毛爪齒等相, 爲內身, 他身髮毛等相, 爲外身. 若內身變異不變異青瘀等相, 及外身變異不變異青瘀等相, 相似法性, 平等法性, 是爲內外身. 緣此三境, 起受心法, 隨其所應, 卽三."

[H1, 821b24~c5; X48, 162a10~14]

"[네 번째와 다섯 번째의 뜻[242]을 거쳐] 여섯 번째에 이르면 [그 뜻은 다음과 같다.] 자기 몸

---

242 생략된 네 번째와 다섯 번째에 해당하는 내용을 인용하면 다음과 같다. 『유가사지론』 권28(T30, 441b13~26). "復有差別, 謂若緣內能造大種色, 爲境, 是名於內身住循身觀, 若緣外能造大種色, 爲境, 是名於外身住循身觀, 若緣依能造大種色所生根境所攝造色, 爲境, 是名於內外身住循身觀. 如是若緣依前三色所生受心法, 爲境, 隨其所應, 當知卽是住循三觀. 復有差別, 謂若緣有識身內色, 爲境, 是名於內身住循身觀, 若緣無識身有情數青瘀等位色, 爲境, 是名於外身住循身觀, 若緣無識身色於過去時有識性, 有識身色於未來時無識性, 相似法性平等法性, 爲境, 是名於內外身住循身觀. 如是若緣依前三色所生受心法, 爲境, 隨其所應, 當知卽是住循三觀." 대체로 네 번째 뜻에서는 지地·수水·화火·풍風의 4대종四大種을 기준으로, 다섯 번째 뜻에서는 유식신有識身과 무식신無識身의 차이를 기준으로 내內·외外·내외신內外身을 구분하고 있다. 〈산스크리트본의 해당 내용: 네 번째 문단. ŚrBh., p.301. aparaḥ paryāyaḥ / adhyātmaṃ bhūtarūpam ālambanīkurvann adhyātmaṃ kāye kāyānudarśī viharati / bāhyaṃ bhūtarūpam ālambanīkurvvan bahirdhā kaye kāyānudarśī viharati / tac ca bhūtarūpam upādāya yad utpannam indriyaviṣayasaṃgṛhītam upādāyarūpaṃ cālambanīkurvann adhyātmabahirdhā kāye kāyānudarśī viharati / evaṃ tad upādāya yā_utpannā vedanā cittaṃ dharmās te 'pi yathāyogaṃ veditavyāḥ /; 다른 해석이 있다. 내적으로 [4]대색을 인식대상으로 하는 자가 내적으로 신체를 신체로 보면서 머문다. 외적으로 [4]대색을 인식대상으로 하는 자가 외적으로 신체를 신체로 보면서 머문다. 그리고 [4]대색을 기반으로 하여 발생한 감관의 대상에 포함되는 [색]과 소조색을 인식대상으로 하는 자가 내외로 신체를 신체로 보면서 머문다. 이와 같이 그것을 기반으로 발생한 느낌·마음·심리현상을 논리적 관계대로 알아야 한다.〉 〈산스크리트본의 해당 내용: 다섯 번째 문단. ŚrBh., pp.301~302. aparaḥ paryāyaḥ / yadā savijñānakaṃ kāyam adhyātmam ālambananīkaroty evam adhyātmaṃ kāye kāyānudarśī viharati / avijñānakaṃ rūpaṃ sattvasaṃkhyātaṃ vinīlakhādiṣv avasthāsv ālambanīkurvvan bahirdhā kāye kāyānudarśī viharati / avijñānakasya ca rūpasyātīte kāle savijñānatāṃ savijñānakasya ca rūpasyānāgate kāle avijñānatāṃ tulyadharmatāṃ samadharmmatāṃ ālambanīkurvann adhyātmabahirdhā kāye kāyānudarśī viharaty evaṃ tadupādāya yā_utpannā vedanā cittaṃ dharmās te 'pi yathāyogam veditavyāḥ /; 다른 해석이 있다. 식을 가진 신체를 내적으로 인식대상으로 하여 이와 같이 내적으로 신체를 신체로 보면서 머문다. 식을 갖지 않고 중생에 포함되는 [사후의] 푸른색 등의 상태를 인식대상으로 하는 자가 신체를 신체로 보면서 머문다. 그리고 식을 갖지 않았던 색이 과거에는 식을 가졌던 것, 그리고 식을 가진 색이 미래에는 식을 가지지 않게 된 것이 동일한 현상이고 같은 현상이라는 것을

에서의 머리카락·털·손발톱·치아 등의 모습이 '몸 안의 것'(內身)이고, 다른 [사람] 신체의 머리카락·털 등의 모습이 '몸 밖의 것'(外身)이다. 만약 '[시체가 된] 자기 몸 안의 것들'(內身)[243]이 변하여 달라지거나 [더 이상] 변하여 달라지지 않게 되어 '피가 푸르게 굳어 가거나'(青瘀) ['백골이 되어 엉켜 있는'(骨鎖)] 등의 모습[244]이 된 것과 '[시체가 된] 밖의 [다른 사람의] 몸'(外身)이 변하여 달라지거나 [더 이상] 변하여 달라지지 않게 되어 '피가 푸르게 굳어 가거나'(青瘀) ['백골이 되어 엉켜 있는'(骨鎖)] 등의 모습이 된 것처럼 '비슷한 특징[으로 변해 가는] 현상들'(相似法性)과 '똑같은 특징의 현상들'(平等法性)은 이것을 '몸 안과 밖의 것'(內外身)으로 삼는다. 이 [내신內身·외신外身·내외신內外身이라는] 세 가지를 대상으로 삼아 느낌(受)·마음(心)·이법理法(法)을 일으키고 그 대응하는 것에 따라 곧바로 [내內·외外·내외內外라는] 세 가지[의 느낌(受)·마음(心)·이법理法(法)]이 된다."[245]

인식대상으로 하는 자가 내외로 신체를 신체로 보면서 머문다. 이와 같이 그것에 기반하여 발생한 느낌·마음·심리현상을 논리적 관계대로 알아야 한다.〉

243 내표신內表身과 외표신外表身: 본문에 내외신內外身을 설명하는 대목에서 '내신內身'과 '외신外身'이라고 축약된 표현이 『유가사지론』 원문에는 '내표신'과 '외표신'이라고 되어 있는데, 이것들에 관해 『유가론기瑜伽論記』 권7에서는 "第六中三藏云, 此文似緣自死屍外相, 名內表身, 緣他死屍外相, 名外表身."(T42, 456b23~24)이라고 하여 '자기가 죽은 시체'(自死屍)의 외상外相이 내표신이고 '다른 존재가 죽은 시체'(他死屍)의 외상外相이 외표신이라고 설명한다. 여섯 번째 뜻에서 내신內身·외신外身의 구분에서는 살아 있는 신체의 외상外相을 포괄하고, 내외신內外身의 구분에서는 죽어 있는 신체의 외상外相을 포괄하는 것으로 보인다.

244 청어등상青瘀等相: 청어青瘀는 시체가 변하여 푸르게 피가 굳어 가는 상태를 말한다. 『아비달마구사론』 권22에서는 "修不淨觀正爲治貪. 然貪差別略有四種, 一顯色貪, 二形色貪, 三妙觸貪, 四供奉貪. 緣青瘀等, 修不淨觀, 治第一貪."(T29, 117b22~24)이라고 하여 현색탐顯色貪·형색탐形色貪·묘촉탐妙觸貪·공봉탐供奉貪의 네 가지 탐貪을 치유하는 부정관不淨觀 수행에서 첫 번째로 청어青瘀를 대상으로 삼아 부정관不淨觀을 닦음으로써 현색탐顯色貪을 치유한다고 설명한다. 같은 곳에서는 이어서 "緣被食等, 修不淨觀, 治第二貪. 緣蟲蛆等, 修不淨觀, 治第三貪. 緣屍不動, 修不淨觀, 治第四貪. 若緣骨鎖, 修不淨觀, 通能對治如是四貪, 以骨鎖中無四貪境故."(T29, 117b24~28)라고 하는데, 여기에 따르면 '짐승들에게 먹이가 되어 가는 시체'(被食)를 대상으로 삼아 수행하여 형색탐形色貪을 치유하고 '벌레나 구더기가 들끓는 시체'(蟲蛆)를 대상으로 삼아 수행하여 묘촉탐妙觸貪을 치유하며 '움직이지 않게 된 시체'(不動)를 대상으로 삼아 수행하여 공봉탐供奉貪을 치유하고 골쇄骨鎖를 대상으로 삼아 수행하면 4탐四貪을 모두 치유한다. 청어상青瘀相·피식상被食相·충저상蟲蛆相·부동상不動相은 시체가 변이變異해 가는 과정이라면 골쇄상骨鎖相은 변이變異가 끝난 상태라고 하겠다. 번역에서는 청어상青瘀相을 변이變異해 가는 상사법성相似法性에, 골쇄상骨鎖相을 더 이상 불변이不變異하는 평등법성平等法性에 연관시켜 보았다.

『智度論』中亦六義釋內, 身與前所說, 大同小異. 總觀彼二, 爲內外身, 無別內外, 前二不攝. 如彼說言, "復作是念. 內觀不得, 外或有耶? 外觀亦復不得, 自念, 我或錯誤, 是故[246]今當總觀內外. 觀內觀外, 是爲別相, 一時俱觀, 是爲總相. 總觀別觀, 了不可得, 所觀已竟."

[H1, 821c5~12: X48, 162a14~19]

『대지도론大智度論』에서도 [4념처四念處 수행의 대상(所緣)을] 여섯 가지 뜻으로 해석하는 중에서 몸(身)에 관해서는 앞[의 『유가사지론瑜伽師地論』]에서 설명한 것과 대체로 동일하고 조금 다르다.[247] [조금 다른 점은] 저 ['몸 안의 것들'(內身)과 '몸 밖의 것들'(外身)

245 『유가사지론』 권28(T30, 441b26~c5). "復有差別, 謂若緣自中身髮毛爪齒等相, 爲境, 是名於內身住循身觀. 若緣他中身髮毛爪齒等相, 爲境, 是名於外身住循身觀. 若緣內表身變異不變異青瘀等相, 及緣外表身變異不變異青瘀等相, 相似法性, 平等法性, 爲境, 是名於內外身住循身觀. 如是若緣依前三色所生受心法, 爲境, 隨其所應, 當知即是住循三觀. 如是等類身受心法, 諸差別門當知多種." 〈산스크리트본의 해당 내용: 여섯 번째 문단. ŚrBh., p.302. aparaḥ paryāyaḥ / ātmano 'ntaḥkāyaṃ keśaromanakhādibhiḥ ākārair ālambanīkurvann adhyātmabahirdhā kāye kāyānudarśī viharati / pareṣām antaḥkāyaṃ keśaromanakhādibhir ākārair ālambanīkurvan bahirdhā kāye kāyānudarśī viharati / ātmanaś bahiḥkāym avipariṇataṃ vinīlakādibhir ākāraiḥ, pareṣāṃ ca bahiḥkāyaṃ vipariṇatam avipariṇataṃ ca vinīlakādibhir ākārais tulyadharmatayālambanīkurvann adhyātmabahirdhā kāye kāyānudarśī viharati / tad upādāya yā_utpannā vedanā cittaṃ dharmās te 'pi yathāyogaṃ veditavyāḥ / ity evaṃbhāgīyāḥ kāyavedanācittadharmaprabhedena bahavaḥ paryāyā veditavyāḥ / ime tu katipayāḥ paryāyāḥ saṃprakāśitāḥ //; 다른 해석이 있다. 자신의 내적인 신체를 머리카락, 털, 손톱 등의 행상으로 인식대상으로 하는 자가 내외로 신체를 신체로 보면서 머문다. 다른 사람의 내적인 신체를 머리카락, 털, 손톱 등의 행상으로 인식대상으로 하는 자가 외적으로 신체를 신체로 보면서 머문다. 자신의 파괴되지 않은 외적인 신체를 [사후의] 푸른색 등의 행상으로, 그리고 다른 사람의 파괴된 외적인 신체를 [사후의] 푸른색 등의 행상으로 동일한 현상으로 인식대상으로 하는 자가 내외로 신체를 신체로 보면서 머문다. 그것에 기반하여 발생한 느낌·마음·심리현상을 논리적 관계대로 알아야 한다. 이상과 같이 신체·느낌·마음·심리현상의 차이에 의해 많은 해석이 있다고 알아야 한다. 그러나 [여기서는] 이들 몇 가지 해석만 밝혔다.〉

246 『대지도론』 원문에 따라 '是故'를 삭제한다.

247 『대지도론』의 '신체(身)에 관한 6의석六義釋': 『대지도론』 권19에서는 신체(身)에 관한 6의석六義釋이 다음과 같이 나오는데, 본문 아래 『대지도론』 인용문의 직전 문단이기도 하다. "①內名自身, 外名他身. 自身有二種, 一者身內不淨, 二者身外皮毛爪髮等. ②復次行者觀死屍膖脹爛壞, 取是相,

의] 두 가지를 '총괄적으로 관찰하는 것'(總觀)이 '몸 안과 밖의 것들'(內外身)이 되기에 [『유가사지론瑜伽師地論』의 설명에서와 달리] 별도로 '몸 안과 밖의 것들'(內外身)[을 설정함]이 없어 앞의 ['몸 안의 것들'(內身)과 '몸 밖의 것들'(外身)이라는] 두 가지[를 '별도로 관찰하는 것'이 '총괄적으로 관찰하는 것']을 포섭하지 않는다. 저 [『대지도론大智度論』]에서 [다음과 같이] 말한 것과 같다. "[4념처四念處의 신념처身念處 수행과 관련하여] 또한 이렇게 생각할 수 있다. 〈'[몸] 안의 것들에 대한 관찰'(內觀)로 ['몸 안의 것들'(內身)을 실체로서] 얻을 수 없으니 혹시 '[몸] 밖의 것들'(外)에 [실체로서 얻을 것이] 있는가?〉 [이리하여] '[몸] 밖의 것들에 대한 관찰'(外觀)로도 다시 ['몸 밖의 것들'(外身)을 실체로서] 얻을 수 없게 되면 스스로 생각하기를, 〈내가 혹시 착오를 했을지 모르니 이제 '[몸] 안의 것들'(內)과 '[몸] 밖의 것들'(外)을 총괄적으로 관찰해 보자〉라고 한다. '[몸] 안의 것들'(內)을 관찰하거나 '[몸] 밖의 것들'(外)을 관찰하는 것은 [신념처身念處 수행의] '개별적 양상'(別相)이고, 동시에 함께 관찰하는 것은 [신념처身念處 수행의] '총괄적 양상'(總相)이다. '총괄적 관찰'(總觀)과 '개별적 관찰'(別觀)이 완료되어도 [몸(身)을 실체로서] 얻을 수 없으면 [몸(身)에 대해] 관찰하는 것을 이미 마친 것이다."[248]

自觀身亦如是相如是事我未離此法. 死屍是外身, 行者身是內身. 如行者或時見端政女人心著, 即時觀其身不淨, 是爲外, 自知我身亦爾, 是爲內. ③復次眼等五情爲內身, 色等五塵爲外身. ④四大爲內身, 四大造色爲外身. ⑤覺苦樂處爲內身, 不覺苦樂處爲外身. ⑥自身及眼等諸根, 是爲內身, 妻子財寶田宅所用之物, 是爲外身."(T25, 202a7~17. 번호는 역자 보충.) ①에서는 자신自身과 타신他身으로 내·외를 나누고, ②에서는 행자신行者身과 사시死屍로 내·외를 나누며, ③에서는 5근五根과 5진五塵으로 내·외를 나누고, ④에서는 4대四大와 4대소조색四大所造色으로 내·외를 나누며, ⑤에서는 각고락처覺苦樂處와 불각고락처不覺苦樂處로 내·외를 나누고, ⑥에서는 '자기의 신체'(自身) 및 5근과 자신 이외의 처자妻子·재보財寶·전택田宅 등으로 내·외를 나눈다. ①과 ⑥은 가장 기본적이거나 상식적인 구분이고, ②는 청어상青瘀相을 거론한 『유가사지론』의 여섯 번째 내용과 유사하며, ③은 유정수有情數와 비유정수非有情數를 거론한 『유가사지론』의 첫 번째 내용과 유집수有執受와 무집수無執受를 거론한 두 번째 내용에 걸치고, ④는 대종大種과 대종조색大種造色을 거론한 『유가사지론』의 네 번째 내용에 해당하며, ⑤는 유집수와 무집수를 거론한 『유가사지론』의 두 번째 내용과 유사하다. 그러므로 내신內身과 외신外身으로 나누어 신체(身)라는 4념처四念處의 대상을 포괄하는 점에서 양자는 대체로 동일하지만, 『대지도론』의 6의석은 『유가사지론』과 비교하여 내외신內外身의 항목을 별도로 설정하지 않는 차이를 드러낸다.

248 『대지도론』 권19(T25, 202a21~25). "復作是念, (我)內觀不得, 外或有耶? 外觀亦復不得, 自念, 我或誤錯, 今當總觀內外. 觀內觀外, 是爲別相, 一時俱觀, 是爲總相. 總觀別觀, 了不可得, 所觀已竟." 괄호는 생략된 부분을 표시한다.

受心法中, 內外等三, 有同『喩[249]伽』, 亦有異說. 異說云何? 謂"意識相應受是內受等, 五識相應受是外受等." "定心是內心, 散心是外心等." "除受餘心數法, 是爲內法, 不相應行及無爲法, 是爲外法"等, 乃至廣說. 是爲念處所緣境也.

[H1, 821c12~17: X48, 162a19~23]

느낌(受)·마음(心)·이법理法(法)에 관해 [『대지도론大智度論』에서] 안(內)과 밖(外)의 것들로 [느낌(受)·마음(心)·이법理法(法)의] 세 가지[를 나눈 것]은 『유가사지론瑜伽師地論』과 동일하지만,[250] 『유가사지론瑜伽師地論』과] 다른 설명도 있다. 다른 설명이라는 것은 어떤 것들인가? [『대지도론大智度論』에서] 말하는 것은 [다음과 같다.] [먼저 느낌(受)에 관한 다른 설명은] "'의식意識에 상응하는 느낌'(意識相應受)은 '안의 느낌'(內受)들이고, '[안식眼識·이식耳識·비식鼻識·설식舌識·신식身識, 이] 다섯 가지 감관인식에 상응하는 느낌'(五識相應受)은 '밖의 느낌'(外受)들이다"[251]라는 것이다. [마음(心)에 관한 다른 설명은] "'선정禪定에 든 마음'(定心)은 '안의 마음'(內心)이고, '흩어져 어지러운 마음'(散心)은 '밖의 마음'(外心)이다"[252]라는 것이다. [이법理法(法)에 관한 다른 설명은] "[고苦·낙樂·불고불락不苦不

---

249 한불전 교감주에 "'喩'는 '瑜'인 듯하다"라고 한다. 교감주에 따라 '喩'를 '瑜'로 고친다.

250 『대지도론』의 수受·심心·법法에 관한 해석: 앞 단락에서 인용된 『대지도론』의 문장에 곧바로 이어지는 문단에서는 수受·심心·법法을 각각 내·외로 구분하는 논의가 시작된다. 일례로 수受에 관해 "佛說有二種受, 身受心受, 身受是外, 心受是內. 復有五識相應受是外, 意識相應受是內."(T25, 202a27~28)라고 설명하는데, 먼저 불설佛說로서 신수身受를 외수外受로, 심수心受를 내수內受로 구분하는 설명이 나오고 다음으로 5식상응수五識相應受를 외수로, 의식상응수意識相應受를 내수로 구분하는 설명이 이어지는 구도이다. 아래 원효의 인용에서 보듯이 5식상응수五識相應受를 외수로, 의식상응수意識相應受를 내수로 구분하는 설명은 이설異說로서 소개되어 있다. 8식八識 차원의 논의가 없으므로 『유가사지론』과 다른 설명이라고 하겠다. 이 외에도 『대지도론』에서는 수受에 관한 내內·외外의 구분들이 다양하게 전개되는데, 여기서도 내외수內外受를 별도로 설정하는 논의는 보이지 않으며 심心과 법法에 관한 구분에서도 마찬가지이다.

251 『대지도론』 권19(T25, 202a28). "復有五識相應受是外, 意識相應受是內." 수受·심心·법法에 관한 『대지도론』의 많은 분량의 논의(T25, 202a25~b22) 중에서 『유가사지론』과 다른 설명에 해당하는 사례들을 발췌하여 소개하는 문맥이므로 원효는 직접 인용의 방식이 취하지 않고 있다. 여기서는 문장의 순서를 바꾸었고, '內'와 '外'를 '內受等'과 '外受等'으로 분명히 표현한다.

樂의] 느낌(受)을 제외한 여타의 마음현상(心數法)[253]을 '안의 이법理法'(內法)으로 삼고, [또 다른 여타의 마음현상(心數法)과] '[마음과] 상응하지 않는 작용 현상'(不相應行)[254]과 '[근본

252 『대지도론』 권19(T25, 202b13~14). "意識是內心, 五識是外心, 攝心入禪是內心, 散亂心是外心." 원효는 '攝心入禪'을 '定心'으로, '散亂心'을 '散心'으로 축약한다. 『대지도론』 원문의 문맥에서 보듯이 의식意識을 내심內心으로, 5식五識을 외심外心으로 배당하는 구도로서 아비달마 교학의 연장선에 서 있는 논의이므로 정심定心과 산란심散亂心으로 내內·외外를 나누는 방식 역시 『유가사지론』의 유식학적 관점과는 다른 설명이라고 하겠다.

253 여타의 마음현상(餘心數法): 본문의 "除受餘心數法"에 해당하는 『대지도론』 원문은 아래 출처 주석에서 보듯이 "除受餘心數法, 能緣內法心數法, 是內法"이다. 『대지도론』의 문장은 수受와 여타의 심수법心數法을 제외하고 내법심수법內法心數法을 반연한 것이 내법內法이라는 내용이므로 이 내용을 축약한 본문의 "除受餘心數法."은 수受를 제외한 여타의 심수법心數法이라고 번역되어야 하겠고 이 수受를 제외한 여타의 심수법心數法이 『대지도론』에서 말하는 내법심수법內法心數法을 가리키는 것으로 보인다. 아래 출처 주석에서 보듯이 『대지도론』에서는 심수법에 한하여 내법심수법과 외법심수법外法心數法을 나누어 내內·외外로 구분하고 있는데, 원효의 축약 의도는 여심수법餘心數法이라는 하나의 용어로써 심수법의 두 가지로 구분된 영역을 가리키려는 데 있다고 하겠다. 내법內法에 관한 설명에서 여심수법餘心數法을 이미 거론했기 때문에 원효는 외법外法에 관한 설명에서 외법심수법에 해당하는 용어를 생략하는 것으로 보이므로 외법外法에 관한 번역에서는 외법심수법을 가리키는 '또 다른 여타의 마음현상'이라는 보조문으로 이러한 생략의 정황을 반영했다. 『대지도론』의 마음(心)에 관한 논의와 결부하여 내법심수법과 외법심수법의 구체적 내용을 가려보자면, 앞의 출처 주석에서 보았듯이 『대지도론』에서는 "意識是內心, 五識是外心"이라고 하여 내심內心은 제6의식第六意識이고 외심外心은 전5식前五識이라고 규정했으므로 내법심수법은 제6의식第六意識의 대상(境)인 법法에 따르는 마음현상이고 외법심수법은 전5식前五識의 대상(境)인 색色·성聲·향香·미味·촉觸에 따르는 마음현상이 될 것으로 보인다. 『아비달마구사론』 권2에서는 "此五識身所依各二, 謂眼等五是別所依, 意根爲五通所依性."(T29, 12b8~9)이라고 하여 전5식은 전5근前五根이 각각 별소의別所依가 되면서도 의근意根이 또한 전5식의 통소의通所依가 된다고 설명한다. 이에 따르면 통소의의 관점에서는 제6의식의 대상(境)인 법法의 범주에 색色·성聲·향香·미味·촉觸에 따르는 마음현상 역시 포함되지만, 별소의의 관점에서는 내법심수법(제6의식第六意識의 대상인 법法에 따르는 마음현상)과 외법심수법(전5식의 대상인 색色·성聲·향香·미味·촉觸에 따르는 마음현상)으로 구분될 것으로 보인다.

254 불상응행법不相應行法: 『구사론』 권4에서는 일체법一切法에 대해 "一切法略有五品, 一色, 二心, 三心所, 四心不相應行, 五無爲."(T29, 18b16~18)라고 하여 색色, 심心, 심소心所, 심불상응행心不相應行, 무위無爲의 다섯 부류로 나누고, 심불상응행법心不相應行法에 대해 "心不相應行何者是耶? 頌曰, 心不相應行, 得非得同分, 無想二定命, 相名身等類. 論曰, 如是諸法心不相應非色等性, 行蘊所攝. 是故名心不相應行."(T29, 22a4~9)이라고 하여 득得·비득非得 등의 심불상응행법心不相應行法에 속하는 것들(諸法)들은 마음과 상응하지 않고(心不相應) 색色 등의 면모도 아닌(非色等性) 것이므로 행온行蘊에 포함된다고 설명한다. 권오민에 따르면 아비달마에서 말하는 심불상응행법心不相應行法은 "존재양태에 관한 관념을 추상화시켜 얻은 개념"으로 득得·비득非得·동분同分·무상과無想果·무상정無想定·멸진정滅盡定·명근命根·생生·주住·이異·멸滅·명신名身·구신句身·문신文身의 14가지가 있다. 『아비달마의 철학』, 2003년, p.82 참조.

무지를 조건으로 삼는] 행위가 없는 현상'(無爲法)[255]이 '밖의 이법理法'(外法)이다"[256]라는 것 등으로 자세히 설명한다. 여기[까지의 설명]은 '[네 가지를 토대로 '빠져들지 않는 마음국면'(止)과 '진리다운 이해'(觀)를 수립하여] 간직해 가는 수행'(念處)의 대상(所緣境)[에 관한 것]이다.

第二念住自體者. 此有二義. 若對所治, 以慧爲體, 由慧正治四顚倒故. 若對所緣, 慧念爲體, 慧與念俱住所緣故. 『智度論』云, "觀身智慧, 乃至觀法智慧, 是爲自性念處," 此對所治, 顯自性也. 『對治[257]論』云, "念住自體者, 謂慧及念. 由佛經中, 有於身等隨觀言故, 及有念住言故. 如其次第," 此對所緣, 出自性也.

[H1, 821c17~822a2: X48, 162a23~b5]

---

255 무위법無爲法: 『아비달마구사론』 권1에서는 "三無爲, 何等爲三? 虛空二滅. 二滅者何? 擇非擇滅."(T29, 1c11~12)이라고 하여 무위법無爲法에는 허공虛空, 택멸擇滅, 비택멸非擇滅의 세 가지가 있다고 밝힌다. 같은 곳에서는 먼저 허공에 관해 "虛空但以無礙爲性, 由無障故, 色於中行."(T29, 1c14~15)이라고 하여 걸림이 없는 것(無礙)이 특성(性)이고 막힘이 없기 때문에 색色이 그 가운데에서 운행한다고 한다. 택멸에 관해서는 "擇滅即以離繫爲性, 諸有漏法遠離繫縛, 證得解脫, 名爲擇滅. 擇謂簡擇, 即慧差別, 各別簡擇四聖諦故, 擇力所得滅, 名爲擇滅."(T29, 1c15~18)이라고 하여 혜차별慧差別에 의한 '가려내어 선택하는 능력'(揀擇力)으로 번뇌를 소멸시킨 것으로서, 번뇌를 벗어나(離繫) 해탈解脫을 증득한 것이 택멸이라고 한다. 비택멸에 관해서는 "永礙當生, 得非擇滅, 謂能永礙未來法生, 得滅異前, 名非擇滅, 得不因擇, 但由闕緣."(T29, 1c25~27)이라고 하여 수행을 통한 간택력(擇)에 의해 얻어지는 택멸무위擇滅無爲와 달리 비택멸무위非擇滅無爲는 현재에 생겨날 인연을 결여한(闕緣) 자연적 결과로 얻어지는 것으로서, 미래의 현상이 생겨나는 것을 영원히 장애하는 것이라고 한다. 권오민은 비택멸무위에 대해 "유부 이론에 따르면 일체의 존재는 과거·현재·미래 삼세에 걸쳐 실재하는데, 미래법은 일정한 때, 일정한 조건하에서 생기·현현하며(=현재), 그 같은 조건을 결여한 그것은 잠재태로서 영원히 미래에 머물게" 되고 "이것은 생겨나지 않았기 때문에 소멸하지도 않"으므로 이 비택멸법非擇滅法도 "일종의 무위법으로 일컬어지는 것이다"(『유부아비달마와 경량부철학의 연구』, 서울: 경서원, 1994, p.143)라고 설명한다. 그리고 보광普光의 『구사론기俱舍論記』 권1에서는 택멸擇滅과 비택멸非擇滅에 대해 "前滅是善, 後滅無記. 故云異前, 名非擇滅."(T41, 13b9~10)이라고 하여 앞의 택멸은 선善이고 뒤의 비택멸은 무기無記라고 한다.

256 『대지도론』 권19(T25, 202b18~20). "除受餘心數法, 能緣內法心數法, 是內法, 緣外法心數法及無爲心不相應行, 是爲外法."

257 인용문의 출전에 따라 '治'를 '法'으로 고친다.

나. [염주念住 수행의] 바탕(自體)

두 번째[258]로, '[네 가지를 토대로 지혜(慧)를 수립하여] 간직해 가는 수행'(念住)의 바탕(自體)이라는 것[은 다음과 같다]. 이것에는 두 가지 뜻이 있다. [먼저] 만약 '치유되는 대상'(所治)을 상대로 한다면 지혜(慧)[259][라는 마음현상]을 바탕(體)으로 삼으니, 지혜(慧)[라는 마음현상]은 ['치유의 대상'(所治)인] '[범부凡夫와 성문聲聞의] 네 가지 왜곡'(四顚倒)[260]을 진리답게 치유하기 때문이다. [다음으로] 만약 '[수행의] 대상'(所緣)[인 몸(身)·느낌(受)·마음(心)·이법理法(法)]을 상대로 한다면 지혜(慧)[라는 마음현상]과 '[잊지 않고] 간직해 감'(念)[261][이라는 마음현상]을 바탕(體)으로 삼으니, 지혜(慧)[라는 마음현상]과 '[잊지 않고] 간직해 감'(念)[이라는 마음현상]이 함께하여 '[수행의] 대상'(所緣)에 자리잡기 때문이다.

『대지도론大智度論』에서는 "'몸을 관찰한 지혜'(觀身智慧)로부터 '이법理法을 관찰한 지혜'(觀法智慧)에 이르기까지 이것들을 '[네 가지를 토대로 '빠져들지 않는 마음국면'(止)과 '진리다운 이해'(觀)를 수립하여] 간직해 가는 수행의 본연'(自性念處)으로 삼는다"[262]라고 말하는데, 이 [설명]은 '치유의 대상'(所治)[인 '범부凡夫와 성문聲聞의 네 가지 왜

---

258 지금까지 '(6) 변제문辨諸門'의 내용을 과문하면 다음과 같다.
(6) [각 수행항목의] 여러 측면들을 분석함(辨諸門)
① 네 가지를 토대로 ['빠져들지 않는 마음국면'(止)과 '진리다운 이해'(觀)를 수립하여] 간직해 가는 수행(四念住)
가. [수행의] 대상(所緣)
나. [수행의] 바탕(自體)

259 혜慧: 별경심소別境心所에 속하는 심소법心所法이다. 이해의 대상(所觀境)에서 간택簡擇하는 것이 특성(性)이고 의심을 끊는 것이 작용(業)이며, 득得·실失 및 득得도 아니고 실失도 아닌 것을 관찰하는 중에 혜慧로 추구하여 결정하는 것이고, 이해의 대상이 아닌 것과 우매한 마음에서는 간택簡擇이 없으므로 변행심소遍行心所에 속하지 않는다. 자세한 설명은 '별경別境'에 관한 역주 참조.

260 4전도四顚倒: 범부유위4도凡夫有爲四倒와 성문4무위도聲聞四無爲倒를 말한다. 범부유위4도는 범부凡夫가 무상無常한 것을 상常이라 집착하고 고苦인 것을 낙樂이라 집착하여 전도되는 등 정淨·낙樂·상常·아我의 4종전도四種顚倒이고, 성문4무위도는 성문聲聞의 4념주四念住 수행에서 범부유위4도인 정淨·낙樂·상常·아我의 집착을 다스려 부정不淨·고苦·무상無常·무아無我를 정념正念하는 것인데, 범부유위4도를 치유한다는 점에서는 무위無爲이지만 법신法身의 상락아정常樂我淨을 왜곡한다는 점에서는 전도顚倒이다. 자세한 설명은 '본질신本質身과 진여신眞如身'에 관한 역주 참조.

261 염念: 별경심소別境心所에 속하는 심소법心所法이다. 대상에 대해 익혔던 것을 마음에 '분명히 새겨 잊지 않는 것'(明記不忘)이 특성(性)이고 선정禪定(定)에 의거하는 것이 그 작용(業)이다. 자세한 설명은 '별경別境'에 관한 역주 참조.

262 『대지도론』 권19(T25, 201a1~4). "觀身智慧, 是身念處, 觀諸受智慧, 是名受念處, 觀諸心智慧, 是

곡'(四顚倒)]을 상대로 하여 [4념주四念住의] 본연(自性)을 [지혜(慧)라는 마음현상이라고] 드러낸 것이다. 『대승아비달마잡집론大乘阿毘達磨雜集論』에서는 "[네 가지를 토대로 지혜(慧)를 수립하여] 간직해 가는 수행'(念住)의 바탕(自體)은 지혜(慧)[라는 마음현상]과 '[잊지 않고] 간직해 감'(念)[이라는 마음현상]을 말한다. '부처님이 설한 경전'(佛經)에 '몸(身)[·느낌(受)] 등[의 다양한 양상]에 따라가면서 하는 이해수행'(於身等隨觀)[263]이라는 말이 있기 때문이고, 또 [부처님이 설한 경전'(佛經)에] '[잊지 않고] 간직해 감을 자리 잡게 하는 수행'(念住)이라는 말이 있기 때문이다. [4념주四念住의 바탕(自體)이 지혜(慧)라는 마음현상과 '잊지 않고 간직해 감'(念)이라는 마음현상임을 경증하는 말은] 그 [부처님이 설한 경전'(佛經)에 있다고 나열한] 순서대로이다"[264]라고 말하는데, 이 [설명]은 '[수행의] 대상'(所緣)[인 몸(身)·느낌(受)·마음(心)·이법理法(法)]을 상대로 하여 [4념주四念住의] 본연(自性)을 [지혜(慧)라는 마음현상과 '잊지 않고 간직해 감'(念)이라는 마음현상이라고] 드러낸 것이다.

名心念處, 觀諸法智慧, 是名法念處, 是爲性念處." 4념처四念處의 네 가지 항목인 신념처身念處·수념처受念處·심념처心念處·법념처法念處를 차례대로 관신지혜觀身智慧·관제수지혜觀諸受智慧·관제심지혜觀諸心智慧·관제법지혜觀諸法智慧라고 규정하는 『대지도론』의 논의에 관해 원효는 "觀身智慧, 乃至觀法智慧"라 요약하고, 『대지도론』의 '性念處'에 관해서는 '自性念處'라고 보충한다.

263 어신등수관於身等隨觀: 이 용어를 풀어 말하자면 수신관隨身觀·수수관隨受觀·수심관隨心觀·수법관隨法觀이 되므로 어신등수관於身等隨觀은 이 네 가지를 한마디로 축약한 표현이라고 하겠다. '(2) 석의釋義' 단락의 4념주四念住에 관한 논의에서는 "云何修觀? 或者隨身, 或言循身."(817c15~16)이라고 하여 수신관은 순신관과 같은 용어라 하였고, 순신관에 관해 "住循身觀, 是身念住, 乃至於法, 皆如是說."(817c9~10)이라고 하여 순신관·순수관·순심관·순법관이 4념주 수행의 실제적 내용이라고 설명했다. 본서에서 이 수신관을 '몸[의 다양한 양상]에 따라가면서 하는 이해수행'이라고 번역했듯이, 『대승아비달마잡집론』에서는 불경佛經에 나오는 어신등수관於身等隨觀에서 관觀(이해수행)이 지혜(慧)의 마음현상을 가리키는 것이라고 경증하는 것으로 보인다. 수신관 또는 순신관 등은 『반니원경般泥洹經』(T1), 『대반야바라밀다경大般若波羅蜜多經』(T5), 『정법념처경正法念處經』(T17) 등의 경전에서 허다하게 거론되는 용어이고, 아울러 인용문 아래에서 '[잊지 않고] 간직해 감'(念)의 경증으로 제시되는 염주念住가 다양한 경전에서 논의되어 있는 것은 두말할 것도 없다.

264 『대승아비달마잡집론』 권10(T31, 739a4~5). "念住自體者, 謂慧及念. 由佛經中, 有於身等隨觀言故, 及有念住言故. 如其次第." 〈산스크리트본의 해당 내용: ASBh., p.85. svabhāvataḥ prajñā smṛtiś ca, kāyādyanupaśyanāvacanāt smṛtyupasthānavacanāc ca yathākramam //; [염주의] 본질이라는 측면에서는 지혜(慧)와 주의집중(念)이다. 순서대로 신체 등을 관찰한다고 하기 때문[에 지혜]이고, 주의집중의 확립이라고 하기 때문[에 주의집중]이다.〉

第三念住助伴者，與彼相應諸心法，及彼爲首所發果等. 如『對法』說，“念住助伴者，與彼相應心心法等，彼者謂彼念慧二法.”『智度論』云，“云何名共念處? 觀身爲首因緣生道，若有漏若無漏，是身念處，乃至觀法，皆如是說.” 又下文言，“共念處中，身口二業，是爲色法，餘殘非色”故.

[H1, 822a2~10: X48, 162b5~10]

다. '[염주念住 수행에] 도움을 주면서 동반되는 것'(助伴)

세 번째로 '[네 가지를 토대로 '빠져들지 않는 마음국면'(止)과 '진리다운 이해'(觀)를 수립하여] 간직해 가는 수행'(念住)에 '도움을 주면서 동반되는 것'(助伴)들은 저 [4념처四念處 수행의 바탕(自體)인 지혜(慧)와 '잊지 않고 간직해 감'(念)에] 상응하는 모든 마음현상(心法) 및 저 ['몸에 대한 관찰'(觀身), '느낌에 대한 관찰'(觀受), '마음에 대한 관찰'(觀心), 그리고 '이법理法에 대한 관찰'(觀法)]을 으뜸 되는 인연으로 삼아 '발생하는 결과'(所發果)[인 '아직 번뇌가 흘러들어 오는 수행'(有漏道)이나 '번뇌가 흘러들어 오지 않는 수행'(無漏道) 및 '몸과 입으로 짓는 두 가지 행위'(身口二業)와 '생각으로 짓는 행위'(意業)]들이다.[265]

---

265 염주조반念住助伴에 관한 원효의 설명과 아래의 세 가지 인용문의 관계: 4념주四念住 수행에 동반되는 것들에 관한 원효의 설명은 ①"여피상응제심법與彼相應諸心法"과 ②"피위수소발과등彼爲首所發果等"으로 나뉘는데, ①의 설명은 『대승아비달마잡집론』의 인용문에 근거한 것이고 ②의 설명은 『대지도론』의 인용문에 근거하여 진술되는 것으로 보인다. 먼저 『대승아비달마잡집론』에서는 피彼가 앞서 4념주의 자체自體로 거론되었던 염念과 혜慧의 심소心所라고 설명하므로 ①의 '피彼'가 가리키는 것 역시 염念과 혜慧의 심소心所임을 알 수 있다. 다음으로 『대지도론』에서는 '시초로 삼는 것'(爲首)의 내용이 관신觀身·관수觀受·관심觀心·관법觀法이라고 설명하므로 ②의 '피彼'가 가리키는 것 역시 관신·관수·관심·관법임을 알 수 있는데, 관신·관수·관심·관법하는 주체를 따져서 『대승아비달마잡집론』의 설명에 따라 염念과 혜慧의 심소라고 본다면 원효의 설명에서 구분 없이 진술되어 있는 '피彼'는 같은 내용을 가리키는 대명사로 이해할 수도 있을 것으로 보인다. 끝으로 ②의 문장에서 나오는 '소발과所發果'는 『대지도론』 첫 번째 인용문에 따르자면 '몸을 관찰하는 것을 으뜸 되는 인연으로 삼아 일으키는 수행'(觀身爲首因緣生道)에 해당하고, 두 번째 인용문에 따르자면 신身·구口·의意 3업三業에 해당한다. 말하자면 이 신身·구口·의意 3업은 4념주 수행을 으뜸 되는 인연으로 삼아 발생한 것이라고 하겠다. 한편 『대승아비달마잡집론』에서는 4념주의 자체自體인 염念과 혜慧의 심소에 중점을 두어 4념주의 조반助伴을 심법心法이라고만 설명하는 반면, 『대지도론』에서는 4념주의 '소발과所發果'인 '사념처 수행을 으뜸 되는

마치 『대승아비달마잡집론大乘阿毘達磨雜集論』에서 “‘[네 가지를 토대로 ‘빠져들지 않는 마음국면’(止)과 ‘진리다운 이해’(觀)를 수립하여] 간직해 가는 수행’(念住)에 ‘도움을 주면서 동반되는 것’(助伴)들은 저것과 상응하는 마음(心)과 마음현상(心法)들이니, 저것(彼)이라는 것은 저 ‘잊지 않고 간직해 감’(念)과 지혜(慧)라는 두 가지 [마음]현상을 가리킨다”[266]라고 말한 것과 같다. 『대지도론大智度論』에서는 “무엇을 ‘[네 가지를 토대로 ‘빠져들지 않는 마음국면’(止)과 ‘진리다운 이해’(觀)를 수립하여] 간직해 가는 수행에 동반되는 것’(共念處)들이라고 하는가? ‘몸에 대한 관찰’(觀身)을 으뜸 되는 인연으로 삼아 일으키는 수행(道)들이니, [그 수행(道)들이] [아직] ‘번뇌가 흘러 들어오는 경향성이 있는 것’(有漏)이든 ‘번뇌가 흘러 들어오는 경향성이 없는 것’(無漏)이든[267] [모두] ‘몸을 토대로 [지혜를 수립하여] 간수해 가는 수행’(身念處)[에 동반되는 것]이고, [‘느낌에 대한 관찰’(觀受)과 ‘마음에 대한 관찰’(觀心) 및] ‘이법理法에 대한 관찰’(觀法)에 이르기까지 모두 이와 같이 설명된다”[268]라고 말한다. 또 [『대지도론大智度論』의] 아래 문장에서는 “‘[네 가지를

인연으로 삼아 일으키는 유루有漏와 무루無漏의 수행’과 신身·구口·의意 3업에 중점을 두는 동시에 4념주의 조반助伴(공념처共念處) 중에서 신身·구口 2업二業은 색법色法이고 의업意業만이 심법心法이라고 설명하는 차이를 보인다.

266 『대승아비달마잡집론』 권10(T31, 739a6~7). “念住助伴者, 謂彼相應心心法等, 彼者彼念慧二法.” 본문에서 원효는 원문의 ‘謂’의 자리를 ‘與’로 대체하고 대체된 ‘謂’를 원문의 “彼者彼念慧二法”에서 ‘彼者’ 뒤에 둠으로써 문맥을 더욱 분명히 하는 것으로 보인다. 〈산스크리트본의 해당 내용: ASBh., p.85. sahāyatas tābhyāṃ saṃprayuktāś citacaitasikāḥ //; [역주의] 조력자라는 측면에서는 그것들과 결합한 심심소법이다.〉

267 4념주四念住 수행으로 발생하는 유루도有漏道와 무루도無漏道: 본서의 ‘(4) 명계위明階位’ 단락에서 원효는 4념주 수행을 위시한 37도품三十七道品이 유루有漏의 범부행凡夫行과 무루無漏의 성인행聖人行의 모든 계위에 통하는 측면을 증명하기 위해 “如『瑜伽』說, 又由身受心法, 增上所生, 善有漏無漏道, 皆名念住.”(T30, 442a14~15; H1, 820b4~5)라고 하는 『유가사지론』 권28의 문장을 인용한 적이 있다. 지금 본문의 내용과 연결해 보면 신身·수受·심心·법法에 대한 수행을 향상시켜 생겨나는 선유루도善有漏道와 무루도無漏道가 4념주 수행의 조반助伴이 된다는 내용이다. 이 『유가사지론』 권28의 이어지는 문장에서는 “此復三種, 一聞所成, 二思所成, 三修所成. 聞思所成唯是有漏, 修所成者通漏無漏.”(T30, 442a15~17)라고 하므로, 4념주 수행의 바탕(自體)인 문聞·사思·수修 3혜三慧에서 문聞·사思 2혜二慧에 의거하여 4념주四念住 수행이 진행될 때에는 오직 유루有漏의 범부행凡夫行에 국한되고 수혜修慧에 의거할 때에는 유루有漏의 범부행凡夫行뿐 아니라 무루無漏의 성인행聖人行에도 통한다고 이해할 수 있겠다.

268 『대지도론』 권19(T25, 201a4~7). “云何名共念處? 觀身爲首, 因緣生道, 若有漏若無漏, 是身念處, 〈觀受觀心觀法爲首, 因緣生道, 若有漏若無漏, 是名受心法念處, 是爲共念處.〉” 원문에서 ‘〈 〉’로

토대로 '빠져들지 않는 마음국면'(止)과 '진리다운 이해'(觀)를 수립하여] 간직해 가는 수행에 동반되는 것'(共念處)들에서 '몸과 입으로 짓는 두 가지 행위'(身口二業)들은 '물리적 현상'(色法)이고 나머지[인 '생각으로 짓는 행위'(意業)]들은 '물리적인 것'(色)이 아니다"[269]라고 말한다.

> 第四念處修習者, 略有二門, 謂共修習, 不共修習. 共修習者, 謂共小乘修. 於內身等, 修隨身觀, 於外身等及內外身, 修隨身觀, 謂觀不淨乃至無我. 知是等名共小乘修.
>
> [H1, 822a10~14: X48, 162b10~13]

라. [염주念住 수행을] 닦아 익히는 과정(修習)

네 번째로 '[네 가지를 토대로 '빠져들지 않는 마음국면'(止)과 '진리다운 이해'(觀)를 수립하여] 간직해 가는 수행'(念住)을 '닦아 익히는 과정'(修習)에는 대략 두 가지 측면이 있으니, '닦아 익히는 과정이 [소승과] 공통되는 것'(共修習)과 '닦아 익히는 과정이 [소승과] 공통되지 않는 것'(不共修習)이 그것이다. '닦아 익히는 과정이 공통되는 것'(共修習)이란 '소승의 수행과 공통되는 것'(共小乘修)을 말한다. [수신관隨身觀의 경우라면] '몸 안의 것'(內身)들에 대해 '몸[의 다양한 양상]에 따라가면서 하는 이해수행'(隨身觀)을 닦고 '몸 밖의 것'(外身)들과 '몸 안과 밖의 것들'(內外身)에 대해 '몸[의 다양한 양상]에 따라가면서 하는 이해수행'(隨身觀)을 닦는 것이니, 말하자면 [몸(身)의] '청정하지 않음'(不淨)으로부터 [몸(身)에] '[불변·독자의 실체인] 자아가 없음'(無我)까지를 관찰하는 것이다.[270] 이러

표시한 부분은 본문에서 원효가 "乃至觀法, 皆如是說"이라고 요약한 내용에 해당한다. 신념처身念處에 동반되는 것과 관련하여 진행된 설명이 수념처受念處·심념처心念處·법념처法念處에서도 반복되기 때문에 요약한 것으로 보인다.

269 『대지도론』 권19(T25, 201a27~28). "共念處中, 身業口業是爲色, 餘殘非色." 본문에서는 원문의 '身業口業'이 '身口二業'으로 바뀌어 있고, 원문의 '是爲色' 뒤에 '法'이 보충되어 있다.

270 정淨·낙樂·상常·아我와 부정不淨·고苦·무상無常·무아無我: 『아비달마구사론』 권23에서는 신념주身念住·수념주受念住·심념주心念住·법념주法念住의 수행 순서에 관해 "生復何緣次第如是?"(T29,

한 것들을 '소승의 수행과 공통되는 것'(共小乘修)이라 부른다고 알아야 한다.

> 不共修者, 唯菩薩觀, 謂於身等, 除內外想, 唯觀身等中道實相. 如『瑜伽』說, "是諸菩薩普於一切二乘理趣菩提分法, 皆如實知, 謂於聲聞乘理趣, 及於大乘理趣. 云何菩薩[271]大乘理趣菩提分法, 如實了知? 謂諸菩薩能於其身住修[272]身觀, 不於其身分別有性, 亦不分別一切種類都無所有.[273] 又於其身遠離言說, 自性法性如實了知," 乃至廣說.
>
> [H1, 822a14~23: X48, 162b13~20]

119a18)라고 하여 어떤 인연으로 이와 같은 수행의 순서를 일으키는가라는 물음을 제기하고, 곧바로 다음과 같이 설명한다. "隨境麁者, 應先觀故, 或諸欲貪於身處轉故, 四念住觀身在初. 然貪於身由欣樂受, 欣樂於受由心不調, 心之不調由惑未斷. 故觀受等如是次第. 此四念住如次, 治彼淨樂常我四種顚倒."(T29, 119a18~23.) 이에 따르면 우선적으로 관찰해야 하는 순서는 수행 대상의 뚜렷함(境麁)에 따라 정해지는 것으로서, 모든 욕탐欲貪은 신처身處에서 전개되기 때문에 4념주四念住 수행은 몸(身)을 관찰하는 것이 처음이 된다. 그런데 몸(身)에 탐착貪著하는 것은 '느낌을 즐기기'(欣樂受) 때문이고 느낌을 즐기는 것은 '마음이 조화롭지 못하기'(心不調) 때문이며 마음이 조화롭지 못한 것은 '번뇌가 아직 끊어지지 않았기'(惑未斷) 때문이므로 신身·수受·심心·법法의 순서대로 관찰하는 것인데, 이 순서에 따라 4념주 수행에서는 정淨·낙樂·상常·아我의 4종전도四種顚倒를 치유한다고 설명한다. 한편『대지도론』권19에서는 정淨·낙樂·상常·아我의 4종전도를 치유하여 얻는 부정不淨·고苦·무상無常·무아無我의 도리에 관해 다음과 같이 설명한다. "問曰, 何等是四念處? 答曰, 身念處受心法念處, 是爲四念處. 觀四法四種, 觀身不淨, 觀受是苦, 觀心無常, 觀法無我. ①〈是四法雖各有四種, 身應多觀不淨, 受多觀苦, 心多觀無常, 法多觀無我.〉 何以故? 凡夫人未入道時, 是四法中, 邪行起四顚倒. 諸不淨法中淨顚倒, 苦中樂顚倒, 無常中常顚倒, 無我中我顚倒. 破是四顚倒故, 說是四念處. 破淨倒故說身念處, 破樂倒故說受念處, 破常倒故說心念處, 破我倒故說法念處."(T25, 198c10~20.) 이에 따르면 논의의 서두에서는 신념처身念處에서 신부정身不淨을, 수념처受念處에서 수시고受是苦를, 심념처心念處에서 심무상心無常을, 법념처法念處에서 법무아法無我를 관찰한다라 하고, 4종전도와 연결하여 설명하는 논의의 말미에서는 신념처·수념처·심념처·법념처의 순서에 따라 정淨·낙樂·상常·아我의 전도顚倒를 깨뜨린다고 설명한다. 그런데 문장 ①의 "是四法雖各有四種"이라는 진술에 주목한다면 신身·수受·심心·법法의 4법 각각에서 부정不淨·고苦·무상無常·무아無我의 4종의 도리를 모두 관찰하는 것이 오히려 4념처 수행의 정석임을 알 수 있기도 하다. 본문의 문맥은 4념처 중에서 수신관隨身觀만을 사례로 들어 설명하는 흐름이므로 "觀不淨乃至無我"라고 요약한 것은 신身의 1법法에서 부정不淨·고苦·무상無常·무아無我의 4종의 도리를 모두 관찰하는 방법을 가리키는 것으로 보인다.

271 『유가사지론』 원문에 따라 '薩' 뒤에 '於'를 첨가한다.

272 『유가사지론』 원문에 따라 '修'를 '循'으로 고친다. 한불전 교감주에도 "'修'는 '循'인 듯하다. ['修身觀'의 경우] 다음에도 동일하다"라고 되어 있다.

'닦아 익히는 과정이 [소승과] 공통되지 않는 것'(不共修)이란 오직 [대승의] 보살菩薩만이 할 수 있는 이해수행(觀)이니, 몸(身)[·느낌(受)·마음(心)·이법理法(法)] 등에 대해 [그것들의] '안의 것과 밖의 것들을 ['청정하지 않음'(不淨), 괴로움(苦), '늘 머물지 않음'(無常), '불변·독자의 실체적 자아가 없음'(無我)이라고만 보는 소승의] 생각'(內外想)을 없애고 오직 몸(身)[·느낌(受)·마음(心)·이법理法(法)] 등이 지닌 '[비유비무非有非無인] 중도의 참된 면모'(中道實相)를 이해하는 것을 말한다. 마치 『유가사지론瑜伽師地論』에서 [다음과 같이] 말한 것과 같다. "이 모든 보살菩薩들은 일체의 '두 가지 가르침[274]의 이치에 따라 [각각] 추구되는 깨달음에 이르는 [37가지] 방법'(二乘理趣菩提分法)을 두루 모두 '사실 그대로'(如實) 아니, ['두 가지 가르침의 이치'(二乘理趣)라는 것은] '가르침을 들어서 깨달으려는 사람들의 이치'(聲聞乘理趣)와 '대승의 이치'(大乘理趣)를 말한다. 보살菩薩이 '대승의 이치에 따라 추구되는 깨달음에 이르는 [37가지] 방법'(大乘理趣菩提分法)에 관해 '사실 그대로'(如實) 깨달아 안다는 것은 무엇을 말하는가? 모든 보살菩薩이 그 몸(身)에서 '몸[의 다양한 양상]을 거듭 좇아가며 이해하는 수행'(循身觀)에 머무르면서, 그 몸(身)에 관해 '[불변·독자의] 본질이 있다'(有性)고 분별하지도 않고 또 [그 몸(身)의] '모든 갖가지 유형'(一切種類)들에 '[원인과 조건에 따라 생겨난] 특성이 아예 없다'(都無有性)고 분별하지도 않을 수 있는 것을 말한다. [이리하여] 또 그 몸(身)에 관해 [실체로서 확정하는] 언어에서 멀리 벗어난 '본연인 진리의 면모'(自性法性)를 '사실 그대로'(如實) 깨달아 아는 것이다"[275]라고 하면서 자세히 말한다.

273 『유가사지론』 원문에 따라 '所有'를 '有性'으로 고친다.

274 이승二乘: 소승小乘의 다른 이름으로서 일반적으로 성문聲聞과 연각緣覺의 두 부류를 뜻하는 용어이지만, 지금 문맥에서는 아래의 문장에서 보듯이 성문승聲聞乘과 대승大乘을 가리키는 단순한 수사數詞인 것으로 보인다.

275 『유가사지론』 권45(T30, 539c2~11). "是諸菩薩普於一切二乘理趣(三十七種)菩提分法, 皆如實知, 謂於聲聞乘理趣, 及於大乘理趣(三十七種菩提分法, 皆如實知.) ①(於聲聞乘理趣三十七種菩提分法, 如實了知, 如「聲聞地」如前所說, 一切應知.) 云何菩薩於大乘理趣(三十七種)菩提分法, 如實了知? 謂諸菩薩能於其身住循身觀, 不於其身分別有性, 亦不分別一切種類都無有性. 又於其身遠離言說自性法性, 如實了知." 괄호는 생략된 부분을 표시한다. 생략된 문장 ①의 대체적 내용은, 대승의 보살菩薩이 성문승리취37보리분법聲聞乘理趣三十七種菩提分法에 관해서도 여실하게 깨달아 안다는 것은 『유가사지론』의 「성문지聲聞地」에서 이미 설명한 것과 같으므로 『유가사지론』을 배우는 대승 보살은 성문승리취聲聞乘理趣를 모두 알아야 한다는 것이다. 『유가사지론』 100권

又言, "復次依空勤修念住菩薩, 略於六種忘[276]相[277]縛中, 令心解脫. 何等爲六? 所謂於身乃至於法, 發起內相,[278] 是初相[279]縛. 卽於此中, 發起外相,[280] 是第二縛. 卽於此中, 起內外相,[281] 是第三縛. 若於十方無量有情, 願令解脫, 修習念住, 此中諸相,[282] 是第四縛. 若由此故, 於身等境, 修[283]觀而住, 此中諸相,[284] 是第五縛. 卽於身等, 修[285]觀住者, 此中諸相,[286] 是第六縛," 乃至廣說.

[H1, 822a23~b8: X48, 162b20~c2]

중에서 「성문지聲聞地」는 권21~34까지에 이르고, 다음에 「독각지獨覺地」, 「보살지菩薩地」로 이어진다. 〈산스크리트본의 해당 내용: BoBh., p.259. sa dvividhenāpi yānanayena tān yathābhūtaṃ prajānāti. śrāvakayānanayena ca mahāyānanayena ca. tatra śrāvakayānanayena yathābhūtaṃ prajānāti tadyathā śrāvakabhūmau sarvaṃ yathā nirdiṣṭaṃ veditavyaṃ. kathaṃ ca bodhisattvo mahāyānanayena saptatriṃśad bodhipakṣyāṃ dharmān yathābhūtaṃ prajānāti. iha bodhisattvaḥ kāye kāyānudarśī viharaṃ naiva kāyaṃ kāyabhāvato vikalpayati. nāpi sarveṇa sarvam abhāvataḥ. taṃ ca kāyanirabhilāpyasvabhāvadharmatāṃ yathābhūtaṃ prajānāti.; 그는 성문승의 방식과 대승의 방식이라는 두 가지 승의 방식으로 그것들을 여실하게 안다. 그는 그것에 대해 성문의 방식으로 안다. 즉 모든 것은 〈성문지〉에서 설했던 바와 같다고 알아야 한다. 보살은 어떻게 대승의 방식으로 37보리분법들을 여실하게 아는가? 이 세상에서 보살은 신체에 대해 신체를 관찰하면서 주하면서 결코 신체를 신체의 존재라는 관점에서 분별하지 않으며, 또한 모든 방식으로 비존재의 관점에서도 [분별하지] 않는다. 신체가 불가언설적 본질을 가졌다는 법성을 여실하게 안다. ※번역은 안성두, 『보살지』(서울: 세창출판사, 2015), p.290. 일부 수정〉

276 『유가사지론』 원문에 따라 '忘'을 '妄'으로 고친다. 한불전 교감주에도 "'忘'은 '妄'인 듯하다"라고 되어 있다.

277 『유가사지론』 원문에 따라 '相'을 '想'으로 고친다.

278 『유가사지론』 원문에 따라 '相'을 '想'으로 고친다.

279 『유가사지론』 원문에 따라 '相'을 '想'으로 고친다.

280 『유가사지론』 원문에 따라 '相'을 '想'으로 고친다.

281 『유가사지론』 원문에 따라 '相'을 '想'으로 고친다.

282 『유가사지론』 원문에 따라 '相'을 '想'으로 고친다

283 『유가사지론』 원문에 따라 '修'를 '循'으로 고친다.

284 『유가사지론』 원문에 따라 '相'을 '想'으로 고친다.

285 『유가사지론』 원문에 따라 '修'를 '循'으로 고친다.

286 『유가사지론』 원문에 따라 '相'을 '想'으로 고친다.

또 『유가사지론瑜伽師地論』에서는 '닦아 익히는 과정이 소승과 공통되지 않는 것'(不共修)에 관해 다음과 같이] 말한다. "'불변·독자의 실체가 없다[는 도리]에 의거하여 [네 가지를 토대로 '빠져들지 않는 마음국면'(止)과 '진리다운 이해'(觀)를 수립하여] 간직해 가는 수행을 부지런히 닦는 보살'(依空勤修念住菩薩)은 대략 [4념주四念住 수행에서 일어날 수 있는] '허망한 분별로 인한 여섯 가지 얽매임'(六種妄想縛)에서 [자신의] 마음을 벗어나게 한다. 어떤 것들이 여섯 가지인가? 말하자면 몸(身)으로부터 [느낌(受), 마음(心),] 이법理法(法)까지에서 '안의 것에 대한 분별'(內想)을 일으킨 것이 '분별로 인한 첫 번째 얽매임'(初想縛)이다. [그리고] 바로 이 [몸(身)·느낌(受)·마음(心)·이법(法)]에서 '밖의 것에 대한 분별'(外想)을 일으킨 것이 '두 번째 얽매임'(第二縛)이다. [또] 바로 이 [몸(身)·느낌(受)·마음(心)·이법(法)]에서 '안과 밖의 것에 대한 분별'(內外想)을 일으킨 것이 '세 번째 얽매임'(第三縛)이다. 만약 '온갖 세계의 헤아릴 수 없이 많은 중생들'(十方無量有情)을 해탈하게 하기를 염원하여 '[네 가지를 토대로 '빠져들지 않는 마음국면'(止)과 '진리다운 이해'(觀)를 수립하여] 간직해 가는 수행'(念住)을 닦아 익힌다면, 여기서 [일어나는 '안의 것'에 대한] 모든 분별(想)이 '네 번째 얽매임'(第四縛)이다.[287] 만약 이 [중생을 해탈시키려는 염원으로 염주念住를 닦아 익히는 것]에 의거하기 때문에 몸(身)[·느낌(受)] 등의 대상(境)들에 대해 '거듭 좇아가면서 이해하여'(循觀) 머무른다면, 여기서 [일어나는 '밖의 것'에 대한] 모

287 제1박第一縛·제2박第二縛·제3박第三縛과 제4박第四縛·제5박第五縛·제6박第六縛의 차이: 앞에서 인용한 『유가사지론』 권45의 문장에서는 4념주四念住의 수행 대상들이 유성有性도 아니고 무유성無有性도 아니라는 중도관中道觀에 입각하여 대승의 불공수습不共修習의 뜻을 설명했다면, 지금 인용된 『유가사지론』 권75의 문장에서는 소승과 대승의 모든 수행에서 얽매일 수 있는 분별들을 6종상박六種想縛으로 포섭하여 이것에서 벗어나는 주체가 의공근수념주보살依空勤修念住菩薩이라고 설정하는 방식으로 불공수습不共修習의 뜻을 설명한다. 소승과 공통되는 수행(共小乘修)에 관해 앞 문단에서 이미 "於內身等, 修隨身觀, 於外身等及內外身, 修隨身觀, 觀不淨乃至無我. 知是等, 名共小乘修."(H1, 822a12~14)라고 원효가 스스로 설명했듯이, 『유가사지론』 권75에서 제기된 6종상박 중에서 앞의 세 가지(제1박第一縛·제2박第二縛·제3박第三縛)는 수행의 대상들을 내內·외外·내외內外로 나누어 부정不淨·고苦·무상無常·무아無我를 관찰하는 소승의 4념주四念住 수행에 해당한다. 6종상박에 관한 설명들 중에서 특히 주목되어야 할 곳은 제4박第四縛이 일어나는 4념주 수행에서 시방무량유정十方無量有情을 해탈하게 하기를 염원한다는 대목이다. 이 제4박에 관한 설명을 기준으로 삼아 앞의 세 가지 염주念住 수행은 소승 자리행自利行의 공소승수共小乘修이고 뒤의 세 가지 염주念住 수행은 대승 이타행利他行의 불공소승수不共小乘修로 나뉜다는 것을 알 수 있기 때문이다.

든 분별(想)이 '다섯 번째 얽매임'(第五縛)이다. [또] 바로 [중생을 해탈시키려는 염원으로 염주念住를 닦아 익히는 것에 의거하여] 몸(身)[·느낌(受)] 등에 대해 '거듭 좇아가면서 이해하여'(循觀) 머무른다면, 여기서 [일어나는 '안과 밖의 것'에 대한] 모든 분별(想)이 '여섯 번째 얽매임'(第六縛)이다"[288]라고 하면서 자세히 말한다.

『智度論』云, "菩薩摩訶薩四念處觀者,[289] 觀是內身無常, 若如病, 如癰, 灾[290]聚敗壞, 不淨充滿, 九孔流出是爲行廁," 廣說乃至, "是身相不在內, 不在外, 不在中間. 是身先際後際中際, 皆不可得, 但從諸法因緣和合生. 是諸因緣作是身者, 亦從虛妄顚倒故有. 是因緣中[291]無因緣相, 是因緣生亦無生相. 相[292]如是思推,[293] 知於[294]是身, 從本以來無有生相, 無生故無相, 無相故無生. 但[295]誑凡夫, 故名爲身. 菩薩如是觀身實相, 離諸染著, 繫念在身, 住[296]修[297]身觀, 是名菩薩身念處觀. 觀外身內外身亦如是, 受心法等," 乃至廣說.

[H1, 822b8~21: X48, 162c2~12]

---

288 『유가사지론』 권75(T30, 713a3~12). "復次依空勤修念住菩薩, 略於六種妄想縛中, (當)令(其)心(速得)解脫. 〈云何名爲六種想縛?〉 所謂於身乃至於法, 發起內想, 是初想縛, 即於是中, 發起外想, 是第二(想)縛. 即於是中, 起內外想, 是第三(想)縛. 若於十方(無數)無量(諸)有情(界), 願令解脫, 修習念住, 此中諸想, 是第四(想)縛. 若由此故, 於身等境, 循觀而住, 此中諸想, 是第五(想)縛. 即於身等, 循觀住者, 此中諸想, 是第六(想)縛." 괄호는 생략된 부분을 표시한다. '〈 〉'로 표시한 『유가사지론』 원문은 본문에서 "何等爲六?"으로 축약되어 있다.

289 『대지도론』 원문에는 '觀者'가 없지만, 문장을 순조롭게 하려는 의도로 보아 그대로 둔다.

290 『대지도론』 원문에 따라 '灾'를 '肉'으로 고친다.

291 『대지도론』 원문에 따라 '中' 뒤에 '亦'을 넣는다.

292 『대지도론』 원문에 따라 '相'을 삭제한다. 한불전 교감주에 "'相'은 잉자剩字인 듯하다"라고 되어 있다.

293 『대지도론』 원문에 따라 '推'를 '惟'로 고친다

294 『대지도론』 원문에는 '於'가 없지만, 문장을 순조롭게 하려는 의도로 보아 그대로 둔다.

295 『대지도론』 원문에 따라 '但'를 '但'으로 고친다. 『중변분별론소』 속장경본에도 '但'가 '但'으로 되어 있다.

296 『대지도론』 원문에는 '住'가 없지만, 문장을 순조롭게 하려는 의도로 보아 그대로 둔다.

『대지도론大智度論』에서는 "보살菩薩의 '네 가지를 토대로 [빠져들지 않는 마음국면'(止)과 '진리다운 이해'(觀)를 수립하여] 간직해 가는 이해수행'(四念處觀)이라는 것은, 〈이 '몸 안의 것'(內身)은 한결같음이 없으니 [언제든지] 병드는 것과도 같고 등창을 앓는 것과도 같으며, 살덩이는 썩어 문드러지게 되고 [몸 안은] 더러운 것이 가득 차 있으며 '[몸의] 아홉 구멍'(九孔)[298]에서 흘러나오는 것은 뒷간[처럼 더러운 것]이다〉라고 관찰하는 것이다"[299]라고 하면서 자세히 설명하다가 ['닦아 익히는 과정이 소승과 공통되지 않는 것'(不共修)에 관해 다음과 같이 말하기에] 이른다. "이 '몸의 양상'(身相)은 [그 실체가] [몸] 안(內)에 있는 것도 아니고 밖(外)에 있는 것도 아니며 '[안과 밖의] 중간'(中間)에 있는 것도 아니다. 이 몸(身)은 과거(先際)·미래(後際)·현재(中際)에서도 모두 [실체로서] 얻을 수 없으며, 다만 '갖가지의 원인과 조건들'(諸法因緣)이 어우러짐(和合)에 따라 생겨난다. 이 '갖가지 원인과 조건'(諸因緣)이 지어낸 이 몸(身)이라는 것도 '망상으로 뒤바뀐 [사유]'(虛妄顚倒)에 따르기 때문에 있는 것이다. 이 '원인과 조건'(因緣) 가운데에도 '원인과 조건이라는 [실체로서의] 양상'(因緣相)이 없으며, 이 '원인과 조건의 생겨남'(因緣生)에도 '생겨난 [실체로서의] 양상'(生相)이 없다. 이와 같이 사유하여 이 몸(身)에는 본래부터 '[실체로서의] 생겨남과 [실체로서의] 양상'(生相)이 없음을 알 수 있으니, [이 몸(身)은] '[실체로서의] 생겨남이 없기'(無生) 때문에 '[실체로서의] 양상이 없고'(無相) '[실체로서의] 양상이 없기'(無相) 때문에 '[실체로서의] 생겨남도 없다'(無生). 단지 [실체 관념이] 범부凡夫를 속이기 때문에 몸(身)이라고 부를 뿐이다. 보살은 이와 같이 '몸의 참된 면모'(身實相)를 이해하여 모든 오염된 집착에서 벗어나고는 [그 이해를] '[잊지 않고] 간직해 감'(念)을 [수행의 대상(所緣)인] 몸(身)에 확고히 유지한 채 '몸[의 다양한 양상]을 거듭 좇아가면서 이해하는 수행'(循身觀)에 머무르니, 이것을 '몸을 토대로 [빠

297 『대지도론』 원문에 따라 '修'를 '循'으로 고친다. 한불전 교감주에도 "'修'는 '循'인 듯하다. ['修身觀'의 경우] 다음에도 동일하다"라고 되어 있다.

298 9공九孔: 9규九竅, 9창九瘡, 9입九入, 9루九漏, 9류九流 등이라고도 한다. 눈(2), 귀(2), 콧구멍(2), 입(1), 소변과 대변 통로(2)를 합산한 것이다. 『佛光大辭典』, p.128 참조.

299 『대지도론』 권19(T25, 203b10~12). "菩薩摩訶薩四念處, 觀是內身無常(苦), 如病, 如癰, 肉聚敗壞, 不淨充滿, 九孔流出, 是爲行廁." 괄호는 생략된 부분을 표시한다.

져들지 않는 마음국면'(止)과 '진리다운 이해'(觀)를] 간직해 가는 [대승] 보살의 이해수행'(菩薩身念處觀)이라고 부른다. '몸 밖의 것'(外身)과 '몸 안과 밖의 것'(內外身)을 관찰하는 것도 이와 같고, 느낌(受)·마음(心)·이법理法(法)에 대해서도 동일하다"[300]라고 하면서 자세히 말한다.

> 第五明念住修果者. 如『對法』說, "斷四顚倒, 趣入四諦, 身等離繫, 是名修果. 斷[301]斷四倒者, 謂四念住隨其次第, 能斷淨樂常我四倒也. 由身念住, 趣入苦諦, 所有色身皆行苦相, 麤重所顯故. 是故修觀行時, 能治此輕安, 於身差別生故. 由受念住, 趣入集諦, 以樂等諸受, 是和合愛等所依處故. 由心念住, 趣入滅諦, 觀離我識, 當無所有, 懼我斷門, 生涅槃怖, 永遠離故. 由法念住, 趣入道諦, 爲斷所治法, 爲修能治法故. 又此四種如眞[302]次第, 能證身受心法離繫之果, 由此修習, 漸能遠離身等麤重故.
>
> [H1, 822b21~c10: X48, 162c12~21]

마. [4념주四念住] 수행의 결과(修果)

다섯 번째인 '[네 가지를 토대로 '빠져들지 않는 마음국면'(止)과 '진리다운 이해'(觀)를 수립하여] 간직해 가는 수행'(念住)의 결과(修果)라는 것은 [다음과 같다.] 『대승아비달마잡집

---

300 『대지도론』 권19(T25, 203b18~c9). "是身相, 〈身中不可得〉, (亦)不在外, (亦)不在中間. … 是身先際後際中際, 皆不可得. … 但從諸法因緣和合生, 是諸因緣作是身者, 亦從虛妄顚倒故有. 是因緣中亦無因緣相, 是因緣生亦無生相. 如是思惟, 知是身, 從本以來無有生相, (知是身無相無可取,)無生故無相, 無相故無生. 但誑凡夫, 故名爲身. 菩薩如是觀身實相(時), 離諸染(欲)著, (心常)繫念在身循身觀, (如)是名爲菩薩身念處. 觀外身(觀)內外身亦如是. 〈菩薩云何觀諸受?〉 …." 괄호는 생략된 부분을 표시한다. '〈 〉'로 표시한 "身中不可得"을 본문에서는 "不在內"라는 표현으로 바꾸어 문장을 순조롭게 하고, "菩薩云何觀諸受? …" 이하(T25, 203c9~204a26)에서 전개되는 수受·심心·법法에 관한 유사한 논리의 설명들을 본문에서는 "受心法等"이라는 표현으로 축약한다.

301 『대승아비달마잡집론』 원문에 따라 '斷'을 삭제한다.

302 『대승아비달마잡집론』 원문에 따라 '眞'을 '其'로 고친다. 한불전 교감주에도 "'眞'은 '其'인 듯하다"라고 되어 있다.

론大乘阿毘達磨雜集論』에서 [다음과 같이] 말한 것과 같다. "'[정淨·낙樂·상常·아我에 집착하는 범부의] 네 가지 왜곡'(四顚倒)을 끊고 '네 가지 고귀한 진리'(四諦)에 들어가 '몸[·느낌·마음·이법] 등이 [왜곡으로 인한] 묶임에서 벗어난 것'(身等離繫)을 '수행의 결과'(修果)라고 부른다. '[정淨·낙樂·상常·아我에 집착하는 범부의] 네 가지 왜곡을 끊는다'(斷四倒)는 것은 '[네 가지를 토대로 '빠져들지 않는 마음국면'(止)과 '진리다운 이해'(觀)를 수립하여] 간직해 가는 수행'(四念住)으로 그 [수행의 대상(所緣)인 몸(身)·느낌(受)·마음(心)·이법理法(法)의] 순서에 따라가면서 청정함(淨)·즐거움(樂)·영원함(常)·'[불변·독자의] 본질'(我)이라는 '[범부의] 네 가지 왜곡'(四倒)을 끊을 수 있는 것을 말한다. [첫 번째는] '몸을 토대로 [지혜를 수립하여] 간직해 가는 수행'(身念住)에 의거하여 '괴로움에 관한 진리'(苦諦)에 들어가는 것이니, 지니고 있는 '유형의 몸'(色身)은 모두 '근본무지에 매인 현상들에 생겨나는 괴로움의 양상'(行苦相)[303]으로서 '거칠고 무거운 번뇌'(麤重)에 의해 나타나는 것이기 때문이다. 그러므로 '[진리다운] 이해와 [이해에 의거한] 수행'(觀行)을 닦을 때 [괴로움(苦)을] 치유할 수 있는 이 평안함(輕安)[의 마음현상][304]이 몸(身)에서 ['거칠고 무거운 번

303 행고行苦: 고고苦苦·괴고壞苦·행고行苦의 3고三苦 중 하나이다. 고고는 의도하지 않은 고수苦受이고 괴고는 의도한 낙수樂受가 사라질 때 생기는 괴로움이며, 행고는 의도하거나 의도하지 않은 낙수樂受와 고수苦受를 제외한 불고불락수不苦不樂受의 제행諸行이 3세三世에 생멸·변천하여 찰나라도 상주常住·안은安隱하지 못하는 괴로움이다. 『佛光大辭典』, pp.590, 2558 참조. 『아비달마구사론』 권22에서는 "有三苦性, 一苦苦性, 二行苦性, 三壞苦性."(T29, 114b7~8)이라고 하여 고고·괴고·행고의 3고를 밝히고, 각각에 대해 "此中可意有漏行法與壞苦合, 故名爲苦, 諸非可意有漏行法與苦苦合, 故名爲苦, 除此所餘有漏行法與行苦合, 故名爲苦."(T29, 114b9~12)라고 하여, 의도한 유루법有漏法은 괴고와 결합하고, 의도하지 않은 유루법은 고고와 결합하며, 그 외 유루법이 행고와 결합한다고 설명한다.

304 경안輕安과 추중麤重: 앞서 4념주四念住의 소연所緣을 설명하는 문단에서는 『유가사지론』 권28의 문장을 인용하면서 "自內定地輕安俱色, 爲內身, 自內不定地麤重俱色, 爲外身."(H1, 821b20~21; T30, 441b7~9)이라고 하여 '자기 안의 선정禪定의 경지에서 평안한 마음과 함께 작용하는 유형의 것들'(自內定地輕安俱色)과 '자기 안의 선정이 아닌 경지에서 거칠고 무거운 번뇌와 함께 작용하는 유형의 것들'(自內不定地麤重俱色)을 내신과 외신으로 구분한 적이 있다. 여기서도 선심소善心所에 속하는 경안輕安과 번뇌심소煩惱心所 일반을 가리키는 것으로 보이는 추중麤重은 각각 정지定地와 부정지不定地에서 작용하는 마음현상으로서 대비되는데, 이 문장을 설명하는 둔륜遁倫의 『유가론기瑜伽論記』 권7에서도 "第三若緣自內定地輕安俱行色, 名住內身觀者, 行者身在欲界, 由得定故, 離於麁重, 此身即是輕安俱行."(T42, 456b1~3)이라고 하여 수행자의 몸이 욕계欲界에서 선정을 얻어 추중에서 벗어나면 이 몸은 곧바로 경안과 함께 작용한다고 주석한다.

뇌'(麤重)에 의한 '괴로운 양상'(行苦相)과] 구별되어 생겨나는 것이다. [두 번째는] '느낌을 토대로 [지혜를 수립하여] 간직해 가는 수행'(受念住)에 의거하여 '괴로움의 원인에 관한 진리'(集諦)에 들어가는 것이니, 즐거움(樂)[·괴로움(苦)·'괴롭지도 않고 즐겁지도 않음(不苦不樂)] 등의 모든 느낌(受)들이 '[근根·경境·식識의 접촉(觸)과 그로 인해 생겨나는 느낌(受)이] 결합하여 생겨나는 갈애'(和合愛)[·집착(取)] 등의 의지처(所依處)이기 때문이다. [세 번째는] '마음을 토대로 [지혜를 수립하여] 간직해 가는 수행'(心念住)에 의거하여 '괴로움의 소멸에 관한 진리'(滅諦)에 들어가는 것이니, 〈'자아에 대한 마음'(我識)에서 벗어나면 '아무것도 없을 것이다'(當無所有)라고 이해하기에 '자아가 완전히 없어지는 국면'(我斷門)을 두려워하여 '[아무 것도 없는] 열반에 대한 두려움'(涅槃怖)을 일으키는 것〉으로부터 완전히 벗어나기 때문이다. [네 번째는] '이법理法을 토대로 [지혜를 수립하여] 간직해 가는 수행'(法念住)에 의거하여 '괴로움의 소멸로 나아가는 길에 관한 진리'(道諦)에 들어가는 것이니, '치유되어야 하는 이법理法'(所治法)을 끊고 '치유하는 이법理法'(能治法)을 닦기 때문이다. 또한 이 [신념주身念住·수념주受念住·심념주心念住·법념주法念住의] 네 가지 [수행]은 그 순서대로 '몸·느낌·마음·이법理法이 [번뇌의] 묶임에서 벗어난 결과'(身受心法離繫之果)를 증득할 수 있으니, 이 [네 가지 수행을] '닦아 익히는 것'(修習)에 의거하여 몸(身)[·느낌(受)] 등[을 묶는] '거칠고 무거운 번뇌'(麤重)에서 점차로 벗어날 수 있기 때문이다."305

305 『대승아비달마잡집론』 권10(T31, 739b15~29). "(念住修果者, 謂)斷四顚倒, 趣入四諦, 身等離繫, 是名修果. 斷四顚倒者, 謂四念住隨其次第, 能斷淨樂常我四(種顚)倒. ①(修不淨觀故, 了知諸受皆是苦故, 通達諸識依緣差別, 念念變異故, 觀察染淨唯有, 諸法無作用者故. 又此四種如其次第, 趣入四諦, 亦名修果.) 由身念住, 趣入苦諦, 所有色身皆行苦相, 麁重所顯故. 是故修觀行時, 能治此輕安, 於身差別生故. 由受念住, 趣入集諦, 以樂等諸受, 是和合愛等, 所依處故. 由心念住, 趣入滅諦, 觀離我識, 當無所有, 懼我斷門, 生涅槃怖, 永遠離故. 由法念住, 趣入道諦, 爲斷所治法, 爲修能治法故. 又此四種如其次第, 能證(得)身受心法離繫果, 由此修習, 漸能遠離身等麁重故." 괄호는 생략된 부분을 표시한다. 생략된 ①의 문장은 대체로 정淨·낙樂·상常·아我의 4종전도四種顚倒를 대상으로 삼아 신념주身念住에서는 몸(身)이 부정不淨을, 수념주受念住에서는 느낌(受)의 고苦를, 심념주心念住에서는 마음(心, 제식諸識)의 무상無常(염념변이念念變異)을 관찰하고, 법념주法念住에서는 이법理法(法)의 무아無我, 즉 모든 이법理法(諸法)은 오직 염정染淨이 있을 뿐 실체로서의 작용이 없다는 것을 관찰한다는 내용이다. 정淨·낙樂·상常·아我의 4종전도를 앞에서 이미 거론했으므로 생략하는 것으로 보인다. 〈산스크리트

此明遠離四縛麁重. 言四縛者, 一執受縛, 二領受縛, 三了別縛, 四執著縛. 由此四縛, 縛於心王. 謂心於身, 由執受縛所縛. 謂執受內身與同安厄, 由是不能離身患故. 又心於受, 由領受縛所縛, 與受相應, 隨同苦樂, 由是不能離受患故. 心於諸塵, 由了別縛所縛, 攀緣六塵, 無時安住, 由是不離分別患故. 心於諸或,[306] 由執著縛所縛, 與或[307]相應, 隨著諸法, 由是不離煩惱過故.

[H1, 822c10~20: X48, 162c21~163a4]

본의 해당 내용: ASBh., p.86. phalaṃ yathākramaṃ smṛtyupasthānānāṃ śucisukhanityātma viparyāsapraharaṇam, aśubhabhāvanātaḥ, yat kiṃcit veditam idam atra duḥkhasyeti jñānāt, āśrayālaṃbanādibhedaiḥ pratikṣaṇaṃ vijñānasyānyathāvagamāt, nirvyāpārasaṃkleśavyava dānadharmamātraparīkṣaṇāc ceti // punar eṣāṃ yathākramaṃ catuḥsatyāvatāraḥ phalam / kāyasmṛtyupasthānena duḥkhasatyam avatarati, saṃskāraduḥkhatālakṣaṇena dauṣṭhulyena prabhāvitatvāt kāyasya / tathā hi tatpratipakṣabhūtā prasrabdhiḥ kāya eva viśeṣeṇotpadyata iti / vedanāsmṛtyupasthānena samudayasatyam avatarati, sukhādivedanādhiṣṭhānatvāt saṃyogāditṛṣṇāyāḥ / cittasmṛtyupasthānena nirodhasatyam avatarati, nirātmakaṃ vijñānamātraṃ na bhaviṣyatīti paśyata ātmocchedāśaṅkāmukhena nirvāṇottrāsābhāvāt / dharmasmṛtyupasthānena mārgasatyam avatarati, vipakṣadharmaprahāṇāya pratipakṣadharmabhāvanād iti / punar eṣāṃ kāyavedanācittadharmavisaṃyogaḥ phalaṃ yathākramaṃ veditavyam, tadbhāvanayā kāyādipakṣadauṣṭhulyāpagamād iti //; [네 가지] 주의집중의 확립의 결과는 부정 등을 수습하여 순서대로 청정·행복·영원·유아라는 전도를 끊는 것이다. 어떤 것이든 감수된 것에 대해 '이것은 여기에서 고통이다' 하고 알기 때문이다. 소의로서의 신체라는 인식대상 등의 양상으로 찰나찰나 식이 변이하는 것을 이해하기 때문이고, 작용의 주체가 없이 염오와 청정이 오직 법일 뿐이라고 관찰하기 때문이다. 또 순서대로 4제를 이해하는 것이 이 [네 가지]들의 결과이다. 신체에 대한 주의집중의 확립을 통해 고제를 이해한다. 신체는 행고성을 특징으로 가진 추중으로 특징지워지기 때문이다. 그것을 치료하는 경쾌함(輕安)에 의해 신체가 특별하게 발생하기 때문이다. 느낌에 대한 주의집중의 확립에 의해 집제를 이해한다. 결박 등의 갈애는 '행복한 느낌'(樂受) 등을 기반으로 하기 때문이다. 마음에 대한 주의집중의 확립에 의해 멸제를 이해한다. 자아가 없고 식뿐이라는 것은 있을 수 없다고 보는 자에게 자아의 단절에 대한 두려움을 없애서 열반에 대한 두려움이 없기 때문이다. 심리현상에 대한 주의집중의 확립에 의해 도제를 이해한다. 치료대상인 심리현상을 끊기 위해 치료제인 심리현상을 수습하기 때문이다. 또 신체·느낌·마음·심리현상과 분리되는 것이 순서대로 이 [네 가지]들의 결과라고 알아야 한다. 그것을 수습함으로써 신체 등에 속하는 추중과 분리되기 때문이다.〉

이 [『대승아비달마잡집론大乘阿毘達磨雜集論』의 논의]는 '네 가지로 인한 묶임'(四縛)[308] 이라는 '거칠고 무거운 번뇌'(麤重)에서 멀리 벗어나는 것을 밝힌 것이다. '네 가지로 인한 묶임'(四縛)이라고 말하는 것은, 첫 번째는 '느낌에 집착하는 것으로 인한 묶임'(執受縛)이고, 두 번째는 '느낌을 받아들이는 것으로 인한 묶임'(領受縛)이며, 세 번째는 '[대상을] 분별하는 것으로 인한 묶임'(了別縛)이고, 네 번째는 '[이법理法에] 집착하는 것으로 인한 묶임'(執著縛)이다. 이 '네 가지로 인한 묶임'(四縛)으로 말미암아 '왕 노릇하는 마음'(心王)[인 주관]을 묶으니 [그 내용은 다음과 같다.] [첫 번째로] 마음(心)은 몸(身)에서 '느낌에 집착하는 것으로 인한 묶임'(執受縛)에 의해 속박되는 것이다. '느낌에 집착한 것인 몸 안의 것들'(執受內身)이 [마음(心)과] 함께 '편안함과 괴로움'(安厄)을 같이하니, 이로 인해 [마음이] '몸으로 인한 환란'(身患)에서 벗어날 수 없는 것을 일컫는다. [두 번째로] 또 마음(心)은 느낌(受)에서 '느낌을 받아들이는 것으로 인

---

306 한불전 교감주에 "'或'은 '惑'과 통한다. 다음에 나오는 것도 동일하다"라고 되어 있다. 교감주에 따라 '或'을 '惑'으로 고친다.

307 위의 교감주에 따라 '或'을 '惑'으로 고친다.

308 4박四縛: 4념주四念住 수행의 결과를 4제四諦에 깨달아 들어가는 것으로 설명한 『대승아비달마잡집론』의 논의에 관해 원효는 아래에서 보듯이 집수박執受縛·영수박領受縛·요별박了別縛·집착박執著縛의 四縛에 관한 논의로 전환하여 다시 설명하는데, 이 4박四縛의 출전은 『유가사지론』 권14의 다음과 같은 내용에 해당한다. "復有差別, 謂四種縛. ①〈一執取縛, 二領受縛, 三了別縛, 四執著縛.〉 ②〈當知心於身, 由執取縛所縛. 於受, 由內領受縛所縛, 於色等境界相, 由了別縛所縛, 即於所說身等, 由貪瞋等大小煩惱執著縛所縛, 對治如是四種縛故, 立四念住.〉"(T30, 350a23~28.) ①의 문장은 본문에서 나열하는 4박四縛에 관한 기술과 거의 일치하고, ②의 문장은 본문의 다음 문단에서 원효에 의해 직접 인용되어 있으므로 4박에 관한 원효의 해설은 『유가사지론』에 의거한 것임을 알 수 있다. 한편 4박 중에서 첫 번째인 '집취박執取縛'만이 본문에서는 '집수박執受縛'으로 바뀌어 있는데, 여기에서 앞 논의와의 연관성을 고려하는 원효의 의도를 읽을 수 있다. 앞 『대승아비달마잡집론』의 논의에서는 신념주身念住와 수념주受念住가 각각 순서대로 결과인 고제苦諦와 원인인 집제集諦에 깨달아 들어가는 수행으로 설명되어 있다. 이에 따라 『유가사지론』의 4박의 문맥에서도 첫 번째인 집수박執受縛과 두 번째인 영수박領受縛 역시 순서대로 결과와 원인의 관계, 즉 영수박을 원인으로 삼아 집수박의 결과가 일어나는 관계를 띠게 된다. 느낌을 받아들임(領受)과 그 받아들인 느낌에 다시 집착함(執受)이라는 원인과 결과의 구도에 의거하여 '집취박'보다는 '집수박'이라는 표현이 앞 『대승아비달마잡집론』의 논의와 연결되는 문맥을 더욱 분명히 해 주는 용어라고 이해될 수 있겠다. 첨언하자면 신념주身念住의 수행 대상인 몸(身)은 느낌(受)이라는 원인에 집착한 결과의 양상임을 이에 따라 알 수 있기도 하다. 원효는 다음 문단에서 ②의 문장을 직접 인용하면서도 집취박을 집수박이라고 표현하므로 이 용어는 교감하지 않고 그대로 둔다.

한 묶임'(領受縛)에 의해 속박되니, [마음(心)은] 느낌(受)과 상응하여 [느낌(受)에] 따르면서 괴로움(苦)과 즐거움(樂)을 같이하고 이로 인해 [마음이] '느낌으로 인한 환란'(受患)에서 벗어날 수 없기 때문이다. [세 번째로] 마음(心)은 '[마음의] 모든 대상'(諸塵)에서 '[대상을] 분별하는 것으로 인한 묶임'(了別縛)에 의해 속박되니, [마음(心)은] '[색色·성聲·향香·미味·촉觸·법法, 이] 여섯 가지 대상'(六塵)과 '관계 맺으면서'(攀緣) 편히 머무르는 때가 없고 이로 인해 [마음이] '분별로 인한 환란'(分別患)에서 벗어나지 못하기 때문이다. [네 번째로] 마음(心)은 '[이법理法(法)에 대한] 모든 미혹'(諸惑)에서 '[이법理法에] 집착하는 것으로 인한 묶임'(執著縛)에 의해 속박되니, [마음(心)은] '[이법理法(法)에 대한] 미혹'(諸惑)과 상응하여 [미혹(惑)에] 따르면서 '모든 이법理法'(諸法)에 집착하고 이로 인해 [마음이] '번뇌로 인한 허물'(煩惱過)에서 벗어나지 못하기 때문이다.

如『瑜伽』說, "當知, 心於身, 由執受[309]縛所縛. 於受, 由內領受縛所縛. 於色等境界相, 由了別縛所縛. 卽於所說身等諸法,[310] 由貪瞋等大小煩惱, 執著縛所縛. 對治如是四種縛故, 立四念住." 是明念處修習之果. 念住五門, 略說如是.

[H1, 822c20~823a4: X48, 163a4~9]

『유가사지론瑜伽師地論』에서 [다음과 같이] 말한 것과 같다. "['네 가지로 인한 묶임'(四縛)에 관해 다음과 같이] 알아야 하니, [첫 번째로] 마음(心)은 몸(身)에서 '느낌에 집착하는 것으로 인한 묶임'(執受縛)에 의해 속박된다. [두 번째로] [마음(心)은] 느낌(受)에서 '느낌을 안으로 받아들이는 것으로 인한 묶임'(內領受縛)에 의해 속박된다. [세 번째로] [마음(心)은] '색깔이나 모양 있는 것[·소리(聲)] 등 대상의 모습'(色等境界相)에서 '[대상을] 분

309 『유가사지론』 원문에는 '受'가 '取'라고 되어 있지만, 여기서는 그대로 둔다. '4박四縛'에 관한 역주 참조.
310 『유가사지론』 원문에는 '諸法'이 없지만, 여기서는 그대로 둔다. 아래 출처 각주 참조.

별하는 것으로 인한 묶임'(了別縛)에 의해 속박된다. [네 번째로] [마음(心)은] 바로 '몸[·느낌(受)] 등에 대해 말해진 모든 이법理法'(所說身等諸法)에서 탐욕(貪)·분노(瞋) 등의 크고 작은 번뇌로 말미암아 '[이법理法에] 집착하는 것으로 인한 묶임'(執著縛)에 의해 속박된다. 이와 같은 '네 가지로 인한 묶임'(四種縛)을 치유하기 때문에 '네 가지를 토대로 ['빠져들지 않는 마음국면'(止)과 '진리다운 이해'(觀)를 수립하여] 간직해 가는 수행'(四念住)을 세운다."[311] 이것은 '[네 가지를 토대로 '빠져들지 않는 마음국면'(止)과 '진리다운 이해'(觀)를 수립하여] 간직해 가는 수행'(念處)의 [다섯 번째 측면인] '닦아 익힌 결과'(修習之果)에 관해 밝힌 것이다. '[네 가지를 토대로 '빠져들지 않는 마음국면'(止)과 '진리다운 이해'(觀)를 수립하여] 간직해 가는 수행'(念住)의 '다섯 가지 측면'(五門)에 대해 큰 요점만을 추려 설명하면 이와 같다.

> 次明四正斷中五門. 正斷所緣者, 謂已生未生所治能治法. 初正斷, 緣已生所治法, 爲境, 第二正斷, 緣未生所治法, 爲境, 第三正斷, 緣未生能治法, 爲境, 第四正斷, 緣已生能治法爲境. 如經所說, 應廣配釋.
>
> [H1, 823a5~10: X48, 163a9~13]

② 해로움은 끊고 이로움은 살리는 네 가지 수행(四正斷)[312]

다음으로 '해로움은 끊고 이로움은 살리는 네 가지 수행'(四正斷)의 '다섯 가지 측면'(五門)을 밝힌다.

---

311 『유가사지론』 권14(T30, 350a24~28). "當知, 心於身, 由執取縛所縛, 於受, 由內領受縛所縛. 於色等境界相, 由了別縛所縛. 〈即於所說身等,〉 由貪瞋等大小煩惱, 執著縛所縛. 對治如是四種縛故, 立四念住." '〈 〉'로 표시한 문장에서 원효는 '身等' 뒤에 '諸法'을 첨가하고 있는데, 〈即於所說身等〉은 법념주法念住의 소연所緣인 법法에 관련된 서술이므로 이 문장에서 '諸法'을 제시함으로써 문맥을 분명히 하려는 것으로 보인다.

가. [4정단四正斷 수행의] 대상(所緣)

'해로움은 끊고 이로움은 살리는 [네 가지] 수행'(正斷)의 대상(所緣)이라는 것은 〈이미 생겨났거나 아직 생겨나지 않은, '치유되어야 할 [해로운 번뇌] 현상'과 '[해로운 것들을] 치유할 수 있는 [이로운 지혜] 현상'〉(已生未生所治能治法)을 말한다.[313] '해로움은 끊고 이로움은 살리는 첫 번째 수행'(初正斷)에서는 〈이미 생겨난 '치유되어야 할 [해로운 번뇌] 현상'〉(已生所治法)을 [수행의] 대상(境)으로 삼고, '해로움은 끊고 이로움은 살리는 두 번째 수행'(第二正斷)에서는 〈아직 생겨나지 않은 '치유되어야 할 [해로운 번뇌] 현상'〉(未生所治法)을 [수행의] 대상(境)으로 삼으며, '해로움은 끊고 이로움은 살리는 세 번째 수행'(第三正斷)에서는 〈아직 생겨나지 않은 '[해로운 것들을] 치유할 수 있는 [이로운 지혜] 현상'〉(未生能治法)을 [수행의] 대상(境)으로 삼고, '해로움은 끊고 이

---

312 '(6) 변제문辨諸門' 단락의 서두에서 원효는 "如『對法』說, 〈復以一切菩提分法無有差別, 皆由五門, 而得建立, 謂所緣故, 自體故, 助伴故, 修習故, 修果故.〉"(H1, 821a24~b3, '〈 〉' 표시는 『대승아비달마잡집론』 인용문 내용이라는 것을 가리킴)라고 하여 '(6) 변제문辨諸門' 단락에서 진행되는 소연所緣·자체自體·조반助伴·수습修習·수과修果로 구성되는 5문분별五門分別의 얼개가 『대승아비달마잡집론』(『대법론對法論』) 권10에서의 논의 내용과 형식에 의거한 것임을 미리 알려 준 적이 있다. 이에 따라 원효는 『대승아비달마잡집론』 권10에 의거한 논의에 한해 인용 출처를 생략하는 경우가 있는데, 지금 4정단四正斷의 5문분별五門分別이 이에 해당한다. 이 단락의 대부분이 『대승아비달마잡집론』 권10의 내용에 의거한 것이므로 각 문단마다 그 출처를 제시하겠지만, 직접 인용의 형식이 아니어서 문맥에 저촉되는 경우가 아니라면 사소한 교감은 피하도록 한다.

313 이생미생소치능치법已生未生所治能治法: 아래 네 가지 정단正斷을 설명하는 내용에 따르면 이생미생소치능치법已生未生所治能治法은 4정단四正斷의 네 가지 소연所緣인 이생소치법已生所治法·미생소치법未生所治法·미생능치법未生能治法·이생능치법已生能治法의 줄임말이다. 그리고 앞의 '(1) 열명列名' 단락에서 "四正斷者, 一於已生惡不善法, 爲令斷故, 生欲策勵, 發勤精進, 策心持心正斷. 二於未生惡不善法, 爲不生故, 生欲策勵, 乃至持心正斷. 三於未生善法, 爲令生故, 生欲策勵, 乃至持心正斷. 四於已生善法, 爲欲令住, 令不忘失, 令修圓滿, 令倍修, 令增長, 令廣大, 生欲策勵, 乃至持心正斷."(H1, 817b13~20)이라고 네 가지 정단을 설명했던 문장의 용어들과 비교해 보면 이생소치법은 이생악불선법已生惡不善法에, 미생소치법은 미생악불선법未生惡不善法에, 미생능치법은 미생선법未生善法에, 이생능치법은 이생선법已生善法에 각각 해당함을 알 수 있는데, 단적으로 소치법所治法은 악불선법惡不善法이고 능치법能治法은 선법善法이 된다. 본서에서는 앞서 악불선법의 법法을 '번뇌'로, 선법의 법法을 '지혜'로 번역했는데, 이 번역은 '(2) 석의釋義' 단락에서 예를 들어 "云何已生惡不善法? 謂能起惡行欲界煩惱及隨煩惱."(H1, 818a19~20)라고 하거나 "云何未生善法? 謂聞思修所生三慧."(H1, 818b10~11)라고 하여 이생악불선법已生惡不善法을 욕계欲界의 번뇌煩惱와 수번뇌隨煩惱라 설명하고 미생선법未生善法을 문聞·사思·수修의 3혜三慧라고 설명하는 내용에 근거한 것이었다. 본문의 소치법所治法과 능치법能治法의 번역도 이 문맥에 따른다.

로움은 살리는 네 번째 수행'(第四正斷)에서는 〈이미 생겨난 '[해로운 것들을] 치유할 수 있는 [이로운 지혜] 현상'〉(已生所治法)을 [수행의] 대상(境)으로 삼는다. 경전들에서 설명한 것[314]에 따라 [여기서 설명한 4정단四正斷의 대상(所緣)을] 자세하게 배당하여 해석해야 한다.[315]

---

314 4정단四正斷의 소연所緣에 관해 경전들에서 설명한 것: 4정단四正斷은 초기불교 이래 제시되어 온 수행법문으로서 예를 들어 『중아함경』 권60에서는 "已生惡不善法爲斷故, 發欲求方便, 精勤擧心斷. 已生惡不善法爲不生故, 發欲求方便, 精勤擧心斷. 未生善法爲生故, 發欲求方便, 精勤擧心斷. 已生善法爲久住不忘, 不退, 增長, 廣大修習具足故, 發欲求方便, 精勤擧心斷. 是謂欲斷無明者, 當修四正斷."(T1, 806a1~7)이라고 하여 4정단의 소연所緣을 이생악불선법已生惡不善法·미생악불선법未生惡不善法·미생선법未生善法·이생선법已生善法이라 설명하고, 앞서 보았듯이 본서의 '(1) 열명列名'이나 '(2) 석의釋義' 단락에서도 이 네 가지 용어에 기반하여 4정단四正斷의 논의를 진행해 왔다. 4정단四正斷의 소연所緣에 관한 명칭을 이생소치법已生所治法·미생소치법未生所治法·미생능치법未生能治法·이생능치법已生能治法으로 부르는 곳은 『대승아비달마잡집론』 권10에서만 검색되므로 이 새로운 용어를 기존의 전통적 논의와 연결하여 해석해야 한다는 것이 본문 아래 문장의 의미인 것으로 보인다.

315 『대승아비달마잡집론』 권10(T31, 739b29~c5). "(四)正斷所緣(境)者, 謂已生未生所治能治法. 初正斷, 緣已生所治法, 爲境, (爲斷已生惡不善法, 樂欲生故,) 第二正斷, 緣未生所治法, 爲境, 第三正斷, 緣未生能治法, 爲境, 第四正斷, 緣已生能治法, 爲境. 如經所說, 應廣配釋." 괄호는 생략된 부분을 표시한다. 〈산스크리트본의 해당 내용: 출전(1) AS., pp.72-73. catuḥsaṃyakprahāṇānām ālambanaṃ katamat / utpannānutpannavipakṣapratipakṣāḥ // svabhāvaḥ katamaḥ vyāyāmaḥ // sahāyaḥ katamaḥ / tatsaṃprayuktāścittacaitasikā dhamāḥ // bhāvanā katamā / taduktaṃ sūtre chandaṃ janayati vyāyacchate vīryam ārabhate cittaṃ pragṛhṇāti cittaṃ pradhāti / ity evamādibhiḥ padais [/] tatra vīryāśrayabhāvanā paridīpitā // āśrayaḥ chandaḥ / vīryam udyogaḥ / śamathapragrahopekṣānimittamanasikāreṣu chandaṃ janayati layauddhatyāpakarṣaṇe vīryam ārabhate evaṃ tadanantaraṃ cittaṃ pragṛhṇāti pradadhātītyucyate // bhāvanāphalaṃ katamat / aśeṣavipakṣahāniḥ pratipakṣapratilambhaḥ pratipakṣavṛddhiś ca // tad ucyate bhāvanāphalam /; 4정단의 인식대상은 무엇인가? 발생하거나 발생하지 않은 치료대상과 치료제다. 본질은 무엇인가? 정근이다. 조력자는 무엇인가? 그것과 결합한 심심소법이다. [4정단의] 수습이란 무엇인가? 그것은 경전에서 "의욕을 일으키고, 책려하고 정진을 일으켜, 마음을 다잡고 안치한다"하고 이와 같은 문장에 의해 설해졌다. 거기에서 정진과 소의의 수습이 밝혀졌다. 소의란 의욕이다. 정진이란 부지런함이다. 지상·거상·사상에 대한 작의에서 의욕을 일으키고, 혼침과 도거를 제거하는데 정진을 시작한다. 이와 같이 그 직후에 "마음을 다잡고 안치한다"고 설한다. [4정근의] 수습의 결과는 무엇인가? 남김없이 치료대상을 제거하고 치료제를 획득하고 치료제를 증대하는 것이다. 이것은 [4정단의] 수습의 결과라고 한다.〉

다음의 출전(2)는 이하에 나오는 본문의 내용에도 해당한다. 〈산스크리트본의 해당 내용: ASBh., pp.86-87. samyakprahāṇānāṃ prathamasyānutpanno vipakṣa ālaṃbanam, te nānutpannapāpakākuśaladharmānutpādāya chandajananāt / dvitīyasyotpanno vipakṣaḥ /

正斷自體者, 謂於四境所起精進. 正斷助伴者, 謂彼相應心心法等.

[H1, 823a11~12: X48, 163a14~15]

나. [4정단四正斷 수행의] 바탕(自體)

'해로움은 끊고 이로움은 살리는 [네 가지] 수행'(正斷)의 바탕(自體)이라는 것은 '네 가지 대상'(四境)[에 관한 수행]에서 일어나는 정진精進[의 마음현상][316]을 말한다.

---

tṛtīyasyānutpannaḥ pratipakṣaḥ / caturthasyotpanna ālaṃbanam iti yathāsūtraṃ yojayitavyam / chandaṃ janayatīty evamādibhiḥ sāśrayā vīryabhāvanā paridīpitā / atrāśrayaś chandaḥ, tatpūrvakatvād udyogasya / yadā śamathādinimittamanaskāreṇa nirapekṣālaṃbanaṃ kevalaṃ pratipakṣaṃ bhāvayati tadā vyāyacchata ity ucyate / yadā tu layopakleśe utpanne tadapakarṣaṇārthaṃ prasadanīyādimanaskāraiḥ cittam unnāmayati, auddhatyopakleśe cotpanne pratyāsaṃkṣepamukhena cittaṃ dhārayati tadā vīryam ārabhata ity ucyate / ata eva layauddhatyāpakarṣaṇopāyasaṃdarśanārtham anantaram āha cittaṃ pragṛhṇāti pradadhātīti / phalaṃ prathamadvitīyayoḥ samyakprahāṇayor aśeṣavipakṣahāniḥ, tābhyāṃ yathāyogam utpannānutpannapāpakākuśaladharmaprahāṇāt / tṛtīyasya pratipakṣapratilambhaḥ, tenānutpanna kuśaladharmotpādanāt / caturthasya pratipakṣavṛddhiḥ, tenotpannakuśaladharmavipulatāpādanād iti //; [4]정단 중 첫 번째의 인식대상은 발생하지 않은 치료대상이다. 그것에 의해 발생하지 않은 악하고 불선한 심리현상이 발생하지 않도록 의욕을 일으키기 때문이다. 두 번째는 발생한 치료대상이다. 세 번째는 발생하지 않은 치료제이다. 네 번째 인식 대상은 발생한 [치료제]이다. 이상 경전에 설해진 대로 논리적 관계대로 결합시켜야 한다.
의욕을 일으킨다고 한 것 등에 의해서는 소의를 가진 정진의 수습이 밝혀졌다. 여기서 소의란 의욕이다. 그것을 선행시키므로 부지런함의 [정진이 있다.] 지상 등에 대한 작의에 의해 인식대상을 외면하고 오지 치료제만을 수습할 때 그때 책려라고 한다. 그러나 침몰 등의 수번뇌가 발생했을 때 그것을 제거하기 위해 정묘상 등에 대한 작의에 의해 마음을 고양시키고, 도거 등의 수번뇌가 발생했을 때 수축 등의 방법으로 마음을 유지할 때 그때 정진을 시작한다고 한다. 바로 그 후 침몰과 도거를 제거하는 방법을 보여 주기 위해 그 직후에 마음을 다잡고 안치한다고 설한다.
결과란 첫 번째와 두 번째 정단이 남김없이 치료대상을 제거하는 것이다. 그 두 가지는 논리적 관계에 따라 발생하거나 발생하지 않은 악하고 불선한 심리현상을 제거하기 때문이다. 세 번째 [정단]은 치료제를 획득한다. 그것으로 발생하지 않는 선한 심리현상을 발생시키기 때문이다. 네 번째 [정단]은 치료제를 증대한다. 그것으로 발생한 선한 심리현상을 하는 것이다. 그것으로 발생한 선한 심리현상을 증광시키기 때문이다.〉

316 정진精進: 4정단四正斷은 팔정도 정정진正精進 수행의 내용이다. 이 수행에서 말하는 '정진精進'은 유식불교의 6위심소六位心所 체계 중에서 선심소善心所에 속하는 마음현상이다. 『성유식론』 권6에서는 근勤(정진精進)에 관해 "勤謂精進, 於善惡品修斷事中, 勇悍爲性, 對治懈怠, 滿善爲

다. [4정단四正斷 수행에] 도움을 주면서 동반되는 것(助伴)

'해로움은 끊고 이로움은 살리는 [네 가지] 수행'(正斷)에 '도움을 주면서 동반되는 것'(助伴)들은 저 [4정단四正斷 수행의 바탕(自體)인 정진精進에][317] 상응하는 [이로운] 마음(心)과 마음현상(心法)들을 말한다.[318]

> 正斷修習者, 謂如經說, "生欲, 策勵, 發起正勤, 策心持心." 此中諸句, 顯修正勤及所依止. 所依止者, 謂欲. 以欲爲先, 發精進故. 正勤者, 謂策勵等. 於止擧捨相作意等中, 若於止等相作意, 不顾[319]戀所緣境界, 純修習對治, 爾時名策勵. 爲欲損減沉沒掉擧, 發起正勤. 所以者何? 若沉沒隨煩惱生時, 爲損減彼故, 以淨妙等作意, 策練其心, 若掉擧等[320]隨煩惱生時, 卽以內證略攝門, 制持其心, 爾時名爲發起正勤. 卽爲顯此損減沉掉善巧方便故, 次說言策心持心. 又有別義, 如前釋義門中說也.
>
> [H1, 823a12~b1: X48, 163a15~24]

라. [4정단四正斷 수행을] 닦아 익히는 과정(修習)

'해로움은 끊고 이로움은 살리는 [네 가지] 수행'(正斷)을 '닦아 익히는 과정'(修習)

業."(T31, 30a24~25)이라고 하여 선善을 닦고 악惡을 끊는 중에 '씩씩하고 굳센 것'(勇悍)이 특성(性)이고 해태懈怠를 치유하여 선善을 완성하는 것이 작용(業)이라고 설명한다.

317 5문五門에서 자체自體와 조반助伴의 관계: 『대승아비달마잡집론』 권10의 5문분별五門分別에 관한 논의 중 4정단四正斷 이전의 4념주四念住에 관해 설명하는 대목에서는 "念住自體者, 謂慧及念. … 念住助伴者, 謂彼相應心心法等, 彼者彼念慧二法."(T31, 739a4~7)이라고 하여 4념주 수행의 자체自體는 혜慧와 염念의 심소心所이고, 그 조반助伴에 관해서는 '피상응심심법등彼相應心心法等'이라고 하면서 여기서 '피彼'는 4념주의 자체인 염혜이법念慧二法이라고 친절하게 설명한다. 4정단의 자체自體와 조반助伴의 관계에서도 자체自體가 정진심소精進心所이므로 조반助伴은 저 정진심소精進心所에 상응하는 심心·심법心法들이 되겠다.

318 『대승아비달마잡집론』 권10(T31, 739c6~c7). "正斷自體者, 謂〈精進〉. 正斷助伴者, 謂彼相應心心法等." 또한 본문에는 원문의 〈精進〉 앞에 "於四境所起"가 보충되어 있다.

319 『대승아비달마잡집론』 원문을 참조하여 '顾'를 '顧'로 고친다.

320 『대승아비달마잡집론』 원문을 참조하여 '等'을 삭제한다.

이라는 것은, 경전들[321]에서 "의욕(欲)[322]을 일으키고, 독려하며, 부지런히 노력하는 마음을 일으키고, [그] 마음을 [가라앉지 않게] 채찍질하거나 [들떠 산란하지 않게] 지닌다[323]"라고 말한 것과 같다. 이 여러 구절들은 '진리다운 노력을 닦는 과정'(修正勤)과 [그 과정에서] '의지하는 것'(所依止)[의 두 측면]을 드러낸다.

[두 측면 중에서 먼저] '의지하는 것'(所依止)은 ['의욕을 일으킨다'(生欲)는 구절의] 의욕(欲)을 말한다. [해로움은 끊고 이로움은 살리려는] 의욕(欲)을 앞세워 정진精進[하는 과정]을 일으키기 때문이다.

[다음으로] '진리다운 노력[을 닦는 과정]'([修]正勤)이라는 것은 '독려하는 [수행]'(策勵)[·'부지런히 노력하는 마음을 일으키는 수행'(發起正勤)·'마음을 가라앉지 않게 채찍질하고 들떠 산란하지 않게 지니는 수행'(策心持心)] 등[의 세 가지]를 말한다. [첫 번째인 '독려하는 수행'(策勵)에 관한 설명은 다음과 같다.] [수행 상황에 맞추어] 마음을 그치기도 하고 일으키기도 하며 그치

321 '닦아 익히는 과정'(修習)에 해당하는 구절들과 출전이 되는 경전들: 『대승아비달마잡집론』에 의거하는 본문에서는 4정단四正斷 수행에 관한 설명들 중에 "生欲策勵, 發起正勤, 策心持心."의 구절들을 '닦아 익히는 과정'(修習)에 해당하는 것으로 제시하는데, 이 구절들이 정확하게 나타나는 경전은 『대반야바라밀다경大般若波羅蜜多經』과 『십지경十地經』이다. 그중 『대반야바라밀경』 권53에서 설명하는 4정단 수행의 내용을 인용하면 다음과 같다. "菩薩摩訶薩大乘相者, 謂四正斷. 何等爲四? 善現, 若菩薩摩訶薩修行般若波羅蜜多時, 以無所得而爲方便, 於諸未生惡不善法爲不生故, 〈生欲策勵, 發起正勤, 策心持心,〉 是爲第一. 若菩薩摩訶薩修行般若波羅蜜多時, 以無所得而爲方便, 於諸已生惡不善法爲永斷故, 〈生欲策勵, 發起正勤, 策心持心,〉 是爲第二. 若菩薩摩訶薩修行般若波羅蜜多時, 以無所得而爲方便, 未生善法爲令生故, 〈生欲策勵, 發起正勤, 策心持心,〉 是爲第三. 若菩薩摩訶薩修行般若波羅蜜多時, 以無所得而爲方便, 已生善法爲令安住, 不忘增廣倍修滿故, 〈生欲策勵, 發起正勤, 策心持心,〉 是爲第四."(T5, 299c22~300a4.) '〈 〉' 표시는 인용된 구절들을 가리킨다. 앞의 '(1) 열명列名' 단락에서 제시된 해당 구절들도 "生欲策勵, 發勤精進, 策心持心."(H1, 817b14)으로서 거의 동일하다.

322 욕欲: 앞서 '(2) 석의釋義' 문단에서는 "生欲者 謂起證斷樂欲故"(H1, 818a22~23)라고 하여 생욕生欲의 욕欲을 ['이미 생겨난 해로우며 이롭지 않은 것들'(已生惡不善法)을] 끊어 버리려는 즐거운 의욕'(證斷樂欲)이라고 설명한 적이 있다.

323 책심지심策心持心: 앞서 '(2) 석의釋義' 문단에서는 "策心者, 謂修彼對治, 修慧現行, 若心沈沒, 煩惱染汙, 策心令擧故. 持心者, 謂卽此對治現行之時, 若心浮擧, 煩惱染汙, 持心令下故."(H1, 818b2~5)라고 하여 책심策心은 번뇌를 다스리는 과정에서 마음이 침몰沈沒하여 번뇌에 오염될 때 그 마음을 떠받치는(擧) 것이고 거꾸로 지심持心은 마음이 들떠서(浮擧) 번뇌에 오염될 때 그 마음을 가라앉히는(下) 것이라고 설명한 적이 있다.

지도 일으키지도 않는 양상'(止擧捨相)[324]에 '주의를 기울이는 [마음현상]'(作意)[325]들 중에서 만약 '[수행 상황에 맞추어] 마음을 그치기도 하고 [일으키기도 하며 그치지도 일으키지도 않는] 양상'(止等相)에 '주의를 기울이는 [마음현상]'(作意)이 '[마음의] 의지되는 대상'(所緣境界)에 연연하지 않고 순수하게 [마음을] 닦아 익혀 [번뇌들을] 치유한다면 이때를 '독려하는 [수행]'(策勵)이라고 부른다. [두 번째인 '부지런히 노력하는 마음을 일으키는 수행'(發起正勤)에 관한 설명은 다음과 같다.] '가라앉는 마음현상'(沉沒)과 '들뜨는 마음현상'(掉擧)[326]

---

324 지거사상止擧捨相: 『유가사지론』 권29에서 "應時時正勤修習止擧捨相, 爲斷諸纏及隨眠故."(T30, 443b14~16)라고 설명하는 것에 따르면, 때에 맞추어 지상止相·거상擧相·사상捨相을 정근하여 수습하는 것은 모든 전纏과 수면隨眠을 끊기 위해서라고 하므로 지거사상止擧捨相은 수행에 정진하는 세 가지 양상을 말하는 것으로 보인다. 『유가사지론』 권11에서는 "云何止相? 謂所思惟, 無分別影像之相. 云何擧相? 謂策心, 所取隨一淨妙, 或光明相相. 云何觀相? 謂聞思修慧所思惟諸法相. 云何捨相? 謂已得平等心, 於諸善品增上捨相."(T30, 334c17~21)이라고 하여 지거사상止擧捨相 각각의 뜻을 설명한다. 이에 따르면 지상止相은 사유되는 영상影像에 대해 분별이 없는 양상이고, 거상擧相은 마음을 가라앉지 않게 채찍질하는 것이며, 사상捨相은 평등심平等心을 얻은 것이다. 『유가사지론』 권42에서도 보살응시수습상응정진菩薩應時修習相應精進이라는 명칭과 관련하여 다음과 같은 유사한 설명을 제시한다. "於應止時能正修止, 於應擧時能策其心, 於應捨時能正修捨, 是名菩薩應時修習相應精進."(T30, 527a13~15.)

325 작의作意: 유식불교의 6위심소六位心所 체계에서는 촉觸·작의作意·수受·상想·사思로 구성되는 다섯 가지 변행심소遍行心所 중의 하나이다. 『성유식론』 권5에서는 작의作意에 관해 "作意引心, 令趣自境. 此若無者, 心應無故."(T31, 28a12~13)라고 하여 작의作意는 마음을 이끌어 스스로 마주 대하고 있는 대상(自境)에 나아가도록 하는 것으로서 작의作意가 없으면 마음도 없는 것이라고 설명한다.

326 침몰沉沒과 도거掉擧: 유식불교의 6위심소六位心所 체계 중에서는 수번뇌隨煩惱에 속하는 마음현상(心所)들이다. 이에 관해서는 '변행遍行' 역주 참조. 침몰沉沒은 혼침惛沈이라고 불리기도 한다. 『성유식론』 권6에서는 "云何惛沈? 令心於境無堪任爲性, 能障輕安毘鉢舍那爲業."(T31, 34a19~20)이라고 하여 혼침惛沈은 마음이 대상(境)에 대해 무감임無堪任인 것을 특성(性)으로 삼고 경안輕安인 비발사나毘鉢舍那(觀) 수행을 장애하는 것을 작용(業)으로 삼는다고 한다. 또 도거掉擧는 "云何掉擧? 令心於境不寂靜爲性, 能障行捨奢摩他爲業."(T31, 34a7~8)이라고 하여 마음이 대상(境)에 대해 부정적不寂靜인 것을 특성(性)으로 삼고 행사行捨인 사마타奢摩他(止) 수행을 장애하는 것을 작용(業)으로 삼는다고 설명한다. 이에 따르면 침몰沉沒과 도거掉擧 양자는 각각 대상(境)에 대해서는 무감임無堪任과 부정적不寂靜으로, 장애하는 수행으로는 경안輕安인 비발사나毘鉢舍那(觀)와 행사行捨인 사마타(止)로 대비되는 관계에 있다. 여기서 침몰과 도거라는 두 가지 수번뇌隨煩惱가 각각 장애하는 것인 경안輕安(경안에 관해서는 '자내정지경안구색自內定地輕安俱色' 역주 참조)과 행사行捨는 유식불교의 6위심소六位心所 체계에서 모두 선심소善心所에 속하는데, 『성유식론』 권6에서는 "云何行捨? 精進三根令心平等正直無功用住爲性."(T31, 30b21~22)이라고 하여 행사行捨는 미지당지근未知當知根·이지근已知根·구지근具知根의 3근三根에 정진하여 마음이 평등하고 정직하게 되어 무공용無功用에 머무르게 된 것이라고 설명한다.

을 감소시키고자 하기 위한 것이 '부지런히 노력하는 마음을 일으키는 [수행]'(發起正勤)이다. 이유가 무엇인가? 만약 '가라앉는 마음현상'(沉沒)이라는 '[근본번뇌에] 따르는 번뇌'(隨煩惱)가 생겨났을 때라면 그것을 감소시키기 위해 '청정하고 아름다운 것'(淨妙)들에 '주의를 기울이는 [마음현상]'(作意)으로써 그 [가라앉은] 마음을 채찍질하여 단련하고, 만약 '들뜨는 마음현상'(掉擧)이라는 '[근본번뇌에] 따르는 번뇌'(隨煩惱)가 생겨났을 때라면 곧바로 '[들뜬 것은] 가라앉히고 [산만한 것은] 간략하게 거두어들이는 방식'(內證略攝門)[327]으로 그 [들떠서 산란해진] 마음을 단속하니, 이때를 '부지런히 노력하는 마음을 일으키는 [수행]'(發起正勤)이라고 부른다. [세 번째인 '마음을 가라앉지 않게 채찍질하고 들떠 산란하지 않게 지니는 수행'(策心持心)에 관한 설명은 다음과 같다.] 곧바로 이 '가라앉거나 들뜨는 마음현상'(沉掉)을 감소시키는 '탁월한 수단과 방법'(善巧方便)을 드러내기 위해 다음으로 '마음을 [가라앉지 않게] 채찍질하고 [들떠 산란하지 않게] 지니는 [수행]'(策心持心)을 말한다.[328] ['닦아 익히는 과정'(修習)에 관한 설명에는] 다른 뜻도 있는데, 앞에서 [4정단四正斷의] '뜻을 해석하는 문단'(釋義門)에서 설명한 것[329]과 같다.

---

327 들뜨고 산란한 마음을 대치하는 것이니, 내증(內證)은 고요한 정(定)을 말하고 약섭(略攝)은 산란한 마음을 수습한다는 뜻이다.

328 『대승아비달마잡집론』 권10(T31, 739c8~18). "正斷修習者, 如經說, 生欲策勵, 發起正勤, 策心持心. 此中諸句, 顯修正勤及所依止. 所依止者, 謂欲. 〈樂〉欲爲先, 發精進故. 正勤者, 謂策勵等. 於止擧捨相作意等中, 若〈由〉止等相作意, 不顧戀所緣境, 純修習對治, 爾時名策勵. 爲欲損減沈沒掉擧, 發起正勤. 所以者何? 若沈沒隨煩惱生時, 爲損減彼故, 以淨妙等作意, 策練其心, 若掉擧隨煩惱生時, 即以內證略攝門, 制持其心, 爾時名爲發起正勤. 即爲顯此損減沈掉善巧方便故, 次說言策心持心." 원효는 원문의 〈樂〉과 〈由〉를 본문에서 순서대로 '以'와 '於'로 바꾼다.

329 4정단四正斷을 '닦아 익히는 과정'(修習)에 관한 석의문釋義門에서의 별의別義: 4정단四正斷에 관한 앞의 석의문釋義門은 H1, 818a18~c15에 해당한다. 석의문釋義門 내용 중에서 생욕生欲·책려策勵·발기정근發起正勤·책심지심策心持心의 네 가지로 구성되는 '닦아 익히는 과정'(修習)에 관해 본문에서 별의別義라고 말한 것에 해당할 만한 내용을 꼽자면, 예를 들어 "[〈'의욕을 일으켜'(生欲)〉, 〈'독려하고'(策勵)〉, 〈'부지런히 노력하는 마음을 일으켜'(發懃精進)〉라는] 이상의 세 구절은, '선정禪定에 들지 않는 경지'(不定地)에서 [얻는] '들어서 얻는 지혜와 사유하여 얻는 지혜'(聞思) [이] 두 가지 지혜로 '낮은 단계'(下品)[의 번뇌]를 치유하는 것을 나타낸다"("此上三句, 顯不定地中, 聞思兩慧, 下品對治." H1, 818b1~b2)라고 설명하는 대목이다. 생욕生欲·책려策勵·발기정근發起正勤의 세 가지는 부정지不定地에서 문혜聞慧와 사혜思慧에 의거하여 하품번뇌下品煩惱를 치유하는 수행 과정이라 하고, 인용문 이하(H1, 818b2~b5)에서 마지막인 책심지심策心持心은 정지定地에서 수혜修慧에 의거하여 상품번뇌上品煩惱를 치유하는 수행 과정이라고 하여 네 가지 '닦아 익히는 과정'(修習)을 생욕生欲·책려策勵·발기정근發起正勤의 부정지不定地와 책심지심策心持心의 정지

正勤修果者, 謂盡棄於一切所治, 於能對治, 若得若證.[330] 如其次第, 配屬應知. 正斷五門, 略說如是.

[H1, 823b1~4: X48, 163a24~b2]

마. [4정단四正斷] 수행의 결과(修果)

'진리답게 노력하는 [네 가지] 수행의 결과'(正勤修果)라는 것은, ['이미 생겨났거나 아직 생겨나지 않은'(已生未生)] 모든 '치유되어야 할 [해로운 번뇌 현상]'(所治)을 다 없애 버리고, '[해로운 것들을] 치유할 수 있는 [이로운 지혜 현상]'(能對治)에 대해서는 ['아직 생겨나지 않은 것'(未生)을] 얻기도 하고 ['이미 생겨난 것'(已生)을] 더 늘리기도 하는 것을 말한다. [초정단初正斷에서 제4정단第四正斷까지] 그 순서에 따라 ['수행의 결과'(修果)가] 배속되는 것을 알아야 한다.[331] '해로운은 끊고 이로움은 살리는 [네 가지] 수행'(正斷)의 '다섯 가지 측면'(五門)에 관해 대략 설명한 것은 이와 같다.

定地라는 두 단계로 구분하는 설명과 같은 것에 해당한다. 본문에서는 이와 달리 생욕生欲과 책려策勵·발기정근發起正勤·책심지심策心持心의 두 측면으로 구분하여 각각 '의지하는 것'(所依止)과 '진리다운 노력을 닦는 과정'(修正勤)이라고 설명하는 차이를 보인다.

330 『대승아비달마잡집론』을 참조하여 '證'을 '增'으로 고친다.

331 『대승아비달마잡집론』 권10(T31, 739c19~23). "正斷修果者, 謂盡棄捨一切所治, 於能對治若得若增, (是名修果). 〈初二正斷盡捨一切所治, 如其所應, 斷捨一切已生未生惡不善法故. 第三正斷得能對治, 能生未生諸善法故. 第四正斷增能對治, 已生善法令增廣故.〉" 괄호는 생략된 부분이고, '〈 〉'로 표시한 부분은 본문에서 "如其次第, 配屬應知."라고 축약한 내용에 해당한다. '〈 〉'로 표시한 부분의 내용에 따라 수과修果의 순서를 따져보면, 초정단初正斷에서 이생소치법已生所治法(已生惡不善法)을 치유하고 제2정단第二正斷에서 미생소치법未生所治法(未生惡不善法)을 치유하며 제3정단第三正斷에서 미생능치법未生能治法(未生善法)을 얻고(得) 제4정단第四正斷에서 이생능치법已生能治法(已生善法)을 더 늘이는(增) 과정이라고 하겠다.

次明四神足中五門. 神足所緣者, 謂已成滿定所住[332]事. 此復云何? 由已成滿三摩地力, 發起種種神變等事, 是所緣境. 神足自體者, 謂三摩地. 神足助伴者, 謂欲勤心觀及彼相應心心法等.

[H1, 823b5~9: X48, 163b3~6]

③ 선정을 이루어 번뇌를 끊게 하는 네 가지 능력의 계발(四神足)

다음으로 '선정을 이루어 번뇌를 끊게 하는 네 가지 능력의 계발'(四神足)[333]에서의 '다섯 가지 측면'(五門)을 밝힌다.

가. [4신족四神足 수행의] 대상(所緣)

'선정을 이루어 번뇌를 끊게 하는 [네 가지] 능력의 계발'(神足)의 대상(所緣)이라는 것은 '이미 성취된 선정禪定이 일으키는 현상'(已成滿定所作事)을 말한다. 이 [현상]은 또한 무엇을 말하는가? '이미 성취된 선정禪定의 능력'(已成滿三摩地力)에 의거하여 갖가지 '자유자재한 활동'(神變)[334]의 현상들을 일으키는 것이니, 이것이 [4신족四神足 수행의] 대상(所緣境)이다.

---

332 『대승아비달마잡집론』을 참조하여 '住'를 '作'으로 고친다.

333 앞의 '(1) 열명列名' 문단에서 4신족四神足의 명칭을 나열하는 곳(H1, 817b20~c1)에 따르면 네 가지 신족神足 각각의 명칭은 ①욕삼마지단행성취신족欲三摩地斷行成就神足, ②근삼마지단행성취신족勤三摩地斷行成就神足, ③심삼마지단행성취신족心三摩地斷行成就神足, ④관삼마지단행성취신족觀三摩地斷行成就神足이다.

334 신변神變: 『유가사지론』 권27(원문은 '출세승법出世乘法' 역주 참조)에서는 신변神變에 관해 신경신변神境神變·기설신변記說神變·교계신변教誡神變의 세 가지를 거론한다. ①신경신변神境神變은 갖가지 신통경계神通境界를 나타내어 다른 사람들로부터 존중받는 것이고, ②기설신변記說神變은 다른 사람의 다양한 마음 작용에 능통한 것이며, ③교계신변教誡神變은 스스로 선근善根을 닦아 깨달아 들어간 바대로 수행처에서 정법正法을 설하여 교훈적 가르침을 바르게 펼치는 것이다.

나. [4신족四神足 수행의] 바탕(自體)

‘선정을 이루어 번뇌를 끊게 하는 [네 가지] 능력의 계발’(神足)의 바탕(自體)이라는 것은 선정禪定(三摩地)을 말한다.

다. [4신족四神足 수행에] 도움을 주면서 동반되는 것(助伴)

‘선정을 이루어 번뇌를 끊게 하는 [네 가지] 능력의 계발’(神足)에 ‘도움을 주면서 동반되는 것’(助伴)들은 의욕(欲)·정진(勤)·마음(心)·이해(觀) 및 저 [네 가지]에 상응하는 마음(心)과 마음현상(心法)들을 말한다.[335]

神足修習者, 謂數修習八種斷行, 謂欲精進信安正念正知思捨. 如是八種略攝爲四, 謂加行攝受繼屬對治. 言加行者, 謂欲精進信. 欲爲精進依, 信爲欲因. 所以者何? 由欲求故, 爲得此義, 發勤精進. 如是欲求不離信受, 有體等故. 攝受者, 謂輕安. 由此輕安攝益身心故. 繼屬者, 謂正念正知. 由不忘所緣, 安心一境故, 若有放逸生, 如實了知故. 對治者, 謂思捨. 策心持心二加行力, 已生沉掉能遠離故, 又能引發, 離隱[336]煩惱止等相故.

[H1, 823b9~21: X48, 163b6~15]

335 『대승아비달마잡집론』 권10(T31, 739c24~29). “四神足所緣境者, 謂已成滿定所作事. 此復云何? 由已成滿三摩地力, 發起種種神變等事, 是所緣境. 神足自體者, 謂三摩地. 神足助伴者, 謂欲勤心觀及彼相應心心法等.” 〈산스크리트본의 해당 내용: 출전(1) AS., p.73. caturṛddhipādānām ālambanaṃ katamat / niṣpannena samādhinā yatkaraṇīyaṃ kṛtyam // svabhāvaḥ katamaḥ / samādhiḥ // sahāyaḥ katamaḥ / chando vīraṃ cittaṃ mīmāṃsā tatsaṃprayuktāś ca cittacaitasikā dharmāḥ //; [4]신족의 인식대상은 무엇인가? 완성된 삼매로 의무를 다한 것이다. 본질은 무엇인가? 삼매다. 조력자는 무엇인가? 의욕, 정진, 마음, 관찰 및 그것과 결합한 심심소법이다.〉 〈산스크리트본의 해당 내용: 출전(2): ASBh., p.87. ṛddhipādālaṃbanaṃ niṣpannena samādhinā yatkaraṇīyam ṛddhayādikaṃ kṛtyam //; [4]신족의 인식대상은 완성된 삼매로 의무를, 곧 신통력 등을, 다한 것이다.〉

336 『대승아비달마잡집론』을 참조하여 ‘隱’을 ‘隨’로 고친다.

라. [4신족四神足을] 닦아 익히는 과정(修習)

'선정을 이루어 번뇌를 끊게 하는 [네 가지] 능력의 계발'(神足)을 '닦아 익히는 과정'(修習)이라는 것은 '여덟 가지 마음현상으로 번뇌를 끊는 수행'(八種斷行)을 자주 닦아 익히는 것을 말하니, [여덟 가지 마음현상은] 의욕(欲)·정진(精進)·믿음(信)·평안(安)·'진리답게 [잊지 않고] 간직함'(正念)·'진리답게 앎'(正知)·사유(思)·'치우치지 않음'(捨)을 가리킨다. 이와 같은 여덟 가지를 간략히 종합하면 네 가지가 되니, '[믿음(信)에 의거하여 수행에 정진精進하려는 의욕(欲)을] 더해 가는 단계'(加行)·'[평안함(安)으로 몸과 마음을] 거두어들이는 단계'(攝受)·'[번뇌를 끊어 내는 마음을] 계속 유지하는 단계'(繼屬)·'[번뇌를] 치유하는 단계'(對治)를 말한다.[337]

'[믿음(信)에 의거하여 수행에 정진精進하려는 의욕(欲)을] 더해 가는 단계'(加行)라고 말한 것은 의욕(欲)·정진(精進)·믿음(信)[338][의 마음현상]을 가리킨다. 의욕(欲)은 정진精進

337 8종단행八種斷行과 네 가지 단계: 8종단행의 내용을 제시되는 욕欲·정진精進·신信·안安·정념正念·정지正知·사思·사捨의 여덟 가지를 유식불교의 6위심소六位心所 체계(이에 대해서는 '변행遍行' 역주의 표 참조)에 배속시켜 보면 사思의 한 가지는 변행심소遍行心所에 속하고 욕欲·정념正念(念)·정지正知(慧)의 세 가지는 별경심소別境心所에 속하며 정진精進·신信·안安(輕安)·사捨(行捨)의 네 가지는 선심소善心所에 속한다. 그러므로 변행심소·별경심소·선심소에 속하는 이 여덟 가지 마음현상들은 앞 문단에서 4신족四神足 수행의 조반助伴으로 거론된 마음현상(心法)들의 구체적 내용이기도 한 것으로 보인다. 한편 4신족을 '닦아 익히는 과정'(修習)의 네 가지 단계인 가행加行·섭수攝受·계속繼屬·대치對治에 관한 본문 아래의 설명에서 미루어볼 때 이 네 가지는 4신족의 구체적 내용인 욕삼마지단행성취신족欲三摩地斷行成就神足·근삼마지단행성취신족勤三摩地斷行成就神足·심삼마지단행성취신족心三摩地斷行成就神足·관삼마지단행성취신족觀三摩地斷行成就神足의 과정과 대체로 상응하므로 이 관계를 간단히 표로 나타내면 다음과 같다.

4신족	네 가지 단계	마음현상
욕삼마지단행성취신족	가행加行	욕欲·정진精進·신信
근삼마지단행성취신족	섭수攝受	안安
심삼마지단행성취신족	계속繼續	정념正念·정지正知
관삼마지단행성취신족	대치對治	사思·사捨

표에서 나타나듯이 가행加行의 단계인 욕삼마지단행성취신족欲三摩地斷行成就神足에서 의거하는 마음현상은 욕欲·정진精進·신信이고, 섭수攝受의 단계인 근삼마지단행성취신족勤三摩地斷行成就神足에서 의거하는 마음현상은 안安이며, 계속繼續의 단계인 심삼마지단행성취신족心三摩地斷行成就神足에서 의거하는 마음현상은 정념正念·정지正知이고, 대치對治의 단계인 관삼마지단행성취신족觀三摩地斷行成就神足에서 의거하는 마음현상은 사思·사捨임을 알 수 있다.

338 욕欲·정진精進·신信: 본문에서는 가행加行 단계에서 설정되는 욕·정진·신의 세 가지 마음현상에 관해 원인인 신으로부터 결과인 욕이 성립하고 이 욕이 정진의 의지처가 되는 관계에 있음을

의 의지처(依)이고, 믿음(信)은 의욕(欲)의 원인(因)이다. 이유가 무엇인가? [의욕(欲)이 정진(精進)의 의지처(依)라는 것은] '의욕을 내어 추구하기'(欲求) 때문에 이 [정진精進하는] 면모를 얻어 '부지런히 정진함'(勤精進)을 일으킨다는 것이다. [믿음(信)이 의욕(欲)의 원인(因)이라는 것은] 이와 같은 '의욕을 내어 추구함'(欲求)이 '믿음이라는 느낌'(信受)에서 벗어나지 않으니, [의욕(欲)과 믿음(信)은] 바탕(體)이 같기 때문이다. '[평안함(安)으로 몸과 마음을] 거두어들이는 단계'(攝受)라는 것은 평안(輕安)[339][의 마음현상]을 말한다. 이 평안(輕安)[의 마음현상]이 몸과 마음을 거두어들여 이롭게 하기 때문이다.

'[번뇌를 끊어 내는 마음을] 계속 유지하는 단계'(繼屬)라는 것은 '진리답게 [잊지 않고] 간직함'(正念)과 '진리답게 앎'(正知)[340][의 마음현상]을 말한다. ['진리답게 잊지 않고 간직함'(正念)은] '[4신족四神足 수행의] 대상'(所緣)[인 '자유자재한 활동'(神變)의 현상들]을 잊지 않아 '마음이 한결같아진 상태'(心一境)에 자리잡기 때문이고, ['진리답게 앎'(正知)은] 만약 해이함(放逸)[의 마음현상]이 생겨나면 사실 그대로 깨달아 알기 때문이다. '[번뇌를] 치유하는 단계'(對治)라는 것은 사유(思)와 '치우치지 않음'(捨)[341][의 마음현상]을 말한다.

설명한다. 즉 욕삼마지단행성취신족欲三摩地斷行成就神足은 가행의 단계로서 신信을 원인으로 삼고 다음 과정인 근삼마지단행성취신족勤三摩地斷行成就神足의 의지처가 된다는 뜻이라고 하겠다. 『유가사지론』 권29의 4신족四神足을 설명하는 문단에도 "何等名爲八種斷行?"(T30, 444a5~6)이라고 하면서 8종단행八種斷行에 관해 설명하는 대목이 보이는데, 여기서는 가행加行·섭수攝受·계속繼屬·대치對治라는 네 가지 단계에 관한 언급은 없지만 각 마음현상의 내용에 관해 좀 더 자세한 설명을 다음과 같이 찾아볼 수 있다. "一者欲, 謂起如是希望樂欲, 我於何時修三摩地, 當得圓滿, 我於何時當能斷滅惡不善法所有隨眠. 二者策勵, 謂乃至修所有對治, 不捨加行. 三者信, 謂不捨加行正安住故, 於上所證深生信解."(T30, 444a6~11) 이에 따르면 욕欲은 언제쯤 삼마지三摩地를 닦아 원만해져서 악불선법惡不善法에 있는 수면隨眠들을 끊을 수 있을지 수행자 자신이 희망하여 즐거운 의욕(樂欲)을 일으키는 것이고, 책려策勵(精進)는 치유법을 닦기에 이를 때까지 가행加行하기를 버리지 않는 것이며, 신信은 가행하기를 버리지 않는 것에 제대로 안주하는 것으로서 앞에서 증득한 것에 관해 깊이 신해信解를 일으키는 것이다.

339 경안輕安(安): 『유가사지론』 권29에서는 이어서 "四者安, 謂清淨信而爲上首心生歡喜, 心歡喜故漸次息除諸惡不善法品麁重."(T30, 444a11~13)이라고 하여 네 번째인 안安(輕安)은 앞의 청정신清淨信이 상수上首가 되어 마음이 환희를 일으킨 것으로서, 마음이 환희하기 때문에 점차 모든 악불선법惡不善法品이 추중麁重을 없애는 것이라고 한다.

340 정념正念·정지正知: 『유가사지론』 권29에서는 이어서 "五者念, 謂九種相, 於九種相, 安住其心奢摩他品, 能攝持故. 六者正知, 謂毘鉢舍那品慧."(T30, 444a13~15)라고 하여 정념正念은 마음이 사마타품奢摩他品(止)에 안주한 것이고 정지正知는 비발사나품毘鉢舍那品(觀)의 혜慧라고 한다.

341 사思·사捨: 『유가사지론』 권29에서는 이어서 "七者思, 謂心造作, 於斷未斷正觀察時, 造作其心,

[사유(思)는] '마음을 [가라앉지 않게] 채찍질함'(策心)과 '[들떠 산란하지 않게] 지님'(持心)이라는 '이로움을 더해 가는 두 가지 수행의 힘'(二加行力)으로 '이미 생겨난 가라앉거나 들뜨는 [마음현상]'(已生沉掉)에서 멀리 벗어나게 하기 때문이고, 또 ['치우치지 않음'(捨)은] '[근본번뇌에] 따르는 번뇌'(隨煩惱)들에서 벗어나게 하는 '마음을 그치기도 하고 [일으키기도(擧) 하며 '그치지도 일으키지도 않는'(捨)] 양상들'(止等相)을 이끌어 낼 수 있기 때문이다.[342]

"復次欲勤心觀修, 有二種, 謂兼[343]因緣聚散遠離修, 不劣[344]不散, 彼二所依隨順修. 此中顯示, 欲等遠[345]聚散及因緣等二種修義. 聚因緣者, 謂遠離毗鉢舍那故, 由懈怠[346]所生沉沒. 散因緣者, 謂遠離不淨相[347]故, 由掉動門所生高擧. 聚者, 謂由惛沈睡眠門, 於內踧踖, 散者, 謂由隨順淨妙相門, 於外馳散. 不劣隨順修者, 謂依觀察相, 觀察諸法. 不散隨順修者, 謂依不淨相,[348] 觀察髮毛等事. 彼二所依隨順修者, 謂修光明相.[349]"

[H1, 823b21~c8: X48, 163b15~22]

發起能順止觀二品身業語業. 八者捨, 謂行過去未來現在, 隨順諸惡不善法中, 心無染污, 心平等性."(T30, 444a15~18)이라고 하여 사思는 마음의 조작造作하는 면모로서 이미 끊어진 번뇌와 아직 끊어지지 않은 번뇌를 관찰할 때 그 마음을 조작하여 지관2품止觀二品의 신업身業과 어업語業을 때에 맞게 따르게 할 수 있는 것이고, 사捨는 과거·현재·미래의 때에 따라 수행하면서도 모든 악불선법惡不善法에 따르는 중에 마음에 염오染污가 없어서 평등성平等性인 것이라고 한다. 8종단행八種斷行에 관한 논의의 말미에서는 "若今所說八種斷行, 於爲永斷所有隨眠圓滿, 成辦三摩地時, 一切總名, 欲三摩地斷行成就神足, 勤三摩地斷行成就神足, 心三摩地斷行成就神足, 觀三摩地斷行成就神足."(T30, 444a25~29)라고 하여 네 가지 신족神足의 명칭은 모두 지금까지 설명한 8종단행으로 수면隨眠의 영단永斷이 원만해져서 각각의 삼마지三摩地가 완성되었을 때를 가리킨다고 한다.

342 『대승아비달마잡집론』 권10(T31, 740a17~27). "神足修習者, 謂數修習八種斷行. (何等爲八?) 謂欲精進信安正念正知思捨. 如是八種略攝爲四, 謂加行攝受繼屬對治. 加行者, 謂欲精進信. 欲爲精進依, 信爲欲因. 所以者何? 由欲求故, 爲得此義, 發勤精進. 如是欲求不離信受, 有體等故. 攝受者, 謂安. 由此輕安攝益身心故. 繼屬者, 謂正念正知. 由不忘所緣, 安心一境故, 若有放逸生, 如實了知故, (隨其次第.) 對治者, 謂思捨. 策心持心二加行力, 已生沈掉能遠離故, 又能引發, 離隨煩惱止等相故." 괄호는 생략된 부분을 표시한다. 〈산스크리트본의 해당 내용: 출전(1) AS., p.73. bhāvanā katamā / aṣṭānāṃ prahāṇasaṃskārāṇām abhyāsaḥ / katame aṣṭau / chandaḥ

"또한 의욕(欲)·정진(勤)·마음(心)·이해(觀)를 닦아 [익히는 과정]에는 두 가지가 있으니, [첫 번째 과정은] '[위축되거나 산만해지는] 원인과 조건'(因緣) 및 '위축됨과 산만해짐'(聚散)을 아울러 [이들에서] 멀리 벗어나는 수행이고, [두 번째 과정은] '위축되지 않게 됨[을 위한 수행]'(不劣)[350]과 '산만해지지 않게 됨[을 위한 수행]'(不散) 및 '그 두 가지에 의지한 것[인 '밝은 빛을 연상하는 수행'(光明想)]에 따르는 수행'(彼二所依隨順修)이다. 여기서 드러내 보이려는 것은, 의욕(欲)[·정진(勤)·마음(心)·이해(觀)] 등 [4신족四神足을 닦아 익히는 과정]이 '위축됨과 산만해짐'(聚散) 및 [그] '원인과 조건'(因緣)에서 멀리 벗어나는 [첫 번째 수행과 다음의 두 번째 수행] 등의 '두 가지 수행'(二種修)의 면모이다.

[첫 번째 과정에서] '위축됨의 원인과 조건'(聚因緣)이라는 것은, '진리다운 이해수

---

vyāyāmaḥ śraddhā praśrabdhiḥ smṛtiḥ saṃprajanyaṃ cetanā upekṣā ca / te punar aṣṭau samāsataś caturdhā saṃgṛhyante / vyāvasāyikaḥ anugrāhakaḥ aupanibandhikaḥ prātipakṣikaś ca // chandavīryacittamīmāṃsābhāvanā punar dvividhā / nidhānasaṃkṣepavikṣepaparivarjana bhāvanā alīnatvāvikṣepatadubhayāśrayānukūlabhāvanā ca //; [4신족의] 수습이란 무엇인가? 여덟 가지 [번뇌를] 단절하는 성향[斷行]을 수습하는 것이다. 여덟 가지란 무엇인가? 의욕, 정근, 믿음, 경안, 주의집중, 정지, 의도, 평정이다. 또 그 여덟 가지는 간략하게는 네 가지에 포함된다. 노력, 이익, 결합, 대치에 관련된 것이다. 또 의욕, 정진, 마음, 관찰의 수습은 두 가지다. 원인의 위축과 산란을 멀리하는 수습과 침울하지 않고 산란하지 않은 그 두 가지의 소의에 수순하는 수습이다.〉 출전(2)는 주 356번에 기술한다.

343 『대승아비달마잡집론』에 따라 '兼'을 '并'으로 고친다.

344 한불전 교감주에 "'劣'은 '聚'인 듯하고, 다음에 나오는 것도 동일하다."라고 되어 있지만, 『대승아비달마잡집론』에 따라 그대로 둔다. 이에 관해서는 아래 '불열不劣'에 관한 역주 참조.

345 『대승아비달마잡집론』에 따라 '遠' 뒤에 '離'를 넣는다.

346 『대승아비달마잡집론』에 따라 '意' 뒤에 '門'을 넣는다.

347 『대승아비달마잡집론』에 따라 '相'을 '想'으로 고친다.

348 『대승아비달마잡집론』에 따라 '相'을 '想'으로 고친다.

349 『대승아비달마잡집론』에 따라 '相'을 '想'으로 고친다.

350 불열不劣: 4신족四神足을 닦는 과정에서 전개되는 두 가지 수행은 겸인연취산원리수兼因緣聚散遠離修와 불열불산피이소의수순수不劣不散彼二所依隨順修이다. 여기서 두 번째 수행의 내용 중 '불열불산不劣不散'은 첫 번째 수행의 '취산聚散'에 대응되어 그 부정어로서 제시되는 문맥이므로 '불열불산不劣不散'보다는 '불취불산不聚不散'이 자연스럽다. 한불전 교감주에서 "'劣'은 '聚'인 듯하다"라고 하는 것도 이 때문이다. 하지만 이 '불열不劣'의 용어는 앞 문맥이 아니라 뒷 문맥을 반영하여 의도적으로 채택된 용어로 보인다. 본문의 다음 문단에서는 박가범설薄伽梵說로서 "我之欲樂無有下劣, 亦無高舉."라는 문장이 나오는데, 여기서 '하열下劣'이 '취聚'에, '고거高擧'가 '산散'에 해당하기 때문이다. 그러므로 '열劣'과 '취聚'는 같은 뜻의 다른 명칭이라고 하겠다.

행'(毘鉢舍那)에서 멀리 벗어나기 때문에 '게으름의 [마음]측면'(懈怠門)[351]에 의거하여 생겨나는 '가라앉음'(沉沒)[의 마음현상]을 말한다. '산만해짐의 원인과 조건'(散因緣)이라는 것은, [선정수행(奢摩他)인] '청정하지 않은 것으로 관찰하는 수행'(不淨想)[352]에서 멀리 벗어나기 때문에 '들떠 동요하는 [마음]측면'(掉動門)에 의거하여 생겨나는 '[자신을] 높이 들어올림'(高擧)[353][의 마음현상]을 말한다. 위축됨(聚)이라는 것은 '가라앉아 흐릿해진 [마음]측면'(惛沈睡眠門)[354]에 의거하여 [마음이] 안으로 '움츠러듦'(踙踖)을 말하

351 해태懈怠: 유식불교의 6위심소六位心所 체계 중에서 수번뇌隨煩惱에 속하는 마음현상이다. 『성유식론』 권6에서는 해태懈怠에 관해 "云何懈怠? 於善惡品修斷事中懶惰爲性, 能障精進增染爲業."(T31, pp.34b11~13)이라고 하여 선품善品을 닦고 악품惡品을 끊는 일에 '게으른 것'(懶惰)이 특성이고 정진精進을 막고 오염(染)을 늘리는 것이 작용이라고 설명한다.

352 비발사나毘鉢舍那와 부정상不淨想: 지止(奢摩他)와 관觀(毘鉢舍那)에 관해 원효는 『기신론소』 권2에서, 모든 현상에 대해 무소분별無所分別인 것이 지止이고 모든 현상의 승의이취勝義理趣와 무량안립이취無量安立理趣에 관한 세속묘지世俗妙智가 관觀이라는 『유가사지론』 권45의 설명을 인용하면서 해설하고 있다. 그 해설에 따르면, 〈지止는 진여문眞如門에 의거하여 각혜覺慧로 외진상外塵相을 깨뜨려 외진상에 대해 무분별지를 이루는 것이고, 관觀은 생멸문生滅門에 의거하여 모든 '현상의 특징들'(法相)과 이취理趣를 관찰하여 후득지後得智를 이루는 것〉으로 양자를 크게 구별한다. 자세한 내용은 '사마타奢摩他와 비발사나毘鉢舍那' 역주 참조. 지금 본문에서의 설명에 따르면, 지止는 도동掉動과 고거高擧를 인연으로 삼는 산만해짐(散)의 현상에서 벗어나게 하는 수행이라면, 관觀은 해태懈怠와 침몰沈沒을 인연으로 삼는 위축됨(聚)의 현상에서 벗어나게 하는 수행인 것으로 구분될 수 있다. 한편 본문에서는 비발사나(觀)의 대칭어로서 사마타 대신 부정상不淨想이 제시되어 있는데, 본문의 다음 문단에서 인용되는 『유가사지론』 권28에서는 사마타 수행에 관해 "修奢摩他時, 修習止品上下想. (중략) 上下想者, 謂觀察此身如其所住如其所願, 上從頂上下至足下, 種種雜類不淨充滿."(H1, 823c17~21: T30, 439b27~c1)이라고 한다. 사마타 수행은 상하상上下想을 닦는 것이고, 이 상하상은 정수리부터 발끝까지 갖가지 잡류雜類의 부정不淨으로 충만되어 있음을 관찰하는 것이라고 설명하므로, 『유가사지론』은 부정상不淨想을 지止 수행으로 간주한다는 것을 알 수 있다. 원효나 각종 문헌에서 나타나는 지止와 관觀의 내용이나 그 의미 규정은 통일되어 있지도 않고 일관된 내용으로 제시되지도 않는다. 다양한 맥락에서 다층적 의미를 보여 준다. 지止와 관觀에 대한 탐구는 이러한 점을 충분히 고려하면서 접근할 필요가 있다.

353 고거高擧: 『성유식론』 권4에서는 "我慢者, 謂倨傲恃所執我, 令心高擧, 故名我慢."(T31, 22b1~2)이라고 한다. 오만(倨傲)을 뜻하는 아만我慢은 집착된 불변·독자의 자기(我)를 믿어 마음이 '높이 들어올려지는 것'(高擧)이라는 설명이다. 따라서 고거高擧는 아만에 부수하는 마음현상이라고 하겠다. 20가지 수번뇌隨煩惱들(이에 관해서는 '변행遍行' 역주의 표 참조) 중에서는 교憍에 해당하는 것으로 보인다. 『성유식론』 권6에서는 '교'에 관해 "云何爲憍? 於自盛事深生染著醉傲爲性, 能障不憍染依爲業."(T31, 33c16~18)이라고 하여, 스스로 번성시킨 일에 깊이 염착染著하여 '도취되어 오만한 것'(醉傲)이 특성이고 교만하지 않음을 장애하여 오염의 의지처가 되는 것이 작용이라고 한다.

354 혼침惛沈과 수면睡眠: 혼침은 들뜨는 마음현상인 도거掉擧에 상대되는 수번뇌심소隨煩惱心所로서

고, 산만해짐(散)이라는 것은 '청정하고 아름다운 특징을 쫓아가는 [마음]측면'(隨順淨妙相門)에 의거하여 [마음이] 밖으로 '산만하게 달려 나감'(馳散)을 말한다.

[두 번째 과정에서] '위축되지 않게 됨에 따르는 수행'(不劣隨順修)이라는 것은, ['진리다운 이해수행'(毘鉢舍那)인] '특징을 관찰함'(觀察相)에 의거하여 모든 현상을 관찰하는 것을 말한다. '산만해지지 않게 됨에 따르는 수행'(不散隨順修)이라는 것은, [선정수행(奢摩他)인] '청정하지 않은 것으로 관찰하는 수행'(不淨想)에 의거하여 머리카락이나 털 등을 관찰하는 것을 말한다. 그 두 가지에 의지한 것[인 '밝은 빛을 연상하는 수행'(光明想)]에 따르는 수행'(彼二所依隨順修)이라는 것은 '밝은 빛을 연상하는 수행'(光明想)[355]을 닦는 것을 말한다."[356]

침몰沈沒이라고도 한다. 자세한 내용은 '침몰과 도거' 역주 참조. 수면睡眠은 유식불교의 6위심소六位心所 체계 중에서는 회悔·수면睡眠·심尋·사伺의 네 가지로 구성되는 부정심소不定心所에 속한다. 『성유식론』 권7에서는 '부정不定'이라는 용어에 관해 "悔眠尋伺於善染等皆不定故, 非如觸等定遍心故, 非如欲等定遍地故, 立不定名."(T31, 35c9~11)이라고 한다. 회悔·수면睡眠·심尋·사伺의 부정심소不定心所는 선善·염染 등의 면모가 정해지지 않았고, 촉觸·작의作意 등의 변행심소遍行心所처럼 모든 마음(心)에 두루 펼쳐지는 것으로 정해지지도 않았으며, 욕欲·승해勝解 등의 별경심소別境心所처럼 모든 경지(地)에 두루 펼쳐지는 것으로 정해지지도 않았기 때문에 부정不定이라는 명칭을 세운다고 한다. 같은 곳에서 수면에 관해서는 "眠謂睡眠, 令身不自在昧略爲性, 障觀爲業, 謂睡眠位身不自在, 心極闇劣一門轉故, 昧簡在定, 略別寤時."(T31, 35c14~17)라고 한다. 몸이 자유자재하지 못하여 마음이 매략昧略한 것이 특성이고 이해수행(觀)을 장애하는 것이 작용인데, 여기서 수면睡眠의 특성으로 거론된 매昧와 약略은 각각 선정(定)에 들었을 때와 깨어 있을(寤) 때의 명료함과 대비되는 마음상태라고 한다.

355 광명상光明想: 본문의 다음 문단에서 인용되는 『유가사지론』 권28에서는 "修奢摩他時, 修習止品上下想, 修毘鉢舍那時, 修習觀品前後想."(H1, 823c17~18: T30, 439b27~28)이라고 하여, 지止 수행인 상하상上下想(不淨想)과 관觀 수행인 전후상前後想(觀察相)의 구체적 내용에 관해 자세히 논의하고 있다. 그런데 그 논의의 말미에서는 "當知此中爲修止觀, 修彼二品勝光明想, 是名想修."(H1, 824a14~16: T30, 439c17~18)라고 한다. 지止·관觀 수행은 탁월한 광명상을 닦는 것이라는 것이다. 『유가사지론』 권20에서는 "當知略有四種所治."(T30, 390b1~2)라고 하여 '4종의 치유되어야 할 현상'(四種所治)들을 거론하는데, 그중 첫 번째 치유되어야 할 현상에 관해 "何等爲四? 一於奢摩他毘鉢舍那品, 有闇昧心."(T30, 390b2~3)이라고 하여 사마타奢摩他와 비발사나毘鉢舍那 수행 과정에 있는 암매심闇昧心을 꼽는다. 그런데 같은 곳에서는 이어서 "如是四種所對治法, 當知亦有四種修習對治. 一修光明想."(T30, 390b5~6)이라고 하여, 4종소대치법四種所對治法을 대상으로 하는 수습대치修習對治의 첫 번째로 광명상이 제시되고 있다. 그런 점에서 광명상은 지止·관觀 수행의 치유 대상인 암매심에 대비되는 용어이기도 하다.

356 『대승아비달마잡집론』 권10(T31, 740a28~b8). "復次欲勤心觀修, 有二種, 謂并因緣聚散遠離修, 不劣不散, 彼二所依隨順修. 此中顯示, 欲等(能)遠離聚散及因緣等二種修義. 聚因緣者, 謂遠離毘鉢舍那故, 由懈怠門所生沈沒. 散因緣者, 謂遠離不淨想故, 由掉動門所生高舉. 聚者, 謂由惛沈睡眠門, 於內踡踖, 散者, 謂由隨順淨妙相門, 於外馳散. 不劣隨順修者, 謂依觀察相, 觀察諸法. 不散隨順修者, 謂依不淨想, 觀察髮毛等事. 彼二所依隨順修者, 謂修光明想." 괄호는 생략된 부분을 표시한다. 〈산스크리트본의 해당 내용: ASBh., pp.87-88. bhāvanā chandādīnām aṣṭānāṃ prahāṇasaṃskārāṇām abhyāsaḥ / te punar aṣṭau prahāṇasaṃskārāś caturdhā kriyante / tadyathā vyāvasāyikaś chandavyāyāmaśraddhāḥ // tatra chando vyāyāmasyāśrayaḥ / chandasya punaḥ śraddhā nimittam / tathāhi yo yenārthī bhavati tatprāptyartha vyāyacchate / arthitvaṃ ca nāntareṇa tadastitvādyabhisaṃpratyam iti /

anugrāhikaḥ prasrabdhiḥ, tayā kāyacittānugrahakaraṇāt / aupanibandhikaḥ smṛtisaṃprajanye, ālaṃbanāsaṃpramoṣeṇa cittasyaikāgrāvasthānāt, tatpramāde ca sati paricchedāt yathākramam / prātipakṣikaś cetanopekṣe, cittapragrahapradhānābhisaṃskārābhyām utpannalayauddhatyaparivarjanān nirupakleśaśamathādinimittānukaraṇāc ceti //

saṃkṣepanidānaṃ vipaśyanārahitasya kausīdyamukhena layaḥ / vikṣepanidānam aśubh asaṃjñārahitasyauddhatyamukhena saṃpragrahaḥ / saṃkṣepaḥ styānanimittamukhenān taḥsaṃkocaḥ / vikṣepaḥ śubhanimittānusāramukhena viṣayeṣu visāraḥ / alīnatvānukūlā bhāvanā pratyavekṣaṇānimittaṃ niśritya dharmavipaśyanā / avikṣepānukūlāśubhataḥ keśādidravyapratyavekṣā / tadubhayānukūlālokasaṃjñā /

etac ca yathākramam adhikṛtyoktaṃ bhagavatā－na ca me chando 'tilīno bhaviṣyati, nātipragṛhītaḥ, nādhyātmaṃ saṃkṣiptaḥ na bahirdhā vikṣiptaḥ, paścātpūrvasaṃjñī bhaviṣyati ūrdhvamadhaḥsaṃjñī ca, vivṛtena cetasāparyavanaddhena saprabhāsasahagataṃ cittaṃ bhāvayiṣyāmi na ca me 'ndhakārāyattatvaṃ bhaviṣyati cetasa iti /;

[4신족의] 수습이란 의욕 등 여덟 가지 [번뇌를] 단절하는 성향[斷行]을 수습하는 것이다. 또 그 여덟 가지 [번뇌]를 단절하는 성향은 네 가지가 된다. 곧 노력과 관련한 것은 의욕, 정근, 믿음이다. 그중에서 의욕은 정근의 근거다. 또 믿음은 의욕의 원인이다. 어떤 목적을 가진 자가 그것을 획득하기 위해 노력하는 수단이기 때문이다. 그리고 목적이 없이는 그것의 존재 등을 믿을 수 없기 때문이다.

이익과 관련한 것은 경안이다. 그것에 의해 신체와 마음을 이익되게 하기 때문이다. 결합과 관련한 것은 주의집중과 정지이다. 순서대로 인식대상을 잊어버리지 않아 마음이 하나의 대상에 집중하는 상태이기 때문이고, 그 [인식대상에 대해] 방일할 때 변별하기 때문이다. 치료와 관련한 것은 의도와 평정이다. 마음을 다잡고 안치하는 노력에 의해 발생한 혼침과 도거를 제거하고, 수번뇌를 없애는 지상 등을 만들기 때문이다.

위축의 원인은 비파샤나를 결여한 게으름에 의한 혼침이다. 산란의 원인은 부정상을 결여한 도거에 의한 들뜸이다. 위축은 지상에 의한 내적인 수축이고 산란은 정묘상을 따름으로써 외적 대상으로 흩어지는 것이다. 침울하지 않은 것에 수순하는 수습은 관찰상에 의지하여 법을 관찰하는 것이다. 산란하지 않은 것에 수순하는 것은 부정한 것으로 머리카락 등의 사물을 관찰하는 것이다. 그 두 가지에 수순하는 것은 광명상이다.

그리고 순서대로 그 두 가지를 의도하여 세존께서 설하셨다. "내 의욕은 지나치게 침울하지 않을 것이고 지나치게 들뜨지 않을 것이며, 내적으로 위축되지 않고 외적으로 산란하지 않을 것이

"依如是次第, 薄伽梵說. 我之欲樂, 無有下劣, 亦無高擧, 於內不聚, 於外不散. 有後前[357]想及上下想, 開發其心, 遠離纏縛. 與光明俱, 自修其心, 當令我心無諸闇蔽." 上來說出『對法論』.

[H1, 823c8~12: X48, 163b22~c2]

"이와 같은 [두 가지 수행'(二種修)의] 순서에 의거하여 '세상에서 가장 존귀하신 분'(薄伽梵)[358]은 [다음과 같이] 말한다. 〈내 '의욕의 즐거움'(欲樂)에는 '가라앉아 위축됨'(下劣)도 없고 '[자신을] 높이 들어올림'(高擧)도 없어서 [마음] 안으로 움츠러들지도 않고 밖으로 흩어지지도 않는다. [이것은] '['진리다운 이해수행'(毘鉢舍那)인] 현상을 생겨나게 하는 이전과 이후의 조건을 관찰하는 수행'(前後想)과 '[선정수행(奢摩他)인] 위[의 정수리]부터 아래[의 발끝]까지 관찰하는 수행'(上下想)[359]을 두어 [전후상前後想으로는] 그

다. 이후와 이전이라는 상이 있을 것이고 위와 아래라는 상이 있을 것이다. 마음이 개방되고 덮여 있는 것이 없으므로 광명을 수반한 마음을 수습할 것이다. 그리고 내 마음은 맹목적이지 않을 것이다."〉

357 『대승아비달마잡집론』에 따라 '後前'을 '前後'로 고친다.

358 박가범薄伽梵: 범어 'bhagavat'의 음역이다. 세존世尊, 유덕有德, 존귀尊貴 등으로 의역된다. 『佛光大辭典』, p.6510 참조.

359 전후상前後想과 상하상上下想: 본문의 다음 문단에서 인용되는 『유가사지론』 권28에서 "修奢摩他時, 修習止品上下想, 修毘鉢舍那時, 修習觀品前後想. 上下想者, 謂觀察此身, 如其所住, 如其所願, 上從頂上, 下至足下, 種種雜類不淨充滿, 謂此身中所有種種髮毛爪齒, 如前廣說. 前後想者, 謂如有一於所觀相, 殷勤懇到, 善取善思善了善達, 謂住觀於坐, 坐觀於臥, 或在後行, 觀察前行, 此則顯示, 以毘鉢舍那行, 觀察三世緣生諸行."(H1, 823c17~824a2: T30, 439b27~c6)이라고 하는 것에 따르면, 사마타奢摩他(止) 수행에서 상하상을 닦고 비발사나毘鉢舍那(觀) 수행에서 전후상을 닦는다고 먼저 설명한다. 이어서 지止 수행에서 닦는 상하상은 〈위로는 정수리로부터 아래로는 발끝에 이르기까지 잡류雜類의 부정不淨함으로 충만되어 있음을 관찰하는 것〉이고, 관觀 수행에서 닦는 전후상은 〈서 있을 때는 [그것을 조건으로 미래에는] 앉는 것[이 생겨난다는 것]을 관찰하고, 앉아 있을 때는 [그것이 과거의] 누워 있던 것[을 조건으로 생겨난 것]임을 관찰하며, 뒤에 나타나는 작용일 때는 [그것을 성립시키는 조건인] 이전에 나타났던 작용을 관찰하는 것〉인데, 이것은 이해수행으로서 '과거·현재·미래에서 조건에 따라 생겨나는 모든 현상'(三世緣生諸行)들을 관찰하는 것이다. 또한 곧바로 이어지는 문단에서 원효의 설명으로 "有前後想, 開發其心也." 및 "及上下想, 遠離纏縛也."라고 하는 것에 따르면 비발사나로 닦는 전후상으로는 마음을 개발開發하고 사마타로 닦는 상하상으로는 전박纏縛에서 벗어난다고 한다.

[안으로 움츠러든] 마음을 열어 일으키고 [상하상上下想으로는] [밖으로 흩어져] '번뇌에 의해 묶이는 것'(纏縛)[360]에서 멀리 벗어나는 것이다. [다음으로] '밝은 빛[을 연상하는 수행]'(光明[想])을 함께 갖추어 스스로 그 마음을 닦아 자기 마음에서 모든 '어둡게 닫혀 버린 마음'(闇蔽)들을 없애야 한다.〉[361]"[362] 여기까지의 설명은 『대승아비달마잡집론大乘阿毘達磨雜集論』에 나온다.

> 此中"依觀察相, 觀察諸法"者, 是顯彼經"有前後想, 開發其心"也. "依不淨相,[363] 觀察髮等"者, 是顯彼經"及上下想, 遠離纏縛"也.
>
> [H1, 823c12~15: X48, 163c2~4]

이 [『대승아비달마잡집론』에서 "['진리다운 이해수행'(毘鉢舍那)인] '특징을 관찰함'에 의거하여 모든 현상을 관찰한다"(依觀察相, 觀察諸法)라는 것은 저 경전에서 말한 "['진리다운 이해수행'(毘鉢舍那)인] 현상을 생겨나게 하는 이전과 이후의 조건을 관찰하는 수행'(前後想)을 두어 그 [안으로 움츠러든] 마음을 열어 일으킨다"(有前後想, 開發其心)라는 ['세상에서 가장 존귀하신 분'(薄伽梵)의 말의 뜻]을 드러낸다. [또 『대승아비달마잡집론』에서] "[선정수행(奢摩他)인] '청정하지 않은 것으로 관찰하는 수행'(不淨想)에 의거하여 머리카락이나 털 등을 관찰한다"(依不淨想, 觀察髮等)라는 것은 저 경전에서 말한 "'[선정수행(奢摩他)인] 위[의 정수리]부터 아래[의 발끝]까지 관찰하는 수행'(上下想)을 두어 [밖으로 흩어져] '번뇌에 의해 묶이는 것'(纏縛)에서 멀리 벗어나는 것이다"(及上下想, 遠離纏縛)라

---

360 전纏: 전纏은 번뇌의 다양한 명칭들 중 하나로서 그 성격상 수면隨眠의 대칭이라고 할 수 있다. 전纏은 현행하는 번뇌로서 '뚜렷한 것'(麤)이라면 수면은 잠재된 번뇌로서 '미세한 것'(細)이라고 하겠다. 자세한 내용은 '추전麤纏' 역주 참조.

361 박가범설薄伽梵說로서 제시된 내용에 해당하는 경전의 출전은 찾아지지 않는다.

362 『대승아비달마잡집론』 권10(T31, 740b8~12). "依如是次第, 薄伽梵說. 我之欲樂, 無有下劣, 亦無高舉, 於內不聚, 於外不散. 有前後想及上下想, 開發其心, 遠離纏縛. 與光明俱, 自修其心, 當令我心無諸闇蔽."

363 『대승아비달마잡집론』에 따라 '相'을 '想'으로 고친다.

는 [‘세상에서 가장 존귀하신 분’(薄伽梵)의 말의 뜻]을 드러낸다.[364]

> 何等名爲後前[365]上下? 如『瑜伽論』第二十八卷云, “修奢摩他時, 修習心[366]品上下想, 修毗鉢舍那時, 修習觀品前後想. 上下想者, 謂觀察此身, 如其所住, 如其所願, 上從頂上, 下至足下, 種種雜類不淨充滿, 謂此身中所有種種髮毛爪齒. 如前廣說.”
>
> [H1, 823c15~22; X48, 163c4~9]

어떤 것들을 [‘진리다운 이해수행’(毘鉢舍那)인] ‘현상을 생겨나게 하는 이전과 이후의 조건[을 관찰하는 수행]’(前後)과 [선정수행(奢摩他)인] ‘위[의 정수리]부터 아래[의 발끝]까지 [관찰하는 수행]’(上下)이라고 부르는가? 『유가사지론瑜伽師地論』 제28권에서 [다음과 같이] 말한 것과 같다. “선정수행(奢摩他)을 닦을 때는 ‘그치는 수행’(止品)인 ‘위[의 정수리]부터 아래[의 발끝]까지 관찰하는 수행’(上下想)을 닦아 익히고, ‘진리다운 이해수행’(毘鉢舍那)을 닦을 때는 ‘이해하는 수행’(觀品)인 ‘현상을 생겨나게 하는 이전과 이후의 조건을 관찰하는 수행’(前後想)을 닦아 익힌다.[367] [먼저] [선정수행(奢摩他)인] ‘위[의 정수

---

364 박가범설薄伽梵說과 『대승아비달마잡집론』의 연관성: 원효의 설명에 따라 경전과 논서의 연관된 내용을 표로 정리하면 다음과 같다. 본문에서 원효가 『대승아비달마잡집론』의 설명 내용 중에서 재인용하는 “依觀察相, 觀察諸法”과 “依不淨相, 觀察髮等”의 두 문장은 4신족四神足 수행 과정에서 각각 순서대로 불열수순수不劣隨順修와 불산수순수不散隨順修를 설명하기 위해 제시된 것이므로 이 내용도 표에 반영했다.

박가범설薄伽梵說	대법론對法論
상하상上下想(止): 원리전박遠離纏縛	부정상不淨相(止/不散隨順修): 관찰발등觀察髮等
전후상前後想(觀): 개발기심開發其心	관찰상觀察相(觀/不劣隨順修): 관찰제법觀察諸法

365 『대승아비달마잡집론』이나 『유가사지론』에 따라 ‘後前’을 ‘前後’로 고친다. 한불전 교감주에도 “‘後前’은 도치된 듯하다”라고 되어 있다.

366 『유가사지론』 원문에 따라 ‘心’을 ‘止’로 고친다.

367 ‘위[의 정수리]부터 아래[의 발끝]까지 관찰하는 수행’(上下想)은 일종의 부정관不淨觀이므로 ‘들뜬 마음상태’를 가라앉히고 그치는 효과를 겨냥한다. 따라서 선정수행(奢摩他)의 ‘그치는 수행’(止品)에 해당한다. 또 ‘현상을 생겨나게 하는 이전과 이후의 조건을 관찰하는 수행’(前後想)은 ‘현상을 조건인과적 발생으로 이해하는 능력’을 계발하는 것이므로 ‘진리다운 이해수행’(毘鉢

리]부터 아래[의 발끝]까지 관찰하는 수행'(上下想)은 [수행자가] 이 몸을, 그 [몸]이 머물러 있는 대로 그 [몸]이 원하는 것대로, 위로는 정수리 꼭대기로부터 아래로는 발끝에 이르기까지 갖가지 잡다한 종류의 청정하지 않은 것으로 가득 차 있다고 관찰하는 것이니, [관찰의 대상은] 이 몸에 있는 갖가지 머리카락·털·손톱·치아 등이 그것이다. 앞에서 자세히 말한 것[368]과 같다."[369]

"前後想者, 謂如有一, 於所觀相, 殷重[370]懇到, 善取善思, 善了善達, 謂住觀於坐, 坐觀於臥, 或在後行觀察前行. 謂若說言住觀於坐, 此則顯示以現在作意, 觀察未來所知諸行. 所以者何? 現在作意, 位已現生故, 說名爲住, 未來成[371]所知, 位未現生故, 臨欲起故, 說名爲坐."

[H1, 823c22~824a6: X48, 163c9~14]

舍那)의 '이해하는 수행'(觀品)에 해당한다.

368 종종잡류부정種種雜類不淨에 관해 앞에서 자세히 말한 것: 『유가사지론』 권26에서는 "云何不淨所緣? 謂略說有六種不淨."(T30, 428c19~20)이라고 하여 부정不淨한 것의 대상(所緣)으로 6종부정六種不淨을 제시한다. 그중 첫 번째인 후예부정朽穢不淨을 다시 내부의 것과 외부의 것(內外)으로 나누고, 그중 신체 내부의 것들인 의내후예부정依內朽穢不淨에 관해 다음과 같이 자세히 설명한다. "云何依內朽穢不淨? 謂內身中髮毛爪齒, 塵垢皮肉, 骸骨筋脈, 心膽肝肺, 大腸小腸, 生藏熟藏, 肚胃脾腎, 膿血熱痰, 肪膏肌髓, 腦膜洟唾, 淚汗屎尿. 如是等類, 名爲依內朽穢不淨."(T30, 428c24~28.) 이에 따르면 본문에서 거론된 머리카락, 털, 손톱, 치아와 함께 피부, 뼈, 근육, 혈맥 등 썩어 더러워지는 신체 내부의 부정不淨한 것들이 의내후예부정의 구체적 대상(所緣)들이다.

369 『유가사지론』 권28(T30, 439b27~c2). "(或)修奢摩他時, 修習止品上下想, (或)修毘鉢舍那時, 修習觀品前後想. 上下想者, 謂觀察此身, 如其所住, 如其所願, 上從頂上, 下至足下, 種種雜類不淨充滿, 謂此身中所有種種髮毛爪齒. 如前廣說." 괄호는 생략된 부분을 표시한다. 〈산스크리트본의 해당 내용: ŚrBh., pp.285~287. tatra saṃjñābhāvanā katamā / tadyathā laukikamārgaprayuktaḥ sarvāsv adharimāsu bhūmiṣv ādīnavasaṃjñāṃ bhāvayati / nirvaṇāya vā punaḥ prayuktaḥ prahāṇadhātau virāgadhātau nirodhadhātau śāntadarśī prahāṇasaṃjñāṃ virāgasaṃjñāṃ nirodhasaṃjñāṃ ca bhāvayati / śamathāya vā punaḥ prayuktaḥ ūrdhvamadhaḥsaṃjñāṃ śamathapakṣyaṃ bhāvayati / vipaśyanāyāṃ prayuktaḥ paścātpunaḥsaṃjñā vipaśyanāpakṣyāṃ bhāvayati // tatrordhvamadhaḥsaṃjñī_imam eva kāyaṃ yathāsthitaṃ yathāpraṇihitaṃ ūrdhvaṃ pādatalād adhaḥ keśamastakāt pūrṇaṃ nānāvidhasyāśuceḥ pratyavekṣate / santy asmin kāye keśāromaṇīti pūrvavat /; 그중에서 상想의 수습이란 무엇인가. 곧 세간도에서 노력하는 자가 이 모든 하위 단계에서 흠결이 있는 상을 수습하는 것이다. 혹은 열반을 위해 노력하

[다음으로] "['진리다운 이해수행'(毘鉢舍那)인] '현상을 생겨나게 하는 이전과 이후의 조건을 관찰하는 수행'(前後想)은 [다음과 같은 것이다.] 어떤 것이 있을 경우 [그것의] '이해되어야 할 특징'(所觀相)들을 꾸준하고 간절하게 추구하여 [그 현상들에 대해] 잘 취사선택하고 잘 사유하며 잘 이해하고 잘 통달하는 것이니, [구체적으로] 말하자면 '서 있을 때는 [그것을 조건으로 미래에는] 앉는 것[이 생겨난다는 것]을 관찰하고'(住觀於坐) '앉아 있을 때는 [그것이 과거의] 누워 있던 것[을 조건으로 생겨난 것]임을 관찰하며'(坐觀於臥) '뒤에 나타나는 작용일 때는 [그것을 성립시키는 조건인] 이전에 나타났던 작용을 관찰하는 것(或在後行觀察前行)이다.[372] [첫 번째인] '서 있을 때는 [그것을 조건으로 미래에는] 앉는 것[이 생겨난다는 것]을 관찰한다'(住觀於坐)는 것에 관해 설명하자면, 이것은 '현재에 작용하는 마음'(現在作意)으로써 '미래에 알 수 있는 갖가지 현상들'(未來所知諸行)을 관찰하는 것을 나타내는 것이다. 이유가 무엇인가? [이때의] '현재에 작용하는 마음'(現在作意)은 [그] 위치가 이미 현재에 생겨나 있는 것이기 때문에 '서 있다'(住)라고 말하는 것이고, '미래에 알 수 있는 것'(未來所知)은 [그] 위치가 아직 현재에 생겨나 있지 않은 것이고 앞으로 일어나려는 것이기 때문에 '앉아 있다'(坐)라고 말하

는 자가 단절의 영역[斷界]과 이욕의 영역[離欲界]과 소멸의 영역[滅界]에 대해 단절의 상, 이욕의 상, 소멸의 상을 수습하는 것이다. 혹은 또 샤마타를 위해 노력하는 자가 샤마타에 속하는 상하의 상을 수습하는 것이다. 비파샤나에서 노력하는 자가 비파샤나에 속하는 전후의 상을 수습하는 것이다. 그중에서 상하의 상을 가진 자는 바로 이 신체에 대해 머무는 대로, 원하는대로 발바닥부터 위로, 머리카락부터 아래로 다양한 종류의 부정함이 가득한 것을 관찰한다. 이 신체에 머리카락과 털 등이 있다고 설한 것은 앞에서와 같다.〉

370 『유가사지론』에 따라 '重'을 '勤'으로 고친다.

371 『유가사지론』에 따라 '成'을 삭제한다.

372 『유가사지론』에서 생략된 내용: 아래 『유가사지론』 권28의 출처 주석에서 보듯이 본문에는 이 문장 다음에 "此則顯示以毘鉢舍那行, 觀察三世緣生諸行."(T30, 439c5~6)이라는 내용이 생략되어 있다. 이에 따르면 세 가지로 나뉘는 비발사나행毘鉢舍那行은 '과거·현재·미래에서 조건에 따라 생겨나는 모든 현상'(三世緣生諸行)들을 관찰하는 것인데, 본문 아래의 설명을 참조하여 세 가지 수행을 3세三世에 배당해 보면 주관어좌住觀於坐는 미래연생제행未來緣生諸行을 관찰하는 수행이고 좌관어와坐觀於臥는 과거연생제행過去緣生諸行을 관찰하는 수행이며 혹재후행관찰전행或在後行觀察前行은 현재연생제행現在緣生諸行을 관찰하는 수행인 것으로 보인다.

는 것이다."[373]

> "若復說言坐觀於臥, 此則顯示以現在作意, 觀察過去所知諸行. 所以者何? 現在作意, 位臨欲滅故, 說名爲坐, 過去所知, 位已謝滅故, 說名爲臥. 若復說言或在後行觀察前行, 此則顯示以現在作意, 觀察無間滅現行作意. 所以者何? 若已生故,[374] 無間謝滅所取作意, 說名前行, 若此無間新生[375]能取作意, 取前無間已謝滅者, 說名後行. 當知此中爲修止觀, 修二品勝光明想, 是名想修"故. 餘句相屬, 准之可知. 是名神足修習之相.
>
> [H1, 824a6~17: X48, 163c14~22]

"또한 [두 번째인] '앉아 있을 때는 [그것이 과거의] 누워 있던 것[을 조건으로 생겨난

---

373 『유가사지론』 권28(T30, 439c2~9). "前後想者, 謂如有一, 於所觀相, 殷勤懇到, 善取善思, 善了善達, 謂住觀於坐, 坐觀於臥, 或在後行觀察前行. (此則顯示以毘鉢舍那行, 觀察三世緣生諸行,) 謂若說言住觀於坐, 此則顯示以現在作意, 觀察未來所知諸行. 所以者何? 現在作意位已現生故, 說名爲住, 未來所知位未現生故, 臨欲起故, 說名爲坐." 괄호는 생략된 부분을 표시한다. 〈산스크리트본의 해당 내용: ŚrBh., pp.287~288. tatra paścātpuraḥsaṃjñī yathāpi tad ekatyena pratyavekṣaṇānimittam eva sādhu ca suṣṭhu ca sūdgṛhītaṃ bhavati sumanasīkṛtaṃ sujuṣṭaṃ supratividdhaṃ / tadyathā sthito niṣṇṇaṃ pratyavekṣate, niṣaṇṇo vā nipannaṃ, purato vā gacchantaṃ pṛṣṭhato gacchan pratyavekṣate / sā khalv eṣā traiyadhvikānāṃ saṃskārāṇāṃ pratityasamutpannānāṃ vipaśyanākārā pratyavekṣā paridīpitā / tatra yat tāvad āha "sthito niṣaṇṇaṃ pratyavekṣata" ity anena paridīpitaṃ vartamānena manaskāreṇa_anāgataṃ jñeyaṃ pratyavekṣate / vartamānāpi manaskārāvasthā_utpannā "sthite"ty ucyate / anāgatā punaḥ jñeyāvasthā_anutpannatvād utpādābhimukhatvāc ca "niṣaṇṇe"ty ucyate /; 그중에서 전후의 상을 가진 자, 예를 들어 어떤 사람은 관찰상을 적절하고 적당하게 잘 취하고 잘 작의하며 잘 기뻐하고 잘 통달한다. 곧 서 있는 자가 앉아 있는 자를 관찰하거나, 앉아 있는 자가 누워 있는 자를, 앞서 가는 자가 뒤에 오는 자를 관찰하는 것이다. 실로 3세에 속하는 연기에 의해 발생한 행에 대해 비파샤나의 양상을 가진 관찰이 밝혀졌다. 그중에서 먼저 "서 있는 사람이 앉아 있는 사람을 관찰한다"는 이것은 현재의 작의로 미래의 인식대상을 관찰하는 것을 밝힌 것이다. 현재 발생한 작의의 상태를 "서 있다"라고 한다. 또 미래의 인식대상의 상태는 아직 발생하지 않았지만 발생을 향하고 있으므로 "앉아 있다"고 한다.〉

374 『유가사지론』에 따라 '故'를 '起'로 고친다.

375 『유가사지론』에 따라 '新生'을 '新新生起'로 고친다.

것]임을 관찰한다'(坐觀於臥)는 것에 관해 설명하자면, 이것은 '현재에 작용하는 마음'(現在作意)으로써 '과거에 알려진 갖가지 현상들'(過去所知諸行)을 관찰하는 것을 나타내는 것이다. 이유가 무엇인가? [이때의] '현재에 작용하는 마음'(現在作意)은 [그] 위치가 조만간 [과거로] 사라지려는 것이기 때문에 '앉아 있다'(坐)라고 말하는 것이고, '과거에 알려진 것'(過去所知)은 [그] 위치가 이미 [과거로] 사라진 것이기 때문에 '누워 있다'(臥)라고 말하는 것이다.

또한 [세 번째인] '뒤에 나타나는 작용일 때는 [그것을 성립시키는 조건인] 이전에 나타났던 작용을 관찰한다'(或在後行觀察前行)는 것에 관해 설명하자면, 이것은 '현재에 작용하는 마음'(現在作意)으로써 '[찰나의] 간격도 없이 [생겨났다가] 사라지는 현재 작용하는 마음'(無間滅現行作意)을 관찰하는 것을 나타내는 것이다. 이유가 무엇인가? 만약 이미 생겨났다가 [찰나의] 간격도 없이 사라진 '취해졌던 마음작용'(所取作意)이라면 '이전에 나타났던 작용'(前行)이라 부르고, 만약 이 [찰나의] 간격도 없이 거듭 새롭게 생겨나는 '취하는 마음작용'(能取作意)이 이전에 [찰나의] 간격도 없이 사라진 것을 [발생조건으로] 취하는 것이라면 '뒤에 나타나는 작용'(後行)이라고 부른다. 여기에서 '그침과 관찰을 [동시에] 수행한다'(修止觀)라는 것은 '두 가지 방식'(二品)으로 '매우 밝은 빛을 연상하는 수행'(勝光明想)을 닦는 것임을 알아야 하니, 이것을 '[상하상上下想·전후상前後想·광명상光明想과 같은] 연상을 통한 수행'(想修)[376]이라고 부른다."[377]

[의욕(欲)·정진(勤)·마음(心)·이해(觀)를 닦아 익히는 과정에 관한] 여타의 구절들이 [내용

376 상수想修: 지금까지 본문의 논의를 토대로 상수想修의 내용을 정리해 보자면 지止(사마타奢摩他) 수행의 내용인 부정상不淨想(상하상上下想)과 관觀(毘鉢舍那) 수행의 내용인 관찰상觀察想(전후상前後想) 및 이 두 가지 수행으로 얻는 2품승광명상二品勝光明想을 닦는 것이라고 하겠다. 한편 본문에서 인용된 『유가사지론』 권28에서 인용문 이전의 서두에 해당하는 대목을 보면 "云何瑜伽修? 謂有二種, 一者想修, 二者菩提分修."(T30, 439b22~23)라고 하여 유식학파의 수행(瑜伽修) 자체를 상수想修와 보리분수菩提分修로 나누고, 본문에서 인용된 상수想修에 관한 전체 논의가 끝나고 나서는 "(생략) 是名想修. 云何菩提分修? 謂於三十七菩提分法親近積集. (하략)"(T30, 439c18~19)이라고 하면서 곧바로 37보리분법三十七菩提分法에 관한 자세한 논의(T30, 439c18~445b28)를 시작한다. 『유가사지론』의 이러한 논의 구성에서 상수想修의 대체적 위상을 추론해 보자면 크게 보아 지止·관觀 수행으로 수렴된다고 할 상수想修는 37보리분법이라는 본격적 수행 과정의 각 항목에 항상 개입하는 수행의 토대로서의 역할에 상당할 것으로 보인다.

적으로] 서로 엮여 있는 것에 관해서는 이상의 내용에 의거해 보면 알 수 있을 것이다. 여기까지를 '선정을 이루어 번뇌를 끊게 하는 [네 가지] 능력의 계발'(神足)을 '닦아 익히는 과정의 특징'(修習之相)이라고 부른다.

神足修果者, 謂已善修治三摩地故, 隨所欲證所通達法, 卽能隨心通達變現. 又於別別處所法中, 證得堪能自在作用, 如所願樂, 能辨[378]種種神通等事, 又能引發勝品功德. 神足五門, 略說如是.

[H1, 824a17~22; X48, 163c22~164a1]

---

377 『유가사지론』 권28(T30, 439c9~18). "若復說言坐觀於臥, 此則顯示以現在作意, 觀察過去所知諸行. 所以者何? 現在作意位臨欲滅故, 說名爲坐, 過去所知位已謝滅故, 說名爲臥. 若復說言或在後行觀察前行, 此則顯示以現在作意, 觀無間滅現行作意. 所以者何? 若已生起, 無間謝滅所取作意, 說名前行. 若此無間, 新新生起能取作意, 取前無間已謝滅者, 說名後行. 當知此中爲修止觀, 修(彼)二品勝光明想, 是名想修." 괄호는 생략된 부분을 표시한다. 〈산스크리트본의 해당 내용: ŚrBh., p.288. yat punar āha "niṣṇṇo vā nipannaṃ pratyavekṣata" ity anena pratyutpannena manaskāreṇātītasya jñeyasya pratyavekṣaṇā paridīpitā / pratyutpannā hi manaskārāvasthā nirodhābhimukhā "niṣṇṇe" ty ucyate / atītā punaḥ nirūddhatvāj jñeyāvasthā "nipanne" ty ucyate / yat punar āha "purato vā gacchantaṃ pṛṣṭhato gacchan pratyavekṣata" ity anena pratyutpannena manaskāreṇānantaranirūddhasya manaskārasya pratyavekṣā paridīpitā / tatra ya utpannotpanno manasikāro 'nantaranirūddhaḥ sa purato yāyī / tatra yo 'nantarotpannaḥ 'nantarotpanno manaskāro navanavo 'nantaranirūddhasyānantaranirūddhasya grāhakaḥ sa pṛṣṭhato yāyī / tatra śamathaṃ ca vipaśyanāṃ ca bhāvayaṃs tadubhayapakṣyām ālokasaṃjñāṃ bhāvayati / iyaṃ saṃjñābhāvanā /; 또 "앉아 있는 사람이 누워 있는 사람을 관찰한다"고 한 것은 현재의 작의로 과거의 인식대상을 관찰하는 것을 밝힌 것이다. 소멸로 향하고 있는 현재 작의의 상태가 "앉아 있다"고 말해지기 때문이다. 또 과거에 이미 소멸했기 때문에 인식대상의 상태가 "누워 있다"고 말한다. 또 "혹은 앞서 가는 자가 뒤에 오는 자를 관찰한다"고 한 이것은 현재의 작의로 직전에 소멸한 작의를 관찰하는 것을 밝힌 것이다. 그중에서 계속해서 발생하고 직후에 소멸하는 그 작의가 앞서 가는 자이다. 그중에서 직후에 계속해서 새롭게 발생하는 작의가 계속해서 직후에 소멸하는 것을 취하는 것, 그것이 뒤에서 오는 자이다. 그중에서 샤마타와 비파샤나를 수습하는 자는 그 둘에 속한 광명상을 수습한다. 이것이 상의 수습이다.〉

378 『대승아비달마잡집론』을 참조하여 '辨'을 '辦'으로 고친다.

마. [4신족四神足] 수행의 결과(修果)

'선정을 이루어 번뇌를 끊게 하는 [네 가지] 능력의 계발'(神足)의 '수행 결과'(修果)라는 것은, 이미 선정禪定(三摩地)[379]을 잘 닦았기 때문에 '증득하고자 한 것'(所欲證法)과 '통달한 것'(所通達法)에 따라 곧바로 마음[이 원하는]대로 '[자유자재하게] 바뀌어 나타날 수 있는 것'(變現)[380]을 통달한 것을 말한다. 또한 '온갖 곳에서 일어나는 현상들'(別別處所法)에서 '자유자재한 작용'(自在作用)을 해내는 능력을 증득하여 바라고 좋아하는 대로 갖가지 '자유자재하게 통하는 일들'(神通等事)을 이룰 수 있고, 또한 '탁월한 이로운 능력들'(勝品功德)을 이끌어 내어 펼칠 수 있다.[381] '선정을 이루어 번

379 삼마지三摩地: 범어 'samādhi'의 음역인 삼마지三摩地(三摩提)는 앞서 4신족四神足 수행의 바탕(自體)으로 제시되었고, 본문 아래의 '2) 소문消文' 단락에서도 삼마지의 의역이 등지等持이고 이 등지等持가 4신족(四如意足)의 바탕(體)이라고 하면서 이 4신족의 바탕으로서의 등지等持는 9종심주九種心住 중에서 마지막인 제9등지第九等持를 가리킨다고 설명한다. 지止 수행의 정점에 등지가 있고, 『기신론소』 권2에서는 지止 수행을 성취한 자가 관觀 수행을 닦을 수 있다고 설명하므로 이 삼마지를 매개로 지止와 관觀 수행이 결합하는 형식을 갖는 것으로 보인다. 여기에 착안한다면 삼마지는 지止와 관觀을 매개하거나 포괄하는 위상을 갖는다고 하겠다. 자세한 내용은 '등지等持' 역주 참조. 직전 문단에서도 상하상上下想에 의거하는 지止 수행과 전후상前後想에 의거하는 관觀 수행 모두를, 삼마지가 바탕(自體)인 '[4신족四神足] 수행 과정'(修習)의 주요 수행 내용으로 논의했다.

380 변현變現: 변현變現 또는 신변神變의 내용으로는 세 가지가 거론되는데, ①신경신변神境神變은 갖가지 신통경계神通境界를 나타내어 다른 사람들로부터 존중받는 것이고, ②기설신변記說神變은 다른 사람의 다양한 마음 작용에 능통한 것이며, ③교계신변教誡神變은 스스로 선근善根을 닦아 깨달아 들어간 바대로 수행처에서 정법正法을 설하여 교훈적 가르침을 바르게 펼치는 것이다. 자세한 내용은 '출세승법出世乘法' 역주 참조.

381 『대승아비달마잡집론』 권10(T31, 740b12~15). "神足修果者, 謂已善修治三摩地故, 隨所欲證所通達法, 即能隨心通達變現. 又於別別處所法中, 證得堪能自在作用, 如所願樂, 能辦種種神通等事, 又能引發勝品功德." 〈산스크리트본의 해당 내용: 출전(1) AS., p.73. phalaṃ katamat / kuśalasamādhiparikarmataḥ yathākāmaṃ dharmābhijñā yathācittam abhijñāpradarśanam / api ca teṣu teṣu dharmeṣu adhigamaḥ prāptiḥ karmaṇyatā vaśitā kāritraṃ yatheṣṭaṃ nānāvidhānām ṛddhyādīnāṃ vastūnāṃ niṣpādanam adhiguṇānāṃ nirhāś ca; [4신족의] 결과란 무엇인가? 선한 삼매를 연마하였으므로 원하는 대로 가르침에 대한 뛰어난 이해가 있는 것 곧 생각하는 대로 뛰어난 이해를 보여 주는 것이다. 또 갖가지 가르침에 대한 직접적 이해, 획득, 유연함, 자유자재함, 작용이 있는 것, 원하는 대로 다양한 종류의 신통 등의 현상의 완성과 뛰어난 공덕의 산출이 있는 것이다.〉 〈산스크리트본의 해당 내용: 출전(2) ASBh., p.88. phalaṃ yatheṣṭam ṛddhayādiguṇaniṣpādanāt //; 결과란 원하는 대로 신통 등의 공덕을 완성하기 때문이다.〉

뇌를 끊게 하는 [네 가지] 능력의 계발'(神足)의 '다섯 가지 측면'(五門)에 관해 대략적으로 설명하면 이와 같다.

> 次明五根五門差別. 五根所緣者, 若約共行, 緣四聖諦, 若約不共行, 緣非安立諦. 五根自體者, 謂信勤念定慧. 五根助伴者, 謂彼相應心心法等.
>
> [H1, 824a23~b2: X48, 164a2~4]

④ [해탈을 성취하게 하는] 다섯 가지 능력의 수행(五根)

다음으로 '[해탈을 성취하게 하는] 다섯 가지 능력의 수행'(五根)[382]에 관한 '다섯 가지 측면의 차이'(五門差別)를 밝힌다.

가. [5근五根 수행의] 대상(所緣)

'[해탈을 성취하게 하는] 다섯 가지 능력 수행'(五根)의 대상(所緣)이라는 것은, 만약 '[소승과] 공통되는 수행'(共行)[383]에 의거한다면 '네 가지 고귀한 진리'(四聖諦)를 [수행의] 대상(所緣)으로 삼고, 만약 '[소승과] 공통되지 않는 수행'(不共行)에 의거한다면 '[세속과 진여의 차별을] 규정하지 않는 진리'(非安立諦)[384]를 대상으로 삼는다.

---

382 앞의 '(1) 열명列名' 문단에서 5근五根의 명칭을 나열하는 곳(H1, 817c1~3)에 따르면 5근五根 각각의 명칭은 ①신근信根, ②정진근精進根, ③염근念根, ④정근定根, ⑤혜근慧根이다.

383 공행共行: 앞의 4념주四念住를 5문분별五門分別하는 단락에서 "念處修習者, 略有二門, 謂共修習, 不共修習. 共修習者, 謂共小乘修."(H1, 822a10~12)라고 하여 4념주四念住를 '닦아 익히는 과정'(修習)의 두 가지 측면으로 공수습共修習과 불공수습不共修習이 있고, 여기서 공수습共修習이라는 것은 '소승의 수행과 공통되는 것'(共小乘修)이라고 설명한 적이 있다. 본문의 공행共行은 이 공수습共修習·공소승수共小乘修의 다른 명칭인 것으로 보인다.

384 비안립제非安立諦: 안립제安立諦(安立四諦)의 대칭이다. 5근五根과 5력五力은 견도見道 이전에 4제四諦의 16행상十六行相을 닦아 성위聖位에 도달하는 수행 계위인 난煖·정頂·인忍·세제일법世第一法의 4선근四善根 단계에 속한다(이에 관해서는 '난煖·정頂·인忍·세제일법世第一法의 4선근' 및 '해탈분解脫分과 통달분通達分' 역주 참조). 그러므로 본문에서는 소승과 공통되는 수행(共行)으로 언어로 규정된 진리인 고苦·집集·멸滅·도道의 안립사제安立四諦(四聖諦)가 5근 수행의 대상

나. [5근五根 수행의] 바탕(自體)

‘[해탈을 성취하게 하는] 다섯 가지 능력 수행’(五根)의 바탕(自體)이라는 것은 믿음(信)·정진(勤)·‘[잊지 않고] 간직해 감’(念)·선정禪定(定)·지혜(慧)[385][의 마음현상]을 말한다.

다. [5근五根 수행에] 도움을 주면서 동반되는 것(助伴)

‘[해탈을 성취하게 하는] 다섯 가지 능력의 수행’(五根)에 ‘도움을 주면서 동반되는 것’(助伴)들은 저 [바탕(自體)인 마음현상들]에 상응하는 마음(心)과 마음현상(心法)들을 말한다.[386]

(所緣)으로 먼저 거론되고, 소승과 공통되지 않는 대승의 수행(非共行)으로는 인人·법法 2공二空의 유식행唯識行을 통해 얻는 무분별법無分別法인 비안립제非安立諦가 제시되는 것으로 보인다. 원효는『이장의二障義』에서도 안립제와 비안립제의 관계를 견도見道 수행과 관련하여 논의하는데, “三乘見道有何異者? 二乘唯觀安立門內所顯眞如, 眞如差別, 如從竹管以見空色. 菩薩遍依安立非安立諦法門, 通觀眞如自性差別, 如有淸淨天眼通者, 遍都見內外空色. 是故同見眞如而有差別.”(H1, 803b5~11)이라고 하여 이승二乘의 안립문安立門으로 드러나는 진여眞如는 오로지 진여의 차별差別적 측면만을 이해한 것인 반면, 보살菩薩은 비안립제법문非安立諦法門까지 두루 의거하여 진여의 자성自性과 차별差別의 두 측면을 모두 이해하므로 양자가 똑같이 견도見道에서 진여를 본다고 해도 차이가 있다고 설명한다. 이어서 원효는『유가사지론』권67을 인용하여 좀 더 친절한 설명을 제공하는데, “如『瑜伽』說, 云何聲聞乘相應作意修? 謂由安立諦作意門, 內觀眞如, 緣有量有分別法爲境. 云何大乘相應作意修? 謂由安立非安立諦作意門, 內觀眞如, 緣無量無分別法爲境.”(H1, 803b12~16: T30, 668c4~14)이라고 한다. 이에 따르면 성문승상응작의수聲聞乘相應作意修라는 것은 안립제작의문安立諦作意門으로 진여를 내관內觀한 것으로서 유량유분별법有量有分別法을 대상으로 삼고, 대승상응작의수大乘相應作意修라는 것은 안립제작의문安立諦作意門뿐 아니라 비안립제작의문非安立諦作意門까지에 의거하여 진여를 내관한 것으로서 무량무분별법無量無分別法을 대상으로 삼는다. 인용된『유가사지론』권67에서 생략된 내용을 덧붙이자면, 성문승상응작의수聲聞乘相應作意修에 관해 “證入入正性離生, 不觀他利益事, 唯觀自利益事.”(T30, 668c5~7)라고 하여 성문聲聞의 안립작의문安立諦作意門에서는 견도見道(正性離生)에 들어도 타이익사他利益事를 이해하지 못하고 오로지 자이익사自利益事만을 이해하는 반면, 대승상응작의수大乘相應作意修에 관해서는 “證入正性離生, 觀自觀他諸利益事.”(T30, 668c11~12)라고 하여 대승의 비안립제작의문非安立諦作意門에서는 견도見道에 들어 자타自他의 이익사利益事를 모두 이해한다고도 설명한다. 즉 소승의 안립제문安立諦門에서는 유량유분별법有量有分別法을 대상으로 삼음으로써 세속과 진여의 차별差別만을 보아 자이익사自利益事만을 이해하는 반면, 대승의 비안립제문非安立諦門에서는 무량무분별법을 대상으로 삼음으로써 세속과 차별되지 않는 진여의 자성自性까지 보아 타이익사他利益事도 이해한다고 요약될 수 있겠다.

385 신信·근勤(精進)·염念·정定·혜慧: 유식불교의 6위심소六位心所 체계 중에서 신信·근勤(精進)은 선심소善心所에 속하고, 염念·정定·혜慧는 별경심소別境心所에 속한다. 물론 각각은 신근信根·근근勤根(精進根)·염근念根·정근定根·혜근慧根으로 구성되는 5근五根의 구체적 내용이기도 하다.

五根修習者, 謂信根於諸諦, 起忍可行修, 精進根爲覺悟故, 起精進行修, 念根起不忘失行修, 定根起心一境性行修, 慧根起簡擇行修. 『智度論』云, "信根者, 信一切法從因緣生. 顚倒妄見, 不在過去, 不在未來, 不在現在. 信諸法空無相無作不生不滅, 而信持戒禪定智慧解脫解脫知見等法.[387]" 乃至, "慧根者, 於諸法實相和,[388] 入無礙[389]無難. 於世間無憂, 於涅槃無喜, 得自在智慧故, 名慧根." 是名五根修習略相.

[H1, 824b2~13: X48, 164a4~12]

---

386 『대승아비달마잡집론』 권10(T31, 740b16~19). "五根所緣(境)者, 〈謂四聖諦, 由諦現觀方便所攝作此行故.〉 五根自體者, 謂信精進念定慧. 五根助伴者, 謂彼相應心心法等." 괄호는 생략된 부분을 표시하고, '〈 〉'로 표시한 부분은 본문과 다른 내용임을 가리킨다. 『대승아비달마잡집론』에 의거하면서도 '〈 〉'로 표시한 부분에서 원효는 공행共行과 불공행不共行으로 나누어 불공행인 대승의 비안립제非安立諦에 관한 내용을 보충하고 있음을 알 수 있다. 『대승아비달마잡집론』에서는 5근五根의 대상(所緣)으로 소승 수행의 대상인 4성제四聖諦만을 거론하면서 4제현관四諦現觀(諦現觀)의 견도見道에 들어가기 위한 방편도方便道에 속하는 것이 이 5근 수행이기 때문이라고 밝힌다. 4제현관의 16찰나十六刹那에 관해서는 '견見·수도修道와 수도修道의 9종각九種覺' 역주 참조. 〈산스크리트본의 해당 내용: 출전(1) AS., p.74. pañcendriyāṇām ālambanaṃ katamat / catvāryasatyāni // svabhāvaḥ katamaḥ śraddhā vīryaṃ smṛtiḥ samādhiḥ prajñā ca // sahāya katamaḥ / tatsaṃprayuktāś cittacaitasikā dharmāḥ // bhāvanā katamā / yat śraddhendriyeṇa satyeṣu abhisaṃpratyayasamutthānaṃ prayogabhāvanā / vīryendriyeṇa satyeṣu utpannābhisaṃpratayasyābhisaṃbodhyarthaṃ vyāyāmasamutthānaprayogabhāvanā / smṛtīndriyeṇa satyeṣu ārabdhavīryasya smṛtisaṃprayogārthāsaṃmoṣasamutthānaprayogabhāvanā / samādhīndryeṇa satyeṣu saṃprayukasmṛteḥ cittaikāgratāsamutthānaprayogabhāvanā / prajñendriyeṇa satyeṣu samāhitacittasya pravicayasamutthānaprayogabhāvanā /; 5근의 인식대상은 무엇인가? 4제다. 본질은 무엇인가? 믿음, 정진, 주의집중, 삼매, 지혜다. 조력자는 무엇인가? 그것들과 결합한 심심소법이다. 수습은 무엇인가? 신근으로 [4]제에 대한 확신을 일으키는 노력을 수습한다. 정진근으로 [4]제에 대해 발생한 확신을 깨닫기 위해 정근을 일으키는 노력을 수습한다. 염근으로 [4]제에 대해 시작한 정진이 주의집중과 결합하도록 망각하지 않음을 일으키는 노력을 수습한다. 정근으로 [4]제와 결합한 주의집중이 하나의 대상에 집중하는 것을 일으키는 노력을 수습한다. 혜근으로 [4]제에 집중한 마음이 변별을 일으키는 노력을 수습한다.〉 〈산스크리트본의 해당 내용: 출전(2) ASBh., p.88. indriyāṇāṃ catvāryāryasatyāny ālaṃbanam, satyābhisamayaprayogasaṃgṛhītatvena tadākāratvāt; [5]근의 인식대상은 4제다. [4]제를 현관하는 노력에 포함됨으로써 그것을 행상으로 하기 때문이다.〉

387 『대지도론』에는 '等法'이 없지만 여기서는 그대로 둔다.

388 『대지도론』에 따라 '和'를 '利'로 고친다.

라. [5근五根을] 닦아 익히는 과정(修習)

'[해탈을 성취하게 하는] 다섯 가지 능력'(五根)을 '닦아 익히는 과정'(修習)이라는 것은 [다음과 같다.] '믿는 능력'(信根)은 모든 [부처님이 설한] 진리(諦)들을 '인정하여 받아들이는 실천 수행'(忍可行修)을 일으키고, '정진하는 능력'(精進根)은 [부처님이 설한 진리들을 인정하여 받아들이고 나서] 깨닫기(覺悟) 위해 '정진하는 실천 수행'(精進行修)을 일으키며, '[잊지 않고] 간직해 가는 능력'(念根)은 [부처님이 설한 진리들에 대해 정진하고 나서] '잊어버리지 않는 실천 수행'(不忘失行修)을 일으키고, '선정禪定의 능력'(定根)은 [부처님이 설한 진리들에 대해 생각을 묶어 놓은 후] '한결같은 마음상태를 유지하는 실천 수행'(心一境性行修)을 일으키며, '지혜의 능력'(慧根)[390]은 [부처님이 설한 진리들에 대해 선정을 얻고 나서] '[대상에 대해 그 이로움과 해로움 등을 이해하여] 가려내는 실천 수행'(簡擇行修)[391]을 일으킨다.

『대지도론大智度論』에서는 [다음과 같이] 말한다. "'믿는 능력'(信根)이라는 것은 '모든 현상'(一切法)이 '원인과 조건'(因緣)에 따라 생겨남을 믿는 것이다. '뒤바뀌어 왜곡된 견해'(顚倒妄見)[로 생겨난 모든 현상]은 과거에도 있지 않고 미래에도 있지 않으며 현재에도 있지 않다. [또 '믿는 능력'(信根)이라는 것은] '모든 현상'(諸法)이 '실체가 없고'(空) '[실체관념에 상응하는] 양상이 없으며'(無相) '[실체관념에 의거한 욕망을] 이룰 것이 없고(無作)[392] '[실체로서] 생겨남도 없고 사라짐도 없다'(不生不滅)는 것을 믿는 것

---

389 『대지도론』에 따라 '礙'를 '疑'로 고친다.

390 혜慧와 간택簡擇: 『성유식론』 권5에서는 별경심소別境心所 중 하나인 혜慧에 관해 "云何爲慧? 於所觀境簡擇爲性, 斷疑爲業, 謂觀得失俱非境中, 由慧推求得決定故. 於非觀境愚昧心中, 無簡擇故, 非遍行攝."(T31, 28c11~14)이라고 하여 '이해의 대상'(所觀境)에서 간택簡擇하는 것이 기본면모(性)이고 의심을 끊는 것이 작용(業)이며, 득得·실失 및 득이기도 하고 실이기도 한 것, 득도 아니고 실도 아닌 것 등을 관찰하는 중에 혜慧로 추구하여 결정하는 것이고, '이해의 대상이 아닌 것'(非觀境)에 대해 우매한 마음에는 간택簡擇이 없으므로 혜는 변행심소遍行心所에 속하지 않는다고 설명한다.

391 『대승아비달마잡집론』 권10(T31, 740b20~24). "五根修習者, 謂信根於諸諦, 起忍可行修(習), 精進根(於諸諦生忍可已,) 爲覺悟故, 起精進行修(習), 念根(於諸諦發精進已,) 起不忘失行修(習), 定根(於諸諦既繫念已,) 起心一境性行修(習), 慧根(於諸諦心既得定,) 起簡擇行修(習)." 괄호는 생략된 부분을 표시한다. 되도록 생략된 내용은 보조문으로 반영했다.

392 공空·무상無相·무작無作: 3삼매三三昧의 구체적 내용이다. 『장아함경』 권10에서는 "云何三法趣向涅槃? 謂三三昧, 空三昧, 無相三昧, 無作三昧."(T1, 59c5~6)라고 하여 열반으로 취향趣向하는 3법三法으로 공空·무상無相·무작無作의 3삼매를 제시하고, 권8에서는 "復有三法, 謂三三昧, 空三昧,

이고, '윤리적 규범을 지키는 수행'(持戒)·'선정 수행'(禪定)·'지혜 수행'(智慧)·'풀려난 경지'(解脫)·'풀려난 경지에서 드러난 이해'(解脫知見)[393] 등의 진리(法)들을 믿는 것

無願三昧, 無相三昧."(T1, 50b1~2)라고 하여 공空·무원無願·무상無相의 3삼매를 제시하기도 한다. 무작無作과 무원無願의 범어인 'apraṇihita'가 욕망으로부터 벗어남(free from desire)의 뜻(M. Willians, Sanskrit-English Dictionary, p.1314 참조)이므로 무원이 원어의 뜻에 더 가까운 한역으로 보인다. 『증일아함경』 권16에서는 3삼매三三昧 각각에 관해 다음과 같이 설명한다. "云何名爲空三昧? 所謂空者, 觀一切諸法皆悉空虛, 是謂名爲空三昧. 云何名爲無想三昧? 所謂無想者, 於一切諸法, 都無想念, 亦不可見, 是謂名爲無想三昧. 云何名爲無願三昧? 所謂無願者, 於一切諸法, 亦不願求, 是謂名爲無願三昧. 如是, 比丘, 不得此三三昧, 久在生死, 不能自覺悟."(T2, 630b4~12) 이에 따르면 공삼매는 일체제법一切諸法이 공허하다고 관찰하는 것이고, 무상삼매는 일체제법에 대해 실체관념(想念)이 없어 실체로서 보지 않는 것이다. 무상無想이라는 용어에 관한 『대정장』의 주석에서는 "無想~Animitta, 想 = 相"이라고 되어 있으므로 여기서 무상無想은 무상無相과 동의어로 쓰이는 한역어임을 알 수 있다. 세 번째인 무원삼매는 일체제법에 대해 원구願求함이 없는 것으로서, 이 세 가지 삼매를 얻지 못하면 생사生死에 머물러 스스로 각오覺悟할 수 없다고 설명한다. 대승 경전들에서도 3삼매의 개념이 공유되는데, 예를 들어 『열반경』 권23에서는 所謂三三昧, 空三昧, 無相三昧, 無作三昧. 空者, 於二十五有, 不見一實, 無作者, 於二十五有, 不作願求, 無相者, 無有十相, 所謂色相聲相香相味相觸相生相住相滅相男相女相. 修習如是三三昧者, 是名菩薩繫念思惟."(T12, 755a25~b1)라고 하여 공삼매는 25유於二十五有에 대해 하나라도 실체로 보지 않는 것이고, 무작삼매는 25유二十五有에 대해 원구願求함을 짓지 않는 것이며, 무상삼매는 색상色相·성상聲相 등 10상十相이 있지 않은 것으로서 이 3삼매를 보살계념사유菩薩繫念思惟라고 부른다.

393 계戒·선정禪定·지혜智慧·해탈解脫·해탈지견解脫知見: 5분법신五分法身(또는 무루5온無漏五蘊)의 내용이다. 『아비담비바사론阿毘曇毘婆沙論』 권18에서는 "世尊說無學成就戒身, 乃至廣說."(T28, 129c19)이라고 하면서 이하에서 자세히 설명한다. 먼저 계신戒身에 관해서는 "云何無學戒身? 答曰, 無學身戒口戒及淨命."(T28, 129c25~26)이라고 하여 무학無學의 신계身戒·구계口戒·정명淨命이고, 정신定身에 관해서는 "云何無學定身? 答曰, 無學空三昧, 無相三昧, 無願三昧."(T28, 130b5~6)라고 하여 무학無學의 공삼매空三昧·무상삼매無相三昧·무원삼매無願三昧이며, 혜신慧身에 관해서는 "云何無學慧身? 答曰, 若智若見, 若明若覺, 若現觀, 乃至廣說."(T28, 130c8~9)이라고 하여 무학無學의 지智·견見·명明·각覺·현관現觀이고, 해탈신解脫身에 관해서는 "云何無學解脫身? 答曰, 無學正觀相應解脫."(T28, 130c12~13)이라고 하여 무학無學의 정관正觀이 해탈解脫에 상응하는 것이며, 해탈지견신解脫知見身에 관해서는 "云何無學解脫知見身? 答曰, 盡智無生智是也."(T28, 130c15~16)라고 하여 진지盡智·무생지無生智라고 한다. 『대지도론』 권26에는 아라한阿羅漢의 해탈지견解脫知見과 부처님의 상상지上上智로서의 해탈지견을 대비하는 설명이 다음과 같이 보인다. "諸阿羅漢雖得解脫知見, 解脫知見有減, 不得一切智故, 上上智慧根不成就故, 諸法念念生滅時, 不知別相分別故. 佛上上智慧根成就, 知諸法念念別相生滅故, 解脫知見無減."(T25, 251a10~14) 이에 따르면 소승의 아라한阿羅漢은 해탈지견을 얻더라도 감소함이 있다(有減). 일체지一切智를 얻지 못하고 상상지혜근上上智慧根을 성취하지 못하여 모든 현상이 생각마다 생멸할 때 '개별 양상들의 차이'(別相分別)를 알지 못하기 때문이다. 반면 부처님은 상상지혜근上上智慧根을 성취하여 모든 현상의 '생각마다 개별 양상으로 생멸하는 것'(念念別相生滅)까지 알기 때

이다”[394]라고 하였고, [또] [정진근精進根·염근念根·정근定根을 설명하고 나서 혜근慧根에 대해] “‘지혜의 능력’(慧根)이라는 것은, ‘모든 현상의 참된 면모[에 대한 이해에서 생겨나는] 이로움(諸法實相利)에 들어가는 것에 의심도 없고 어려움도 없는 것이다. [그리하여] 세간에 대해서는 근심[에 매이는 것]이 없고 열반에 대해서는 기쁨[에 매이는 것]이 없이 ‘자유롭게 하는 지혜’(自在智慧)를 얻기 때문에 ‘지혜의 능력’(慧根)이라고 부른다.”[395] 이상[의 설명]을 ‘[해탈을 성취하게 하는] 다섯 가지 능력을 닦아 익히는 과정의 대략적인 양상’(五根修習略相)이라고 부른다.

五根修果者, 謂能速發諦現觀, 由此增上力, 不久能生見道故. 又能修治燸[396]頂, 引發忍世第一法, 卽現此身已, 入順決擇分位故. 五根五門, 略說如是.

[H1, 824b13~17: X48, 164a12~15]

문에 부처님의 해탈지견解脫知見에는 감소함이 없다(無減)고 설명한다.

394 『대지도론』 권19(T25, 204a29~b7). “信根者, 信一切法從因緣生. 顚倒妄見(心生, 如旋火輪, 如夢如幻. 信諸法不淨無常苦無我, 如病如癰如刺, 災變敗壞. 信諸法無所有, 如空拳誑小兒. 信諸法)不在過去, 不在未來, 不在現在(無所從來, 滅無所至). 信諸法空無相無作, 不生不滅, (無作無相,)而信持戒禪定智慧解脫解脫知見.” 괄호는 생략된 부분을 표시한다. 본문의 “不在過去, 不在未來, 不在現在.”라는 술부가 『대지도론』 원문에서는 ‘諸法’을 주어로 삼고 있으므로 이를 본문 번역에 반영했다. 본문의 인용문 말미에서 원문에 없는 ‘等法’이 첨가된 것은 계戒·선정禪定·지혜智慧·해탈解脫·해탈지견解脫知見이 5분법신五分法身의 내용임을 알리려는 의도로 보인다.

395 『대지도론』 권19(T25, 204c1~10). “慧根者, (菩薩爲盡苦, 聖智慧成就. 是智慧爲離諸法, 爲涅槃. 以智慧觀一切三界無常, 爲三衰三毒火所燒. 觀已, 於三界中, 智慧亦不著一切三界, 轉爲空無相無作解脫門. 一心爲求佛法, 如救頭然. 是菩薩智慧無能壞者, 於三界無所依, 於隨意五欲中, 心常離之. 慧根力故, 積聚無量功德,) 於諸法實相利, 入無疑無難. 於世間無憂, 於涅槃無喜, 得自在智慧故, 名(爲)慧根.” 괄호는 생략된 부분을 표시한다. 생략된 앞 내용의 대부분은 3계三界의 생사生死에서 벗어나 열반涅槃으로 향하는 지혜의 면모를 설명하는 것이라면 “慧根力故, 積聚無量功德” 이하부터 본문에서 인용된 뒷 내용은 무량공덕無量功德으로 세간을 이롭게 하는 지혜의 면모를 설명하는 것으로 보인다.

396 한불전에는 ‘燸’으로 되어 있고, 대정본에는 ‘暖’으로 되어 있다. 『대승아비달마잡집론』에 의거하여 ‘煖’으로 고친다.

마. [5근五根] 수행의 결과(修果)

'[해탈을 성취하게 하는] 다섯 가지 능력'(五根)을 '수행한 결과'(修果)라는 것은 '[부처님의 고귀한] 진리가 드러나는 이해'(諦現觀)를 신속하게 일으킬 수 있는 것이니, 이 '가속화시키는 능력'(增上力)에 의거하여 오래 걸리지 않고 '[진리다운] 이해를 밝히는 수행'(見道)을 일으킬 수 있기 때문이다. 또 [5근五根 수행의 단계에서] '[4제四諦에 관한 이해를] 착수하는 수행'(煖)과 '[4제四諦에 관한 이해가] 탁월해진 수행'(頂)을 닦음으로써 [5력五力 수행의 단계인] '[4제四諦의 도리를] 감당해내는 수행'(忍)과 '[견도見道 이전의 단계에서] 가장 뛰어난 수준의 수행'(世第一法)을 [수행의 결과로서] 끌어와 일어나게 할 수 있으니,[397] 이 [5근五根을 수행한] 몸을 나타내고 나면 [5력五力 수행까지 포함하는,] '[부처님 진리에 대한 진실한 이해를] 분명하게 채택하는 능력을 키워 가는 단계'(順決擇分位)[398]에

---

397 5근五根·5력五力 수행의 단계와 4선근四善根 수행의 관계: 앞의 '(4) 명계위明階位' 단락에서는 "若依此論, 前之三四在解脫分, 次之二五在通達分."(H1, 820b16~18)이라고 하면서 범부위凡夫位의 5법五法을 해탈분解脫分(순해탈분順解脫分)과 통달분通達分(순결택분順決擇分) 및 4선근四善根의 단계로 구분하는『중변분별론』의 설명을 제시한 적이 있는데, 그 내용을 표로 나타내면 다음과 같다. 자세한 내용은 '『중변분별론』의 해탈분解脫分과 통달분通達分' 역주 참조.

4념주	해탈분解脫分(순해탈분順解脫分): 4선근四善根 이전	
4정단		
4신족		
5근	난법煖法·정법頂法	통달분通達分(순결택분順決擇分)
5력	인법忍法·세제일법世第一法	

표에서 보듯이 5근五根·5력五力의 단계는 견도見道에 들어가기 직전의 단계인 순결택분에 모두 속하면서도, 난煖·정頂·인忍·세제일법世第一法이라는 4선근의 세부 항목과의 관계에서 5근과 5력은 각각 난법煖法·정법頂法의 단계와 인법忍法·세제일법世第一法의 단계로 구분된다. 5근·5력 수행의 단계에 관해 원효의『중변분별론』에 의거하는 설명과『대승아비달마잡집론』에 의거하는 설명이 서로 일치함을 확인할 수 있는 대목이기도 하다.

398 순결택분위順決擇分位: 순결택분위는 자량위資糧位·가행위加行位·통달위通達位·수습위修習位·구경위究竟位라는 유식唯識 5위五位의 수행 체계에서 견도見道인 통달위 직전의 가행위에 해당한다.『성유식론成唯識論』권9에 따르면 ①자량위는 대승의 순해탈분順解脫分을 닦아 식識의 상성相性에 관해 깊이 신해信解하는 단계이고, ②가행위는 대승의 순결택분順決擇分을 닦아 소취所取와 능취能取를 점차 제복除伏함으로써 진견眞見을 인발引發하는 단계이며, ③통달위는 보살이 머무르는 견도見道로서 여실통달如實通達하는 단계이고, ④수습위는 보살이 머무르는 수도修道로서 견도見道에서 통달한 진리대로 자주 수습하여 남은 장애를 복단伏斷하는 단계이며, ⑤구경위는 무상정등보리無上正等菩提에 머물러 모든 장애에서 벗어나 원명圓明해지는 단계이다. 여기서 순결택분順決擇分인 ②가행위가 난煖·정頂·인忍·세제일법世第一法의 4선근四善根 단계인데, 이 4선근을 총

들어가기 때문이다.[399] '[해탈을 성취하게 하는] 다섯 가지 능력'(五根)의 '다섯 가지 측면'(五門)에 관해 대략적으로 설명하면 이와 같다.

次明五力五門差別. 前之四門與根相似, 唯修習果, 少有差別, 謂能損減不信等障, 不可屈伏, 勝過於前. 五力五門, 略說如是.

[H1, 824b18~21: X48, 164a16~18]

⑤ ['다섯 가지 능력의 수행'(五根)으로 얻은] **다섯 가지 힘**(五力)

다음으로 '['다섯 가지 능력의 수행'(五根)으로 얻은] 다섯 가지 힘'(五力)에 관한 '다섯 번째 측면의 차이'(五門差別)를 밝힌다. ['수행의 대상'(所緣), '수행의 바탕'(自體), '수행에 도움을 주면서 동반되는 것'(助伴), '수행을 닦아 익히는 과정'(修習)이라는] 앞의 네 가지 측면은 '[해탈을 성취하게 하는 다섯 가지] 능력'(根)과 서로 비슷하지만 '닦아 익힌 결과'(修習果)에서만은 조금 차이가 있으니, '믿지 않음'(不信)[·게으름(懈怠)] 등 [번뇌의] 장애[400]를 감소시켜 [그

괄하여 순결택분이라고 부르는 것은 진실결택분眞實決擇分인 견도見道에 순취順趣하기 때문이고 견도見道에 가깝기 때문이다. 자세한 내용은 '가행도加行道와 통달通達' 역주 참조. 순결택분의 번역은 견도見道를 진실결택분眞實決擇分이라고 부르는 것을 고려하여 '[부처님 진리에 대한 진실한 이해를] 분명하게 채택하는 능력을 키워 가는 단계'라고 하였다. 그리고 순해탈분順解脫分은 '해탈에 필요한 이로운 기초능력들을 키워 가는 단계'로 번역할 수 있겠다.

399 『대승아비달마잡집론』 권10(T31, 740b25~27). "五根修果者, 謂能速發諦現觀, 由此增上力, 不久能生見道故. 又能修治煖頂, 引發忍世第一法, 即現此身已, 入順決擇分位故." 〈산스크리트본의 해당 내용: 출전(1) AS., p.74. bhāvanāphalaṃ katamat / satyābhisamayasamutthānataḥ ūṣmagatamūrdhaparikarmataś ca kṣāntilaukikāgradharmanirhāraḥ //; [5근의] 수습 결과는 무엇인가? [4]제 현관을 일으켰으므로 그리고 난위와 정위를 연마했으므로 세제일법을 산출하는 것이다.〉 〈산스크리트본의 해당 내용: 출전(2) ASBh., p.88. phalaṃ tadādhipatyād acireṇa kālena darśanamārgasyotpādah tasminn eva ca kāle nirvedhabhāgīyabhajanaṃ ca saṃtānasya //; 결과는 그것을 위주로 하므로 머지않아 견도를 일으키는 것과, 바로 그때 개체가 순결택분의 그릇이 되는 것이다.〉

400 불신등장不信等障: 유식불교의 6위심소六位心所 체계에서 불신不信은 수번뇌심소隨煩惱心所에 속한다. 이에 관해서는 '변행遍行' 역주 참조. 불신不信은 또한 신력信力·정진력精進力·염력念力·정력定

'닦아 익힌 결과'(修習果)를 번뇌의 장애들이] 굴복[401]시킬 수 없는 것이 앞[의 5근五根]보다 더 뛰어나다는 것이 그것이다.[402] '[다섯 가지 능력의 수행'(五根)으로 얻은] 다섯 가지 힘'(五力)에 관한 '다섯 번째 측면[의 차이]'(五門[差別])를 대략적으로 설명하면 이와 같다.

次明七覺支五門相. 覺支所緣者, 若就二乘, 安立諦門所顯人空, 若就菩薩, 安立非安立諦門中人法二空, 以爲境界. 覺支自體者, 謂念擇法精進喜安定捨. 如是七法是覺支體. 又此七法, 三品所攝. 如『瑜伽』說, "三覺支奢摩他品攝, 三覺支毗鉢舍那品攝, 一覺支通二品攝. 是故說名七種覺支, 謂擇法精進喜, 此三觀品所攝. 安定捨, 此三止品所攝. 念覺支一種俱品所攝, 說名所[403]行." 『智度論』云, "念覺支[404]在二處, 能集善法, 能遮惡法, 如守門人, 有利者令入, 無益者除却. 若心沒時, 念三法起, 若止[405]散時, 念三法攝"故. 覺支助伴者, 謂彼相應心心法等.

[H1, 824b22~c12: X48, 164a19~b5]

力·혜력慧力의 5력五力 중에서 신력에 상대되는 면모이므로 정진력에 상대되는 면모는 수번뇌심소들 중에서 해태懈怠에 해당할 것으로 보인다.

401 굴복屈伏: 앞서 '(2) 석의釋義' 단락의 5력五力에 관한 설명에서는 굴복屈伏의 용어와 관련하여 5력五力은 "'현재 나타나 작용하는 모든 번뇌'(諸煩惱纏)로도 굴복시킬 수 없기 때문에 '제압하기 어려운 것'(難伏)이라 부른다"("諸煩惱纏亦不能屈故, 名難伏." H1, 819c6)라고 논의한 적이 있다.

402 『대승아비달마잡집론』 권10(T31, 740b28~c4). "如五根, 五力亦爾. 差別者, 〈由此能損減所對治障, 不可屈伏,〉 故名爲力, 謂〈五力所緣境等與根相似, 然果有差別. 所以者何? 如說果者, 謂能損減不信等障故, 勝過於前.〉 雖與五根, 所緣境界自體等相似, 然不可屈伏義有差別故, 別立力分." '〈 〉' 표시는 본문에서 주요하게 의거하는 부분을 표시한다. 원효는 『대승아비달마잡집론』에서 중복되는 설명들을 간추려 핵심 내용만을 제시한다. 〈산스크리트본의 해당 내용: 출전(1) AS., p.74. yathā pañcendriyāṇi tathā pañca balāni / eṣāṃ viśeṣaḥ taiḥ vipakṣāntarāyanirlekho 'navamṛdyateti balānīty ucyante //; 5근과 마찬가지로 5력도 그러하다. 이것들의 차이는 그 [5력]들에 의해서는 치료대상이라는 장애를 파괴하는 것이 굴복되지 않기 때문에 [5력을] 힘이라고 한다.〉 〈산스크리트본의 해당 내용: 출전(2) ASBh., p.88. balānām ālaṃbanādikam indriyaiḥ samānam // phale tu viśeṣaḥ / tathā hy eṣāṃ tac ca yathoktam－āśraddhyādivipakṣanirlekhaś cādhika ity ata evaiṣāṃ tulyānām ālaṃbanasvabhāvādikānām apy anavamṛdyatārthaviśeṣeṇa bodhipakṣāntaratvam //; [5]력의 인식대상 등은 [5]근과 동일하다. 그러나 결과는 차이가 있다. 이 [5력]들에는 [5근에서] 설해진 것에 더해 불신 등의 치료대상을 파괴하는 것이 있다. 바로 이

⑥ 깨달음을 성취하게 하는 일곱 가지 수행(七覺支)

다음으로 '깨달음을 성취하게 하는 일곱 가지 수행'(七覺支)의 '다섯 가지 측면의 특징'(五門相)을 밝힌다.

가. [칠각지七覺支 수행의] 대상(所緣)

'깨달음을 성취하게 하는 [일곱 가지] 수행'(覺支)의 대상(所緣)이라는 것은 [다음과 같다.] 만약 '[성문聲聞·연각緣覺] 두 부류의 수행자'(二乘)[의 관점]에 의거한다면 '[세속과 진여의 차별을] 규정하는 진리의 측면'(安立諦門)에서 드러나는 '자아에 불변·독자의 실체가 없음'(人空)[을 수행의 대상으로 삼는 것]이고, 만약 보살菩薩[의 관점]에 의거한다면 '[세속과 진여의 차별을] 규정하는 진리와 규정하지 않는 진리 측면'(安立非安立諦門)에서 [드러나는] '자아와 존재의 두 가지에 불변·독자의 실체가 없음'(人法二空)[406]을 [수행의]

때문에 인식대상과 본질 등이 동일하지만, 굴복되지 않는다는 의미의 차이 때문에 별개의 보리분으로 [설정한다.]〉

403 『유가사지론』에 따라 '所'를 '遍'으로 고친다.

404 『대지도론』에는 '支'가 없지만 있어도 무방하므로 그대로 둔다.

405 『대지도론』에 따라 '止'를 '心'으로 고친다.

406 이승二乘의 안립제문安立諦門과 보살菩薩의 안립비안립제문安立非安立諦門 및 인법이공人法二空: 『유가사지론』 권67에 따르면 성문승상응작의수聲聞乘相應作意修라는 것은 안립제작의문安立諦作意門으로 진여眞如를 내관內觀한 것으로서 유량유분별법有量有分別法을 대상으로 삼고, 대승상응작의수大乘相應作意修라는 것은 안립제작의문安立諦作意門뿐 아니라 비안립제작의문非安立諦作意門까지에 의거하여 진여眞如를 내관內觀한 것으로서 무량무분별법無量無分別法을 대상으로 삼는다. 또한 성문聲聞의 안립제작의문에서는 견도見道에 들어도 타이익사他利益事를 이해하지 못하고 오로지 자이익사自利益事만을 이해하는 반면, 대승大乘의 안립비안립제작의문에서는 견도見道에 들어 자타自他의 이익사利益事를 모두 이해한다. 자세한 내용은 '비안립제非安立諦' 역주 참조. 본문에서 원효는 이승二乘 안립제문의 구체적 내용이 인공人空이고 이승二乘에게 없는 보살菩薩 비안립제문의 내용이 법공法空에 해당함을 알려 주는데, 이 인법이공人法二空과 관련하여 『섭대승론석』 권12에서는 "聲聞智慧與菩薩智慧差別云何?"(T31, 245c8)라고 성문지혜聲聞智慧와 보살지혜菩薩智慧의 차이를 물으면서 보살지혜菩薩智慧의 특징들 중 인법이공을 모두 이해하는 비일분차별非一分差別에 관해 "分有二種, 一所知分, 二利益衆生分. 所知分中復有二種, 謂人法二空, 利益衆生分中亦有二種, 謂自身他身. 聲聞於所知分中, 但通達人空, 止於苦等四諦生無流智, 於利益衆生分中, 但依止自身利益事, 發願修行, 於此二分中各有一分. 菩薩於所知分中, 具通達人法二空, 於一切所生如理如量智, 於利益衆生分中, 依一切衆生利益事, 謂自他身發願修行."(T31, 245c19~27)

대상(境界)으로 삼는다.[407]

이라고 한다. 이에 따르면 성문聲聞은 소지분所知分의 두 가지인 인공과 법공 중에서 인공에만 통달함으로써 이익중생분利益衆生分의 두 가지인 자신自身과 타신他身 중 자신이익사自身利益事에만 의거하여 수행하는 반면, 보살菩薩은 소지분所知分의 두 가지인 인공과 법공에 모두 통달함으로써 이익중생분利益衆生分의 두 가지를 포괄하는 일체중생이익사一切衆生利益事에 의거하여 수행한다는 점에서 양자는 차이를 보인다. 또한 인공과 법공이라는 두 가지 소지분所知分의 측면에 국한하자면 성문聲聞은 인공에만 통달하여 고苦·집集·멸滅·도道의 4제四諦에서 무류지無流智(무루지無漏智의 구역舊譯)를 일으키는 데에서 그치는 반면 보살菩薩은 인법이공에 모두 통달하여 여리지如理智(정체지正體智)뿐 아니라 여량지如量智(후득지後得智)에까지 나아간다고도 설명하여 보살 수행의 '일분一分에 갇히지 않는'(非一分) 특징을 드러낸다.

407 『대승아비달마잡집론』 권10(T31, 740c5~6). "七覺支所緣境者, 謂四聖諦如實性. 如實性者, 即是勝義清淨所緣故." 『대승아비달마잡집론』에서는 칠각지七覺支 수행의 대상을 승의청정소연勝義清淨所緣인 4성제四聖諦의 여실성如實性이라고 하여 이승二乘의 안립제문安立諦門에 국한하여 설명하고 있으므로 본문에서 원효는 이승二乘에 관한 설명에서도 이 문장에 의거하지 않을 뿐 아니라 수행 대상의 범위를 넓혀 보살菩薩의 안립비안립제문安立非安立諦門까지 거론한다. 〈산스크리트본의 해당 내용: 출전(1) AS., p.74. sapta bodhyaṅgānām ālambanaṃ katamat / caturṇām āryasatyānāṃ yathābhūtatā // svabhāvaḥ katamaḥ / smṛtiḥ dharmavicayaḥ vīryaṃ prītiḥ praśrabdhiḥ samādhiḥ upekṣā ca // smṛtiḥ saṃniśrayāṅgam / dharmavcayaḥ svabhāvāṅgam / vīryaṃ niryāṇāṅgam / prītiḥ anuśaṃsāṅgam / praśrabdhiḥ samādiḥ upekṣā cāsaṃkleśāṅgam / asaṃkleśataḥ asaṃkleśāśrayataḥ asaṃkleśasvabhāvataś ca //; 7각지의 인식대상은 무엇인가? 4성제의 여실성이다. 본질은 무엇인가? 주의집중, 법의 변별, 정진, 만족, 경쾌함, 삼매, 평정이다. 주의집중은 근거라는 지분이다. 법의 변별은 본질이라는 지분이다. 정진은 벗어남이라는 지분이다. 만족은 이익이라는 지분이다. 경쾌함, 삼매, 평정은 염오가 없다는 [측면에서] 지분이다. 염오가 없다는 측면에서, 염오가 없는 근거라는 측면에서, 염오가 없는 본질이라는 측면에서이다.〉 〈산스크리트본의 해당 내용: 출전(2) ASBh., pp.88-89. bodhyaṅgānām ālaṃbanaṃ caturṇām āryasatyānāṃ yathābhūtateti paramārtho viśuddhayālaṃbanam ity arthaḥ / svabhāvaḥ smṛtyādayaḥ sapta dharmāḥ / tatra smṛtiḥ saṃniśrayāṅgam, upasthitasmṛteḥ sarvakuśaladharmābhilapanāt / dharmavicayaḥ svabhāvāṅgam, saṃbodhilakṣaṇatvāt / vīryaṃ niryāṇāṅgam, tena yāvad gamyaṃ gamanāt / prītir anuśaṃsāṅgam, tayā saṃtānaprīṇanāt / prasrabdhiḥ samādhir upekṣā cāsaṃkleśāṅgam / tatra prasrabdhyā na saṃkliśyate, tayā dauṣṭhulyasrāvaṇāt / samādhau na saṃkliśyate, tatra sthitasyāśrayaparivartanāt / upekṣāsaṃkleśaḥ, abhidhyādaurmanasyāpagatākliṣṭāvasthāsvabhāvatvāt /; [7]각지의 인식대상은 4성제의 여실성이라고 한 것은 [여실성인] 승의가 청정한 인식대상이라는 의미다. 본질은 주의집중 등 일곱 심리현상이다. 그중에서 주의집중은 근거라는 지분이다. 확립된 주의집중은 모든 선한 가르침을 명기하기 때문이다. 법의 변별은 본질이라는 지분이다. 깨달음을 특징으로 하기 때문이다. 정진은 벗어남이라는 지분이다. 그것에 의해 도달해야 할 곳에 도달하기 때문이다. 만족은 이익이라는 지분이다. 그것으로 개체를 만족시키기 때문이다. 경쾌함, 삼매, 평정은 염오가 없다는 [측면에서] 지분이다. 그중에서 경쾌함에 의해서는 염오되지 않는다. 그것에 의해 추중이 쓸려나가기 때문이다. 삼매에서는 염오되지 않는다. 거기에 머무는 소의가 작용하기 때문이다. 평정은 염오되지 않는 것이다. 탐욕과 불만족을 제거한 불염오 상태를 본질로 하

나. [7각지七覺支 수행의] 바탕(自體)

'깨달음을 성취하게 하는 [일곱 가지] 수행'(覺支)의 바탕(自體)라는 것은 '[빠져들지 않는 마음국면'(止)과 '진리다운 이해'(觀)를 수립하여] 간직해 가는 능력'(念), '[염念을 토대로] 지혜롭게 판단하는 능력'(擇法), '[택법擇法을 토대로] 정진하는 능력'(精進), '[정진精進을 토대로] 즐기면서 하는 능력'(喜), '[희喜를 토대로] 흔들리지 않는 능력'(安), '[안安을 토대로 삼는] 선정禪定 능력'(定), '[정定을 토대로] 어디에도 빠져들지 않는 능력'(捨)[408]을 말한다. 이와 같은 일곱 가지 항목(法)이 '깨달음을 성취하게 하는 [일곱 가지] 수행'(覺支)의 바탕(體)이다.[409]

또한 이 일곱 가지 항목(法)은 세 가지 범주(品)에 포섭된다. 『유가사지론瑜伽師地論』에서 [다음과 같이] 말한 것과 같다. "[칠각지七覺支 중에서] 세 가지는 '선정수행의 범주'(奢摩他品)에 포섭되고, [다른] 세 가지는 '진리다운 이해수행의 범주'(毘鉢舍那品)에 포섭되며, [나머지] 한 가지는 두 가지 범주(品)에 모두 포섭된다. 그러므로 '깨달음을 성취하게 하는 일곱 가지 수행'(七種覺支)이라고 부르니, [세 가지 범주(品)에 따

기 때문이다.〉

408 7각지七覺支 각 지분에 관한 『유가사지론』과 본문의 '(3) 명체성明體性' 단락에서의 설명: 『유가사지론』 권98에서는 7각지七覺支를 각각 전륜왕轉輪王의 7보七寶(윤보輪寶·상보象寶·마보馬寶·여보女寶·신주보神珠寶·장신보藏臣寶·군장보軍將寶)에 비유하여 각 지분을 설명하는데, 이에 따르면 ①염각지念覺支는 지止(사마타奢摩他)와 관觀(비발사나毘鉢舍那)을 쌍으로 운용하여 모든 번뇌를 항복시키는 것이고, ②택법각지擇法覺支는 광대무변한 대상(境)의 양상에 따르는 지혜의 본연(智體)을 아는 것이며, ③정진각지精進覺支는 택법각지擇法覺支에 의거해 정진수행하여 탁월한 자리에 신속히 이르는 것이고, ④희각지喜覺支는 허물 없는 열의悅意가 가장 탁월한 것이며, ⑤안각지安覺支(경안각지輕安覺支)는 이전까지의 수행이 신심身心에 반영되어 투철해져서(映徹) 무엇이든 감당할 만한 안정감이 있는 것이고, ⑥정각지定覺支는 기쁘게 추구할 만한 모든 일을 주관할 수 있는 것이며, ⑦사각지捨覺支는 모든 염오법染汚法을 깨뜨리고 모든 청정법清淨法을 거느리면서도 무상안은주처無相安隱住處로 나아갈 수 있는 것이다. 『유가사지론』 원문은 '7각지七覺支' 역주 참조. 한편 본문의 '(3) 명체성明體性' 단락(H1, 820a2 이하)에서 37도품三十七道品을 계戒·사思·수受·염念·정定·혜慧·근勤·신信·안安·사捨의 10법十法으로 분류하는 내용에 따르면 염각지는 염심소念心所를, 택법각지는 혜심소慧心所를, 정진각지는 정진심소精進心所(勤)를, 희각지는 수심소受心所를, 안각지는 안심소安心所(輕安)를, 정각지는 정심소定心所를, 사각지는 사심소捨心所(行捨)를 바탕이 되는 면모(體性)로 삼는다고 설명한다. 이에 관해서는 '10법十法 분류에 관한 표' 역주 참조.

409 『대승아비달마잡집론』 권10(T31, 740c7~8). "覺支自體者, 謂念擇法精進喜安定捨. 如是七法是覺支(自)體." 괄호는 생략된 부분을 표시한다. 〈산스크리트본의 해당 내용〉은 앞의 주 407 참조.

라 분류하면 다음과 같다.] '[염念을 토대로] 지혜롭게 판단하는 능력'(擇法), '[택법擇法을 토대로] 정진하는 능력'(精進) '[정진精進을 토대로] 즐기면서 하는 능력'(喜), 이 세 가지는 '진리다운 이해수행의 범주'(觀品)에 포섭된다. [또] '[희喜를 토대로] 흔들리지 않는 능력'(安), '[안安을 토대로 삼는] 선정禪定 능력'(定), '[정定을 토대로] 어디에도 빠져들지 않는 능력'(捨), 이 세 가지는 '선정수행의 범주'(止品)에 포섭된다. [그리고] '['빠져들지 않는 마음국면'(止)과 '진리다운 이해'(觀)를 수립하여] 간직해 가는 능력을 계발하여 깨달음으로 나아가는 수행'(念覺支) 한 가지는 '[지품止品과 관품觀品] 모두에 통하는 범주'(俱品)에 포섭되니, [그래서 염각지念覺支를] '[지품止品과 관품觀品에서] 두루 작용하는 [수행]'(遍行)이라고 부른다."[410] 『대지도론大智度論』에서는 [다음과 같이] 말한다. "'['빠져들지 않는 마음국면'(止)과 '진리다운 이해'(觀)를 수립하여] 간직해 가는 능력을 계발하여 깨달음으로 나아가는 수행'(念覺支)은 [지품止品과 관품觀品, 이] 두 곳에 [모두] 있으면서 이로운 것(善法)은 모으고 해로운 것(惡法)은 막아 내니, 마치 '문을 지키는 사람'이 이로운 자는 들여보내고 이로움이 없는 자는 제지하는 것과 같다. 만약 마음이 가라앉을 때라면 '['빠져들지 않는 마음국면'(止)과 '진리다운 이해'(觀)를 수립하여] 간직해 가는 능력'(念)이 [관품觀品에 속하는] '[택법擇法·정진精進·희喜, 이] 세 가지'(三法)를 일으키고, 만약 마음이 산만해질 때라면 '['빠져들지 않는 마음국면'(止)과 '진리다운 이해'(觀)를 수립하여] 간직해 가는 능

---

410 『유가사지론』 권29(T30, 445a2~7). "三覺支奢摩他品攝, 三覺支毘鉢舍那品攝, 一覺支通二品攝. 是故說名七種覺支, 謂擇法(覺支)精進(覺支)喜(覺支), 此三觀品所攝. 安(覺支)定(覺支)捨(覺支), 此三止品所攝. 念覺支一種俱品所攝, 說名遍行." 괄호는 생략된 부분을 표시한다. 〈산스크리트본의 해당 내용: ŚrBh., pp.228-230. (te punaḥ katame āha /) saptabodhayaṃgāni / yo 'sau yathābhūtāvabodhaḥ samyaktvanyāmāvakrāntasya pudgalasya tasyaitāny aṅgāni / sa hi yathābhūtāvabodhaḥ saptāṅgaparigṛhītaḥ, tribhiḥ śamathapakṣyaiḥ, tribhir vipaśyanāpakṣyair, ekenobhayapakṣyeṇa / tasmād bodhyaṅgānīty ucyante / tatra yaś ca dharmavicayaḥ, yac ca vīryaṃ, yā ca prītir itīmani trīṇi vipaśyanāpakṣyāṇi / tatra yā ca prasrabdhiḥ, yaś ca samādhiḥ, yā ca upekṣā itīmāni trīṇi śamathapakṣyāṇi / smṛtir ubhayapakṣyā sarvatragety ucyate /; (그것들은 또 무엇인가? 설한다.) 7각지이다. 정성이생에 들어 간 사람에게 이 여실한 깨달음이 있고 그것에는 이 지분들이 있다. 그 여실한 깨달음은 일곱 가지 지분에 포함된다. 세 가지는 샤마타에, 세 가지는 비파샤나에, 한 가지는 양자 모두에 [포함된다.] 그러므로 각지라고 한다. 그중에서 법의 변별, 정진, 만족 세 가지는 비파샤나에 속한다. 그중에서 경쾌함, 삼매, 평정 세 가지는 샤마타에 속한다. 주의집중은 양자에 속하여 '모든 것에 통하는 것'(遍行)이라고 한다.〉

력'(念)이 [지품止品에 속하는] '[안安·정定·사捨, 이] 세 가지'(三法)를 포섭하여 [일으킨다]."[411]

다. [7각지七覺支 수행에] 도움을 주면서 동반되는 것(助伴)

'깨달음을 성취하게 하는 [일곱 가지] 수행'([七]覺支)에 '도움을 주면서 동반되는 것'(助伴)들은 저 [일곱 가지 바탕(自體)에] 상응하는 마음(心)과 마음현상(心法)들을 말한다.[412]

> 覺支修習者, 有共不共. 共修相者, 如『對法』說, "依遠離無欲寂滅, 廻向棄捨, 修念覺支, 乃至捨覺支. 如是四句, 隨其次第, 顯示緣諦修習覺支. 所以者何? 若緣苦諦,[413] 爲苦惱[414]時, 於苦境界, 求遠離故, 名依止遠離. 若緣愛相, 爲苦集時, 於此境界, 必求離欲故, 名依止離欲. 若緣苦滅, 爲苦滅時, 於此境界, 必求作證故, 名依止寂靜.[415] 棄捨者, 謂起[416]苦滅行, 由此勢力, 棄捨苦故. 於此境界, 必求修習故, 名廻向棄捨." 是名共修.
>
> [H1, 824c12~22: X48, 164b5~13]

라. [7각지七覺支를] 닦아 익히는 과정(修習)

'깨달음을 성취하게 하는 [일곱 가지] 수행'(覺支)을 '닦아 익히는 과정'(修習)에는 '[소승의 수행과] 공통되는 것'(共)과 '[소승의 수행과] 공통되지 않는 것'(不共)이 있다. '[소

411 『대지도론』 권19(T25, 198c5~7). "念覺在二處, 能集善法, 能遮惡法, 如守門人, 有利者令入, 無益者除却. 若心沒時, 念三法起, 若心散時, 念三法攝."

412 『대승아비달마잡집론』 권10(T31, 740c17). "覺支助伴者, 謂彼相應心心法等." 〈산스크리트본의 해당 내용: AS., p.75. sahāyaḥ katamaḥ / tatsaṃprayuktāś cittacaitasikā dharmāḥ /; [7각지의] 조력자는 무엇인가? 그것들과 결합하는 심심소법이다.〉

413 『대승아비달마잡집론』에 따라 '諦'를 '體'로 고친다.

414 『대승아비달마잡집론』에 따라 '苦惱'를 '惱苦'로 고친다.

415 『대승아비달마잡집론』에 따라 '靜'을 '滅'로 고친다.

416 『대승아비달마잡집론』에 따라 '起'를 '趣'로 고친다.

승과] 공통되는 수행양상'(共修相)이라는 것은 『대승아비달마잡집론大乘阿毘達磨雜集論』에서 [다음과 같이] 말한 것과 같다. "'[괴로움에서] 거리를 두려고 함'(遠離)·'[괴로움을 일으키는] 탐욕을 없앰'(無欲)·'[괴로움이] 사라져 고요함'(寂滅)에 의거하여, '[괴로움을] 버려 빠져들지 않음으로 방향을 틀어'(迴向棄捨), '['빠져들지 않는 마음국면'(止)과 '진리다운 이해'(觀)를 수립하여] 간직해 가는 능력을 계발하여 깨달음으로 나아가는 수행'(念覺支)을 닦고, 나아가 '[정각지定覺支를 토대로] 어디에도 빠져들지 않는 능력을 계발하여 깨달음으로 나아가는 수행'(捨覺支)에까지 이른다. 이와 같은 ['의지원리依止遠離' '의지무욕依止無欲' '의지적멸依止寂滅' '회향기사迴向棄捨'] '네 가지 구절'(四句)은 그 순서에 따라 '[네 가지 고귀한] 진리'([四]諦)와 관련하여 '깨달음을 성취하게 하는 [일곱 가지] 수행'(覺支)을 닦아 익히는 과정을 드러내 보여 준다. [그] 까닭은 어떤 것인가? 만약 '괴로운 것'(苦體)에 연관되어 괴로움(苦)에 시달릴 때는 '괴로운 경험'(苦境界)에서 멀리 벗어나기를 추구하기 때문에 '[괴로움(苦)에서] 거리를 두려는 것에 의거함'(依止遠離)이라고 부른다. 만약 '갈애의 양상'(愛相)에 연관되어 '괴로움이 모일'(苦集) 때는 이 [갈애의] 경험(境界)에 대해 반드시 '[괴로움을 일으키는 갈애의] 탐욕에서 벗어나기'(離欲)를 추구하기 때문에 '탐욕에서 벗어남에 의거함'(依止離欲)이라고 부른다. 만약 '괴로움의 소멸'(苦滅)[현상]에 연관되어 괴로움(苦)이 소멸할 때는 이 [괴로움이 사라지는] 경험(境界)에 대해 반드시 체득하기를 추구하기 때문에 '[괴로움이] 사라져 고요함에 의거함'(依止寂滅)이라고 부른다. '[괴로움을] 버려 빠져들지 않음'(棄捨)이라는 것은 '괴로움을 소멸시키는 수행[의 길]'(苦滅行)에 나아가는 것을 말하니, 이 [수행의] 힘으로 말미암아 괴로움(苦)을 버려 빠져들지 않기 때문이다. 이 [괴로움을 버려 빠져들지 않는] 경험(境界)에 대해 반드시 '닦아 익힘'(修習)을 추구하기 때문에 〈'[괴로움을] 버려 빠져들지 않음'으로 방향을 튼다〉(迴向棄捨)고 부른다."[417] 이 [『대승아비달마잡집론大乘阿毘達磨

417 『대승아비달마잡집론』 권10(T31, 740c18~27). "依(止)遠離, (依止)無欲, (依止)寂滅, 迴向棄捨, 修念覺支, (如念覺支,) 乃至捨覺支(亦爾). 如是四句, 隨其次第, 顯示緣(四)諦(境), 修習覺支. 所以者何? 若緣苦體, 爲惱苦時, 於苦境界, (必)求遠離故, 名依止遠離. 若緣愛相(苦集), 爲苦集時, 於此境界, 必求離欲故, 名依止離欲. 若緣苦滅, 爲苦滅時, 於此境界, 必求作證故, 名依止寂滅. 棄捨者, 謂趣苦滅行, 由此勢力, 棄捨苦故. (是故若緣此境時,) 於此境界, 必求修習故, 名迴向棄捨." 괄

雜集論』의 내용]을 [소승과] 공통되는 수행[양상]'(共修[相])이라고 부른다.

> 不共修者，如『智度』說，"於一切法，不憶不念，是名念覺分. 一切法中，求索善法不善法無記法，皆[418]不可得，是名擇法覺分. 不入三界，破壞諸界相，是名精進覺分. 於一切作法，不生著樂，憂喜相增[419]故，是名喜覺分. 於一切法中，除心緣，不可得故，名除覺分. 者[420]一切法常定相，不亂不定，是名定覺分. 於一切法，不著不依止，亦不見是捨心，是名捨覺分."
>
> [H1, 824c23~825a7: X48, 164b13~19]

호는 생략된 부분을 표시한다. 생략된 부분을 살펴보면 4구四句인 의지원리依止遠離, 의지무욕依止無欲, 의지적멸依止寂滅, 회향기사迴向棄捨에서 원리遠離·무욕無欲·적멸寂滅의 술어는 '의지'이지만 기사棄捨의 술어는 '회향'임을 알 수 있고, 생략된 "如念覺支"에 딸려 있는 문장인 "如念覺支, 乃至捨覺支亦爾."를 참조하여 4구의 내용이 7각지七覺支 각각의 수행에 모두 적용됨을 알 수 있으며, 본문의 "諦"가 원문에는 "四諦境"이라고 되어 있음도 확인할 수 있다. 〈산스크리트본의 해당 내용: 출전(1) AS., p.74. bhāvanā katamā / vivekaniśritaṃ virāganiśritaṃ nirodhaniśritaṃ vyavasargapariṇataṃ smṛtisaṃbodhyaṅgam / yathā smṛtisaṃbodhyaṅgaṃ tathā yāvat upekṣāsaṃbodhyaṅgam // ebhiḥ caturbhiḥ padair yathākramaṃ catuḥsatyālambanā bodhyaṅgabhāvanā paridīpitā /; [7각지의] 수습은 무엇인가? 분리의 근거이고, 이욕의 근거이며, 소멸의 근거이자 포기로 회향하는 것이 주의집중이라는 각지다. 주의집중이라는 각지와 같이 평정이라는 각지까지 마찬가지다. 이 네 구절로 순서대로 4제를 인식대상으로 하는 각지의 수습이 밝혀졌다.〉 〈산스크리트본의 해당 내용: 출전(2) ASBh., p.89. bhāvanā smṛtisaṃbodhyaṅgaṃ bhāvayati vivekaniśritam ity evamādir ebhiḥ caturbhiḥ padair yathākramaṃ catuḥsatyālaṃbanā bodhyaṅgabhāvanā paridīpitā / tathā hi duḥkhaṃ duḥkhata ālaṃbamānasya tadvivekānveṣaṇād duḥkhālaṃbanaṃ vivekaniśritam ity ucyate / tṛṣṇālakṣaṇaṃ duḥkhasamudayaṃ duḥkhasamudayata ālaṃbamānasya tadvirāgānveṣaṇāt tadālaṃbanaṃ virāganiśritam / duḥkhanirodhaṃ duḥkhanirodhata ālaṃbamānasya tatsākṣātkaraṇānveṣaṇāt tadālaṃbanaṃ nirodhaniśritam / duḥkhanirodhagāminī pratipad vyavasarga ity ucyate, tayā duḥkhavisarjanāt / tāṃ tathālaṃbamānasya tadbhāvanānveṣaṇāt tadālaṃbanaṃ vyavasargapariṇatam ity ucyate /; 수습이란 주의집중이라는 각지를 수습하는 것이다. 분리의 근거 등이라고 하는 이 네 구절로 순서대로 4제를 인식대상으로 하는 각지의 수습이 밝혀졌다. 고[제]를 고통이라는 측면에서 인식하는 자는 그것과 분리되기를 추구하므로 고[제]라는 인식대상으로 하는 것이 분리의 근거라고 불린다. 갈애를 특징으로 하는 고집[제]를 고통의 원인이라는 측면에서 인식대상으로 하는 자는 그것과 이욕하기를 추구하므로 그것을 인식대상으로 하는 것이 이욕의 근거라고 [불린다.] 고멸[제]를 고통의 소멸이라는 측면에서 인식대상으로 하는 자는 그것을 직접 체험하기를 추구하므로 그것을 인식대상으로 하는 것이 소멸

'[소승의] 수행과 공통되지 않는 것'(不共修)에 관해서는 『대지도론大智度論』에서 [다음과 같이] 말한 것과 같다. "'모든 현상'(一切法)에 대해 '[실체로서] 기억하지도 않고 간직해 가지도 않는 것'(不憶不念)을 [대승의] '['빠져들지 않는 마음국면'(止)과 '진리다운 이해'(觀)를 수립하여] 간직해 가는 능력을 계발하여 깨달음으로 나아가는 수행'(念覺分)이라고 부른다. '모든 현상'(一切法)에서 '이로운 현상'(善法), '해로운 현상'(不善法), '이롭지도 않고 해롭지도 않은 현상'(無記法)을 추구하여 찾아보아도 모두 [실체로서] 얻을 수 없음을 [아는 것]을 [대승의] '지혜로운 판단능력을 계발하여 깨달음으로 나아가는 수행'(擇法覺分)이라고 부른다. '[욕망세계(欲界), 유형세계(色界), 무형세계(無色界)의] 세 가지 세계'(三界)에 들어가 [빠져들지] 않으면서도 '모든 세계의 [실체적] 양상들'(諸界相)을 무너뜨리는 것을 [대승의] '정진하는 능력을 계발하여 깨달음으로 나아가는 수행'(精進覺分)이라고 부른다. '모든 지어 감'(一切作法)에 대해 '즐거움에 집착하는 [마음]'(著樂)을 일으키지 않아 '근심과 기쁨의 [두 가지] 양상'(憂喜相)을 [모두] 무너뜨리기 때문에 [대승의] '즐기면서 하는 능력을 계발하여 깨달음으로 나아가는 수행'(喜覺分)이라고 부른다. '모든 현상'(一切法)에서 '마음의 대상'(心緣)[421][인 '기쁨의 양상'(喜相)]을 놓아 버려 [그것을 실체로서] 얻을 수 없기 때문에 [대승의] '흔들리지 않는 능력을 계발하여 깨달음으로 나아가는 수행'(除覺分, 安覺分)이라고 부른다. '모든 현상'(一切法)이 '늘 선정에 든 양상'(常定相)임을 알아 '산란하지도 않고 [특별히] 선정에 들지도 않음'(不亂不定)을 [대승의] '선정 능력을 계발하여 깨달음으로 나아가는 수행'(定覺分)이

의 근거라고 [불린다.] 고멸로 가는 길이 포기라고 불린다. 그것에 의해 고통으로부터 벗어나기 때문이다. 그것을 그와 같이 인식대상으로 하는 자는 그것을 수습하기를 추구하므로 그것을 인식대상으로 하는 것이 포기로 회향하는 것이라고 불린다.〉

418 『대지도론』에는 '皆'가 없지만, 있어도 무방하므로 그대로 둔다.

419 『대지도론』에 따라 '增'을 '壞'로 고친다.

420 『대지도론』에 따라 '者'를 '知'로 고친다. 한불전 교감주에는 "'者'는 '於'인 듯하다"라고 되어 있다.

421 심연心緣: 제각분除覺分에서 없앰의 대상으로 제시된 심연心緣의 구체적 내용을 '기쁨의 양상'(喜相)으로 본 것은 다음 문단의 제각분除覺分에 관한 약설에서 "先除身喜, 次除心喜"라고 하여 신희身喜와 심희心喜를 거론하는 대목에 근거했다. 제각분除覺分에 관한 약설略說에서는 우희상憂喜相을 무너뜨려 얻는 '참된 기쁨'(眞喜)에 의거하여 몸과 마음에서 거칠고 무거운 번뇌로서 작용하는 거짓된 희喜를 없애는 과정이 대승의 제각분除覺分 수행이라고 설명한다.

라고 부른다. '모든 현상'(一切法)에 집착하지 않고 의거하지 않으며 이것이 '빠져들지 않는 마음'(捨心)[422]이라고 [실체로서] 보지도 않는 것을 [대승의] '어디에도 빠져들지 않는 능력을 계발하여 깨달음으로 나아가는 수행'(捨覺分)이라고 부른다."[423]

> 又"觀實相[424]智慧中生喜, 是名眞喜. 得是眞喜, 先除身喜,[425] 次除心喜,[426] 然後除一切法相, 得快樂, 遍身心中, 是爲除覺分. 旣得喜除, 捨諸觀行, 所謂無常苦空等觀, 有無非有非無等觀.[427] 何以故? 無戲論是實相, 若不行捨, 便有諸諍. 若以有爲實, 以無爲虛, 若以無爲實, 則以有爲虛, 若以非有非無爲實, 則以有無爲虛. 於實愛著, 於虛憎恚,[428] 生憂喜處, 云何不捨? 得如是喜除捨, 七覺分具足滿." 此中除者, 卽是輕安, 能除麤重故, 名爲除. 是爲略說覺分修相.
>
> [H1, 825a8~19: X48, 164b19~c4]

---

422 사심捨心: 사捨(行捨)는 유식불교의 6위심소六位心所 중에서 선심소善心所에 속한다. 『성유식론』 권6에서는 무탐無貪·무진無瞋·무치無癡의 '세 가지 능력'(三根)의 확보에 정진함으로써 마음이 평등平等과 정직正直과 무공용無功用에 머무르는 것이 특성(性)이고 들뜸(掉擧)을 대치하여 안정(靜)에 머무르는 것이 작용(業)이라고 설명한다. 해당 원문은 '근勤·신信·안安·사捨' 역주 참조. 본문의 『대지도론』 인용문에서는 7각지七覺支 수행의 바탕(自體)인 염念·택법擇法·정진精進·희喜·제除(安)·정定 및 사捨에 이르기까지 '소승과 공통되는 수행'(共修)에서 일어나는 실체관념을 일관되게 비판하는 것으로 보인다.

423 『대지도론』 권19(T25, 205a2~10). "於一切法, 不憶不念, 是名念覺分. 一切法中, 求索善法不善法無記法, 不可得, 是名擇法覺分. 不入三界, 破壞諸界相, 是名精進覺分. 於一切作法, 不生著樂, 憂喜相壞故, 是名喜覺分. 於一切法中, 除心緣, 不可得故, 是名除覺分. 知一切法常定相, 不亂不定, 是名定覺分. 於一切法, 不著不依止, 亦不見是捨心, 是名捨覺分."

424 『대지도론』에는 '實相'이 '於實'이라고 되어 있는데, 여기서는 그대로 둔다. 많은 내용을 생략한 후에 다시 인용하는 첫 대목에서 원효는 문장을 가공해야 할 필요가 있었을 것으로 보인다.

425 『대지도론』에는 '喜'가 '麁'라고 되어 있는데, 여기서는 그대로 둔다. 이에 관해서는 번역문의 주석 참조.

426 위의 교감주와 같다.

427 『대지도론』에 "無常觀, 苦觀, 空無我觀, 生滅觀, 不生不滅觀, 有觀無觀, 非有非無觀."이라고 되어 있는 문장이 본문에는 "無常苦空等觀, 有無非有非無等觀."이라고 축약되어 있는데, 여기서는

또한[429] [『대지도론大智度論』에서는 다음과 같이 말한다.] "'사실 그대로에 관한 지혜'(實相智慧)를 이해하여 생겨난 기쁨(喜)을 '참된 기쁨'(眞喜)이라고 부른다. 이 '참된 기쁨'(眞喜)을 얻으면 먼저 '몸의 [거칠고 무거운] 기쁨'(身喜)을 없애고 다음으로 '마음의 [거칠고 무거운] 기쁨'(心喜)[430]을 없애며 그런 후에 '모든 현상의 [거칠고 무거운 기쁨(喜)의]

그대로 둔다. 이에 관해서는 번역문의 출처 주석 참조.

428 『대지도론』에는 '憎恚'가 '恚憎'으로 되어 있는데, 어느 쪽도 무방하므로 그대로 둔다.

429 『대지도론』에서 생략된 내용: 본문에서는 또한(又)이라는 용어를 사용하여 『대지도론』 권19의 원문을 생략하는데, 본문의 문맥 이해를 위해 생략된 내용을 인용하면 다음과 같다. "問曰, 此七覺分何以略說? 答曰, 七覺分中, 念慧精進定, 上已廣說, 三覺今當說. 菩薩行喜覺分, 觀是喜非實. 何以故? 是喜從因緣生, 作法, 有法, 無常法, 可著法. 若生著, 是無常相變壞, 則生憂. 凡夫人以顛倒故心著, 若知諸法實空, 是時心悔, 我則受虛誑. 如人闇中飢渴所逼, 食不淨物, 晝日觀知, 乃覺其非. 〈若如是觀, 於實智慧中生喜, 是爲眞喜.〉 (하략)"(T25, 205a11~19.) '〈 〉' 표시는 본문의 또한(又) 이하에서 이어지는 인용문의 첫 문장임을 가리킨다. 질문 내용에 따르면 본문의 앞 문단에서 인용한 내용은 7각분七覺分에 관한 광설廣說이고, 이 문단에서 인용한 내용은 약설略說임을 알 수 있다. 대답에서는 먼저 염念·혜慧(擇法)·정진精進·정定의 네 가지는 앞 문단에서 광설했으므로 생략하고, 희喜·제除(安)·사捨의 세 가지 각분覺分(三覺)만을 설명하겠다고 밝힌다. 이하의 내용은 보살이 수행하는 희각분喜覺分에 관한 설명에 해당하는데, '〈 〉'로 표시한 부분에서 보듯이 본문에서 인용하기 시작하는 문장은 희각분에 관한 약설略說의 결론 부분에 해당함을 알 수 있다. 희각분에 관한 설명에서 생략된 내용에 따르면, 보살이 수행하는 희각분이라는 것은 대체로 희각분 수행의 바탕(自體)인 희喜조차 진실(實)이 아니라고 이해하는 것으로서, 희喜는 인연생因緣生이어서 무상법無常法인데도 만약 이것이 수행자에게 집착을 일으킨 상황에서 이 진실이 아닌 희喜의 무상상無常相이 변괴變壞하면 희喜의 상반된 극단인 우憂를 일으키게 된다. 범부는 전도되어 이러한 희喜에 집착하지만, 제법실공諸法實空을 알게 되면 허광虛誑한 희喜를 받아들였다고 후회하게 된다. 이하의 비유는 원효의 해골물 일화를 연상하게 하는 내용이다. 간단히 말해 보살이 수행하는 희각분은 실實과 허虛 중의 일변一邊에 갇히지 않는 이해에 의거한 것이라고 할 수 있는데, 사각분捨覺分에 관한 아래 인용문의 설명에서 유有와 무無, 유무有無와 비유비무非有非無 중의 일변一邊만을 실實이라고 보는 것에 대한 비판과 유사한 방식의 논의라고 하겠다.

430 신희身喜와 심희心喜: 『대지도론』에는 '신추身麁'와 '심추心麁'라고 되어 있는 것이 본문에는 '신희身喜'와 '심희心喜'라고 되어 있는데, 문맥상 어느 쪽도 무방하지만 신추와 심추의 구체적 내용이 희喜임을 가리키려는 원효의 의도를 살리면 문맥이 더욱 분명해지는 효과가 있으므로 그대로 두었다. 번역에서는 원문의 추麁가 가리키는 뜻도 반영했다. 『대지도론』에서는 앞서 소승과 공통되는 수행(共行)에서 추구하는 희喜가 실實과 허虛 중의 일변一邊에 갇힌 번뇌의 마음 현상으로서 규정되었으므로 지금 제각분除覺分의 설명에서는 번뇌로 규정된 희喜를 직접 추麁라고 표현한다. 원효는 희각지喜覺分에 관한 『대지도론』의 앞선 설명 내용을 대폭 생략했으므로 이 신추와 심추의 구체적 내용이 소승에서 추구하는 희喜임을 적시할 필요가 있었을 것으로 보인다. 여기서 원문의 추麁는 추중麁重과 경안輕安을 대비하는 문맥과도 관련되는데, 제각분의 다른 이름은 안각분安覺分 또는 경안각분輕安覺分이기도 하다. 둔륜遁倫의 『유가론기瑜伽論記』 권7에서는 수행자의 몸이 욕계欲界에서 선정禪定을 얻어 추중에서 벗어나면 이 몸은 곧바로 경안과 함께 작용한

양상'(一切法相)도 없애어 [참된] 쾌락快樂을 얻어서 몸과 마음에 두루 펼쳐지게 하니, 이것이 [대승의] '[희각분喜覺分을 토대로] 흔들리지 않는 능력을 계발하여 깨달음으로 나아가는 수행'(除覺分, 安覺分)이다.

이미 [참된] 기쁨(喜)과 [참된] 없앰(除)을 얻고 나면 모든 [소승의] 이해수행(觀行)을 놓아 버려야 하니, ['소승의 이해수행(觀行)이란 것은] '늘 변함'(無常)·괴로움(苦)·'실체 없음'(空) 등에 대한 [치우친] 이해(觀)와 있음(有)·없음(無)·'있지도 않고 없지도 않음'(非有非無) 등에 대한 [치우친] 이해(觀)가 그것이다. 어째서인가? '확산된 분별망상이 없는 것'(無戲論)이 '사실 그대로'(實相)이니, 만약 ['확산된 분별망상'(戲論)에] '빠져들지 않음'(捨)을 행하지 않는다면 곧바로 모든 '배타적 말다툼'(諍)이 있게 된다. 만약 ['확산된 분별망상'(戲論)으로] 있음(有)을 진실(實)로 삼는다면 없음(無)은 거짓(虛)이 되고, 만약 없음(無)을 진실(實)로 삼는다면 있음(有)이 거짓(虛)이 되며, 만약 '있지도 않고 없지도 않음'(非有非無)을 진실(實)로 삼는다면 '있기도 하고 없기도 함'(有無)은 거짓(虛)이 된다. 진실(實)[이라 여긴 것]에는 애착하고 거짓(虛)[이라 여긴 것]에는 성내고 미워하는 것은 '[실체관념의 치우침에 의거한] 근심과 기쁨을 일으키는 곳'(生憂喜處)이니, 어찌 놓아 버리지 않겠는가? [염念, 택법擇法, 정진精進, 정定을 위시하여] [대승의] 이와 같은 [참된] 기쁨(喜), [참된] 없앰(除), [참된] '빠져들지 않음'(捨)을 얻으면 '깨달음을 성취하게 하는 일곱 가지 수행'(七覺分)이 온전하게 갖추어진다."[431] 여기서 없앰(除)이라는 것은 바로 평안

다고 설명한다. 이에 관해서는 '경안輕安과 추중麤重' 역주 참조.

431 『대지도론』 권19(T25, 205a18~29). "(若如是)觀, 於實智慧中生喜, 是爲眞喜. 得是眞喜, 先除身麁, 次除心麁, 然後除一切法相, 得快樂, 遍身心中, 是爲除覺分. 既得喜除, 捨諸觀行, 所謂〈無常觀, 苦觀, 空無我觀, 生滅觀, 不生不滅觀, 有觀無觀, 非有非無觀,〉(如是等戲論盡捨). 何以故? (無相, 無緣, 無作,) 無戲論(, 常寂滅)是實(法)相, 若不行捨, 便有諸諍. 若以有爲實, (則)以無爲虛, 若以無爲實, 則以有爲虛, 若以非有非無爲實, 則以有無爲虛. 於實愛著, 於虛恚憎, 生憂喜處, 云何不捨? 得如是喜除捨, 七覺分(則)具足滿." 괄호는 생략된 부분을 표시하고, '〈 〉' 표시는 축약된 부분을 가리킨다. 생략된 부분들 중에서 주목되는 곳은 무상無相, 무연無緣, 무작無作, 무희론無戲論, 상적멸常寂滅 등이 나열되는 문장을 생략하면서 실상實相을 대변하는 하나의 용어로 무희론을 채택하는 점이다. 여기에는 "如是等戲論盡捨"라는 '희론戲論'의 개념이 포함된 문장을 먼저 생략한 데에도 까닭이 있는 것으로 보인다. 축약된 부분에서는 여러 번 중복되는 용어인 '관觀'을 '등관等觀'으로 한꺼번에 표현하고, '무아無我', '생멸관生滅觀', '불생불멸관不生不滅觀'은 유사한 계열의 개념들이 반복된다고 보아 생략하는 것으로 보인다.

함(輕安)이니, '거칠고 무거운 번뇌'(麤重)를 없앨 수 [있어 평안해질 수] 있기 때문에 없앰(除)이라고 부른다. 여기까지는, '깨달음을 성취하게 하는 [일곱 가지] 수행'(覺分)을 '닦아 익히는 과정의 특징'(修相)을 대략적으로 설명한 것이다.

覺支修果者, 謂見道所斷煩惱永□.[432] □[433]其不共覺分果者, 生在佛家, 離五怖畏, 得百法明門, 動百佛世界等. 廣說如經也. 覺支五門, 略說如是.

[H1, 825a19~23: X48, 164c4~7]

마. [칠각지七覺支의] 수행결과(修果)

'깨달음을 성취하게 하는 [일곱 가지] 수행'(覺支)의 수행결과(修果)라는 것은 '[진리다운] 이해를 밝히는 수행에서 끊어지는 번뇌'(見道所斷煩惱)[434]가 완전히 끊어지는 것을 말한다.[435] 만약 그 '깨달음을 성취하게 하는 [대승의 일곱 가지] 수행의 결과가 [소승과] 공통되지 않는 것'(不共覺分果)을 말한다면 [다음과 같다.] '부처가 될 수 있는 가문'(佛家)에서 태어나 '다섯 가지 두려움'(五怖畏)[436]에서 벗어나며 '백 가지 밝은 가르침'(百法明門)을 얻어 '백 가지 부처님이 다스리는 세계'(百佛世界)[437]들로 움직여 가는 것 등이다. 자세한 설명은 『화엄경』, 『보살영락본업경』 등의] 경전[들에서 말한 것]과 같다. '깨달음을 성취하게 하는 [일곱 가지] 수행'(覺支)의 '다섯 가지 측면'(五門)에 관해 대략적으로 설명하면 이와 같다.

---

432 『대승아비달마잡집론』에 의거하여 '□'를 '斷'으로 고친다. 한불전 교감주에도 탈자인 '□□' 두 글자에 관해 "'□□'는 '斷若'인 듯하다"라고 되어 있다.

433 한불전 교감주에 따라 '□'를 '若'으로 고친다.

434 견도소단번뇌見道所斷煩惱: 견혹見惑·견단소유번뇌見斷所有煩惱·미리혹迷理惑이라고도 한다. 『아비달마구사론』 권19에 따르면 탐貪·진瞋·만慢·무명無明(치癡)·의疑·견見의 6수면六隨眠, 또는 6수면六隨眠 중에서 견見의 작용이 다섯 가지로 달라진 것인 유신견有身見·변집견邊執見·사견邪見·견취見取·계금취戒禁取를 합한 10수면十隨眠이 견도소단번뇌의 구체적 내용이다. 이 10수면을 상대로 견고소단見苦所斷·견집소단見集所斷·견멸소단見滅所斷·견도소단見道所斷이라는 견사제소단見四諦所斷의 4부四部가 다시 나뉘는데, 이를 수도소단번뇌修道所斷煩惱와 함께 표로 나타내면 다음과 같다. 이에 관한 자세한 내용은 '견단소유번뇌見斷所有煩惱와 수단소유번뇌修斷所有煩惱' 역주 참조.

아래 표에서 보듯이 수소단번뇌修所斷煩惱로 남아 있는 것이 무색계無色界까지 포함하여 탐貪·만慢·무명無明의 세 가지이므로 이를 제외한 진瞋과 의疑 및 견見의 다섯 가지 작용인 유신견有身見·변집견邊執見·사견邪見·견취見取·계금취戒禁取의 일곱 가지가 견도見道에서 완전히 끊어지는 번뇌라고 하겠다.

5부五部	욕계欲界	색계色界	무색계無色界
견고제소단見苦諦所斷	탐貪·진瞋·만慢·무명無明·의疑·5견五見(유신견有身見·변집견邊執見·사견邪見·견취見取·계금취戒禁取)의 10가지	진瞋을 제외한 9가지	진瞋을 제외한 9가지
견집제소단見集諦所斷	유신견有身見·변집견邊執見·계금취戒禁取가 빠진 7가지	진瞋을 제외한 6가지	진瞋을 제외한 6가지
견멸제소단見滅諦所斷	유신견有身見·변집견邊執見·계금취戒禁取가 빠진 7가지	진瞋을 제외한 6가지	진瞋을 제외한 6가지
견도제소단見道諦所斷	유신견有身見·변집견邊執見이 빠진 8가지	진瞋을 제외한 7가지	진瞋을 제외한 7가지
수소단修所斷	5견五見과 의疑를 제외한 4가지: 탐貪·진瞋·만慢·무명無明	진瞋을 제외한 3가지	진瞋을 제외한 3가지
총계	36가지	31가지	31가지

435 『대승아비달마잡집론』 권10(T31, 740c28). "覺支修果者, 謂見道所斷煩惱永斷." 〈산스크리트본의 해당 내용: 출전(1) AS., p.74. bhāvanāphalaṃ katamat / darśanaheyānāṃ kleśānāṃ prahāṇam // ; [7각지의] 수습 결과는 무엇인가? 견도에서 끊어야 할 번뇌를 끊는 것이다.〉 〈산스크리트본의 해당 내용: 출전(2) ASBh., p.89. 9, bodhyaṅgānāṃ darśanamārgasvabhāvatvāt //; [7각지 수습의] 결과는 견도에서 끊어야 할 번뇌를 끊는 것이다. 각지는 견도를 본질로 하기 때문이다.〉

436 5포외五怖畏: 5공포五恐怖라고도 한다. 견도見道 이전에서 일어나는 다섯 가지 두려움이다. 『佛光大辭典』, p.1110 참조. 『화엄경』 권23에서는 "得於歡喜地, 即過五恐怖. 不活死惡名, 惡道衆威德, 以不貪著我, 及與我所故."(T9, 547c25~27)라고 하여 견도見道인 초지初地 환희지歡喜地를 얻으면 5공포五恐怖에서 벗어나는데, 다섯 가지는 불활不活·사死·악명惡名·악도惡道·중위덕衆威德으로서 이로부터 벗어남으로써 아我와 아소我所에 탐착하지 않게 된다고 한다. 5포외五怖畏 각각의 내용을 제시하는 『대승이취육바라밀다경大乘理趣六波羅蜜多經』 권9에서는 다음과 같이 설명한다. "一切衆生執我取相, 有五怖畏. 一不活畏, 常積資財, 恐不活故. 二惡趣畏, 造不善業, 恐墮三塗恒怖畏故. 三者死畏, 愛惜身命, 恐喪失故. 四者惡名畏, 恒作諸惡, 以自覆藏, 恐人聞知常怖畏故. 五者大衆威德畏, 於大衆中 所發言詞, 懷怖畏故. 菩薩摩訶薩智慧觀察, 具證二空. 能益自他, 無不活畏. 除斷邪行, 具淨尸羅, 必至涅槃, 無惡趣畏. 深入緣起, 了本無生, 則無死畏. 住無相理, 身心寂靜, 無自他相, 離惡名畏. 成就微妙四無礙辯, 處衆無畏, 猶師子王, 是故名爲無大衆畏."(T8, 909c34~a4) 이에 따르면 ①불활외不活畏는 늘 재물을 쌓아 두어 생활이 어려워지지 않을까 두려워하는 것이고, ②악취외惡趣畏는 불선업不善業을 지어 지옥·축생·아귀의 3도三塗에 떨어질 것을 두려워하는 것이며, ③사외死畏는 목숨을 아껴 상실할 것을 두려워하는 것이고, ④악명외惡名畏는 늘 모든 악惡을 지어 스스로 숨겨 두다가 사람들이 듣어 알게 될까 두려워하는 것이며, ⑤대중위덕외大衆威德畏는 대중에게 발언하는 것을 두려워하는 것이다. 이하의 문장에서는 견도見道에 든 보살이 인법이공人法二空을 구증具證함으로써 5포외에서 벗어남을 설명한다. 한편 본문에서 "生在佛家"라고 하는 문장이, 『보살영락본업경』 권2에서 "生在佛家種性清淨故, 名生貴住."(T24, 1017b6~7)라고 하듯이, 지전地前의 30위 보살들 중에서 10주十住의 제4 생귀주生貴住를

次明八聖道支五門. 八聖道所緣者, 謂卽此後時四聖諦如實性, 及與一切盡所有性如所有性, 皆是修道位所緣故. 八聖道自體者, 正見正思惟正語正業正命正精進正念正定, 知[438]是八法是道支體. 又此八法, 三蘊所攝, 如『瑜伽』說, "此中正見正思惟正精進, 慧蘊所攝, 正語正業正命, 戒蘊所攝, 正念正定, 定蘊所攝"故. 何故覺支三品所攝, 說此道支三蘊攝者? 爲顯見道止觀雙運, 異方便道不得雙故, 爲顯修道修此三蘊, 能得無學位解脫蘊及與解脫知見蘊故. 道支助伴者, 謂彼相應心心法等.

[H1, 825a24~b12: X48, 164c8~17]

가리키는 것으로 본다면, 지전보살地前菩薩의 수행과정을 통해 얻는 결과가 견도見道에서 5포외를 벗어나는 것이라는 문맥으로 이해할 수도 있다.

437 백법명문百法明門과 백불세계百佛世界: 경전에서 백법명문百法明門과 백불세계百佛世界가 직접 연결되어 거론되는 사례는 쉽게 찾아지지 않지만, 백삼매百三昧와 백불세계가 함께 논의되는 사례는 예를 들어 『화엄경』 권23에서 "是菩薩若欲捨家, 勤行精進, 於佛法中, 便能捨家妻子五欲, 得出家已, 勤行精進, 須臾之間, 得〈百三昧〉, 得見百佛, 知百佛神力, 能動〈百佛世界〉."(T9, 547b14~18)라거나 『대승입능가경』 권3에서 "菩薩摩訶薩知此智相, 即能通達人法無我, 以無相智於解行地善巧觀察, 入於初地, 得〈百三昧〉, 以勝三昧力, 見百佛百菩薩, 知前後際各百劫事, 光明照曜〈百佛世界〉."(T16, 605b19~23. '〈 〉' 표시는 역자 보충)라고 하는 문장들에서 쉽게 찾아진다. 『화엄경』에는 "動百佛世界"라는 본문과 동일한 표현이 제시되어 있고, 『대승입능가경』에는 인법무아人法無我에 통달하여 초지初地에 들어간 보살이 백삼매百三昧를 얻어 백불세계百佛世界를 비추는 주체로서 제시되어 있다. 백법명문百法明門 자체에 관해서는 유식불교의 법수法數 체계인 5위100법五位百法을 가리키는 것일 수 있다. 100법 하나하나의 명칭이 잘 정리되어 있는 곳은 『대승백법명문론大乘百法明門論』 권1(T31, 855b15~c22)이다. 하지만 법수法數들의 실체성을 비판해 왔던 불공不共의 문맥과는 어울리지 않는다고 본다면 또 하나의 용례로서 『보살영락본업경』에서 설명하는 백법명문의 경우를 살펴볼 필요가 있다. 먼저 권1에서는 "菩薩常行十心, 所謂信心念心精進心慧心定心不退心迴向心護心戒心願心. 佛子, 修行是心, 若經一劫二劫三劫, 乃得入初住位中. 住是位中, 增修百法明門, 所謂十信心, 心心有十故, 修行百法明門."(T24, 1011c6~8)이라고 하여 첫 번째인 신심信心에서 열 번째인 원심願心에 이르는 십신十信의 마음을 수행하는 것과 관련하여 백법명문을 거론한다. 이 십신의 마음을 3겁에 걸쳐 수행하면 초주위初住位에 들어가게 되는데, 이 십신위十信位에 머무르는 중에 백법명문을 증수增修하게 되는 것은 십신의 마음 각각에 또 10가지가 있기 때문이라고 설명한다. 『보살영락본업경』 권2에서는 이 십신심十信心에서 닦는 백법명문을 근본으로 삼아 천법명문千法明門, 만법명문萬法明門, 무량명문無量明門으로 나아가는 과정을 다음과 같이 설명한다. "法門者, 所謂十信心是一切行本. 是故十信心中, 一信心有十品信心, 爲百法明門. 復從是百法明心中, 一心有百心故, 爲千法明門. 復從千法明心中, 一心

⑦ 여덟 가지 수행으로 이루어진 해탈의 길(八聖道)

다음으로 '여덟 가지 수행으로 이루어진 해탈의 길'(八聖道支)의 '다섯 가지 측면'(五門)을 밝힌다.

가. [8성도八聖道 수행의] 대상(所緣)

'여덟 가지 수행으로 이루어진 해탈의 길'(八聖道支)의 대상(所緣)이라는 것은 이 [견도見道인 7각지七覺支 수행] 이후에 [수행의 대상이 되는] 〈'네 가지 고귀한 진리'(四聖諦)의 '진실 면모'(如實性)〉[439]와 '[현상들 각각의] 특징적 차이 면모'(盡所有性) 및 '[모든 현상의]

有千心, 爲萬法明門. 如是增進至無量明, 轉勝進上上法故, 爲明明法門. 百萬阿僧祇功德一切行盡入此明門."(T24, 1019b2~9.) 여기서는 십신심十信心을 부처님의 가르침(法門)에 관한 일체행본一切行本이라고 하면서 하나의 신심信心에 있는 십품신심十品信心으로 백법명문이 성립하고 이로부터 상상법上上法에까지 나아가는 과정에 관해 설명한다. 이 『보살영락본업경』의 문맥에 따른다면 본문에서는 모든 수행의 근본인 백법명문에 관한 신심이 대승의 지전地前 수행 과정인 십주十住·십행十行·십회향十迴向의 과정을 거쳐 진리에 부합하는 이해로 결실을 맺는 단계가 견도見道인 7각지七覺支 수행이라고 설명하는 것으로 보인다. 『인왕반야바라밀경』 권1에서는 보살의 본업本業에 관해 설명하면서 "本業者, 若菩薩住百佛國中, 作閻浮四天王, 修百法門, 二諦平等心化一切衆生."(T8, 827a9~11)이라고 하여 백불국百佛國에 머무르는 중에 염부사천왕閻浮四天王이 되어 일체중생을 교화한다고 설명하는 대목도 보인다.

438 『대승아비달마잡집론』에 의거하여 '知'를 '如'로 고친다. 한불전 교감주에도 "'知'는 '如'인 듯하다. 다음에도 동일하다"라고 되어 있다.

439 『대승아비달마잡집론』 권10(T31, 741a1~3). "八聖道(支)所緣(境)者, 謂即此後時四聖諦如實性. (由見道後所緣境界, 即先所見諸諦如實性, 爲體故.)" 괄호는 생략된 부분을 표시한다. 뒷부분의 생략된 문장에 따르면 견도見道 이후의 소연경계所緣境界, 즉 수도修道인 8성도八聖道의 대상은 앞서 견도見道에서 본 4성제四聖諦의 여실성如實性을 바탕(體)으로 삼는다고 설명하므로 본문에서 '此後'의 '此'가 가리키는 내용이 견도見道인 7각지七覺支 수행에 해당함을 알 수 있다. 〈산스크리트본의 해당 내용: 출전(1) AS., p.74. aṣṭānām āryamārgāṅgānām ālambanaṃ katamat taduttarakālaṃ caturṇām āryasatyānāṃ yathābhūtatā / svabhāvaḥ katamaḥ / samyagdṛṣṭiḥ [samyaksaṃkalpaḥ] samyagvakkarmmāntaḥ samyagājīvaḥ samyagvyāyāmaḥ samyaksmṛtiḥ samyaksamādhiś ca /; 8성도지의 인식대상은 무엇인가? 이 [견도] 이후의 4제의 여실성이다. 본질은 무엇인가? 바른 견해, [바른 결심, 바른 말], 바른 행위, 바른 생계, 바른 노력, 바른 수의집중, 바른 삼매이다.〉 〈산스크리트본의 해당 내용: 출전(2) ASBh., p.89. mārgāṅgānām ālaṃbanaṃ darśanamārgād uttarakālaṃ saiva yathādṛṣṭānāṃ satyānāṃ yathābhūtatā / svabhāvaḥ samyagdṛṣṭayādayo 'ṣṭau dharmāḥ /; [8정]도지의 인식대상은 견도 이후니, 바로 그것이 보여진 [4]제의 여실성이다. 본질은 바른 견해 등 여덟 가지 법이다.〉

참 그대로인 면모'(如所有性)[440]가 그것이니, [이것들은] 모두가 '[선정을 토대로 이해를] 거듭 익혀 가는 수행 단계'(修道位)의 대상(所緣)이기 때문이다.

나. [8성도八聖道 수행의] 바탕(自體)

'여덟 가지 수행으로 이루어진 해탈의 길'(八聖道)의 바탕(自體)이라는 것은 '견해를 진리답게 수립함'(正見), '생각을 진리답게 일으킴'(正思惟), '말을 진리답게 함'(正語), '행위를 진리답게 함'(正業), '생계를 진리답게 유지함'(正命), '정진을 진리답게 행함'(正精進), '[[빠져들지 않아] 그치는 마음국면'(止)과 이해(觀)를] 진리답게 간직해 감'(正念), '선정을 진리답게 행함'(正定)이 그것이니, 이와 같은 여덟 가지가 '[여덟 가지 수행으로 이루어진] 해탈의 길'(道支)의 바탕(體)이다.[441] 또 이 여덟 가지는 '[수행의] 세 가지 부류'(三蘊)에 [각각] 포섭되니, 『유가사지론瑜伽師地論』에서 "이 중에서 '견해를 진리답게 수립함'(正見)·'생각을 진리답게 일으킴'(正思惟)·'정진을 진리답게 행함'(正精進)은 '지혜 수행의 부류'(慧蘊)에 포섭되고, '말을 진리답게 함'(正語)·'행위를 진리답게 함'(正業)·'생계를 진리답게 유지함'(正命)은 '윤리적 규범을 지키는 수행의 부류'(戒蘊)에 포섭되며, '[[빠져들지 않아] 그치는 마음국면'(止)과 이해(觀)를] 진리답

440 진소유성盡所有性과 여소유성如所有性: 『해심밀경』 권3에서는 진소유성盡所有性과 여소유성如所有性에 관해 "善男子, 盡所有性者, 謂諸雜染淸淨法中, 所有一切品別邊際, 是名此中盡所有性. 如五數蘊, 六數內處, 六數外處. 如是一切如所有性者, 謂卽一切染淨法中所有眞如, 是名此中如所有性."(T16, 699c16~19.)이라고 설명한다. 이에 따르면 진소유성은 모든 잡염청정법雜染淸淨法들 중에서 모든 것에 대해 범주별로 그 한계(邊際)를 구분한 것으로서 5온五蘊 및 6수내처六數內處와 6수내처六數外處를 합한 12처十二處 등 모든 현상을 설명하는 부처님의 법문法門들이고, 여소유성은 모든 염정법染淨法에 갖춰진 진여眞如를 말한다. 『유가사지론』 권26에서도 유사한 설명이 보이는데, "云何名爲盡所有性? 謂色蘊外更無餘色, 受想行識蘊外更無有餘受想行識, 一切有爲事皆五法所攝, 一切諸法界處所攝, 一切所知事四聖諦攝, 如是名爲盡所有性. 云何名爲如所有性? 謂若所緣是眞實性是眞如性."(T30, 427b29~c5.)이라고 설명한다. 이에 따르면 진소유성은 일체유위사一切有爲事를 포섭하는 5온五蘊, 일체제법一切諸法을 포섭하는 12처十二處·18계十八界 및 일체소지사一切所知事를 포섭하는 4성제四聖諦 등의 법문法門들을 말하고, 여소유성은 그 대상이 현상의 진실성眞實性이고 진여성眞如性인 경우이다.

441 『대승아비달마잡집론』 권10(T31, 741a4~5). "〈道支〉自體者, (謂)正見正思惟正語正業正命正精進正念正定, 如是八法, 〈名〉道支(自)體." '〈 〉' 표시는 표현이 다른 부분을 가리키고, 괄호는 생략된 부분을 표시한다.

게 간직해 감'(正念)·'선정을 진리답게 행함'(正定)은 '선정 수행의 부류'(定蘊)에 속한다"442라고 말하는 것과 같다. 어찌하여 '깨달음을 성취하게 하는 [일곱 가지] 수행'(覺支)은 '[지품止品·관품觀品·구품俱品, 이] 세 가지 범주'(三品)에 포섭되고443 이 '[여덟 가지 수행으로 이루어진] 해탈의 길'(道支)은 '[계戒·정定·혜慧, 이] 세 가지 부류'(三蘊)에 포섭된다고 말하는가? '[진리다운] 이해를 밝히는 수행'(見道)에서는 '[빠져들지 않아] 그치는 마음국면'(止)[의 수행]과 '[진리다운] 이해'(觀)[의 수행]이 함께 운용되지만 [이와는] 다른 '[해탈에 이르는] 수단과 방법이 되는 수행'(方便道)444[인 견도見道 이하의 수행]에서는 함께 [운용

---

442 『유가사지론』 권29(T30, 445a10~12). "此中正見正思惟正精進, 慧蘊所攝, 正語正業正命, 戒蘊所攝, 正念正定, 定蘊所攝." 〈산스크리트본의 해당 내용: ŚrBh., p.230. tatra yā ca samyagdṛṣṭir, yaś ca samyaksaṃkalpaḥ, yaś ca samyagvyāyāmaḥ, ayaṃ prajñāskandhaḥ / tatra ye samyavakkarmāntājīvāḥ, ayaṃ śīlaskandhaḥ / tatra yā ca samyaksmṛtiḥ, yaś ca samyaksamadhir, ayaṃ samādhiskandhaḥ /; 그중에서 바른 견해, 바른 결심, 바른 노력은 혜온이다. 그중에서 바른 말, 바른 행위, 바른 생계는 계온이다. 그중에서 바른 주의집중, 바른 삼매는 정온이다.〉 팔정도 항목들을 계·정·혜 삼학에 배대하는 것에 대한 『유가사지론』의 이러한 설명은 정정진의 경우에 전통적 방식과는 다르다. 『유가사지론』은 정정진을 혜온慧蘊·혜학에 소속시키지만 니까야가 전하는 붓다의 법설은 정학에 포함시키고 있다. 팔정도 항목의 배열 순서를 고려해도 정정진은 정온定蘊·정학에 속하는 것으로 보는 것이 적절해 보인다.

443 7각지七覺支의 3품三品 포섭: 앞서 7각지七覺支의 바탕(自體)을 설명하는 단락에서는 "又此七法, 三品所攝."(H1, 824c2~3)이라고 하면서 안安·정定·사捨는 지품止品에, 택법擇法·정진精進·희喜는 관품觀品에, 염念은 지품과 관품 모두에 통하는 구품俱品에 포섭된다고 논의한 적이 있다.

444 방편도方便道: 번뇌를 끊어 깨달음을 증득하는 단도斷道의 과정인 방편도方便道(加行道)·무간도無間道(無礙道)·해탈도解脫道·승진도勝進道의 4도四道 중 하나이다. 『佛光大辭典』, p.1789 참조. 『아비달마구사론』 권25에서는 "加行道者, 謂從此後無間道生. 無間道者, 謂此能斷所應斷障. 解脫道者, 謂已解脫所應斷障最初所生. 勝進道者, 謂三餘道."(T29, 132a8~11)라고 설명한다. 이에 따르면 가행도加行道는 무간도無間道가 생겨나기 전에 아직 번뇌를 끊지 못한 상태에서 번뇌의 장애를 끊기 위해 수행하는 과정이고, 무간도는 가행도가 완성되어 끊어야 할 번뇌의 장애를 끊은 것이며, 해탈도解脫道는 끊어야 할 번뇌의 장애에서 이미 해탈한 것이 처음으로 생겨난 것이고, 승진도勝進道는 여타의 세 가지 도道인 가행도加行道(方便道)·무간도無間道(無礙道)·해탈도解脫道가 다시 펼쳐지는 것이다. 원효는 『이장의』에서 이 수행 과정의 구분 방식을 자량도資糧道·방편도方便道(加行道)·무간도無間道(無礙道)·해탈도解脫道·승진도勝進道의 5도五道로 세분하여 견도見道의 과정에 적용하는데, 다음과 같다. "資糧道者, 謂諸凡夫所有尸羅守護根門等, 乃至勤修止觀, 正知而住, 諸如是等解脫分善根, 爲資糧道. 方便道者, 所有資糧, 皆是方便. 復有方便, 非資糧道, 所謂順決擇分善根. 無間道者, 謂方便道最後刹那, 世第一法無間定位, 由此道力, 從此無間, 必能永斷惑種子故. 解脫道者, 謂正通達見道自性, 以此見道自性解脫, 證斷煩惱之解脫. 勝進道者, 謂後得智具知名義, 勝前智故, 爲進後位, 起加行故."(H1, 802c7~17.) 이에 따르면 자량도資糧道는 4선근四善根 이전의 해탈분선근解脫分善根을 닦는 것이고, 방편도方便道(加行道)는 난煖·정

되지] 않는다는 것을 드러내기 위해서이고, '[선정을 토대로 이해를] 거듭 익혀 가는 수행'(修道)에서는 이 '[계戒·정定·혜慧] 세 가지 부류'(三蘊)를 닦아 '[더 이상] 배울 것이 없는 단계'(無學位)에 [속하는] '풀려난 경지의 부류'(解脫蘊)와 '풀려난 경지에서 드러난 이해의 부류'(解脫知見蘊)를 얻을 수 있다는 것을 드러내기 위해서이다.[445]

頂·인忍·세제일법世第一法의 4선근 수행을 가리키는 순결택분선근順決擇分善根을 닦는 것이며, 무간도無間道는 방편도方便道의 최후 찰나인 세제일법世第一法을 닦는 것이고, 해탈도解脫道는 견도見道의 본연(自性)에 통달한 것이며, 승진도勝進道는 다음 단계인 수도修道로 나아가기 위해 가행도加行道를 일으킨 것이다. 견도見道를 기준으로 삼을 때의 방편도가 난煖·정頂·인忍·세제일법世第一法의 4선근 수행을 가리키는 순결택분선근順決擇分善根이 되는 것과 같이, 구경도究竟道를 기준으로 삼을 때의 방편도는 금강유정金剛喩定 이전에서 십지十地의 초지初地까지가 된다. 이와 관련하여 같은 책에서는 금강유정의 단계를 다각도로 설명하면서 다음과 같이 방편도를 언급하기도 한다. "當知最後金剛喩定, 若望修道所斷, 一向是解脫道, 若望非二所斷, 一向爲無間道. 又復金剛以還, 乃至初地, 皆爲究竟道之方便道."(H1, 805a8~12) 이에 따르면, 초지初地 이후 수도위修道位의 관점에서 보면 금강유정은 보살 십지十地의 과정이 완성된 단계이므로 한결같이 해탈도解脫道이지만, 견소단見所斷과 수소단修所斷의 과정이 아닌 구경도究竟道의 관점에서 보면 금강유정은 아래 단계인 수도위의 최후찰나에 해당하므로 한결같이 무간도無間道이고 금강유정 이전에서 십지十地의 초지初地까지는 자연히 무간도보다 더 아래 단계인 방편도方便道가 된다. 4도四道 또는 5도五道라는 수행 과정의 분류 방식에서는 구체적인 수행 단계들 중에서 어느 단계를 기준으로 삼느냐에 따라 각각의 수행 과정에 해당하는 실제 항목들이 유동적으로 바뀔 수 있음을 알 수 있다. 이에 따라 방편도를 크게 보아 지전地前의 방편도와 구경도究竟道 이전의 방편도라는 두 가지로 구분한다면, 본문의 방편도는 견도 이하의 수행이다.

445 3품三品과 3온三蘊 및 5분법신(無漏五蘊): 지전地前 수행들 중에서 지품止品과 관품觀品 수행을 중심 의제로 삼아 논의했던 곳은 4신족四神足을 닦아 익히는 과정(修習)의 문단이었다. 거기에서는(H1, 823b21 이하) 지품止品을 부정상不淨想·상하상上下想·불산수순수不散隨順修 등으로, 관품을 관찰상觀察相·전후상前後想·불열수순수不劣隨順修 등으로 다양하게 재해석하는 관점을 보여 주고 있다. 지금 본문에서는 초지初地 이후의 7각지七覺支 수행인 견도見道 단계와 8성도八聖道 수행인 수도修道 단계에서도 3품과 3온에 포섭되는 방식으로 지止·관觀 수행이—수행이 심화되는 차이를 수반하면서도—지속됨을 나타내는 것으로 보이는데, 3품에서는 지止·관觀의 용어가 그대로 쓰이고 3온에서는 같은 계열의 용어라고 할 정定·혜慧가 쓰인다. 한편 수도修道의 8성도 수행을 포섭하는 3온인 계戒·정定·혜慧는 5분법신五分法身의 내용인 계戒·선정禪定·지혜智慧·해탈解脫·해탈지견解脫知見을 구성하는 세 가지 요소이기도 하다. 5분법신에 관해서는 '계戒·선정禪定·지혜智慧·해탈解脫·해탈지견解脫知見' 역주 참조. 앞서 5분법신이 거론된 곳은 5근五根을 닦아 익히는 과정(修習)의 문단이다. 거기에서는 "信持戒禪定智慧解脫解脫知見等法."(H1, 824b9~10)이라고 하여 5근 중 첫 번째인 신근信根의 뜻을 설명하는데, 지전地前의 5근 수행에서는 5분법신을 이룰 수 있음을 믿는 것으로부터 출발하는 것이라면 초지初地 이후의 수도修道인 8성도八聖道 수행에서는 5분법신을 실제로 성취하는 과정이라고 하겠다. 원효는 본문에서 이 5분법신을 다시 계戒·정定·혜慧의 3온과 해탈解脫·해탈지견解脫知見의 2온二蘊으로 구분하는 관점을 보이면서 수도위修道位 수행의 과정에서 계·정·혜의 3온을 닦아 무학위無學位에서 해탈·해탈지

다. [8성도八聖道 수행에] 도움을 주면서 동반되는 것(助伴)

'[여덟 가지 수행으로 이루어진] 해탈의 길'(道支)에 '도움을 주면서 동반되는 것'(助伴) 들은 저 [여덟 가지 바탕(自體)에] 상응하는 마음(心)과 마음현상(心法)들을 말한다.[446]

> 道支修習者, 若其共行, 如覺支說. 不共行者, 如『智度』說, "菩薩於諸法, 空無所得住, 如是正見中, 觀正思惟相, 知一切思惟皆是邪, 乃至思惟涅槃, 思惟諸佛, 皆亦知[447]是. 以何[448]故? 斷一切思惟分別, 是名正思惟. 住如是正思惟中, 不見是正是耶,[449] 過諸思惟分別, 是爲正思惟. 一切思惟分別皆悉平等, 平等故, 心不著, 如是等, 名爲正思惟," 乃至廣說.
>
> [H1, 825b13~21: X48, 164c17~24]

견의 2온을 얻는다고 설명한다. 37도품三十七道品의 수행 순서를 견도見道 이전 수행들로부터 수도修道 수행에 이르기까지 연계하여 배당한 도표는 참고로 다음과 같다. 자세한 내용은 '가행도加行道와 통달通達' 역주 참조.

37도품三十七道品	수행 단계
4념주四念住·4정단四正斷·4신족四神足	자량위資糧位: 순해탈분順解脫分
5근五根·5력五力	가행위加行位: 순결택분順決擇分(4선근四善根)
7각지七覺支	통달위通達位: 견도見道
8정도八正道	수습위修習位: 수도修道

446 『대승아비달마잡집론』 권10(T31, 741a19). "道支助伴者, 謂彼相應心心法等." 〈산스크리트본의 해당 내용: 출전(1) AS., p.75. sahāyaḥ katamaḥ / tatsaṃprayuktāś cittacaitasikā dharmāḥ //; [8정도의] 조력자는 무엇인가? 그것과 결합한 심심소법이다.〉 〈산스크리트본의 해당 내용: 출전(2) ASBh., p.90. bhāvanā bodhyaṅgavat, tadyathā samyagdṛṣṭiṃ bhāvayati vivekaniśritām iti vistaraḥ /; [8정도의] 수습은 [7]각지와 같다. 곧 "원리의 근거인 바른 견해를 수습한다"라고 자세히 설한 것과 같다.〉

447 『대지도론』에 따라 '知'를 '如'로 고친다.

448 『대지도론』에 따라 '以何'를 '何以'로 고친다.

449 『대지도론』에 따라 '耶'를 '邪'로 고친다.

라. [8성도八聖道를] 닦아 익히는 과정(修習)

'[여덟 가지 수행으로 이루어진] 해탈의 길'(道支)을 '닦아 익히는 과정'(修習)이라는 것은 [다음과 같다.] 만약 그 [8성도八聖道 수행 가운데] '[소승과] 공통되는 수행'(共行)이라면 '깨달음을 성취하게 하는 [일곱 가지] 수행'(覺支)[을 '닦아 익히는 과정'(修習)]에서 말한 것[450]과 같다.[451] '[소승과] 공통되지 않는 수행'(不共行)이라는 것은 『대지도론大智度論』에서 [다음과 같이] 말한 것과 같다. "보살은 '모든 현상'(諸法)에 '[불변·독자의] 실체가 없어 [실체로서] 얻을 것이 없다'(空無所得)[는 진리다운 견해]에 머무르니, 이와 같은 '진리다운 견해'(正見)로 '생각을 진리답게 일으키는 수행'(正思惟)의 특징(相)을 이해하여 [모든 현상을 실체로 분별하는] 모든 생각(思惟)이 다 '잘못된 것'(邪)이라 알며, 나아가 열반涅槃을 [실체로] 생각하는 것과 '모든 부처'(諸佛)를 [실체로] 생각하는 것까지도 다 이와 같이 [잘못된 것이라고] 안다. 어째서인가? 모든 '사유하여 [바른 것과 잘못된 것을 실체로서] 분별하는 것'(思惟分別)을 끊는 것을 '생각을 진리답게 일으키는 수행'(正思惟)이라고 부르는 것이[기 때문이]다. 이와 같은 '진리다운 생각'(正思惟)에 머무를 때에는 '바른 것'(正)이라거나 '잘못된 것'(邪)이라고 [실체로서 분별하여] 보지 않아 모든 '사유하여 [바른 것과 잘못된 것을 실체로서] 분별하는 것'(思惟分別)을 넘어서니, 이것이 '생각을 진리답게 일으키는 수행'(正思惟)이 된다. 모든 '사유하여 분별하는 것'(思惟分別)이 [실체가 없는 것이기에] 다 평등하고, 평등하기 때문에 마음으로 [그것들에] 집착하지 않으

---

450 7각지七覺支를 닦아 익히는 과정(修習)에서 말한 것: 앞서 7각지를 닦아 익히는 과정에서는 '의지원리依止遠離, 의지무욕依止無欲, 의지적멸依止寂滅, 회향기사迴向棄捨'의 4구四句를 주요 내용으로 삼고, 주요 주제로는 안립제安立諦인 4제四諦를 중심으로 삼아 논의가 되고 있다. 따라서 원효는 이 문단의 성격을 '소승의 수행과 공통되는 것'(共修)이라고 규정하고 있다.

451 『대승아비달마잡집론』 권10(T31, 741a20). "道支修習者, 如覺支說." 원효는 『대승아비달마잡집론』에 의거하면서도 본문에서 "若其共行"의 구절을 삽입하여 소승과 공통되는 수행에 관한 설명으로 구분한다. 〈산스크리트본의 해당 내용: 출전(1) AS., p.75. bhāvanā katamā / bhāvanā tu bodhyaṅgavat //; [8정도의] 수습은 무엇인가? 그리고 수습은 [7]각지와 같다.〉 〈산스크리트본의 해당 내용: 출전(2) ASBh., p.90. bhāvanā bodhyaṅgavat, tadyathā samyagdṛṣṭiṃ bhāvayati vivekaniśritām iti vistaraḥ /; [8정도의] 수습은 [7]각지와 같다. 곧 "분리의 근거인 바른 견해를 수습한다" 하고 자세히 설한 것과 같다.〉 ※이 내용은 주 446에서 인용하였으나, 한역본에 해당하는 범본에는 『집론』과 『잡집론』 사이에 차이가 있으므로 비교를 위해 다시 인용하였다.

니, 이와 같은 것들을 '생각을 진리답게 일으키는 수행'(正思惟)[452]이라고 부른다"[453] 라고 하면서 자세히 말한다.

> 道支修果者, 謂分別海[454]示他, 令信煩惱障淨, 隨煩惱障淨, 最勝功德障淨, 能得無量殊勝功德故. 是爲略說道支五門. 菩提分義, 略說如是.
>
> [H1, 825b21~c1: X48, 164c24~165a2]

마. [8성도八聖道를] 수행한 결과(修果)

'[여덟 가지 수행으로 이루어진] 해탈의 길'(道支)을 '수행한 결과'(修果)라는 것은 [해탈을 성취하고 나서] 다른 사람들에게 [진리의 가르침들을] 구분하여 가르쳐 보여 주는 것을 말하니, '[근본]번뇌의 장애'(煩惱障)를 제거하고 '[근본번뇌에] 따르는 번뇌의 장애'(隨煩惱障)도 제거하며 '가장 탁월한 능력을 장애하는 것'(最勝功德障)[455]도 제거하여 '제한

452 이 단원에서 '정사유正思惟'의 번역어를 통일하지 않고 '생각을 진리답게 일으킴'·'생각을 진리답게 일으키는 수행'·'진리다운 생각' 등으로 다양하게 번역한 것은 문맥에 따른 선택이다. 관련 문장의 의미맥락에 맞추어 의미전달을 보다 자연스럽게 하기 위한 시도이다.

453 『대지도론』 권19(T25, 205b1~9). "(正思惟今當說.) 菩薩於諸法, 空無所得住, 如是正見中, 觀正思惟相, 知一切思惟皆是邪(思惟), 乃至思惟涅槃, 思惟佛, 皆亦如是. 何以故? 斷一切思惟分別, 是名正思惟. (諸思惟分別, 皆從不實虛誑顚倒故有, 分別思惟相皆無. 菩薩)住如是正思惟中, 不見是正是邪, 過諸思惟分別, 是爲正思惟. 一切思惟分別皆悉平等, (悉)平等故, 心不著, 如是等, 名爲(菩薩)正思惟(相)." 괄호는 생략된 부분을 표시한다. 서두의 생략된 내용에서 보듯이 원효는 8성도八聖道 수행 중 정사유正思惟에 관한 설명 부분을 인용하는 것으로 '소승과 공통되지 않는 수행'(不共行)의 뜻을 대표한다. 중반의 생략된 문장에서는 이 문단의 핵심어라고 할 사유분별思惟分別과 유사한 용어로 분별사유상分別思惟相이라는 표현이 쓰이기도 한다.

454 『대승아비달마잡집론』에 의거하여 '海'를 '誨'로 고친다. 한불전 교감주에도 "'海'는 '誨'나 '顯'인 듯하다"라고 되어 있다.

455 번뇌장煩惱障·수번뇌장隨煩惱障·최승공덕장最勝功德障: 원효가 의거하지 않은 『대승아비달마잡집론』 권10의 내용 중에서 이 세 가지 장애와 관련된 문맥이 나타나는 곳은 8성도八聖道의 바탕(自體)에 관해 논의하는 다음의 문장이다. "正精進者, 是淨煩惱障支, 由此永斷一切結故. 正念者, 是淨隨煩惱障支, 由此不忘失正止擧相等, 永不容受沈掉等隨煩惱故. 正定者, 是能淨最勝功德障支, 由此引發神通等無量勝功德故."(T31, 741a14~18.) 이에 따르면 8성도八聖道의 각 지분 중에서 정정진正精進은 번뇌장煩惱障을 청정하게 하는 지분이고, 정념正念은 수번뇌장隨煩惱障을 청정하게 하는 지분으로서 들뜬 마음을 가라앉히는 지상止相과 가라앉은 것을 채찍질하여 들어올리

없는 탁월한 능력'(無量最勝功德)을 얻을 수 있음을 [사람들로 하여금] 믿게 하기 때문이다.[456] 이것이 '[여덟 가지 수행으로 이루어진] 해탈의 길'(道支)의 '다섯 가지 측면'(五門)을 대략적으로 설명한 것이다. '깨달음에 이르는 [37가지] 항목의 뜻'(菩提分義)을 대략적으로 설명하면 이와 같다.[457]

는 거상擧相 등(이에 관해서는 '지거사상止擧捨相' 역주 참조)을 잊어버리지 않아 가라앉거나 들뜨는 수번뇌隨煩惱를 받아들이지 않는 것이며, 정정正定은 최승공덕장最勝功德障을 청정하게 하는 지분으로서 신통神通과 같은 무량승공덕無量勝功德을 일으키는 것이다. 수도修道인 8성도八聖道에서 구경究竟의 깨달음을 성취하므로 이 8성도八聖道를 수행한 결과(修果)의 내용에서는 보살이 성취한 깨달음에 의거하여 다른 사람(他)을 위하여 가르치는 문맥으로 전환되고 있다. 한편 번뇌장煩惱障의 번뇌煩惱와 수번뇌장隨煩惱障의 수번뇌隨煩惱는 유식불교의 6위심소六位心所 분류 중 각각 번뇌심소煩惱心所 6가지와 수번뇌심소隨煩惱心所 20가지에 해당한다. 이에 관해서는 '변행遍行' 역주의 분류표 참조. 『성유식론』 권6에서는 6가지 번뇌심소煩惱心所에 관해 "煩惱心所其相云何? 頌曰, 煩惱謂貪瞋, 癡慢疑惡見. 論曰, 此貪等六性是根本煩惱攝故."(T31, 31b15~18)라고 하여 탐貪·진瞋·치癡·만慢·의疑·악견惡見의 6가지를 나열하면서 이 여섯 가지가 근본번뇌根本煩惱에 속한다고 설명한다.

456 『대승아비달마잡집론』 권10(T31, 741a23~24). "道支修果者, 謂分別誨示他, 令(他)信煩惱障淨, 隨煩惱障淨, 最勝功德障淨故." 괄호는 생략된 부분을 표시한다. 원효는 『대승아비달마잡집론』에 의거하면서도 본문에서 "能得無量殊勝功德"의 문장을 추가한다. 〈산스크리트본의 해당 내용: AS., p.75. bhāvanāphalaṃ katamat / paricchedaḥ parasaṃprāpaṇaṃ parasaṃpratyayaḥ kleśāvaraṇaviśodhanam upakleśāvaraṇaviśodhanaṃ vaiśeṣikaguṇāvaraṇaviśodhanaṃ ca //; [8정도] 수습의 결과는 무엇인가? [법을] 변별하는 것, 다른 사람을 가르치는 것, 다른 사람을 믿게 하는 것, 번뇌장을 청정히 하는 것, 수번뇌장을 청정히 하는 것, 뛰어난 공덕에 대한 장애를 청정히 하는 것이다.〉

457 여기까지 '4. 「대치품對治品」'의 '1) 명37보리분의明三十七菩提分義'의 과문은 다음과 같다.

4. 「대치품對治品」
 1) 깨달음에 이르는 37가지 항목의 뜻을 밝힘(明三十七菩提分義)
  (1) 명칭을 나열함(列名)
  (2) [명칭의] 뜻을 해석함(釋義)
   ① 네 가지를 토대로 ['빠져들지 않는 마음국면'(止)과 '진리다운 이해'(觀)를 수립하여] 간직해 가는 수행(四念住)
   ② 해로움은 끊고 이로움은 살리는 네 가지 수행(四正斷)
   ③ 선정을 이루어 번뇌를 끊게 하는 네 가지 능력의 계발(四神足)
   ④ [해탈을 성취하게 하는] 다섯 가지 능력의 수행(五根)
   ⑤ ['다섯 가지 능력의 수행'(五根)으로 얻은] 다섯 가지 힘(五力)
   ⑥ 깨달음을 성취하게 하는 일곱 가지 수행(七覺支)
   ⑦ 여덟 가지 수행으로 이루어진 해탈의 길(八支聖道)
  (3) 바탕이 되는 면모를 밝힘(明體性)
  (4) [각 수행항목들의] 단계를 밝힘(明階位)

對治修住品第四

修習對治者, 三十七道品修習, 今當說. 此論中初說. (心者我執種類, 又云根塵識也.)[458]

[T31, 458a16~18]

※【「대치수주품 제4對治修住品 第四」 — '치유하는 수행에 자리 잡는 것에 대한 단원'】

'치유하는 과정을 닦아 익힌다'(修習對治)는 것은 '[4념처四念處·4정근四正勤·4신족四神足·5근五根·5력五力·7각지七覺支·8성도八聖道로 구성된] 37가지 [깨달음에 이르는] 수행 항목들'(三十七道品)을 닦아 익히는 것이니, 지금부터 설명하겠다. 이 [「대치수주품」의] 논의에서 처음[인 4념처四念處에 대한] 설명[은 다음과 같은 것]이다. [신身·수受·심心·법法의 4념처四念處에 관한 설명에서] 마음(心)이라는 것은 '[불변·독자의] 자아에 대한 집착'(我執)의 '종자에 해당하는 부류'(種類)이고, 또한 [몸(身)·느낌(受)·이법(法)은 차례대로] '[여섯 가지] 감관능력'(根)과 '[여섯 가지] 감관대상'(塵) 및 '[여섯 가지] 마음현상'(識)[을 대상으로 하는 것]이라고 말

(5) [37가지 항목의] 순서[가 성립한 이유]를 밝힘(明次第)
(6) [각 수행항목의] 여러 측면들을 분석함(辨諸門)
① 네 가지를 토대로 ['빠져들지 않는 마음국면'(止)과 '진리다운 이해'(觀)를 수립하여] 간직해 가는 수행(四念住)
② 해로움은 끊고 이로움은 살리는 네 가지 수행(四正斷)
③ 선정을 이루어 번뇌를 끊게 하는 네 가지 능력의 계발(四神足)
④ [해탈을 성취하게 하는] 다섯 가지 능력의 수행(五根)
⑤ ['다섯 가지 능력의 수행'(五根)으로 얻은] 다섯 가지 힘(五力)
⑥ 깨달음을 성취하게 하는 일곱 가지 수행(七覺支)
⑦ 여덟 가지 수행으로 이루어진 해탈의 길(八支聖道)

458 대정장의 교감주에서는 "(心者…也)十二字—【明】【宮】"이라고 하여 "心者我執種類, 又云, 根塵識也."의 12자가 없는 판본이 있다고 한다. 『중변분별론소』에는 이 문장에 관한 주석이 없으므로 원효는 이 문장이 없는 판본을 보았을 것으로 추정되는데, 본문 이해를 위해 필요한 측면이 있으므로 그대로 둔다. 『중변분별론』의 이역본인 『변중변론』에는 이 12자가 없다. 대정장의 교감주들에서는 본문에 작은 글씨로 딸려 있는 문장을 협주夾註라고 부른다.

한다.[459]

次消其文. 文中在先釋論發起. 於中二句. 初句總發. 下句別起. "此論中初說"者, 謂此品初說四念處也.

[H1, 825c2~4: X48, 165a3~4]

2) [『중변분별론』의] 원문을 풀이함(消文)

다음으로 그 [『중변분별론』의] 원문을 풀이한다.

(1) [글의 주제를] 제기하는 것을 풀어 논함(釋論發起)

[『중변분별론』의] 문장에서는 먼저 '[글의 주제를] 제기하는 것'(發起)을 풀어 논한다. 여기에는 두 가지 구절이 있다.

① [글의 주제를] 총괄적으로 제기함(總發)

첫 번째 구절[460]은 [글의 주제를] '총괄적으로 제기한 것'(總發)이다.

---

459 심心과 아집종류我執種類 및 신身·수受·법法과 근根·진塵·식識(十八界): 마음(心)을 아집종류我執種類라고 설명하는 이 문장은 다음에 이어지는 『중변분별론』의 4념처四念處에 관한 해석(釋) 문단에서 "心者我執依處."(T31, 458a24~25)라고 하여 4념처의 대상(所緣)인 신身·수受·심心·법法 중에서 마음(心)에 관해 설명하는 문장과 호응한다. 그러므로 이 12자의 문장은 다음에 진행될 4념처에 관한 자세한 논의의 기본 구도를 미리 설정해 주는 하는 역할을 하는 것으로 보인다. 신념처身念處는 6근六根을, 수념처受念處는 6진六塵을, 심념처心念處는 아집我執이 의거하는 근거(依處)인 마음을, 법념처法念處는 6식六識을 대상으로 삼는다는 점을 확인하고 있다.

460 『중변분별론』 문장에서 "修習對治者, 三十七道品修習, 今當說."에 해당한다.

② [글의 주제를] 하나씩 제기함(別起)

아래 구절[461]은 [글의 주제를] '하나씩 제기한 것'(別起)이다. "이 [「대치수주품」의] 논의에서 처음[인 4념처四念處에 대한] 설명[은 다음과 같은 것]이다"(此論中初說)라는 것은, 이 「대치수주품對治修住品」에서는 처음에 '네 가지를 토대로 [[빠져들지 않아] 그치는 마음 국면'(止)과 '[진리다운] 이해'(觀)를 수립하여] 간직해 가는 수행'(四念處)을 설명한다는 것이다.

偈中合有十二頌半, 於中有二. 前十一頌別明對治, 後一頌半總說對治. 前十一中文□[462]有六. 一初一頌, 明四念處. 二次一頌, 明四正勤. 三三頌半, 明如意足. 四有二頌, 總明根力. 五一頌半, 明七覺分. 六有二頌, 明八聖道.

[H1, 825c5~10: X48, 165a5~9]

(2) 게송(頌)과 게송에 관한 해석(釋)을 본격적으로 풀이함[463]

[「대치수주품對治修住品」의] 게송을 합하면 12게송 반이 있는데, 여기에는 두 가지가 있다.

---

461 『중변분별론』 문장에서 "此論中初說."에 해당한다.

462 한불전 교감주에 "'□'는 '亦'인 듯하다"라고 되어 있다. 교감주에 따라 '亦'으로 고친다.

463 게송(頌)과 게송에 관한 해석(釋)을 풀이함: 이 제목은 원효의 과문 작업 중에 본문에서 "偈中合有十二頌半"이라고 기술한 문장에 의거한다. 『중변분별론』「대치수주품제4對治修住品第四」는 게송(頌)과 게송에 관한 해석(釋)의 형식으로 이루어져 있고, 게송의 총 개수를 합하면 4구절을 1송으로 헤아려 12송 반이 된다.

① [37도품三十七道品으로] **치유하는 과정을 하나하나 밝힘**(別明對治)

앞의 11게송에서는 '[37도품三十七道品으로] 치유하는 과정'(對治)을 하나씩 밝히고,[464] 뒤의 1게송 반에서는 '[37도품三十七道品으로] 치유하는 과정'(對治)을 총괄적으로 설명한다. 앞의 11[게송]의 문장에도 여섯 가지가 있다. 첫 번째는 처음의 1게송이니, '네 가지를 토대로 ['[빠져들지 않아] 그치는 마음국면'(止)과 '[진리다운] 이해'(觀)를 수립하여] 간직해 가는 수행'(四念處)을 밝힌다. 두 번째는 다음의 1게송이니, '해로움은 끊고 이로움은 살리는 네 가지 수행'(四正勤)을 밝힌다. 세 번째는 [다음의] 3게송 반이니, '선정으로 번뇌를 끊어 원하는 대로 할 수 있는 [네 가지] 능력의 계발'(如意足)을 밝힌다. 네 번째는 [다음에] 2게송이 있으니, '[해탈을 성취하게 하는 다섯 가지] 능력의 수행'(根)과 '['다섯 가지 능력의 수행'(五根)으로 얻은 다섯 가지] 힘'(力)을 총괄적으로 밝힌다. 다섯 번째는 [다음의] 1게송 반이니, '깨달음을 성취하게 하는 일곱 가지 수행'(七覺分)을 밝힌다. 여섯 번째는 [다음에] 2게송이 있으니, '여덟 가지 수행으로 이루어진 해탈의 길'(八聖道)을 밝힌다.[465]

---

464 '① 별명대치別明對治' 문단이 마무리되는 곳: 37도품三十七道品의 7항목을 하나하나 설명하는 문단이 마무리되는 곳인 '명팔성도明八聖道'의 끝문장에서 원효는 "於此品內, 有二段中, 別明對治, 竟在於前. 此下第二總說對治."(H1, 832b8~9)라고 하여 '① 별명대치別明對治'와 '② 총설대치總說對治'의 구분을 다시 언급한다.

465 '소문消文' 단원의 얼개: 여기까지 원효의 과문에 따라 '소문消文' 단원의 전체 얼개를 그려 보면 아래와 같다. 한편 아래 문단 제목에서 '(2) 게송(頌)과 게송에 관한 해석(釋)을 본격적으로 풀이함'의 여섯 문단에 관한 원효의 해당 주석문에서는 형식적으로 크게 『중변분별론』의 게송(頌)에 관한 주석과 게송에 따르는 해석(釋)에 관한 주석으로 나뉘고, 각 문단마다 더 세부적인 과문이 이루어진다.

2) [『중변분별론』의] 원문을 풀이함(消文)
(1) [글의 주제를] 제기하는 것을 풀어 논함(釋論發起)
① [글의 주제를] 총괄적으로 제기함(總發)
② [글의 주제를] 하나씩 제기함(別起)
(2) 게송(頌)과 게송에 관한 해석(釋)을 본격적으로 풀이함
① [37도품三十七道品으로] 치유하는 과정을 하나씩 밝힘(別明對治): 제1송
가. 네 가지를 토대로 ['빠져들지 않아 그치는 마음국면'(止)과 '진리다운 이해'(觀)를 수립하여] 간직해 가는 수행을 밝힘(明四念處)
나. 해로움은 끊고 이로움은 살리는 네 가지 수행을 밝힘(明四正勤): 제2송

[頌][466] 麁行貪因故, 種故不迷故, 爲入四諦故, 修四念處觀.

[釋] 由身故, 麁行得顯現, 思擇麁行故, 得入苦諦. 此身者, 麁大諸行爲相故, 麁大者, 名行苦. 因此行苦一切有漏諸法, 於中聖人觀苦諦. 受者, 貪愛依處, 思擇諸受故, 得入集諦. 心者, 我執依處, 爲思擇此心, 得入滅諦. 離我斷怖畏故. 法者, 不淨淨二品, 爲思擇此法, 離不淨淨品無明故, 得入道諦. 是故初行爲令入四諦中, 修習四念處所安立.

[T31, 458a19~28]

【게송】

[4념처四念處의 네 가지 대상(所緣)들 중에서 첫 번째인 몸(身)은] '거칠고 무거운 번뇌의 작용'(麤行)[이 드러난 것]이기 때문이고, [느낌(受)은] '탐욕의 원인'(貪因)이기 때문이며, [마음(心)은] '[불변·독자의 자아에 대한 집착이 의지하는] 종자'(種)이기 때문이고, [이법(法)은] '미혹되어서는 안 되는 것'(不迷)이기 때문이니, '네 가지 고귀한 진리'(四諦)에 들어가기 위해 〈'네 가지를 토대로 ['[빠져들지 않아] 그치는 마음국면'(止)과 '[진리다운] 이해'(觀)를 수립하여] 간직해 가는 수행'에 대한 이해〉(四念處觀)를 닦네.

다. 선정으로 번뇌를 끊어 원하는 대로 할 수 있는 [네 가지] 능력의 계발을 밝힘(明如意足): 제3송~제6송의 제2구

라. [해탈을 성취하게 하는 다섯 가지] 능력의 수행과 ['다섯 가지 능력의 수행'(五根)으로 얻은 다섯 가지] 힘을 총괄적으로 밝힘(總明根力): 제6송 제3구~제8송의 제2구

마. 깨달음을 성취하게 하는 일곱 가지 수행을 밝힘(明七覺分): 제8송 제3구~제9송

바. 여덟 가지 수행으로 이루어진 해탈의 길을 밝힘(明八聖道): 제10송~제11송

② [37도품三十七道品으로] 치유하는 과정을 총괄적으로 설명함(總說對治): 제12송~제13송의 제2구

466 '[頌]'과 아래의 '[釋]'은 『중변분별론』 원문에는 없지만 서술 형식의 구분을 위해 삽입한다. 원효의 과문 형식에서 쓰이는 용어이기도 하다.

【해석】

몸(身)으로 말미암아 '거칠고 무거운 번뇌의 작용'(麤行)이 드러나게 되니, [몸(身)으로 말미암아 드러나는] '거칠고 무거운 번뇌의 작용'(麤行)을 '성찰하여 판단'(思擇)하기 때문에 '괴로움에 관한 진리'(苦諦)에 들어갈 수 있다. 이 몸(身)이라는 것은 '거칠고 큰 번뇌의 모든 작용'(麁大諸行)[467]을 '[드러난] 특징'(相)으로 삼기 때문에 '거칠고 큰 번뇌'(麁大)라는 것을 '작용 그대로가 괴로움'(行苦)[468]이라고 부른다. 이 '작용 그대로가 괴로움'(行苦)이라는 것 때문에 모든 '번뇌가 스며드는 갖가지 현상'(有漏諸法)에서 성인聖人은 '괴로움에 관한 진리'(苦諦)를 이해한다. 느낌(受)이라는 것은 '탐착하게 하는 갈애가 의지하는 근거'(貪愛依處)이니,[469] 모든 느낌(受)을 '성찰하여 판단'(思擇)하기 때문에 '괴로움의 원인에 관한 진리'(集諦)에 들어갈 수 있다.

---

467 추대麁大: 아래 원효의 주석에서는 "言麤大者, 是行苦相者, 大之言重, 謂麤重是行苦相也."(H1, 826a10~11)라고 하여 추대麁大의 대大를 중重과 같은 뜻이라고 하면서 추대麁大를 추중麤重과 동일시한다. 이역본인 『변중변론』 권2의 같은 문장에서는 "身以有麁重諸行爲相故."(T31, 471b14)라고 하여 추대麁大를 추중麁重으로 번역한다. 추중에 관해서는 '추중' 및 '경안과 추중' 역주 참조. 한편 『중변분별론』의 해석(釋)에서는 게송의 추행麤行을 추대제행麤大諸行이라고 풀이하고 있는 것도 살펴볼 수 있다.

468 행고行苦: 고고苦苦·괴고壞苦·행고行苦의 3고三苦 중 하나이다. 『아비달마구사론』 권22에 따르면 의도한 유루법有漏法은 괴고와 결합하고, 의도하지 않은 유루법有漏法은 고고와 결합하며, 그 외 유루법이 행고와 결합한다. 자세한 내용은 '행고行苦' 역주 참조. 본문에서는 몸(身)에 의거하여 드러나는 추대麤大의 작용(行) 그 자체가 행고行苦이고 몸(身)에서 이 추행麤行인 행고를 가려내는 것이 고제苦諦를 이해하는 것이라고 설명한다.

469 수受와 탐애의처貪愛依處: 느낌(受)이 탐애貪愛의 의처依處가 된다는 것과 관련하여 원효는 아래 주석에서 "言貪因者, 顯受念處, □種受起六貪愛, 貪愛招集三有苦聚."(H1, 825c17~18)라고 구체적으로 설명한다. 이에 따르면 욕계欲界·색계色界·무색계無色界라는 3유三有의 고취苦聚를 초집招集하는 것이 6탐애六貪愛이고, 이 6탐애六貪愛를 일으키는 것이 □종수□種受이다. 고취苦聚의 1차적 원인은 6탐애六貪愛이지만 다시 이 탐애들의 의처가 수受라는 설명이다. 여기서 □종수□種受의 탈자인 '□'는 뒤의 6탐애와 연계하여 '六'으로 교감해야 할 것으로 보인다. 6종수六種受에 관해 『대지도론』 권19에서는 "六種受, 眼觸生受, 耳鼻舌身意觸生受, 是名受念處."(T25, 201a9~10)라고 하여 안眼·이耳·비鼻·설舌·신身·의意의 접촉으로 생겨난 여섯 가지 느낌(受)이라고 설명한다. 6탐애에 관해서는 진제眞諦 역 『현식론顯識論』 권1에서 4제관四諦觀과 관련하여 "集六種, 謂六種貪愛, 即六塵生六種貪."(T31, 879c5~6)이라는 문맥이 보이는데, 이에 따르면 집제관集諦觀의 대상인 6탐애는 색色·성聲·향香·미味·촉觸·법法이라는 6진六塵에서 생겨나는 탐애貪愛를 말한다.

마음(心)이라는 것은 [종자種子를 지녀] '[불변·독자의] 자아에 대한 집착이 의지하는 근거'(我執依處)[470]이니, 이 마음(心)을 '성찰하여 판단'(思擇)하기 때문에 '괴로움의 소멸에 관한 진리'(滅諦)에 들어갈 수 있다. '[불변·독자의] 자아'(我)[가 있다는 생각]에서 벗어나 '[다섯 가지] 두려움'(怖畏)[471]을 끊기 때문이다. 이법理法(法)이라는 것에는 '온전한 것'(不淨)과 '온전하지 않은 것'(淨)이라는 두 종류(品)가 있으니, 이 이법理法(法)을 '성찰하여 판단'(思擇)하여 '온전하지 않은 것'(不淨)과 '온전한 것'(淨)이라는 [두 가지] 종류(品)[의 차이]에 대한 근본무지(無明)[472]에서 벗어나기 때문에 '괴로움의 소멸로 나아가는 길에 관한 진리'(道諦)에 들어갈 수 있다. 그러므로 '처음 수행하는 자'(初行)로 하여금 '네 가지 고귀한 진리'(四諦)에 들어가게 하기 위해서는 '네 가지를 토대로 [[빠져들지 않아] 그치는 마음국면'(止)과 '[진리다운] 이해'(觀)를 수립하여] 간직해 가는 수행'(四念處)이 확고하게 자리 잡히는 것을 닦아 익히게 한다.

---

470 심心과 아집의처我執依處: 마음(心)이 아집我執의 의처依處가 된다는 것과 관련해 원효는 아래 주석에서 "心持種子, 作諸法本, 我是□□, 怖畏斷滅."(H1, 825c20~21)이라고 하여 마음(心)은 종자種子를 지녀 제법諸法의 근본(本)이 되고 아我는 □□이어서 단멸斷滅을 두려워한다고 설명한다. 『중변분별론』 게송의 원문에 나오는 "心者, 我執依處"라는 구절을 참고하여 아래 구절의 '□□'을 '依處'로 보고 번역한다.

471 포외怖畏: 견도見道 이전에서 일어나는 다섯 가지 두려움을 가리킨다. 『대승이취육바라밀다경大乘理趣六波羅蜜多經』에 따르면 ①'살지 못할까 두려워하는 것'(不活畏)·②'나쁜 세상에 떨어질까 두려워하는 것'(惡趣畏)·③'죽음을 두려워하는 것'(死畏)·④'나쁜 소문이 퍼질까 두려워하는 것'(惡名畏)·⑤'대중의 비판을 두려워 하는 것'(大衆威德畏)를 말한다. 자세한 내용은 '5포외五怖畏' 역주 참조.

472 부정정품무명不淨淨品無明: 원효는 아래 주석에서 "不迷故者, 顯法念處, 諸法品類染淨差別, 無明不了, 覆障明慧."(H1, 825c21~826a1)라고 하여 제법諸法의 두 가지 품류品類인 염정染淨의 차별差別에 대해 무명無明은 알지 못하여 명혜明慧를 복장覆障한다고 설명한다. 무명無明을 염정평등染淨平等에 대한 무지가 아니라 염정차별染淨差別에 대한 무지로 설명하는 원효의 관점은 그 의미를 주목하게 된다.

初一頌明四念處中，上半別顯，下半總明．然立四念處，略有三意．一爲治四倒故，二爲脫四縛故，三爲入四諦故．三種差別，如前已說．今於此中，說第三義．

[H1, 825c11~15: X48, 165a10~12]

가. '네 가지를 토대로 ['[빠져들지 않아] 그치는 마음국면'(止)과 '[진리다운] 이해'(觀)를 수립하여] 간직해 가는 수행'을 밝힘(明四念處)

가) 게송에 관한 설명[473]

(가) [4념처四念處 각각의 수행을] 하나씩 드러냄(別顯)

[11게송 중] 첫 번째인 1게송에서 '네 가지를 토대로 ['[빠져들지 않아] 그치는 마음국면'(止)과 '[진리다운] 이해'(觀)를 수립하여] 간직해 가는 수행'(四念處)을 밝히는 것에서, 상반부 [두 구절][474]에서는 [4념처四念處 각각의 수행을] 하나씩 드러내고 하반부 [두 구절][475]에서는 총괄적으로 밝힌다. 그런데 '네 가지를 토대로 ['[빠져들지 않아] 그치는 마음국면'(止)과 '[진리다운] 이해'(觀)를 수립하여] 간직해 가는 수행'(四念處)을 세우는 것에는 대략 세 가지 뜻이 있다. 첫 번째는 '네 가지 왜곡'(四倒)'[476]을 치유하기 위한

---

473 원효의 주석문에서는 게송에 관한 설명이 끝나고 나서 다시 "釋中有二，先釋上半，後釋下半."(H1, 826a3~4)이라고 하여,『중변분별론』의 게송을 설명하는 문단과 해석을 설명하는 문단을 나누는 형식을 취한다. 이에 따라 '게송에 관한 설명'과 '게송의 해석에 관한 설명'으로 나누어 과문한다.

474 1게송 중에서 "麁行貪因故，種故不迷故."에 해당한다.

475 1게송 중에서 "爲入四諦故，修四念處觀."에 해당한다.

476 4도四倒: 4전도四顚倒라고도 한다. 범부凡夫가 무상無常한 것을 상常이라 집착하고 고苦인 것을 낙樂이라 집착하여 전도되는 등 정淨·낙樂·상常·아我에 집착하는 네 가지 왜곡된 관점을 말한다. 자세한 내용은 '4전도四顚倒' 역주 참조. 앞서 4념처四念處 수행을 '다섯 가지 방식'(五門)으로 분석하는 단락의 '수과修果' 문단에서는 "斷四倒者，謂四念住隨其次第，能斷淨樂常我四倒也."(H1, 822b23~c1)라고 하여 신身·수受·심心·법념처法念處 수행의 순서에 따라 정淨·낙樂·상常·아我의 4도를 끊는다고 설명한다.

것이고, 두 번째는 '네 가지로 인한 묶임'(四縛)[477]에서 벗어나기 위한 것이며, 세 번째는 '네 가지 고귀한 진리'(四諦)에 들어가기 위한 것이다. 세 가지 [뜻]의 차이에 관해서는 앞에서 이미 설명한 것과 같다.[478] 지금 이 [『중변분별론中邊分別論』]에서는 세 번째 뜻을 설명한 것이다.

言"麤行"者, 是身念處. 所有色身, 麤重所隨, 遠離輕安, 是行苦相. 是故觀身, 從入苦諦. 言"貪因"者, 顯受念處. □[479]種受起六貪愛, 貪愛招集三有苦聚. 所以觀此, 能入□[480]諦. 言"種或[481]"者, 顯心念處. 心持種子, 作諸法本, 我是□□,[482] 怖畏斷滅. 如實觀心, 趣入滅諦故. "不迷故"者, 顯法念處. 諸法品類, 染淨差別, 無明不了, 覆障明慧. 不迷法相, 順入道諦故. 下半中, 言"爲入四諦故"者, 總顯所爲, "修四念處觀"者, 總明能修.

[H1, 825c15~826a3; X48, 165a12~20]

[게송에서] "거칠고 무거운 번뇌의 작용"(麤行)이라고 말한 것은 '몸을 토대로 [['빠져들지 않아] 그치는 마음국면'(止)과 '[진리다운] 이해'(觀)를 수립하여] 간직해 가는 수

477 4박四縛: 집수박執受縛·영수박領受縛·요별박了別縛·집착박執著縛을 말한다. 역시 4념처四念處 수행에 관한 '수과修果' 문단에서는 "此明遠離四縛麁重."(H1, 822c10~11)이라고 하면서, 4념주四念住 수행의 결과를 4제四諦에 깨달아 들어가는 것으로 설명했던 앞 문맥과 연계하여 집수박·영수박·요별박·집착박의 4박에서 벗어나는 것에 관한 논의를 진행한다. 이에 관해서는 '4박四縛' 역주도 참조.

478 세 가지 뜻의 차이에 관해 앞에서 이미 설명한 '수과修果' 문단의 서두에서 "斷四顚倒, 趣入四諦, 身等離繫, 是名修果."(H1, 822b22~23)라고 하여, 치사도治四倒·탈사박脫四縛·입사제入四諦라는 세 가지 뜻을 한꺼번에 거론하면서 그 문단 전체에 걸쳐 4념처四念處 수행의 세 가지 뜻에 관해 자세히 설명한다.

479 문맥에 따라 '□'을 '六'으로 고친다.

480 문맥에 따라 '□'을 '集'으로 고친다.

481 『중변분별론』 게송의 원문에 따라 '或'을 '故'로 고친다. 한불전 교감주에는 "'或'은 '惑'과 통한다"라고 되어 있다.

482 『중변분별론』 게송의 원문에 나오는 "心者, 我執依處"라는 구절을 참고하여 '□□'을 '依處'로 보고 번역한다.

행'(身念處)[과 관련된 현상]이다. 지니고 있는 '유형의 몸'(色身)에 '거칠고 무겁게 따라 다니는 번뇌'(麤重所隨)가 평안함(輕安)에서 멀리 떠나게 하니, 이것이 〈'작용 그대로가 괴로움'인 양상〉(行苦相)[인 '거칠고 무거운 번뇌의 작용'(麤行)]이다. 그러므로 몸(身)을 관찰하여 '괴로움에 관한 진리'(苦諦)로 들어간다. "탐욕의 원인"(貪因)이라고 말한 것은 '느낌을 토대로 [[빠져들지 않아] 그치는 마음국면'(止)과 '[진리다운] 이해'(觀)를 수립하여] 간직해 가는 수행'(受念處)[과 관련된 현상]을 드러낸 것이다. '여섯 가지 느낌'(六種受)이 '탐착하게 하는 여섯 가지 갈애'(六貪愛)[483]를 일으키고, ['여섯 가지 느낌'(六種受)에서 일어나는] '탐착하게 하는 갈애'(貪愛)가 '[욕계欲界·색계色界·무색계無色界, 이] 세 가지 세계에 있는 괴로움의 무더기'(三有苦聚)를 불러 모은다. 그러므로 이 [느낌(受)이 '탐욕의 원인'(貪因)임]을 관찰하여 '괴로움의 원인에 관한 진리'(集諦)에 들어갈 수 있다. "[불변·독자의 자아에 대한 집착이 의지하는] 종자이기 때문이다"(種故)라고 말한 것은 '마음을 토대로 [[빠져들지 않아] 그치는 마음국면'(止)과 '[진리다운] 이해'(觀)를 수립하여] 간직해 가는 수행'(心念處)[과 관련된 현상]을 드러낸 것이다. 마음(心)은 종자種子를 지녀 '모든 현상의 근본'(諸法本)이 되고 자아(我)는 '[불변·독자의 것으로 집착하게 하는 종자의] 의지처'(依處)여서 '끊어져 사라질 것'(斷滅)을 두려워한다. [그러므로] 마음(心)을 사실대로 관찰하여 '괴로움의 소멸에 관한 진리'(滅諦)로 들어가는 것이다. "미혹되어서는 안 되는 것이기 때문이다"(不迷故)라고 말한 것은 '이법理法을 토대로 [[빠져들지 않아] 그치는 마음국면'(止)과 '[진리다운] 이해'(觀)를 수립하여] 간직해 가는 수행'(法念處)[과 관련된 현상]을 드러낸 것이다. '모든 이법理法의 종류'(諸法品類)는 '오염된 것과 온전한 것'(染淨)으로 차이가 나는데, 근본무지(無明)는 [이 차이를 사실대로] 알지 못하여 '밝은 지혜'(明慧)를 덮어 가린다. '이법理法들의 양상'(法相)[의 차이]에 미혹되지[484]

483 6종수六種受와 6탐애六貪愛: 6종수六種受는 안眼·이耳·비鼻·설舌·신身·의意의 접촉으로 생겨난 여섯 가지 느낌(受)이고, 6탐애는 색色·성聲·향香·미味·촉觸·법法의 6진六塵에서 생겨나는 탐애貪愛이다. 의거한 경론과 해당 원문은 '수受와 탐애의처貪愛依處' 역주 참조.

484 미법상迷法相: 염정차별상染淨差別相에 미혹되는 사례로는 대표적으로 부정不淨한 것을 정淨이라 집착하고 고苦인 것을 낙樂이라고 집착하는 등의 정淨·낙樂·상常·아我의 4종전도四種顚倒를 꼽을 수 있겠다.

않아 '괴로움의 소멸로 나아가는 길에 관한 진리'(道諦)에 따라 들어가는 것이다.

(나) [4념처四念處 수행을] 총괄적으로 드러냄(總明)

하반부 [두 구절] 중에서 "네 가지 고귀한 진리에 들어가기 위해"(爲入四諦故)라고 말한 것은 [4념처四念處 수행으로] '이루어지는 것'(所爲)을 총괄적으로 드러낸 것이고, "네 가지를 토대로 ['[빠져들지 않아] 그치는 마음국면'(止)과 '[진리다운] 이해'(觀)를 수립하여] 간직해 가는 수행에 대한 이해를 닦네"(修四念處觀)라고 말한 것은 [4제四諦에 들어가기 위해] '닦아야 하는 것'(能修)을 총괄적으로 밝힌 것이다.

> 釋中有二, 先釋上半, 後釋下半. 初中, 卽釋"麤行"中, 先略釋文, 後重分別. 初言"由身故, 麤行得顯"者, 如『對法』說, "所有色身, 皆行苦相, 麤重所顯故. 是故修觀行時, 能治此輕安, 於身差別生故." 今言"麤行得顯"者, 麤重行苦得顯現也. "此身"以下, 重顯前義. 言"麤大"者, 是行苦相者. "大"之言重, 謂麤重是行苦相也. 餘文可見. "是故"以下, 總釋下半.
>
> [H1, 826a3~12; X48, 165a20~b2]

나) 게송의 해석(釋)에 관한 설명

(가) [게송의] 상반부 [두 구절]을 [하나씩] 해석함(釋上半)

[게송의] 해석(釋)에는 두 가지가 있으니, 먼저 [게송의] 상반부 [두 구절]을 [하나씩] 해석하고 나중에 [게송의] 하반부 [두 구절]을 [총괄적으로] 해석한다.[485] 첫 번째[인 게송의

485 『중변분별론』의 해석(釋) 문단에서 해당하는 문장을 나누어 보면 석상반釋上半은 "由身故, 麁行得顯現, 思擇麁行故, 得入苦諦. 此身者, 麁大諸行爲相故, 麁大者, 名行苦. 因此行苦一切有漏諸法, 於中聖人觀苦諦. 受者, 貪愛依處, 思擇諸受故, 得入集諦. 心者, 我執依處, 爲思擇此心, 得入滅諦. 離我斷怖畏故. 法者, 不淨淨二品, 爲思擇此法, 離不淨淨品無明故, 得入道諦."이고, 석하반釋下半은 "是故初行爲令入四諦中, 修習四念處所安立."이다.

상반부 두 구절을 해석하는 것] 중에서 "거칠고 무거운 번뇌의 작용"(麤行)을 해석하는 것에서는 먼저 [게송의] 문장[인 '추행麤行']을 대략적으로 해석하고, 나중에는 거듭 나누어 구별한다.[486]

첫 번째[인 '추행麤行을 대략적으로 해석하는 것']에서 "몸으로 말미암아 거칠고 무거운 번뇌의 작용이 드러나게 된다"(由身故, 麤行得顯)라고 말한 것은 『대승아비달마잡집론大乘阿毘達磨雜集論』에서 [다음과 같이] 말한 것과 같다. "지니고 있는 '유형의 몸'(色身)은 모두 〈'작용 그대로가 괴로움'인 양상〉(行苦相)이니, '거칠고 무거운 번뇌'(麤重)에 의해 나타나는 것이기 때문이다. 그러므로 이해수행(觀行)을 닦을 때 이 [괴로움(苦)을] 치유할 수 있는 평안함(輕安)[의 마음현상]이 몸(身)에서 ['거칠고 무거운 번뇌'(麤重)에 의한 〈'작용 그대로가 괴로움'인 양상〉(行苦相)과는] 구별되어 생겨나는 것이다."[487] 지금 [게송의 해석(釋)에서] "거칠고 무거운 번뇌의 작용이 드러나게 된다"(麤行得顯)라고 말한 것은 〈'거칠고 무거운 번뇌'에 의한 '작용 그대로가 괴로움'인 [양상](麤重行苦[相])[488]이 [몸(身)으로 말미암아] 드러날 수 있다는 것이다.

---

486 『중변분별론』의 해석(釋) 문단에서 해당하는 문장을 나누어 보면 '추행麤行'에 관한 약석略釋은 "由身故, 麁行得顯現, 思擇麁行故, 得入苦諦."이고, 중분별重分別은 "此身者, 麁大諸行爲相故, 麁大者, 名行苦. 因此行苦一切有漏諸法, 於中聖人觀苦諦."이다.

487 『대승아비달마잡집론』 권10(T31, 739b21~23). "所有色身皆行苦相, 麁重所顯故. 是故修觀行時, 能治此輕安, 於身差別生故." 이 문장은 앞서 4념처四念處 5문분별五門分別의 '마. 수과修果' 문단(H1, 822b22 이하)에서도 더 자세히 인용된 적이 있다. 거기에서는 행고상行苦相을 '근본무지에 매인 현상들에 생겨나는 괴로움의 양상'이라고 번역했으나, 여기서는 『중변분별론』 석문釋文에서 "麁大者, 名行苦."라고 하거나 원효의 주석에서 "所有色身, 麤重所隨, 遠離輕安, 是行苦相."이라고 하여 추대麤大(麤重)의 작용(行) 자체가 행고行苦이고 몸(身)은 이 추행麤行의 행고상이 드러난 것이라고 설명하는 문맥에 따라 행고상의 주어가 추대麤大(麤重)일 때는 행고상을 '작용 그대로가 괴로움인 양상'이라 번역하고, 행고상의 주어가 몸(身)일 때는 〈'거칠고 무거운 번뇌'(麤重)에 의한 '작용 그대로가 괴로움'인 양상〉이라고 번역하였다. 〈산스크리트본의 해당 내용: ASBh., p.86. kāyasmṛtyupasthānena duḥkhasatyam avatarati, saṃskāraduḥkhatālakṣaṇena dauṣṭhulyena prabhāvitatvāt kāyasya / tathā hi tatpratipakṣabhūtā prasrabdhiḥ kāya eva viśeṣeṇotpadyata iti /; 신체에 대한 주의집중의 확립으로 고제를 이해한다. 신체는 추중으로 특징지어져서 행고성을 특징으로 하기 때문이다. 경쾌함에 의해 그것의 치료제가 신체에서만 특별하게 발생하기 때문이다.〉

488 추중행고麤重行苦: 『중변분별론』의 게송의 해석(釋) 문단에서 게송의 추행麤行을 추대제행麁大諸行이라고 설명한 것과 유사하게 원효도 추행을 추중행고麤重行苦로 풀이하고 있다. 추행의 추麤는 추중麤重이고 행行은 행고行苦이어서 추중麤重의 작용(行)이 행고상行苦相이라는 설명이다.

"이 몸"(此身) 이하에서는 [추행麤行에 관한] 앞의 [대략적인] 뜻을 거듭 드러낸다. "거칠고 큰 번뇌"(麁大)라고 말한 것은 〈'작용 그대로가 괴로움'인 양상〉(行苦相)인 것이다. [추대麤大에서] "크다(大)"라는 말은 '무겁다(重)'는 것이니, '거칠고 무거운 번뇌'(麤重)는 〈'작용 그대로가 괴로움'인 양상〉(行苦相)이라는 것이다. 나머지 문장[489]은 [그 뜻을 어렵지 않게] 알 수 있다.

(나) [게송의] 하반부 [두 구절]을 [총괄적으로] 해석함(釋下半)

"그러므로"(是故) 이하[490]에서는 [게송의] 하반부 [두 구절]을 총괄적으로 해석한다.

[釋] 次修習正勤.

[頌] 已知非助道, 一切種對治. 爲上二種故, 修習四正勤.

[釋] 爲修習四念處究竟故, 非助道黑法及助道品白法, 一切種已明了所見故. 爲滅離非助道法, 爲生起助道法, 四種正勤得起. 第一爲滅已生非善惡法, 如經中廣說. (爲滅爲塞爲生爲長.)

[T31, 458a29~b5]

【해석】

다음으로 '해로움은 끊고 이로움은 살리는 [네 가지] 수행'(正勤)을 닦아 익히는 것이다.

489 『중변분별론』의 해석(釋) 문단에서 '여문餘文'에 해당하는 문장은 "受者, 貪愛依處, 思擇諸受故, 得入集諦. 心者, 我執依處, 爲思擇此心, 得入滅諦. 離我斷怖畏故. 法者, 不淨淨二品, 爲思擇此法, 離不淨淨品無明故, 得入道諦."로서 수受·심心·관념처觀念處를 각각 설명하는 대목이다.

490 『중변분별론』의 해석(釋) 문단에서 해당하는 문장은 "是故初行爲令入四諦中, 修習四念處所安立."이다.

【게송】

[앞서 4념처四念處 수행에서 '오염된 현상'(染法)들은] '깨달음에 이르도록 돕는 것이 아니라는 것'(非助道)과 ['오염된 현상'(染法)들을] 치유하는 모든 종류['온전한 현상'(淨法)들]을 이미 알았네.[491] 위의 ['오염된 현상'(染法)들과 '온전한 현상'(淨法)들, 이] 두 종류 때문에 '해로움은 끊고 이로움은 살리는 네 가지 수행'(四正勤)을 닦아 익히네.

【해석】

'네 가지를 토대로 ['[빠져들지 않아] 그치는 마음국면'(止)과 '[진리다운] 이해'(觀)를 수립하여] 간직해 가는 수행'(四念處)을 완전하게 닦아 익혔기 때문에, '깨달음에 이르도록 돕는 것이 아닌 해로운 것들'(非助道黑法)과 '깨달음에 이르도록 돕는 이로운 것들'(助道品白法)[492]로 모든 [현상의] 종류를 명료하게 이해한 것이다. '[깨달음에 이르도록] 돕는 것이 아닌 것들'(非助道法)을 없애어 벗어나고 '[깨달음에 이르도록] 돕는 것들'(助道法)을 생겨나게 하기 위해 '해로움은 끊고 이로움은 살리는 네 가지 수행'(四種正勤)을 일으키게 된다. [4정근四正勤 수행의] 첫 번째는 '이미 생겨난 이롭지 않으며 해로운 것들'(已生非善惡法)[493]을 없애는 것이니, 경전에서 자세히 설명한 것[494]과 같다. (['이미 생겨난 해로우며 이롭지 않은 것들'(已生惡不善法)은] 없애고 ['아직 생겨나지

---

491 게송의 상반부 2구절의 번역은 아래 원효의 주석에서 이 2구절에 관해 "已知染法是非助道, 又知淨法是彼對治. 故言已知乃至對治."(H1, 826a16~17)라고 하여 염법染法은 조도助道가 아니고 정법淨法은 저 염법染法을 치유하는 것임을 이미 안 것이라고 설명하는 것에 따랐다.

492 백법白法: 부처님이 설하는 청정淸淨한 정법正法을 가리키고, 사악잡염지법邪惡雜染之法을 가리키는 흑법黑法·시법邪法의 대칭이다. 『구경일승보성론究竟一乘寶性論』 권1에서는 "愚不信白法, 邪見及憍慢, 過去謗法障, 執著不了義, 著供養恭敬, 唯見於邪法."(T31, 820b22~24)이라고 하여 불설佛說인 백법白法과 외도소설外道所說인 사법邪法(黑法)을 대비한다. 『佛光大辭典』, p.2088 참조.

493 이생비선악법已生非善惡法: '(1) 열명列名'의 4정근四正勤에 관한 문단(H1, 817b11 이하)에서 4정근 수행의 네 가지 대상(所緣)인 이생악불선법已生惡不善法·미생악불선법未生惡不善法·미생선법未生善法·이생선법已生善法 중에서 첫 번째인 이생악불선법已生惡不善法에 해당하는 용어이다.

494 4정단四正斷 수행을 논의하는 경전의 출처에 관해서는 '4정단四正斷' 역주 참조.

않은 해로우며 이롭지 않은 것들'(未生惡不善法)은] 막으며 ['아직 생겨나지 않은 이로운 것들'(未生善法)은] 생겨나게 하고 ['이미 생겨난 이로운 것들'(已生善法)은] 증장시킨다.)

次修正勤. 一者發起下文. 此下, 第二明四正勤. 頌中有二. 上半勝[495]前, 以發於後, 下半係前, 乘顯正勤. 如前所說法念處中, 已知染法是非助道, 又知淨法是彼對治故, 言"已知乃至對治." 如上染法, 已生者滅, 未生不起, 爲上淨法, 未生令生, 生者增長故, 言"爲上二種故, 修習四正勤"也. 釋中有二. 先釋上半, "爲滅離"下, 次釋下半. 文相可知.

[H1, 826a13~21: X48, 165b3~9]

나. 해로움은 끊고 이로움은 살리는 네 가지 수행을 밝힘(明四正勤)

다음은 '해로움은 끊고 이로움은 살리는 [네 가지] 수행'(正勤)을 닦는 것이다.

가) 아래의 문장을 일으킴(發起下文)

첫 번째는 아래의 [게송(頌)과 게송의 해석(釋)에 관한] 문장을 일으키는 것이다.[496]

나) 해로움은 끊고 이로움은 살리는 네 가지 수행을 밝힘(明四正勤)

그 아래는 두 번째인 '해로움은 끊고 이로움은 살리는 네 가지 수행'(四正勤)을 밝히는 것이다.

(가) 게송(頌)에 관한 설명

게송(頌)에는 두 가지가 있다.

---

495 한불전 교감주에 "'勝'은 '牒'인 듯하다"라고 되어 있다. 교감주에 따라 '勝'을 '牒'으로 고친다.
496 『중변분별론』의 해석(釋) 문단에서 해당하는 문장은 "次修習正勤."이다.

㉮ 상반부 [두 구절](上半)

상반부 [두 구절][497]에서는 앞[의 4념처四念處 수행]을 잇는 것으로써 뒤[의 4정근四正勤 수행에 관한 설명]을 일으키고, 하반부 [두 구절][498]에서는 앞[의 '오염된 현상'(染法)들과 '온전한 현상'(淨法)들에 관한 설명]을 이어 '해로움은 끊고 이로움은 살리는 [네 가지] 수행'(正勤)[의 내용]을 연이어 드러낸다. 앞에서 설명한 것과 같은 '이법理法을 토대로 [[빠져들지 않아] 그치는 마음국면'(止)과 '[진리다운] 이해'(觀)를 수립하여] 간직해 가는 수행'(法念處)에서 '오염된 현상들'(染法)이 '깨달음에 이르도록 돕는 것이 아님'(非助道)을 이미 알았고, 또한 '온전한 현상들'(淨法)이 저 ['오염된 현상들'(染法)]을 치유하는 것임도 이미 알았기 때문에, [상반부 두 구절에서] "['오염된 현상들'(染法)은 깨달음에 이르도록 돕는 것이 아니라는 것'(非助道)과 '오염된 현상들'(染法)들을] 치유하는 [모든 종류의 '온전한 현상들'(淨法)들을] 이미 알았네"(已知乃至對治)라고 말하였다.

㉯ 하반부 [두 구절](下半)

위의 '오염된 현상들'(染法)의 경우에는 '이미 생겨난 것'(已生)은 사라지게 하고 '아직 생겨나지 않은 것'(未生)은 일어나지 않게 하며, 위의 '온전한 현상들'(淨法)에 관해서는 '아직 생겨나지 않은 것'(未生)은 생겨나게 하고 '[이미] 생겨난 것'(生)은 증장시키기 때문에, "위의 ['오염된 현상'(染法)들과 '온전한 현상'(淨法)들, 이] 두 종류 때문에 '해로움은 끊고 이로움은 살리는 네 가지 수행'(四正勤)을 닦아 익히네"(爲上二種故, 修習四正勤)라고 말하였다.

(나) 게송의 해석(釋)에 관한 설명

해석(釋)에는 두 가지가 있다. 먼저 [게송의] 상반부 [두 구절]을 해석하고, "['깨달음에 이르도록 돕는 것이 아닌 것들'(非助道法)을] 없애어 벗어나고"(爲滅離) 이하에서는 다음

497 게송에서 해당하는 문장은 "已知非助道, 一切種對治."이다.
498 게송에서 해당하는 문장은 "爲上二種故, 修習四正勤."이다.

으로 [게송의] 하반부 [두 구절]을 해석한다.[499] 글의 내용은 [어렵지 않게] 알 수 있다.

> [第三頌] 隨事住於彼, 爲成就所須. 捨離五失故, 修習八資糧.
>
> [第三釋] 爲離爲得黑白二種法, 修習正勤已, 心者無障有助, 故得住. 此心住有四能, 四能者, 一隨教得成就. 隨教得成就者, 說名四如意足, 一切所求義成就因緣故. 此中"住"者, 心住, 名三摩提, 應知. 是故四正勤後, 次第說四如意足. 隨事隨教住者, 爲滅五種過失, 爲修習八種資糧故, 應知.
>
> [T31, 458b6~14]

【세 번째 게송】

['마음에 장애가 없고 수행에 도움을 주는 것만 있는'(無障有助)] 현상(事)에 따르게 되어 저 ['마음이 한결같아진 상태'(心一境性)[500]]에 머무르게 되니,[501] ['여섯 가지 능

---

499 『중변분별론』의 해석(釋) 문단에서 해당하는 문장을 나누어 보면 석상반釋上半은 "爲修習四念處究竟故, 非助道黑法及助道品白法, 一切種已明了所見故."이고, 석하반釋下半은 "爲滅離非助道法, 爲生起助道法, 四種正勤得起. 第一爲滅已生非善惡法, 如經中廣說."이다.

500 심일경성心一境性: 앞서 37도품三十七道品의 7법七法에 관한 '(2) 석의釋義' 단락에서 심일경성心一境性의 용어는 4여의족四如意足(四神足)의 항목을 해석하는 단락에 특화되어 사용된다. 4여의족 항목에서도 이 용어가 집중적으로 나타나는 대목은 『현양성교론』 권2를 인용한 문장에서인데, 자세한 내용을 생략하고 심일경성心一境性의 용어를 중심으로 재인용하면 다음과 같다. "欲增上故, 得三摩地者, (중략) 展轉證得心一境性. 由此欲故, 三摩地成就, 言成就者, 謂於此中而得自在. 第二勤增上故, 得三摩地者, (중략) 證得心住一境性. 由正勤故, 三摩地成就. 第三心增上故, 得三摩地者, (중략) 速疾證得心住一境性. 由修心故, 三摩地成就. 第四觀增上故, 得三摩地者, (중략) 由此證得心住一境性. 由觀察故, 三摩地成就."(H1, 819a10~b4; T31, 489a15~22.) 이 문장에서는 욕欲·근勤·심心·관觀을 향상시켜 삼마지三摩地를 얻는 과정을 하나씩 설명하는데, 각 설명의 결론 지점에서마다 제시되어 있는 심주일경성心住一境性은 욕欲·근勤·심心·관觀의 향상으로 성취된 삼마지의 뜻을 대변하는 용어로 사용된다.

501 수사주어피隨事住於彼: 아래 원효의 게송(頌)에 관한 설명에서 "言隨事住於彼者, 前修正勤, 滅惡生善, 隨是無障有助之事故, 得住心於一境性."이라고 한 것에 의거하여 번역했다. 이에 따르면 게송의 '사事'는 무장유조지사無障有助之事이고 '피彼'는 심어일경성心於一境性이다. 그런데 아래 이어지는 게송의 해석(釋)에서의 설명에 따르면 이 게송(頌)의 '머무름(住)'의 뜻에는 두 가지 측면이 있는 것으로 보인다. 하나는 4정근四正勤 수행으로 얻는 '무장유조無障有助로서의 머무름'이고, 다른 하나는 4여의족四如意足 수행으로 얻는 '욕欲·근勤·심心·관삼마지觀三摩地의 심일경성心一境

력'(六通)을 이루기 위해] 필요한 것(所須)[인 '선정을 이루게 하는 의욕(欲)·정진(勤)·마음(心)·이해(觀)의 향상']을 성취하기 위해서이네.[502] '다섯 가지 허물'(五失)[503]에서 벗어나려 하기 때문에 '[깨달음의] 기초를 마련하는 여덟 가지 수행'(八

性으로서의 머무름'이 그것이다.

502 위성취소수爲成就所須: 아래 원효의 게송(頌)에 관한 설명에서 "言爲成就所說(須)者, 是第二釋如意足義. 成就是如意義, 所須是其足義. 如意所欲無不成就, 卽是六通自在之義."라고 한 것에 의거하여 번역했다. 이에 따르면 게송의 '성취成就'는 여의족如意足의 '여의如意'의 뜻이고 '소수所須'는 족足의 뜻으로서, 원하는 것(所欲)인 6통六通을 뜻대로 성취하는 것이라고 설명한다. 자세한 내용은 아래 '나) 석명釋名' 단락 참조. 한편 6신통六神通에 관해 『현양성교론』 권4에서는 다음과 같이 설명한다. "神通者, 謂六神通, 如經廣說. 一神境智見作證通, 謂爲示現一切種身業自在無癡智見性, 及彼相應等持諸心心法. 由此行行多決定境界故. 二天耳智見作證通, 謂爲隨聞一切種語業無癡智見性, 餘如前說. 三心差別智見作證通, 謂爲入一切種他心行無癡智見性, 餘如前說. 四宿住隨念智見作證通, 謂爲入一切種前際趣行無癡智見性, 餘如前說. 五死生智見作證通, 謂爲入一切種有情趣行無癡智見性, 餘如前說. 六漏盡智見作證通, 謂爲入出離一切煩惱及無餘苦無癡智見性, 及彼相應等持諸心心法. 由此行行多決定境界故."(T31, 498b24~c7.) 이 설명에 따르면 ①신경지견작증통神境智見作證通은 일체종一切種의 신업身業을 자재自在하게 나타내 보여 주는 무치지견성無癡智見性과 이것에 상응하는 선정禪定(等持)의 마음(心)과 마음현상(心法)으로서 이러한 작용들이 대상세계(境界)를 크게 결정하는 것이고, ②천이지견작증통天耳智見作證通은 일체종一切種의 어업語業에 수문隨聞하는 무치지견성無癡智見性이며, ③심차별지견작증통心差別智見作證通은 일체종一切種의 타심행他心行에 들어가는 무치지견성無癡智見性이고, ④숙주수념지견작증통宿住隨念智見作證通은 일체종一切種의 전생前生(前際)의 취행趣行에 들어가는 무치지견성無癡智見性이며, ⑤사생지견작증통死生智見作證通은 일체종一切種의 유정有情의 취행趣行에 들어가는 무치지견성無癡智見性이고, ⑥누진지견작증통漏盡智見作證通은 일체번뇌一切煩惱와 무여고無餘苦에서 벗어남에 들어가는 무치지견성無癡智見性이다. 『현양성교론』의 신통神通에 관한 6가지 용어는 『유가사지론』 권37에서도 거의 동일하게 나열되는데, 다음과 같다. "云何諸佛菩薩神通威力, 謂六神通. 一者神境智作證通, 二者隨念宿住智作證通, 三者天耳智作證通, 四者見死生智作證通, 五者知心差別智作證通, 六者漏盡智作證通, 是名神通威力."(T30, 491b27~c2.) 『아비달마구사론』 권27에서는 6통六通에 관해 "通有六種. 一神境智證通, 二天眼智證通, 三天耳智證通, 四他心智證通, 五宿住隨念智證通, 六漏盡智證通."(T29, 142c24~26)이라고 하여 ①신경지증통神境智證通, ②천안지증통天眼智證通, ③천이지증통天耳智證通, ④타심지증통他心智證通, ⑤숙주수념지증통宿住隨念智證通, ⑥누진지증통漏盡智證通이라고 밝힌다. 『현양성교론』의 설명에는 ②천안지증통天眼智證通이 없는 대신에 『아비달마구사론』에 없는 ⑤사생지견작증통死生智見作證通이 추가되어 있다.

503 5실五失: 다음 게송(頌)에서 "懈怠忘尊教, 及下劣掉起, 不作意作意."(T31, 458b15~16)라고 나열하는 것에 따르면 ①해태懈怠, ②망존교忘尊教, ③하열下劣과 도기掉起, ④부작의不作意, ⑤작의作意를 말한다. 원효는 ③하열下劣과 도기掉起에 관해 "此二相待互徧爲障. 是故合立, 爲一過失."(H1, 827c20~21)이라고 하여 이 두 가지는 서로 의존하고 영향을 주기 때문에 합립合立하여 하나의 과실로 삼는다고 설명한다.

資糧) 을 닦아[504] 익히네.

【세 번째 해석】

'해로운 것과 이로운 것의 두 가지'(黑白二種法)에서 [해로운 것에서는] 벗어나고 [이로운 것은] 얻기 위해 '해로움은 끊고 이로움은 살리는 [네 가지] 수행'(正勤)을 닦아 익히고 나면 마음(心)에 장애(障)가 없고 '[수행에] 도움을 주는 것'(助)만 있게 되니, 그러므로 ['네 가지 능력'(四能)에] 머무름(住)을 얻게 된다. 이 '마음이 머무름'(心住)에는 '네 가지 능력'(四能)[505][인 '의욕을 향상시킴'(欲增上)·'정진을 향상시킴'(勤增上)·'마음을 향상시킴'(心增上)·'이해를 향상시킴'(觀增上)] 이 있으니, [이] '네 가지 능력'(四能)을 하나씩 가르침(教)에 따라 ['마음이 한결

504 8자량八資糧: 8자량에 관해서는 다음 게송의 해석(釋)들에서 명시적으로 나열되는데, 먼저 "爲滅此五失, 安立八種禪定資糧. 爲滅懈怠, 何者爲四? 一欲二正勤三信四猗."(T31, 458b21~22)라 하고 다음으로 "餘四種資糧, 一念二智三作竟(意)四捨滅. 餘四種失, 如次第對治."(T31, 458b28~29. 괄호는 문맥상 앞 글자를 교감해야 할 것으로 보이는 내용을 표시함)라고 하는 것에 따르면 ①욕欲, ②정근正勤(精進), ③신信, ④의猗(安), ⑤염念, ⑥지智, ⑦작의作意(思), ⑧사멸捨滅(捨)을 말한다. 앞서 4여의족四如意足에 관한 5문분별五門分別의 '라. 수습修習' 단락에서 "神足修習者, 謂數修習八種斷行, 謂欲精進信安正念正知思捨."(H1, 823b9~11)라고 하여 이 여덟 가지를 '여덟 가지 마음현상으로 번뇌를 끊는 수행'(八種斷行)이라고 불렀던 것과 밀접한 연관성을 갖는 것으로 보인다. 이 여덟 가지를 유식불교의 6위심소六位心所 체계에 배속시켜 보면 사思(作意) 한 가지는 변행심소遍行心所에 속하고 욕欲·정념正念(念)·정지正知(智) 세 가지는 별경심소別境心所에 속하며 정진精進(正勤)·신信·안安(猗)·사捨(捨滅) 네 가지는 선심소善心所에 속한다. 자세한 내용은 '8종단행八種斷行과 네 가지 단계' 역주 참조. 한편 자량資糧이라는 용어는 유식학의 수행단계와 관련되는데, '가행도加行道와 통달通達' 역주의 표에 따르면 4여의족四如意足 수행은 순해탈분順解脫分인 자량위資糧位의 마지막 단계에 해당한다. 참고로 37도품三十七道品을 유식학의 수행 단계에 배당한 표를 다시 제시하면 다음과 같다.

37도품三十七道品	수행 단계
4념주四念住·4정단四正斷·4신족四神足	자량위資糧位: 순해탈분順解脫分
5근五根·5력五力	가행위加行位: 순결택분順決擇分(4선근四善根)
7각지七覺支	통달위通達位: 견도見道
8정도八正道	수습위修習位: 수도修道

505 4능四能: 아래 게송의 해석(釋)에 관한 원효의 설명에서는 "成此心住, 有四勝能, 謂欲增上及勤心觀."이라고 하여 심주心住를 이루면 4승능四勝能을 갖게 되는 것이 욕증상欲增上·근증상勤增上·심증상心增上·관증상觀增上이라고 한다.

같아진 상태'(心一境性)로서] 성취하게 된다.[506] [이] 가르침에 따라 ['마음이 한결같아진 상태'(心一境性)로서] 성취하게 된 것'(隨教得成就)을 '선정으로 번뇌를 끊어 원하는 대로 할 수 있는 네 가지 능력의 계발'(四如意足)이라고 말하니, [4여의족四如意足 수행으로 얻는 '마음이 한결같아진 상태'(心一境性)는] 모든 [4여의족四如意足 수행에서] '추구하는 면모'(所求義)[인 '여섯 가지 능력'(六通)에 자유자재함]을 성취하는 '원인과 조건'(因緣)[507]이기 때문이다.

---

506 일수교득성취一隨教得成就: 아래 계송의 해석(釋)에 관한 원효의 설명에서는 "如是四能作, 但隨事能成心住, 一一皆隨聖言師教, 乃得成就心一境性. 故言一隨教得成就."라고 하여 욕증상欲增上·근증상勤增上·심증상心增上·관증상觀增上의 4능작四能作은 단지 4정근四正勤의 현상(事)에 따라 심주心住를 이룰 뿐이었던 것에서 더 나아가, 마침내 하나하나가 모두 성언聖言과 사교師教에 따라 심일경성心一境性을 성취한다고 한다. 한편 원효는 여기까지 해석(釋) 내용을 게송의 제1구에 관한 것이라고 설명한다. 아래 원효의 과문을 미리 제시하고 그에 따라 이 게송의 해석(釋)에 관한 문장들을 배속시켜 보면 다음과 같다. 번역문에서 '문장 끊기'는 대체로 이 과문에 의거했다.

1. [제3송의] 상반부 [두 구절]을 해석함(釋上半)
 1) [상반부 두 구절을] 하나씩 해석함(別釋)
  (1) 첫 번째 구절을 해석함(釋初句)
   ① 곧바로 해석함(正釋): "爲離爲得黑白二種法, 修習正勤已, 心者無障有助, 故得住."
   ② 거듭 드러냄(重顯): "此心住有四能, 四能者, 一隨教得成就."
  (2) 두 번째 구절을 해석함(釋第二句)
   ① 바탕을 들어 명칭을 드러냄(擧體顯名): "隨教得成就者, 說名四如意足,"
   ② 그 명칭을 곧바로 해석함(正釋其名): "一切所求義成就因緣故."
 2) [상반부 두 구절을] 총괄적으로 밝힘(總明)
  (1) 여의족의 바탕을 거듭 드러냄(重顯如意足體): "此中住者, 心住, 名三摩提, 應知."
  (2) [상반부 두 구절을] 마무리하여 밝힘(結明): "是故四正勤後, 次第說四如意足."
2. [제3송의] 하반부 [두 구절]을 해석함(釋下半): "隨事隨教住者, 爲滅五種過失, 爲修習八種資糧故, 應知."

507 6신통六神通의 인연因緣: 원효는 아래 게송의 해석(釋)에 관한 설명에서 "言因緣者, 是釋所須."(H1, 826c22)라고 하여 해석(釋)에서 인연因緣이라고 말한 것은 게송(頌)에서 소수所須를 해석한 것이라고 설명한다. 게송의 소수에 관한 아래 원효의 설명에서는 "如是六通, 名須四足. 如有所至, 必須兩足. 故以所須, 釋其足義."라고 하여 어딘가에 도달하려면 두 다리가 필요하듯이 6통六通은 4족四足을 필요로 하는 것이므로 게송의 소수所須는 그 4족四足을 해석한 것이라고 한다. 여기서 4족은 본문의 4능四能과 호응하는 것으로서 욕欲·근勤·심心·관觀의 증상增上으로 얻는 네 가지 삼마지三摩地를 가리킨다. 이에 따르면 소수所須는 4족이고 이 4족은 6통을 성취하기 위해 필요한 인연因緣이 된다. 달리 말하자면 4여의족四如意足 수행의 결과(修果)인 6신통을 얻기 위해 4여의족의 자체自體인 네 가지 삼마지 또는 그 실제 내용인 심일경성心一境性을 인연으로 삼는다는 설명으로 보인다.

여기서 [게송의] "머무른다"(住)는 것은 '마음이 ['한결같아진 상태'(一境性)에] 머무름'(心住)이니, 선정禪定(三摩提)[508]이라고 부른다는 것을 알아야 한다. 그러므로 '해로움은 끊고 이로움은 살리는 네 가지 수행'(四正勤) 이후에 순서대로 '선정으로 번뇌를 끊어 원하는 대로 할 수 있는 네 가지 능력의 계발'(四如意足)을 말한다. ['마음에 장애가 없고 수행에 도움을 주는 것만 있는'(無障有助)] 현상(事)에 따르게 되어 가르침(教)에 따라 ['마음이 한결같아진 상태'(心一境性)에] 머무르는 것'(住)은 '다섯 가지 허물'(五種過失)을 없애기 위해 '[깨달음의] 기초를 마련하는 여덟 가지 수행'(八種資糧)을 닦아 익히기 때문임을 알아야 한다.

此□□[509]三明如意足, 有三頌半, 卽爲三段. 初句出體, 次句釋名, 後有三頌, 明修習相. 初言"隨事住於彼"者, 前修正勤, 滅惡生善, 隨是無障有助之事故, 得住心於一境性. 心所緣境不出二種, 謂散麤境及靜慮境. 捨此散麤境, 住彼靜慮境, 以之故, 言"住於彼"也. 是明心住於一境性. 止爲四如意足體性, 隨四增上, 而得定故.

[H1, 826a22~b6; X48, 165b10~16]

다. '선정으로 번뇌를 끊어 원하는 대로 할 수 있는 능력의 계발'을 밝힘(明四如意足)

이 아래는 ['37도품三十七道品으로 치유하는 과정을 하나하나 밝힘'(別明對治)의] 세 번째인 '선정으로 번뇌를 끊어 원하는 대로 할 수 있는 [네 가지] 능력의 계발'([四]如意足)을

508 삼마제三摩提: 범어 'samādhi'의 음역이다. 삼마지三摩地·삼매三昧 등으로도 음역되고, 정定·정정止定 등은 그 의역이다. 앞의 5문분별五門分別에서 4여의족四如意足 수행의 바탕(自體)으로 제시된 적이 있다. 자세한 내용은 '등지等持' 및 '삼마지三摩地' 역주 참조. 위에서 보았듯이 원효는 이 게송의 해석(釋) 문단을 과문하면서 심주일경성心住一境性을 삼마제라 부른다는 이 문장을 '여의족의 바탕을 거듭 드러낸 것'(重顯如意足體)이라고 언급한다.

509 문맥에 따라 '□□'를 '下第'로 고친다.

밝히는 것이니, 3게송 반이 있고 세 단락으로 나뉘어진다.

가) [4여의족四如意足 수행의] 바탕을 나타냄(出體)

[제3송[510]의] 첫 번째 구절에서는 [4여의족四如意足 수행의] 바탕(體)을 나타내고, [제3송의] 다음 구절[인 제2구]에서는 [여의족如意足이라는] 명칭을 해석하며, 뒤에 있는 [제3송의 제3구 이하의] 세 게송에서는 '닦아 익히는 양상'(修習相)을 밝힌다.[511] 첫 번째

510 게송의 번호 붙이기: 번역과정에서는 지금 '초구初句'의 번역에서 보듯이 보조문에서 그 초구가 제3송의 초구임을 표시해야 할 경우들이 많이 생기므로 한문 원문에 해당 게송이 몇 번째 게송인지를 표기해야 할 필요가 있다. '4. 「대치수주품對治修住品」'에 있는 게송은 원효가 앞에서 밝혔듯이 모두 12게송 반이다. 이 12게송 반이라는 숫자는 4구를 1게송으로 보고 게송 형식의 문장들을 산술적으로 정확하게 합산하여 나온 결과이다. 그런데 '4. 「대치수주품對治修住品」'에서는 4구로 구성된 게송 외에 2구로 구성된 게송들이 총 7회(4구로 구성된 게송들은 총 9회이므로 2×7+4×9=50구 또는 12게송 반이라는 총합이 산출됨) 나오고 여기에도 게송에 관한 해석(釋)의 문단이 빠짐없이 뒤따른다. 따라서 이 2구로 구성된 게송도 1게송으로 계산하는 방법으로는 '4. 「대치수주품對治修住品」'에 총 16게송이 있는 셈이 된다. 이 2구로 구성된 반송半頌들을 고려한다면 2구의 게송이든 4구의 게송이든 구별 없이 새로운 게송(頌)과 게송에 관한 해석(釋)이 제시될 때마다 순서대로 번호를 붙여 가는 방법이 효율적으로 보인다. 이런 점을 고려하여, 앞으로 이어질 게송과 해석의 번호 붙이기는 총 16게송의 셈법에 의거하도록 하고, 이와 관련하여 설명이 필요할 때마다 간단한 주석을 붙이도록 한다.

511 원효의 과문 체계와 번역문의 제목 체계 사이의 문제 상황: 원효는 게송을 과문하면서 출체出體, 석명釋名, 명수습상明修習相의 세 단락으로 나누어 4여의족四如意足에 관련된 3게송 반(총 16게송의 셈법으로는 제3송~제6송)을 한꺼번에 처리한다. 세부적으로는 출체出體 단락이 제3송의 제1구이고 석명釋名 단락은 제3송의 제2구이며 명수습상明修習相 단락은 나머지 3게송(총 16게송의 셈법으로는 제3송의 제3구~제6송)이어서 게송의 형식에 따라 과문한 것이 아니라 게송들의 내용 구분에 따라 과문한 것을 알 수 있다. 한편 『중변분별론』에서는 게송의 해석(釋) 부분이 각각의 게송마다 연이어 달려 있고 원효 역시 게송의 해석(釋)에 관한 설명은 이 『중변분별론』의 형식에 맞추어 진행한다. 이러한 과문 형식의 상황은 『중변분별론소』의 한문 원문 안에서는 문제될 것이 없으나, 번역문에서 제목을 붙이는 일에서는 게송(頌)에 관한 설명과 게송의 해석(釋)에 관한 설명을 일관된 제목 체계 안에서 처리할 수 없는 문제가 발생한다. 예를 들어 지금 제3송의 경우 게송으로는 출체, 석명, 명수습상의 세 단락이 다 걸쳐져 있으므로 번역문에서 각각의 제목을 붙이는 단락에는 원효의 '게송(頌)에 관한 설명'뿐 아니라 그에 해당하는 원효의 '게송 해석(釋)에 관한 설명'까지 함께 실려야 하는데, 이것은 불가능한 일이다. 왜냐하면 앞서 언급했듯이 『중변분별론소』에서는 '게송의 해석(釋)에 관한 설명'에 한해 『중변분별론』의 형식에 따르고 게다가 게송의 해석에 관한 설명 내에서도 자체 과문을 따로 구성해 가기 때문이다. 앞의 4념처四念處와 4정근四正勤 단락은 하나의 게송씩 있는 형식이지만 이 4여의족 단락은 3게송 반이 있는 형식에서 비롯하는 문제라고 하겠다. 이와 같은 형식상의 문제를 고려하여 번역문에서 제목붙이기는 기본적으로 원효의 게송(頌)에 의거한 과문에 따르고, 게송의 해석(釋) 부분은 '※' 표시

[인 '4여의족四如意足 수행의 바탕을 나타냄(出體)]에서 말한 "['마음에 장애가 없고 수행에 도움을 주는 것만 있는'(無障有助)] 현상에 따르게 되어 저 ['마음이 한결같아진 상태'(心一境性)]에 머무르게 된다"(隨事住於彼)라는 것은 [다음과 같은 뜻이다.] 앞에서 '해로움은 끊고 이로움은 살리는 [네 가지] 수행'(正勤)을 닦아 '해로운 것'(惡)은 없애고 '이로운 것'(善)을 생겨나게 하면 이 '[마음에] 장애가 없고 [수행에] 도움을 주는 것만 있는 현상'(無障有助之事)에 따르게 되기 때문에 '마음이 한결같아진 상태'(心於一境性)에 머물 수 있게 된다. '마음이 관계 맺게 되는 대상'(心所緣境)은 두 가지에서 벗어나지 않으니, '산만한 번뇌라는 대상'(散麤境)과 '선정禪定이라는 대상'(靜慮境)[512]이 그것이다. 이 '산만한 번뇌라는 대상'(散麤境)을 버리고 저 '선정禪定이라는 대상'(靜慮境)에 머무니, 이 때문에 "저것에 머무른다"(住於彼)라고 말한다. 이것은 '마음이 한결같아진 상태에 머무는 것'(心住於一境性)을 밝힌 것이다. '그침 수행'(止)은 '선정으로 번뇌를 끊어 원하는 대로 할 수 있는 네 가지 능력의 계발'(四如意足)의 '바탕이 되는 면모'(體性)이니, '[의욕(欲)·정진(勤)·마음(心)·이해(觀), 이] 네 가지의 향상'(四增上)[513]에 따라 선정禪定(定)을 얻기 때문이다.

로 구분하여 그 아래로 해당 과문에 따라 제목을 따로 붙여 가는 방법을 취한다.

512 정려靜慮: 범어 'dhyāna'의 의역이다. 정定, 수정修定, 사유思惟 등으로도 의역되고, 선禪, 선나禪那는 그 음역이다. 『梵和大辭典』 상권, p.650 참조. 6바라밀六波羅蜜 중의 선정바라밀禪定波羅蜜을 정려바라밀靜慮波羅蜜이라고도 한다. 『佛光大辭典』, p.6360 참조. 『중변분별론소』에서 원효는 정定, 등지等持, 삼마지三摩地, 삼마제三摩提 등을 같은 계열의 용어로 간주하여 교차로 사용하고(이에 관해서는 '등지等持' 역주 참조), 정려靜慮 역시 앞서 4여의족四如意足에 관한 5문분별五門分別에서 삼마지가 수행의 바탕(自體)이라고 설명했던 문맥의 연장선에서 제시되는 것으로 보인다. 다음 문장에서는 정려의 내용이 심일경성心一境性이고 또한 지止가 4여의족의 체성體性이라고 설명하므로 선정과 관련된 다양한 용어들은 모두 심일경성을 추구하는 지止 수행의 범주로 포섭할 수 있겠다.

513 4증상四增上: 4증상의 문맥이 잘 나타나는 곳은 앞서 심일경성心一境性의 용례를 보이기 위해 인용했던 『현양성교론』 권2이다. 자세한 내용을 생략하고 욕欲·근勤·심心·관觀의 4증상에 따라 정定을 얻는다는 문맥을 중심으로 재인용하면 다음과 같다. "欲增上故, 得三摩地者, … 由此欲故, 三摩地成就. … 第二勤增上故, 得三摩地者, … 由正勤故, 三摩地成就. 第三心增上故, 得三摩地者, … 由修心故, 三摩地成就. 第四觀增上故, 得三摩地者, … 由觀察故, 三摩地成就."(H1, 819a10~b4; T31, 489a15~22.)

次言"爲成就所說[514]"者, 是第二釋如意足義. "成就"是如意義, "所須"是其足義. 如意所欲無不成就, 卽是六通自在之義, 如是六通, 名須四足. 如有所至, 必須兩足, 故以"所須", 釋其足義. 擧果曰因, 名如意足也.

[H1, 826b6~11: X48, 165b16~19]

나) [여의족如意足이라는] 명칭을 해석함(釋名)

다음에 말한 "['여섯 가지 능력'(六通)을 이루기 위해] 필요한 것[인 '선정을 이루게 하는 의욕(欲)·정진(勤)·마음(心)·이해(觀)의 향상']을 성취하기 위해서이네"(爲成就所須)라는 것은, 두 번째로 '선정으로 번뇌를 끊어 원하는 대로 할 수 있는 능력의 계발'(如意足)이라는 [명칭의] 뜻을 해석한 것이다. [게송에서 말한] "성취한다"(成就)는 것은 ['여의족如意足'이라는 말 가운데] '뜻대로(如意)'[라는 말]이 지닌 ['여섯 가지 능력'(六通)에 자유자재하게 된다는] 의미이고, "필요한 것"(所須)이라는 것은 그 ['여의족如意足'이라는 말 가운데의] '다리(足)'[515][라는 말]이 지닌 ['세간을 넘어서는 탁월한 것'(出世勝法)에 도달하는 능력이라는] 의미이다. '원하는 것을 뜻대로 하게 됨'(如意所欲)[인 4여의족四如意足 수행의 결과(果)]를 성취하지 못함이 없는 것은 곧 '여섯 가지 능력에 자유자재하게 된다'(六通自在)는 뜻이니, 이와 같은 '여섯 가지 능력'(六通)을 ['선정을 이루게 하는 의욕(欲)·정진(勤)·마음(心)·이해(觀)의 향상'이라는] '네 가지 능력을 필요로 하는 것'(須四足)이라고 부른다.[516] 마치 [어

514 『중변분별론』 게송 원문에 따라 '說'을 '須'로 고친다.

515 족足: 앞서 4여의족四如意足에 관한 '석의釋義' 단락에서는 여의족如意足의 '족足'에 관해 "又是脚足, 有所至故."(H1, 819b115~16)라고 하여 "또 [여의족如意足의 족足은] 다리(脚足)이니, ['세간을 넘어서는 탁월한 것'(出世勝法)에] 도달함이 있기 때문이다"라고 설명한다. 본문의 문맥에서 '세간을 넘어서는 탁월한 것'(出世勝法)에 해당하는 것은 6통六通이라고 하겠다.

516 4족四足과 6통六通의 인과관계: 본문에서 원효는 6통六通;이라는 결과에 도달하는 원인이 4족이라고 설명한다. 이와 관련하여 앞서 4여의족四如意足 5문분별五門分別의 '마. 수과修果' 단락에서도 "神足修果者, 謂已善修治三摩地故, 隨所欲證所通達法, 卽能隨心通達變現. (중략) 如所願樂, 能辦種種神通等事."(H1, 824a17~21)라고 하여, 삼마지三摩地를 수행하여 변현變現이나 신통神通 등의 일을 이루는 것이 4여의족 수행의 결과(修果)라고 설명한 적이 있다. 이에 따라 4여의족의 네 가지 명칭들 중에서 첫 번째인 욕삼마지단행성취신족欲三摩地斷行成就神足을 다음과 같이 이해해 볼 수 있겠다. 첫 번째 신족神足(如意足)의 명칭인 욕삼마지단행성취欲三摩地斷行成就는 4족四

단가에] 도달하려면 반드시 두 다리가 필요한 것과 같으니, 그러므로 [게송에서는] "필요한 것"(所須)[이라는 말]로 그 [여의족如意足]의 '[네 가지] 능력'(足)[이라는 말]의 뜻을 해석한 것이다. [이처럼] '[4여의족四如意足 수행의] 결과'(果)[인 '여섯 가지 능력'(六通)]을 내세우면서 ['여섯 가지 능력'(六通)의] 원인(因)[인 '선정을 이루게 하는 의욕(欲)·정진(勤)·마음(心)·이해(觀)의 향상']을 말하는 것을 '선정으로 번뇌를 끊어 원하는 대로 할 수 있는 능력의 계발'(如意足)이라고 부른 것이다.

> 此下三頌明修習相, 於中有二. 初之二句擧數總標, 下二頌半隨次別解. 總標中亦有二. 初句標所修行捨失, 下句標所.
>
> [H1, 826b11~14: X48, 165b19~22]

다) [4여의족四如意足을] 닦아 익히는 양상을 밝힘(明修習相)

이 아래 세 게송517에서는 [4여의족四如意足을] '닦아 익히는 양상'(修習相)을 밝히니, 여기에는 두 가지가 있다.

(가) 숫자를 들어 ['닦아 익히는 양상'(修習相)을] 총괄적으로 제시함(擧數總標)

['닦아 익히는 양상을 밝힘'(明修習相) 문단의] 처음 두 구절518에서는 '숫자를 들어 ['닦

足 중 첫 번째인 욕삼마지欲三摩地를 원인으로 삼아 번뇌를 끊음(斷行)으로써 그 결과로 신통神通의 일을 성취하는 것이라고 할 수 있으므로, 욕삼마지欲三摩地·근삼마지勤三摩地·심삼마지心三摩地·관삼마지觀三摩地가 4족의 구체적 내용이라고 하겠다. 욕삼마지단행성취와 같은 자세한 명칭에 원인과 결과의 측면이 모두 포섭되어 있듯이, 네 가지의 통칭인 여의족如意足도 '결과의 측면인 여의如意'와 '원인의 측면인 족足'을 포섭하는 명칭이므로 아래에서 원효는 결과(果)를 들어 원인(因)을 말한 것이 여의족이라고("擧果曰因, 名如意足也.") 설명하는 것으로 보인다.

517 3송三頌: 본문의 '3송三頌'은 4여의족四如意足 수행의 '다) 명수습상明修習相' 문단에 속하는 게송들을 양적으로 합산한 결과로서, 달리 말해 총 12구의 게송을 가리킨다. 앞으로 게송의 번호 붙이기 과정에서 제시되겠지만, 2구로 구성된 반송半頌도 1송으로 치는 셈법으로 환산하면 지금 '다) 명수습상明修習相' 문단이 시작되는 게송 부분인 제3송의 제3구로부터 제6송이 끝나는 곳까지에 해당한다. 제3송의 제3·4구와 제4송의 4구, 반송半頌인 제5송의 2구, 제6송의 4구를 양적으로 합산하면 총 12구의 3게송이 된다.

아 익히는 양상'(修習相)을] 총괄적으로 제시하고'(擧數總標), 아래의 두 게송 반[519]에서는 '[수행의] 순서에 따라 하나씩 풀이한다'(隨次別解). '총괄적으로 제시하는 것'(總標)에도 두 가지가 있다.

㉮ [4여의족四如意足] 수행으로 [다섯 가지] 허물을 버리는 것을 제시함(標所修行捨失)

첫 번째 구절[520]에서는 [4여의족四如意足] 수행으로 '[다섯 가지] 허물을 버리는 것'(捨失)을 제시하고,

㉯ [4여의족四如意足 수행의] 내용[인 '깨달음의 기초를 마련하는 여덟 가지 수행'(八資糧)]을 제시함(標所)

아래 구절[521]에서는 [4여의족四如意足 수행의] 내용(所)[인 '깨달음의 기초를 마련하는 여덟 가지 수행'(八資糧)]을 제시한다.

釋中有二. 初釋上半, 後釋下半. 初中亦二, 別釋總明. 別釋之中, 先釋初句. 於中亦二, 正釋重顯. 正釋中, 言"爲離□□[522]正勤已"者, 擧所隨事, 以釋"事"字. 次言"心者無彰[523]有助"者, 牒能隨心, 次釋"隨"字. "故得住"者, 釋"住於彼"也. "此心"以下, 重顯前義. "言此心住有四能"者, 成此心住, 有四勝能, 謂欲增上及勤心觀. 如是四能作, 但隨事, 能成心住. 一一皆隨聖言師教, 乃得成就心一境性. 故言"一隨教得成就."

[H1, 826b15~c1: X48, 165b23~c6]

518 처음의 두 구절은 제3송의 제3·4구인 "捨離五失故, 修習八資糧."에 해당한다.
519 아래의 2게송 반은 반송半頌을 고려한 셈법으로 제4송~제6송에 해당한다.
520 첫 번째 구절은 제3송의 제3구인 "捨離五失故."에 해당한다.
521 아래 구절은 제3송의 제4구인 "修習八資糧."에 해당한다.

※【제3송에 관한】 해석(釋)

[제3송에 관한] 해석(釋)에는 두 가지가 있다. 처음에는 [제3송의] 상반부 [두 구절][524]을 해석하고, 나중에는 [제3송의] 하반부 [두 구절][525]을 해석한다.

A.[526] [제3송의] 상반부 [두 구절]을 해석함(釋上半)

첫 번째[인 '제3송의 상반부 두 구절을 해석하는 것'(釋上半)]에도 두 가지가 있으니, [두 구절을] '하나씩 해석하는 것'(別釋)과 [두 구절을] '총괄적으로 밝히는 것'(總明)이다.

A) [두 구절을] 하나씩 해석함(別釋)

[두 구절을] '하나씩 해석하는 것'(別釋)에서는 먼저 첫 번째 구절을 해석한다.

(A) 첫 번째 구절을 해석함(釋初句)

여기 ['첫 번째 구절을 해석하는 것'(釋初句)]에도 두 가지가 있으니, '[핵심을] 곧바로 해석하는 것'(正釋)과 '거듭 드러내는 것'(重顯)이다.[527]

---

522 문맥에 따라 탈자인 '□□'를 '乃至'로 고친다. 『중변분별론』 제3석 문단의 서두에 "爲離爲得黑白二種法, 修習正勤已."의 문장을 인용하는 대목이므로 내지乃至의 용어로써 생략하는 부분은 "爲得黑白二種法, 修習."에 해당한다.

523 『중변분별론』 본문에 따라 '彰'을 '障'으로 고친다.

524 제3송의 상반부 두 구절은 "隨事住於彼, 爲成就所須."이다.

525 제3송의 하반부 두 구절은 "捨離五失故, 修習八資糧."이다.

526 게송에 관한 해석(釋) 문단의 제목에는 영어 알파벳을 사용한다. 게송(頌) 과문에 의거한 제목 체계와 구분하기 위해서이다. 이에 관해서는 앞의 역주 '원효의 과문 체계와 번역문의 제목 체계 사이의 문제상황' 조목 참조.

527 여기까지 원효의 과문과 뒤에 나오는 과문에 의거하여 『중변분별론』 제3석第三釋 문단의 문장들을 배속시키는 것에 관해서는 앞의 '일수교득성취一隨教得成就' 역주 참조. 본문의 효율적 이해를 위해 다시 한 번 제시하면 다음과 같다.
※ [제3송에 관한] 해석(釋)
A. [제3송의] 상반부 [두 구절]을 해석함(釋上半)
A) [상반부 두 구절을] 하나씩 해석함(別釋)
(A) 첫 번째 구절을 해석함(釋初句)

Ⓐ [핵심을] 곧바로 해석함(正釋)

'[핵심을] 곧바로 해석하는 것'(正釋)에서 말한 "['해로운 것과 이로운 것의 두 가지'(黑白二種法)에서 해로운 것에서는] 벗어나고 [이로운 것은 얻기] 위해 '해로움은 끊고 이로움은 살리는 [네 가지] 수행'을 [닦아 익히고] 나면"(爲離乃至正勤已)이라는 것은 [4여의족四如意足 수행 이전의 4정근四正勤 수행에] '따르는 현상'(所隨事)을 거론하여 [먼저 제3송 첫 번째 구절의] "현상"(事)이라는 글자를 해석한 것이다. 다음에 말한 "마음에 장애가 없고 [수행에] 도움을 주는 것만 있게 되니"(心者無障有助)라는 것은 [4정근四正勤 수행에 수반되는 현상을] '따르는 마음'(能隨心)을 이어서 제시하여 다음으로 [제3송 첫 번째 구절의] "따른다"(隨)는 글자를 해석한 것이다. "그러므로 ['네 가지 능력'(四能)에] 머무름(住)을 얻게 된다"(故得住)라는 것은 [제3송 첫 번째 구절의] "저 ['마음이 한결같아진 상태'(心一境性)]에 머무르게 된다"(住於彼)를 해석한 것이다.

Ⓑ 거듭 드러냄(重顯)

"이 마음이 [머무름]"(此心[住]) 이하에서는 앞의 뜻을 거듭 드러낸다. "이 '마음이 머무름'에는 '네 가지 능력'[인 '의욕을 향상시킴'(欲增上)·'정진을 향상시킴'(勤增上)·'마음을 향상시킴'(心增上)·'이해를 향상시킴'(觀增上)]이 있다"(此心住有四能)라는 것은 이 '마음이 머무름'(心住)을 이루면 '네 가지 탁월한 능력'(四勝能)이 있게 된다는 것이니, '의욕을 향상시킴'(欲增上)과 정진(勤)·마음(心)·이해(觀)[를 향상시킴]이 그것이다. 이와 같은 '네 가지 능력'(四能)을 이루는 것은 단지 [이전의 4정근四正勤 수행의] 현상(事)에 따라 '마음

---

① [핵심을] 곧바로 해석함(正釋): "爲離爲得黑白二種法, 修習正勤已, 心者無障有助, 故得住."
② 거듭 드러냄(重顯): "此心住有四能, 四能者, 一隨教得成就."
(B) 두 번째 구절을 해석함(釋第二句)
① 바탕을 들어 명칭을 드러냄(舉體顯名): "隨教得成就者, 說名四如意足."
② 그 명칭을 곧바로 해석함(正釋其名): "一切所求義成就因緣故."
B) [상반부 두 구절을] 총괄적으로 밝힘(總明)
(A) 여의족의 바탕을 거듭 드러냄(重顯如意足體): "此中住者, 心住, 名三摩提, 應知."
(B) [상반부 두 구절을] 마무리하여 밝힘(結明): 是故四正勤後, 次第說四如意足.
B. [제3송의] 하반부 [두 구절]을 해석함(釋下半): "隨事隨教住者, 爲滅五種過失, 爲修習八種資糧故, 應知."

이 머무름'(心住)을 이룰 수 있게 된 것이다. [그리고] ['의욕을 향상시킴'(欲增上)·'정진을 향상시킴'(勤增上)·'마음을 향상시킴'(心增上)·'이해를 향상시킴'(觀增上), 이 네 가지 능력들은] 하나하나가 모두 '성인의 말씀'(聖言)과 '스승의 가르침'(師敎)에 따라 마침내 '마음이 한결같아진 상태'(心一境性)로 성취하게 된다. 그러므로 "[이 네 가지 능력'(四能)을] 하나씩 가르침에 따라 ['마음이 한결같아진 상태'(心一境性)로서] 성취하게 된다"(一隨敎得成就)라고 말한 것이다.

如『瑜伽論』第九十八卷云, "若有苾芻, 依淨意樂及猛利欲, 爲欲證得最勝通慧, 從諸如來及佛弟子, 殷重恭敬, 聽聞正法, 從聞無間, 漸次證得勝三摩地, 是名欲增上三摩地. 復有苾芻, 如所聞法, 如所得法, 起大功用, 發大精進, 或正爲他宣說開示, 或以勝妙意[528]詞讀誦, 從此無間漸次因緣, 能隨獲得勝三摩地, 是名勤[529]增上三摩地.

[H1, 826c1~10: X48, 165c6~12]

마치 『유가사지론瑜伽師地論』 제98권에서 [다음과 같이] 말한 것과 같다. "만약 어떤 수행자(苾芻)[530]가 '청정한 의지'(淨意樂)[531]와 '맹렬한 의욕'(猛利欲)에 의거하여 '가장 탁월하게 통하는 지혜'(最勝通慧)를 증득하고자 하기 위해 모든 여래如來와 '부처님의 제자'(佛弟子)들을 따르면서 매우 소중하게 공경하여 '바른 가르침'(正法)을 듣

528 『유가사지론』 원문에 따라 '意'를 '音'으로 고친다.
529 『유가사지론』 원문에는 '勤'이 '精進'으로 되어 있지만 두 용어는 서로 통용되므로 그대로 둔다.
530 필추苾芻: 범어 'bhikṣu'의 음역이고 비구比丘, 필추苾芻 등으로도 음역된다. 걸사乞士는 그 의역이다. 『佛光大辭典』, p.1479 참조. Sanskrit-English Dictionary에서는 걸식하는 자(a beggar), 종교적 탁발승(religious mendicant), 불교 수행자(a Buddhist monk) 등으로 설명한다. p.756 참조.
531 의락意樂: 범어 'āśaya'의 의역이고 의욕意欲·지원志願 등으로도 의역된다. 아세야阿世耶·아사야阿奢也는 그 음역이다. 『佛光大辭典』, p.5448 참조. Sanskrit-English Dictionary에 따르면 기초적인 뜻으로는 휴식처(resting-place), 두는 곳(receptacle), 수용소(asylum) 등이 있고, 이와 함께 느낌과 생각의 자리(the seat of feelings and thoughts), 마음의 성향(disposition of mind), 의지(the will) 등의 뜻이 있다. p.157 참조.

고 [바른 가르침'(正法)을] '들음에 [다른 것이 끼어듦] 틈이 없는 정도'(聞無間)가 되면서부터는 점차 '탁월한 선정禪定'(勝三摩地)을 증득하게 되니, 이것을 '의욕을 향상시켜 성취한 선정禪定'(欲增上三摩地)이라고 부른다. 또 어떤 수행자(苾蒭)가 '들은 가르침'(所聞法)과 '증득한 가르침'(所得法)대로 '크나큰 실천'(大功用)을 일으키고 '크나큰 정진'(大精進)을 일으켜, 어느 때는 곧바로 다른 사람들을 위해 널리 연설하여 ['들은 가르침'(所聞法)과 '증득한 가르침'(所得法)을] 열어 보이고 어느 때는 '탁월하고 아름다운 소리와 말'(勝妙音詞)로 [가르침을] 읽고 외워 이 '틈이 없이 꾸준히 정진하는 인연'(無間漸次因緣)으로부터 그에 따라 '탁월한 선정禪定'(勝三摩地)을 획득할 수 있게 되니, 이것을 '정진을 향상시켜 성취한 선정禪定'(勤增上三摩地)이라고 부른다.[532]

復有苾蒭, 於諸賢善三摩地相, 善取思惟, 觀青瘀等, 乃至骨鏁,[533] 以爲邊際, 由此所緣, 次第生起勝三摩地, 是名心增上三摩地. 復有苾蒭, 如所聞法, 如所得法, 獨處空閑, 思惟籌量, 審諦觀察, 由此因緣, 漸次生起勝三摩地, 是名觀增上三摩地," 乃至廣說. 如是四人, 皆隨聞法, 成就勝定故, 言"隨教得成就"也.

[H1, 826c10~18: X48, 165c12~18]

또 어떤 수행자(苾蒭)가 '모든 훌륭한 수행자들'(諸賢)[534]의 '이로운 선정禪定의

532 『유가사지론』 권98(T30, 862b26~c4). "若有苾芻, 依淨意樂及猛利欲, 爲欲證得最勝通慧, 從諸如來及佛弟子, 殷重恭敬, 聽聞正法, 從聞無間, 漸次證得勝三摩地, (當知)是名欲增上三摩地. 復有苾芻, 如所聞法, 如所得法, 起大功用, 發大精進, 或正爲他宣說開示, 或以勝妙音詞讀誦, 從此無間漸次因緣, 能隨獲得勝三摩地, (當知)是名精進增上三摩地." 괄호는 생략된 부분을 표시한다.

533 『유가사지론』 원문에는 '鏁'가 같은 글자인 '鎖'로 되어 있다. 여기서는 그대로 둔다.

534 제현諸賢: 대승의 삼현십성三賢十聖의 설에서는 수행의 단계를 초지初地 이전과 초지初地 이후로 나누어 초지 이전 십주十住·십행十行·십회향十廻向의 단계를 삼현위三賢位라 부르고, 초지 이상 제십지第十至까지를 십성위十聖位라고 부른다. 『佛光大辭典』, p.5588 참조. 본문에서 제현의 용어는 일반적 의미 외에, 초지 이전의 순해탈분順解脫分에 속하는 4여의족四如意足의 수행단계를 염두에 둔 표현인 것으로도 보인다.

특징'(善三摩地相)들에 관해 잘 취하여 사유하고 '피가 푸르게 굳어가는 시체'(青瘀)[나 '짐승들에게 먹이가 되어가는 시체'(被食)] 등에서부터 '백골이 되어 엉켜 있는 시체'(骨鏁)[535]에 이르기까지 관찰하여 [수행의] 목적(邊際)[536]으로 삼는다면 이러한 [관찰의] 대상(所緣)들에 의거하여 차례차례 '탁월한 선정禪定'(勝三摩地)을 일으키게 되니, 이것을 '마음을 향상시켜 성취한 선정禪定'(心增上三摩地)이라고 부른다. 또 어떤 수행자(苾蒭)가 '들은 가르침'(所聞法)과 '증득한 가르침'(所得法)대로 홀로 한적한 곳에 머무르면서 [그 가르침들을] '사유하여 낱낱이 헤아리고'(思惟籌量) '자세히 살피며 성찰한다면'(審諦觀察), 이러한 인연 때문에 점차 '탁월한 선정禪定'(勝三摩地)을 일으키게 되니, 이것을 '이해를 향상시켜 성취한 선정禪定'(觀增上三摩地)이라 부른다"[537]라고 하면서 자세히 말한다. [의욕(欲)·정진(勤)·마음(心)·이해(觀)를 향상시키는] 이와 같은 네 사람은 모두 들은 가르침(法)에 따라 '탁월한 선정禪定'(勝定)을 성취하기 때문에 "[이 '네 가지 능력'(四能)을 하나씩] 가르침(教)에 따라 ['마음이 한결같아진 상태'(心一境性)로서] 성취하게 된다"(隨教得成就)라고 말한 것이다.

---

535 청어青瘀와 골쇄骨鏁: 『아비달마구사론』 권22에 따르면 현색탐顯色貪·형색탐形色貪·묘촉탐妙觸貪·공봉탐供奉貪의 네 가지 탐貪을 치유하는 부정관不淨觀 수행에서 첫 번째로 청어를 대상으로 삼아 부정관不淨觀을 닦음으로써 현색탐顯色貪을 치유하고, 짐승들에게 먹이가 되어 가는 시체(被食)를 대상으로 삼아 수행하여 형색탐形色貪을 치유하며, 벌레나 구더기가 들어간 시체(蟲蛆)를 대상으로 삼아 수행하여 묘촉탐妙觸貪을 치유하고, 움직이지 않게 된 시체(不動)를 대상으로 삼아 수행하여 공봉탐供奉貪을 치유하며, 골쇄를 대상으로 삼아 수행하면 4탐四貪을 모두 치유한다. 청어상青瘀相·피식상被食相·충저상蟲蛆相·부동상不動相은 시체가 변이變異해 가는 과정이라면 골쇄상은 변이가 끝난 상태라고 하겠다. 『아비달마구사론』 원문은 '청어등상青瘀等相' 역주 참조.

536 변제邊際: 범어 anta의 의역이다. 변邊, 제際, 후제後際 등으로도 의역된다. 『梵和大辭典』 상권, p.71 참조. Sanskrit-English Dictionary에서는 목적(end), 한계(limit), 경계(boundary), 기한(term) 등으로 설명한다. p.42 참주

537 『유가사지론』 권98(T30, 862c4~10). "復有苾芻, 於諸賢善三摩地相, 善取思惟, 觀青瘀等, 乃至骨鎖, 以爲邊際, 由此所緣, 次第生起勝三摩地, (當知)是名心增上三摩地. 復有苾芻, 如所聞法, 如所得法, 獨處空閑, 思惟籌量, 審諦觀察, 由此因緣, 漸次生起勝三摩地, (當知)是名觀增上三摩地." 괄호는 생략된 부분을 표시한다.

從此以下, 釋第二句, 於中有二. 初言"隨教得成就者, 說名四如意足"者, 將欲釋義, 擧體顯名也. "一切"以下, 正釋其名. "一切所求義成就"者, 正釋頌中"爲成就"也. 言"因緣"者, 是釋"所須." 下言"故"者, 諸所求義, 如意成就之所法因. 故說此定, 名如意足也. 別釋二句, 竟在於前.

[H1, 826c18~827a1: X48, 165c18~23]

(B) [게송의] 두 번째 구절을 해석함(釋第二句)

이로부터 이하에서는 [게송의] 두 번째 구절[538]을 해석하니, 여기에는 두 가지가 있다.

Ⓐ 바탕을 들어 명칭을 드러냄(擧體顯名)

처음에 말한 "'[이] 가르침에 따라 ['마음이 한결같아진 상태'(心一境性)로서] 성취하게 된 것'을 '선정으로 번뇌를 끊어 원하는 대로 할 수 있는 네 가지 능력의 계발'이라 말한다"(隨教得成就, 說名四如意足)라는 것은 [4여의족四如意足이라는 명칭의] 뜻을 해석하고자 [4여의족四如意足 수행의] 바탕(體)[539]을 들어 명칭(名)[의 뜻]을 드러낸 것이다.

Ⓑ 그 명칭을 곧바로 해석함(正釋其名)

"모든"(一切) 이하에서는 그 명칭(名)을 곧바로 해석한다. "[4여의족四如意足 수행으로 얻는 '마음이 한결같아진 상태'(心一境性)는] 모든 [4여의족四如意足 수행에서] '추구하는 면모'[인 '여섯 가지 능력'(六通)에 자유자재함]을 성취한다"(一切所求義成就)라는 것은 게송(頌)

538 게송의 두 번째 구절은 "爲成就所須."이다.

539 4여의족四如意足의 바탕(體): 앞서 4여의족에 관한 5문분별五門分別에서는 "神足自體者, 謂三摩地."(H1, 823b8)라고 하여 선정禪定(三摩地)이 4여의족四如意足(四神足) 수행의 바탕(自體)이라고 설명한 적이 있다. 같은 문맥으로 앞서 원효는 게송의 "住於彼"를 설명하면서 "是明心住於一境性. 止爲四如意足體性, 隨四增上, 而得定故."(H1, 826b4~6)라고 하여 심일경성心一境性과 지止 수행 및 의욕(欲)·정진(勤)·마음(心)·이해(觀)가 향상되어 얻는 정定 등을 모두 4여의족 수행의 바탕(自體, 體性)에 관한 설명어로 제시한 적이 있다.

[의 제2구]에서 "성취하기 위해서이네"(爲成就)를 곧바로 해석한 것이다. "원인과 조건"(因緣)이라고 말한 것은 [게송의 제2구에서] "['여섯 가지 능력'(六通)을 이루기 위해] 필요한 것[인 '선정을 이루게 하는 의욕(欲)·정진(勤)·마음(心)·이해(觀)의 향상']"(所須)을 해석한 것이다. 아래의 "때문이네"(故)라고 말한 것은, [의욕(欲)·정진(勤)·마음(心)·이해(觀)가 향상됨에 따라 얻는 네 가지 선정禪定(定)들이] 모든 [4여의족四如意足 수행에서] '추구하는 면모'(所求義)[인 '여섯 가지 능력'(六通)에 자유자재함]을 원하는 대로 성취하는 '원인되는 현상'(所法因)이라는 것이다. 그러므로 이 ['마음이 한결같아진 상태'(心一境性)를 이룬 네 가지] 선정禪定(定)들을 '선정으로 번뇌를 끊어 원하는 대로 할 수 있는 [네 가지] 능력의 계발'(如意足)이라고 부른다. [게송의 상반부] 두 구절을 하나씩 해석하는 것이 여기에서 끝난다.

"此中"以下, 總顯其義, 於中二句. 初句重顯如意足體, 下句結明次第說意. 初言"心住, 名三摩提"者, 此云等持, 欲明心住者, 九種中唯取第九等持之住, 以爲四如意足之體. 何等名爲九種心住? 一者內住, 二者等住, 三者安住, 四者近住, 五者調順, 六者寂靜, 七者最極寂靜, 八者專住一趣, 九者等持.

[H1, 827a2~9; X48, 165c23~166a5]

B) [게송의 상반부 두 구절을] 총괄적으로 밝힘(總明/總顯其義)

"여기서"(此中) 이하[540]에서는 그 [게송의 상반부 두 구절의] 뜻을 총괄적으로 드러내니, 여기에는 두 구절이 있다.

(A) 4여의족四如意足 수행의 바탕을 거듭 드러냄(重顯如意足體)

처음 구절[541]에서는 '선정으로 번뇌를 끊어 원하는 대로 할 수 있는 [네 가지] 능

540 차중此中 이하는 게송에 관한 해석(釋) 문단에서 "此中住者, 心住, 名三摩提, 應知. 是故四正勤後, 次第說四如意足."에 해당한다.

력의 계발'(如意足)의 바탕(體)을 거듭 드러내고, 아래 구절[542]에서는 [4정근四正勤 수행과 4여의족四如意足 수행을] 차례차례 말한 뜻을 마무리하여 밝힌다. 처음 [구절]에서 말한 "마음이 ['한결같아진 상태'(一境性)에] 머무름이니, 선정禪定이라 부른다"(心住, 名三摩提)라는 것에서 [음역音譯인 삼마제三摩提를] 여기에서는 '[더 이상 힘 들이지 않고도 삼매를] 한결같이 유지해 가는 것'(等持)이라고 [의역意譯]한 것은, '마음이 ['한결같아진 상태'(一境性)에] 머무는 자'(心住者)는 '[선정에 든 마음의] 9가지 내용'(九種)[543] 중에서 오직 아홉 번째인 '[더 이상 힘들이지 않고도 삼매를] 한결같이 유지해 가는 것'(等持)에 머무르는 것만을 취하여 '선정으로 번뇌를 끊어 원하는 대로 할 수 있는 네 가지 능력의 계발'(四如意足)의 바탕(體)으로 삼는다는 것을 밝히고자 하는 것이다. 어떤 것들을 '선정에 든 마음의 9가지 내용'(九種心住)이라고 부르는가? 첫 번째는 '[대상에 이끌려 나가게 하지 않고] 안으로 자리 잡게 하는 것'(內住)이고, 두 번째는 '[안으로 자리 잡은 마음상태를]

---

541 초구初句는 게송에 관한 해석(釋) 문단에서 "此中住者, 心住, 名三摩提, 應知."에 해당한다.

542 하구下句는 게송에 관한 해석(釋) 문단에서 "是故四正勤後, 次第說四如意足."에 해당한다.

543 9종심주九種心住: 본문의 아래 설명에서 나오듯이 내주內住, 등주等住, 안주安住, 근주近住, 조순調順, 적정寂靜, 최극적정最極寂靜, 전주일취專住一趣, 등지等持의 아홉 가지를 말한다. 본문 아래 원효의 설명에 따르면 첫 번째인 내주內住에서 여덟 번째인 전주일취專住一趣까지는 4정근四正勤 수행에 따라 진행되는 선정禪定 수행의 단계이고 아홉 번째인 등지等持가 4여의족四如意足 수행의 바탕(體)이다. 본문의 다음 문단에서도 원효는 "等持正是三摩地也. 前八種住後當更說."(H1, 827a11~12)이라고 하여 제9 등지等持와 전8종주前八種住를 범주적으로 명확히 구분하는데, 전8종주에 관한 세부적인 설명은 뒤로 미루어 두므로 이 문맥에 관한 주의는 계속되어야 할 것으로 보인다. 이 9종심주九種心住는 『기신론소』 권2 '수행신심분修行信心分'의 '지관문止觀門'을 설명하는 문단(H1, 726c24 이하. 본문 아래 9종심주九種心住 각각의 명칭에 관한 번역은 이 문단의 설명에 의거했음)에서 더욱 자세히 다루어진다. 거기에서 인용하는 『유가사지론』 권30에서는 "復次如是心一境性, 或是奢摩他品, 或是毘鉢舍那品. 若於九種心住中心一境性, 名奢摩他品, 若於四種慧行中心一境性, 名毘鉢舍那品."(H1, 727b3~6; T30, 450c14~17)이라고 하여 심일경성心一境性은 사마타품奢摩他品이기도 하고 비발사나품毘鉢舍那品이기도 한데, 9종심주에서 이루어지는 심일경성을 사마타품이라 부르고 4종혜행四種慧行에서 이루어지는 심일경성을 비발사나품毘鉢舍那品이라 부른다고 설명한다. 같은 곳에서는 4종혜행四種慧行(四種毗鉢舍那)에 관해 "云何四種毗鉢舍那? 謂有苾芻依止內心奢摩他故, 於諸法中能正思擇, 最極思擇, 周遍尋思, 周遍伺察, 是名四種."(H1, 727c14~17; T30, 451b13~15)이라고 하여, 정사택正思擇·최극사택最極思擇·주변심사周遍尋思·주변사찰周遍伺察의 4종으로 구성되는 관觀 수행을 9종심주로 구성되는 지止 수행과 명시적으로 구분하고 있다. 이에 따라 보아도 9종심주는 기본적으로 심일경성을 성취하는 지止(奢摩他) 수행에 국한된 단계들을 가리키는 것이라고 하겠다.

고르게 유지해 가는 것'(等住)이며, 세 번째는 '[안으로 자리 잡은 마음상태를] 확고하게 유지해 가는 것'(安住)이고, 네 번째는 '[대상에 이끌려 나가게 하지 않는 마음을 챙기는 데] 익숙해지는 것'(近住)이며, 다섯 번째는 '[갖가지 양상에 이끌려 나가지 않는 것을] 순조롭게 하는 것'(調順)이고, 여섯 번째는 '[해로운 생각과 갖가지 번뇌에 이끌려 나가지 않아] 평온하게 하는 것'(寂靜)이며, 일곱 번째는 '[해로운 생각과 그에 따른 번뇌에 이끌리는 즉시 돌이켜] 평온하게 하는 것을 고도화시키는 것'(最極寂靜)이고, 여덟 번째는 '[힘을 더하여 삼매를] 흠결 없이 끊어지지 않게 유지해 가는 것'(專住一趣)이며, 아홉 번째는 '[더 이상 힘들이지 않고도 삼매를] 한결같이 유지해 가는 것'(等持)이다.[544]

> 數修數習數多修習, 爲因緣故, 得無加行無功用住, 任運轉道, 故名等持, 等持正是三摩地也. 前八種住, 後當更說. 言"應知"者, 觀知如是等持義也. "是故"以下, 第二結明. 由前八種心住位中, 依四正勤, 勤修習已, 乃得第九三摩地住故, 正勤後說如意足也.
>
> [H1, 827a9~16: X48, 166a5~166a10]

[8종심주八種心住를] 수시로 닦고 수시로 익혀 많이 닦고 익힌 것을 '원인과 조건'(因緣)으로 삼기에 '수행을 추가할 필요도 없고 애써 힘을 쓸 필요도 없는 경지에 자리 잡음'(無加行無功用住)[545]을 얻어 '[힘들이지 않고] 인연에 맡기면서 [삼매를 고르게

---

544 9종심주九種心住 각각에 관한 네 가지 분류: 9종심주를 자세히 논의하는『유가사지론』권30에서는 이 아홉 단계를 다시 네 단계로 분류하는데, 다음과 같다. "即於如是九種心住, 當知復有四種作意, 一力勵運轉作意, 二有間缺運轉作意, 三無間缺運轉作意, 四無功用運轉作意. 於內住等住中, 有力勵運轉作意. 於安住近住調順寂靜最極寂靜中, 有有間缺運轉作意. 於專注一趣中, 有無間缺運轉作意. 於等持中, 有無功用運轉作意. 當知如是四種作意, 於九種心住中是奢摩他品."(T30, 451b1~9) 이에 따르면 9종심주 중에서 ①내주內住와 ②등주等住의 단계는 역려운전작의力勵運轉作意의 단계이고, ③안주安住에서 ⑦최극적정最極寂靜까지의 단계는 유간결운전작의有間缺運轉作意의 단계이며, ⑧전주일취專住一趣의 단계는 무간결운전작의無間缺運轉作意의 단계이고, ⑨등지等持의 단계는 무공용운전작의無功用運轉作意의 단계이다. '등지等持' 역주 참조.

545 무가행무공용주無加行無功用住: 9종심주九種心住에 관한『기신론소』권2의 자세한 설명에서 제8 전

유지하며] 깨달음의 길을 자유롭게 걸어가니'(任運轉道), 그러므로 '[더 이상 힘들이지 않고도 삼매를] 한결같이 유지해 가는 것'(等持)이라 부르며, [9종심주九種心住의 아홉 번째인 이] '[더 이상 힘들이지 않고도 삼매를] 한결같이 유지해 가는 것'(等持)이 바로 [4여의족四如意足 수행의 바탕(體)인] 선정禪定(三摩地)이다. [9종심주九種心住의 아홉 번째인 등지等持] 앞의 '선정[에 든 마음]의 8가지 내용'(八種住)은 나중에 다시 설명하겠다.[546] "알아야 한다"(應知)라고 말한 것은 이와 같은 '[더 이상 힘들이지 않고도 삼매를] 한결같이 유지해 가는

주일취專住一趣와 제9 등지等持의 부분만을 인용해 보면 다음과 같다. "云何名爲專住一趣? 謂有加行有功用, 無缺無間三摩地相續而住, 故名專住一趣. 云何等持? 謂數修數習數多修習爲因緣故, 得無加行無功用, 任運轉道."(H1, 727c7~11: T30, 451a14~17.) 이 설명은 9종심주 각각에 관한 네 가지 분류법(이에 관해서는 '9종심주 각각에 관한 네 가지 분류' 역주 참조)과도 연관되는 것으로 보이는데, 역려운전작의力勵運轉作意와 유간결운전작의有間缺運轉作意의 단계(제7 최극적정最極寂靜까지)를 거치고 나면 무결무간無缺無間으로 삼마지三摩地가 늘 상속하는 경지에 머물러 이전의 의도적인 가행加行과 공용功用이 극치에 도달한 것이 제8 전주일취專住一趣의 단계라면, 지止(奢摩他) 수행의 정점에 있는 제9 등지等持의 단계는 본문에서 설명하듯이 이전 8종심주八種心住의 모든 수행들을 인연因緣으로 삼아 더 이상의 힘을 더해 가는 수행과 능력 발휘가 필요 없는 경지라고 하겠다.

546 8종주八種住에 관해 나중에 설명하는 곳: 원효는 9종심주九種心住의 개념을 제시하고 그중에서 최종적 심주心住인 제9 등지等持가 4여의족四如意足 수행의 바탕(體)인 선정禪定(三摩地)의 실제적 내용임을 적시함으로써 이전의 8종주는 심일경성心一境性으로서의 선정을 성취하기 위한 과정임을 알려 준다. 4여의족 수행에 관한 이후의 설명에서 8종주의 내용인 내주內住·등주等住·안주安住·근주近住·조순調順·적정寂靜·최극적정最極寂靜·전주일취專住一趣의 용어가 구체적으로 논의되는 대목은 보이지 않지만, 제3송의 하반부 두 구절 및 제5송과 제6송에서는 5실五失에서 벗어나기 위해 수습하는 8자량八資糧에 관해 자세한 논의가 진행된다. 원효는 이 8자량에 관해 설명하는 곳들을 8종주에 관한 설명으로 간주하는 것으로 보인다. 설명 용어로만 따지자면, 8자량을 본격적으로 논의하기 시작하는 제5송의 직전에 원효는 게송에 관한 해석(釋) 문단을 과문하면서 "初句總標立八種定."(H1, 828a4~5)이라고 하여 8자량을 8종정八種定으로 표현하는 것을 찾아볼 수 있다. 8자량八資糧(八種斷行)은 욕欲·정근正勤(精進)·신信·의猗(輕安)·염念·지智·작의作意(思)·사멸捨滅(捨)의 여덟 가지 심소心所에 의거하여 단행斷行을 닦는 것을 말한다. 이에 관해서는 '8자량八資糧' 역주 참조. 한편 바로 아래 '(B) 결명結明' 문단에서도 원효는 9종심주의 개념에 의거하여 8종주八種住(八種心住位)의 과정을 4정근四正勤 수행에 배속하고 제9삼마지인 등지를 4여의족 수행에 배속하는 설명을 제시한다. 이 간결한 관점은 기본적으로 4정근四正勤과 4여의족四如意足 수행의 순서를 해명하기 위한 것이면서 4정근과 4여의족 수행의 긴밀한 연관성을 나타내는 것이기도 하다. 그런데 아래 'B. 석하반釋下半' 문단의 『유가사지론』의 이석異釋에 의거하는 원효의 설명(H1, 827a24 이하)에서는 8종주를 단지 4정근 수행의 내용으로만 포섭하는 관점을 넘어 다시 '현행하는 번뇌'(現纏)와 '잠재적인 번뇌'(隨眠)를 구분하는 관점에 의거하여 8종주를 4여의족 수행의 내용으로 포섭하는 논의가 전개되므로 유의할 필요가 있다.

것'(等持)의 뜻을 이해하여 안다는 것이다.

(B) [게송의 상반부 두 구절을] 마무리하여 밝힘(結明)

"그러므로"(是故) 이하는 ['게송의 상반부 두 구절의 뜻을 총괄적으로 드러내는 것'(總明)의] 두 번째인 '마무리하여 밝히는 것'(結明)이다. 앞의 '선정에 든 마음의 8가지 단계'(八種心住位)에서 '해로움은 끊고 이로움은 살리는 네 가지 수행'(四正勤)에 의거하여 부지런히 닦아 익히고 나서야 '아홉 번째의 선정禪定에 자리 잡음'(第九三摩地住)[인 등지等持]를 얻기 때문에, '해로움은 끊고 이로움은 살리는 [네 가지] 수행'(正勤)[에 관한 설명] 이후에 '선정으로 번뇌를 끊어 원하는 대로 할 수 있는 [네 가지] 능력의 계발'(如意足)을 설명하는 것이다.

"隨事"以下, 次釋下半. 言"隨事隨教住者"者, 是牒上說如意足體. 依內勤事及外聖教, 隨此因緣, 得成心住故, 言"隨事隨教住"也. 內外因緣, 已如前說. 以何方便, 得成此住者? 爲滅五失, 以修八行, 爲其資根,[547] 得至心住故, 言"爲滅乃至應知." 此意明其得四定時, 必須如是八種資粮, 乃得成就彼三摩地. 依『對法論』, 應作是說.

[H1, 827a16~24: X48, 166a10~16]

B. [제3송의] 하반부 [두 구절]을 해석함(釋下半)

[게송의 해석(釋)에서] "['마음에 장애가 없고 수행에 도움을 주는 것만 있는'(無障有助)] 현상에 따르게 되어"(隨事) 이하[548]는, 다음으로 [제3송의] 하반부 [두 구절][549]을 해석한 것

547 한불전 교감주에 "'根'은 '糧'인 듯하다"라고 되어 있다. 교감주에 따라 '根'을 '糧'으로 고친다.
548 게송의 해석(釋) 문단에서 석하반釋下半에 해당하는 문장은 "隨事隨教住者, 爲滅五種過失, 爲修習八種資糧故, 應知."이다.
549 제3송의 하반부 두 구절에 해당하는 문장은 "捨離五失故, 修習八資糧."이다.

이다. "[마음에 장애가 없고 수행에 도움을 주는 것만 있는'(無障有助)] 현상에 따르게 되어 가르침에 따라 '[마음이 한결같아진 상태'(心一境性)에] 머무르는 것'"(隨事隨教住者)이라고 말한 것은, 앞에서 말한 '선정으로 번뇌를 끊어 원하는 대로 할 수 있는 [네 가지] 능력의 계발'(如意足)의 바탕(體)[인 선정禪定(三摩地)]을 이어서 [제시한] 것이다. '내면으로 정진하는 일'(內勤事)과 '외부의 고귀한 가르침'(外聖教)에 의거하여 이 [내면과 외부의] '원인과 조건'(因緣)에 따라 '마음이 ['한결같아진 상태'(一境性)에] 머무름'(心住)을 이루게 되기 때문에 "[마음에 장애가 없고 수행에 도움을 주는 것만 있는'(無障有助)] 현상에 따르게 되어 가르침에 따라 '[마음이 한결같아진 상태'(心一境性)에] 머무르는 것'"(隨事隨教住)이라고 말했다. '내면과 외부의 원인과 조건'(內外因緣)에 관해서는 이미 앞에서 말한 것[550]과 같다.

어떤 '수단과 방법'(方便)으로 이 ['마음이 한결같아진 상태'(心一境性)에] 머무름(住)을 이루게 되는 것인가? '다섯 가지 허물'(五失)[551]을 없애기 위해 '여덟 가지 마음현상으로 번뇌를 끊는 수행'(八行)[552]을 닦는 것을 그 '[깨달음의] 기초'(資糧)로 삼아 '마음이 ['한결같아진 상태'(一境性)에] 머무름'(心住)에 이르기 때문에 "['다섯 가지 허물'(五種過失)을] 없애기 위해 ['깨달음의 기초를 마련하는 여덟 가지 수행'(八種資糧)을 닦아 익히기 때문임을] 알아야 한다."(爲滅乃至應知)라고 말했다. 이 뜻은 그 [4여의족四如意足을 수행하는 자]가 [의욕(欲)·정진(勤)·마음(心)·이해(觀)에 관한] '네 가지 선정禪定'(四定)을 얻을 때 반드시 이와 같은 '깨달음의 기초를 마련하는 여덟 가지 수행'(八種資糧)이라야 저 선정禪定(三摩

550 내외인연內外因緣: 내외인연內外因緣은 문맥상 내근사內勤事라는 원인(因)과 외성교外聖教라는 조건(緣)을 가리킨다. 이 내근사內勤事와 외성교外聖教라는 두 가지 용어는 앞의 'Ⓑ 중현重顯' 문단에서 "四勝能, 謂欲增上及勤心觀. 如是四能作, 但隨事, 能成心住, 一一皆隨聖言師教, 乃得成就心一境性."(H1, 826b22~24)이라고 말한 것과 관련되는 것으로 보이는데, 대체로 내근사는 욕欲·근勤·심心·관觀을 향상시키는 일에 호응하고 외성교는 성언사교聖言師教에 호응하는 용어라고 하겠다.

551 5실五失: ①해태懈怠, ②망존교忘尊教, ③하열下劣과 도기掉起, ④부작의不作意, ⑤작의作意를 말한다. '5실五失' 역주 참조.

552 8행八行: 8종단행八種斷行의 줄임말이다. ①욕欲, ②정근正勤(精進), ③신信, ④의猗(安), ⑤염念, ⑥지智, ⑦작의作意(思), ⑧사멸捨滅(捨)의 여덟 가지 심소법으로 번뇌를 끊는 수행을 말한다. '8종단행八種斷行과 네 가지 단계' 및 '8자량八資糧' 역주 참조.

地)들을 성취할 수 있음을 밝히는 것이다. 『대승아비달마잡집론大乘阿毘達磨雜集論』에 의거한다면[553] 이렇게 설명해야 한다.

> 若依『瑜伽』, 更作異釋, 何者? 修如意足, 有其二重. 前依欲等四增上力, 隨其所應, 得三摩地, 唯滅現纏, 未斷隨眠. 彼人後時, 欲斷隨眠, 更進修習八種斷行, 乃得成就最勝等持. 合說如是前後二位, 建立四種神足體性. 是故今言"隨事隨敎住者"者, 是牒前位得定四人, "爲滅"以下, 明彼四人隨其所應, 後時修習八種斷行. 通而言之, 此八種行亦在前位. 但[554]彼位中, 唯伏現纏, 是故不立斷行之名, 於後位中, 能斷隨眠, 是故此中方立斷行.
>
> [H1, 827a24~b11: X48, 166a16~24]

만약 『유가사지론瑜伽師地論』에 의거한다면 다시 [제3송의 하반부 두 구절에 관한 『중변분별론』의 해석(釋) 문단을] 달리 해석할 수 있으니, 왜인가? '선정으로 번뇌를 끊어 원하는 대로 할 수 있는 [네 가지] 능력의 계발'(如意足)을 닦는 [과정]에는 그 [전위前位와 후위後位라는] 두 가지 [단계]가 있[기 때문이]다. 앞[의 단계]에서는 의욕(欲)[·정진(勤)·마

---

553 4여의족四如意足의 수행 과정인 8종자량八種資糧 또는 8종단행八種斷行에 관한 『대승아비달마잡집론』에서의 설명: 앞서 4여의족四如意足에 관한 5문분별五門分別의 '라. 수습修習' 단락에서는 『대승아비달마잡집론』에 의거하여 "神足修習者, 謂數修習八種斷行, 謂欲精進信安正念正知思捨."(H1, 823b9~11; T31, 740a17~18)라고 하면서 이하에서 8종단행에 관해 가행加行·섭수攝受·계속繼續·대치對治의 4가지 단계로 4여의족의 수행 과정을 설명한 적이 있다. 이 과정을 표로 나타내면 다음과 같다. '8종단행八種斷行과 네 가지 단계' 역주 참조.

4여의족	네 가지 단계	마음현상
욕삼마지단행성취신족	가행加行	욕欲·정진精進·신信
근삼마지단행성취신족	섭수攝受	안安
심삼마지단행성취신족	계속繼續	정념正念·정지正知
관삼마지단행성취신족	대치對治	사思·사捨

554 '但'가 속장경본에는 '但'으로 되어 있다. '但'에도 '但'의 뜻이 있어 서로 통하지만 속장경본에 따라 일반적으로 쓰이는 '但'으로 고친다.

음(心)·이해(觀)] 등의 '[선정禪定을] 향상시키는 네 가지 능력'(四增上力)에 의거하면서 그 [네 가지 능력]에 상응하여 [욕삼마지欲三摩地·근삼마지勤三摩地·심삼마지心三摩地·관삼마지觀三摩地라는 네 가지] 선정禪定(三摩地)을 얻지만, [이 앞 단계에서는] 오직 '현재 나타나 작용하는 번뇌'(現纏)만을 없앨 뿐 아직 '잠재되어 있는 번뇌'(隨眠)[555]를 끊지 못한다. [앞 단계를 닦은] 그 사람이 뒤[의 단계를 닦을] 때에 '잠재되어 있는 번뇌'(隨眠)를 끊고자 하여 다시 '여덟 가지 마음현상으로 번뇌를 끊는 수행'(八種斷行)에 나아가 닦으면 마침내 ['선정에 든 마음의 9가지 내용'(九種心住)에서 아홉 번째 선정禪定인] 가장 탁월한 '[더 이상 힘들이지 않고도 삼매를] 한결같이 유지해 가는 것'(等持)을 성취하게 된다.[556]

---

555 현전現纏과 수면隨眠: 현전은 현행하는 번뇌로서 '뚜렷한 것'(麤)이라면 수면은 잠재된 번뇌로서 '미세한 것'(細)이다. 자세한 내용은 '추전麤纏' 역주 참조.

556 전후이위前後二位와 9종심주九種心住: 본문에서 원효는 선정禪定(三摩地)을 성취하는 8종단행八種斷行을 전위前位와 후위後位의 두 단계로 구분하면서 전위의 8종행八種行에서는 현전現纏을 없앨 뿐이고 후위의 8종단행에서는 수면隨眠까지 끊어 9종심주의 최승심주最勝心住인 제9 등지等持를 성취한다고 설명한다. 9종심주를 논의했던 앞 문단의 '(A) 중현여의족체重顯如意足體'에서 원효가 아홉 가지 심주心住를 나열하고 나서 "等持正是三摩地也."(H1, 827a11~12)라고 하여 제9 등지가 여의족如意足 수행의 바탕(體)이라고 설명한 것을, 다시 현전現纏을 없애는 전위前位와 수면隨眠을 끊는 후위後位로 나누어 더 자세히 논의한 것이 『유가사지론』의 이석異釋이라고 하겠다. 그런데 본문의 다음 문단에서 이어지는 『유가사지론』 권29의 인용문 내용에 따르면, 8종단행八種斷行을 전위前位와 후위後位의 두 단계로 구분하여 설명하게 되는 목적은 4여의족四如意足의 명칭을 분석적으로 설명하기 위해서인 것으로 보인다. 이러한 의미가 두드러지는 대목은 다음 단락 인용문 말미에서 "如是此中, 若先欲等四三摩地, 若今所說八種斷行, 於爲永斷所有隨眠, 圓滿成辦三摩地時, 一切總名欲三摩地斷行成就神足, 乃至觀三摩地斷行成就神足."(H1, 827b19~23; T30, 444a24~29)이라고 하는 문장이다. 즉 욕삼마지성취신족欲三摩地成就神足을 위시한 4여의족의 네 가지 명칭은 총괄적인 명칭(總名)인데, 그것은 욕삼마지欲三摩地·근삼마지勤三摩地 등의 4삼마지四三摩地를 성취하는 '앞 단계'(先)와 8종단행을 말하는 '뒷 단계'(今)를 총괄한 명칭이라는 설명이다. 인용문 이후에 이어지는 원효의 설명에서는 "是明彼先修四定時, 亦有如是八種行相"(H1, 827c1~2)이라고 하여 '앞 단계에서 수행하는 4정'四定(先修四定)에도 8종행八種行의 양상이 있다고 설명하는데, ①욕欲, ②정근正勤(精進), ③신信, ④의猗(安), ⑤염念, ⑥지智, ⑦작의作意(思), ⑧사멸捨滅(捨)이라는 8종상八種相은 뒷 단계와 같지만 이 앞 단계에서는 현전現纏을 없애고 뒷 단계에서는 수면隨眠까지 끊어 제9 등지를 성취한다는 뜻으로 보인다. 이와 대비하여 『대승아비달마잡집론』에서는 선정을 성취하는 8종단행을 전위와 후위로 나누지 않으므로 그 설명은 결과적으로 제9 등지에 의거하는 후위의 수행만을 다룬 것이 되겠다. 한편 앞서 '(B) 결명結明' 문단에서는 "由前八種心住位中, 依四正勤, 勤修習已, 乃得第九三摩地住故, 正勤後說如意足也."(H1, 827a14~16)라고 하여 전8종심주위前八種心住位는 4정근四正勤 수행에 의거하는 단계이고 제9 삼마지三摩地인 등지위等持位는 4여의족四如意足 수행에 의거하는 단계라고 설명한 적이 있다. 이 내용까지 종합하여 정리해 보자면 4여의족 수행은 현전現纏을 없애는 전위前位의 8종행八種行과 수

이와 같은 '앞과 뒤 두 가지 단계'(前後二位)[의 선정禪定]에 대한 설명을 합하여 '선정으로 번뇌를 끊어 원하는 대로 할 수 있는 네 가지 능력 계발의 바탕이 되는 면모'(四種神足體性)[라는 명칭]을 굳건하게 세운다. 그러므로 지금 [『중변분별론』의 해석(釋) 문단에서] "['마음에 장애가 없고 수행에 도움을 주는 것만 있는'(無障有助)] 현상에 따르게 되어 가르침에 따라 '['마음이 한결같아진 상태'(心一境性)에] 머무르는 것'"(隨事隨教住者)이라고 말한 것은 [현전現纏을 없애는] '앞 단계'(前位)에서 [의욕(欲)·정진(勤)·마음(心)·이해(觀)의 네 가지] 선정禪定(定)들을 얻은 네 사람을 이어서 [제시한] 것이고, "['다섯 가지 허물'(五種過失)을] 없애기 위해"(爲滅) 이하[557]는 저 [현전現纏을 없애는 네 가지 선정禪定을 얻은] 네 사람이 그 [선정禪定들에] 상응하여 [수면隨眠을 끊는] 뒤[의 단계를 닦을] 때에 '여덟 가지 마음현상으로 번뇌를 끊는 수행'(八種斷行)을 닦아 익힘을 밝힌 것이다. 통틀어 말하자면 이 '여덟 가지 마음현상으로 번뇌를 끊는 수행'(八種行)은 '앞 단계'(前位)에도 있다. 다만 저 [앞] 단계에서는 오직 '현재 나타나 작용하는 번뇌'(現纏)만을 제압할 뿐이기 때문에 ['잠재되어 있는 번뇌'(隨眠)를] '끊는 수행'(斷行)이라는 명칭을 세우지 못하고, '뒷 단계'(後位)에서 '잠재되어 있는 번뇌'(隨眠)를 끊을 수 있기 때문에 이 [뒷 단계]에서라야 비로소 ['잠재되어 있는 번뇌'(隨眠)를] '끊는 수행'(斷行)[이라는 명칭]을 세우는 것이다.

면隨眠을 끊는 후위後位의 8종단행八種斷行으로 나뉘는데, 여기서 현전을 없애는 전위의 8종행은 4정근(四正斷)과 밀접히 결합된 수행 영역이고, 수면을 없애는 후위의 8종단행은 4여의족에 고유한 수행 영역이라고 하겠다. 이와 관련하여 『중변분별론』의 해석(釋) 문단에서는 "修習正勤已, 心者無障有助, 故得住."(T31, 458b8~9)라고 하거나 "是故四正勤後, 次第說四如意足."(T31, 458b12~13)이라고 하여 4정근(四正斷) 수행으로 얻는 선정(心住)과 4여의족 수행으로 얻는 선정(心住)의 연관성을 거듭 언급하므로, 『대승아비달마잡집론』에 의거한 설명보다 『유가사지론』에 의거한 설명이 『중변분별론』의 논의를 더 자세히 반영하는 것은 분명해 보인다.

557 게송의 해석(釋) 문단에서 해당하는 문장은 "爲滅五種過失, 爲修習八種資糧故, 應知."이다.

如彼論云, "四三摩地增上力故, 已遠諸纏. 後[558]爲永害諸隨眠故, 及爲修集能對治彼諸善法故, 便更生起欲樂[559]策勵. 彼於如是正修習時, 有八斷行. 爲欲永害諸隨眠故, 爲三摩地得圓滿故, 差別而轉. 此中欲者, 即是彼欲, 此中策勵, 即彼精進, 此中信者, 即彼信, 此中安念正知思捨, 即彼方便. 如是此中, 若先欲等四三摩地, 若今所說八種斷行, 於爲永斷所有隨眠, 圓滿成辦三摩地時, 一切總名, 欲三摩地斷行成就神足, 乃至觀三摩地斷行成就神足," 乃至廣說.

[H1, 827b11~23: X48, 166a24~b9]

마치 저 논서(『유가사지론瑜伽師地論』)에서 [다음과 같이] 말한 것과 같다. "'[욕삼마지欲三摩地·근삼마지懃三摩地·심삼마지心三摩地·관삼마지觀三摩地, 이] 네 가지 선정禪定'(四三摩地)의 '향상된 능력'(增上力) 때문에 이미 모든 '현재 나타나 작용하는 번뇌'(纏)에서 멀리 벗어났다. 또한 모든 '잠재되어 있는 번뇌'(隨眠)를 모조리 물리치고 [번뇌를] 치유할 수 있는 저 '모든 이로운 현상들'(諸善法)[560]을 닦아 모으기 위해 곧바로 다시 ['잠재되어 있는 번뇌'(隨眠)까지 물리치는 수행에 관한] '즐거운 의욕'(樂欲)과 '독려[하는 마음]'(策勵)을 일으킨다. 그 [수행자]가 이와 같이 진리답게 닦아 익힐 때 '여덟 가지 마음현상으로써 [잠재되어 있는] 번뇌를 끊는 수행'(八斷行)이 있게 된다. 모든 '잠재되어 있는 번뇌'(隨眠)를 모조리 물리치고 선정禪定(三摩地)이 완전해지도록 하기 위해 ['앞의 단계'(前位)와 '뒤의 단계'(後位)를] 달라지게 하면서 [수행의 수준을] 바꾸어 간다. [하지만] 이 [뒷 단계]의 의욕(欲)이라는 것도 바로 저 [앞 단계]의 의욕(欲)이고, 이 [뒷 단계]의 '독

558 『유가사지론』에 따라 '後'를 '復'으로 고친다.

559 『유가사지론』에 따라 '欲樂'을 '樂欲'으로 고친다.

560 능대치피제선법能對治彼諸善法: 8종단행八種斷行에서 닦는 구체적 마음현상(心所法)들인 욕欲·정진精進·신信·안安·정념正念·정지正知·사思·사捨의 여덟 가지를 가리키는 것으로 보인다. 사思의 한 가지는 변행심소遍行心所에 속하고 욕欲·정념正念(念)·정지正知(慧)의 세 가지는 별경심소別境心所에 속하며 정진精進·신信·안安(輕安)·사捨(行捨)의 네 가지는 선심소善心所에 속한다. '8종단행八種斷行과 네 가지 단계' 역주 참조.

려[하는 마음]'(策勵)도 바로 저 [앞 단계]의 '정진[하는 마음]'(精進)이며, 이 [뒷 단계]의 믿음(信)이라는 것도 바로 저 [앞 단계]의 믿음(信)이고, 이 [뒷 단계]의 평안(安)·'[잊지 않고] 간직함'(念)·'진리답게 앎'(正知)·사유(思)·'치우치지 않음'(捨)도 바로 저 [앞 단계]의 '수단과 방법'(方便)[인 다섯 가지 마음현상에 관한 수행]들이다. 이와 같이 여기에서 앞 [단계]의 ['현재 나타나 작용하는 번뇌'(纏)에서 벗어나는] 의욕(欲)[·정진(勤)·마음(心)·이해(觀)]로써 이루는 '네 가지 선정禪定'(四三摩地)이나 지금 말하는 [뒷 단계의] '여덟 가지 마음현상으로써 [잠재되어 있는] 번뇌를 끊는 수행'(八斷行)들이 모든 '잠재되어 있는 번뇌'(隨眠)까지 모조리 끊어 선정禪定(三摩地)을 완전하게 이루었을 때, [이] '모든 [수행의 단계]에 관한 총괄적인 명칭'(一切總名)이 '의욕으로 선정을 이루어 [잠재되어 있는] 번뇌까지 끊는 것을 성취하는 능력의 계발'(欲三摩地斷行成就神足) 및 '이해수행으로 선정을 이루어 [잠재되어 있는] 번뇌까지 끊는 것을 성취하는 능력의 계발'(觀三摩地斷行成就神足)까지인 것이다"[561]라고 하면서 자세히 말한다.

---

561 『유가사지론』 권29(T30, 443c29~444a29). "四三摩地增上力故, 已遠諸纏. 復爲永害(一切一切惡不善法)諸隨眠故, 及爲修集能對治彼諸善法故, 便更生起樂欲策勵, (廣說如前修四正斷加行道理.) 彼於如是正修習時, 有八斷行. 爲欲永害諸隨眠故, 爲三摩地得圓滿故, 差別而轉. … 此中欲者, 即是彼欲, 此中策勵, 即彼精進, 此中信者, 即(是)彼信, 此中安念正知思捨, 即彼方便. 如是此中, 若先欲等四三摩地, 若今所說八種斷行, 於爲永斷所有隨眠, 圓滿成辦三摩地時, 一切總名, 欲三摩地斷行成就神足, 〈勤三摩地斷行成就神足, 心三摩地斷行成就神足,〉 觀三摩地斷行成就神足." 괄호는 생략된 부분을 가리킨다. '〈 〉'로 표시한 부분은 본문에서 '乃至'로 대체되어 있다. '…'에 해당하는 부분은 후위後位의 8종단행八種斷行 각각을 자세히 설명하는 내용인데, 전문을 게재하면 다음과 같다. "何等名爲八種斷行? 一者欲, 謂起如是希望樂欲, 我於何時, 修三摩地, 當得圓滿, 我於何時, 當能斷滅惡不善法所有隨眠. 二者策勵, 謂乃至修所有對治不捨加行. 三者信, 謂不捨加行正安住故, 於上所證深生信解. 四者安, 謂淸淨信, 而爲上首心生歡喜. 心歡喜故, 漸次息除諸惡不善法品麁重. 五者念, 謂九種相. 於九種相, 安住其心奢摩他品能攝持故. 六者正知, 謂毘鉢舍那品慧. 七者思, 謂心造作. 於斷未斷正觀察時, 造作其心, 發起能順止觀二品身業語業. 八者捨, 謂行過去未來現在, 隨順諸惡不善法中, 心無染污心平等性. 由二因緣, 於隨眠斷分別了知, 謂由境界, 不現見思, 及由境界, 現見捨故. 如是名爲八種斷行, 亦名勝行. 如是八種斷行勝行, 即是爲害隨眠瑜伽."(T30, 444a5~22.) 〈산스크리트본의 해당 내용: ŚrBh., pp.218-220. sa taṃ caturvidhaṃ samādhim adhipatiṃ kṛtvā paryavasthāneṣu durīkṛteṣu, sarveṇa sarvam anuśayasamudghātāya pāpakānām akuśalānāṃ dharmānāṃ tatpratipākṣikāṇāñ ca kuśalānāṃ dharmāṇāṃ samudāgamāya punar api "chandaṃ janayati vyāyacchata" iti vistareṇa caturbhiḥ samyakprahāṇaiḥ prayujyate //
tathāprayuktasya tathābhūtasyāṣṭau prahāṇasaṃskārā bhavanti / ye 'syānuśayasamudghātāya

言"此中欲者, 彼[562]是彼欲, 乃至即彼方便"者, 是明彼先修四定時, 亦有如是八種行相, 以彼四人修習定時, 無有不依此欲精進及信方便, 而得定者, 彼時合說名四.『瑜伽論』中, 不名八種斷行, 雖彼不立斷行之名, 而其行相此彼不異故, 言此等即彼等也. 又雖四人皆有欲等, 而隨偏增, 說四差別, 非謂欲增上者都無精進等行, 乃至觀增上者都無欲等行也. 且止乘論, 還釋本文.

[H1, 827b23~c10: X48, 166b9~17]

ca pravartante samādhiparipūraye ca / tadyathā chandaḥ "kadācit samādhiṃ paripūrayiṣyāmi, anuśayāṃś ca prahāsyāmi / pāpakānām akuśalānāṃ dharmāṇāṃ" / vyāyamo yāvat pratipakṣabhāvanāyām avinyastaprayogayā / śraddhā yā_avinyastaprayogasya viharata uttare 'dhigame śradddhānatā, abhisaṃpratyayaḥ /
tatra praśrabdhiḥ yac chraddhāprasādapūrvaṃgamaṃ prāmodyaṃ prītiḥ, prītamanasaś cānupūrvā pāpakākuśaladharmapakṣasya dauṣṭhulyasya pratipraśrabdhiḥ / tatra smṛtir yā navākārā, navākārāyāś cittasthiteḥ śamathapakṣyāyāḥ saṃgrahikā / tatra saṃprajanyaṃ yā vipaśyanāpakṣyā prajñā / tatra cetanā yaś cittābhisaṃskāraḥ prahīṇāprahīṇataṃ mīmāṃsamānasya yaś cittābhisaṃskāraḥ śamathavipaśyanānukūlaḥ kāyakarma vākkarma samutthāpayati / tatropekṣā yātītānāgatapratyutpanneṣu pāpakākuśaladharmasthānīyeṣu carataś cittāsaṃkleśā cittasamatā / ābhyāṃ dvābhyāṃ kāraṇābhyāṃ prahīṇatām anuśayānāṃ paricchinatti jānāti / yaduta viṣayaviparokṣayā cetanayā viṣayāviparokṣayā copekṣayā / ime 'ṣṭau prahāṇasaṃskārā bhavanti //
sa caiṣo 'ṣṭaprahāṇasaṃskārayogo bhavaty anuśayasamudghātāya / tatra chandaś chanda eva, yo vyāyāmaḥ idaṃ vīryaṃ, yā śraddhā sā śuddhā, yā ca praśrabdhir yā ca smṛtir yac ca saṃprajanyaṃ yā ca cetanā, yā copekṣā ayam upāyaḥ / tad idaṃ sarvam abhisamasya, ye ca pūrvakāś chandasamādhayaḥ, ye ceme prahāṇasaṃskārāḥ prahīṇeṣv anuśayeṣu parinispanne samādhau, chandasamādhiprahāṇasaṃskārasamanvāgata ṛddhipāda ity ucyante / vīryacittamīmāṃsāsamādhiprahāṇasaṃskārasamanvāgata ṛddhipāda ity ucyate /;
그는 그 네 가지 삼매를 위주로 하여 표면적 번뇌를 멀리한 후, 모든 방식으로 악하고 불선한 심리현상의 모든 잠재적 번뇌를 파괴하기 위해 그리고 선한 심리현상의 활동을 위해 다시 "의욕을 일으키고 노력한다" 하고 자세히 설한 대로 4정단에 의해 노력한다.
그와 같이 노력하는 자, 그와 같이 된 자에게는 여덟 가지 [번뇌의] 단절을 위한 성향(斷行)이 있다. 그에게는 잠재적 번뇌를 파괴하기 위해 그리고 삼매의 완성을 위해 [8단행이] 작용한다. 곧 의욕은 "나는 언제든 삼매를 완성할 것이고 악하고 불선한 심리현상에 있는 잠재적 번뇌를 파괴할 것이다" [하고 생각하는 것이다.] 노력은 치료제의 수습에서 노력을 버리지 않는 것이다. 믿음은 노력을 버리지 않은 자에게 이후의 직접적 경험을 믿는 것, 확신하는 것이 있는 것이다. 그중에서 경쾌함은 명징한 믿음이 선행하는 희열과 만족이고, 만족한 마음을 가진 자에게 계속해서 악하고 불선한 심리현상에 속하는 추중을 쉬게 하는 것이다. 그중에서 주의집중은 아홉

[『유가사지론瑜伽師地論』에서] "〈이 [뒷 단계]의 의욕(欲)이라는 것도 바로 저 [앞 단계]의 의욕(欲)이고〉 및 〈바로 저 [앞 단계]의 '수단과 방법'(方便)[인 다섯 가지 마음현상에 관한 수행]들이다〉"[563]라고 말한 것은 [다음과 같은 뜻을 밝히는 것이다.] 저 앞 [단계]에서 '[욕삼마지欲三摩地·근삼마지懃三摩地·심삼마지心三摩地·관삼마지觀三摩地, 이] 네 가지 선정禪定'(四定)을 닦을 때에도 이와 같은 '[욕欲·정진精進·신信·안安·정념正念·정지正知·사思·사捨, 이] 여덟 가지로 수행하는 양상'(八種行相)이 있고, 저 [앞 단계]의 [욕삼마지欲三摩地·근삼마지懃三摩地·심삼마지心三摩地·관삼마지觀三摩地를 각각 닦는] 네 사람이 선정禪定(定)을 닦아 익힐 때에도 이 [뒷 단계]의 의욕(欲)과 '정진[하는 마음]'(精進) 및 믿음(信)등의 '수단과 방법'(方便)에 의거하지 않고 선정禪定(定)을 얻는 경우는 없기 때문에, 저 [앞 단계에서 수행하는] 때까지 합하여 '[욕삼마지欲三摩地·근삼마지懃三摩地·심삼마지心三摩地·관삼마지觀三摩地의] 네 가지 [선정禪定]'(四)이라고 부른다. [저 앞 단계에서 수행하는 때에 관해] 『유가사지론瑜伽師地論』에서는 '여덟 가지 마음현상으로써 [잠재되어 있는] 번뇌를 끊는 수행'(八種斷行)이라고 부르지는 않는데, 비록 저 [앞 단계]에서는 ['잠재되어 있는 번뇌'(隨眠)를] '끊는 수행'(斷行)이라는 명칭(名)을 세우지 않지만 그 '수행하는 양상'(行相)에서는 이 [뒷 단계]와 저 [앞 단계]가 다르지 않기 때문에 이 [뒷 단계의 수행 양상]들은 바로 저

가지 행상을 가지고, 샤마타에 포함되는 9종심주를 포함하는 것이다. 그중에서 정지는 비파샤나에 포함되는 혜다. 그중에서 의도는 끊어졌거나 끊어지지 않은 것을 관찰하는 자가 가진 마음의 노력이고, 그 노력은 샤마타와 비파샤나에 따르는 신업과 구업을 일으킨다. 그중에서 평정은 과거, 미래, 현재의 악하고 불선한 심리현상을 촉진하는 것에서 활동하면서도 마음이 염오되지 않는 것, 마음이 고른 것이다. 이 두 가지 원인에 의해 잠재적 번뇌가 끊어진 것을 변별하고 인식하니 곧 대상이 보이지 않도록 하는 의도와 대상이 보여도 평정한 것이다. 이것이 여덟 가지 [번뇌의] 단절을 위한 성향이다.

그리고 그는 잠재적 번뇌를 파괴하기 위해 이 여덟 가지 단행에 노력하는 자이다. 그중에서 의욕은 바로 의욕 그 자체이고, 노력은 정진이며, 믿음은 믿는 것이고 경쾌함과 주의집중과 정지와 의도와 평정은 수단이다. 이 모든 것을 요약하여, 곧 앞의 의욕의 삼마지와 이 단행은, 잠재적 번뇌가 단절되고 삼매가 완성되었을 때, 의욕의 삼마지와 단행을 구비한 신족이라고 말해지고, 정진·마음·관찰의 삼마지와 단행을 구비한 신족이라고 말해진다.〉

562 『유가사지론』 인용문에 따라 '彼'를 '卽'으로 고친다.

563 앞 문단의 『유가사지론』 인용문에서 해당하는 문장은 "此中欲者, 即是彼欲, 此中策勵, 即彼精進, 此中信者, 即彼信, 此中安念正知思捨, 即彼方便"이다. "此中策勵, 即彼精進, 此中信者, 即彼信, 此中安念正知思捨,"의 부분이 '乃至'로 축약되어 있다.

[앞 단계의 수행 양상]들이라고 말하는 것이다.

또 비록 [욕삼마지欲三摩地·근삼마지勤三摩地·심삼마지心三摩地·관삼마지觀三摩地를 각각 닦는] 네 사람은 [각자] 의욕(欲)[·정진(勤)·마음(心)·이해(觀)] 등을 모두 지니지만 [의욕(欲)·정진(勤)·마음(心)·이해(觀) 중 어느 한쪽이] '특히 향상됨'(偏增)을 감안하여 네 가지 차이를 말하는 것이지, '의욕이 [특히] 향상된 사람'(欲增上者)에게는 정진(精進, 勤)[·마음(心)·이해(觀)] 등에 의한 수행이 전혀 없다거나 '이해가 [특히] 향상된 사람'(觀增上者)에게는 의욕(欲)[·정진(勤)·마음(心)] 등에 의한 수행이 전혀 없다고 하는 것이 아니다. 이제 [『대승아비달마잡집론大乘阿毘達磨雜集論』이나 『유가사지론瑜伽師地論』과 같은] 논서에 의거하[여 설명하]는 것을 그치고 다시 [『중변분별론中邊分別論』] 본문을 해석하겠다.

[第四釋] 何者名失耶?

[第四頌] 懈怠忘尊教, 及下劣掉起, 不作意作意, 此五失應知.

[第四釋] 懈怠者, 沒嬾惡處. 忘尊教者, 如師所立法名句味等, 不憶不持故. 下劣掉起者, 兩障合爲一, 憂喜爲體故, 沈浮是其事. 此位中沈浮時, 不作意是第四過失. 若無此二而作意, 是第五過失. 爲滅此五失, 安立八種禪定資糧. 爲滅懈怠, 何者爲四? 一欲, 二正勤, 三信, 四猗. 復有四法次第應知.

[T31, 458b14~23]

【네 번째 해석】

어떤 것들을 [다섯 가지] 허물(失)이라고 부르는가?

【네 번째 게송】

'해이함과 나태함'(懈怠), '고귀한 가르침을 잊음'(忘尊教), '가라앉아 위축되거나 들떠 일어남'(下劣掉起), '[필요한] 주의를 기울이지 않음'(不作意), '[불필요한] 주의를 기울임'(作意), 이 '다섯 가지 허물'(五失)을 알아야 하네.

【네 번째 해석】

'해이함과 나태함'(懈怠)이라는 것은, 게으름(嬾)이라는 '해로운 곳'(惡處)에 빠지는 것이다. '고귀한 가르침을 잊음'(忘尊敎)이라는 것은 '스승[인 부처님]이 세운 가르침'(師所立法)의 단어(名)·문장(句)·음소(味)[564]들대로 기억하지 않고 지니지 않는 것이다. '가라앉아 위축된 것이나 들떠 일어난 것'(下劣掉起)이라는 것은 두 가지 장애를 합하여 하나로 삼은 것이니, 근심(憂)과 즐거움(喜)은 바탕(體)이 되는 것이고 '가라앉는 것'(沈)과 '들뜨는 것'(浮)은 그 현상(事)이다.[565] 이 단계(位)에서 '가라앉거나 들뜰'(沈浮) 때 '주의를 기울이지 않는 것'(不作意)이 '네 번째 허물'(第四過失)이다. 만약 [가라앉음(沈)과 들뜸(浮),] 이 두 가지가 없는데도 '주의를 기울인다면'(作意) 이것은 '다섯 번째 허물'(第五過失)이다.

이 '다섯 가지 허물'(五失)을 없애기 위해 '선정을 이루는 것을 돕는 여덟 가지 기초'(八種禪定資糧)를 확고히 세운다. [첫 번째 허물인] '해이함과 나태함'(懈怠)을 없애기 위해서는 어떤 것들이 네 가지 ['선정을 이루는 것을 돕는 기초'(禪定資糧)]가 되는가? 첫 번째는 의욕(欲)이고, 두 번째는 '진리다운 노력'(正勤, 精進)이며, 세 번째는 믿음(信)이고, 네 번째는 평안(猗, 輕安)이다. 또한 [의욕(欲), '진리다운 노력'(正勤), 믿음(信), 평안(猗), 이] 네 가지에는 순서가

---

564 명名·구句·미味: 명名·구句·문文 또는 명名·구句·어語라고도 한다. 『아비달마구사론』 권5에서는 "名謂作想, 如說色聲香味等想. 句者謂章, 詮義究竟, 如說諸行無常等章, 或能辯了業用德時相應差別, 此章稱句. 文者謂字, 如說褒阿壹伊等字."(T29, 29a11~15)라고 설명한다. 이에 따르면 명名은 '생각을 떠올리게 하는 것'(作想)으로서 색色·성聲·향香·미味 등 각각의 단어를 말하고, 구句는 뜻을 표현하는 최종적 단위인 문장(章)으로서 "제행諸行은 무상無常이다"와 같은 것이며, 문文은 아(阿, a), 이(伊, i) 등의 글자(음소, 字)를 말한다.

565 하열도기下劣掉起와 우희憂喜 및 침부沈浮: 아래 원효의 설명에서 "言憂喜爲體者, 下劣是憂, 憂其難進, 沉爲事用, 掉起是喜, 喜小所得, 浮爲事用."(H1, 827c17~20)이라고 하는 것에 따르면, '가라앉아 위축된 것'(下劣)은 바탕(體)이 되는 근심(憂)과 동의어이고, 수행에서 나아가기가 어려움을 근심하여 '가라앉는 것'(沈)이 '현상으로 나타나는 작용'(事用)이다. 또 '들떠 일어난 것'(掉起)은 바탕(體)이 되는 즐거움(喜)과 동의어이고, 수행에서 조금 얻은 것을 즐거워하여 '들뜨는 것'(浮)은 '현상으로 나타나는 작용'(事用)이다. 즉 우희憂喜와 침부沈浮는 체體와 용用의 관계에 있고, 우희는 하열도기의 다른 이름이라는 설명이다.

있음[566]을 알아야 한다.

> "何者"以下, 生起後文. 從此以下, 有二頌半. 依前總標, 次第別顯, 謂初一頌明五種失, 後一頌半頌[567]八斷行. 初中有二, 三句別顯, 一句總結. 其五失相, 釋中分明.
>
> [H1, 827c10~14: X48, 166b17~20]

(나) ['닦아 익히는 양상'(修習相)을] 하나씩 드러냄(別顯)

"어떤 것들을"(何者) 이하[의 문장][568]은 뒤의 문장을 일으키는 것이다. 이로부터 아래에는 두 게송 반[569]이 있다. 앞[의 제3송 제3구와 제4구][570]에서 ['4여의족四如意足을 닦아 익히는 양상'(修習相)을] '총괄적으로 제시한 것'(總標)에 의거하여 [이하의 두 게송 반은] 순서대로 '하나씩 밝힌 것'(別顯)이니,[571]

---

566 4법차제四法次第: 아래 '게송에 관한 해석'(釋) 문단에서 원효가 과문하는 것에 따르면 "復有以下, 正發下文."(H1, 828a5~6)이라고 하여 4법차제를 거론하는 이 마지막 문장은 다음의 제5송과 제5석의 문단을 일으키는 역할을 한다고 설명한다. 제5송과 이에 관한 원효의 설명을 토대로 4법차제를 미리 살펴보면 다음과 같다. 제5송에서는 "依處及能依, 此因緣及果."(T31, 458b24)라고 하는데, 이 제5송에 대해 원효는 의처依處가 4법四法 중 첫 번째인 욕欲을, 능의能依는 두 번째인 정근正勤을, 차인연此因緣은 의처依處(욕欲)의 원인(因)인 세 번째 신信을, 과果는 능의能依(정근正勤)의 결과인 의猗(輕安)를 가리킨다고 설명한다. 이에 따르면 4법四法은 신信(욕欲의 인연因緣)→욕欲(의처依處)→정근正勤(능의能依)→의猗(과果)의 순서를 갖는다고 하겠다.

567 문맥에 따라 '頌'을 '顯'으로 고친다.

568 『중변분별론』에서 해당하는 문장은 "何者名失耶?"이다.

569 해당하는 게송은 제4송인 ""懈怠忘尊教, 及下劣掉起, 不作意作意, 此五失應知."와 제5송인 "依處及能依, 此因緣及果." 및 제6송인 "緣境界不迷, 高下能覺知, 滅彼心功用, 寂靜時放捨."이다. 4구1송의 셈법에 따라 총 10구의 두 게송 반이 된다.

570 해당하는 게송은 "捨離五失故, 修習八資糧."이다.

571 "앞에서 ['4여의족四如意足을 닦아 익히는 양상'(修習相)을] '총괄적으로 제시한 것'"(前總標)이라는 용어는 과문상 '다. '다. 명여의족明四如意足'에서 '다) 명수습상明修習相'의 첫 번째 문단 제목인 '(가) 거수총표擧數總標'를 가리키고, 해당 게송은 제3송의 제3·4구인 "捨離五失故, 修習八資糧."이다. 즉 제3송의 후반부에서 5실五失과 8자량八資糧을 총괄적으로 제시한 것에 의거하여 지금 제4송 이하의 두 게송 반에서는 그 구체적 내용들을 하나씩 드러낸다는 것이다. 이제까지의 과문과 지금 본문에서 새롭게 제시하는 과문을 합하여 게송에 의거한 목차를 정리해 보면 다음과

㉮ 다섯 가지 허물을 밝힘(明五種失)

처음의 한 게송[572]에서는 '다섯 가지 허물'(五種失)을 밝히고, 뒤의 한 게송 반[573]에서는 '여덟 가지 마음현상으로 번뇌를 끊는 수행'(八斷行)을 드러낸다.

ㄱ. 하나씩 드러냄(別顯)

처음[의 '다섯 가지 허물을 밝힘'(明五種失)]에는 두 가지가 있으니, [제4송의] 세 구절[574]은 '하나씩 드러내는 것'(別顯)이고

ㄴ. 총괄하여 맺음(總結)

[마지막] 한 구절[575]은 '총괄하여 맺는 것'(總結)이다. 그 [제4송의 네 구절에서 밝힌] '다섯 가지 허물'(五失)의 특징(相)들은 [『중변분별론』의] 해석(釋) [문단]에 [자세히] 나누어서 설명되어 있다.

같다.

다. '선정으로 번뇌를 끊어 원하는 대로 할 수 있는 능력의 계발'을 밝힘(明四如意足): 제3송~제6송

가) [4여의족四如意足 수행의] 바탕을 나타냄(出體): "隨事住於彼,"(제3송의 제1구)

나) [여의족如意足이라는] 명칭을 해석함(釋名): "爲成就所須."(제3송의 제2구)

다) [4여의족四如意足을] 닦아 익히는 양상을 밝힘(明修習相): 제3송의 제3구~제6송

(가) 숫자를 들어 ['닦아 익히는 양상'(修習相)을] 총괄적으로 제시함(擧數總標): 제3송 제3구~제4구

㉮ [4여의족四如意足] 수행으로 [다섯 가지] 허물을 버리는 것을 제시함(標所修行捨失): "捨離五失故,"(제3송의 제3구)

㉯ [4여의족四如意足 수행의] 내용[인 '깨달음의 기초를 마련하는 여덟 가지 수행'(八資糧)]을 제시함(標所): "修習八資糧."(제3송의 제4구)

(나) ['닦아 익히는 양상'(修習相)을] 하나씩 드러냄(別顯): 제4송~제6송

㉮ 다섯 가지 허물을 밝힘(明五種失): 제4송

ㄱ. 하나씩 드러냄(別顯): "懈怠忘尊教, 及下劣掉起, 不作意作意,"(제4송의 제1구~제3구)

ㄴ. 총괄하여 맺음(總結): "此五失應知."(제4송의 제4구)

㉯ 여덟 가지 마음현상으로 번뇌를 끊는 수행을 드러냄(顯八斷行): 제5송~제6송

572 해당하는 게송은 제4송인 "懈怠忘尊教, 及下劣掉起, 不作意作意, 此五失應知."이다.

573 해당하는 게송은 제5송인 "依處及能依, 此因緣及果."와 제6송인 "緣境界不迷, 高下能覺知, 滅彼心功用, 寂靜時放捨."이다.

574 해당하는 구절은 제4송의 제1구~제3구인 "懈怠忘尊教, 及下劣掉起, 不作意作意."이다.

575 해당하는 구절은 제4송의 제4구인 "此五失應知."이다.

釋中, 次第釋五種失. 第一中, 言"沒懶惡處"者, 著散亂處, 不起精進也. 第二中, 言"不憶不持"者, 不憶教言, 不持教旨也. 第三中, 言"憂喜爲體"者, 下劣是憂, 憂其難進, 沉爲事用. 掉起是喜, 喜小所得, 浮爲事用. 此二相待, 互徧爲障, 是故合立, 爲一過失. 如合斷常, 爲一邊見也.
第四過者, 沉時修觀, 浮時修止, 而不隨時作意修治, 故不作意爲過失也.
第五過者, 沉浮滅時, 卽應任捨. 若沉滅後, 猶作離[576]意, 則還起浮, 若浮息後, 猶作止意, 亦還入沉. 故無二時作意, 爲障也.

[H1, 827c14~828a3: X48, 166b20~c5]

※【제4송에 관한】 해석(釋)

A. 다섯 가지 허물을 순서대로 해석함(次第釋五種失)

[제4송에 관한] 해석(釋)에서는 [먼저] '다섯 가지 허물'(五種失)을 순서대로 해석한다. 첫 번째 [허물인 '해이함과 나태함'(懈怠)]에 관해 "'게으름'이라는 '해로운 곳'에 빠지는 것이다"(沒懶惡處)라고 말한 것은, '산만하고 어지러운 곳'(散亂處)에 집착하여 '정진[하는 마음]'(精進)을 일으키지 못하는 것이다. 두 번째 [허물인 '고귀한 가르침을 잊음'(忘尊教)]에 관해 ['스승인 부처님이 세운 가르침'(師所立法)의 단어(名)·문장(句)·음소(味)들대로] "기억하지 않고 지니지 않는 것이다"(不憶不持)라고 말한 것은, '가르친 말씀'(教言)을 기억하지 않고 '가르침의 뜻'(教旨)을 지니지 않는 것이다. 세 번째 [허물인 '가라앉아 위축된 것이나 들떠 일어난 것'(下劣掉起)]에 관해 "'근심'과 '즐거움'은 '바탕'이 되는 것이다"(憂喜爲體)라고 말한 것은 [다음과 같은 뜻이다.] '가라앉아 위축된 것'(下劣)은 근심(憂)이니, 그 [수행에서] 나아가기가 어려움을 근심하여 '가라앉는 것'(沉)이 '현상으로 나타나

576 문맥에 따라 '離'를 '觀'으로 교감한다.

는 작용'(事用)이 되는 것이다. [또] '들떠 일어난 것'(掉起)은 즐거움(喜)이니, [수행에서] 조금 얻은 것을 즐거워하여 '들뜨는 것'(浮)이 '현상으로 나타나는 작용'(事用)이 되는 것이다. ['가라앉아 위축된 것'(下劣)과 '들떠 일어난 것'(掉起),] 이 두 가지는 서로 의지하고 서로 모두 장애(障)를 이루기 때문에 합하여 세워서 하나의 허물(過失)로 삼는다. 마치 '아무것도 없다[는 견해]'(斷)와 '항상 있다[는 견해]'(常)를 합하여 하나의 '치우친 견해'(邊見)로 삼는 것과 같다.

네 번째 [허물인 '필요한 주의를 기울이지 않음'(不作意)]이라는 것은 [다음과 같은 뜻이다.] '가라앉을'(沉) 때는 '이해수행'(觀)을 닦고 '들뜰'(浮) 때는 '그침 수행'(止)을 닦는 것이지만 〈[적절한] 때에 따라 '[필요한] 주의를 기울여 [장애를] 치유하지 않는 것〉(不隨時作意修治)이니, 따라서 '[필요한] 주의를 기울이지 않음'(不作意)은 허물(過失)이 된다.

다섯 번째 [허물인 '불필요한 주의를 기울임'(作意)]이라는 것은 [다음과 같은 뜻이다.] '가라앉거나 들뜨는 것'(沉浮)이 사라졌을 때에는 곧 '치우치지 않음'(捨)[577][이라는 마음현상]에 맡겨야 한다. 만약 가라앉음(沉)이 사라지고 나서도 여전히 '이해수행에 관한 주의'(觀意)를 기울이면 다시 들뜸(浮)을 일으키게 되고, 만약 들뜸(浮)이 사라지고 나서도 여전히 '그침 수행에 관한 주의'(止意)를 기울이면 또한 다시 가라앉음(沉)에 들어가게 된다. 그러므로 [가라앉음(沉)과 들뜸(浮), 이] 두 가지가 없을 때에 '[불필요한] 주의를 기울이는 것'(作意)은 장애(障)가 된다.

> "爲滅"以下, 明能治行, 亦先發起. 於中三句. 初句總標立八種定, 次句別顯立前四意, "復有"以下, 正發下文.
>
> [H1, 828a3~6: X48, 166c5~7]

577 사捨: 사(行捨)는 유식불교의 6위심소六位心所 중에서 선심소善心所에 속한다. 『성유식론』 권6에서는 무탐無貪·무진無瞋·무치無癡의 '세 가지 능력'(三根)의 확보에 정진함으로써 마음이 평등平等과 정직正直과 무공용無功用에 머무르는 것이 특성(性)이라고 설명한다. '근勤·신信·안安·사捨' 역주 참조.

B. 치유하는 수행을 밝힘(明能治行)

"[이 '다섯 가지 허물'(五失)을] 없애기 위해"(爲滅) 이하[578]에서는 '치유하는 수행'(能治行)을 밝히면서 또한 [이 문단은 다음 제5송의 내용을] 미리 일으킨다. 여기에는 세 구절이 있다. 첫 번째 구절[579]에서는 '[깨달음의 기초를 마련하는] 여덟 가지 선정禪定'(八種定)을 총괄적으로 제시하여 세우고, 다음 구절[580]에서는 ['깨달음의 기초를 마련하는 여덟 가지 선정禪定'(八種定) 중에서] 앞의 네 가지에 관한 의미를 하나씩 드러내어 세우며, [세 번째 구절인] "또한 [의욕(欲), '진리다운 노력'(正勤), 믿음(信), 평안(猗), 이 네 가지에는 순서가] 있음을"(復有) 이하[581]에서는 곧바로 아래의 문장[인 제5송]을 일으킨다.

[第五頌] 依處及能依, 此因緣及果.

[第五釋] 欲者, 正勤依處, 能依者, 正勤, 此依處名欲. 有何因, 是名信? 若有信, 即生欲. 此能依者, 名正勤果, 此果名猗. 若作正勤, 得所求禪定故. 餘四種資糧, 一念, 二智, 三作竟,[582] 四捨. 滅餘四種失, 如次第對治, 此念等四法, 次第應知.

[T31, 458b24~29]

【다섯 번째 게송】

['해이함과 나태함'(懈怠)을 없애는 네 가지 선정수행이라는 것은] ['진리다운 노력'(正勤)이]
'의지하는 근거'(依處)[인 의욕(欲)]과 [의욕(欲)을] '의지하는 것'(能依)[인 '진리다운

578 해당하는 문장은 "爲滅此五失, 安立八種禪定資糧. 爲滅懈怠, 何者爲四? 一欲, 二正勤, 三信, 四猗. 復有四法次第應知."이다.
579 해당하는 문장은 "爲滅此五失, 安立八種禪定資糧."이다.
580 해당하는 문장은 "爲滅懈怠, 何者爲四? 一欲, 二正勤, 三信, 四猗."이다.
581 해당하는 문장은 "復有四法次第應知."이다.
582 문맥에 따라 '竟'을 '意'로 고친다. 『중변분별론』 제6석第六釋에서는 여4종자량餘四種資糧의 세 번째 자량資糧을 설명하고 나서 "是名作意."(T31, 458c4~5)라고 적시한다.

노력'(正勤)], 이 [의욕(欲)과 '진리다운 노력'(正勤)의] '원인과 조건'(因緣)[인 믿음(信)]과 ['진리다운 노력'(正勤)의] 결과(果)[인 평안(猗)]이네.

【다섯 번째 해석】

의욕(欲)이라는 것은 '진리다운 노력'(正勤)이 '의지하는 근거'(依處)이고, [의욕(欲)에] '의지하는 것'(能依)은 '진리다운 노력'(正勤)이니, 이 ['진리다운 노력'(正勤)이] '의지하는 근거'(依處)를 의욕(欲)이라고 부른다. [의욕(欲)에는] 어떤 원인(因)이 있기에 이 [원인(因)]을 믿음(信)이라고 부르는가? 만약 믿음(信)이 있다면 곧바로 의욕(欲)을 일으키는 것이다. 이 [의욕(欲)에] '의지하는 것'(能依)을 [의욕(欲)의 결과(果)인] '진리다운 노력이라는 결과'(正勤果)라 부르고, 이 ['진리다운 노력'(正勤)의] 결과(果)를 평안(猗)이라고 부른다. 만약 '진리다운 노력'(正勤)을 일으킨다면 추구하는 선정禪定을 얻어 [몸과 마음이 평안해지기(猗)] 때문이다.[583]

나머지 '[선정을 이루는 것을 돕는] 네 가지 기초'(四種資糧)는 첫 번째가 [두 번째 허물인 '고귀한 가르침을 잊음'(忘尊教)을 치유하는] '[잊지 않고] 간직함'(念)이고, 두 번째는 [세 번째 허물인 '가라앉아 위축된 것이나 들떠 일어난 것'(下劣掉起)을 치유하는] '[허물의 상태를] 앎'(智)이며, 세 번째는 [네 번째 허물인 '필요한 주의를 기울이지 않음'(不作意)을 치유하는] '[필요한] 주의를 기울임'(作意)이고, 네 번째는 [다섯 번째 허물인 '불필요한 주의를 기울임'(作意)을 치유하는] '치우치지 않음'(捨)[584]이다. 나

583 정근正勤으로 선정禪定을 얻은 결과(果)인 의猗: 아래에서 원효는 본문의 해당 문장에 관해 "言〈若作正勤, 得所求禪定故〉者, 得禪定時, 麤重息滅, 於此即得身心輕安. 輕安曰猗."(H1, 828a18~20)라고 설명한다. 이에 따르면 정근을 통해 선정을 얻으면 추중麤重이 사라져 곧바로 몸과 마음이 경안輕安(猗)을 얻는다. 번역에 이 내용을 반영했다.

584 사捨: 앞서 원효는 제4송에 관한 해석(釋) 문단에서 "沉浮滅時, 即應任捨."(H1, 827c23~828a1)라고 하여 '가라앉는 것'(沉)과 '들뜨는 것'(浮)의 허물이 사라졌을 때 익혀야 하는 선정수행으로 '치우치지 않음'(捨)을 거론한 적이 있다. 또한 나머지 4종자량四種資糧을 본격적으로 논의하는 아래 제6석에 관한 원효의 설명에서는 여덟 번째 자량資糧인 이 사捨에 관해 『대승아비달마잡집론』의 자세한 설명을 인용하면서 특별히 주목한다. 그 대목(H1, 828b8 이하)에 따르면 사捨에 관한 선정수행은 초初·중中·후위後位로 나뉘는데, 요약하면 사멸捨滅의 초위初位에서는 심평

머지 '네 가지 허물'(四種失)을 사라지게 하려면 [이와 같은] 순서대로 치유하는 것이니, 이 '[잊지 않고] 간직함'(念)[·'허물의 상태를 앎'(智)] 등의 네 가지 [선정 수행]을 순서대로 알아야 한다.

頌中有二. 初之二句, 明前四行, 次之一頌, 顯後四行. 用初四行, 總治一障. 所以然者, 諸障之中, 懈怠無[585]首, 除遣爲難故, 須欲勤能所相依, 及與信猗因果相助, 依此四力, 乃能摧伏. 其後四過, 已失上首, 障力微劣, 隨一能除. 言"依處"者, 是第一欲, "及能依"者, 第二正勤, 先深欲樂寂靜功德, 依此, 發起勤精進故. "此因緣"者, 依處之因, 是第三信, □[586]決定信, 起欲樂故. 言"及果"者, 能依之果, 是第四猗, 正勤爲因, 得猗果故.

[H1, 828a7~17: X48, 166c8~15]

등성心平等性을, 중위中位에서는 심정직성心正直性을, 최후위最後位에서는 심무공용성心無功用性을 증득한다. 『성유식론』 권6에서 사捨(行捨)는 유식불교의 6위심소六位心所 중에서 선심소善心所에 속하고, 무탐無貪·무진無瞋·무치無癡의 '세 가지 능력'(三根)의 확보에 정진함으로써 마음이 평등平等과 정직正直과 무공용無功用에 머무르는 것이 특성(性)이라고 하는 내용과 거의 일치하는 설명이기도 하다. 『성유식론』 권6의 설명에 관해서는 '근勤·신信·안安·사捨' 역주 참조. 한편 『중변분별론』의 제6석에서는 "起放捨心, 放流相續, 名捨滅."(T31, 458c5~6)이라고 하여 여덟 번째 자량資糧을 사멸捨滅이라고 부르므로 이에 따라 지금 본문에서 "四捨"라고 문장을 끊은 것을 "四捨滅"이라고 달리 끊을 수도 있겠으나, 여기서는 이 제6석에 관한 아래 원효의 과문에서 "〈滅餘〉以下, 對過以明."(H1, 828a23)이라고 문단을 나눈 것에 의거했다. 사捨(捨滅)를 끝으로 이제까지 『중변분별론』에서 8종자량八種資糧으로 나열된 ①욕欲·②정근正勤·③신信·④의猗·⑤염念·⑥지智·⑦작의作意·⑧사捨는, 앞의 4여의족四如意足에 관한 5문분별五門分別의 '수습修習' 단락에서 『대승아비달마잡집론』에 의거하여 "神足修習者, 謂數修習八種斷行, 謂欲精進信安正念正知思捨."(H1, 823b9~11)라고 8종단행八種斷行의 내용으로 나열된 ①욕欲·②정진精進·③신信·④안安·⑤정념正念·⑥정지正知·⑦사思·⑧사捨에 순서대로 상응한다.

585 한불전 교감주에 "'無'는 '爲'인 듯하다"라고 되어 있다. 교감주에 따라 '無'를 '爲'로 고친다.

586 문맥에 따라 탈자인 '□'를 '依'로 고친다.

㉯ 여덟 가지 마음현상으로 번뇌를 끊는 수행을 드러냄(顯八斷行)[587]

['여덟 가지 마음현상으로 번뇌를 끊는 수행'(八斷行)을 드러내는] 게송(頌)에는 두 가지가 있다.

ㄱ. 앞의 네 가지 수행을 밝힘(明前四行)

처음의 두 구절[인 제5송][588]에서는 ['여덟 가지 마음현상으로 번뇌를 끊는 수행'(八斷行) 중에서] '앞의 네 가지 수행'(前四行)을 밝히고, 다음의 한 게송[인 제6송][589]에서는 '뒤의 네 가지 수행'(後四行)을 드러낸다. '처음의 네 가지 수행'(初四行)으로는 모두 하나의 장애(障)[인 '해이함과 나태함'(懈怠)]을 치유한다. 왜냐하면, 모든 장애(障) 중에서 '해이함과 나태함'(懈怠)이 우두머리여서 제거하기가 어렵기 때문에 반드시 의욕(欲)과 '[진리다운] 노력'(勤)이 '의지하는 것과 의지하는 근거'(能所)로서 서로 의거해야 하고 또한 믿음(信) 및 평안(猗)과 더불어 서로 '원인과 결과'(因果)로서 도와야 하니, 이 '네 가지 능력'(四力)에 의거해야 [우두머리인 '해이함과 나태함'(懈怠)을] 제압할 수 있는 것이다. [그러할 때] 그 ['해이함과 나태함'(懈怠)] '뒤의 네 가지 허물'(後四過)[인 '고귀한 가르침을 잊음'(忘尊教), '가라앉아 위축되거나 들떠 일어남'(下劣掉起), '필요한 주의를 기울이지 않음'(不作意), '불필요한 주의를 기울임'(作意)]은 이미 우두머리를 잃어 '장애하는 힘'(障力)이 미약하기에 ['뒤의 네 가지 수행'(後四行) 중] 하나씩에 의거해도 제거할 수 있다.

[제5송에서] "의지하는 근거"(依處)라고 말한 것은 ['여덟 가지 마음현상으로 번뇌를 끊는 수행'(八斷行)의] 첫 번째인 의욕(欲)이고 "의지하는 것"(及能依)은 두 번째인 '진리다운 노력'(正勤)이니, 먼저 '[분별망상이] 그쳐 고요한 경지의 이로운 능력'(寂靜功德)을 즐기기를 깊이 의욕하고 이 [의욕(欲)]에 의거하여 '[진리답게] 노력하는 정진'(勤精進)을 일으키기 때문이다. "이 [의욕(欲)과 '진리다운 노력'(正勤)의] '원인과 조건'"(此因緣)이라는 것은 '의지하는 근거'(依處)[인 의욕(欲)]의 원인으로서 ['여덟 가지 마음현상으로 번뇌를 끊는

587 본문에는 생략되어 있지만, 앞서 '닦아 익히는 양상'(修習相)에 관한 '별현別顯' 단락의 서두에서 "初一頌明五種失, 後一頌半顯八斷行."(H1, 827c12~13)이라고 과문한 것에 따라 제목을 붙인다.
588 해당하는 게송은 제5송인 "依處及能依, 此因緣及果."이다.
589 해당하는 게송은 제6송인 "緣境界不迷, 高下能覺知, 滅彼心功用, 寂靜時放捨."이다.

수행'(八斷行)의] 세 번째인 믿음(信)이니, '확실한 믿음'(決定信)에 의거하여 '즐기려는 의욕'(欲樂)을 일으키기 때문이다. "결과"(及果)라고 말한 것은 '의지하는 것'(能依)[인 '진리다운 노력'(正勤)]의 결과로서 네 번째인 평안(猗)이니, '진리다운 노력'(正勤)을 원인(因)으로 삼아 '평안이라는 결과'(猗果)를 얻기 때문이다.

> 釋中, 次第釋此四種. 第四中, 言"若作正勤, 得所求禪定故"者, 得禪定時, 麤重息滅, 於此即得身心輕安. 輕安曰猗, 適悅爲相. 故約得定, 以顯猗果. "餘四"以下, 明後四行, 亦先發起. 於中, 先即擧數列名, "滅餘"以下, 對過明.[590]
>
> [H1, 828a18~23: X48, 166c16~20]

※【제5송에 관한】 해석(釋)

A. 이 [앞의] 네 가지 [수행]을 순서대로 해석함(次第釋此四種)

[제5송에 관한] 해석(釋)에서는 [먼저] 이 [앞의] 네 가지 [수행]을 순서대로 해석한다. 네 번째[인 평안(猗)]에 관해 "만약 '진리다운 노력'(正勤)을 일으킨다면 추구하는 것인 선정禪定을 얻어 [몸과 마음이 평안해지기(猗)] 때문이다"(若作正勤, 得所求禪定故)라고 말한 것은, 선정禪定을 얻었을 때 '거칠고 무거운 번뇌'(麤重)가 그쳐 사라지고 여기에서 곧바로 몸과 마음이 '홀가분한 안정'(輕安)을 얻는다는 것이다. [이] '홀가분한 안정'(輕安)을 평안(猗)이라 하는데, '상쾌한 즐거움'(適悅)이 특징(相)이다. 그러므로 ['진리다운 노력'(正勤)으로] 선정禪定을 얻는 것에 의거하여 '평안이라는 결과'(猗果)를 드러낸 것이다.

590 한불전 교감주에 "'明' 앞에 '以'가 탈락된 듯하다"라고 되어 있다. 교감주에 따라 '明' 앞에 '以'를 넣는다.

B. 뒤의 네 가지 수행을 밝힘(明後四行)

"나머지 '[선정을 이루는 것을 돕는] 네 가지 [기초]'"(餘四) 이하[591]에서는 '뒤의 네 가지 수행'(後四行)을 밝히면서 또한 [다음 제6송의 내용을] 미리 일으킨다. 여기서는 먼저[592] '숫자를 들어 [뒤의 네 가지 수행의] 명칭을 나열하고'(擧數列名), "나머지 ['네 가지 허물'(四種失)을] 사라지게 하려면"(滅餘) 이하[593]에서는 [나머지 네 가지] 허물(過)에 상대하여 ['뒤의 네 가지 수행'(後四行)의 순서를] 밝힌다.

> [第六頌] 緣境界不迷, 高下能覺知, 滅彼心功用, 寂靜時放捨.
> [第六釋] 念者, 不忘失境界. 智者, 不忘失境界時, 覺知沈浮兩事. 覺知已, 爲滅此, 作功用意, 是名作意. 此沈浮二法寂滅已, 起放捨心, 放流相續, 名捨滅.
> [T31, 458c1~6]

【여섯 번째 게송】

['여덟 가지 마음현상으로 번뇌를 끊는 수행'(八斷行) 중에서 '뒤의 네 가지 수행'(後四行)이라는 것은] ['고귀한 가르침'(尊教)으로] '관계 맺는 대상'(緣境界)에 미혹하지 않는 것[인 '잊지 않고 간직함'(念)], '들뜨거나 가라앉는 것'(高下)을 알아차릴 수 있는 것[인 '[허물의 상태를] 앎'(智)], 저 ['들뜨거나 가라앉는 것'(高下)]을 없애려는 마음의 작용(功用)[인 '필요한 주의를 기울임'(作意)], ['들뜨거나 가라앉는 것'(高下)이] '그쳐 고요해졌을'(寂靜) 때 ['가라앉거나 들뜨는 두 가지 현상'(沈浮兩事)을 없애려는 '마음의 작

591 해당하는 문장은 "餘四種資糧, 一念, 二智, 三作竟, 四捨. 滅餘四種失, 如次第對治, 此念等四法, 次第應知."이다.
592 해당하는 문장은 "餘四種資糧, 一念, 二智, 三作竟, 四捨."이다.
593 해당하는 문장은 "滅餘四種失, 如次第對治, 此念等四法, 次第應知."이다.

용'(心功用)을] '내려놓아 치우치지 않는 것'(放捨)[인 '치우치지 않음'(捨)]이네.[594]

【여섯 번째 해석】

'[잊지 않고] 간직함'(念)이라는 것은 ['고귀한 가르침'(尊敎)이라는] 대상(境界)을 잊어버리지 않는 것이다. '[허물의 상태를] 앎'(智)이라는 것은 ['고귀한 가르침'(尊敎)이라는] 대상(境界)을 잊어버리지 않을 때 '가라앉거나 들뜨는 두 가지 현상'(沈浮兩事)을 알아차리는 것이다. ['가라앉거나 들뜨는 두 가지 현상'(沈浮兩事)을] 알아차리고 나서 이 [두 가지 현상]을 없애기 위해 '힘쓰려는 마음'(功用意)을 일으키니, 이것을 '[필요한] 주의를 기울임'(作意)이라고 부른다. 이 '가라앉거나 들뜨는 두 가지 현상'(沈浮二法)이 그쳐 사라지고 나서는 ['마음의 작용'(心功用)을] '내려놓아 치우치지 않는 마음'(放捨心)을 일으키니, ['가라앉거나 들떠 평등하지 못한 상태'(不平等性)를] 내려놓고(放) ['바로잡힌 상태'(正直性)를] 나타내어(流) ['불필요한 작용이 없는 상태'(無功用性)를] '이어 나가는 것'(相續)을[595] '치우치

594 5실五失과 8자량八資糧: 4여의족四如意足의 수습상修習相에 관한 이제까지의 논의에 따라 5실五失과 5실五失을 치유하는 8자량八資糧의 관계를 표로 나타내면 다음과 같다.

5실五失	8자량八資糧(八斷行)
①해태懈怠	①욕欲: 의처依處 ②정근正勤(精進): 능의能依 ③신信: 인연因緣 ④의猗(輕安): 과果
②망존교忘尊敎	⑤염念(正念): 연경계불미緣境界不迷
③하열도기下劣掉起	⑥지智(正知): 고하능각지高下能覺知
④부작의不作意	⑦작의作意(思): 멸피심공용滅彼心功用
⑤작의作意	⑧사捨: 적정시방사寂靜時放捨

595 기방사심起放捨心과 방류상속放流相續: 제6석에서 제8자량第八資糧인 사捨(捨滅)를 설명하는 이 마지막 문장에 관해 원효는 아래에서 자세한 주석을 붙이고 있다. 번역을 위해 그 내용을 미리 살펴보면 대체로 다음과 같다. 먼저 원효가 인용하는 『대승아비달마잡집론』 권1(T31, 697c17~24; H1, 828b9~18)의 내용을 요약하면 사捨에 관한 선정수행은 초初·중中·후위後位로 나뉘고 사捨의 초위初位에서는 심평등성心平等性을, 중위中位에서는 심정직성心正直性을, 후위後位에서는 심무공용성心無功用性을 증득한다는 것이다. 이 『대승아비달마잡집론』 권1의 논의에 의거하여 원효는 본문의 기방사심起放捨心과 방류상속放流相續이라는 용어를 다음과 같이 분석한다. "今言〈起捨心〉者, 是總標句. 次言〈放〉者, 顯初位中心平等性, 初始放捨不平等故. 次言〈流〉者, 顯第二位心正直性, 從平等, 流四正直故. 言〈相續〉者, 是顯第三無功用住, 由無功用, 得久住故."(H1, 828b18~23.) 이에 따르면 먼저 본문의 기방사심起放捨心은 제8자량第八資糧인 사捨(捨滅)를 '총괄적으로 제시한 구절'(總標句)이다. 다음의 방류상속放流相續은 방放·유流·상속相續으로 나뉘어 각각 초위初位의 심평등성心平等性, 중위中位의 심정직성心正直性, 후위後位의 심무공용성心無功用性

지 않아 [허물이] 사라진 상태'(捨滅, 捨)라고 부른다.

次頌中四句, 隨顯四相. 初言"緣境界不迷"者, 即是正念, 對治忘教. 次言"高下能覺知"者, 是正智, 對第三過. 覺知沉浮, 浮高沉下, 隨至覺知也. "滅彼心功用"者, 是明作意, 爲滅沉浮, 用心作意, 隨起對治. 此中作意, 正是思數, 推發止觀, 故名作意, 非遍行內作意數也. "寂靜時放捨"者, 是明捨相, 沉浮滅時, 任放而捨也.

[H1, 828a23~b7: X48, 166c20~167a1]

ㄴ. 뒤의 네 가지 수행을 드러냄(顯後四行)[596]

다음으로 [여섯 번째] 게송에서 네 구절은 ['뒤의 네 가지 수행'(後四行)에 해당하는] '네 가지 특징'(四相)을 [순서에] 따라 드러낸 것이다. 처음에 "['고귀한 가르침'(尊敎)으로] '관계 맺는 대상'에 미혹하지 않는 것"(緣境界不迷)이라고 말한 것은 [다섯 번째 수행인] '진리답게 [잊지 않고] 간직함'(正念)에 해당하니, [두 번째 허물인] '[고귀한] 가르침을 잊음'(忘敎)을 치유한다. 다음으로 "'들뜨거나 가라앉는 것'을 알아차릴 수 있는 것"(高下能覺知)이라고 말한 것은 [여섯 번째 수행인] '진리답게 앎'(正智)이니, 세 번째 허물(第三過)[인 '가라앉아 위축된 것이나 들떠 일어난 것'(下劣掉起)]에 상대[하여 치유]한다. '가라앉거나 들뜸'(沉浮)을 알아차려 '들떠 자만하는 것'(浮高)과 '가라앉아 위축되는 것'(沉下)에 따라가면서 알아차리는 것이다.

"저 ['들뜨거나 가라앉는 것'(高下)]을 없애려는 마음의 작용"(滅彼心功用)이라는 것은 [일곱 번째 수행인] '[필요한] 주의를 기울임'(作意)을 밝힌 것이니, '가라앉거나 들뜸'(沉

에 차례대로 견주되는 용어이다. 즉 방放은 침부양사沉浮兩事에 대한 불평등성不平等性을 방사放捨하는 초위初位, 유流는 불평등성不平等性에서 벗어나 4정직四正直을 나타내는 중위中位, 상속相續은 무공용성無功用性에 오래 머무르는 후위後位에 해당한다.

596 본문에는 생략되어 있지만 앞의 '⑭ 현팔단행顯八斷行' 문단 서두에서 "初之二句明前四行, 次之一頌顯後四行."이라고 과문한 것에 따라 제목을 붙인다.

浮)을 없애기 위해 마음을 써서 '[필요한] 주의를 기울여'(作意) ['가라앉거나 들뜸'(沉浮)이 각각] 일어남에 따라 치유하는 것이다. 여기서 '[필요한] 주의를 기울임'(作意)은 바로 '사유판단이라는 마음현상'(思數)이니, [들뜰 때의] '그침 수행'(止)과 [가라앉을 때의] '이해 수행'(觀)을 [때에 따라] 추동시켜 일으키기 때문에 '[필요한] 주의를 기울임'(作意)이라고 부르는 것이지 [다섯 가지의] '보편적으로 작용하는 [마음현상]'(遍行)들 중에서 '마음을 일으킴이라는 마음현상'(作意數)[과는 같은 것]이 아니다.[597] "['들뜨거나 가라앉는 것'(高下)이] '그쳐 고요해졌을' 때 ['가라앉거나 들뜨는 두 가지 현상'(沈浮兩事)을 없애려는 '마음의 작용'(心功用)을] '내려놓아 치우치지 않는 것'"(寂靜時放捨)이라는 것은 [여덟 번째 수행인] '치우치지 않음'(捨)의 특징(相)을 밝힌 것이니, '가라앉거나 들뜸'(沉浮)이 사라졌을 때 [이 두 가지 현상을 없애려는 '마음의 작용'(心功用)을] 내려놓아 ['가라앉거나 들뜨는 두 가지 현상'(沈浮兩事)을 없애려는 '마음의 작용'(心功用) 그 어느 것에도] '치우치지 않는'(捨) 것이다.

> 釋中即四. 第四中言"起放捨心, 放流相續"者, 欲明捨位有初中後. 如『對法論』說, "捨者, 依止正勤無貪瞋癡, 與雜染住相違, 心平等性, 心正直性, 心無功用住性, 爲體, 不容雜染所依, 爲業. 心平等性等者, 謂以初中後位, 辨[598]捨差別. 所以者何? 由捨與心相應, 離沉沒等不平等性故, 最初證得心平等性. 由心平等, 遠離加行, 自然相續故, 次後證得心正直性. 由心正直, 於諸雜染, 無□□[599]故, 最後證得心無功用住性."
>
> [H1, 828b8~18: X48, 167a2~9]

597 변행심소遍行心所(遍行心數) 중의 작의作意와 사思의 차이점: 본서에서는 앞서 촉觸·작의作意·수受·상想·사思의 다섯 가지 변행심소遍行心所에 관해 자세히 다룬 적이 있는데, 본문에서 논의되는 작의作意와 사思 심소心所의 차이를 구분하기 위해 그 내용을 제시하면 다음과 같다. 근根·경境·식識의 세 가지가 화합한 것이 촉觸인데, 작의는 촉으로 생겨난 마음을 이끌어 스스로 마주 대하고 있는 대상(自境)에 나아가도록 하는 것으로서 작의가 없으면 대상에 대한 마음도 없는 것이다. 〈사思는 정인正因과 같은 양상을 취하여 선善이라거나 불선不善이라고 하는 것과 같은 판단을 만들어 내는 것으로서 이 사思가 있어야 하나의 판단에 따라 마음이 일어날 수 있다.〉 '변행遍行' 역주 참조. 원효의 설명에 따르면 일곱 번째 자량資糧인 '필요한 주의를 기울임'(作意)은 네 번째 허물인 '필요한 주의를 기울이지 않음'(不作意)을 치유하기 위한 것으로서 허물의 상

※【제6송에 관한】 해석(釋)

[제6송에 관한] 해석(釋)은 [‘잊지 않고 간직함’(念), ‘허물의 상태를 앎’(智), ‘필요한 주의를 기울임’(作意), ‘치우치지 않음’(捨), 이] 네 가지에 관한 것이다. [이 중에서] 네 번째에 관해 “[마음의 작용’(心功用)을] ‘내려놓아 치우치지 않는 마음’을 일으키니, [‘가라앉거나 들떠 한결같지 못한 상태’(不平等性)를] 내려놓고 [‘바로잡힌 상태’(正直性)를] 나타내어 [‘불필요한 작용이 없는 상태’(無功用性)를] ‘이어 나가는 것’”(起放捨心, 放流相續)이라고 말한 것은 ‘치우치지 않음의 단계’(捨位)에 초반·중반·후반(初中後)[의 구분]이 있음을 밝히고자 하는 것이다.

『대승아비달마잡집론大乘阿毘達磨雜集論』에서 [다음과 같이] 말한 것과 같다. “‘치우치지 않음’(捨)이라는 것은 ‘진리다운 노력’(正勤)·‘탐욕 없음’(無貪)·‘분노 없음’(無瞋)·‘어리석음 없음’(無癡)[600]에 의거하여 ‘갖가지 오염에 머무르는 [마음의 상태]’(雜染

태에 따라 ‘그침 수행’(止)과 ‘이해 수행’(觀)을 추동시켜 일으키는 것을 말하므로, 명칭이 같다고 하여 다섯 가지 변행심소들 중의 ‘마음을 일으킴’(作意)과 혼동되어서는 안 되고, 내용적으로는 사유판단(思)에 해당한다는 것이다.

598 『대승아비달마잡집론』에 따라 ‘辨’을 ‘辯’으로 고친다.

599 한불전 교감주에 “‘□□’는 ‘怯畏’인 듯하다”라고 되어 있다. 『대승아비달마잡집론』에 따라 ‘□□’를 ‘怯慮’로 고친다.

600 정근正勤과 무탐진치無貪瞋癡의 4법四法 및 4정직四正直: 원효가 인용하는 『대승아비달마잡집론』 권1의 이 대목은 “問. 何等名餘心所有法?”(T31, 697a15)이라는 물음을 시작으로 다양한 마음현상(心所有法)들의 특징을 설명하는 문맥의 일부이고, 그중에서 정근正勤·무탐無貪·무진無瞋·무치無癡의 4법四法은 선심소善心所에 속하는 것으로 거론된다. 이에 관해서는 T31, 697b25~c5 및 ‘변행遍行’ 역주 도표도 참조. 『대승아비달마잡집론』 권1의 문맥에서 이 4법四法이 한꺼번에 거론되는 또 다른 곳은 선심소善心所 중의 하나인 불방일不放逸에 관한 설명에서인데, “不放逸者, 依止正勤無貪瞋癡, 修諸善法, 於心防護諸有漏法爲體, 成滿一切世出世福爲業, 謂由正勤等爲先能修一切善法及防有漏, 是故依此四法假立不放逸體.”(T31, 697c12~15)라고 한다. 밑줄 그은 곳들에서 보듯이, 지금 본문에서 사捨에 관한 설명으로 인용된 첫 문장과 동일한 형식으로 정근正勤·무탐無貪·무진無瞋·무치無癡의 네 가지 심소유법心所有法이 거론되고 문장의 말미에서 이 네 가지 심소유법心所有法을 4법이라고 지칭하는 것을 확인할 수 있다. 한편 다음에 이어지는 문단에서 원효는 사위捨位의 제2위第二位인 심정직성心正直性을 직접 설명하면서 『중변분별론소』 이외에 다른 곳에서 용례가 보이지 않는 ‘4정직四正直’이라는 용어를 제시한다. 이 ‘4정직四正直’의 ‘4’ 역시 불방일不放逸과 사捨를 닦을 때 의거해야 하는 정근正勤·무탐無貪·무진無瞋·무치無癡의 네 가지 선심소善心所(四法)를 가리키는 것으로 보이므로 ‘4정직’은 『대승아비달마잡집론』 권1의 자체 문

住)와 서로 멀어진 것이니, '한결같은 마음의 상태'(心平等性)와 '바로잡힌 마음의 상태'(心正直性) 및 '[불필요한] 작용이 없음에 머무르는 마음의 상태'(心無功用住性)가 바탕(體)이 되고 '갖가지 오염이 의지하는 것'(雜染所依)[601][인 근본무지(無明)]를 받아들이지 않는 것이 작용(業)이 된다. '한결같은 마음의 상태'(心平等性)[·'바로잡힌 마음의 상태'(心正直性)] 등이라는 것은 '초반·중반·후반의 단계'(初中後位)로써 '치우치지 않음'(捨)의 [단계적] 차이를 변별한 것이다. 이유가 무엇인가? '치우치지 않음'(捨)이 마음(心)과 상응하는 것에 의거하여 가라앉음(沈沒)[이나 들뜸(浮擧)] 등 '한결같지 못한 상태'(不平等性)에서 벗어나기 때문에 최초에는 '한결같은 마음의 상태'(心平等性)를 증득한다. '한결같은 마음[의 상태]'(心平等)에 의거하여 '[불필요하게] 힘을 더해 가는 수행'(加行)에서 멀리 벗어나면 [그 '한결같은 마음의 상태'(心平等性)가] 자연스럽게 계속 이어지기 때문에 다음에는 '바로잡힌 마음의 상태'(心正直性)를 증득한다. '바로잡힌 마음[의 상태]'(心正直)에 의거하여 모든 '갖가지 오염'(雜染)에 대해 '두려워하는 생각'(怯慮)이 없기 때문에 최후에는 '[불필요한] 작용이 없음에 머무르는 마음의 상태'(心無功用住性)를 증득한다."[602]

맥에 관한 원효의 이해가 반영된 용어라고 하겠다.

601 잡염소의雜染所依: 『유가사지론』 권67에서는 잡염소의雜染所依와 청정소의清淨所依를 대비하면서 "愚夫無有智慧, 趣無明者, 雜染所依, 亦是聰明有大智慧, 趣於明者, 清淨所依."(T30, 671b19~21)라고 한다. 어리석은 사람이 지혜가 없어서 무명無明에 나아간 것은 잡염법雜染法의 소의所依가 되고, 총명한 사람이 대지혜大智慧가 있어서 명明에 나아간 것은 청정법清淨法의 소의가 된다는 설명이다. 『성유식론』 권6에서도 근본번뇌根本煩惱 중의 하나인 치癡(無明)에 관해 "云何爲癡? 於諸理事迷闇爲性, 能障無癡, 一切雜染所依爲業, 謂由無明起疑邪見貪等煩惱隨煩惱業, 能招後生雜染法故."(T31, 31b23~26)라고 하여, 모든 '이치와 현상'(理事)에 관해 '미혹되어 어두운 것'(迷闇)이 본질(性)인 치癡는 무치無癡를 장애하여 모든 잡염법雜染法의 소의所依가 되는 작용(業)을 갖는데, 이 잡염소의雜染所依인 무명無明(癡)이 의疑·사견邪見·탐貪 등의 근본번뇌들과 수번뇌隨煩惱들을 일으키는 작용(業)에 의거하여 나중에 생겨나는 잡염법을 불러일으킨다고 설명한다.

602 『대승아비달마잡집론』 권1(T31, 697c17~24). "捨者, 依止正勤無貪瞋癡, 與雜染住相違, 心平等性, 心正直性, 心無功用住性, 爲體, 不容雜染所依, 爲業. 心平等性等者, 謂以初中後位, 辯捨差別. 所以者何? 由捨與心相應, 離沈沒等不平等性故, 最初證得心平等性. 由心平等, 遠離加行, 自然相續故, 次復證得心正直性. 由心正直, 於諸雜染, 無怯慮故, 最後證得心無功用住性." 〈산스크리트본의 해당 내용: 출전(1) AS., p.6. // upekṣā katamā / savīryakānalobhādveṣāmohān niśritya yā saṃkliṣṭavihāravairodhikī cittasamatā cittapraśaṭhatā cittasyānābhogāvasthitatā / saṃkleśānavakāśasanniśrayadānakarmikā //; 평정이란 무엇인가? 정진과 무탐과 무진과 무진

> 今言"起捨心"者, 是總標句. 次言"放"者, 顯初位中心平等性, 初始放捨不平等故. 次言"流"者, 顯第二位心正直性, 從平等, 流四正直故. 言"相續"者, 是顯第三無功用住, 由無功用, 得久住故.
>
> [H1, 828b18~23: X48, 167a9~13]

[여섯 번째 해석(釋) 문단에서][603] 지금 [먼저] "['마음의 작용'(心功用)을] '[내려놓아] 치우치지 않는 마음'을 일으킨다"(起捨心)라고 말한 것은 ['치우치지 않음'(捨)을 해석하기 위해] '총괄적으로 제시하는 구절'(總標句)이다. 다음으로 "내려놓는다"(放)라고 말한 것은 ['치우치지 않음'(捨)의] 첫 번째 단계에서의 '마음이 평등한 상태'(心平等性)를 드러내니, 첫 번째 [단계]에서 비로소 '[가라앉거나 들떠] 평등하지 못함'(不平等)을 내려놓기 때문이다. 다음으로 "나타낸다"(流)라고 말한 것은 두 번째 단계의 '바로잡힌 마음의 상태'(心正直性)를 드러내니, '평등[한 마음상태]'(平等)에 따라 '['진리다운 노력'(正勤)·'탐욕 없음'(無貪)·'분노 없음'(無瞋)·'어리석음 없음'(無癡), 이] 네 가지가 바로잡힘'(四正直)[604]을 나타내기 때문이다. [끝으로] "이어나가는 것"(相續)이라고 말한 것은 세 번째 [단계]의 '[불필요한] 작용이 없음에 자리 잡음'(無功用住)을 드러내니, '[불필요한] 작용이 없음으로 말미암아 오래 머물게 되기 때문이다.

을 가진 것에 의지하여 염오에 머무는 것과 반대인 마음의 고름, 마음의 바름, 마음이 노력하지 않음에 머무는 것이다. 잡염의 여지가 없는 근거를 주는 것을 작용으로 한다.〉〈산스크리트본의 해당 내용: 출전(2) ASBh., p.5. cittasamatādibhir upekṣāyā ādimadhyāvasānāvasthā vyākhyātāḥ / tathā hy upekṣayā yuktaṃ cittaṃ layādivaiṣamyābhāvād āditaḥ samam / tato 'nabhisaṃskāreṇa vahanāt praśaṭham / tataḥ saṃkleśāśaṅkābhāvād anābhogāvasthitam iti /; 마음이 평등성 등에 의해 평정의 처음과 중간과 나중이 밝혀졌다. 평정과 결합한 마음이 침울 등의 고르지 않은 상태가 없기 때문에 처음에는 고른 것이다. 그 후 노력함이 없이 작용하므로 바른 것이다. 그 후 잡염의 두려움이 없기 때문에 노력하지 않는 것이다.〉

603 해당하는 문장은 "起放捨心, 放流相續."이다.

604 4정직四正直: 이에 관해서는 '정근正勤과 무탐진치無貪瞋癡의 4법四法 및 4정직' 역주 참조.

[第七釋] 四如意足後, 次第說修習五根. 此五根云何得立?

[第七頌] 已下解脫種, 欲事增上故, 境界不迷沒, 不散及思擇.

[第七釋] 此中增上, 次第五處流. 爲修四勤故, 心已隨教得住, 因此心, 已下解脫分善根種子. 一欲增上故, 二勤修增上故, 三不忘境界增上故, 四不散動增上故, 五思擇法增上故. 如次第, 信等五根應知.

[T31, 458c6~14]

【일곱 번째 해석】

'선정을 이루어 번뇌를 끊게 하는 네 가지 능력의 계발'(四如意足) 이후에는 순서대로 '[해탈을 성취하게 하는] 다섯 가지 능력의 수행'(五根)을 닦아 익히는 것에 관해 설명한다. 이 '[해탈을 성취하게 하는] 다섯 가지 능력의 수행'(五根)은 어떻게 세워지는가?

【일곱 번째 게송】

[4여의족四如意足의 수행에서] 이미 '해탈할 수 있는 종자'(解脫種)[605]를 심었기에 [다음의 5근五根 수행에서 먼저 신근信根과 정진근精進根은] 의욕(欲)과 '[부지런히 수행하는] 일'(事)이 향상된 것이고, [염근念根은] '['고귀한 가르침'(尊教)이라는] 대상을 미혹으로 잃어버리지 않음'(境界不迷沒)[이 향상된 것]이며, [정근定根과 혜

605 해탈종解脫種: 아래 제7석에서는 해탈종解脫種을 해탈분선근종자解脫分善根種子(해탈의 가능성을 높이는 과정에서 얻는 이로운 능력의 종자)라고 달리 표현한다. 해탈분解脫分은 4념주四念住·4정단四正斷·4신족四神足에 해당하고, 순해탈분順解脫分이라고도 한다. 5근五根과 5력五力은 통달분通達分에 해당하고, 순결택분順決擇分이라고도 한다. 이를 표로 나타내면 다음과 같다. 자세한 내용은 '해탈분과 통달분' 역주 참조.

4념처四念處	해탈분解脫分(順解脫分): 4선근四善根 이전	
4정근四正勤		
4여의족四如意足		
5근五根	난법煖法·정법頂法	통달분通達分(順決擇分)
5력五力	인법忍法·세제일법世第一法	

근慧根은] '산만하지 않음'(不散)과 '사유 판단'(思擇, 思)[606][이 향상된 것]이네.

【일곱 번째 해석】

이 [제7송의 제2구][607]에서 "향상된 것"(增上)[이라고 말한 것]은 순서대로 '[신信·정진精進·염念·정定·혜慧라는 5근五根의] 다섯 가지 경지'(五處)에 [모두] 적용된다.[608] '해로움은 끊고 이로움은 살리는 네 가지 수행'(四勤, 四正勤)을 닦기 때문에, [그리고 4여의족四如意足 수행으로] 마음이 이미 [고귀한] 가르침에 따라 ['마음이 한결같아진 상태'(心一境性)에] 머무르니, [4여의족四如意足 수행까지 거친] 이 마음으로 인해 이미 '해탈의 가능성을 높이는 과정에 있는 이로운 능력의 종자'(解脫分善根種子)를 심은 것이다.[609] [5근五根에서] 첫 번째[인 신근信根]

606 사택思擇(思): 어떤 대상에 관해 선善이라거나 불선不善이라고 하는 것과 같은 판단을 만들어 내는 것으로서 이 사思가 있어야 하나의 판단에 따라 마음이 일어날 수 있다. 자세한 내용은 '변행심소遍行心所(遍行心數) 중의 작의作意와 사思의 차이점' 역주 참조.

607 해당하는 문장은 "欲事增上故."이다.

608 제7석의 첫 번째 문단에 관한 원효의 설명: 원효는 아래 해석(釋)에서 제7석의 이 첫 번째 문장에 관해 "初言〈此中增上, 次第五處流〉者, 第二句中〈增上〉之言, 通流五處."(H1, 829b11~12, '〈 〉' 표시는 인용문을 가리킴)라고 주석한다. 이에 따르면 제7석의 첫 번째 문장은 제7송의 제2구에서 언급되는 "증상增上"이라는 말이 신信·정진精進·염念·정定·혜慧라는 5근五根의 '다섯 가지 경지'(五處)에 모두 적용된다(通流)는 것을 설명하는 문단이다. 한편 원효는 제7석 전체를 과문하면서 "釋中有三. 先釋根義, 次釋初一句, 後釋下三句."(H1, 829b10~11)라고 하는데, 이에 따라 제7석의 세 가지 문단을 나누어 보면 다음과 같다.

1. 석근의釋根義: "此中增上, 次第五處流."
2. 석초1구釋初一句: "爲修四勤故, 心已隨教得住, 因此心, 已下解脫分善根種子."
3. 석하3구釋下三句: "一欲增上故, 二勤修增上故, 三不忘境界增上故, 四不散動增上故, 五思擇法增上故. 如次第信等五根應知."

609 제7석의 두 번째 문단에 관한 원효의 설명: 위의 과문에서 보았듯이 여기까지가 제7송의 제1구인 "已下解脫種."을 설명하는 제7석의 두 번째 문단에 해당하는데, 이 문단에 관한 원효의 주석은 다음과 같다. "〈爲修四懃故〉者, 是擧正懃, 兼取念處. 〈心已隨敎得住〉者, 是牒四如意足心信. 言〈因此心, 已下解脫分種子〉者, 是明三四爲解脫分. 依此文, 知如是三四位在四善根之前也."(H1, 829b14~18, '〈 〉' 표시는 인용문을 가리킴.) 본문의 모든 문장을 빠짐없이 설명하고 있는 이 주석에 따르면 먼저 본문에서 4근四懃을 닦는다고 말한 것은 4정근四正勤 수행을 직접 거론한 것이면서 이전 수행인 4념처四念處 수행까지를 포함하는 것이기도 하다. 다음으로 마음이 이미 가르침에 따라 심일경성心一境性에 머무른다는 것은 4여의족四如意足을 수행한 마음이 얻는 믿음(信)을 제시한 것이다. 마지막 설명에서는 4념처·4정근·4여의족의 세 가지(三四)가 해탈분解脫分이

은 '의욕이 향상된 것'(欲增上)이고, 두 번째[인 정진근精進根]은 '부지런한 수행이 향상된 것'(勤修增上)이며, 세 번째[인 염근念根]은 '[고귀한 가르침이라는] 대상을 잊지 않음이 향상된 것'(不忘境界增上)이고, 네 번째[인 정근定根]은 '산만하지 않아 흔들리지 않음이 향상된 것'(不散動增上)이며, 다섯 번째[인 혜근慧根]은 '사유 판단하는 마음현상이 향상된 것'(思擇法增上)이다. 이와 같은 순서대로 믿음(信)[·정진함(精進)] 등 '[해탈을 성취하게 하는] 다섯 가지 능력의 수행'(五根)을 알아야 한다.

"四如意"下, 大分第四總明根力, 亦先發起. 文相可知. 頌中中[610]有二. 前一頌半正明行相, 後之二句屬當階位. 初中有三. 一頌明根, 一句明力, 後之一句明五次第.

[H1, 828b24~c4: X48, 167a14~17]

라. [해탈을 성취하게 하는 다섯 가지] 능력과 ['다섯 가지 능력'(五根)의 수행으로 얻은 다섯 가지] 힘을 총괄적으로 밝힘(總明根力)

"'선정을 이루어 번뇌를 끊게 하는 네 가지 능력의 계발' [이후에는 순서대로]"(四如意) 이하[611]는 크게 나누어 ['37도품三十七道品으로 치유하는 과정을 하나하나 밝힘'(別明對治) 단락의] 네 번째[612]인 '[해탈을 성취하게 하는 다섯 가지] 능력과 ['다섯 가지 능력'(五根)의 수행으

고, 따라서 이 세 가지는 통달분通達分인 4선근 이전의 단계임을 알 수 있다고 마무리한다.

610 한불전 교감주에 "'中'은 잉자剩字인 듯하다"라고 되어 있다. 이에 따라 '中'을 삭제한다.

611 해당하는 문장은 "四如意足後, 次第說修習五根. 此五根云何得立?"이다.

612 대분제4大分第四: '소문消文' 단원의 '① [37도품三十七道品으로] 치유하는 과정을 하나하나 밝힘(別明對治)' 단락에서 원효는 4념처四念處·4정근四正勤·4여의족四如意足·5근五根·5력五力·7각분七覺分·8성도八聖道의 7법七法 중에서 5근五根과 5력五力을 하나의 문단으로 묶어 네 번째 문단으로 과문하므로 '① [37도품三十七道品으로] 치유하는 과정을 하나하나 밝힘(別明對治)' 단락은 총 여섯 개의 문단이 된다. 자세한 내용은 '소문消文 단원의 얼개' 역주 참조.

로 얻은 다섯 가지] 힘'(根力)을 총괄적으로 밝히면서 또한 [다음 제7송의 내용을] 미리 일으킨다. 글의 내용은 [어렵지 않게] 알 수 있다.

가) [5근五根과 5력五力 수행의] 특징을 곧바로 밝힘(正明行相)

게송(頌)에는 두 가지가 있다. 앞의 한 게송 반[613]에서는 [5근五根과 5력五力] '수행의 특징'(行相)을 곧바로 밝히고, 뒤의 두 구절[614]에서는 [5근五根과 5력五力에] 해당하는 [수행의] 단계(階位)를 배속시킨다.

(가) [해탈을 성취하게 하는 다섯 가지] 능력 [수행의 특징]을 밝힘(明根)

첫 번째[인 '5근五根과 5력五力 수행의 특징을 곧바로 밝힘'(正明行相)]에 세 가지가 있다. [제7송인] 한 게송[615]에서는 '[해탈을 성취하게 하는 다섯 가지] 능력'(根)[의 수행특징]을 밝히고, [제8송의 앞의] 한 구절[616]에서는 '['다섯 가지 능력'(五根)의 수행으로 얻은 다섯 가지] 힘'(力)[의 수행특징]을 밝히며, [제8송의] 뒤의 한 구절[617]에서는 [원인과 결과의 관계인] '[신信·정진精進·염念·정定·혜慧, 이] 다섯 가지의 순서'(五次第)[618]를 밝힌다.

> 初中亦二. 在前一句顯根起因, 下之三句正明根相. 初言"已下解脫種"者, 五根位在通達分中故, 先已下解脫分種. 望出離果, 所修善根, 與解脫果, 作初種子. 故言"已下解脫種子."
>
> [H1, 828c4~9: X48, 167a17~20]

---

613 해당하는 게송은 제7송(4구절)인 "已下解脫種, 欲事增上故, 境界不迷沒, 不散及思擇."과 제8송(2구절)인 "說力損惑故, 前因後是果."이다.

614 해당하는 게송은 제9송(2구절)인 "二二通達分, 五根及五力."이다.

615 해당하는 게송은 제7송인 "已下解脫種, 欲事增上故, 境界不迷沒, 不散及思擇."이다.

616 해당하는 구절은 제8송의 제1구인 "說力損惑故."이다.

617 해당하는 구절은 제8송의 제2구인 "前因後是果."이다.

618 5차제五次第: 원효는 아래 주석에서 5차제五次第에 관해 "下之一句明五次第. 前前爲因, 後後是果故, 初說信乃至後慧."(H1, 829b22~23)라고 하여, 5근五根과 5력五力에서 앞의 것들은 원인이고 뒤의 것들은 결과이기 때문에 처음에는 신信을 말하고 뒤에 이르러 혜慧를 말하게 된다고 설명

㉮ [해탈을 성취하게 하는 다섯 가지] 능력이 일어나는 원인을 드러냄(顯根起因)

처음[인 '해탈을 성취하게 하는 다섯 가지 능력의 수행특징을 밝힘'(明根)]에도 두 가지가 있다. [제7송의] 앞에 있는 한 구절[619]에서는 '[해탈을 성취하게 하는 다섯 가지] 능력이 일어나는 원인'(根起因)을 드러내고, 아래의 세 구절[620]에서는 '[해탈을 성취하게 하는 다섯 가지] 능력의 특징'(根相)을 곧바로 밝힌다. 처음[인 '해탈을 성취하게 하는 다섯 가지 능력이 일어나는 원인을 드러냄'(顯根起因)]에서 "[4여의족四如意足의 수행에서] 이미 '해탈할 수 있는 종자'를 심었다"(已下解脫種)라고 말한 것은, '[해탈을 성취하게 하는] 다섯 가지 능력의 수행 단계'(五根位)는 '[4제四諦의 이치를] 통달하여 [견도見道에 오르는] 과정'(通達分)에 있기 때문에 [4여의족四如意足의 단계에서는] 먼저 이미 '해탈의 가능성을 높이는 과정에서 얻는 종자'(解脫分種)를 심었다는 것이다. '[번뇌에서] 벗어난 결과'(出離果)[인 해탈]을 바라보면 [5근五根 단계 이전에] '닦은 이로운 능력'(所修善根)들은 '해탈이라는 결과'(解脫果)와의 관계에서 [해탈의 가능성을 높이는] '최초의 종자'(初種子)가 된다. 그러므로 [제7송의 제1구에서는 5근五根이 일어나는 원인을 드러내기 위해] "[4여의족四如意足의 수행에서] 이미 '해탈할 수 있는 종자'를 심었다"(已下解脫種子)라고 말한 것이다.

何等善法爲其體者? 有師說云, 七方便中, 前三方便是解脫分, 以煖等四心是通達分. 故知前三屬解脫分.

[H1, 828c9~12: X48, 167a20~22]

어떤 '이로운 수행법'(善法)들이 그 ['해탈의 가능성을 높이는 과정에서 얻는 종자'(解脫分種)의] 바탕(體)이 되는가? 어떤 법사는 〈'[견도見道에 이르는] 수단과 방법이 되는 일곱 가지 수행'(七方便)[621] 중에서 '[5정심관五停心觀·별상념처別相念處·총상념처總相念處 또는 4념처

한다.

619 해당하는 구절은 제7송의 제1구인 "已下解脫種."이다.

620 해당하는 구절은 제7송의 제2~4구인 "欲事增上故, 境界不迷沒, 不散及思擇."이다.

621 7방편七方便: 소승 아비달마에서는 견도見道에 들어가기 위한 방편도方便道로서 ①5정심관五停

四念處·4정근四正勤·4여의족四如意足 수행, 이] 앞의 세 가지 수단과 방법'(前三方便)은 '해탈

心觀·②별상념처別相念處·③총상념처總相念處·④난법煖法·⑤정법頂法·⑥인법忍法·⑦세제일법世第一法의 일곱 가지 단계를 제시한다. 이에 관해서는 김동화, 『구사학』(서울: 동국대학교석림회, 1982), '제3장 증리현성론證理賢聖論' '제2절 현위賢位'의 '제3항 방편도方便道'(p.290 이하) 항목 참조. 견도見道 이전의 7방편七方便에 관한 이해는 대승에서도 공유되는데, 예를 들어 혜원慧遠의 『대승의장』 권17에서는 "見道已前修七方便名方便道. 五停心觀, 總別念處, 煗等四心, 是七方便."(T44, 789b20~21)이라고 하여 7방편도七方便道의 단계와 구체적 명칭을 명시한다. 또한 규기窺基의 『유가사지론약찬瑜伽師地論略纂』 권13에서는 "五停心等三加行, 正是解脫分體."(T43, 177c9~10)라고 하여 7방편七方便 중에서 전3방편前三方便인 ①5정심관·②별상념처·③총상념처가 해탈분체解脫分體에 해당한다는 설명을 제시한다. 원효는 직전 문단에서 "五根位在通達分中故, 先已下解脫分種."(H1, 828c6~7)이라고 하여 5근위五根位는 통달분通達分이고 ①4념처四念處·②4정근四正勤·③4여의족四如意足이라는 앞의 3위三位는 해탈분종解脫分種을 심는 단계라고 설명했다. 이 설명은 『중변분별론』에서 제시하는 견도見道 이전의 다섯 가지 방편도方便道(①4념처四念處·②4정근四正勤·③4여의족四如意足·④5근五根·⑤五力)를 전3방편도前三方便道인 해탈분解脫分과 후2방편도後二方便道인 통달분通達分으로 나눈 것이다. 지금 본문에서 원효는 『중변분별론』에서 제시하는 5방편도五方便道 이외에 대·소승에서 통용되는 7방편도七方便道의 개념을 제시하는 견해에 의거하여도 그중 전삼방편도前三方便道가 해탈분解脫分에 해당하는 것임을 설명하려는 것으로 보인다. 이에 따라 해탈분解脫分과 통달분通達分을 기준으로 양자의 수행 단계를 표로 대비해 보면 다음과 같다.(『중변분별론』에서 제시하는 5방편도五方便道의 수행 단계에 관해서는 '해탈분解脫分과 통달분通達分' 역주의 표 참조.)

	5방편도五方便道(『중변분별론)	7방편도七方便道
해탈분解脫分 (順解脫分)	①4념처四念處	①5정심관五停心觀
	②4정근四正勤	②별상념처別相念處
	③4여의족四如意足	③총상념처總相念處
통달분通達分 (順決擇分)	④5근五根(난법煖法·정법頂法)	④난법煖法
		⑤정법頂法
	⑤5력五力(인법忍法·세제일법世第一法)	⑥인법忍法
		⑦세제일법世第一法

표에서 보듯이 『중변분별론』에서는 통달분通達分인 5근이 7방편七方便의 난법煖法과 정법頂法의 단계에 해당하고 5력이 인법忍法과 세제일법世第一法의 단계에 해당한다고 설명하므로 나머지 해탈분인 4념처·4정근·4여의족은 7방편七方便에서 5정심관·별상념처·총상념처에 해당함을 알 수 있다. 그런데 이 5방편도五方便道와 7방편도七方便道에서 각각 제시되는 해탈분解脫分의 전3방편도前三方便道들은 순서대로 일대일 대응하는 것이 아니므로 수행 내용의 대응 관계에 따라 이해되어야 할 것으로 보인다. 7방편도 중의 별상념처는 5방편도 중의 4념처와 무리 없이 대응될 수 있겠고, 신身·수受·심心·법法의 네 가지 별상別相을 총괄적으로 관찰하는 총상념주 수행은 내용적으로 4념처 중 법념처法念處 수행 및 4여의족 수행에서 진행하는 8종단행八種斷行이 여덟 번째인 사捨 수행에서 심평등성心平等性·심정직성心正直性·심무공용주성心無功用住性으로 총괄된다고 설명하는 『중변분별론소』에서의 논의 대목(H1, 828b8 이하) 등과 대응될 수 있겠다. 또한 5정심관 중의 부정관不淨觀과 같은 수행의 내용은 『중변분별론소』에서는 4념처 중 첫 번째인 신념처身念處 수행(H1, 821b24 이하)이나 4여의족 수행의 세 번째인 심삼마지단행성취신족心三摩地斷行成就神足 수행(H1, 826c10 이하)에 관한 논의에서 청어관靑瘀觀·골쇄관骨鎖觀 등의 용어를 거론

의 가능성을 높이는 과정'(解脫分)이고, '[4제四諦에 관한 이해를] 착수하는 수행'(煖)[·'4제四諦에 관한 이해가 탁월해진 수행'(頂)·'4제四諦의 도리를 감당해내는 수행'(忍)·'견도見道 이전의 단계에서 가장 뛰어난 수준의 수행'(世第一法)] 등으로 얻는 '네 가지 마음'(四心)[622]은 '[4제四諦의 이치를] 통달하여 [견도見道에 오르는] 과정'(通達分)이다〉라고 말한다. 그러므로 [5정심관五停心觀·별상념처別相念處·총상념처總相念處 또는 4념처四念處·4정근四正勤·4여의족四如意足 수행, 이] 앞의 세 가지는 '해탈의 가능성을 높이는 과정'(解脫分)에 속함을 알 수 있다.

或有說者, 聞思二慧, 施戒[623]三業, 爲解脫分. 如『優婆塞戒經說』云, "解脫分體者, 所謂[624]身口意業. 從方便得, 方便有二. 一者耳聞, 二者思惟. 復有三種. 一者施, 二者持戒, 三者多聞." 『毗婆沙』中亦同此說. "是身口意, 意業偏多, 唯是意地, 不通五識. 是方便得, 亦是生得. 是聞思慧, 非是修慧. 以何事, 種如此善根? 或以布施, 持戒, 多聞, 以此, 廻向解脫涅槃, 永離生死. 若有如是勇猛心者, 是則能種, 若不如是, 雖多布施, 終身持戒, 廣習多聞, 亦不能種." 論說如是.

[H1, 828c12~829a2; X48, 167a22~b6]

하여 자세히 다루어진다. 이와 관련하여 권오민은 "37가지 수행덕목은 서로 중복되기도 하고, 5근과 5력의 경우처럼 동일한 덕목이 달리 불리기도 한다. 이로 볼 때 이것들은 아마도 초기불교시대에는 각각이 하나의 완전한 수행체계로 설해졌을 것이고, 출가 수행자들 또한 이 모두를 닦은 것이 아니라 자신의 성격이나 근기에 적합한 것을 선택하여 실수하였을 것이다. 그러나 아비달마불교시대에 이르게 되면 다른 여러 교학이 그러하였듯이 이 역시 전체적인 구도로써 정리되지 않으면 안 되었고, (하략)"(『아비달마불교』, 서울: 민족사, 2003, p.277)라고 설명한다. 본문의 문맥에서 달리 말하자면 5방편도가 초기불교 이래의 수행체계라면 7방편도는 5방편도를 토대로 삼아 아비달마불교 시대에 이르러 체계화된 수행체계일 것이라는 추론이다. 한편 본문의 이어지는 논의에서 원효는 해탈분解脫分의 내용을 다각도로 설명하기 위해 7방편도의 개념 이외에도 문聞·사思·수修 3혜三慧, 시施·계戒·문聞 3업三業 등의 개념들을 거론하고, 이 개념들과 지금 본문에서 해탈분解脫分의 내용으로서 제시되어 있는 ①5정심관五停心觀·②별상념처別相念處·③총상념처總相念處의 관련성을 거듭 논의해 나간다.

622 4심四心: 이에 관해서는 '난법煖法·정법頂法·인법忍法·세제일법世第一法의 4선근四善根' 역주 참조.

또 어떤 [경전과 논서의] 설명에서는 '듣고 사유하여 얻는 두 가지 지혜'(聞思二慧)와 '널리 베풂, 윤리적 규범[을 지킴], [부처님의 가르침을] 많이 들음의 세 가지 행위'(施戒多聞三業)가 '해탈의 가능성을 높이는 과정'(解脫分)[의 바탕(體)]이라고 한다. 마치 『우바새계경優婆塞戒經』에서 [다음과 같이] 말한 것과 같다. "'해탈의 가능성을 높이는 과정의 바탕'(解脫分體)은 '몸과 입과 생각으로 짓는 행위들'(身口意業)이 그것이다. [이 행위들은] '수단과 방법[이 되는 수행]'(方便)으로부터 얻어지는 것이니, '수단과 방법[이 되는 수행]'(方便)에는 두 가지가 있다. 첫 번째는 [부처님의 가르침을] '귀로 듣는 것'(耳聞)이고, 두 번째는 [들은 것에 대해] '사유하는 것'(思惟)이다. 또한 세 가지가 있다. 첫 번째는 '널리 베풂'(施)이고, 두 번째는 '윤리적 규범을 지킴'(持戒)이며, 세 번째는 '많이 들음'(多聞)이다."[625]

『아비담비바사론阿毘曇毘婆沙論』도 이 [『우바새계경』의] 설명과 같[으니, 다음과 같]다. "['해탈의 가능성을 높이는 과정의 바탕'(解脫分體)은] 이 '몸과 입과 생각으로 짓는 행위들'(身口意業)로서 [세 가지 행위들 중에서는] '생각으로 짓는 행위'(意業)가 월등히 많은데, [삼업三業 중에서 월등히 많은 이 '생각으로 짓는 행위'(意業)는] 오직 '[제6] 의식意識[의 범주]'(意)이지 '[안식眼識·이식耳識·비식鼻識·설식舌識·신식身識, 이] 다섯 가지 감관 인식'(五識)을 포함하는 것은 아니다. ['해탈의 가능성을 높이는 과정의 바탕'(解脫分體)이 되는 이 세 가지 행위들은] '수단과 방법[이 되는 수행]으로 얻는 것'(方便得)이기도 하고 '태어나면서부터 얻은 것'(生得)이기도 하다. [또 '해탈의 가능성을 높이는 과정의 바탕'(解脫分體)이 되는 세 가지 행위

---

623 문맥에 따라 '戒' 다음에 '多聞'을 넣는다.

624 『우바새계경』에 따라 '調'를 '謂'로 교감한다. 대정장본에는 '謂'라고 되어 있다.

625 『우바새계경』 권1(T24, 1036c22~26). "(善男子, 若善男子善女人有修悲者, 當知是人得一切法體諸解脫分. 善生言, 世尊, 所言體者, 云何爲體? 善男子,) 謂身口意. (是身口意)從方便得, 方便有二. 一者耳聞, 二者思惟. 復有三種. 一者(惠)施, 二者持戒, 三者多聞." 괄호는 생략된 부분을 표시한다. 원효는 "謂身口意" 부분을 인용하면서 '謂' 앞에는 '所'를, '意' 뒤에는 '業'을 첨가하여 문맥을 분명히 한다. 생략된 앞 문장에서는 자비慈悲의 수행을 닦는 자가 얻는 일체법一切法의 바탕(體)으로서의 해탈분解脫分을 거론한다. 『우바새계경』(7권)은 『선생경善生經』이라고도 하는데, 선생善生 장자長者를 위해 대승의 재가신자(優婆塞)가 지켜야 할 계율을 설한 경전으로서 『장아함경』이나 『중아함경』에 있는 『선생경』(또는 『육방례경六方禮經』)을 확대하여 대승적으로 개작한 것으로 알려진다. 『佛典解題事典』, p.113 참조.

들은] '들어서 얻는 지혜와 사유하여 얻는 지혜'(聞思慧)이지 '[선정禪定을] 닦아서 얻는 지혜'(修慧)는 아니다. 어떤 일들로써 이 ['세 가지 행위'(三業)]와 같은 '이로운 능력'(善根)을 심는가? 혹은 '널리 베풂'(布施)으로써, [혹은] '윤리적 규범을 지킴'(持戒)으로써, [혹은] '[부처님의 가르침을] 많이 들음'(多聞)으로써 ['이로운 능력'(善根)을 심으니], 이[러한 일들]로써 해탈解脫과 열반涅槃으로 나아가는 데로 방향을 잡아 '[근본무지에 따라] 나고 죽는 [윤회]'(生死)에서 완전히 벗어나는 것이다. 만약 이와 같이 [근본무지에 따라 나고 죽는 윤회에서 완전히 벗어나려는] 용맹한 마음을 지닌 자라면 ['해탈의 가능성을 높이는 과정의 바탕'(解脫分體)이 되는 '이로운 능력'(善根)을] 심을 수 있지만, 만약 이와 같은 [마음을 지니지] 않는다면 비록 많이 베풀고 목숨이 다하도록 '윤리적 규범을 지키며'(持戒) 널리 익히고 많이 들을지라도 ['해탈의 가능성을 높이는 과정의 바탕'(解脫分體)이 되는 '이로운 능력'(善根)을] 심을 수 없다."[626] 논서(『아비담비바사론』)의 설명은 이와 같다.

若言前三方便是解脫分者, 亭[627]心念處皆通三慧, 何故說言非是修慧? 又『婆沙』云, "解脫分善有遠有近. 近者所謂前身種, 此身成就,[628] 來[629]身解脫. 遠者曾種, 逕那由他受身, 不能生遠[630]分善." 『優婆塞經』亦同此說.

[H1, 829a2~7; X48, 167b6~10]

---

626 『아비담비바사론』 권3(T28, 25a27~b15). "(亦種解脫分善根, 體性是何? 答曰, 若)身(業)口(業)意(業), (但)意業偏多. (爲是五識身, 爲是意地? 答曰,) 〈是意地, 非五識〉(身). (爲是方便善, 爲是生得善? 答曰, 亦)是方便〈善〉, 亦是生得(善). (爲是聞慧, 爲是思慧, 爲是修慧? 答曰,) 是聞(慧)思慧, 非修慧. (爲)以何事, 種此善根? (答曰,) 或以布施, (或以)持戒, (或以)多聞, (而不必定. 所以者何? 有人以一揣食施, 能種解脫分善根, 自有能作長齋般遮于瑟, 而不能種解脫分善根. 或有持一日齋, 能種解脫分善根, 自有終身持戒, 而不能種解脫分善根. 或有誦持一偈, 能種解脫分善根, 自有善通三藏文義, 而不能種解脫分善根. 是故不定. 何以故? 或有種者, 有不種者, 若)以此(事), 迴向解脫涅槃, (欲)永離生死. 有如是勇猛心者, 是則能種, 〈若不爲迴向解脫涅槃, 永離生死〉, 雖多布施, 終身持戒, 廣〈學〉多聞, 而不能種." 괄호는 생략된 부분을 표시한다. 생략된 부분 중 "而不必定. ~ 有不種者, 若"까지의 내용은 생략하지 않은 문장인 "雖多布施, 終身持戒, 廣習多聞."이라는 내용의 구체적 사례들에 해당하기 때문에 생략한 것으로 보인다. 생략하지 않은 문장 중에 '〈 〉'로 표시한 부분은 문맥을 분명히 하기 위해 원효가 적절히 문장을 수정한 것으로 보이는 부분에 해당한다. 예를 들어 『아비담비바사론』의 "是意地非五識"을 원효는 "唯是意地, 不通

만약 '[오정심관五停心觀·별상념처別相念處·총상념처總相念處 또는 4념처四念處·4정근四正勤·4여의족四如意足 수행, 이] 앞의 세 가지 수단과 방법'(前三方便)이 '해탈의 가능성을 높이는 과정'(解脫分)이라고 말한다면 '[집착을] 멈추는 마음[에 관한 다섯 가지 관찰]'(停心)[631]과 '['총괄적인 양상'(總相)과 '개별적인 양상'(別相)으로 '[빠져들지 않아] 그치는 마음국면'(止)과 '[진리다운] 이해'(觀)를 수립하여] 간직해 가는 수행'(念處)[632][, 이 '앞의 세 가지

五識"이라 수정하고, "若不爲迴向解脫涅槃, 永離生死"를 "若不如是"로 축약한다. 한편 『우바새계경』과 『아비담비바사론』의 논의 내용을 비교해 보면 양자는 해탈분체解脫分體로서의 신구의身口意 삼업三業이 문혜聞慧·사혜思慧의 두 가지 방편 및 보시布施·지계持戒·다문多聞의 세 가지 방편에 의해 얻어진다고 공통적으로 설명한다는 점에서 같지만, 『아비담비바사론』에서는 이에 덧붙여 '신구의 삼업에서 의업意業의 비중이 더 크다'거나 '전오식前五識과 통하지 않는 이 의업意業은 방편득方便得이면서 생득生得이기도 하다'거나 '해탈과 열반에 회향하여 생사에서 완전히 벗어나려는 용맹심이 없다면 아무리 보시·지계·다문의 세 가지 방편을 수행하더라도 해탈분선근解脫分善根을 심을 수 없다'는 등으로 더 세부적인 논의를 진행한다.

627 한불전 교감주에서는 "'亭'은 '停'인 듯하다. 다음의 경우도 동일하다"라고 한다. 교감주에 따라 '停'으로 교감한다.

628 『아비담비바사론』에 따라 '就'를 '熟'으로 교감한다.

629 한불전 교감주에서는 "'來'는 어떤 판본에 '成'이라 되어 있다"라고 한다. 『아비담비바사론』에 따라 '來'라고 그대로 둔다.

630 『아비담비바사론』에 따라 '遠'을 '達'로 교감한다.

631 오정심관五停心觀: ①부정관不淨觀, ②자비관慈悲觀, ③연기관緣起觀, ④계분별관界分別觀, ⑤수식관數息觀을 말한다. 견도見道에 들어가기 위한 칠방편도七方便道 중 첫 번째 단계에 해당한다. 김동화에 따르면 ①부정관은 몸의 부정不淨을 관찰하여 탐욕(貪)을 멈추는(停止) 수행이고, ②자비관은 다른 중생을 관찰하여 부모와 같은 경애상敬愛想을 일으킴으로써 분노(瞋)를 멈추는 수행이며, ③연기관은 12연기十二緣起를 관찰하여 어리석음(癡)을 멈추는 수행이고, ④계분별관은 지地·수水·화火·풍風·공空·식識이라는 육계六界의 화합으로 아상我相이 성립함을 관찰하여 '불변·독자의 실체로서의 자아'(我)에 대한 집착을 멈추는 수행이며, ⑤수식관(지식념持息念 또는 안나반나관安那般那觀)은 들숨(入息)과 날숨(出息)을 관찰하여 산란심散亂心을 멈추는 수행이다. 『구사학』, pp.291~292 참조. 한편 '오정심' 또는 '오정심관'이라는 용어는 오직 동아시아권의 주석 문헌들에서 검색되는데, 이와 관련하여 권오민은 "오정심관이라는 말은 아비달마에서는 나타나지 않으며, 보광普光의 『구사론기』에서 언급되고 있다"(『아비달마구사론』, p.234)라고 설명한다. 예를 들어 『아비달마구사론』 권22에서는 칠방편도 중 첫 번째 단계를 설명하는 대목에서 "正入修門要者有二, 一不淨觀, 二持息念."(T29, 117b8~9)이라고 하여 오정심관 중 부정관不淨觀과 지식념持息念(수식관數息觀)만을 거론할 뿐 자비관慈悲觀·연기관緣起觀·계분별관界分別觀에 관해서는 언급이 없고 자연히 오정심관이라는 용어가 사용되지 않으므로 칠방편도에서 첫 번째 수행 단계로서의 오정심관 개념은 동아시아 교학의 체계화 과정에서 성립된 것으로 보인다.

632 별상념처別相念處와 총상념처總相念處: 『중변분별론』의 오방편도(①사념처·②사정근·③사여의족·④오근·⑤오력) 체계에서는 사념처를 별상념처와 총상념처로 구분하지 않지만, 아비달마 교학의 칠방편도 체계에서는 최초의 수행 단계인 오정심관에 이어 별상념처와 총상념처를 나

수단과 방법'(前三方便)]은 모두 '[듣고(聞) 사유하며(思) 선정을 수행하여(修) 얻는] 세 가지 지혜'(三慧)[633]에 통하는데, 어찌하여 [앞의 『아비담비바사론』에서는 이 '앞의 세 가지 수단과 방법'(前三方便)이] '[선정禪定을] 닦아서 얻는 지혜'(修慧)에는 [통하지] 않는다고 말하는가?

또 『아비담비바사론』에서는 [다음과 같이] 말한다. "'해탈의 가능성을 높이는 과정에 있는 이로운 [능력]'(解脫分善)에는 '오랜 시간[에 걸쳐 얻는 것]'(遠)도 있고 '짧은 시간[에 걸쳐 얻는 것]'(近)[634]도 있다. '짧은 시간[에 걸쳐 얻는]'(近) 것이란, '앞 세상의 몸'(前

눔으로써 해탈분解脫分인 전삼방편도前三方便道를 구성한다. 별상념처는 몸(身)·느낌(受)·마음(心)·이법(法)이라는 네 가지 대상에 대해 그 부정不淨·고苦·무상無常·무아無我의 면모를 하나씩 관찰하는 신념처·수념처·심념처·법념처의 네 가지 수행으로서 『중변분별론』에서 설명해 온 사념처 수행의 일반적 내용에 상응한다. 총상념처에 관해 권오민은 "법념주의 경우, 그것은 이미 복수의 존재를 대상으로 한 것으로서 그것 자체만을 관찰하기도 하지만 다른 대상, 이를테면 몸과, 몸과 느낌과, 혹은 몸과 느낌과 마음과 함께 관찰하기도 한다. 이같이 다른 대상과 함께 관찰하는 법념주를 잡연雜緣의 염주라고 하며, (중략) 곧 사념주를 각기 개별적으로 관찰한 후, 잡연의 법념주에 머물면서 그것들 모두를 존재의 보편적 특성인 비상·고·공·비아로 관찰하는 수행을 총상념주라고 한다"(『아비달마불교』, pp.239~240)라고 설명한다. 『아비달마구사론』 권23에는 이 설명의 근거에 해당하는 문장이 다음과 같이 제시되어 있다. "居緣總雜法念住中, 總觀所緣身等四境, 修四行相, 所謂非常苦空非我."(T29, 119b1~3) 사념처 수행의 마지막 단계인 총잡법념주總雜法念住에서 몸(身)·느낌(受)·마음(心)·이법(法)의 사경四境에 대해 비상非常·고苦·공空·비아非我의 사행상四行相을 총관總觀하는 수행이 총상념처總相念處라는 설명이다.

633 삼혜三慧: 『아비달마구사론』 권22에 따르면 먼저 청정한 계율(尸羅)을 지키고 나서 삼혜를 닦아야 하는데, 먼저 '들은 것에 대한 이해에 순응하여'(順見諦聞) 받아들이고 다음으로는 '가르침의 뜻'(法義)을 추구하여 전도됨이 없이 사유하고(思) 나서야 비로소 선정(定)에 의거하는 수행으로 수소성혜修所成慧를 이룬다. 자세한 내용은 '문사수혜聞思修慧' 역주 참조. 같은 책의 이어지는 문단에서는 "聞所成慧唯緣名境, 未能捨文而觀義故. 思所成慧緣名義境, 有時由文引義, 有時由義引文, 未全捨文而觀義故. 修所成慧唯緣義境, 已能捨文, 唯觀義故."(T29, 116c10~14)라고 하여 삼혜를 구분하는 또 다른 설명도 제시된다. 이에 따르면 문혜聞慧는 오직 명칭(名)이라는 대상과 관계 맺고, 사혜思慧는 명칭(名)과 뜻(義)에 관계 맺으며, 수혜修慧는 오직 뜻(義)과 관계 맺는다. 본문에서는 앞 문단의 『아비담비바사론』 인용문에서 해탈분解脫分의 바탕(體)으로 제시된 신구의身口意 삼업三業에 관해 "是聞思慧, 非是修慧."라고 설명한 대목을 특정하여 질문을 일으키고 있다. 아래의 대답에 해당하는 내용에서는 『아비담비바사론』의 또 다른 문장을 인용하여 해탈분인 전삼방편도前三方便道가 문聞·사思 이혜二慧에만 통하는 경우와 문聞·사思·수修 삼혜三慧에 모두 통하는 경우를 구분하여 설명해 간다.

634 원근遠近: 본문의 문답 의도에 따라 원遠과 근近의 문맥을 추론해 보면 우선 근자近者는 전신前身·차신此身의 두 세상에서 해탈분解脫分을 완성하여 내신來身으로 통달분通達分에 들어가는 자이고, 원자遠者는 수억만의 세상을 거쳐도 해탈분을 완성하지 못하여 통달분에 들어가지 못하는 자이다. 그러므로 근자는 전신前身에서 문聞·사思 이혜二慧를 얻고 차신此身에서 수혜修慧까지 얻어 해탈분을 완성하지만, 원자는 수억만의 세상 동안 문·사 이혜는 얻어도 수혜는 얻지 못하는 자

身)에서 [해탈분선근解脫分善根을] 심고 '이 세상의 몸'(此身)에서 성숙시켜 '다음 세상의 몸'(來身)에서 [해탈분解脫分의 과정을] 벗어나는 것이 그것이다. '오랜 시간[에 걸쳐 얻는]'(遠) 것이란, 일찍이 [해탈분선근解脫分善根을] 심고 나서 '수억만[의 세상]'(那由他)[635]에 걸쳐 몸을 받더라도 '[4제四諦의 이치를] 통달하여 [견도見道에 오르는] 과정에 있는 이로운 [능력]'(達分善)[636]을 생겨나게 할 수 없는 것이다."[637] 『우바새계경』에서도 이러한 설명과 같다.[638]

> 然利根聲聞獨覺菩薩, 皆於最後一身之中, 修七方便, 乘得解脫. 若亭[639]心觀總別念處是爲解脫分善根者, 則於一身下種得脫, 何得說言逕三身體? 故知前三方便善者, 屬通達分方便所攝. 如說中陰, 識支方便故, 屬識支, 此亦如是.
>
> [H1, 829a7~13; X48, 167b10~15]

라고 짐작할 수 있겠다. 이에 따라 말하자면 원자는 전삼방편도前三方便道가 문·사 이혜에만 통하는 경우이고, 근자는 문·사·수 삼혜에 모두 통하는 경우에 해당한다. 나아가 이어지는 다음 문단에서는 일신一身 중에서 전삼방편도뿐 아니라 칠방편도七方便道 전체를 닦는 이근利根의 경우까지 거론하여 문·사·수 삼혜에 모두 통하는 극단적 사례를 제시함으로써 전신前身·차신此身·내신來身의 삼신체三身體를 거쳐야 해탈분에서 벗어난다는 유형의 협애한 수행론적 관점들의 폭을 확장해 간다.

635 나유타(那由他, nayuta): 나유다那由多라고도 음역되고 조兆라고 의역된다. 인도의 수량에 관한 명칭이다. 『불광대사전』, p.3022 참조. 『번역명의집翻譯名義集』 권3에서 "那由他, 或阿分多, 或術那, 或那術. 此云萬億."(T54, 1106c27~28)이라고 하는 것에 따르면 나유타는 만억萬億으로서 조兆 단위의 많은 수를 가리키는 수사數詞이다.

636 달분達分: 통달분通達分(순결택분順決擇分)의 약어이다. 『중변분별론』의 오방편도五方便道 체계에서는 오근五根과 오력五力에 해당하고, 아비달마 교학의 칠방편도七方便道 체계에서는 난煖·정頂·인忍·세제일법世第一法의 사선근四善根에 해당한다. 통달분에 관한 자세한 설명은 '해탈분과 통달분' 역주 참조.

637 『아비담비바사론』 권3(T28, 25b15~18). "解脫分善(根)〈有近有遠〉. 近者〈 〉前身(中)種, 此身成熟, 來身解脫. 遠者曾種(解脫分善根), 經那由他(世)受身, 而不能生達分善(根)." 괄호는 생략된 부분을 표시한다. 번역문에 생략된 부분들을 반영했다. '〈 〉'로 표시한 두 곳을 살펴보면 원효는 원문의 "有近有遠"을 "有遠有近"이라 하여 두 글자의 순서를 바꾸고, 원문의 '近者'와 '前身' 사이에 '所謂'를 보충한다.

638 『우바새계경』에서의 유사한 설명: 앞 문단에서는 『우바새계경』 권1의 문장을 인용하여 해탈분체

그런데 '탁월한 능력'(利根)을 지닌 '[가르침을] 들어서 [혼자] 부처가 되려는 수행자'(聲聞)나 '[연기의 이치를 깨달아] 혼자 부처가 되려는 수행자'(獨覺)나 보살菩薩들은 모두 '마지막 한 세상의 몸'(最後一身)에서 '[견도見道에 이르는] 수단과 방법이 되는 일곱 가지 수행'(七方便)을 닦아 [해탈분解脫分과 통달분通達分을] 이어서 벗어날 수 있다. 만약 '[집착을] 멈추는 마음[에 관한 다섯 가지] 관찰'(停心觀)과 '총괄적인 양상과 개별적인 양상으로 '[빠져들지 않아] 그치는 마음국면'(止)과 '[진리다운] 이해'(觀)를 수립하여 간직해 가는 수행'(總別念處)이 '해탈의 가능성을 높이는 과정에 있는 이로운 능력'(解脫分善根)이 되는 것이라면 [앞에서 제시한 '탁월한 능력'(利根)을 지닌 수행자들의 경우에는] '[금생] 한 세상의 몸'(一身)에서 [그 해탈분解脫分과 통달분通達分의 선근善根들을] 심어 [통달분通達分에서도] 벗어날 수 있는데, 어찌 [해탈분解脫分을 이루기 위해서는] '[앞 세상·이 세상·다음 세상, 이] 세 가지 세상의 몸'(三身體)을 거쳐야 한다고 말할 수 있겠는가? 그러므로 '앞의 세 가지 수단과 방법으로 얻는 이로운 [능력]'(前三方便善)들은 '[4제四諦의 이치를] 통달하여 [견도見道에 오르는] 과정의 수단과 방법'(通達分方便)에 포섭되어 [거기에] 속한다는 것을 알 수 있다. 마치 '[죽음과 다시 태어남] 사이의 존재'(中陰)[640]는 [12연기의 항목(支)

解脫分體를 얻는 시施·지계持戒·다문多聞의 세 가지 방편을 제시한 적이 있는데, 같은 곳의 이어지는 문단에서는 선생善生과 세존世尊의 문답을 통해 삼방편三方便으로 해탈분解脫分을 이루는 데에 '고정된 수'(定數)가 있지 않음을 다음과 같이 논의한다. "善生言, 世尊, 如佛所說從三方便得解脫分, 是三方便有定數不? 不也. 善男子, 何以故? 有人雖於無量世中, 以無量財施無量人, 亦不能得解脫分法. 有人於一時中, 以一把麨施一乞兒, 能得如見解脫分法."(T24, 1036c26~1037a2) 인용한 부분에서는 무량세無量世에 무량한 재물로 무량인無量人에게 보시하더라도 해탈분법을 얻을 수 없는 경우와 한때에 한 움큼의 보리(麨)로 하나의 걸아乞兒에게 보시하더라도 해탈분법을 얻을 수 있는 경우를 대비하는데, 같은 곳에서는 지계持戒와 다문多聞에 관해서도 동일한 형식의 논법이 이어진다. 『아비담비바사론』에서 원자遠者와 근자近者를 대비하여 해탈분법을 얻지 못하는 경우와 얻는 경우를 구분하는 설명과 유사하다.

639 '亭'에 관한 앞의 한불전 교감주에 따라 '亭'을 '停'으로 교감한다.

640 중음中陰: 범어인 'antarā-bhava'에서 'antarā'는 중간에(in the middle), 도중에(on the way) 등의 뜻이다. Sanskrit English Dictionary, p.44 참조. 중유中有, 중온中蘊, 중음유中陰有 등으로 의역된다. 죽어서 다시 태어나는 사이에 존재하는 식신識身을 가리키는데, 전세前世에서 임종할 때 마지막 일찰나의 존재를 가리키는 사유死有, 중유를 거쳐 모태에 착상하는 최초 순간의 존재를 가리키는 생유生有, 태어난 이후 노년에 이르기까지의 존재를 가리키는 본유本有를 합쳐 사유四有라고 부른다. 『佛光大辭典』, pp.1017, 1688 참조. 『아비달마구사론』 권8에서는 "二趣中故, 名爲中有."(T29, 42b20~21)라고 하여 사유死有와 생유生有라는 이취二趣의 중간에 존재하기 때문에

들 가운데] '의식 항목'(識支)의 '한 갈래'(方便)이기 때문에 '의식 항목'(識支)에 속한다고 말하는 것과 같으니, 이 [전삼방편前三方便善들이 통달분通達分의 방편方便에 속한다는] 것도 이와 같다.

> 或有說者, 施戒多聞及二方便, 皆是解脫分善根體. 然解脫分善有其三品. 中下二品, 聞思爲體, 有可退義. 其上品者, 修慧爲體, 乘入通達分, 無可退義. 前說經論, 且約初種, 唯顯中下二品善根. 如『對法論』云, "從下中品解脫分善, 有可退義. 唯退現行, 非退習氣"故.
>
> [H1, 829a13~21; X48, 167b15~20]

[세 번째로] 또 어떤 설명에서는 '널리 베풂'(施)·'윤리적 규범[을 지킴]'([持]戒)·'[부처님의 가르침을] 많이 들음'(多聞)[, 이 세 가지 수단과 방법이 되는 수행]과 ['들어서 얻는 지혜'(聞慧)·'사유하여 얻는 지혜'(思慧), 이] '두 가지 수단과 방법이 되는 수행'(二方便)이 모두 '해탈의 가능성을 높이는 과정에 있는 이로운 능력의 바탕'(解脫分善根體)이라고 한다. 그런데 '해탈의 가능성을 높이는 과정에 있는 이로운 [능력]'(解脫分善)에는 '세 가지 수준'(三品)이 있다. '중간 수준과 낮은 수준의 두 가지'(中下二品) [능력]은 '들어서 [얻는 지혜]와 사유하여 [얻는 지혜]'(聞[慧]思[慧])를 바탕(體)으로 삼기에 '퇴보할 가능성'(可退義)이 있고, 그 '높은 수준'(上品)[의 능력]은 '[선정禪定을] 닦아서 얻는 지혜'(修慧)를 바탕으로 삼기에 ['세 가지 지혜'(三慧)를] 이어서 '[4제四諦의 이치를] 통달하여 [견도見道에 오르는] 과정'(通達分)에 들어가므로 '퇴보할 가능성'(可退義)이 없다. 앞에서 말한 경전(『우바

중유라 부른다고 간명하게 정의한다. 북송北宋 때의 천태사문인 사명四明 지례知禮의 『금광명경문구기金光明經文句記』 권6에서는 "無明謂不了六受即空假中. 行謂依不了心動, 作業行. 識謂業牽中陰識, 託母胎,"(T39, 153b2~4)라고 하여 중음의 개념을 12지연기十二支緣起 중에서 제3 식지識支에 결부시킨다. 이에 따르면 제1 무명지無明支는 안·이·비·설·신·의식과의 접촉에 의해 발생하는 육수六受가 공空·가假·중中임을 알지 못하는 것이고, 제2 행지行支는 무명심이 동요하는 것을 알지 못함에 의거하여 업행業行을 일으킨 것이며, 제3 식지識支는 업행이 중음식中陰識을 견인하여 그 중음식이 모태에 착상된 것이다. 12연기에 대한 발생학적 해석이라 하겠다.

새계경』)과 논서(『아비담비바사론』)[641]에서는 처음에 [‘이로운 능력’(善根)을] 심은 것에 의거하여 오직 ‘중간 수준과 낮은 수준의 두 가지 이로운 능력’(中下二品善根)만을 드러낸 것이다. 마치 『대승아비달마잡집론』에서 “‘중간 수준과 낮은 수준’(中下品)에 따르는 ‘해탈의 가능성을 높이는 과정에 있는 이로운 [능력]’(解脫分善)에는 ‘퇴보할 가능성’(可退義)이 있다. [그러나 해탈분선근解脫分善根은 이미 심겨진 상태이므로] 오직 ‘현재 나타나 작용하는’(現行)[측면]에서 퇴보한다는 것이지, ‘[잠재적으로] 누적된 경향성’(習氣)[의 측면]에서 퇴보한다는 것은 아니다”[642]라고 말한 것과 같다.

又此論中, 約四正懃四如意是,[643] 以說下解脫分種子. 故知此分亦通修慧門. 若此善根亦通修慧, 何以取別二分異相? 答. 信增上時, 立解脫分, 慧增上時, 立決擇分. 如『對法論』云, “於諦增上法, 淨信勝解相, 是順解脫分, 卽於此法, 諦察法忍相, 是順決擇分. 如其次第, 信增上故, 慧增上.” 且止傍論, 還釋本文.

[H1, 829a21~b4; X48, 167b20~c1]

---

641 두 경론에서 논의한 내용: 앞서 두 번째 설명에서 인용한 『우바새계경』에서는 해탈분체解脫分體를 얻는 방편으로서 삼혜三慧의 개념과 관련하여 “方便有二. 一者耳聞, 二者思惟.”라고 문혜와 사혜만을 거론했고, 『아비담비바사론』에서는 더 명료하게 “是聞思慧, 非是修慧.”라고 하여 수혜를 배제했다. 본문의 설명에 따르면 이 두 경전과 논서에서 해탈분의 수행으로 문혜와 사혜만을 제시한 것은 ‘퇴보할 가능성’(可退義)이 있는 ‘중간 수준과 낮은 수준의 두 가지 이로운 능력’(中下二品善根)만을 대상으로 삼기 때문이다. 이 세 번째 설명에서는 가퇴의可退義의 유무에 따라 삼혜의 세 번째인 수혜가 해탈분의 수행에 통하는지를 가려낸다면, 이와 달리 앞의 두 번째 설명에서는 전신前身에서 문聞·사思 이혜二慧를 얻고 차신此身에서 수혜까지 얻는 근자近者와 수억만의 세상 동안 문·사 이혜는 얻어도 수혜는 얻지 못하는 원자遠者, 이 양자를 구분하는 것에 따라 수혜가 해탈분의 수행에 통하는지를 가려낸다.

642 『대승아비달마잡집론』 권13(T31, 754a14~15). “從下中品(順)解脫分〈 〉(順決擇分)有可退義. (此)唯退現行, 非退習氣.” 괄호는 생략된 부분을 표시한다. 생략된 부분 중에서 ‘순결택분順決擇分’의 용어를 생략한 것은 논의의 초점이 해탈분解脫分(順解脫分)에 있기 때문일 것이다. ‘〈 〉’로 표시한 곳에서는 ‘善’을 첨가하여 뒤에 나오는 문장에서 거론되는 현행現行과 습기習氣의 문맥이 번뇌가 아니라 선근의 차원임을 분명히 밝히려는 것으로 보인다. 〈산스크리트본의 해당 내용: AS., p.88. mṛdumadhyādhimātramokṣabhāgīyebhyo nirvedhabhāgīyebhyaś ca parihīyate / tac ca samudācāraparihāṇito no tu vāsanāparihāṇitaḥ //; 하·중·상의 순해탈분과 순결택분은

또 이 논서(『중변분별론』)에서는 '해로움은 끊고 이로움은 살리는 네 가지 수행'(四正懃)과 '선정을 이루어 번뇌를 끊게 하는 네 가지 능력의 계발'(四如意足)[644]에 의거하여 '해탈의 가능성을 높이는 과정에서 얻는 종자'(解脫分種子)를 심는다고 말한다. 그러므로 이 '[해탈의 가능성을 높이는] 과정'(分)은 '[선정禪定을] 닦아서 얻는 지혜의 측면'(修慧門)에도 통하는 것을 알 수 있다.

만약 ['해탈의 가능성을 높이는 과정'(解脫分)에 있는] 이 '이로운 능력'(善根)들도 '[선정禪定을] 닦아서 얻는 지혜'(修慧)에 통한다면 어찌하여 ['해탈의 가능성을 높이는 과정'(解脫分)과 '사제四諦의 이치를 통달하여 견도見道에 오르는 과정'(通達分), 이] 두 과정(分)의 다른 양상을 취하여 구별하는가?

퇴보한다. 그리고 그것은 표면적 활동의 측면에서 퇴보하는 것이지 잠재성[習氣] 측면에서 퇴보하는 것이 아니다.〉 ※『잡집론』 범어본에는 『집론』의 인용구 및 주석이 없다.

643 한불전 교감주에서도 "'是'가 '足'인 듯하다"라고 한다. '是'를 '足'으로 교감한다.

644 사정근四正懃·사여의족四如意足과 수혜문修慧門: 이제까지 방론傍論에서는 아비달마의 칠방편도七方便道 체계에서 전삼방편도前三方便道인 해탈분解脫分과 삼혜三慧의 관계에 관해 문·사 이혜에만 통하는 경우와 문·사·수 삼혜에 모두 통하는 경우를 구분하여 설명해 왔다면, 여기서는 『중변분별론』의 오방편도五方便道 체계에서 제2 사정근과 제3 사여의족이 수혜문에 통함을 보임으로써 전삼방편도인 해탈분이 삼혜에 모두 통함을 설명한다. 먼저 사정근은 이생악불선법已生惡不善法·미생악불선법未生惡不善法·미생선법未生善法·이생선법已生善法이라는 네 가지 대상에 관해 '의욕을 일으킴'(生欲)·독려함(策勵)·'부지런히 노력하는 마음을 일으킴'(發起正勤)·'그 마음을 가라앉지 않게 채찍질하고 들떠 산란하지 않게 지님'(策心持心)의 과정으로 수행하는 것을 말한다. 이에 관해서는 '(1) 열명列名' 문단의 H1, 817b15~22 참조. '(2) 석의釋義' 문단에서는 사정근의 이 생욕生欲·책려策勵·발기정근發起正勤·책심지심策心持心의 수행 과정을 '선정禪定에 들지 않는 경지'(不定地)와 '선정에 든 경지'(定地)로 나누어 다음과 같이 설명한다. "此上三句, 顯不定地中, 聞思兩慧, 下品對治. 策心者, 謂修彼對治, 修慧現行, 若心沈沒, 煩惱染汙, 策心令擧故. 持心者, 謂卽此對治現行之時, 若心浮擧, 煩惱染汙, 持心令下故."(H1, 818b1~5) 이에 따르면 생욕·책려·발기정근의 세 구절이 가리키는 수행 과정은 부정지不定地에서 문聞·사思 양혜兩慧로 하품의 번뇌를 치유하는 것이고 책심지심의 한 구절이 가리키는 수행은 '선정을 닦아서 얻은 지혜'(修慧)가 현행하여 들뜨거나 가라앉는 마음을 치유하는 것이다. 따라서 사정근 수행이 삼혜에 모두 통하게 된다. 다음으로 사여의족과 삼혜의 관계에 관해서는, '(1) 열명列名' 문단에서 "四神足者, 一欲三摩地斷行成就神足, 二勤三摩地斷行成就神足, 三心三摩地斷行成就神足, 四觀三摩地斷行成就神足."(H1, 817b22~c1)이라고 나열되는 그 명칭들에서나, 사여의족에 관한 오문분별五門分別에서 "神足自體者, 謂三摩地."(H1, 823b8)라고 하여 선정(三摩地)이 사여의족 수행의 바탕(自體)이라고 설명하는 대목에서 보듯이, 사여의족은 전삼방편도 중에서 수혜문과 가장 잘 통하는 수행이라고 하겠다.

답한다. [신근信根·정진근精進根·염근念根·정근定根·혜근慧根의 오근五根과 신력信力·정진력精進力·염력念力·정력定力·혜력慧力의 오력五力으로 구성되는 통달분通達分(決擇分)에서] [최초의 능력(根)인] 믿음(信)이 향상된 때에 [통달분通達分(決擇分) 이전의 과정인] '해탈의 가능성을 높이는 과정'(解脫分)이 [온전히] 세워지고, [최후의 힘(力)인] 지혜(慧)가 향상된 때에 '[사제四諦의 이치를] 확실하게 판단하여 [견도見道에 오르는] 과정'(決擇分, 通達分)이 [온전히] 세워지는 것이다. 마치 『대승아비달마잡집론』에서 [다음과 같이] 말한 것과 같다. "'[네 가지 고귀한] 진리[에 관한 이해]를 향상시키는 가르침'(諦增上法)에서 '제대로 이해한 [현상의] 특징'(勝解相)을 '온전하게 믿는 것'(淨信)이 '해탈의 가능성을 높이는 것에 따르는 과정'(順解脫分)이고, 바로 이 [사제四諦에 관한 이해를 향상시키는] 가르침에서 '확고하게 간직해야 할 [현상의] 특징'(法忍相)[645][에 관한 도리]를 '자세하게 살피는 것'(諦察)이 '[사제四諦의 이치를] 확실하게 판단한 것에 따라 [견도見道에 오르는] 과정'(順決擇分, 通達分)이다. 이와 같은 순서로 믿음(信)이 향상되기 때문에 지혜(慧)가 향상되는 것이다."[646] 이제 지엽적인 논의는 그만두고, 본문으로 돌아가 해석하겠다.

㉯ [해탈을 성취하게 하는] 다섯 가지 능력의 수행을 하나씩 드러냄(別顯五根, 正明根相)[647]

此下三句, 別顯五根. "欲增上"者, 是信根相, 若信增上, 必有欲樂故. "事增上"者, 精進根相, 滅惡生善, 爲事能故. "境界不迷沒"者, 是念根相. 念增上者, 不迷失故. 言"不散"者, 是定根相, "及思擇"者, 是慧相根.[648]

[H1, 829b4~9; X48, 167c2~5]

---

645 법인法忍: 법인에서 인忍의 범어인 'kṣānti'는 어떤 것을 위해 참고 기다리는 것(patient waiting for anything)의 뜻이다. Sanskrit English Dictionary, p.326 참조. 『佛光大辭典』(p.3351)에서는 법인에 관해 '여러 경전에서 설해진 미묘하고 심오한 진리들에 놀라거나 두려워하지 않고 부지런히 배워 진리에 안주하는 것'이라고 설명한다. 『대승의장大乘義章』 권11에서는 "於法實相安住, 名忍."(T44, 685b5~6)이라고 간명하게 정의한다. 한편 본문에서는 해탈분解脫分(순해탈분順解脫分)과 통달분通達分(결택분決擇分, 순결택분順決擇分)의 차이에 관해 '승해상勝解相에 대한 정신淨信'과 '법인상法忍相에 대한 체찰諦察'로써 대비하여 믿음(信)의 향상과 지혜(慧)의 향상으로 각각 구

이 아래의 세 구절[649]에서는 '[해탈을 성취하게 하는] 다섯 가지 능력의 수행'(五根)을 하나씩 밝힌다. "[신근信根은] 의욕(欲)이 향상된 것이고"(欲增上)라는 것은 '믿는 능력의 특징'(信根相)이니, 만약 믿음(信)이 향상되면 반드시 '즐기려는 의욕'(欲樂)을 가지게 되기 때문이다. "[정진근精進根은] '[부지런히 수행하는] 일'[650]이 향상된 것이고"(事增上)라는 것은 '정진하는 능력의 특징'(精進根相)이니, 해로움(惡)을 없애고 이로움(善)을 일으키면서 '[부지런히 수행하는] 일'(事)에 능해지기 때문이다. "[염근念根은] '['고귀한 가르침'(尊敎)이라는] 대상을 미혹으로 잃어버리지 않는 것이며"(境界不迷沒)라는 것은 "[잊지 않고] 간직해 가는 능력의 특징"(念根相)이니, '[잊지 않고] 간직해 가는 능력'(念)이 향상된 사람은 ['고귀한 가르침'(尊敎)을] 미혹으로 잃어버리지 않기 때문이다. "[정근

분한다.

646 『대승아비달마잡집론』 권13(T31, 754a9~12). "於諦增上法, 淸信勝解相, 是順解脫分, 卽於此法, 諦察法忍相, 是順決擇分. 如其次第, 信增上故, 慧增上." 〈산스크리트본의 해당 내용: ASBh., p.118. tatra satyādhipateye dharme 'dhimuktiprasādalakṣaṇāni mokṣabhāgīyāni, tatraiva dharmanidhyānakṣāntilakṣaṇāni nirvedhabhāgīyāni, śraddhāpradhānatvāt prajñāpradhānatvāc ca yathākramam /; 그중에서 [4]제를 위주로 한 가르침에 대해 명징한 믿음을 특징으로 하는 것이 순해탈분이다. 바로 그것에 대해 가르침을 관찰하는 인식(諦察法忍)을 특징으로 하는 것이 순결택분이다. 순서대로 믿음을 주요인으로 하기 때문이고, 지혜를 주요인으로 하기 때문이다.〉

647 앞에서는 이 '㉯ 별현오근別顯五根'에 해당하는 과문에 관해 "初中亦二. 在前一句顯根起因, 下之三句正明根相."(H1, 828c4~6)이라고 하여, '해탈을 성취하게 하는 다섯 가지 능력의 특징을 곧바로 밝힘'(正明根相)이라고 조금 달리 표현했다. 〈'해탈을 성취하게 하는 다섯 가지 능력'(五根)과 '다섯 가지 능력의 수행으로 얻은 다섯 가지 힘'(五力)을 총괄적으로 밝힘〉(總明根力)의 문단에 관한 여기까지의 과문을 정리하면 다음과 같다.

라. '해탈을 성취하게 하는 다섯 가지 능력'(五根)과 '다섯 가지 능력의 수행으로 얻은 다섯 가지 힘'(五力)을 총괄적으로 밝힘(總明根力)

가) 오근五根과 오력五力 수행의 특징을 곧바로 밝힘(正明行相)

(가) 해탈을 성취하게 하는 다섯 가지 능력 수행의 특징을 밝힘(明根)

㉮ 해탈을 성취하게 하는 다섯 가지 능력이 일어나는 원인을 드러냄(顯根起因)

㉯ 해탈을 성취하게 하는 다섯 가지 능력의 수행을 하나씩 드러냄(別顯五根, 正明根相)

648 문맥에 따라 '相根'을 '根相'으로 교감한다.

649 해당하는 문장은 제7송의 뒤의 세 구절인 "欲事增上故, 境界不迷沒, 不散及思擇."이다. 제7송의 제1구는 "已下解脫種"이고, 이 제1구에 대해 원효는 '㉮ 해탈을 성취하게 하는 다섯 가지 능력이 일어나는 원인을 드러냄(顯根起因)'이라고 과문했다.

650 사事: 제7송에서 제2 정진근精進根의 특징을 설명하면서 "事增上"이라고 한 것에 대해 제7석에서는 "二勤修增上"이라 하고 있기에 사事를 '부지런히 수행하는 것'(勤修)이라고 해석했다.

定根은] '산만하지 않음'[이 향상된 것]이고"(不散)라는 것은 '선정 능력의 특징'(定根相)이고, "그리고 [혜근慧根은] '사유 판단'(思擇)[이 향상된 것]이네"(及思擇)라는 것은 '지혜 능력의 특징'(慧根相)이다.

釋中有三. 先釋根義, 次釋初一句, 後釋下三句. 初言"此中增上, 次第五處流"者, 第二句中, "增上"之言通流五處. 以增上義是根義故. "爲修"以下, 釋初一句. "爲修四懃故"者, 是擧正懃, 兼取念處, "心已隨教得住"者, 是牒四如意足心信. 言"因此心, 已下解脫分種子"者, 是明三四爲解脫分. 依此文, 知如是三四位, 在四善根之前也. "一欲"以下, 別釋五根. 文顯可知.

[H1, 829b10~19; X48, 167c6~12]

※【제7송에 관한】 해석(釋)

'[제7송에 관한] 해석'(釋)에는 두 가지가 있다. 먼저 [오근五根이라는 용어에서] 능력(根)의 뜻을 해석하고,[651] 다음으로 [제7송의] 첫 번째 구절을 해석하며,[652] 마지막에 [제7송의] 아래 세 구절을 해석한다.[653] [해석(釋)의] 처음 [부분인 능력(根)의 뜻을 해석하는 것]에서 "이 [제7송의 제2구]에서 '향상된 것'(增上)[이라고 말한 것]은 순서대로 '[신信·정진精進·염念·정定·혜慧라는 5근五根의] 다섯 가지 경지'(五處)에 [모두] 적용된다"(此中增上, 次第五處流)라고 말한 것은, [제7송의] 두 번째 구절에서 "향상된 것"(增上)이라고 말한 것이 '[신信·정진精進·염念·정定·혜慧라는 5근五根의] 다섯 가지 경지'(五處)에 모두 적용된다는 것이다. '향상된 것'(增上)이라는 뜻이 [오근五根이라는 용어에서] 능력(根)의 뜻이기

651 제7석의 해당하는 구절은 "此中增上, 次第五處流."이다.
652 제7석의 해당하는 구절은 "爲修四勤故, 心已隨教得住, 因此心, 已下解脫分善根種子."이다.
653 제7석의 해당하는 구절은 "一欲增上故, 二勤修增上故, 三不忘境界增上故, 四不散動增上故, 五思擇法增上故. 如次第, 信等五根應知."이다.

때문이다.

[해석(釋)의 두 번째 부분인] "['해로움은 끊고 이로움은 살리는 네 가지 수행'(四懃, 四正勤)을] 닦기 때문에"(爲修) 이하에서는 [제7송의] 첫 번째 구절을 해석한다. "'해로움은 끊고 이로움은 살리는 네 가지 수행'을 닦기 때문에"(爲修四懃故)라는 것은 [해탈분解脫分에 속하는 수행으로서] '해로움은 끊고 이로움은 살리는 [네 가지] 수행'(正懃)을 거론하면서 겸하여 '[네 가지를 토대로 '[빠져들지 않아] 그치는 마음국면'(止)과 '[진리다운] 이해'(觀)를 수립하여] 간직해 가는 수행'(念處)까지 취한 것이고, "[그리고 4여의족四如意足 수행으로] 마음이 이미 [고귀한] 가르침에 따라 ['마음이 한결같아진 상태'(心一境性)에] 머무르니"(心已隨教得住)라는 것은 '선정을 이루어 번뇌를 끊게 하는 네 가지 능력 계발의 마음에 대한 믿음'(四如意足心信)을 제시한 것이다. "[4여의족四如意足 수행까지 거친] 이 마음으로 인해 이미 '해탈의 가능성을 높이는 과정에 있는 이로운 능력의 종자'를 심은 것이다"(因此心, 已下解脫分善根種子)라는 것은 '네 가지 항목으로 이루어진 [사념처四念處·사정단四正懃·사여의족四如意足] 세 가지'(三四)가 '해탈의 가능성을 높이는 과정'(解脫分)임을 밝힌 것이다. 이 문장들에 의거하여 이와 같은 '네 가지 항목으로 이루어진 [사념처四念處·사정단四正懃·사여의족四如意足] 세 가지 단계'(三四位)가 '[난煖·정頂·인忍·세제일법世第一法, 이] 네 가지 이로운 능력'(四善根)[이라는 통달분通達分 단계][654]의 이전에 있음을 알 수 있다.

[해석(釋)의 세 번째 부분인] "[5근五根에서] 첫 번째[인 신근信根]은 의욕[이 향상된 것]이고"(一欲) 이하에서는 '[해탈을 성취하게 하는] 다섯 가지 능력의 수행'(五根)을 하나씩 해석한다. 문장에서 드러나는 [뜻]은 [어렵지 않게] 알 수 있다.

---

654 사선근四善根과 오근五根·오력五力: 이제까지의 논의에 따라 말하자면 난煖·정頂·인忍·세제일법世第一法의 사선근은 아비달마의 칠방편七方便 체계에서의 통달분이고, 오근과 오력은 『중변분별론』의 오방편五方便 체계에서의 통달분이다. 사선근과 오근·오력의 관계에 관한 자세한 내용은 '난법煖法·정법頂法·인법忍法·세제일법世第一法의 사선근四善根' 역주 및 '오근五根·오력五力 수행의 단계와 사선근四善根 수행의 관계' 역주의 표 참조.

[第八頌] 說力損惑故. 前因後是果.

[第八釋] 信等五法如前所說. 爲有勝力故, 說名力. 勝力者何義? 能損離非助惑故. 若五法非信等, 諸對治惑, 不相障故. 故說根力有次第. 云何信等五法, 前後次第說? 五種法如前後, 爲因果故. 云何如此? 若人信因信果, 爲求得此果故, 決勤行. 因此勤行已, 守境不移, 若念止住, 心得三昧.(平等住, 不高不下. 一三受故, 二一境故. 又有五種住, 未說.)[655] 若心得定, 觀知如實境. 因此義, 是故五法立次第.

[T31, 458c15~23]

【여덟 번째 게송】

'[다섯 가지 능력의 수행으로 얻은 다섯 가지] 힘'(力) [수행의 특징]을 말하자면 [오근五根 수행에 아직 남아 있는] 번뇌(惑)들을 덜어내는 것이네. [또 신信·정진精進·염念·정定·혜慧라는 오근五根과 오력五力 수행의 순서에서] 앞[의 항목들]은 원인이고, 뒤[의 항목들]은 결과이네.

【여덟 번째 해석】

믿음(信)[·정진함(精進)] 등 다섯 가지 항목[의 특징]은 앞[의 오근에 관해 설명하는 일곱 번째 해석]에서 ['의욕이 향상된 것'(欲增上)·'부지런한 수행이 향상된 것'(勤修增上) 등으로] 말한 것과 같다. [오근五根보다 더] '탁월한 힘'(勝力)을 지니게 되기 때문에 '[다섯 가지 능력의 수행으로 얻은 다섯 가지] 힘'(力)이라고 부른다. [오력五力 수행으로 인한] '탁월한 힘'(勝力)이라는 것은 어떤 뜻인가? '[견도見道에 들어가는 데] 도움이 되지 않는 번뇌'(非助惑)들을 덜어내어 벗어날 수 있는 것이다. 만약 [믿음(信)·정진함(精進) 등] 다섯 가지 항목들이 '믿지 않음'(非信)[·'정

655 괄호 안의 문장은 대정장 원문에서는 두 줄로 된 각주의 형식으로 실려 있다. 이역본인 『변중변론辯中邊論』의 해당 대목에는 이 문장이 없다.

진하지 않음'(非精進)] 등[의 '해로운 것'(黑法)]에 대해 모두 [해로운] 번뇌(惑)들을 치유한다면 ['이로운 것'(白法)과 '해로운 것'(黑法)이] 서로 장애하지 않기 때문이다. 그러므로 [아직 '해로운 것'(黑法)이 '이로운 것'(白法)을 장애하고 있는] '[해탈을 성취하게 하는 다섯 가지] 능력'(根)과 ['이로운 것'(白法)과 '해로운 것'(黑法)이 서로 장애하지 않게 된] '[다섯 가지 능력의 수행으로 얻은 다섯 가지] 힘'(力)에는 순서가 있다고 말한다.[656]

[오근과 오력의 수행에서] 어찌하여 믿음(信)[·정진함(精進)] 등 다섯 가지 항목은 앞과 뒤의 순서로 말해지는가? 다섯 가지 항목은 앞과 뒤[의 순서]대로 [이어지는 것]이니, [앞과 뒤는] '원인과 결과'(因果)이기 때문이다. 어찌하여 이와 같은가? 만약 수행자가 원인(因)[되는 수행인 오근·오력의 통달분 수행 체계]를 믿

---

656 제8석에 관한 원효의 과문: 아래 제8석에 관한 해석(釋) 문단의 원효 과문에 따르면 본문의 이 문단까지는 '석초구釋初句', 즉 제8송의 초구인 "說力損惑故"를 해석한 내용에 해당한다. 제8석의 문단 구분을 위해 원효의 과문에 따라 미리 제8석의 해당 구절들을 배속해 보면 다음과 같다.
【제8석】
1. 釋初句
  1) 牒五根: "信等五法如前所說."
  2) 正釋文: "爲有勝力故, 說名力. 勝力者何義? 能損離非助惑故."
  3) 重顯根後說力之意: "若五法非信等, 諸對治惑, 不相障故. 故說根力有次第."
2. 釋下句
  1) 徵問: "云何信等五法, 前後次第說?"
  2) 牒偈答: "五種法如前後, 爲因果故."
  3) 因問別顯相生次第: "云何如此? 若人信因信果, 爲求得此果故, 決勤行. 因此勤行已, 守境不移. 若念止住, 心得三昧.(平等住, 不高不下. 一三受故, 二一境故. 又有五種住, 未說.) 若心得定, 觀知如實境. 因此義, 是故五法立次第."
'1. 석초구釋初句'에 관한 과문에 따르면 "信等五法如前所說"의 대목은 먼저 '오근五根의 수행 특징을 제시한 것'(牒五根)이고, 다음으로 "爲有勝力故, 說名力. 勝力者何義? 能損離非助惑故."의 대목은 오력五力의 수행 특징에 관해 '곧바로 해석하는 문장'(正釋文)이며, "若五法非信等, 諸對治惑, 不相障故. 故說根力有次第."의 마지막 대목은 '오근 뒤에 오력을 설명하는 뜻을 거듭 드러낸 것'(重顯根後說力之意)이다. 그리고 '3) 중현근후설력지의重顯根後說力之意'의 문단에서 원효는 오근과 오력의 차이에 관해 "若五法始成立時, 黑白間赴, 未名爲力. 若不信等非助惑法, 不能障時, 乃名五力."(H1, 829c3~5)이라고 설명하여 제8석의 설명을 보충한다. 이에 따르면 신信·정진精進·염念·정定·혜慧의 오법五法이 처음 성립했을 때 아직 '흑법黑法과 백법白法 사이에서 진행되는'(黑白間赴) 수행이 오근이고 불신不信·부정진不精進 등의 비조혹법非助惑法(흑법)에 의해 더 이상 장애될 수 없는 수행이 오력이다.

고 [그 통달분 수행의] 결과(果)를 믿는다면 이 결과(果)를 추구하여 얻기 위해 정진함(勤, 精進)의 수행을 펼치게 된다. [그리고] 이 정진함(勤, 精進)의 수행을 다 이루기 때문에 '[고귀한 가르침이라는] 대상'(境)을 지키면서 놓치지 않게 되고, 만약 '[잊지 않고] 간직해 가는 [상태]'(念)에 자리 잡으면 마음은 삼매三昧를 얻게 된다.([네 번째인 선정(定)의 항목에서는] '평등[한 마음상태]'(平等)에 머물러 들뜨지도 않고 가라앉지도 않는다. ['평등[한 마음상태]에 머무름'(平等住)이라는 것은] 첫 번째로 [세 가지 느낌(受) 중에서] '세 번째 느낌'(三受)[657][인 '괴롭지도 않고 즐겁지도 않은 느낌'(不苦不樂受)]이기 때문이고, 두 번째로 '[마음이] 한결같아진 상태'(一境)이기 때문이다. 또 '다섯 가지 단계의 머무름'(五種住)[658]이 있는데, 아직 말하지 않았다. 만약 마음이 선정(定)을 얻으면 '사실 그대로의 대상'(如實境)을 이해하여 알게 된다. 이러한 뜻에 따르기 때문에 다섯 가지 항목에 순서를 세우는 것이다.

---

657 삼수三受: 일반적으로는 고수苦受·낙수樂受·불고불락수不苦不樂受의 세 가지 느낌을 말한다. 원효는 이 각주 문장 전체에 관해 주석하지 않으므로 본문의 문맥에 따라 이해하자면 여기서의 삼수三受는 세 가지 느낌 중에서 세 번째 느낌인 불고불락수不苦不樂受를 가리키는 것으로 보인다. 왜냐하면 본문에서는 통달분의 네 번째 항목인 정定에 관해 '평등[한 마음상태]에 머무르는 것'(平等住)이고 '들뜨지도 않고 가라앉지도 않는 것'(不高不下)이라고 설명한 후 그 이유의 첫 번째로 삼수三受라는 용어를 제시하기 때문이다. 불고불락수不苦不樂受를 사수捨受라고도 하는데, 이 세 번째 느낌인 사捨의 개념은 본문에서 선정(定) 수행의 항목과 결부되어 있으므로 원효가 앞의 제6석에서 선정(定) 수행의 제8 자량資糧인 사위捨位를 설명하는 다음의 내용도 참고할 만하다. "言起放捨心, 放流相續者, 欲明捨位有初中後. 如『對法論』說, 捨者, 依止正勤無貪瞋癡, 與雜染住相違, 心平等性, 心正直性, 心無功用住性, 爲體."(H1, 828b8~12) 여기서 원효는 사捨에 관한 선정 수행이 초初·중中·후위後位로 나뉜다고 하면서 『대승아비달마잡집론』 권1을 인용하여 사捨의 초위에서 심평등성心平等性을 바탕(體)으로 삼는다고 지적한다. 심정직성心正直性과 심무공용성心無功用性은 각각 사위의 중위와 후위에 해당한다.

658 오종주五種住: 『중변분별론』의 아래 제6 「득과품得果品」에는 "應成修住住者, 此人住自性中. 作事修住者, 從發心乃至修行位. 名最淨住最淨位住. 有莊嚴位住, 遍滿十地故. 無上位住."(T31, 460a24~27)라는 논의가 보인다. ①응성수주주應成修住住, ②작사수주作事修住, ③명최정주최정위주名最淨住最淨位住, ④유장엄위주有莊嚴位住, ⑤무상위주無上位住를 거론하여 단계에 따라 각각 얻는 수행의 결과로서 '다섯 가지 머무름'(五種住)을 제시하는 대목이다. 오근과 오력 수행 중에서 제4 선정(定)의 항목에 관해 각주의 형식으로 보충하여 설명하는 본문의 문장에서는 제4 선정(定)의 항목을 평등주平等住의 개념으로 설명하고 나서 이와 연계하여 뒤에 나올 오종주五種住의 개념에 관해 미리 언급해 두는 것으로 보인다.

頌中一句, 第二明力, 卽就五法, 以說力者. 由勝進時, 能損惑故. 故言“說力損惑故”也. 下之一句, 明五次第. 前前爲因, 後後是果故, 初說信, 乃至後慧. 故言“前因後是果”也.

[H1, 829b20~24; X48, 167c13~16]

(나) [다섯 가지 능력의 수행으로 얻은 다섯 가지] 힘(力) [수행의 특징]을 밝힘(明力)

[여덟 번째] 게송[의 두 구절] 중 첫 번째 구절[659]에서는 ['오근五根과 오력五力 수행의 특징을 곧바로 밝힘'(正明行相) 문단에서] 두 번째로 '[다섯 가지 능력의 수행으로 얻은 다섯 가지] 힘'(力)[의 수행 특징]을 밝히니, 곧바로 [믿음(信)·정진함(精進) 등의] 다섯 가지 항목[의 수준이 더 탁월해진 것]에 의거하여 '[다섯 가지 능력의 수행으로 얻은 다섯 가지] 힘'(力)[의 수행 특징]에 관해 말한 것이다. [오력五力이라는 데] '탁월한 경지로 나아갈'(勝進)[660] 때 [오근五根 수행에 아직 남아 있는] 번뇌(惑)들을 덜어낼 수 있기 때문이다. 그러므로 "'[다섯 가지 능력의 수행으로 얻은 다섯 가지] 힘' [수행의 특징]을 말하자면 [오근五根 수행에 아직 남아 있는] 번뇌들을 덜어내는 것이네"(說力損惑故)라고 말한 것이다.

(다) [신信·정진精進·염念·정定·혜慧 수행의] 다섯 가지 순서를 밝힘(明五次第)

[여덟 번째 게송의 두 구절 중] 아래의 한 구절[661]에서는 [오근과 오력 수행에 관한] '다섯 가지 항목의 순서'(五次第)를 밝힌다. '앞의 항목들'(前前)은 원인이 되고 '뒤의 항목

659 제8송에서 해당하는 구절은 "說力損惑故"이다.
660 승진勝進: 번뇌를 끊어 깨달음을 증득하는 단도斷道의 과정인 방편도方便道·무간도無間道·해탈도解脫道·승진도勝進道의 사도四道 중 하나이다. 사도에 관한 자세한 내용은 '방편도方便道' 역주 참조. 문맥에 따라 유동성을 띠는 사도의 개념을 이 대목에서 구체적으로 적용시켜 보자면, 본문에서는 통달분의 뒷 단계인 오력을 승진도로 설정하고 있으므로 그에 따라 사념처·사정근·사여의족의 전삼방편(해탈분)은 방편도에 해당하고 전삼방편 중에서 마지막 단계인 사여의족은 무간도에 해당하며 통달분의 앞 단계인 오근은 해탈도에 해당한다고 각각의 수행 단계를 배속해 볼 수 있겠다.
661 제8송에서 해당하는 구절은 "前因後是果"이다.

들'(後後)은 [앞 항목들의] 결과가 되기 때문에 처음에 믿음(信)[의 항목]을 말하고 [정진精進·염念·정定의 항목으로] 이어지다가 마지막으로 지혜(慧)[의 항목]에 이른다. 그러므로 "[또 신信·정진精進·염念·정定·혜慧라는 오근五根과 오력五力 수행의 순서에서] 앞[의 항목들]은 원인이고, 뒤[의 항목들]은 결과이네"라고 말한 것이다.

釋中卽二. 釋初句中, 亦有三句. 初牒五根, 次正釋文. "若五"以下, 重顯根後說力之意. 謂若五法始成立時, 黑白間赴, 未名爲力, 若不信等非助或[662]法, 不能障時, 乃名五力. 故說根力, 隨有次第也. "云何"以下, 次釋下句, 於中亦三. 初以徵問, 次牒偈答. "云何如是[663]"以下, 因問別顯相生次第, 文相可知.

[H1, 829c1~8; X48, 167c17~22]

※【제8송에 관한】 해석(釋)

A. [제8송의] 첫 번째 구절을 해석함(釋初句)

[제8송에 관한] 해석(釋)에는 [제8송의 첫 번째 구절을 해석하는 것과 두 번째 구절을 해석하는 것, 이] 두 가지가 있다. [제8송의] 첫 번째 구절[664]을 해석하는 데에도 세 가지 구절이 있다. 먼저 '[해탈을 성취하게 하는] 다섯 가지 능력'(五根)을 제시하고,[665] 다음으로 [오력五力 수행의 특징에 관한 제8송 첫 구절의] 문장을 곧바로 해석한다.[666] [세 번째로] "만약 [믿음(信)·정진함(精進) 등] 다섯 가지 항목들이"(若五) 이하에서는 '[해탈을 성취하게 하는 다

662 문맥에 따라 '或'을 '惑'으로 교감한다.
663 『중변분별론』 원문에는 '是'가 '此'로 되어 있으나, 같은 뜻이므로 그대로 둔다.
664 제8송에서 해당하는 구절은 "說力損惑故"이다.
665 제8석에서 해당하는 구절은 "信等五法如前所說"이다.
666 제8석에서 해당하는 구절은 "爲有勝力故, 說名力. 勝力者何義? 能損離非助惑故"이다.

섯 가지] 능력'(根) 뒤에 '[다섯 가지 능력의 수행으로 얻은 다섯 가지] 힘'(力)을 말하는 뜻에 관해 거듭 드러낸다.[667] 만약 [오근五根 수행에서 믿음(信)·정진함(精進) 등의] 다섯 가지 항목이 처음 성립할 때라서 '해로운 것과 이로운 것'(黑白) 사이에 간극이 벌어져 있다면 [그리하여 '해로운 것'(黑法)이 '이로운 것'(白法)을 뚜렷하게 장애한다면] 아직 '[다섯 가지 능력의 수행으로 얻은 다섯 가지] 힘'(力)이라 부르지 못하고, 만약 '믿지 않음'(不信)[·'정진하지 않음'(不精進)] 등의 '[깨달음에 이르도록] 돕지 않는 번뇌'(非助惑法)들이 [수행을] 장애하지 못할 때라면 그때에서야 '[다섯 가지 능력의 수행으로 얻은] 다섯 가지 힘'(五力)이라고 부른다는 것이 그것이다. 그러므로 '[해탈을 성취하게 하는 다섯 가지] 능력'(根)과 '[다섯 가지 능력의 수행으로 얻은 다섯 가지] 힘'(力)을 말하는 것에는 이에 따라 순서가 있는 것이다.

B. [제8송의] 아래 구절을 해석함(釋下句)

"어찌하여"(云何) 이하에서는 다음으로 [제8송의] 아래 구절[668]을 해석하니, 여기에도 세 가지가 있다. 먼저 [다섯 가지 항목의 순서에 관해] 따져 묻고,[669] 다음으로 게송[의 내용]을 [거의 그대로] 제시하여 대답한다.[670] [세 번째로] "어찌하여 이와 같은가"(云何如是) 이하[671]에서는 [위의] 물음에 따라 [앞의 항목이 뒤의 항목을] 서로 생겨나게 하는 순서에 관해 하나씩 드러내니, 글의 내용은 [어렵지 않게] 알 수 있다.

667 제8석에서 해당하는 구절은 "若五法非信等, 諸對治惑, 不相障故. 故說根力有次第."이다.
668 제8송에서 해당하는 구절은 "前因後是果"이다.
669 제8석에서 해당하는 구절은 "云何信等五法, 前後次第說?"이다.
670 제8석에서 해당하는 구절은 "五種法如前後, 爲因果故"이다. 제8송의 해당 구절인 "前因後是果"의 구문과 비교해 보면 게송 형식의 내용을 그저 산문 형식으로 풀어놓기만 한 내용임을 알 수 있다.
671 제8석에서 해당하는 구절은 "云何如此? 若人信因信果, 爲求得此果故, 決勤行. 因此勤行已, 守境不移. 若念止住, 心得三昧.(平等住, 不高不下. 一三受故, 二一境故. 又有五種住, 未說.) 若心得定, 觀知如實境. 因此義, 是故五法立次第."이다.

나) [오근五根과 오력五力에] 해당하는 [수행의] 단계를 배속시킴(屬當階位)

[第九釋] 若人已下種解脫分善根已, 說五根是其位. 若人已下通達分善根者, 爲在五根位中, 爲當在方位中?

[第九頌] 二二通達分, 五根及五力.

[第九釋] 煖位及頂位立, 行五根, 忍位及世第一法立, 行五力. 若人下解脫善根種, 此二二位決定通達分. 若未, 不如此力.

[T31, 458c23~459a1]

【아홉 번째 해석】

만약 어떤 사람이 이미 [사념처四念處·사정근四正勤·사여의족四如意足이라는] '해탈의 가능성을 높이는 과정에 있는 이로운 능력'(解脫分善根)을 심어 [그 과정을] 마쳤다면 '[해탈을 성취하게 하는] 다섯 가지 능력의 수행'(五根)이 그 [해탈분선근解脫分善根을 심는 과정을 마친 통달분通達分의] 단계라고 말한다. 만약 어떤 사람이 이미 '[사제四諦의 이치를] 통달하여 [견도見道에 오르는] 과정에 있는 이로운 능력'(通達分善根)을 심어 마쳤다면 [그 사람은] '[해탈을 성취하게 하는] 다섯 가지 능력의 수행 단계'(五根位)에 있는 것인가, [오근五根 수행이] '온전해진 단계'(方位)[인 오력五力]에 있어야 하는 것인가?

【아홉 번째 게송】

[사선근四善根 중에서 앞의] 두 가지[인 난위煖位와 정위頂位] 및 [뒤의] 두 가지[인 인위忍位와 세제일법世第一法]은 '[사제四諦의 이치를] 통달하여 [견도見道에 오르는] 과정'(通達分)이니, [사선근 중에서 앞의 두 가지 단계가] '[해탈을 성취하게 하는] 다섯 가지 능력의 수행'(五根)[에 해당하는 것]이고 [뒤의 두 가지 단계가] '[다섯 가지 능력의 수행으로 얻은] 다섯 가지 힘의 수행'(五力)[에 해당하는 것]이네.

【아홉 번째 해석】

‘[사제四諦에 관한 이해를] 착수하는 단계’(煖位)와 ‘[사제四諦에 관한 이해가] 탁월해진 단계’(頂位)를 세워 ‘[해탈을 성취하게 하는] 다섯 가지 능력’(五根)을 수행하고, ‘[사제四諦의 도리를] 감당해 내는 단계’(忍位)와 ‘[견도見道 이전의 단계에서] 가장 뛰어난 수준의 수행 [단계]’(世第一法)를 세워 ‘[다섯 가지 능력의 수행으로 얻은] 다섯 가지 힘’(五力)을 수행하는 것이다. 만약 어떤 사람이 ‘해탈의 가능성을 높이는 과정에 있는 이로운 능력의 종자’(解脫善根種)를 심었다면 [다음 단계인] 이 [사선근四善根 중의] ‘[앞의] 두 가지와 [뒤의] 두 가지 단계’(二二位)는 반드시 ‘[사제四諦의 이치를] 통달하여 [견도見道에 오르는] 과정’(通達分)이다. 만약 아직 [‘해탈의 가능성을 높이는 과정에 있는 이로운 능력의 종자’(解脫善根種)를 심지] 않았다면 이 ‘[사제四諦의 이치를 통달하여 견도見道에 오르는] 능력’([通達]力)과 같지 않다.672

---

672 오근五根과 오력五力에 관한 수행단계의 배속에서 아비달마와 『중변분별론』의 차이: 오근과 오력의 수행 단계를 난煖·정頂·인忍·세제일법世第一法의 사선근四善根에 배속시켜 통달분通達分이라고 논의하는 『중변분별론』 제9송과 제9석의 이 내용은 앞서 ‘각 수행항목들의 단계를 밝힘(明階位)’(H1, 820b3 이하) 문단에서 “若依此論, 前之三四在解脫分, 次之二五在通達分.”(H1, 820b16~18)이라고 하여 ‘사념처·사정근·사여의족의 세 가지’(三四)는 해탈분이고 ‘오근·오력의 두 가지’(二五)는 통달분이라고 설명한 내용의 문증文證이 되는 대목이다. 이와 대비하여 같은 ‘명계위明階位’ 문단에서 원효는 사선근과 다섯 가지 수행 항목의 관계에 관한 아비달마에서의 설명을 다음과 같이 정리한다. “依毗曇說, 四念處觀在煖法前, 其四正勤在於煖法, 四如意足在於頂法, 五根在於忍法, 五力在世第一法.”(H1, 820b14~16). 원효가 정리한 아비달마에서의 수행 단계 설정은 『아비달마구사론』 권25에서 그 문증을 찾을 수 있다. 이에 관한 자세한 내용은 ‘난법煖法·정법頂法·인법忍法·세제일법世第一法의 사선근四善根’ 역주 참조. 원효의 설명에 따라 아비달마와 『중변분별론』의 차이를 표로 나타내면 다음과 같다. 이에 관한 자세한 내용은 ‘『중변분별론』의 해탈분解脫分과 통달분通達分’ 역주 참조.

비담毗曇		중변분별론中邊分別論		
사념처	사선근四善根 이전	사념처	해탈분解脫分: 사선근四善根 이전	
사정근	난법煖法	사정근		
사여의족	정법頂法	사여의족		
오근	인법忍法	오근	난법煖法·정법頂法	통달분通達分
오력	세제일법世第一法	오력	인법忍法·세제일법世第一法	

오근과 오력 단계의 배속 정황에 국한하자면 표에서 보듯이 아비달마에서는 오근을 인법에, 오력을 세제일법에만 배속하는 반면, 『중변분별론』에서는 오근을 난법과 정법에, 오력을 인법과

上來明其行相已竟. "若人"以下, 屬當階位, 亦先發起, 於中二句. 初句對前, 以分後位, 此明五根在解脫分後. 次句就後, 別問所在, 此問通達分在根在力. 頌中二句, 正答此問, 煖等四位是通達分. 於中前二立根, 後二說力. 故言"二二通達分, 五根及五力"也.

[H1, 829c9~15; X48, 167c23~168a3]

지금까지 그 [오근五根과 오력五力] '수행의 특징'(行相)에 관해 밝히는 것을 마쳤다.[673] "만약 어떤 사람이" 이하[674]에서는 [오근五根과 오력五力에] 해당하는 [수행의] 단계(階位)를 배속시키면서 또한 [다음 제9송의 내용을] 미리 일으키니, 여기에는 두 가지 구절이 있다. 첫 번째 구절[675]에서는 앞[의 해탈분解脫分]에 상대하여 '뒤의 단계'(後位)[인 통달분通達分]을 구분하니, 이것은 '[해탈을 성취하게 하는] 다섯 가지 능력의 수행'(五根)이 '해탈의 가능성을 높이는 과정'(解脫分)의 뒤[인 통달분通達分]에 있음을 밝히는

세제일법에 배속하는 차이를 드러낸다. 본문 아래에서는 제9송에 관해 수문해석隨文解釋하고 나서 방론傍論으로 "此中略明四善根義, 欲顯此義四門分別."(H1, 829c15~16)이라고 하여 사선근의 뜻을 명칭(名)·바탕(體)·특징(相)·단계(位)의 네 측면으로 나누어 자세하게 해석해 가는데, 여기서 원효는 『대지도론』·『대승아비달마잡집론』·『유가사지론』 등 대승 논서들의 전거에 입각하여 『중변분별론』에서 말하는 사선근의 뜻을 면밀하게 밝힌다.

673 앞에서 '가) 오근五根과 오력五力 수행의 특징을 곧바로 밝힘(正明行相)'의 문단이 종료되었음을 말한다. 아래 '나) 속당계위屬當階位'의 과문까지 합쳐서 '라. 총명근력總明根力' 단락의 전체 과문을 정리하면 다음과 같다.

라. '해탈을 성취하게 하는 다섯 가지 능력'(五根)과 '다섯 가지 능력의 수행으로 얻은 다섯 가지 힘'(五力)을 총괄적으로 밝힘(總明根力)

가) 오근五根과 오력五力 수행의 특징을 곧바로 밝힘(正明行相)

(가) 해탈을 성취하게 하는 다섯 가지 능력 수행의 특징을 밝힘(明根)

㉮ 해탈을 성취하게 하는 다섯 가지 능력이 일어나는 원인을 드러냄(顯根起因)

㉯ 해탈을 성취하게 하는 다섯 가지 능력의 수행을 하나씩 드러냄(別顯五根, 正明根相)

(나) '다섯 가지 능력의 수행으로 얻은 다섯 가지 힘'(五力) 수행의 특징을 밝힘(明力)

(다) 신信·정진精進·염念·정定·혜慧 수행의 다섯 가지 순서를 밝힘(明五次第)

나) 오근五根과 오력五力에 해당하는 수행의 단계를 배속시킴(屬當階位)

674 "若人已下種解脫分善根已"로 시작하는 제9석과 제9송 전체를 가리킨다.

675 해당하는 구절은 "若人已下種解脫分善根已, 說五根是其位."이다.

것이다. 다음 구절[676]에서는 뒤[의 단계인 통달분]에 의거하여 [오근과 오력의 수행이] 각각 어디에 있는지 물으니, 이것은 '[사제四諦의 이치를] 통달하여 [견도見道에 오르는] 과정'(通達分)이 '[해탈을 성취하게 하는 다섯 가지] 능력의 수행'(根)에 있는지 '[다섯 가지 능력의 수행으로 얻은 다섯 가지] 힘의 수행'(力)에 있는지를 묻는 것이다.

[아홉 번째] 게송의 두 구절에서는 이 물음에 곧바로 대답하니, '[사제四諦에 관한 이해를] 착수하는 단계'(煖位)[·'사제四諦에 관한 이해가 탁월해진 단계'(頂位)] 등 네 가지 단계가 '[사제四諦의 이치를] 통달하여 [견도見道에 오르는] 과정'(通達分)이라는 것이다. 여기서 앞의 두 가지[인 난위煖位와 정위頂位]를 '[해탈을 성취하게 하는 다섯 가지] 능력의 수행'(根)에 세우고 뒤의 두 가지[인 인위忍位와 세제일법世第一法]을 '[다섯 가지 능력의 수행으로 얻은 다섯 가지] 힘의 수행'(力)이라고 말한다. 그러므로 "[사선근四善根 중에서 앞의] 두 가지[인 난위煖位와 정위頂位] 및 [뒤의] 두 가지[인 인위忍位와 세제일법世第一法]은 '[사제四諦의 이치를] 통달하여 [견도見道에 오르는] 과정'(通達分)이니, [사선근 중에서 앞의 두 가지 단계가] '[해탈을 성취하게 하는] 다섯 가지 능력의 수행'(五根)[에 해당하는 것]이고 [뒤의 두 가지 단계가] '[다섯 가지 능력의 수행으로 얻은] 다섯 가지 힘의 수행'(五力)[에 해당하는 것]이네"라고 말하였다.

此中略明四善根義. 欲顯此義, 四門分別, 一名, 二體, 三相, 四位. 初釋名者, 煖頂二名, 從喩爲目, 其後二者, 當法立名. 謂初定心, 審觀聖諦, 與眞現觀, 髣髴相似. 如鑽火時, 初生煖氣, 與火熱觸, 始有相似. 故從此喩, 名爲煖法. 欲令行者, 懃修不息. 如攢火者, 無蹔息故. 如『智度』說, "如是觀諦, 信謂[677]涅槃道, 心住快樂, 似如無漏, 是名煖法. 如人攢火, 得[678]有煖氣, 必聖[679]得火"故.

[H1, 829c15~830a3; X48, 168a3~10]

676 해당하는 구절은 "若人已上通達分善根者, 爲在五根位中, 爲當在方位中?"이다.
677 『대지도론』 원문에 따라 '謂'를 삭제한다.
678 『대지도론』 원문에 따라 '得'을 '方'으로 고친다.
679 『대지도론』 원문에 따라 '聖'을 '望'으로 고친다. 한불전 교감주에도 "'聖'은 '望'인 듯하다"라 되어 있다.

여기에서는 대략 '[견도見道를 성취하게 하는] 네 가지 이로운 능력'(四善根)의 뜻을 밝히고 있다. 이 뜻을 드러내고자 네 가지 측면으로 나누어 구별하니, 첫 번째는 명칭(名)이고 두 번째는 바탕(體)이며 세 번째는 특징(相)이고 네 번째는 단계(位)이다.

첫 번째인 명칭(名)에 관해 해석하는 것은 [다음과 같다.] '[사제四諦에 관한 이해를] 착수함'(煖)과 '[사제四諦에 관한 이해가] 탁월해짐'(頂)이라는 두 가지 명칭은 비유(喩)에 따라 이름을 지은 것이고, 그 뒤의 두 가지[인 인법忍法과 세제일법世第一法]은 [각 단계에서 나타나는] 현상(法)에 맞추어 명칭을 세운 것이다. 처음에 [난법煖法을 수행하여] '선정에 든 마음'(定心)이 '[네 가지] 고귀한 진리'(聖諦)를 살펴 이해한 것과 '[견도見道에서] 나타나는 참된 이해'(眞現觀)680는 거의 서로 유사하다고 말한다. 마치 [나무를 비벼] 불을 피울 때 처음으로 생겨난 따뜻한 기운과 [피워진] 불의 열기에 대한 촉감이 처음에는 서로 유사한 것과 같다. 그러므로 이러한 [불 피우는 것의] 비유에 따라 [사선근四善根의 첫 번째 수행 단계를] '[사제四諦에 관한 이해를] 착수하는 현상'(煖法)이라고 부른다.

[또] 수행을 이어 가고자 하는 자는 부지런히 수행하면서 쉬지 않는다. 마치 [나무를 비벼] 불을 피우는 자가 잠시도 쉼이 없는 것과 같은 것이다. 『대지도론』에서 [다음과 같이] 말한 것과 같다. "이와 같이 '[네 가지 고귀한] 진리'(諦)를 이해하면 '열반에 이르는 길'(涅槃道)을 확신하여 마음이 '상쾌한 즐거움'(快樂)에 머무르게 되어 '번뇌

---

680 현관現觀: 성제현관聖諦現觀이라고도 한다. 견도見道에서 여실하게 성취하는 사성제四聖諦에 관한 이해를 말한다. 『아비달마구사론』 권23에서는 "於中已明諸加行道世第一法, 爲其後邊, 應說從斯, 復生何道?"(T29, 121a21~22)라고 하여 견도 직전의 가행도加行道 중에서 세제일법世第一法이 최후의 수행임을 밝히는 것으로 사선근 수행에 관한 논의를 마무리하면서 다음에 일어나는 해탈도解脫道인 견도에 관해 다음과 같이 설명한다. "頌曰, 世第一無間, 即緣欲界苦, 生無漏法忍, 忍次生法智, 次緣餘界苦, 生類忍類智. 緣集滅道諦, 各生四亦然. 如是十六心, 名聖諦現觀."(T29, 121a22~27) 이에 따르면 세제일법에서 무간無間으로 욕계欲界의 고성제苦聖諦를 반연하여 무루無漏의 고법인苦法忍을 일으키고 이 고법인이 다시 고법지苦法智를 일으키며 다음으로 나머지 세계인 색계色界·무색계無色界(상이계上二界)에서 고류인苦類忍과 고류지苦類智를 일으킨다. 이렇게 집集·멸滅·도제道諦에서도 각각 네 가지 마음들을 일으키므로 견도에서는 모두 16가지 마음이 생겨나는데, 이 16심十六心을 성제현관聖諦現觀이라고 부른다. 16심의 구체적 명칭에 관해서는 '견見·수도修道와 수도修道의 9종각九種覺' 역주의 표 참조. 대승 논서인 『현양성교론』 권17 「성현관품成現觀品」의 "論曰, 如是已得煖等善根, 當知從此入於現觀."(T31, 562a23~24)이라고 하는 문장에서도 사선근 수행을 거쳐 성취되는 견도에서의 이해에 관해 현관現觀이라고 지칭하는 것을 확인할 수 있다.

가 흘러들어오는 경향성이 없는 [견도見道에서의 이해]'(無漏)와 유사하게 되니, 이것을 '[사제四諦에 관한 이해를] 착수하는 현상'(煖法)이라고 부른다. 마치 어떤 사람이 [나무를 비벼] 불을 피우다가 마침내 따뜻한 기운이 있게 되면 반드시 불을 얻으리라고 생각하게 되는 것과 같다."[681]

言頂法者, 是最上義, 修習五根, 至最上品. 如人首頂, 身中最上. 故從此喩, 名爲頂法. 如彼五力上品, 就法名世第一, 今此五根上品, 從喩名爲頂法. 雖有親疎, 齊顯上義. 如『對法』說, "由彼頂法, 展轉增進, 居上位故." 又復頂者, 是處中義. 何者? 煖法以前, 罪增福微, 修行不易, 如似上山. 忍法以後, 罪微福增, 修行不難, 如從山下. 此二中間, 罪福亭等, 如至山頂, 已上未下. 故從此喩, 名爲頂法. 如『智度』說, "煖法增進, 罪福亭等. 故名頂法. 如人上山至頂, 兩邊道里俱等"故. 或有說者, 明進退際. 如是等義, 如常說也. 順諦忍法世第一法, 亦如是[682]常說, 尋之可知.

[H1, 830a3~18; X48, 168a10~21]

'[사제四諦에 관한 이해가] 탁월해진 현상'(頂法)이라고 말하는 것은 '[오근五根 수행에서] 가장 높은 [수준이라는] 뜻'(最上義)이니, '[해탈을 성취하게 하는] 다섯 가지 능력'(五根)을 닦아 익혀 '가장 높은 수준'(最上品)[683]에 이른 것이다. 마치 사람의 정수리가 몸에서 가장 높은 것과 같다. 그러므로 이러한 비유에 따라 '[사제四諦에 관한 이해가] 탁월해진 현상'(頂法)이라고 부른다. 마치 저 '[다섯 가지 능력의 수행으로 얻은] 다섯 가지

681 『대지도론』 권48(T25, 405b12~14). "如是觀(四)諦, 信涅槃道, 心住快樂, 似如無漏, 是名煖法. 如人攢火, 方有煖氣, 必望得火." 괄호는 생략된 부분을 가리킨다.

682 한불전 교감주에 "'是'는 잉자剩字인 듯하다"라고 되어 있다. 이에 따라 '是'를 삭제한다.

683 최상품最上品: 앞서 반복하여 보았듯이 오근五根의 수행 단계는 사선근四善根 중에서 앞의 두 가지인 난법煖法과 정법頂法에 해당하므로 정법은 오근의 최상품이 된다. 마찬가지로 오력의 수행 단계는 사선근 중에서 뒤의 두 가지인 인법忍法과 세제일법世第一法에 해당하므로 세제일법은 오력의 최상품이 된다.

힘'(五力)의 '높은 수준'(上品)을 [이런] 현상(法)에 의거하여 '[견도見道 이전의 단계에서] 가장 뛰어난 수준의 수행'(世第一法)이라고 부르는 것과 같이, 지금 이 '[해탈을 성취하게 하는] 다섯 가지 능력'(五根)의 '높은 수준'(上品)을 비유(喩)에 따라 '[사제四諦에 관한 이해가] 탁월해진 현상'(頂法)이라고 부른다. [정법頂法과 세제일법世第一法은] 비록 [견도見道의 단계를 기준으로] 가깝고 멂[의 차이]가 있지만 모두가 '높은 [수준이라는] 뜻'(上義)을 나타낸다. 『대승아비달마잡집론』에서 "저 '[사제四諦에 관한 이해가] 탁월해지는 현상'(頂法) 때문에 [수행의 수준이] 점점 증진되어 [오근五根 수행에서] '높은 단계'(上位)에 자리 잡는 것이다"[684]라고 말한 것과 같다. 또한 '[사제四諦에 관한 이해가] 탁월해진 [현상]'(頂[法])이라는 것은 '[수행 과정의] 중간에 처한다는 뜻'(處中義)이다. 왜인가? '[사제四諦에 관한 이해를] 착수하는 현상'(煖法) 이전에는 허물(罪)은 많고 이로움(福)은 미약해서 수행하기가 쉽지 않으니, 마치 산에 오르는 것과 같다. '[사제四諦의 도리를] 감당해 내는 현상'(忍法) 이후에는 허물(罪)은 미약해지고 이로움(福)은 많아져서 수행하기가 어렵지 않으니, 마치 산에서 내려가는 것과 같다. [난법煖法과 인법忍法,] 이 두 가지 중간[인 정법頂法]에서는 허물(罪)과 이로움(福)[의 비율]이 같아진 상태에 머무르니, 마치 산의 정상(頂)에 이르러 이미 [정상에] 올라가기는 했지만 아직 내려가지는 않은 것과 같다. 그러므로 이러한 비유에 따라 '[사제四諦에 관한 이해가] 탁월해진 현상'(頂法)이라고 부른다. 『대지도론』에서 [다음과 같이] 말한 것과 같다. "'[사제四諦에 관한 이해를] 착수하는 현상'(煖法)이 증진되어 허물(罪)과 이로움(福)[의 비율]이 같아진 상태에 머무른다. 그러므로 '[사제四諦에 관한 이해가] 탁월해진 현상'(頂法)이라고 부른다. 마치 어떤 사람이 산을 올라 정상(頂)에 이르게 되자 [오르는 길과 내려가는 길] 양편 길의 거리가 모두 같아진 것과 같다."[685] 어떤 설명에서는 [정법頂法에 관해] '[더] 나아가거나 [다시] 물러나는 사이[의 단계]'(進退際)[686]라고 밝힌다. [난법煖法과 정법頂法의 명칭(名)에 관

684 『대승아비달마잡집론』 권8(T31, 734c13). "由彼頂法, 展轉增進, 居上位故." 〈산스크리트본의 해당 내용: ASBh., p.76. tadvṛddhir mūrdhānaḥ taduparivyavasthāpanārthena /; 그 [난위]를 상위에 놓는다는 의미에 의해 그 [난위]가 증대한 것이 정위이다.〉

685 『대지도론』 권48(T25, 405b17~19). "煖法增進, 罪福亭等. 故名(爲)頂法. 如人上山至頂, 兩邊道里俱等." 괄호는 생략된 부분을 표시한다.

한] 이러한 뜻들은 통상적으로 말하는 것과 같다.

'[네 가지 고귀한] 진리에 따라 [그 도리를] 감당해 내는 현상'(順諦忍法)[687]과 '[견도見道 이전의 단계에서] 가장 뛰어난 수준의 현상'(世第一法)[688][이라는 명칭(名)의 뜻]도 통상적으로 말하는 것과 같으니, 그 [두 명칭(名)이 가리키는 현상(法)들에 맞추어] 생각해 보면 [어렵지 않게] 알 수 있다.[689]

---

686 진퇴제進退際: 소승 논서인 『아비달마대비바사론』 권6에서는 "頂不久住, 是進退際故."(T27, 27a23)라고 하여, 정법頂法은 '[더] 나아가거나 [다시] 물러나는 사이[의 단계]'(進退際)이기 때문에 오래 머무르게 되는 수행 현상은 아니라고 설명한다.

687 순제인법順諦忍法: 『대승아비달마잡집론』 권8에서는 순결택분順決擇分(通達分)에 해당하는 사선근四善根의 명칭에 관해 "所有順決擇分善根, 謂煖法頂法順諦忍法世第一法."(T31, 734c6~7)이라고 제시하므로 순제인법順諦忍法은 인법忍法의 다른 이름임을 알 수 있다. 같은 곳에서는 순제인법과 세제일법世第一法에 관해 다음과 같이 설명한다. "順諦忍法者, 謂各別內證於諸諦中, 一分已入隨順三摩地鉢羅若及彼相應等法. 一分已入者, 於無所取, 一向忍解故. 一分隨順者, 於無能取, 隨順通達. 所依處故. 世第一法者, 謂各別內證於諸諦中, 無間心三摩地鉢羅若及彼相應等法, 從此無間, 必起最初出世道故."(T31, 734c13~19) 이에 따르면 순제인법에서는 사제四諦의 도리 각각에 관해 삼마지三摩地(定)·발라야鉢羅若(慧)와 그에 따르는 상응법相應法들을 내증內證하여 그 도리에 한 부분씩 들어가 따르게 되는데, 내증되는 내용은 두 부분으로 나뉜다. 한 부분은 '객관 실체가 없음'(無所取)의 도리를 한결같이 '감당하여 이해하는 것'(忍解)이고 다른 한 부분은 '주관 실체가 없음'(無能取)의 도리에 따르면서 통달하는 것이다. 또 세제일법에서는 사제四諦의 도리에 관해 더 이상 '번뇌가 끼어들 틈이 없는 마음'(無間心)으로 삼마지三摩地(定)·발라야鉢羅若(慧)와 그에 따르는 상응법相應法들을 내증하여 이로부터 최초로 출세도出世道인 견도見道를 일으킨다.

688 4선근四善根의 번역어: 견도見道 이전에 4제四諦를 관찰하고 16행상十六行相을 닦아 성위聖位에 도달하는 수행의 네 단계가 난법煖法·정법頂法·인법忍法·세제일법世第一法의 4선근四善根이다. 그런데 이 사선근의 '法'은 문맥에 따라 두 가지로 번역할 필요가 있다. 하나는 '수행'이고 다른 하나는 '현상'이다. 그래서 본 번역에서는 4선근四善根의 번역어를 다음과 같은 두 가지 가운데 하나를 문맥에 따라 선택하고 있다. 즉, 난법煖法은 '[4제四諦에 관한 이해를] 착수하는 수행'/'[4제四諦에 관한 이해를] 착수하는 현상', 정법頂法은 '[4제四諦에 관한 이해가] 탁월해진 수행'/'[4제四諦에 관한 이해가] 탁월해진 현상', 인법忍法은 '[4제四諦의 도리를] 감당해 내는 수행'/'[4제四諦의 도리를] 감당해 내는 현상', 세제일법世第一法은 '[견도見道 이전의 단계에서] 가장 뛰어난 수준의 수행'/'[견도見道 이전의 단계에서] 가장 뛰어난 수준의 현상'의 어느 하나를 선택한다.

689 앞 문단에서 원효는 "煖頂二名, 從喩爲目, 其後二者, 當法立名."이라고 하여 난법煖法과 정법頂法은 비유(喩)에 따른 명칭이지만, 인법忍法과 세제일법世第一法의 명칭은 각 수행 단계에서 일어나는 현상(法)에 맞추어 지어진 것이라고 설명했다.

第二出體者, 前二善根, 五根爲體, 後二善根, 五力爲體. 若取最勝, 定慧爲體, 論其助伴, 通餘心法. 如『對法』說, "煖法者, 謂各別內證於諸諦中, 明得三摩地鉢羅若及彼相應等法. 乃至, 世第一法者, 謂各別內證於諸諦中, 無間心三摩地鉢羅若, 及彼相應等法. 從此無間, 必起最初出世道故."

[H1, 830a18~b1; X48, 168a21~b2]

두 번째로 [사선근四善根 수행의] 바탕(體)을 드러내는 것[은 다음과 같다.] '앞의 두 가지 이로운 능력'(前二善根)[인 난법煖法과 정법頂法]은 '[해탈을 성취하게 하는] 다섯 가지 능력'(五根)이 [그] 바탕(體)이 되고, '뒤의 두 가지 이로운 능력'(前二善根)[인 인법忍法과 세제일법世第一法]은 '[다섯 가지 능력의 수행으로 얻은] 다섯 가지 힘의 수행'(五力)이 [그] 바탕(體)이 된다. 만약 [오근과 오력 수행의 구체적 내용인 신信·정진精進·염念·정定·혜慧 중에서] '가장 탁월한 것'을 취한다면 선정(定)과 지혜(慧)가 [그] 바탕(體)이 되는 것이고, 그 '도움이 되는 것'(助伴)을 논한다면 나머지 마음현상(心法)과 통하는 것들이다.[690] 『대승아비달마잡집론』에서 [다음과 같이] 말한 것과 같다. "'[사제四諦에 관한 이해를] 착수하는 현상'(煖法)이라는 것은 모든 '[네 가지 고귀한] 진리'(諦)를 각각 하나씩 내면으로 증득하는 중에 선정(三摩地, 定)과 지혜(鉢羅若, 慧)[691] 및 그에 상응하는 [마음]현상(法)들을 분명히 얻는 것이다. … '[견도見道 이전의 단계에서] 가장 뛰어난 수준의 현상'(世第一法)이라는 것은 모든 '[네 가지 고귀한] 진리'(諦)를 각각 하나씩 내면으로 증득

---

690 사선근四善根의 체體와 조반助伴: 본문에서 원효는 사선근 수행의 바탕(體)에 관해 총체적으로는 오근五根과 오력五力의 수행을 먼저 거론한다. 이어서 세부적으로는 오근과 오력 수행의 구체적 내용에 해당하는 신信·정진精進·염念·정定·혜慧 중에서 정定·혜慧는 '가장 탁월한 것'(最勝)이고, 신·정진·염은 '도움이 되는 것'(助伴)이라고 구분한다. 그리고 신·정진·염·정·혜의 항목들은 오근과 오력 수행의 구체적 내용이면서도 유식불교의 육위심소六位心所 체계에 따르면 신信·정진精進은 선심소善心所에, 염念·정定·혜慧는 별경심소別境心所에 각각 해당하기도 한다. 이에 관해서는 '변행遍行' 역주의 표 참조.

691 발라야鉢羅若: 범어 'prajñā'의 음역이다. 반야般若가 가장 일반적인 음역이고, 이 외에 바야波若, 반라야般羅若, 발라야鉢剌若 등이 있다. 『불광대사전』, p.4301 참조.

하는 중에 '번뇌가 끼어들 틈이 없는 마음'(無間心)[692]으로 선정(三摩地)과 지혜(鉢羅若) 및 그에 상응하는 [마음]현상(法)들[을 얻는 것]이다. 이 [세제일법世第一法의] '번뇌가 끼어들 틈이 없는 경지'(無間)로부터 '최초로 세간을 넘어서는 수행'(最初出世道)[인 견도見道]를 반드시 일으키는 것이다."[693]

---

692 무간심無間心: 방편도方便道·무간도無間道·해탈도解脫道·승진도勝進道의 사도四道 중에서 세제일법世第一法은 해탈도解脫道인 견도見道와 관련하여 무간도에 해당하기 때문에 무간심無間心으로 선정(三摩地)과 지혜(鉢羅若)의 마음현상을 얻는다고 하는 것으로 보인다. 사도에 관한 자세한 내용은 '방편도方便道' 역주 참조.

693 『대승아비달마잡집론』 권8(T31, 734c7~19). "煖法者, 謂各別內證於諸諦中, 明得三摩地鉢羅若, 及彼相應等法. (由淨定心, 依諦, 增上契經等法, 於意言門, 諸義顯現. 緣彼所生奢摩他毘鉢舍那等, 是名煖法. 頂法者, 謂各別內證於諸諦中, 明增三摩地鉢羅若, 及如相應等法. 由彼頂法, 展轉增進, 居上位故. 順諦忍法者, 謂各別內證於諸諦中, 一分已入隨順三摩地鉢羅若, 及彼相應等法. 一分已入者, 於無所取一向忍解故, 一分隨順者, 於無能取隨順通達. 所依處故.) 世第一法者, 謂各別內證於諸諦中, 無間心三摩地鉢羅若, 及彼相應等法. 從此無間, 必起最初出世道故." 괄호는 생략된 부분을 표시한다. 원효가 이미 밝혔듯이 난법煖法 수행에서 정定과 혜慧 및 그에 상응하는 마음현상들을 얻는다는 점 이외에, 생략된 부분에서는 대체로 경전(契經)의 가르침에 관한 의언문意言門에서의 이해를 향상시키는 수행이 난법이라고 설명한다. 정법頂法에 관해서는 난법 수행으로 얻은 정定과 혜慧 및 그에 상응하는 마음현상들을 더욱 향상시킨다고 하여 본문에서의 설명과 유사한 내용을 전개한다. 생략된 부분에서 순제인법順諦忍法(忍法)의 설명에 관해서는 '순제인법' 역주 참조. 〈산스크리트본의 해당 내용: 출전(1) AS., p.66. uṣmagataṃ katamat / pratyātmaṃ satyeṣv ālokalabdhaḥ samādhiḥ prajñā saṃyogaś ca / mūrdhānaḥ katamat / pratyātmaṃ satyeṣv ālokavṛddhaḥ samādhiḥ prajñā saṃyogaś ca // satyānukūlakṣāntiḥ katamā / pratyātmaṃ satyeṣv ekadeśapraviṣṭānusṛtaḥ samādhiḥ prajñā saṃyogaś ca // laukikāgradharmaḥ katamaḥ / pratyātmaṃ satyeṣv ānantaryacittasamādhiḥ prajñā saṃyogaś ca //; 난위란 무엇인가? 개별적으로 [4]제에 대해 광명을 얻은 삼매와 지혜 그리고 [그것과] 결합한 [심소]들이다. 정위란 무엇인가? 개별적으로 [4]제에 대해 광명이 증가한 삼매와 지혜 그리고 [그것과] 결합한 [심소]들이다. [4]제에 따르는 인위란 무엇인가? 개별적으로 [4]제에 대해 일부 이해하고 [일부] 따라가는 삼매와 지혜 그리고 [그것과] 결합한 [심소]들이다. 세제일법이란 무엇인가? 개별적으로 [4]제에 대해 직후에 [출세간도가 발생하는] 삼매와 지혜 그리고 [그것과] 결합한 [심소]들이다.〉 〈산스크리트본의 해당 내용: 출전(2) ASBh., p.76. uṣmagataṃ pratyātmaṃ satyeṣv ālokalabdhaḥ samādhiḥ prajñā sasaṃyoga iti samāhitena cittena satyādhipateyasya sūtrādikasya dharmasya manojalpasya mukhair arthasaṃprakhyāne sati śamathaś ca vipaśyanā coṣmagatam iti veditavyam // tadvṛddhir mūrdhānas taduparivyavasthāpanārthena / kṣāntir ekadeśapraviṣṭānusṛtah samādhir iti / katham ekadeśapraviṣṭo bhavati / ekāntena grāhyābhāvalakṣaṇāt / katham ekadeśānusṛtaḥ grāhakābhāvaprativedhānukūlyāvasthānāt / laukiko 'gradharmo yad antaram ādito lokottaro mārgaḥ //; 난위란 개별적으로 [4]제에 대해 광명을 얻은 삼매와 지혜 그리고 [그것과] 결합한 [심소]들이라고 한 것은 삼매에 든 마음에 의해 [4]제를 위주로 한 경전 등의 가르침의 의언을 통해 의미가 드러날 때의 샤마타와 비파샤나가 난

第三辨相者, 依攢火喩, 辨相若[694]別. 如『瑜伽』說, "譬如有人, 欲以其火, 作火所作. 爲求火故, 下安乾木, 上施攢[695]燧, 精勤策勵, 勇猛攢求, 於下木上, 最初生煖. 次煖增長, 熱氣上衝. 次倍增盛, 其烟[696]遂發. 次無焰火, 欻然流出. 火出無間, 發生猛焰. 猛焰生已, 便能造作火所作.

[H1, 830b1~8; X48, 168b2~14]

세 번째로 [사선근四善根 수행의] 특징(相)을 구별하는 것[은 다음과 같다.] '[나무를 비벼] 불을 피우는 비유'(攢火喩)에 의거하여 [각] 특징(相)들의 차이를 구별한다. 『유가사지론』에서 [다음과 같이] 말하는 것과 같다.[697] "비유하자면 어떤 사람이 불을 가지고 불로 할 수 있는 일을 하려는 것과 같다. [먼저 이 사람은] 불을 구하기 위해 아래에 마른 나무를 놓아 두고 위에서 불 비비개를 비벼 [불을 구하기 위해] 열심히 노력하고 [스스로] 독려하는 것이니, 용맹하게 [불 비비개를] 비벼 [불을] 구하다 보면 아래의 나무에

위라고 알아야 한다. 그 [난위]를 상위에 놓는다는 의미에 의해 그 [난위]가 증대한 것이 정위이다. 인위란 일부 이해하고 [일부] 따라가는 삼매라고 한 것은 [다음과 같다.] 일부 이해하는 것이란 무엇인가? 한결같이 파악대상이 없는 것을 특징으로 하기 때문이다. 일부 따라가는 것이란 무엇인가? 파악주체가 없는 것을 통달하는 것에 따르는 상태이기 때문이다. 세제일법이란 그 직후에 처음으로 출세간도가 있는 것이다.〉

694 한불전 교감주에 "'若'은 '差'인 듯하다"라고 되어 있다. 교감주에 따라 '若'을 '差'로 교감한다.

695 『유가사지론』 원문에는 '攢'이 '鑽'으로 되어 있는데, '뚫다'라는 뜻을 공유하므로 그대로 둔다.

696 『유가사지론』 원문에는 '烟'이 '煙'으로 되어 있는데, 서로 통용되는 글자이므로 그대로 둔다.

697 『유가사지론』 인용문의 서술 구조: 『유가사지론』 인용문의 내용은 비유 및 '비유와의 합치' 두 부분으로 구성되어 있는데, 이를 정리하면 아래의 표와 같다. 밑줄은 내용에서 직접적으로 관련되는 곳을 표시한다. 비유 부분에 관한 번역에서의 문장 끊기는 아래 표에서 나타나는 서술 구조에 따랐다.

	비유	비유와의 합치
난법	爲求火故, 下安乾木, 上施攢燧, 精勤策勵, 勇猛攢求, <u>於下木上, 最初生煖.</u>	<u>如下木上, 初所生煖,</u> 其煖善根, 當知亦爾. 燒諸煩惱無漏法火生前相故.
정법	<u>次煖增長, 熱氣上衝.</u>	<u>如煖增長, 熱氣上衝,</u> 其頂善根, 當知亦爾.
인법	次倍增盛, <u>其烟遂發.</u>	<u>如次烟發,</u> 其順諦忍, 當知亦爾.
세제일법	<u>次無焰火, 欻然流出.</u>	<u>如無焰火, 欻然流出,</u> 世第一法, 當知亦爾.
출세무루성법	<u>火出無間, 發生猛焰.</u>	<u>如火無間, 發生猛焰,</u> 世第一法所攝五力, 無間所生出世無漏聖法, 當知亦爾故.

서 처음으로 따뜻한 [기운]이 생겨난다. 다음으로 따뜻한 [기운]이 증장되면 열기가 위로 솟구친다. 다음으로 [솟구치는 열기가] 갑절로 증가하면 마침내 연기가 일어난다. 다음으로 불꽃 없는 불이 갑자기 피어 나온다. 불이 나오는 것에 끊어짐이 없으면 맹렬한 불꽃을 일으킨다.[698] 맹렬한 불꽃이 일어나고 나면 곧바로 불로 할 수 있는 일들을 할 수 있다.

事[699]如下木上初所生煖, 其煖善根, 當知亦爾. 燒諸煩惱無漏法火, 生前相故. 如煖增長, 熱氣上衝, 其頂善根, 當知亦爾. 如次烟發, 其順諦忍, 當知亦爾. 如無烟[700]火, 欻然流出, 世第一法, 當知亦爾. 如火無間, 發生猛焰, 世第一法所攝五力, 無間所生, 出世無漏聖法, 當知亦爾"故. 第四明階位者, 如『一道章』, 已廣分別. 故今此中, 不重出也. 四善根義, 略說如是.

[H1, 830b9~18; X48, 168b2~14]

[불을 얻는 일처럼 사선근四善根 수행의] 사정은 [다음과 같다.] 마치 아래의 나무에서 처음으로 생겨난 따뜻한 [기운]과 같이, 그 [처음 생겨난] 따뜻한 [기운과도 같은] '[사제四諦에 관한 이해를] 착수하는 이로운 능력'(善根)도 그러하다고 알아야 한다. ['사제四諦에 관한 이해를 착수함'(煖)이라는 것은] 모든 번뇌를 태워 버리는 '번뇌가 흘러들어오는 경향성이 없게 하는 불과 같은 현상'(無漏法火)이 생겨나기 이전의 특징이기 때문이다. 마치 따뜻한 [기운]이 증장되면 열기가 위로 솟구치는 것과 같이, 그 '[사제四諦에 관

698 '불꽃 없는 불'(無焰火)과 '맹렬한 불꽃'(猛焰): 『유가사지론』 인용문의 서술 구조에 관한 위의 표에서 보듯이 불꽃 없는 불은 세제일법世第一法을 가리키는 비유이고, 맹렬한 불꽃은 출세무루성법出世無漏聖法인 견도見道를 가리키는 비유이다. 출세무루성법에 관한 비유이외 [illegible] 부분에서도 성자의 수행 단계를 언급하는 설명이 보인다.

699 『유가사지론』 원문에는 '事'가 없지만, 인용문에서 생략된 내용을 대체하는 용어이므로 그대로 둔다. 이에 관해서는 아래 출처 각주 참조.

700 『유가사지론』 원문에 따라 '烟'을 '焰'으로 교감한다.

한 이해가] 탁월해진 이로운 능력'(頂善根)도 그러하다고 알아야 한다. 마치 [열기가 위로 솟구치고 나서] 다음으로 연기가 일어나는 것과 같이, 그 '[네 가지 고귀한] 진리를 감당해내는 것'(順諦忍)도 그러하다고 알아야 한다. 마치 불꽃 없는 불이 갑자기 피어나는 것과 같이, '[견도見道 이전의 단계에서] 가장 뛰어난 수준의 수행'(世第一法)도 그러하다고 알아야 한다. 마치 [피어난] 불이 끊어짐이 없어 맹렬한 불꽃을 일으키는 것과 같이, '[견도見道 이전의 단계에서] 가장 뛰어난 수준의 수행'(世第一法)에 속하는 '[다섯 가지 능력의 수행으로 얻은] 다섯 가지 힘의 수행'(五力)이 끊어짐이 없이 생겨나 '세속에서 벗어나는 번뇌가 흘러들어오는 경향성이 없는 고귀한 현상'(出世無漏聖法)을 세상에 일으키는 것도 그러하다고 알아야 한다."701

701 『유가사지론』 권29(T30, 444c14~28). "譬如有人, 欲以其火, 作火所作. 爲求火故, 下安乾木, 上施鑽燧, 精勤策勵, 勇猛鑽求. (彼於如是精勤策勵, 勇猛鑽時,) 於下木上, 最初生煖. 次煖增長, 熱氣上衝. 次倍增盛, 其煙遂發. 次無焰火, 欻然流出. 火出無間, 發生猛焰. 猛焰生已, 便能造作火(之)所作. (如鑽火人, 精勤策勵, 勇猛鑽求, 五根五力漸修漸習漸多修習, 當知亦爾.) 如下木上, 初所生煖, 其煖善根, 當知亦爾. 燒諸煩惱無漏法火, 生前相故. 如煖增長, 熱氣上衝, 其頂善根, 當知亦爾. 如次煙發, 其順諦忍, 當知亦爾. 如無焰火, 欻然流出, 世第一法, 當知亦爾. 如火無間, 發生猛焰, 世第一法所攝(五根)五力, 無間所生, 出世無漏聖法, 當知亦爾." 괄호는 생략된 부분을 표시한다. 이 중에서 밑줄 친 부분은 불을 피우는 자가 열심히 노력하고 독려하여 용맹하게 불을 구하는 것과 같이 사선근四善根 수행을 포섭하는 오근五根·오력五力의 수행도 그러하다는 설명인데, 원효는 이 생략된 내용을 '사事'라는 용어로 대체하는 것으로 보인다. 불을 피우는 과정으로 사선근 및 출세무루성법出世無漏聖法 수행을 각각 비유하고 있는데, 난선근煖善根은 '처음 생겨난 따뜻한 기운'(初所生煖)으로, 정선근頂善根은 '열기가 위로 솟구침'(熱氣上衝)으로, 인선근忍善根은 '연기가 일어남'(烟發)으로, 세제일법世第一法은 '불꽃 없는 불'(無焰火)로, 출세무루성법은 '맹렬한 불꽃'(猛焰)으로 비유되어 있다. 〈산스크리트본의 해당 내용: ŚrBh., pp.226-228. tadyathā / kaścid eva puruṣo 'gnināgnikāryaṃ kartukāmo 'gninārthy adharāraṇyām uttarāraṇiṃ pratiṣṭhāpyābhimathanann utsahate ghaṭate vyāyacchate / tasyotsahato ghaṭato vyāyacchataś ca tatprathamato 'dharāraṇyām ūṣmā jāyate / saiva coṣmābhivardhamānā ūrdhvam āgacchati / bhūyasyā mātrayābhivardhamānā nirarciṣam agniṃ pātayaty, agnipatanasamanantaram eva cārcir jāyate /
yathārciṣotpannayā jātayā saṃjātayāgnikāryaṃ karoti / yathābhimanthanavyāyāma evaṃ pañcānām indriyāṇām āsevanā dṛṣṭavyā / yathādharāraṇyā tatprathamata evoṣmagataṃ bhavati, evam ūṣmagatāni draṣṭavyāni / pūrvaṃgamāni nimittabhūtāny agnisthānīyānām anāsravāṇāṃ dharmāṇāṃ kleśaparidāhakānām utpattaye / yathā tasyaivoṣmaṇa ūrdhvam āgamanam evaṃ mūrdhāno dṛṣṭavyāḥ /
yathā dhūmaprādurbhāva evaṃ satyānulomāḥ kṣāntayo draṣṭavyāḥ / yathāgneḥ patanaṃ nirarciṣa evaṃ laukikāgradharmā dṛṣṭavyāḥ / yathā tadanantaram arciṣa utpāda evaṃ

네 번째로 [사선근四善根 수행의] 단계(階位)를 밝히는 것은 이미 『일도장一道章』[702]에서 자세하게 분석한 것과 같다. 그러므로 지금 여기서는 거듭 나타내지 않는다. '[견도見道를 성취하게 하는] 네 가지 이로운 능력'(四善根)을 대략적으로 설명하면 이상과 같다.

> 釋中有二, 初正釋文, 後重分別. 重分別中, 卽有二句, 初句順明, 後句反顯. 若人已下解脫分種, 則次四位得決擇分. 若人未下解脫分種, 是則不如此決擇力. 是謂順明反顯意也.
>
> [H1, 830b18~22; X48, 168b14~17]

※【제9송에 관한】해석(釋)

[제9송에 관한] 해석(釋)에는 두 가지가 있으니, 앞에서는[703] [제9송의] 문장을 곧바

---

lokottarānāsravā dharmā drṣṭavyāḥ / ye laukikāgradharmasaṃgṛhītānāṃ pañcānām indriyāṇāṃ samanantaram utpadyante /;
곧 불을 피워 불로 하는 일을 하고자 하는 사람이 불을 피우기 위해 아래에는 마른 나무를, 위에는 뾰족한 나무를 세워 놓고 마찰시키면서 힘쓰고 바삐 일하고 노력한다. 그 사람이 힘쓰고 바삐 일하고 노력할 때 처음으로 마른 나무에 온기가 발생한다. 바로 그 열기가 증대하면서 위로 올라간다. 더욱더 증대하면서 불꽃이 없는 불을 피운다. 불이 피어난 직후에 불꽃이 생긴다.
불꽃이 일어나고 생겨나고 피어남에 따라 불로 하는 일을 한다. 마찰하는 노력과 같이 그와 같이 5근에 친근함이 있다고 보아야 한다. 마른 나무에 의해 처음으로 열기가 있듯이 그와 같이 난위를 보아야 한다. [열기는] 번뇌를 태우는 불과 같은 무루법이 발생하기 위해 선행하는 원인이다. 바로 그 열기가 위로 가듯이 그와 같이 정위를 보아야 한다.
연기가 발생하듯이 그와 같이 [4]제에 따르는 인위를 보아야 한다. 불꽃이 없는 불이 있듯이 그와 같이 세제일법을 보아야 한다. 그 직후에 불꽃이 일어나듯이 그와 같이 출세간의 무루법을 보아야 한다. 그것은 세제일법에 포함되는 5근 직후에 발생하는 것이다.〉

702 『일도장一道章』: 원효의 저술 목록에는 있지만 현존하지 않는다. 『화엄종장소병인명록華嚴宗章疏幷因明錄』 권1에서는 "一道章一卷(元曉述)"(T55, 1134b19)이라고 하여 『일도장』 1권의 서명을 전한다. 이 구절을 근거로 『일도장』이 『중변분별론소』 이전에 저술되었음을 알 수 있다. 원효 저술들의 찬술시기를 판정하는 한 단서가 된다.

703 제9석에서 해당하는 문장은 "煖位及頂位立, 行五根, 忍位及世第一法立, 行五力"이다.

로 해석하고, 뒤에서는[704] 거듭 분석한다. 거듭 분석하는 중에도 두 구절이 있으니, 앞의 구절[705]에서는 [사선근四善根 수행의 단계(階位)를] '긍정 조건문'(順)으로 밝히고, 뒤의 구절[706]에서는 '부정 조건문'(反)으로 드러낸다. [앞의 구절에서는] 만약 어떤 사람이 [사념처四念處·사정근四正勤·사여의족四如意足 수행의 단계에서] 이미 '해탈의 가능성을 높이는 과정에서 얻는 종자'(解脫分種)를 심었다면 다음의 '[난煖·정頂·인忍·세제일법世第一法, 이] 네 가지 [수행] 단계'(四位)는 '[사제四諦의 이치를] 확실하게 판단하여 [견도見道에 오르는] 과정'(決擇分, 通達分)에 해당한다는 것이다. [뒤의 구절에서는] 만약 어떤 사람이 아직 '해탈의 가능성을 높이는 과정에서 얻는 종자'(解脫分種)를 심지 않았다면 이 '[사제四諦의 이치를] 확실하게 판단하여 [견도見道에 오르는] 능력'(決擇力, 通達力)과 같지 않다는 것이다. 이 [두 구절에서 대비되는 설명 방법의 차이]를 '긍정 조건문으로 밝히거나 부정 조건문으로 드러내는 뜻'(順明反顯意)이라고 한다.

마. 깨달음을 성취하게 하는 [원인이 되는] 일곱 가지 부분을 밝힘(明七覺分)

[第十釋] 次說覺分. 此云何安立?

[第十頌] 依分自體分, 第三出離分, 第四功德分, 三種滅惑分.

[第十釋] 見道位中, 顯立覺分. 覺者何義? 無分別如如智, 是名覺. 分者何義? 同事法朋, 是名分義. 此七法中, 覺依止分者, 是名念覺, 自性分者, 是名擇法覺. 出離分者, 名正勤覺, 功德分者, 名喜覺. 無染無障分三法, 謂猗定捨. 云何說三法, 爲無染障分?

[T31, 459a1~10]

---

704 제9석에서 해당하는 문장은 "若人下解脫善根種, 此二二位決定通達分. 若未, 不如此力."이다.

705 초구初句에 해당하는 구절은 "若人下解脫善根種, 此二二位決定通達分"이다.

706 후구後句에 해당하는 구절은 "若未, 不如此力"이다. 결론적으로 같은 내용이지만, 이 후구는 부정 조건문으로 표현되어 있는 반면 초구는 긍정 조건문으로 표현되어 있다.

【열 번째 해석】

다음으로 '깨달음을 성취하게 하는 [원인이 되는 일곱 가지] 부분'(覺分)을 설명한다. 이 [수행의 일곱 가지 내용]은 어떻게 세워지는가?

【열 번째 게송】

[칠각분七覺分은] '[부처님의 가르침들을 잊어버리지 않음으로써 깨달음의] 의지처가 되는 부분'(依分)[인 염각분念覺分], '깨달음의 본연[을 선택하는] 부분'(自體分)[인 택법각분擇法覺分], 세 번째인 '[깨달음을 가로막는 것에서] 벗어나는 부분'(出離分)[인 정근각분正勤覺分], 네 번째인 '[사실 그대로를 알게 되어 누리는] 이로움의 부분'(功德分)[인 희각분喜覺分], '미혹을 [그쳐] 없애는 세 가지 부분'(三種滅惑分)[인 의각분猗覺分·정각분定覺分·사각분捨覺分]이네.[707]

【열 번째 해석】

'[진리다운] 이해를 밝히는 수행 단계'(見道位)에서 [깨달음에 이르는 도리를 비로소

707 의분依分·자체분自體分·출리분出離分·공덕분功德分·삼종멸혹분三種滅惑分: 바로 아래 원효의 설명에서는 먼저 염각분念覺分을 의분依分이라고 부르는 것에 관해 『대승아비달마잡집론』을 인용하면서 "念者是所依支, 由繫念故, 令諸善法皆不忘失."이라고 하여 '잊지 않고 간직해 가는 상태'(念)에 매진하여 부처님의 모든 '이로운 가르침'(善法)들을 잊어버리지 않기 때문이라고 한다. 자체분自體分인 택법각분擇法覺分에 관해 원효는 "自體者, 擇法覺分, 覺自性故."라고 하여 '현상의 사실 그대로인 본연'(自性)을 깨닫게 하는 도리를 선택하는 것이라고 설명한다. 출리분出離分인 정진각분精進覺分에 관해 원효는 "出離分者, 精進覺分, 能摧覺慧, 令出障故."라고 하여 '번뇌를 깨뜨리는 통찰'(能摧覺慧)로써 깨달음을 가로막는 것에서 벗어나는 것이라고 설명한다. 공덕분功德分인 희각분喜覺分에 관해서는 "功德分者, 是喜覺分, 由覺實相, 生歡喜故."라고 하여 '사실 그대로'(實相)를 알게 됨으로써 환희歡喜를 생겨나게 하는 것이라고 한다. 삼종멸혹분三種滅惑分인 의각분猗覺分(安覺分)·정각분定覺分·사각분捨覺分에 관해서는 『대승아비달마잡집론』을 인용하면서 "安定捨者, 是不染污支."라고 하여 미혹에 오염되지 않게 하는 지분이라고 한다. 앞서 칠각지七覺支의 바탕(自體)을 설명하는 단락에서는 "又此七法, 二品所攝. (H1, 824c2~3)이라고 하면서 안安·정定·사捨는 지품止品에, 택법擇法·정진精進·희喜는 관품觀品에, 염念은 지품止品과 관품觀品 모두에 통하는 구품俱品에 포섭된다고 논의한 적이 있는데, 안安(猗)·정定·사捨를 『중변분별론』에서 삼종멸혹분이라고 부르는 것과 같은 문맥으로 여기서도 이 삼자가 '번뇌를 그치는 수행'(止)이라는 하나의 범주 아래 포섭되는 것을 살펴볼 수 있다.

이해하기 때문에] '깨달음을 성취하게 하는 [원인이 되는 일곱 가지] 부분'(覺分)을 드러내어 세운다.[708] [각분覺分에서] 깨달음(覺)이라는 것은 무슨 뜻인가? '[불변·독자의 실체나 본질이 있다는 생각으로] 나누어 구분함이 없어 사실 그대로와 만나는 지혜'(無分別如如智)를 깨달음(覺)이라고 부른다. [각분覺分에서] 부분(分)이라는 것은 무슨 뜻인가? '[범부 중생의] 현상과 [고귀한] 진리가 같아져 어우러지는 것'(同事法朋)[709]을 '[같은] 부분의 면모'(分義)라고 부른다. 이 '일곱 가지 도리'(七法) 중에서 '[부처님의 가르침들을 잊어버리지 않음으로써 깨달음의] 의지처가 되는 부분'(依止分)을 이해(覺)하는 것을 '['빠져들지 않는 마음국면'(止)과 '진리다운 이해'(觀)를 수립하여] 간직해 가는 능력을 계발하여 깨달음으로 나아가는 수행'(念覺)이라 부르고, '깨달음의 본연[을 선택하는] 부분'(自性分)을 '[염각분念覺分을 토대로] 지혜로운 판단능력을 계발하여 깨달음으로 나아가는 수행'(擇法覺)이라고 부른다. '[깨달음을 가로막는 것에서] 벗어나는 부분'(出離分)을 '[택법각분擇法覺分을 토대로] 진리답게 노력하는 능력을 계발하여 깨달음으로 나아가는 수행'(正勤覺, 精進覺)이라 부르고, '[사실 그대로를 알게 되어 누리는] 이로움의 부분'(功德分)을 '[정근각분正勤覺分을 토대로] 즐기면서 하는 능력을 계발하여 깨달음으로 나아가는 수행'(喜覺)이라고 부른다. '[번뇌의] 오염을 [그쳐서] 없애어 [깨달음에 나아가는] 장애가 없는 부분'(無染無障分)은 세 가지이니, '[희각분喜覺分을 토대로] 흔들리지 않는 능력[을 계발하여 깨

---

708 견도위見道位와 칠각분七覺分: 아래 원효의 주석에 따르면 이 문장은 '칠각분의 수행 단계를 밝히는'(明覺位) 대목이다. 여기서 원효는 "見道位中, 始覺道理故, 立覺分也."(H1, 830c18~19)라고 하여 견도위에서 비로소 도리를 깨닫기 때문에 각분覺分이라고 세운다고 설명한다. 이 설명을 번역에 반영했다.

709 동사법붕同事法朋: 아래 주석에서 원효는 "釋分義, 〈同事法明, 是名分義〉者, 於轉凡事成聖法中, 同爲一趣, 相助而成故."(H1, 830c22~831a2. '〈 〉'는 인용 부분을 표시함)라고 설명한다. '동사법붕同事法朋'을 '분의分義'라고 말하는 것은, '범부의 현상'(凡事)을 바꾸어 성자의 '고귀한 진리'(聖法)를 이루는 것에서는 현상(事)과 진리(法)가 서로 도우며 '하나로 통하는 길'(一趣)을 이루기 때문이다. 한편 원효 주석의 인용 부분에는 '朋'이 '明'이라고 되어 있는데, 『중변분별론』 자체 문맥이나 원효의 설명 문맥에 따라 '무리를 이루다'는 뜻을 가진 '朋'으로 교감하는 것이 적절할 것으로 보인다.

달음으로 나아가는 수행]'(猗[覺分], 安[覺分])과 '[의각분猗覺分을 토대로] 선정 능력[을 계발하여 깨달음으로 나아가는 수행]'(定[覺分]) 및 '[정각분定覺分을 토대로] 어디에도 빠져들지 않는 능력[을 계발하여 깨달음으로 나아가는 수행]'(捨[覺分])이 그것이다. 어찌하여 [이] 세 가지 [수행]을 '[번뇌의] 오염을 [그쳐서] 없애어 [깨달음에 나아가는] 장애가 없는 부분'(無染障分)이라고 말하는가?

> "次說"以下, 明七覺分, 亦先發起. 頌中六句, 約五義說. 言"依分"者, 初念覺分, 覺所依故. "自體分"者, 擇法覺分, 覺自性故. "出離分"者, 精進覺分, 能摧覺慧, 令出障故. "功德分"者, 是喜覺分, 由覺實相, 生歡喜故. "三種滅或[710]分"者, 謂猗定捨, 由滅或[711]障, 助成覺故. 後之二句, 顯三差別.
>
> [H1, 830b23~c6; X48, 168b18~23]

"다음으로 [깨달음을 성취하게 하는 원인이 되는 일곱 가지 부분'(覺分)을] 설명한다"(次說) 이하[712]에서는 '깨달음을 성취하게 하는 [원인이 되는] 일곱 가지 부분'(七覺分)을 밝히면서 또한 [다음 제10송의 내용을] 미리[713] 일으킨다. [칠각분을 밝히는] 게송[인 제10송과 제11송]의 여섯 구절[714]에서는 '다섯 가지 면모'(五義)[715]에 의거하여 [칠각분을] 설명한다.

---

710 한불전 교감주에 "'或'은 '惑'과 통한다. 다음에 나오는 '或'도 동일하다"라고 되어 있다. 교감주에 따라 '或'을 '惑'으로 교감한다.

711 위의 교감주에 따라 '或'을 '惑'으로 교감한다.

712 "次說覺分"으로 시작하는 제10석과 제10송 및 제11석과 제11송 전체를 가리킨다.

713 해당하는 문장은 "次說覺分. 此云何安立?"이다.

714 해당하는 게송은 제10송인 "依分自體分, 第三出離分, 第四功德分, 三種滅惑分"의 네 구절과 제11송인 "因緣依處故, 自性故言說"의 두 구절이다. '마. 명칠각분明七覺分' 단락에서 원효는 칠각분七覺分에 '다섯 가지 면모'(五義)가 있다고만 종합적으로 밝혀 두고, '명칠각분明七覺分' 이외의 세부적인 과문은 없이 제10송과 제11송을 뭉뚱그려 해당하는 문장들을 해석해 간다.

715 오의五義: 칠각분의 일곱 부분을 『중변분별론』에서는 다시 ①의분依分(依止分)인 염각분念覺分, ②자체분自體分(自性分)인 택법각분擇法覺分, ③출리분出離分인 정근각분正勤覺分, ④공덕분功德分인 희각분喜覺分, ⑤삼종멸혹분三種滅惑分(無染無障分)인 의각분猗覺分·정각분定覺分·사각분捨覺分으로 분류한다.

"[부처님의 가르침들을 잊어버리지 않음으로써 깨달음의] 의지처가 되는 부분"(依分)이라고 말한 것은 [칠각분의] 첫 번째인 '['빠져들지 않는 마음국면'(止)과 '진리다운 이해'(觀)를 수립하여] 간직해 가는 능력을 계발하여 깨달음으로 나아가는 수행'(念覺分)이니, '깨달음의 의지처'(覺所依)이기 때문이다. "[깨달음의] 본연[을 선택하는] 부분"(自體分)이라는 것은 '[염각분念覺分을 토대로] 지혜로운 판단능력을 계발하여 깨달음으로 나아가는 수행'(擇法覺分)이니, [현상의 참;사실 그대로인] '본연'(自性)을 통찰(覺)하기 때문이다. "[깨달음을 가로막는 것에서] 벗어나는 부분"(出離分)이라는 것은 '[택법각분擇法覺分을 토대로] 정진하는 능력을 계발하여 깨달음으로 나아가는 수행'(精進覺分, 正勤覺分)이니, '[번뇌를] 깨뜨리는 통찰'(能摧覺慧)로 [깨달음을] 가로막는 것에서 벗어나기 때문이다. "[사실 그대로를 알게 되어 누리는] 이로움의 부분"(功德分)이라는 것은 '[정근각분正勤覺分을 토대로] 즐기면서 하는 능력을 계발하여 깨달음으로 나아가는 수행'(喜覺分)이니, '[모든 현상의] 참된 면모'(實相)를 통찰(覺)함으로써 '즐거운 기쁨'(歡喜)을 일으키기 때문이다. "미혹을 [그쳐] 없애는 세 가지 부분"(三種滅惑分)이라는 것은 '[희각분喜覺分을 토대로] 흔들리지 않는 능력[을 계발하여 깨달음으로 나아가는 수행]'(猗, 安)과 '[의각분猗覺分을 토대로] 선정 능력[을 계발하여 깨달음으로 나아가는 수행]'(定) 및 '[정각분定覺分을 토대로] 어디에도 빠져들지 않는 능력[을 계발하여 깨달음으로 나아가는 수행]'(捨)이 그것이니, '미혹의 장애'(惑障)를 없앰으로써 깨달음(覺)을 성취하는 것을 돕기 때문이다. 뒤의 두 구절[716]에서는 [이] 세 가지 [수행]의 차이를 드러낸다.

『對法論』云, "念者, 是所依支, 由繫念故, 令諸善法, 皆不忘失. 擇法者, 是自體支, 是覺自相故. 精進者, 是出離支, 由此勢力, 能到所到故. 喜者, 是利益支, 由此勢力, 身調適故. 安定捨者, 是不染汚支. 由此不染汚故, 依此不染汚故, 體是不染汚故. 如其次第, 由安故, 不染汚, 由此能除麤重過故. 依定故, 不染汚, 依止於定, 得轉依故. 捨是不染汚體, 永除貪憂, 不染汚位, 爲自性故."

[H1, 830c6~16; X48, 168b23~c6]

『대승아비달마잡집론』에서는 [다음과 같이] 말한다. "'[빠져들지 않는 마음국면'(止)과 '진리다운 이해'(觀)를 수립하여] 간직해 가는 능력[을 계발하여 깨달음으로 나아가는 수행]'(念)이라는 것은 '[부처님의 가르침들을 잊어버리지 않음으로써 깨달음의] 의지처가 되는 부분'(所依支)이니, '[빠져들지 않는 마음국면'(止)과 '진리다운 이해'(觀)를 수립하여] 간직해 감'(念)에 [마음을] 붙들어 매기 때문에 '이로운 도리들'(諸善法)을 모두 잊어버리지 않는 것이다. '[염각분念覺分을 토대로] 지혜롭게 판단하는 능력[을 계발하여 깨달음으로 나아가는 수행]'(擇法)이라는 것은 '[깨달음의] 본연[을 선택하는] 부분'(自體支)이니, [사실 그대로인] '본연적 면모'(自相)를 통찰(覺)하기 때문이다. '[택법각분擇法覺分을 토대로] 정진하는 능력[을 계발하여 깨달음으로 나아가는 수행]'(精進, 正勤)이라는 것은 '[깨달음을 가로막는 것에서] 벗어나는 부분'(出離支)이니, 이 [정진하는] 힘으로 도달해야 할 곳[인 깨달음]에 이를 수 있기 때문이다. '[정근각분正勤覺分을 토대로] 즐기면서 하는 능력[을 계발하여 깨달음으로 나아가는 수행]'(喜)이라는 것은 '[사실 그대로를 알게 되어 누리는] 이로움의 부분'(利益支)이니, 이 [즐기면서 하는] 힘으로 몸이 순조롭고 편안해지기 때문이다. '[희각분喜覺分을 토대로] 흔들리지 않는 능력[을 계발하여 깨달음으로 나아가는 수행]'(安, 猗)과 '[안각분安覺分을 토대로] 선정 능력[을 계발하여 깨달음으로 나아가는 수행]'(定) 및 '[정각분定覺分을 토대로] 어디에도 빠져들지 않는 능력[을 계발하여 깨달음으로 나아가는 수행]'(捨)이라는 것은 '[사실 그대로인 본연을] 오염시키지 않는 부분'(不染汚支)이다. 이 [세 가지]로 말미암아 [사실 그대로인 본연을] 오염시키지 않기 때문이고, 이 [세 가지]에 의거하여 [사실 그대로인 본연을] 오염시키지 않기 때문이며, [사실 그대로인] 본연(體)은 오염되지 않은 것이기 때문이다. 그 [세 가지 수행의] 순서대로 [보면 다음과 같다.] [먼저] '흔들리지 않음'(安)에 말미암기 때문에 [사실 그대로인 본연을] 오염시키지 않으니, 이 [안각분安覺分]으로 말미암아 '거칠고 무거운 잠재적 번뇌의 허물'(麤重過)을 없앨 수 있기 때문이다. [다음으로] 선정(定)에 의거하기 때문에 [사실 그대로인 본연을] 오염시키지 않으니, 선정(定)에 의거하여 '['사실을 왜곡시키는 분별'에서 '사실 그대로인 본연'으로] '의지처를 바꾸게'(轉依)[717] 되기 때문이다.

---

716 해당하는 게송은 제11송인 "因緣依處故, 自性故言說"이다.
717 전의轉依: 범어인 'āśraya-parivṛtti'에서 'āśraya'는 '어떤 것이 의지하거나 안주하는 대상'(that on

[세 번째인] '어디에도 빠져들지 않음'(捨)은 '오염되지 않은 [사실 그대로인] 본연'(不染汚體)이니, 탐욕(貪)과 근심(憂)을 완전히 없애어 '[사실 그대로인 본연이] 오염되지 않는 단계'(不染汚位)는 '[사실 그대로인] 본연'(自性)이기 때문이다."718

---

which anything depends or rests)의 뜻이고, 'parivṛtti'는 '바꾸어 감'(turning), '변혁'(revolution)의 뜻이다. Sanskrit-English Dictionary, pp.158, 601 참조. 『성유식론』 권9에서는 전의轉依에서 전轉과 의依를 구분하여 다음과 같이 설명한다. "依謂所依, 即依他起與染淨法, 爲所依故. 染謂虛妄遍計所執, 淨謂眞實圓成實性. 轉謂二分轉捨轉得. 由數修習無分別智, 斷本識中二障麁重故, 能轉捨依他起上遍計所執, 及能轉得依他起中圓成實性. 由轉煩惱, 得大涅槃, 轉所知障, 證無上覺, 成立唯識意, 爲有情, 證得如斯二轉依果."(T31, 51a3~9) 이에 따르면 먼저 전의轉依에서 의依는 '의지하는 대상'(所依)을 말하는 것으로서, 의타기성依他起性에 더불어 있는 염법染法과 정법淨法의 두 부분을 말하는데, 염법은 허망한 변계소집성遍計所執性이고 정법은 진실한 원성실성圓成實性이다. 다음으로 전의轉依에서 전轉은 염법인 변계소집성과 정법인 원성실성의 두 부분을 '버리도록 바꾸거나 증득하도록 바꾸는 것'을 말한다. 구체적으로는 무분별지無分別智를 자주 닦아 본식本識인 아뢰야식阿賴耶識 중에 있는 번뇌장煩惱障·소지장所知障의 추중麤重을 끊음으로써 의타기성 상의 변계소집성을 버리도록 바꾸고 의타기성 상의 원성실성을 증득하도록 바꾸는 것이 그것이다. 번뇌장을 바꾸어 '번뇌에 요동치는 마음의 그침'인 대열반大涅槃을 얻고 소지장을 바꾸어 '사실 그대로 보는 최고의 이해'인 무상각無上覺을 얻음으로써 유식唯識의 뜻이 성립한다는 설명에서는, '두 가지 전의의 결과'(二轉依果)를 '분별에 요동치는 마음의 완전한 그침'인 대열반과 '사실 그대로 보는 최고의 이해'인 무상각無上覺이라고 제시한다. 이에 따르면 전의의 대상은 의타기성 상의 변계소집성, 번뇌장·소지장 등이고 전의의 결과는 의타기성 상의 원성실성, 대열반·무상각 등이 된다.

718 『대승아비달마잡집론』 권10(T31, 740c8~16). "念者, 是所依支, 由繫念故, 令諸善法, 皆不忘失. 擇法者, 是自體支, 是覺自相故. 精進者, 是出離支, 由此勢力, 能到所到故. 喜者, 是利益支, 由此勢力, 身調適故. 安定捨者, 是不染污支, 由此不染污故, 依此不染污故, 體是不染污故. 如其次第, 由安故, 不染污, 由此能除麁重過故. 依定故, 不染污, 依止於定, 得轉依故. 捨是不染污體, 永除貪憂, 不染污位, 爲自性故." 〈산스크리트본의 해당 내용: 출전(1) AS., p.74. smṛtiḥ saṃniśrayāṅgam / dharmavicayaḥ svabhāvāṅgam / vīryaṃ niryāṇāṅgam / prītiḥ anuśaṃsāṅgam / praśrabdhiḥ samādiḥ upekṣā cāsaṃkleśāṅgam / asaṃkleśataḥ asaṃkleśāśrayataḥ asaṃkleśasvabhāvataś ca //; 주의집중은 근거라는 지분이다. 법의 변별은 본질이라는 지분이다. 정진은 벗어남이라는 지분이다. 만족은 이익이라는 지분이다. 경쾌함, 삼매, 평정은 염오가 없다는 [측면에서] 지분이다. 염오가 없다는 측면에서, 염오가 없는 근거라는 측면에서, 염오가 없는 본질이라는 측면에서이다.〉 〈산스크리트본의 해당 내용: 출전(2) ASBh., pp.88-89. tatra smṛtiḥ saṃniśrayāṅgam, upasthitasmṛteḥ sarvakuśaladharmābhilapanāt / dharmavicayaḥ svabhāvāṅgam, saṃbodhilakṣaṇatvāt / vīryaṃ niryāṇāṅgam, tena yāvad gamyaṃ gamanāt / prītir anuśaṃsāṅgam, tayā saṃtānaprīṇanāt / prasrabdhiḥ samādhir upekṣā cāsaṃkleśāṅgam / tatra prasrabdhyā na saṃkliśyate, tayā dauṣṭhulyasrāvaṇāt / samādhau na saṃkliśyate, tatra sthitasyāśrayaparivartanāt / upekṣāsaṃkleśaḥ, abhidhyādaurm anasyāpagatākliṣṭāvasthāsvabhāvatvāt /; 그중에서 주의집중은 근거라는 지분이다. 확립된 주의집중은 모든 선한 가르침을 명기하기 때문이다. 법의 변별은 본질이라는 지분이다. 깨달음을

釋中有四. 初明覺位, 次釋名義, 三正釋文, 四問發起. 初明位者, 見道位中, 始覺道理故, 立覺分也. 第二之中, 先釋覺名. "無分別如如智, 是名覺"者, 若約二乘, 無四倒分別之如如智, 就菩薩, 無一切分別之如如智. 次釋分義. "同事法明,[719] 是名分義"者, 於轉凡事, 成聖法中, 同爲一趣, 相助而成故. "此七"以下, 正釋本文. "云何"以下, 徵問發起.

[H1, 830c17~831a3; X48, 168c7~13]

※【제10송에 관한】 해석(釋)

[제10송에 관한] 해석(釋)에는 네 가지가 있다. 첫 번째는 '깨달음을 성취하게 하는 [원인이 되는 일곱 가지 부분의] 수행 단계'(覺位)를 밝히는 것이고, 두 번째는 [각분覺分이라는] '명칭의 뜻'(名義)을 해석하는 것이며, 세 번째는 곧바로 [제10송의] 문장을 해석하는 것이고, 네 번째는 [의각분猗覺分·정각분定覺分·사각분捨覺分, 이 세 가지 수행 부분에 관한] 물음을 일으키는 것이다.[720]

첫 번째인 '[칠각분의] 수행 단계를 밝히는 것'(明[覺]位)에서는, '[진리다운] 이해를

특징으로 하기 때문이다. 정진은 벗어남이라는 지분이다. 그것에 의해 도달해야 할 곳에 도달하기 때문이다. 만족은 이익이라는 지분이다. 그것으로 개체를 만족시키기 때문이다. 경쾌함, 삼매, 평정은 염오가 없다는 [측면에서] 지분이다. 그중에서 경쾌함에 의해서는 염오되지 않는다. 그것에 의해 추중이 쓸려 나가기 때문이다. 삼매에서는 염오되지 않는다. 거기에 머무는 소의가 작용하기 때문이다. 평정은 염오되지 않는 것이다. 탐욕과 불만족을 제거한 불염오 상태를 본질로 하기 때문이다.〉

719 『중변분별론』 원문에 따라 '明'을 '朋'으로 교감한다.

720 과문에 따라 제10석의 문장을 배속해 보면 다음과 같다.

1. 明覺位: "見道位中, 顯立覺分."
2. 釋名義
 1) 釋覺名: "覺者何義? 無分別如如智, 是名覺."
 2) 釋分義: "分者何義? 同事法朋, 是名分義."
3. 正釋文: "此七法中, 覺依止分者, 是名念覺, 自性分者, 是名擇法覺. 出離分者, 名正勤覺, 功德分者, 名喜覺. 無染無障分三法, 謂猗定捨."
4. 問發起: "云何說三法, 爲無染障分?"

밝히는 수행 단계'(見道位) 중에서 비로소 '[진리를 성취하는] 길에 대한 이해'(道理)를 깨닫기 때문에 〈'깨달음을 성취하게 하는 [원인이 되는 일곱 가지] 부분'(覺分)을 세운다〉[고 설명한다]. 두 번째[인 각覺과 분分이라는 명칭의 뜻을 해석하는 것]에서는 먼저 '깨달음'(覺)이라는 명칭을 해석한다. "'[불변·독자의 실체나 본질이 있다는 생각으로] 나누어 구분함이 없어 사실 그대로와 만나는 지혜'를 깨달음이라고 부른다"(無分別如如智, 是名覺)라는 것에서 [깨달음(覺)이라는 명칭의 뜻은], 만약 '[성문聲聞·연각緣覺] 두 부류의 수행자'(二乘)에 의거한다면 '[범부의] 네 가지 왜곡된 분별이 없어 사실 그대로와 만나는 지혜'(無四倒分別之如如智)이고, [대승의] 보살에 의거한다면 '[범부와 이승의] 모든 [왜곡된] 분별이 없어 사실 그대로와 만나는 지혜'(無一切分別之如如智)이다.[721] 다음으로 '부분'(分)[이라는 말]의 뜻을 해석한다. "'[범부 중생의] 현상과 [고귀한] 진리가 같아져 어우러지는 것'을 부분의 뜻이라고 부른다"(同事法朋, 是名分義)라는 것은, '[세간에서] 범부가 겪는 현상'(凡事)을 바꾸어 '고귀한 진리'(聖法)를 성취하는 것에서는 [현상(事)과 진리(法)가] 더불어 '하나로 통하는 길'(一趣)[722]을 이룬다는 것이니, [각 부분(分)이] 서로 도와서 [깨달음(覺)을] 성취하기 때문이다.

[세 번째 문단인] "이 일곱 가지"(此七) 이하[723]에서는 곧바로 [제10송의] 본문을 해석

---

721 사도四倒와 무일체분별지여여지無一切分別之如如智: 사전도四顚倒는 범부유위사도凡夫有爲四倒라고도 한다. 범부凡夫가 무상無常한 것을 상常이라 집착하고 고苦인 것을 낙樂이라 뒤바꾸어 아는 등, 정淨·낙樂·상常·아我에 대한 네 가지 뒤바뀐 관점을 말한다 한편 이승二乘은 정淨·낙樂·상常·아我에 대한 범부의 집착을 치유하여 부정不淨·고苦·무상無常·무아無我로 이해한다는 점에서는 무위無爲이지만, 대승 보살菩薩이 이해하는 법신무위사덕法身無爲四德인 상락아정常樂我淨의 도리를 왜곡한다는 점에서는 전도顚倒가 된다. 그런 점에서 이승二乘의 네 가지 전도를 성문무위사도聲聞無爲四倒라고 부른다. 이런 맥락에서는 본문에서 제시되는 대승 보살의 무일체분별지여여지無一切分別之如如智라는 개념은 범부유위사도와 성문무위사도를 모두 치유한 지혜라고 볼 수 있겠다. 사도에 관한 자세한 내용은 '사전도四顚倒' 및 '본질신本質身과 진여신眞如身' 역주 참조.

722 취趣: 범어인 'gati'는 '감'(going), '움직임'(moving), '행로'(path), '길'(way) 등의 뜻이다. Sanskrit-English Dictionary, p.347 참조. 도道라고도 의역된다. 지옥地獄·아귀餓鬼·축생畜生·아수라阿修羅·인人·천天의 윤회 과정을 뜻하는 육취六趣(六道)가 대표적인 용례이다. 『불광대사전』, p.6184 참조.

723 제10석에서 해당하는 문장은 "此七法中, 覺依止分者, 是名念覺, 自性分者, 是名擇法覺. 出離分者, 名正勤覺, 功德分者, 名喜覺. 無染無障分三法, 謂猗定捨."이다.

한다. [네 번째 문단인] "어찌하여"(云何) 이하[724]에서는 [의각분猗覺分·정각분定覺分·사각분捨覺分, 이 세 가지 수행 부분에 관한] 물음을 일으킨다.

[第十一頌] 因緣依處故, 自性故言說.

[第十一釋] 無障無染因者猗. 惑障爲重[725]行作因故, 此猗與麤重因對治故. 依止者是禪定. 自性者不[726]捨覺分.

[T31, 459a11~14]

【열한 번째 게송】

[첫 번째인 의각분猗覺分은] '[미혹을 그쳐 없애는] 원인이나 조건'(因緣)이고, [두 번째인 정각분定覺分은] '[미혹을 없애는] 의지처'(依處)이기 때문에, [세 번째인 사각분捨覺分은] '[미혹을 없앤 사실 그대로의] 본연'(自性)이기 때문에 [이 세 가지 부분을 '미혹을 그쳐 없애는 부분'(滅惑分)이라고] 말하네.

【열한 번째 해석】

'[깨달음의] 장애를 없애고 [번뇌의] 오염을 없애는 원인'(無障無染因)이 '[희각분喜覺分을 토대로] 흔들리지 않는 능력[을 계발하여 깨달음으로 나아가는 수행]'(猗, 安)이다. '미혹으로 인한 장애인 거칠고 무거운 잠재적 번뇌'(惑障重)가 '[번뇌를] 나타내어 작용하게 하는 원인'(行作因)이기 때문에 이 '[희각분喜覺分을 토대로] 흔들리지 않는 능력[을 계발하여 깨달음으로 나아가는 수행]'(猗, 安)은 '[현재의 번뇌를 나타내어 작용하게 하는] 거칠고 무거운 잠재적 번뇌라는 원인'(麤重

724 제10석에서 해당하는 문장은 "云何說三法, 爲無染障分?"이다.

725 '爲重'에 관한 아래 주석에서 원효는 "'爲'字應在'重'下也"라고 하여 '위爲'를 '중重' 다음에 두어야 한다고 설명한다. 이 설명에 따라 '爲重'을 '重爲'로 교감한다.

726 문맥에 따라 '不'을 삭제한다.

因)을 치유하는 것이다.[727] '[미혹을 없애기 위해] 의지하는 것'(依止)은 '[의각분猗覺分을 토대로] 선정 능력[을 계발하여 깨달음으로 나아가는 수행]'(禪定, 定)이다. '[미혹을 없앤 사실 그대로의] 본연'(自性)은 '[정각분定覺分을 토대로] 어디에도 빠져들지 않는 능력을 계발하여 깨달음으로 나아가는 수행'(捨覺分)[에 의해 드러나는 것]이다.

頌中二句, 明三差別. 言"因緣"者, 滅或[728]因緣. 此猗覺分, 卽是輕安, 與麤重因, 正相反故. 言"依處"者, 滅或依處. 是之覺分, 依於理定, 得轉依故. "自性故"者, 是捨覺分. 捨離或障之自性故. "故言說"者, 由此三種滅或義成故, 說三種爲滅或分也.

[H1, 831a4~10; X48, 168c14~18]

※ 열한 번째 게송

[열한 번째] 게송의 두 구절에서는 [의각분猗覺分·정각분定覺分·사각분捨覺分, 이] 세 가

727 행작인行作因인 혹장중惑障重: 의각분猗覺分을 설명하는 이 대목은 혹장중惑障重의 '중重'을 추중麤重으로, 행작인行作因의 '행行'을 현행現行으로 규정하고 이 양자의 인과관계를 토대로 전개되는 원효의 명료한 주석에 따라 이해할 필요가 있다. "혹장중이 행작인이 된다"(惑障重爲行作因)는 『중변분별론』의 문장에 관해 아래에서 원효는 "顯所對因. 種子麤重, 名爲惑鄣故, 言'惑鄣重', 卽此麤重, 爲現行惑, 而作因緣故, 言'爲行作因'"(작은 따옴표는 인용 부분을 가리킴)이라고 한다. 『중변분별론』에서 '혹장인 추중'(惑鄣重)이라 말한 것은 아뢰야식阿賴耶識의 종자種子인 추중을 혹장惑障이라 부르기 때문이고, 이 '혹장인 추중'(惑鄣重)이 '현행하는 미혹'(現行惑)에 대해 '원인이나 조건'(因緣)이 된다는 설명이다. 그러므로 '현행하는 미혹을 일으키는 원인'(行作因)인 '혹장의 추중'(惑鄣重)은 의각분에서 '치유해야 할 대상인 오염의 원인'(所對因)으로서 드러난다는 것이다. 한편 선심소善心所에 속하는 의猗(輕安)의 특성(性)에 관해 『성유식론』 권6에서는 "추중에서 벗어나 신심身心을 조화롭게 하여 무엇이든 감당할 수 있게 된 것"(遠離麁重, 調暢身心堪任, 爲性)이라고 설명한다. 이에 관한 자세한 내용은 '경안輕安과 추중麤重' 및 '자내정지경안구색自內定地輕安俱色' 역주 참조.

728 문맥에 따라 '或'을 '惑'으로 교감한다. 이 문단에서 다음에 네 번 나오는 '或'들도 모두 '惑'으로 교감한다.

지의 차이를 밝힌다. "원인이나 조건"(因緣)이라고 말한 것은 '미혹을 없애는 원인이나 조건'(滅惑因緣)이다. 이 '[희각분喜覺分을 토대로] 흔들리지 않는 능력을 계발하여 깨달음으로 나아가는 수행'(猗覺分)은 곧 [사실 그대로를 오염시키지 않는 원인인] '흔들리지 않는 [마음현상]'(輕安)[을 성취하는 것]으로서 '[현재의 번뇌를 나타내어 작용하게 하는] 거칠고 무거운 잠재적 번뇌라는 원인'(麤重因)과는 완전히 서로 반대이기 때문이다. "의지처"(依處)라고 말한 것은 '미혹을 없애는 의지처'(滅惑依處)이다. 이 '[의각분猗覺分을 토대로 선정禪定 능력을 계발하여] 깨달음으로 나아가는 수행'(覺分)은 '진리다운 선정'(理定)[729]에 의거하여 ['사실을 왜곡시키는 분별'에서 '사실 그대로인 본연'으로] '의지처를 바꾸게'(轉依) 하기 때문이다. "'[미혹을 없앤 사실 그대로의] 본연'(自性)이기 때문에"(自性故)라

---

729 이정理定: 외도外道나 이승二乘의 잘못된 선정인 사정事定의 반대 개념으로서 진여삼매眞如三昧라고도 한다. 『대승기신론소별기회본』 권6에서 원효는 이정과 사정을 대비하여 참된 선정과 거짓된 선정을 가려낸다. 먼저 이정에 관해서는 "對理事, 以簡眞僞, 於中初顯理定是眞. 行者要修眞如三昧, 方入種性不退位中."(H1, 786c19~22)이라고 하여 진여삼매가 참된 선정인 이정이고 수행자는 이 진여삼매를 닦아야 비로소 여래가 될 수 있는 종성種性인 불퇴위不退位에 들어간다고 설명한다. 이어 여래종성如來種性에 관한 다양한 경론經論의 논의들을 제시한 후 결론적으로 『대승기신론』에서 말하는 종성불퇴위種性不退位에 관해서는 "今此中言如來種性者, 說第二門習種性位也"(H1, 787a5~6)라고 하여 『본업경本業經』, 『인왕경仁王經』 등에서 제시하는 육종성六種性 중에서 습종성위習種性位(十住)를 가리킨다고 설명한다. 다음으로 거짓된 선정인 사정에 관한 설명은 다음과 같다. "顯事定之僞, 謂不淨觀安那槃念等, 皆名世間諸三昧也. 若人不依眞如三昧, 直修此等事三昧者, 隨所入境, 不離取著, 取著法者, 必著於我, 故屬三界, 與外道共也."(H1, 787a6~11) 원효는 부정관不淨觀, 수식관數息觀(安那槃念) 등 이승의 선정 수행법을 세간제삼매世間諸三昧라고 부르면서 대승의 진여삼매에 의거하지 않고 단지 사삼매事三昧(사정)만을 닦는다면 이런 삼매에 따라 들어간 경지는 집착에서 벗어나지 못하고 현상(法)에 집착하는 자는 반드시 자아(我)에 집착하기 때문에 삼계三界에 엮이어 외도와 똑같은 부류가 된다고 설명한다. 원효의 『금강삼매경론』 권2에서는 이정에 의거하여 얻는 수행 단계를 견도見道와 결부시키기도 하는데, 다음과 같다. "〈七六不生〉者, 末那四惑, 不現行故, 見惑種子已斷滅故. 〈諸集滅定〉者, 諸生起識, 心心所集皆滅盡, 已入理定故."(H1, 648c12~15, '〈 〉' 표시는 『금강삼매경』 인용문을 가리킴.) 『금강삼매경』의 "제칠식과 제육식이 일어나지 않아 거기서 모이는 모든 번뇌가 없어져 안정된다"(七六不生, 諸集滅定)는 문장을 주석하면서 원효는 제7말나식에 상응하는 사혹(我見·我癡·我慢·我愛)이 현행하지 않고 견혹종자見惑種子가 이미 단멸斷滅되어 육·칠식의 모든 생기식生起識으로 인한 마음과 마음현상들이 모두 사라진 단계라고 설명하면서 이 단계는 이미 이정에 들어간 것이라고 마무리한다. 지금 본문에서 견도 단계에 해당하는 칠각분 중의 정각분定覺分이 이정에 의거하는 부분이라고 설명하는 문맥은 견혹종자를 단멸하여 견도에 오른 선정이 이정이라고 설명하는 『금강삼매경론』에서의 논의와 상통한다고 하겠다.

는 것은 '[정각분定覺分을 토대로] 어디에도 빠져들지 않는 능력을 계발하여 깨달음으로 나아가는 수행'(捨覺分)[을 말하는 것]이다. '미혹의 장애'(惑障)에서 벗어난 본연(自性)[을 드러내기 때문]이다. "때문에 [이 세 가지 부분을 '미혹을 그쳐 없애는 부분'(滅惑分)이라고] 말하네"(故言說)라는 것은 [인연因緣·의처依處·자성自性,] 이 '미혹을 [그쳐] 없애는 세 가지 면모'(三種滅惑義)가 이루어지기 때문에 [의각분猗覺分·정각분定覺分·사각분捨覺分, 이] 세 가지가 '미혹을 [그쳐] 없애는 부분'(滅惑分)이 된다고 말하는 것이다.

釋中, 次第釋此三義. 釋初中, 言"或[730]障爲重行住[731]因"者, 顯所對因. 種子麤重, 名爲或鄣故, 言"或鄣重", 卽此麤重, 爲現行或, 而作因緣故, 言"爲行住[732]因". 此中'爲'字, 應在'重'下也. 言"此猗與麤重因對治故"者, 猗是輕安, 反對麤重. 是故能爲滅或因也. 餘文可知.

[H1, 831a11~17; X48, 168c19~23]

※【제11송에 관한】 해석(釋)

[제11송에 관한] 해석(釋)에서는 순서대로 이 '[미혹을 그쳐 없애는] 세 가지 면모'(三義)를 해석한다. 첫 번째[로 의각분猗覺分의 면모인 '미혹을 없애는 원인이나 조건'(因緣)]을 해석하는 것에서 "'미혹으로 인한 장애인 거칠고 무거운 잠재적 번뇌'(惑障重)가 '[번뇌를] 나타내어 작용하게 하는 원인'(行作因)이다"(惑障重爲行作因)라고 말한 것은 '[의각분으로] 치유하는 [오염의] 원인'(所對因)을 드러낸 것이다. [아뢰야식阿賴耶識의] 종자種子인 '거칠고 무거운 잠재적 번뇌'(麤重)를 '미혹으로 인한 장애'(惑障)라고 부르기 때문에 "미혹으로 인한 장애인 거칠고 무거운 잠재적 번뇌"(惑障重)라 말하고, 바로 이

730 문맥에 따라 '或'을 '惑'으로 교감한다. 이 문단에서 다음에 네 번 나오는 '或'들도 모두 '惑'으로 교감한다.

731 『중변분별론』 원문에 따라 '住'를 '作'으로 교감한다.

732 『중변분별론』 원문에 따라 '住'를 '作'으로 교감한다.

'거칠고 무거운 잠재적 번뇌'(麤重)가 '현재 나타나 작용하는 미혹'(現行惑)이 되어 [그 것의] '원인이나 조건'(因緣)이 되기 때문에 "[번뇌를] 나타내어 작용하게 하는 원인이다"(爲行作因)라고 말한다. 이 [『중변분별론』의 "惑障爲重行作因"이라는 문장]에서 '위爲' 자는 '중重' 자 다음에 놓여야 할 것이다. "이 '[희각분喜覺分을 토대로] 흔들리지 않는 능력[을 계발하여 깨달음으로 나아가는 수행]'은 '[현재의 번뇌를 나타내어 작용하게 하는] 거칠고 무거운 잠재적 번뇌라는 원인'(麤重因)을 치유하는 것이다"(此猗與麤重因對治故)라고 말한 것에서 '흔들리지 않는 능력'(猗)은 '평안[이라는 마음현상]'(輕安)이니, '거칠고 무거운 잠재적 번뇌'(麤重)에 반대[인 현상]이다. 그러므로 [의각분猗覺分은] '미혹을 [그쳐] 없애는 원인'(滅惑因)이 될 수 있다. [제11석의] 나머지 문장들은 [어렵지 않게] 알 수 있다.

바. '여덟 가지 수행으로 이루어진 해탈의 길'을 밝힘(明八正道)

가) [수도修道인 팔정도八正道의] 네 가지 면모에 의거하여 '[해탈의 길을 이루는] 여덟 가지 수행의 의미'를 세워 밝힘(約四義, 明立八意)

> [第十二釋] 次說道分. 此法云何安立?
>
> [第十二頌] 分決及令至, 令他信三種, 對治不助法, 說道有八分.
>
> [第十二釋] 修習道位中, 顯立道分. 見道分決分, 是正見. 此見世間正見, 出世正見後得. 因此智, 自所得道及果, 決定分別. 令他至分者, 正思惟及正言, 因有發起語言, 能令他知及得. 令他信分者, 有三種, 正言正業正命. 此三法次第.
>
> [T31, 459a14~21]

【열두 번째 해석】

다음으로 '[여덟 가지 수행으로 이루어진 해탈의] 길'(道分)을 설명한다. 이 도리는 어떻게 세워지는가?

【열두 번째 게송】

[견도見道에서 출세간出世間의 무분별여여지無分別如如智를 얻은 후 수도修道에서 세간世間의 차이 양상을] '[사실대로] 올바로 판단하는'(分決)[733] [정견正見] 및 '[다른 사람들을 해탈의 길에] 이르게 하는'(令至) [정사유正思惟(正思)·정언正言(正語)], '[해탈의 길에 관해] 다른 사람들을 믿게 하는 세 가지'(令他信三種)[인 정언正言·정업正業·정명正命], '[해탈을] 돕지 않는 것들을 치유하는 도리'(對治不助法)[인 정근正勤·정념正念·정정正定]이니, '[해탈의] 길'(道)에는 [이] '여덟 가지 부분'(八分)이 있다고 말하네.

【열두 번째 해석】

'[선정을 토대로 이해를] 거듭 익혀 가는 수행 단계'(修習道位, 修道位)에서는 '[여덟 가지 수행으로 이루어진 해탈의] 길'(道分)을 세워 드러낸다. '[진리다운] 이해를 밝히는 수행에서의 [세간의 차이 양상에 대한] 올바른 판단'(見道分決分)은 [팔정도에서의] '진리다운 견해'(正見)이다. 이 견해는 '세간에 대한 진리다운 견해'(世間正見)인데, [견도見道에서 얻는] '세간에서 풀려나는 진리다운 견해'(出世正見) 후에 얻는 것이다. 이 ['세간에 대한 진리다운 견해'(世間正見)의] 지혜로 인하여 스스로 얻는 '수행 과정'(道)과 [그 수행의] 결과(果)는 '[차이 양상에 대한] 확실한 [사실대로의] 판단'(決定分別)[에 해당하는 것]이다. '다른 사람들을 [해탈의 길에] 이르게 하는 [수행] 부분'(令他至分)이라는 것은 '생각을 진리답게 일으키는 수행'(正思惟)과 '말을 진리답게 하는 수행'(正言)이니, [진리다운 생각에 따라] 말(語言)을 일으킴으로 인하여 다른 사람들이 [해탈의 길을] 알게 하고

733 분결分決: 아래 제12석에서 보듯이 분결은 팔정도八正道 중 첫 번째 수행 부분인 정견正見을 설명하는 용어이다. 현장玄奘의 동본이역인 『변중변론』 권2의 같은 게송에는 "分別及誨示, 令他信有三, 對治障亦三, 故道支成八."(T31, 472b5~6)이라고 하여 '分決' 부분이 '分別'이라고 되어 있으므로 무분별지와 분별지를 대비하는 논의 구도가 더욱 선명하게 드러난다. 추론해보자면 통상 분별分別은 부정적인 의미로 쓰이는 용어이므로 『중변분별론』에서는 불필요한 오해를 피하기 위해 분결分決이라고 표현하는 것으로 보인다.

얻게 한다. '[해탈의 길에 관해] 다른 사람들을 믿게 하는 [수행] 부분'(令他信分)이라는 것에는 세 가지가 있으니, '말을 진리답게 하는 수행'(正語)과 '행위를 진리답게 하는 수행'(正業) 및 '생계를 진리답게 유지하는 수행'(正命)이다. 이 세 가지의 [수행] 순서[에 관해서는 제13송에서 다음과 같이 말한다].

> "次說"以下, 明八正道, 亦先發起. 頌中有二. 前之一頌, 正約四義, 明立八意, 其次一頌, 約後二義, 顯六差別. 初中言"分決"者, 卽是正見, 謂後得智. 於所得, 分決了知故, 又復分明決了先所證故. "及令至"者, 正思正語. 思是意業, 語是口業. 由此二種正業, 令他至正道故.
>
> [H1, 831a18~24; X48, 168c24~169a5]

"다음으로 ['여덟 가지 수행으로 이루어진 해탈의 길'(道分)을] 설명한다"(次說) 이하에서는 '여덟 가지 수행으로 이루어진 해탈의 길'(八正道)을 밝히니, 또한 [다음 제12송의 내용을] 미리[734] 일으킨다. [팔정도八正道를 설명하는] 게송[인 제12송에서 제14송까지]에는 두 가지가 있다. 앞의 한 게송[735]에서는 곧바로 [수도修道인 팔정도의] '네 가지 면모'(四義)에 의거하여 '[해탈의 길을 이루는] 여덟 가지 수행의 의미'(八意)를 세워 밝히고, 그 다음의 한 게송[736]에서는 [네 가지 면모 중] '뒤의 두 가지 면모'(後二義)에 의거하여 '여섯 가지 수행의 차이'(六差別)를 드러낸다.[737]

첫 번째[인 '네 가지 면모에 의거하여 여덟 가지 수행의 의미를 세워 밝히는 것'(約四義, 明立八意)]에서 말한 "[견도見道에서 출세간出世間의 무분별여여지無分別如如智를 얻은 후 수도修道에서 세간世間의 차이 양상을] '[사실대로] 올바로 판단함'"(分決)이라는 것은 바로 [팔정도八正道의 첫 번째 부분인] '견해를 진리답게 수립하는 수행'(正見)이니, '[깨달음을 성취한] 후에 얻

734 해당하는 문장은 "次說道分. 此法云何安立?"이다.
735 해당하는 게송은 제12송인 "分決及令至, 令他信三種, 對治不助法, 說道有八分"이다.
736 해당하는 게송은 제13송(2구)인 "見戒及知足, 應知令他信"과 제14송(2구)인 "大惑及小惑, 自在障對治"이다.

어지는 [사실 그대로 이해하는] 지혜'(後得智)[738]가 그것이다. [견도에서] 얻은 ['불변·독자의 실체/본질로서 분별하지 않는 이해'(無分別智)]에서 [다시] '[세간의 차이 양상들을 사실대로] 올바로 판단하여 명료하게 아는 것'(分決了知)이기 때문이고, 또한 앞[의 견도]에서 증득한 [무분별지無分別智]를 더욱 분명하고 확실하게 알기 때문이다. "… 및 [다른 사람들을 해탈의 길에] 이르게 함"(及令至)이라는 것은 '생각을 진리답게 일으키는 수행'(正思)과 '말을

---

737 사의四義, 팔의八意, 후이의後二義, 육차별六差別: 사의에 의거하여 팔의를 설명하는 제12송의 내용을 표로 정리하면 다음과 같다.

팔정도의 네 가지 면모	팔정도
분결分決	정견正見
영지令至	정사유正思惟, 정언正言
영타신令他信	정언正言, 정업正業, 정명正命
대치부조법對治不助法	정근正勤, 정념正念, 정정正定

표에서 보듯이 후이의後二義는 영타신令他信과 대치부조법對治不助法에 해당하는데, 제13송의 2구에서는 영타신令他信의 면모에 의거하여 정언·정업·정명이라는 세 가지 수행의 차이를, 제14송의 2구에서는 대치부조법對治不助法의 면모에 의거하여 정근·정념·정정이라는 세 가지 수행의 차이를 드러낸다. 제12송의 1송에서는 팔정도를 모두 포섭하여 논의하지만, 제13송과 제14송을 합친 1송(4구)에서는 정견과 정사유를 제외한 육차별만을 논의하는 셈이다. 아울러 원효의 과문에 따라 팔정도에 관해 설명하는 해당 게송들을 배속하면 다음과 같다.

바. 明八正道

가) 約四義, 明立八意: "分決及令至, 令他信三種, 對治不助法, 說道有八分."(제12송)

나) 約後二義, 顯六差別

(가) 釋第三義: "見戒及知足, 應知令他信."(제13송)

(나) 明第四義: "大惑及小惑, 自在障對治."(제14송)

738 후득지後得智: 정체지正體智와 함께 유식학唯識學에서 출세성자出世聖者의 지혜로 제시되는 두 가지 지혜 중 하나이다. 정체지는 또한 근본지根本智, 근본무분별지根本無分別智, 무분별지無分別智, 정체무분별지正體無分別智, 여리지如理智, 이지理智, 승의지勝義智 등으로 불리는데, 인공人空과 법공法空에 의해 드러나는 진여眞如의 이치를 직증直證하여 번뇌를 끊은 지혜로서 무차별無差別의 이치를 비추는 지혜이다. 후득지는 또한 후득차별지後得差別智, 여량지如量智, 양지量智, 분별지分別智, 속지俗智, 세속지世俗智 등으로 불리는데, 정체지를 깨달은 후 세간의 통속사通俗事에 대해 차별差別의 이치를 비추는 지혜이다. 『불광대사전』, pp.215, 5012 참조. 정체지와 후득지가 거론되는 맥락과 용법들을 종합할 때, 현상의 〈'참 그대로인 본연'인 '불변·독자의 실체나 본질이 없음'〉(空, 空眞如)에 대한 이해는 정체지이고, '현상의 차이들이 지닌 특징'이나 '현상들의 관계'에 관한 이해는 후득지라고 하겠다. 『이장의二障義』에서 원효는 이 두 가지 지혜에 대해 "若人若法, 非有非無. 非無故, 說人法皆有量智所照, 非有故, 說人法二空理智所證."(H1, 814a22~24)이라고 설명한다. 이에 따르면 인법人法은 비유비무非有非無로서, 비무非無이기 때문에 인법의 유有가 양지量智로 이해되고 비유非有이기 때문에 인법의 공空이 이지理智로 증득된다. 본 원효전서번역의 성과물로 이미 간행한 『대승기신론소·별기 상권』(세창출판사, 2019), p.366 참조.

진리답게 하는 수행'(正語)이다. 생각(思)은 '의도로써 짓는 행위'(意業)이고, 말(語)은 '입으로 짓는 행위'(口業)이다. 이 '두 가지 진리다운 행위'(二種正業)에 의거하여 다른 사람들을 '[여덟 가지 수행으로 이루어진] 해탈의 길'(正道)에 이르게 하기 때문이다.

"令他信三種"者, 亦是正語, 及與正業正命. 言正業者, 卽是身業. 此身口業, 大分有二. 若從無嗔無痴而起, 立爲正語及與正業. 若依無貪善根所起, 別名正命, 反耶[739]命故. 如『智度』說, "離五耶命故, 名正命. 何等爲五? 一者, 若行者, 爲利養故, 詐現奇特. 二者, 爲利養故, 自說功德. 三者, 爲利養故, 占相吉凶, 而[740]爲人說. 四者, 爲利養故, 高聲現威, 令人畏驚.[741] 五者, 爲利養故, 稱說所得供養, 以動人心. 耶因緣活命故, 名[742]爲耶命"也.

[H1, 831b1~12; X48, 169a5~13]

"[해탈의 길에 관해] 다른 사람들을 믿게 하는 세 가지"(令他信三種)라는 것은 또한 '말을 진리답게 하는 수행'(正語) 및 '행위를 진리답게 하는 수행'(正業)과 '생계를 진리답게 유지하는 수행'(正命)이다. '행위를 진리답게 하는 수행'(正業)이라고 말하는 것은 바로 '몸으로 짓는 행위'(身業)이다. 이 '몸으로 짓는 행위'(身業)와 '입으로 짓는 행위'(口業)를 크게 나누어 보면 두 가지가 있다. 만약 ['몸으로 짓는 행위'(身業)와 '입으로 짓는 행위'(口業)가] '분노 없음'(無嗔, 無瞋)과 '어리석음 없음'(無痴)[의 마음현상][743]에 따라 일어난 것이라면, '말을 진리답게 하는 수행'(正語)과 '행위를 진리답게 하는 수

739 한불전 교감주에 "'耶'는 '邪'와 통한다. 아래에서도 동일하다"라고 되어 있다. 이에 따라 '耶'를 '邪'로 교감하고, 아래에 세 번 나오는 '耶'도 모두 '邪'로 교감한다.

740 『대지도론』 원문에 따라 '而'를 삭제한다.

741 『대지도론』 원문에 따라 '驚'을 '敬'으로 교감한다.

742 『대지도론』 원문에 따라 '名'을 '是'로 교감한다.

743 무진無嗔·무치無癡·무탐無貪: 유식학唯識學의 육위심소六位心所 분류에 따르면 무진無嗔·무치無癡와 본문 아래에 나오는 무탐無貪은 모두 선심소善心所에 속한다. '변행遍行' 역주의 표 참조.

행'(正業)이 세워지게 된다. 만약 [몸으로 짓는 행위'(身業)와 '입으로 짓는 행위'(口業)가] '탐욕 없는 이로운 능력'(無貪善根)에 의거하여 일어난 것이라면 따로 '생계를 진리답게 유지하는 수행'(正命)이라고 부르니, [몸으로 짓는 행위'(身業)와 '입으로 짓는 행위'(口業)로써] '생계를 잘못된 방법으로 유지하는 행위'(邪命)와는 반대이기 때문이다.

『대지도론』에서 [다음과 같이] 말하는 것과 같다. "'생계를 거짓되게 유지하는 다섯 가지 행위'(五邪命)에서 벗어나기 때문에 '생계를 진리답게 유지하는 수행'(正命)이라고 부른다. 어떤 것들이 다섯 가지인가? 첫 번째, 어떤 수행자의 경우 '이익이 되는 공양'(利養)[744]을 추구하기 때문에 '기이하고 특별한 [현상]'(奇特)을 속여서 나타낸다. 두 번째, '이익이 되는 공양'(利養)을 추구하기 때문에 스스로 [자신의] 능력(功德)을 말한다. 세 번째, '이익이 되는 공양'(利養)을 추구하기 때문에 '점이 나타내는 길흉'을 사람들에게 말한다. 네 번째, '이익이 되는 공양'(利養)을 추구하기 때문에 높은 목소리로 권위를 나타내어 사람들이 두려워 공경하게 한다. 다섯 번째, '이익이 되는 공양'(利養)을 추구하기 때문에 [대중에게] 얻은 공양물을 칭찬하여 사람들의 마음을 동요시킨다. [이처럼] '잘못된 방법'(邪因緣)으로 생계(命)를 유지하기 때문에 이 [다섯 가지는] '생계를 잘못된 방법으로 유지하는 행위'(邪命)가 된다."[745]

---

744 이양利養: 구리공양求利供養이라고도 한다. 『대지도론』 권5에서는 "貪利養人斷功德本"(T25, 98b29~c1)이라고 하여 이양에 탐착하는 사람에 대해 수행으로 갖추는 공덕功德의 근본(本)을 끊는 자라고 규정하면서 게송으로 다음과 같이 설명한다. "如偈說, 得入栴檀林, 而但取其葉, 既入七寶山, 而更取水精, 有人入佛法, 不求涅槃樂, 反求利供養, 是輩爲自欺."(T25, 98c1~5) 이에 따르면 전단림旃檀林에 들어가서도 그 나무의 잎만을 취하거나 칠보산七寶山에 들어가서도 다시 수정水精을 취하는 사람과 같이, 어떤 사람은 불법佛法에 들어가서도 열반락涅槃樂을 구하지 않고 '이익이 되는 공양물을 추구하는 것'(求利供養)이니, 이 사람은 스스로를 속이는 것이 된다. 『대보적경大寶積經』 권112에서는 "出家人有二堅縛. 何謂爲二? 一者見縛, 二者利養縛."(T11, 636a18~19)이라고 하여 견박見縛과 함께 이양박利養縛은 출가인出家人이 빠지는 두 가지 견고한 속박 중 하나로서 제시되기도 한다.

745 『대지도론』 권19(T25, 203a16~23). "〈五種邪命, 以無漏智慧除捨離, 是爲正命. 問曰, 何等是五種邪命 ? 〉 (答曰,) 一者, 若行者, 爲利養故, 詐現奇特. 二者, 爲利養故, 自說功德. 三者, 爲利養故, 占相吉凶, 爲人說. 四者, 爲利養故, 高聲現威, 令人畏敬. 五者, 爲利養故, 稱說所得供養, 以動人心. 邪因緣活命故, 是爲邪命." 괄호는 생략된 부분을 표시한다. '〈 〉'로 표시한 부분은 본문에 "離五耶命故, 名正命. 何等爲五?"라고 간결하게 축약되어 있다.

"對治不助法"者, 卽是正懃正念正定. 以此三種, 治三鄣故. 由此四義, 立八道分故, 言"說道有八分"也. 此八種中, 正語一種, 通有二能故, 爾處說, 其餘不爾故, 隨一也.

[H1, 831b12~16; X48, 169a13~16]

"[해탈을] 돕지 않는 것들을 치유하는 도리"(對治不助法)라는 것은 바로 '정진을 진리답게 행하는 수행'(正懃, 正勤, 正精進), '['빠져들지 않는 마음'(止)과 이해(觀)를] 진리답게 간직해 가는 수행'(正念) 및 '선정을 진리답게 행하는 수행'(正定)이다. 이 세 가지 [수행]으로 '세 가지 장애'(三鄣)[746]를 치유하기 때문이다.

이 '네 가지 면모'(四義)에 의거하여 '해탈의 길을 이루는 여덟 가지 부분'(八道分)을 세우기 때문에 "'[해탈의] 길'에는 [이] '여덟 가지 부분'이 있다고 말하네"(說道有八分)라고 말한 것이다. 이 여덟 가지에서 '말을 진리답게 하는 수행'(正語) 한 가지는 ['다른 사람들을 해탈의 길에 이르게 하고'(令至) '해탈의 길에 관해 다른 사람들을 믿게 하는'(令他信)] '두 가지 능력'(二能)을 통틀어 지니기 때문에 그 [해당하는] 곳에서 [두 번] 언급되었고, 그 나머지[인 일곱 가지 수행]은 그렇지 않기 때문에 [네 가지 면모 중에서] 하나[의 면모]에 따라 [한 번씩 언급되었다].

釋中有二, 先明位地. "修道位中, 顯立道分"者, 於修道中, 有後得智. 世間正見, 分決義故. 正釋文中, 釋前三義. 釋初義中, 卽有四句. 初言"見道分決分, 是正見"者, 牒偈屬當後得正見. 緣自見道決定分別, 知其分齊, 故言"見道分決分"也. 第二句言"此見世間正見"者, 正出體相.

[H1, 831b17~24; X48, 169a17~22]

746 삼장三鄣: 대치부조법對治不助法의 면모에 의거하여 세 가지 수행의 차이를 드러내는 아래 제14송에서는 "大惑及小惑, 自在障對治."(T31, 459b1)라고 하여 정근正懃은 대혹大惑을, 정념正念은 소혹小惑을, 정정正定은 자재장自在障을 각각 치유한다고 설명한다.

※ 【제12송에 관한】 해석(釋)

A. [팔정도八正道 수행의] 단계를 밝힘(明位地)

[제12송에 관한] 해석(釋)에는 두 가지가 있으니,[747] 먼저 [팔정도 수행의] 단계(位地)를 밝힌다. "'[선정을 토대로 이해를] 거듭 익혀 가는 수행 단계'에서는 '[여덟 가지 수행으로 이루어진 해탈의] 길'을 세워 드러낸다"(修道位中, 顯立道分)라는 것은 '[선정을 토대로 이해를] 거듭 익혀 가는 수행'(修道)에 '[깨달음을 성취한] 후에 얻어지는 [사실 그대로 이해하는] 지혜'(後得智)가 있다는 것이다. [이 후득지後得智라는 것은] '세간에 대한 진리다운 견해'(世間正見)로서 '[사실대로] 올바로 판단하는 면모'(分決義)이기 때문이다.

B. 곧바로 문장을 해석함(正釋文)

곧바로 [제12송의] 문장을 해석하는 것에서는 [팔정도의 네 가지 면모 중에서] 앞의 세 가지 면모를 해석한다. 첫 번째 면모[인 분결分決]을 해석하는 것에는 네 가지 구절이 있다. 첫 번째 [구절]에서 "'[진리다운] 이해를 밝히는 수행에서의 [세간의 차이 양상에 관한] 올바른 판단'은 [팔정도八正道에서의] '진리다운 견해'이다"(見道分決分, 是正見)라고 말한 것은, [열두 번째] 게송[의 분결分決이라는 첫 번째 면모]를 이어받아 [이 면모를] '[견도見道에서 깨달음을 성취한] 후에 [수도修道에서] 얻어지는 진리다운 견해'(後得正見, 後得智)

747 원효의 아래 과문에 따라 제12석의 문장들을 배속해 보면 다음과 같다.
1. 明位地: "修習道位中, 顯立道分."
2. 正釋文
1) 初義
(1) 初句: "見道分決分, 是正見."
(2) 第二句: "此見世間正見."
(3) 第三句: "出世正見後得."
(4) 第四句: "因此智, 自所得道及果, 決定分別."
2) 第二義: "令他至分者, 正思惟及正言, 因有發起語言, 能令他知及得."
3) 第三義: "令他信分者, 有三種, 正言正業正命. 此三法次第."

에 배속시키는 것이다. '[진리다운] 이해를 밝히는 수행'(見道)[에서 얻은 것]을 조건 삼아 [['선정을 토대로 이해를] 거듭 익혀 가는 수행'(修道)에서 얻는] '분명한 이해'(決定分別)로 '[현상의] 차이 구분'(分齊)을 아는 것이니, 그러므로 "[진리다운] 이해를 밝히는 수행에서의 [세간의 차이 양상에 대한] 올바른 판단"(見道分決分)이라고 말한 것이다. 두 번째 구절에서 "이 견해는 '세간에 대한 진리다운 견해'이다"(此見世間正見)라고 말한 것은 곧바로 ['진리다운 견해'(正見)의] '본연적 면모'(體相)를 나타낸 것이다.

> 第三句言"出世正見後得"者, 對因分別. "因此"以下, 是第四句, 釋分決義. "自所得道"者, 是牒所知見道, 言"及果"者, 謂見或[748]斷所得無爲. 於此道果, 隨所得分, 決了分別故, 說正見爲分決也. "令他"以下, 釋令至義. "能令他知及得"者, 依內正思, 發起正語故, 能令他知其有道, 及能令他隨行得道. 故說此二爲令至也. "令他信"下, 釋第三義. 擧數列名, 發起下文.
>
> [H1, 831b24~c9; X48, 169a22~b4]

세 번째 구절에서 "[견도見道에서 얻는] '세간에서 풀려나는 진리다운 견해' 후에 얻는 것이다"(出世正見後得)라고 말한 것은 원인(因)[인 출세정견出世正見]에 대해 [그 후에 얻는 세간정견世間正見을] 구분한 것이다. "이 ['세간에 대한 진리다운 견해'(世間正見)의 지혜로] 인하여"(因此) 이하는 네 번째 구절이니, '[사실대로] 올바로 판단하는 면모'(分決義)를 해석한다. "스스로 얻은 '수행 과정'"(自所得道)이라는 것은 알아야 할 '[진리다운] 이해를 밝히는 수행'(見道)[의 과정]을 제시한 것이고, "…과 [그 수행의] 결과"(及果)라고 말한 것은 〈잘못된 이해가 끊어져 성취하는 '[잘못된 이해로 분별하는] 행위가 없음'(見惑斷所得無爲)이 그것이다. 이 [견도見道] '수행 과정의 결과'(道果)[인 출세정견出世正見]에서 얻

748 문맥에 따라 '或'을 '惑'으로 교감한다.

어지는 내용에 따라 [세간의 차이 양상을] 분명하게 이해하기 때문에 [수도修道에서 세워지는] '진리다운 견해'(正見)를 '[사실대로] 올바로 판단하는 것'(分決)이라고 말한다.

"다른 사람들을"(令他) 이하에서는 '[다른 사람들을 해탈의 길에] 이르게 하는 면모'(令至義)를 해석한다. "다른 사람이 [해탈의 길을] 알게 하고 얻게 한다"(能令他知及得)라는 것은, '내면의 진리다운 생각'(內正思)에 의거하여 '진리다운 말'(正語)을 일으키기 때문에 다른 사람들로 하여금 '[해탈의] 길'(道)이 있음을 알게 할 수 있고 또 다른 사람들로 하여금 수행(行)[하는 과정]에 따르게 하여 '[해탈의] 길'(道)을 얻도록 할 수 있다는 것이다. 그러므로 [정사正思와 정어正語] 이 두 가지를 '[다른 사람들을 해탈의 길에] 이르게 하는 것'(令至)이라고 말한다. "[해탈의 길에 관해] 다른 사람을 믿게 하는 [수행 부분]"(令他信) 이하에서는 [팔정도八正道의] 세 번째 면모를 해석한다. 숫자를 들어 명칭을 나열하고, 다음 문장[인 제13송]을 일으킨다.

나) [네 가지 면모 중] 뒤의 두 가지 면모[인 영타신令他信 및 대치부조법對治不助法]에 의거하여 여섯 가지 [수행인 정언正言·정업正業·정명正命 및 정근正勤·정념正念·정정正定]의 차이를 드러냄(約後二義, 顯六差別)

(가) 세 번째 면모[인 영타신令他信]을 해석함(釋第三義)

[第十三頌] 見戒及知足, 應知令他信.

[第十三釋] 令他信分者, 三處. 依正言, 說言語, 共相難正義, 共思擇義時, 他得信是人有智. 是故令他信智. 依正業, 他得信, 持戒, 不作不如法事故. 依正命者, 他得信輕財知足. 如法如量行, 見衣服等四命緣故. 是故令他信知足, 輕財知足.

[T31, 459a22~28]

【열세 번째 게송】

'[진리다운] 견해'(見)[749][를 표현하는 말(言)에 관한 수행이 정언正言]이고 '윤리적 규범[을 지킴]'(戒)[에 관한 수행이 정업正業]이며 '[소박한 생계유지에] 만족할 줄 앎'(知足)[에 관한 수행이 정명正命]이니, [이 세 가지가] '[해탈의 길에 관해] 다른 사람들을 믿게 하는 [부분]'(令他信)임을 알아야 하네.

【열세 번째 해석】

'[해탈의 길에 관해] 다른 사람들을 믿게 하는 부분'(令他信分)이라는 것은 [정언正言·정업正業·정명正命, 이] 세 가지 수행이다. [첫 번째,] '말을 진리답게 하는 수행'(正言)에 의거하여 [진리다운] 말(言語)을 함으로써 [다른 사람들과] 함께 '진리다운 뜻'(正義)에 관해 서로 논의하고 함께 [진리다운] 뜻을 가려낼 때, 다른 사람들은 [진리다운 말을 하는] 이 사람이 [세간정견世間正見의] 지혜를 지녔다고 믿게 된다. 그러므로 [정언正言에 의거하여] 다른 사람으로 하여금 [세간정견世間正見의] 지혜를 믿게 하는 것이다. [두 번째,] '행위를 진리답게 하는 수행'(正業)에 의거하여 [해탈의 길에 관해] 다른 사람들을 믿게 하니, '윤리적 규범'(戒)을 지키고 '진리답지 않은 일'(不如法事)을 하지 않기 때문이다. [세 번째,] '생계를 진리답게 유지하는 수행'(正命)에 의거하는 자는 다른 사람들로 하여금 '[수행에 필요하지 않은] 재물을 가볍게 여기는 것'(輕財)과 '[수행에 필요한 재물을 지나치지 않게 취하여] 만족할 줄 아는 것'(知足)을 믿게 한다.[750]

---

749 견見: 제13송에서는 타인을 믿게 하는 세 가지 부분 중에서 첫 번째인 정언正言의 구체적 특징으로 견을 제시하는데, 이에 관한 원효의 아래 설명은 다음과 같다. "見者, 由正說故, 表內正見. 故從所表, 名爲見也." 정설正說(正言)에 의거하여 '내면의 정견'(內正見)이 표현되므로 '표현되는 것'(所表)인 견(內正見)의 측면을 제시하여 정언의 특징으로 삼은 것이라는 설명이다.

750 경재輕財와 지족知足: 제13송에서는 타인을 믿게 하는 세 가지 부분 중에서 세 번째인 정명正命의 구체적 특징으로 지족을 제시했다. 지금 제13석에서는 이 지족의 개념을 두 가지로 구분하여 경재와 함께 다시 지족을 제시하는데, 이에 관련된 아래 원효의 설명은 다음과 같다. "初言〈他得信輕財知足〉者, 是略表句. 於非法物, 無殷重心, 故言輕財. 於如法物, 不過量取, 故名知足."(832a3~5, '〈 〉' 표시는 제13석의 인용 부분을 가리킴.) 비법물非法物, 즉 세간에서 집착하는 재물에 대해 은중심殷重心이 없는 것이 경재이고, 여법물如法物에 대해서는 지나치게 법물法物의

[수행에 필요하지 않은 재물에 관해서는] '진리에 적합한 행위'(如法行)[의 관점]에서, [수행에 필요한 재물에 관해서는] '분량에 적합한 행위'(如量行)[인지의 관점]에서[751] 의복[·음식] 등 '생계를 유지하기 위한 네 가지 조건'(四命緣)[752]을 이해하기 때문이다. 그러므로 [정명正命 수행에 의거하여] 다른 사람들로 하여금 '[소박한 생계유지에] 만족할 줄 아는 것'(知足)을 믿을 수 있도록 '[수행에 필요하지 않은] 재물을 가볍게 여기고'(輕財) '[수행에 필요한 재물을 지나치지 않게 취하여] 만족할 줄 아는'(知足) [수행을 하는] 것이다.[753]

분량을 취하지 않는 것이 지족이라는 설명이다. 즉 경재와 지족은 각각 비법물非法物과 법물法物에 대해 수행자가 지녀야 할 행동 원칙을 구분하여 제시해 주는 용어라는 것이고, 이 설명에 따라 게송에서 제시되는 지족은 비법물과 법물을 모두 포괄하는 개념이 된다. 제13석의 말미에는 "是故令他信知足, 輕財知足."이라는 문장이 보이는데, 여기서도 뒤의 지족은 경재의 대구로서 법물에 한정되는 뜻이라면 앞의 지족은 양자를 포괄하는 개념이라고 하겠다.

751 여법행如法行과 여량행如量行: 여법여량행如法如量行의 용어가 나오는 이 구절은 원효의 과문에 따르면 '석지족의釋知足義'의 제2구인데, 이에 관한 설명은 다음과 같다. "第二句者, 重顯上義. 如法行見衣服等四, 是釋輕財, 如量行見衣服等四, 是釋知足."(832a5~7) 제2구는 앞 구절에서 제시한 경재輕財와 지족知足의 뜻을 거듭 드러내는 대목으로서 여법행의 관점으로 의복·음식 등의 사명연四命緣을 이해하는 것이 경재이고, 여량행의 관점으로 사명연을 이해하는 것이 지족이라는 설명이다. 앞 구절과 연관하여 말하자면 경재는 같은 사명연이라고 하더라도 비법물非法物로서 이해되는 경우에 해당하는 행위이므로 이 경재는 비법물인 사명연이 '진리에 적합한 행위'(如法行)의 대상일 수 없다는 관점에 따라 이루어지는 행위이고, 법물法物에 대한 수행자의 행위인 지족은 사명연을 취하는 것이 '분량에 적합한 행위'(如量行)일 수 있다는 관점에 따라 이루어지는 행위이다.

752 사명연四命緣: 아래 원효의 설명에서는 "四二命緣者, 衣服飮食臥具醫藥也."(832a7~8)라고 하여 의복衣服·음식飮食·와구臥具·의약醫藥의 네 가지를 말한다. 여법행如法行의 관점에 따라 비법물非法物로서 이해되는 사명연은 지나치게 화려한 의복이나 기름진 음식 등 세간에서 집착하는 재물들에 해당하겠다.

753 제13석에 관한 원효의 아래 과문에 따라 문장들을 배속해 보면 다음과 같다. 제13석의 문장 끊기는 아래 과문에 따랐다.

1. 釋下句: "令他信分者, 三處."
2. 釋上三義
   1) 初義(見): "依正言, 說言語, 共相難正義, 共思擇義時, 他得信是人有智. 是故令他信智."
   2) 戒義: "依正業, 他得信. 持戒, 不作不如法事故."
   3) 釋知足義
      (1) 初句(略表句): "依正命者, 他得信輕財知足."
      (2) 第二句(重顯上義): "如法如量行, 見衣服等四命緣故."
      (3) 第三結句: "是故令他信知足, 輕財知足."

頌中二句, 顯三差別. "見"者, 由正說故, 表內正見. 故從所表, 名爲見也. 或[754]者正業, 知之[755]正命. 由此三行, 令他起信故, 言"應知令他信"也. 『對法論』說, "正語正業正命, 是令他信支. 如其次第, 令他於證理者, 決定信者[756]見於[757]正命淸淨性故. 所以者何? 由正語故, 隨自所證, 菩[758]能問答, 論議決擇, 由此, 了知有見淸淨. 由正業故, 往來進止, 正行具足, 由此, 了知有戒淸淨. 由正命故, 如法乞求佛所聽許衣鉢資具, 由此, 了知有命淸淨"也.

[H1, 831c10~21; X48, 169b5~12]

[열세 번째] 게송의 두 구절에서는 [정언正言·정업正業·정명正命, 이] 세 가지의 차이를 드러낸다. "[진리다운] 견해"(見)라는 것은 [다음과 같은 뜻이다.] '진리다운 말'(正說)에 의거하기 때문에 '내면의 진리다운 견해'(內正見)를 나타내는 것이다. 그러므로 '나타나는 것'(所表)[인 내정견內正見]에 따라 [정언 수행의 특징을] '[진리다운] 견해'(見)[를 표현하는 말(言)에 관한 수행]이라고 부른다. "윤리적 규범[을 지킴]"(戒)이라는 것은 '행위를 진리답게 하는 수행'(正業)이고, "[소박한 생계유지에] 만족할 줄 앎"(知足)이라는 것은 '생계를 진리답게 유지하는 수행'(正命)이다. 이 세 가지 수행에 의거하여 다른 사람들로 하여금 믿음을 일으키게 하기 때문에 "'[해탈의 길에 관해] 다른 사람들을 믿게 하는 [부분]'임을 알아야 하네"(應知令他信)라고 말한다.

『대승아비달마잡집론』에서는 [다음과 같이] 말한다. "'말을 진리답게 하는 수행'(正語)·'행위를 진리답게 하는 수행'(正業)·'생계를 진리답게 유지하는 수행'(正命)

754 『중변분별론』 원문에 따라 '或'을 '戒'로 교감한다.
755 『중변분별론』 원문에 따라 '之'를 '足'으로 교감한다.
756 『대승아비달마잡집론』 원문에 따라 '者'를 '有'로 교감한다.
757 『대승아비달마잡집론』 원문에 따라 '於'를 '戒'로 교감한다.
758 한불전 교감주에는 "'菩'는 '若'인 듯하다"라고 되어 있는데, 『대승아비달마잡집론』 원문에 따라 '菩'를 '善'으로 교감한다.

은 [팔정도八正道에서] '[해탈의 길에 관해] 다른 사람들을 믿게 하는 부분'(令他信支)이다. 그 [세 가지 수행의] 순서에 따라, 다른 사람들로 하여금 '[해탈의] 진리를 증득함'(證理)에 있어서 '[진리다운] 견해'(見)와 '윤리적 규범[을 지킴]'(戒) 및 '진리다운 생계유지'(正命)[로 '만족할 줄 앎'(知足)]의 온전함(淸淨性)이 있어야 한다는 것을 믿게 하기 때문이다. [정언正言·정업正業·정명正命의 온전함이 있어야 하는] 이유는 무엇인가? '말을 진리답게 하는 수행'(正語)에 의거하기 때문에 스스로 증득한 ['진리다운 견해'(見)]에 따라 잘 묻고 답하여 논의[의 핵심]을 통찰(決擇)[759]할 수 있으니, 이 [정어正語 수행] 때문에 [다른 사람들로 하여금] '[진리다운] 견해의 온전함'(見淸淨)이 있어야 한다는 것을 분명히 알게 하는 것이다. [또한] '행위를 진리답게 하는 수행'(正業)에 의거하기 때문에 가고 오며 나아가고 머무르는 [행위들]에서 '진리다운 행위'(正行)가 갖추어지니, 이 [정업正業 수행] 때문에 [다른 사람들로 하여금] '윤리적 규범[을 지킴]의 온전함'(戒淸淨)이 있어야 한다는 것을 분명히 알게 하는 것이다. [그리고] '생계를 진리답게 유지하는 수행'(正命)에 의거하기 때문에 부처님에 의해 허락된 '옷과 식기'(衣鉢)[760] 및 '생계 도구'(資具)들을 진리답게 탁발로 구하니, 이 [정명正命 수행] 때문에 [다른 사람들로 하여금] '생계유지의 온전함'(命淸淨)이 있어야 한다는 것을 분명히 알게 하는 것이다."[761]

---

759 결택決擇: 범어인 'nairvedhika'는 '꿰뚫음'(piercing), '통찰함'(penetrating) 등의 뜻이다. Sanskrit English Dictionary, p.570 참조. 『불광대사전』(p.2970)에서는 결단간택決斷簡擇, 즉 무루지無漏智로 모든 의심을 끊고 깨달음의 진리를 구별하여 가려내는 것이라고 설명한다.

760 의발衣鉢: 삼의일발三衣一鉢이라고도 한다. 삼의는 천 조각의 개수에 따라 구분되는 구조의九條衣·칠조의七條衣·오조의五條衣의 세 종류를 가리키고, 일발은 식사에 사용되는 그릇을 말한다. 출가승려의 소유물 중 가장 중요한 것이어서 수계식受戒式에서 사용되는 필수품이기도 하다. 『불광대사전』 p.2569 참조. 자구資具는 의발 이외에 수행 생활에 필요한 도구들을 말한다.

761 『대승아비달마잡집론』 권10(T31, 741a8~14). "正語正業正命(者), 是令他信支. 如其次第, 令他於證理者, 決定信有見戒正命清淨性故. 所以者何? 由正語故, 隨自所證, 善能問答, 論議決擇. 由此, 了知有見清淨. 由正業故, 往來進止, 正行具足. 由此, 了知有戒清淨. 由正命故, 如法乞求佛所聽許衣鉢資具. 由此, 了知有命清淨." 괄호는 생략된 부분을 표시한다. 〈산스크리트본의 해당 내용: 출전(1) AS., p.75. samyagvākkarmāntājīvāḥ parasaṃpratyayāṅgam / darśanaśīlājīvaviśuddhitām upādāya /; 바른 말, 바른 행위, 바른 생계는 계와 생계가 청정한 것을 보여 줌으로써 다른 사람을 믿게 하는 지분이다.〉 〈산스크리트본의 해당 내용: 출전(2) ASBh., p.89. samyagvākkarmāntājīvāḥ parasaṃpratyayāṅgam, tair yathākramam adhigantuḥ parair dṛṣṭyādiviśuddhiniścayanāt / tatra samyagvācādhigamānurūpapraśnavyākaraṇasāṃka

> 釋中有二. 初言"令他信分者, 三處"者, 是釋下句, "依正"以下, 釋上三義. 初中言"有智"者, 正釋頌中所表見也. "正依[762]業"下, 釋次戒義. "依正命"下, 釋知足義. 此中三句. 初言"他得信輕財知足"者, 是略表句. 於非法物, 無知[763]重心, 故言"輕財", 於如法物, 不過量取, 故名"知足". 第二句者, 重顯上義. "如法行見衣服等四", 是釋"輕財", "如量行見衣服等四", 是釋"知足". "四二[764]命緣"者, 衣服飲食臥具醫藥也. "故令"以下, 第三結句.
>
> [H1, 831c22~832a9; X48, 169b13~20]

※【제13송에 관한】 해석(釋)

[제13송에 관한] 해석(釋)에는 두 가지가 있다. 처음에 "'[해탈의 길에 관해] 다른 사람들을 믿게 하는 부분'이라는 것은 [정언正言·정업正業·정명正命, 이] 세 가지 수행이다"(令他信分者, 三處)라고 말한 것은 [제13송의] 아래 구절[765]을 해석한 것이고, "[첫 번째,] '[말을] 진리답게 하는 수행'에 의거하여"(依正) 이하[766]는 [제13송의] 앞[767] [구절에서 견見·

thyaviniścayenāsya darśanaviśuddhir vijñāyate / samyakkarmāntenābhikramapratikramādiṣu saṃpannacāritratayā śīlaviśuddhiḥ samyagājīvena yathānujñaṃ dharmeṇa cīvarādiparyeṣaṇād ājīvaviśuddhir iti /; 바른 말, 바른 행위, 바른 생계는 다른 사람을 믿게 하는 지분이다. 그것에 의해 차례대로 다른 사람이 [4제를] 증득한 자의 견해 등이 청정하다는 것을 결정적으로 [믿기] 때문이다. 그중에서 바른 말에 의해서는 증득한 것에 따르는 문답과 대화의 결정성에 의해 이 [증득한 사람]에게 견해의 청정이 있다는 것을 알게 한다. 바른 행위에 의해서는 오고 감 등에 대해 완성된 행위가 있으므로 계가 청정한 것을, 바른 생계에 의해서는 허락받은 대로 적절한 방식으로 옷 등을 구하므로 생계의 청정함을 [알게 한다.]〉

762 『중변분별론』 원문에 따라 '正依'를 '依正'으로 교감한다.

763 한불전 교감주에 "'知'는 '般'인 듯하다"라고 되어 있다. 이에 따라 '知'를 '般'으로 교감한다.

764 『중변분별론』 원문에는 '二'가 없지만, 사명연四命緣에 여법행如法行과 여량행如量行의 두 종류가 있음을 밝히려는 원효의 의도로 보아 그대로 둔다.

765 해당하는 제13송의 하구下句는 "應知令他信"이다.

766 해당하는 제13석의 문장은 "依正言, 說言語, 共相難正義, 共思擇義時, 他得信是人有智. 是故令他信智. 依正業, 他得信. 持戒, 不作不如法事故. 依正命者, 他得信輕財知足. 如法如量行, 見衣服等四命緣故. 是故令他信知足, 輕財知足."이다.

계戒·지족知足이라고 밝힌] '세 가지 면모'(三義)에 관해 해석한 것이다.

[세 가지 면모 중] 첫 번째 [면모를 해석하는 것][768]에서 "[진리다운 말을 하는 이 사람이 세간정견世間正見의] 지혜를 지녔다"(有智)라고 말한 것은 곧바로 [열세 번째] 게송 중 '[말(言語)에 의거하여] 나타나는 것인 [진리다운] 견해'(所表見)를 해석한 것이다. "'행위를 진리답게 하는 수행'에 의거하여"(依正業) 이하[769]에서는 다음의 '윤리적 규범[을 지킴]의 면모'(戒義)를 해석한다. "'생계를 진리답게 유지하는 수행'에 의거하는 [자는]"(依正命) 이하[770]에서는 [세 번째인] '[소박한 생계유지에] 만족할 줄 앎의 면모'(知足義)를 해석한다.

이 [세 번째인 지족知足의 면모를 해석하는 문장]에는 세 구절이 있다. 첫 번째 [구절][771]에서 "다른 사람들로 하여금 '[수행에 필요하지 않은] 재물을 가볍게 여기는 것'과 '[수행에 필요한 재물을 지나치지 않게 취하여] 만족할 줄 아는 것'을 믿게 한다"(他得信輕財知足)라고 말한 것은 [지족知足의 면모에 관해] '간략히 표명한 구절'(略表句)이다. '수행에 필요하지 않은 재물'(非法物)에 대해서는 '크게 중시하는 마음'(殷重心)이 없기 때문에 "[수행에 필요하지 않은] 재물을 가볍게 여기는 것"(輕財)이라 말하고, '수행에 적합한 재물'(如法物)에 대해서는 지나친 분량을 취하지 않기 때문에 "[수행에 필요한 재물을 지나치지 않게 취하여] 만족할 줄 아는 것"(知足)이라 말한다. 두 번째 구절[772]에서는 앞[에 나온 초구]의 뜻을 거듭 드러낸다. "[수행에 필요하지 않은 재물에 관해서는] '진리에 적합한 행위'(如法行)[의 관점]에서 의복[·음식] 등 '[생계를 유지하기 위한] 네 가지 [조건]'을 이해한다"(如法行見衣服等四)라는 것은 "[수행에 필요하지 않은] 재물을 가볍게 여기는 것"(輕財)을 해석한 것이고, "[수행에 필요한 재물에 관해서는] '분량에 적합한 행위'(如量行)[인지의 관점]에서 의복[·음식] 등 '[생계를 유지하기 위한] 네 가지 [조건]'을 이해한다"(如量行見衣服

---

767 해당하는 제13송의 상구上句는 "見戒及知足."이다.

768 첫 번째 면모인 견見을 해석하는 것에 해당하는 제13석의 문장은 "依正言, 說言語, 共相難正義, 共思擇義時, 他得信是人有智. 是故令他信智."이다.

769 제13석에서 해당하는 문장은 "依正業, 他得信. 持戒, 不作不如法事故."이다.

770 제13석에서 해당하는 문장은 "依正命者, 他得信輕財知足. 如法如量行, 見衣服等四命緣故. 是故令他信知足, 輕財知足."이다.

771 초구에 해당하는 문장은 "依正命者, 他得信輕財知足."이다.

772 제2구에 해당하는 문장은 "如法如量行, 見衣服等四命緣故."이다.

等四)라는 것은 "[수행에 필요한 재물을 지나치지 않게 취하여] 만족할 줄 아는 것"(知足)을 해석한 것이다. "[수행에 필요하지 않은 재물과 수행에 필요한 재물, 이] 두 가지로 나뉘는 생계 유지의 네 가지 조건"(四二命緣)이라는 것은 의복衣服·음식飮食·침구(臥具)·의약품(醫藥)이다. "그러므로 [정명正命 수행에 의거하여 다른 사람들이 '소박한 생계 유지에 만족할 줄 아는 것'(知足)을 믿을 수] 있도록"(故令) 이하[773]는 세 번째인 '마무리하는 구절'(結句)이다.

(나) 네 번째 면모[인 대치부조법對治不助法]을 밝힘(明第四義)

> [第十四釋] 煩惱對治分者三種, 正勤正念正定. 此三法如次第.
>
> [第十四頌] 大惑及小惑, 自在障對治.
>
> [第十四釋] 非助道煩惱有三. 一修習道所斷煩惱, 是名"大惑". 二心沈沒掉起煩惱, 是名"小惑". 三"自在障"者, 能障礙顯出勝品功德. 第一煩惱者, 正勤是其對治. 云何如此? 因正勤, 修道得成故. 若道得成, 思惟煩惱滅. 第二煩惱者, 正念是其對治. 寂靜相處, 若正念正寂靜相處, 沈沒及掉起滅故. 第三煩惱者, 正定是其對治. 依止禪定故, 能顯出六神通功德故.
>
> [T31, 459a28~b9]

【열네 번째 해석】

'번뇌를 치유하는 [수행] 부분'(煩惱對治分)이라는 것은 세 가지이니, '정진을 진리답게 행하는 수행'(正勤)·'[빠져들지 않는 마음'(止)과 이해(觀)를] 진리답게 간직해 가는 수행'(正念)·'선정을 진리답게 행하는 수행'(正定)이다. 이 세 가지 [수행]은 순서대로 [다음과 같은 번뇌들을 치유한다].

773 제3구에 해당하는 문장은 "是故令他信知足, 輕財知足."이다.

【열네 번째 게송】

'[모든 번뇌의 근본이 되는] 큰 번뇌'(大惑)와 '[근본번뇌에 따라 일어나는] 작은 번뇌'(小惑) 그리고 '자유자재로 통하는 능력을 가로막는 장애'(自在障)[774]를 치유하네.

【열네 번째 해석】

'[해탈의] 길에 이르도록 돕지 않는 번뇌'(非助道煩惱)에는 세 가지가 있다. 첫 번째는 '[선정을 토대로 이해를] 거듭 익혀 가는 수행에서 끊어지는 번뇌'(修習道所斷煩惱)[775]이니, 이것을 "[모든 번뇌의 근본이 되는] 큰 번뇌"(大惑)라

---

774 대혹大惑·소혹小惑·자재장自在障: 정근正勤·정념正念·정정正定 수행에 의해 순서대로 치유되는 이 세 가지 번뇌에 대해 원효는 아래에서 다음과 같이 주석한다. "言大惑者, 根本煩惱, 正勤所治. 及小惑者, 是隨煩惱, 正念所治. 自在鄣者, 是六通鄣, 正定所治." 대혹은 근본번뇌根本煩惱이고 소혹은 수번뇌隨煩惱이며 자재장은 육통六通(六神通)을 가로막는 장애라는 설명이다. 정근正勤은 '모든 번뇌의 토대로 작용하는 큰 범주의 번뇌'에 적합한 치유방식이고, 정념正念은 '큰 번뇌에서 파생된 세세한 번뇌에 적합한 치유방식'이라는 것이다. 따라서 작은 범주의 번뇌에도 유효한 정념의 치유력은 큰 범주의 번뇌에 유효한 정근의 치유력에 비해 더 세밀하고 정교한 것으로 볼 수 있다. 근본번뇌는 ①탐貪·②진瞋·③치癡·④만慢·⑤의疑와 오악견五惡見인 ⑥살가야견薩迦耶見(유신견有身見)·⑦변집견邊執見·⑧사견邪見·⑨견취견見取見·⑩계금취견戒禁取見이고, 수번뇌는 ①분忿·②한恨·③부覆·④뇌惱·⑤질嫉·⑥간慳·⑦광誑·⑧첨諂·⑨해害·⑩교憍·⑪무참無慚·⑫무괴無愧·⑬도거掉擧·⑭혼침惛沈·⑮불신不信·⑯해태懈怠·⑰방일放逸·⑱실념失念·⑲산란散亂·⑳부정지不正知이다. 이에 관한 자세한 내용은 '근본번뇌와 수번뇌' 및 '변행遍行' 역주 참조. 육신통은 ①신경지견작증통神境智見作證通·②천이지견작증통天耳智見作證通·③심차별지견작증통心差別智見作證通·④숙주수념지견작증통宿住隨念智見作證通·⑤사생지견작증통死生智見作證通·⑥누진지견작증통漏盡智見作證通이다. 이에 관한 자세한 내용은 '위성취소수爲成就所須' 역주 참조. 또한 제14석에 관한 아래 원효의 주석에서는 『대승아비달마잡집론』 권10을 인용하여 "正精進者, 是淨煩惱鄣支. 由此永斷一切結故. 正念者, 是淨隨煩惱鄣支. 由此不忘失正止擧相等, 永不容受沈掉等隨煩惱故. 正定者, 能淨最勝功德鄣支. 由此引發神通等無量勝功德故."(T31, 741a14~18, 밑줄은 달리 표현되는 해당 용어를 표시함)라고 한 것에서 보듯이 지금 『중변분별론』에서 제시된 이 대혹大惑·소혹小惑·자재장自在障의 용어는 순서대로 번뇌장煩惱障·수번뇌장隨煩惱障·최승공덕장最勝功德障이라고 달리 표현되는데, 이 세 가지 다른 표현은 앞서 '변제문辨諸門' 단락에서 "道支修果者, 謂分別誨示他, 令信煩惱障淨, 隨煩惱障淨, 最勝功德障淨, 能得無量殊勝功德故."(H1, 825b21~24)라고 하여 팔정도八正道를 '수행한 결과'(修果)에 관한 논의의 도중에 이미 제시된 적이 있기도 하다.

775 수습도소단번뇌修習道所斷煩惱(修道所斷煩惱): 근본십번뇌根本十煩惱 중에서 욕계欲界만을 기준으로 탐貪·진瞋·만慢·무명無明·유신견有身見·변집견邊執見의 여섯 가지 번뇌를 말한다. 견도소단번

고 부른 것이다. 두 번째는 '마음을 가라앉히거나 들떠 일어나게 하는 번뇌'(心沈沒掉起煩惱)[776]이니, 이것을 "[근본번뇌에 따라 일어나는] 작은 번뇌"(小惑)라고 부른 것이다. 세 번째인 "자유자재로 통하는 능력을 가로막는 장애"(自在障)라는 것은 '탁월한 수준의 이로운 능력'(勝品功德)[인 육통六通]이 드러나는 것을 가로막을 수 있는 것이다.

첫 번째 번뇌[인 대혹大惑]은 '정진을 진리답게 행하는 수행'(正勤)이 그것을 치유하는 것이다. 어째서 이와 같은가? '정진을 진리답게 행하는 수행'(正勤)으로 인하여 '[선정을 토대로 이해를] 거듭 익혀 가는 수행'(修道)이 이루어지기 때문이다. 만약 '[선정을 토대로 이해를 거듭 익혀 가는] 수행'(道)이 이루어지면 '[[선정을 토대로 이해를] 거듭 익혀 가는 수행에서 끊어지는] 번뇌를 [분별하는] 사유'(思惟煩惱)[777]가 소멸된다. 두 번째 번뇌[인 소혹小惑]은 '[빠져들지 않는 마음'(止)과 이해(觀)를] 진리답게 간직해 가는 수행'(正念)이 그것을 치유하는 것이다. [정념正念 수행은] '[해로운 생각과 갖가지 번뇌에 이끌려 나가지 않아] 평

뇌見道所斷煩惱는 나머지 네 가지 근본번뇌인 의疑·사견邪見·견취견見取見·계금취견戒禁取見이다. 이에 관한 자세한 내용은 '견단소유번뇌見斷所有煩惱와 수단소유번뇌修斷所有煩惱' 역주 참조. 수습도소단번뇌를 대혹大惑이라고 부른다는 이 제13석의 문장에 관해 아래 주석에서 원효는 다음과 같이 설명한다. "〈修斷煩惱名大惑〉者, 見道所斷亦是大惑, 今說道分所對治故, 但說修斷貪瞋等耳."(H1, 832b3~5, '〈 〉' 표시는 인용 부분을 가리킴) 견도소단번뇌도 대혹, 즉 근본번뇌이지만 지금은 수습도인 팔정도八正道의 치유 대상을 말하는 대목이기 때문에 근본십번뇌 중에서 수단번뇌修斷煩惱인 탐貪·진瞋·만慢·무명無明·유신견有身見·변집견邊執見 등의 여섯 가지 번뇌만을 말한다는 설명이다.

776 심침몰도기번뇌心沈沒掉起煩惱: 앞 '소혹小惑'에 관한 각주에서 보듯이 원효는 소혹을 수번뇌隨煩惱라 설명하고 지금 제13석에서 소혹을 설명하는 용어로 제시된 심침몰도기번뇌에서 침몰沈沒(惛沈)과 도기掉起(掉擧)는 수번뇌에 속하는 마음현상들이므로, 심침몰도기번뇌는 수번뇌를 대표할 만한 마음현상들을 제시하여 만들어진 용어로 보인다.

777 번뇌煩惱와 사유思惟: 앞 '대혹大惑'에 관한 각주에서 보듯이 원효는 대혹을 근본번뇌根本煩惱라 설명하고 『대승아비달마잡집론』 권10에 따르면 번뇌장煩惱障이라고 달리 표현되기도 하므로, 이 대혹을 치유하는 정근正勤 수행을 통해 사라지는 것으로서 제시된 번뇌煩惱라는 용어는 대혹인 근본번뇌를 말한다. 다음으로 사유思惟에 관해서는 앞서 '변제문辨諸門' 단락 중 팔정도八正道를 닦아 익히는 과정'(修習)에 관한 논의에서 정사유正思惟와 그 반대 개념인 사유분별思惟分別을 대비하는 다음의 설명을 참조할 만하다. "住如是正思惟中, 不見是正是邪, 過諸思惟分別, 是爲正思惟."(H1, 825b18~19). 이에 따르면 사유분별은 '사유하여 바른 것과 잘못된 것을 실체로서 분별하는 것'이고 정사유는 이 모든 사유분별을 넘어선 것이다.

온해진 양상'(寂靜相)[778]에 자리 잡는 것이니, 만약 '[빠져들지 않는 마음'(止)과 이해(觀)를] 진리답게 간직해 가는 수행'(正念)이 '[해로운 생각과 갖가지 번뇌에 이끌려 나가지 않아] 평온해진 양상'(寂靜相)에 제대로 자리 잡으면 [마음이] '가라앉거나'(沈沒) '들떠 일어남'(掉起)이 사라지기 때문이다. 세 번째 번뇌[인 자재장自在障]은 '선정을 진리답게 행하는 수행'(正定)이 그것을 치유하는 것이다. 선정禪定에 의지하여 '자유자재하게 통하는 여섯 가지 이로운 능력'(六神通功德)을 드러낼 수 있기 때문이다.

"煩惱"以下, 明第四義. 擧數列名, 發起下文. 頌中二句, 顯三差別. 言"大或[779]"者, 根本煩惱, 正勤所治. "及小惑"者, 是隨煩惱, 正念所治. "自在鄣"者, 是六通鄣, 正定所治. 下言"對治"者, 對上三鄣, 總顯三治.

[H1, 832a9~15; X48, 169b20~b24]

"번뇌[를 치유하는 수행 부분]"(煩惱) 이하에서는 네 번째 면모[인 대치부조법對治不助法(煩惱對治分)]을 밝힌다. [미리] 숫자를 들어 [세 가지 수행의] 명칭을 나열하고 다음 [제14송의] 문장을 일으킨다.[780]

[열네 번째] 게송의 두 구절에서는 [정근正勤·정념正念·정정正定, 이] 세 가지의 차이

---

778 적정상寂靜相: 삼법인三法印 중 하나인 열반적정涅槃寂靜에서 보듯이 일반적으로 번뇌가 멸진되어 열반에 든 경지에 관한 술어로서 쓰인다. 『현양성교론』 권13에서는 '부처님을 찬탄하는'(讚佛) 용어로서 "一妙色, 二寂靜, 三勝智, 四正行, 五威德."(T31, 541a3~4)의 다섯 가지를 제시하는데, 그중 두 번째인 적정에 관해 "寂靜者, 謂善能守護諸根門等, 及能永拔煩惱習氣."(T31, 541a5~6)라고 하여 육근六根을 수호守護하는 수행을 통해 번뇌습기煩惱習氣를 완전히 뿌리 뽑은 상태라고 설명한다. 본 원효전서번역의 성과물로 이미 간행한 『대승기신론소·별기 상권』(세창출판사, 2019), pp.341~342 참조. 지금 『중변분별론』에서는 수도修道인 팔정도八正道의 대치부조법對治不助法(煩惱對治分)에 속하는 정념正念 수행을 통해 침몰沈沒과 도기掉起 등의 수번뇌隨煩惱가 사라진 상태로서 설명된다.

779 문맥에 따라 '或'을 '惑'으로 교감한다.

780 해당하는 문장은 "煩惱對治分者三種, 正勤正念正定. 此三法如次第."이다.

를 드러낸다. "[모든 번뇌의 근본이 되는] 큰 번뇌"(大惑)라고 말한 것은 '[모든 번뇌의] 근본이 되는 번뇌'(根本煩惱)이고, '정진을 진리답게 행하는 수행'(正勤)에 의해 다스려진다. "…와 [근본번뇌에 따라 일어나는] 작은 번뇌"(及小惑)라는 것은 '[근본번뇌에] 따라 일어나는 번뇌'(隨煩惱)이고, '['빠져들지 않는 마음'(止)과 이해(觀)를] 진리답게 간직해 가는 수행'(正念)에 의해 다스려진다. "자유자재로 통하는 능력을 가로막는 장애"(自在障)라는 것은 '자유자재로 통하는 여섯 가지 능력을 가로막는 장애'(六通鄣)이고, '선정을 진리답게 행하는 수행'(正定)에 의해 다스려진다. ["자재장自在鄣"] 다음에 "치유하네"(對治)라고 말한 것은 앞의 '[대혹大惑·소혹小惑·자재장自在鄣, 이] 세 가지 장애'(三鄣)에 대해 '[정근正勤·정념正念·정정正定, 이] 세 가지의 치유[하는 수행]'(三治)을 한꺼번에 드러낸 것이다.

『對法』說云, "正精進者, 是淨煩惱鄣支. 由此永斷一切結故. 正念者, 是淨隨煩惱鄣支. 由此不忘失正止擧相等, 永不容受汎[781]掉等隨煩惱故. 正定者, 能淨最勝功德鄣支. 由此引發神通等無量勝功德故."

[H1, 832a15~20; X48, 169b24~c4]

『대승아비달마잡집론』에서는 [다음과 같이] 말한다. "'정진을 진리답게 행하는 수행'(正精進, 正勤)이라는 것은 '[근본이 되는] 번뇌로 인한 장애를 치유하는 수행부분'(淨煩惱鄣支)이다. 이 [수행]에 의거하여 모든 '[근본이 되는] 번뇌'(結)[782]를 완전히 끊

781 『대승아비달마잡집론』 원문에 따라 '汎'을 '沈'으로 교감한다. 한불전 교감주에도 "'汎'은 '沈'인 듯하다"라고 되어 있다.

782 결結: 범어인 'bandhana'는 '묶음'(tying), '포박함'(binding), '현혹시킴'(captivating) 등의 뜻이다 Sanskrit English Dictionary, p.721 참조. 결사結使라고도 의역된다. 계박繫縛의 뜻으로서, 번뇌는 중생을 미혹의 대상세계에 묶어 생사의 고통에서 벗어나지 못하게 하기 때문에 번뇌의 다른 이름으로 쓰인다. 『불광대사전』, p.5179 참조. 『중변분별론』 권1에서는 "煩惱相九種. 九結名惑障"(T31, 453b17~18)이라고 하여 혹장惑障인 구결九結에 대해 논의하는데, 전개되는 내용과 관련하여 이역본인 『변중변론』 권1에 같은 곳의 문장이 좀 더 명료하므로 이를 인용하면 다음과 같

기 때문이다. '[빠져들지 않는 마음'(止)과 이해(觀)를] 진리답게 간직해 가는 수행'(正念)이라는 것은 '[근본번뇌에] 따라 일어나는 번뇌로 인한 장애를 치유하는 수행부분'(淨隨煩惱鄣支)이다. 이 [수행]에 의거하여 '[수행 상황에 맞추어] 마음을 그치기도 하고 일으키기도 하며 그치지도 일으키지도 않는 진리다운 양상들'(正止擧相等)[783]을 잊어버리거나 상실하지 않아 가라앉음(沈)이나 들뜸(掉) 등의 '[근본번뇌에] 따라 일어나는 번뇌'(隨煩惱)를 전혀 받아들이지 않기 때문이다. '선정을 진리답게 행하는 수행'(正定)이라는 것은 '가장 탁월한 능력에 대한 장애를 치유할 수 있는 수행부분'(能淨最勝功德鄣支)이다. 이 [수행]에 의거하여 '자유자재로 통하는 [여섯 가지]능력'(神通) 등 '헤아릴 수 없이 많은 탁월한 능력들'(無量勝功德)을 이끌어 내기 때문이다."[784]

다. "煩惱障相略有九種, 謂愛等九種結. ①愛結障厭, 由此於順境, 不能厭離故. ②恚結障捨, 由此於違境, 不能棄捨故. 餘七結障眞見. 於七遍知, 如次障故. 謂③慢結能障僞身見遍知, 修現觀時, 有間無間我慢現起, 由此勢力, 彼不斷故. ④無明結能障身見事遍知, 由此不知諸取蘊故. ⑤見結能障滅諦遍知, 由薩迦耶及邊執見怖畏滅故, 由邪見謗滅故. ⑥取結能障道諦遍知, 取餘法爲淨故. ⑦疑結能障三寶遍知, 由此不信受三寶功德故. ⑧嫉結能障利養恭敬等遍知, 由此不見彼過失故. ⑨慳結能障遠離遍知, 由此貪著資生具故."(T31, 466c9~20. 번호는 역자 보충) 이에 따르면 첫 번째인 애결愛結은 '대상에 따라'(順境) 애착하는 것에 의존함으로써 그 애착의 대상을 싫어하여 벗어날 수 없게 하는 것이고, 두 번째인 에결恚結은 '대상에 거슬러'(違境) 분노하는 것에 의존하여 그 분노의 대상을 버릴 수 없게 하는 것이며, 나머지 칠결七結은 대체로 진견眞見(七遍知)을 가로막는 것으로서 설명된다. 구결을 모두 나열하면 애결愛結·에결恚結·만결慢結·무명결無明結·견결見結·취결取結·의결疑結·질결嫉結·간결慳結이다. 근본번뇌인 탐貪·진瞋·치癡·만慢·의疑·오악견五惡見(유신견有身見·변집견邊執見·사견邪見·견취見取·계금취戒禁取)과 비교해 볼 때 구결에 질투(嫉)와 인색(慳)이 추가된 것 이외에는 근본번뇌의 항목과 거의 동일함을 살펴볼 수 있다.

783 정지거상등正止擧相等: '정지거상등正止擧相等'이라는 용어에서 '지거상등止擧相等'은 '지거사상止擧捨相'을 달리 표현한 것이고 '정正'은 이 수행이 수도修道인 팔정도八正道에서 진행됨을 가리키는 것으로 보이는데, 이 지거사상이라는 용어는 '변제문辨諸門' 단락 중 사정근四正勤을 논의하는 대목(H1, 823a12 이하)에서 이미 제시된 적이 있다. 『유가사지론』 권11에 따르면 지상止相은 사유되는 영상影像에 대해 분별이 없는 양상이고, 거상擧相은 마음을 가라앉지 않게 채찍질하는 것이며, 사상捨相은 평등심平等心을 얻은 것이다. 자세한 내용은 '지거사상止擧捨相' 역주 참조.

784 『대승아비달마잡집론』 권10(T31, 741a14~18). "正精進者, 是淨煩惱障支. 由此永斷一切結故. 正念者, 是淨隨煩惱障支. 由此不忘失正止擧相等, 永不容受沈掉等隨煩惱故. 正定者, 是能淨最勝功德障支. 由此引發神通等無量勝功德故." 〈산스크리트본의 해당 내용: 출전(1) AS., p.75. samyagvyāyāmaḥ kleśāvaraṇaviśodhanāṅgam / samyaksamādhiḥ vaiśeṣikaguṇāvaraṇaviśodhanāṅgam //; 바른 노력은 번뇌라는 장애를 청정히 하는 지분이다. 바른 삼매는 뛰어난 공덕에 대한 장애를 청정히 하는 지분이다.〉 〈산스크리트본의 해당 내용: 출전(2) ASBh., p.89. samyagvyāyāmaḥ kleśāvaraṇaviśodhanāṅgam, tenāśeṣasaṃyojanaprahāṇāt

釋中有二. 初釋三鄣, "第一"以下, 對鄣明治. 第一中言"非助煩惱有三種"[785]者, 明此三種, 皆是煩惱六通等障. 『婆沙論』中, 有三師說. 有說無知, 有說不得,[786] 有說於定不得自在. 如是三說, 皆有道理, 今此論中, 且說初義, 是無知故, 說名"煩惱".

[H1, 832a21~b3; X48, 169c5~9]

※【제14송에 관한】 해석(釋)

[제14송에 관한] 해석(釋)에는 두 가지가 있다.[787] 첫 번째에서는 '[대혹大惑·소혹小惑·자재장自在鄣, 이] 세 가지 장애'(三鄣)를 해석하고, "첫 번째 [번뇌인 대혹大惑은]"(第一) 이하에서는 [세 가지] 장애(鄣)에 대해 [각각] '치유하는 [수행]'(治)을 밝힌다. [첫 번째인 '세 가지 장애를 해석하는 것'(釋三鄣)의] 첫째 [문단][788]에서 "'[해탈의 길에 이르도록] 돕지 않는 번뇌'

/ samyaksmṛtir upakleśāvaraṇaviśodhanāṅgam, tayā samyakśamathādinimittāsaṃpramoṣeṇa layādyupakleśānavakāśāt / samyaksamādhir vaiśeṣikaguṇāvaraṇaviśodhanāṅgam, tenābhijñādiguṇābhinirharaṇāt /; 바른 노력은 번뇌라는 장애를 청정히 하는 지분이다. 그것으로 결박을 남김없이 끊기 때문이다. 바른 주의집중은 수번뇌라는 장애를 청정히 하는 지분이다. 그것에 의해 바른 지상(·거상·사상) 등을 잊지 않아 침울 등의 수번뇌를 허용하지 않기 때문이다. 바른 삼매는 뛰어난 공덕에 대한 장애를 청정히 하는 지분이다. 그것으로 신통 등의 공덕을 산출하기 때문이다.〉

785 『중변분별론』 원문은 "非助道煩惱有三"이다. 본문의 인용에서는 '道'가 생략되어 있고 '三' 뒤에 '種'이 추가되어 있다. 원효의 의도로 보아 그대로 둔다.

786 『아비담비바사론』을 참조하여 '得' 뒤에 '定'을 추가한다.

787 아래의 과문에 따라 제14석의 문장들을 배속해 보면 다음과 같다.

1. 釋三鄣
   1) 第一文: 非助道煩惱有三. 一修習道所斷煩惱, 是名"大惑".
   2) 第二文: 二心沈沒掉起煩惱, 是名"小惑".
   3) 第三文: 三"自在障"者, 能障礙顯出勝品功德.
2. 對鄣明治: 第一煩惱者, 正勤是其對治. 云何如此? 因正勤, 修道得成故. 若道得成, 思惟煩惱滅. 第二煩惱者, 正念是其對治. 寂靜相處, 若正念正寂靜相處, 沈沒及掉起滅故. 第三煩惱者, 正定是其對治. 依止禪定故, 能顯出六神通功德故.

788 제일문第一文에 해당하는 문장은 "非助道煩惱有三. 一修習道所斷煩惱, 是名大惑."이다.

에는 세 가지가 있다"(非助煩惱有三種)라고 말한 것은, [대혹大惑·소혹小惑·자재장自在鄣,] 이 세 가지가 모두 [근본번뇌根本煩惱와 수번뇌隨煩惱를 포괄하는] 번뇌煩惱이거나 '자유자재하게 통하는 여섯 가지 능력 등을 가로막는 장애'(六通等障)임을 밝힌 것이다. [『중변분별론』에서 '해탈의 길에 이르도록 돕지 않는 것'(非助道法)을 '번뇌煩惱'라고 말한 것[789]과 관련하여] 『아비담비바사론阿毘曇毘婆沙論』에는 세 논사論師의 설명이 있다.[790] 어떤 논사는 ['해탈을 가로막는 장애'(解脫障)를] [근본]무지'(無知)라 설명하고, 어떤 논사는 '[모든] 선정을 얻지 못한 것'(不得定)이라 설명하며, 어떤 논사는 '[모든] 선정에 [출입함이] 자유자재하지 못한 것'(於定不得自在)이라고 설명한다. 이와 같은 세 가지 설명에는 모두 도리가 있지만 지금 이 『중변분별론』에서는 또한 첫 번째 뜻을 말하는 것이니, ['해탈의 길에 이르도록 돕지 않는 것'(非助道法)은] [근본]무지(無知)이기 때문에 "번뇌煩惱"라고 부른다.

"修斷煩惱, 名大惑"[791]者, 見道所斷亦是大惑, 今說道分所對治故, 但說修斷貪瞋等耳. 第二第三文顯可知. "第一煩惱"以下, 第二對鄣明治. 次第說三, 文相可見. 於此品內, 有二段中, 別明對治, 竟在於前.

[H1, 832b3~b9; X48, 169c9~13]

---

789 제14석에서 '非助道煩惱'라고 표현한 것을 말한다.

790 『아비담비바사론』에 나오는 세 논사의 설명: 아래에서 세 논사의 설명으로서 원효가 정리하는 내용은 『아비담비바사론』 권44의 다음과 같은 논의를 가리키는 것으로 보인다. "①或有說, 解脫障是下無知. 或有說, 是於諸定不自在. 或有說, 是不得定者. ②若作是說, 解脫障是下無知者, 世尊得盡智時, 斷一切無知, 得一切彼對治智. 若作是說, 解脫障是於諸定不自在者, 世尊得盡智時, 於諸禪定解脫三昧, 出入皆得自在. 若作是說, 解脫障是不得定者, 世尊得盡智時, 得一切定. 是故得盡智時所作已竟."(T28, 337a23~b1, 번호는 문단 구분을 위한 역자 보충) ①문단에서는 '해탈을 가로막는 장애'(解脫障)에 대한 세 가지 규정이 제시되어 있다. 첫 번째가 '하열한 무지'(下無知)이고 두 번째는 '모든 선정에 출입하는 것이 자유자재하지 못한 것'(於諸定不自在, 번역은 ②문단의 내용도 참조했음)이며 세 번째는 '모든 선정을 얻지는 못한 것'(不得定, 번역은 위와 같음)이다. ②문단에서는 해탈장解脫障에서 벗어나 궁극적인 지혜인 진지盡智를 얻은 사태와 비교하여 해탈장에 대한 세 가지 규정을 논의한다. 이 내용을 『중변분별론』과 연관시켜 보면 『아비담비바사론』에서 제시되는 '해탈을 가로막는 장애'(解脫障)의 개념이 『중변분별론』의 '해탈에 이르도록 돕지 않는 번뇌'(非助道煩惱)에 대응한다고 하겠다. 본문에서 원효는, '해탈에 이르도록 돕지 않는 것'(非助法)을 『중변분별론』에서 번뇌라고 부르는 것은 『아비담대비바사론』에서 '해탈을 가로막는 장애'(解脫障)를 무지라고 설명하는 첫 번째 뜻에 의거한 것이라고 설명한다.

[제일문第一文의 두 번째 문장에서] "'[선정을 토대로 이해를] 거듭 익혀 가는 수행에서 끊어지는 번뇌'를 '[모든 번뇌의 근본이 되는] 큰 번뇌'라고 부른 것이다"(修斷煩惱, 名大惑)라는 것[은 다음과 같은 뜻이다.] '[진리다운] 이해를 밝히는 수행에서 끊어지는 [번뇌]'(見道所斷)[인 네 가지]도 '[모든 번뇌의 근본이 되는] 큰 번뇌'(大惑)이지만, 지금 『중변분별론』에서는 [수도修道인] '[여덟 가지 수행으로 이루어진 해탈의] 길'(道分)에서 치유되는 [번뇌]를 말하기 때문에 단지 '[선정을 토대로 이해를] 거듭 익혀 가는 수행에서 끊어지는 [번뇌]'(修斷)인 탐욕(貪)·분노(瞋) 등 [여섯 가지]를 말할 뿐이다.[792] [첫 번째인 '세 가지 장애를 해석하는 것'(釋三鄣)의] 둘째 문단[793]과 셋째 문단[794][의 뜻]은 [어렵지 않게] 알 수 있도록 드러나 있다.

"첫 번째 번뇌[인 대혹大惑]은"(第一煩惱) 이하[795]에서는 두 번째로 [세 가지] 장애(鄣)에 대해 [각각] '치유하는 [수행]'(治)을 밝힌다. 순서대로 세 가지 [수행인 정근正勤·정념正念·정정正定]을 설명하니, 글의 내용은 [어렵지 않게] 알 수 있다. 이 「대치수주품對治修住品」 안에 두 단락이 있는 중에서 [첫 번째 단락인] '[37도품三十七道品으로] 치유하는 과정을 하나하나 밝히는 것'(別明對治)이 여기에서 끝난다.[796]

---

791 『중변분별론』 원문은 "修習道所斷煩惱, 是名大惑"이다. 본문의 인용에서는 '修習道所斷煩惱'가 '修斷煩惱'로 축약되어 있고, '是'가 생략되어 있다. 원효의 의도로 보아 그대로 둔다.

792 견도소단見道所斷과 수단修斷: 욕계欲界를 기준으로 견도소단번뇌인 의疑·사견邪見·견취견見取見·계금취견戒禁取見의 네 가지와 수도소단번뇌인 탐貪·진瞋·만慢·무명無明·유신견有身見·변집견邊執見의 여섯 가지를 말한다. 이에 관한 자세한 내용은 '수습도소단번뇌修習道所斷煩惱(修道所斷煩惱)' 역주 참조.

793 제이문第二文에 해당하는 문장은 "二心沈沒掉起煩惱, 是名小惑."이다.

794 제삼문第三文에 해당하는 문장은 "三自在障者, 能障礙顯出勝品功德."이다.

795 해당하는 문장은 "第一煩惱者, 正勤是其對治. 云何如此? 因正勤, 修道得成故. 若道得成, 思惟煩惱滅. 第二煩惱者, 正念是其對治. 寂靜相處, 若正念正寂靜相處, 沈沒及掉起滅故. 第三煩惱者, 正定是其對治. 依止禪定故, 能顯出六神通功德故."이다.

796 별명대치別明對治 단락을 큰 제목으로만 나열해보면 다음과 같다.
① [37도품三十七道品으로] 치유하는 과정을 하나하나 밝힘(別明對治)
가. 네 가지를 토대로 '[빠져들지 않아] 그치는 마음국면'(止)과 '[진리다운] 이해'(觀)를 수립하여 간직해 가는 수행을 밝힘(明四念處)
나. 해로움은 끊고 이로움은 살리는 네 가지 수행을 밝힘(明四正勤)
다. 선정으로 번뇌를 끊어 원하는 대로 할 수 있는 능력의 계발을 밝힘(明四如意足)
라. [해탈을 성취하게 하는 다섯 가지] 능력과 [다섯 가지 능력의 수행으로 얻은 다섯 가지] 힘을 총괄적으로 밝힘(總明根力)
마. 깨달음을 성취하게 하는 [원인이 되는] 일곱 가지 부분을 밝힘(明七覺分)

② [37도품三十七道品으로] **치유하는 과정을 총괄적으로 설명함**(總說對治)

가. [수행의] 단계에 의거하여 [치유하는 과정을] 구별함(約位分別)

[第十五釋] 此修習對治, 若略說, 有三種應知.

[第十五頌] 隨不倒有倒, 隨顚倒不倒, 無倒無隨倒, 修對治三種.

[第十五釋] 修習對治有三, 何者三? 一者, 隨應無倒法, 與倒相雜. 二者, 顚倒所隨逐, 無見[797]倒. 三者, 無顚倒, 無倒法隨逐. 如次第, 凡夫位中, 有學聖位中, 無學聖位中.

[T31, 459b9~16]

【열다섯 번째 해석】
이 [37도품三十七道品으로] 닦아 익혀 치유하는 과정을 간략히 말하면 세 가지가 있음을 알아야 한다.

【열다섯 번째 게송】
'뒤바뀌지 않음에 따르지만 뒤바뀜이 있는 [단계]'(隨不倒有倒), '뒤바뀜에 따르지만 뒤바뀌지 않는 [단계]'(隨顚倒不倒), '뒤바뀜도 없고 뒤바뀜에 따름도 없는 [단계]'(無倒無隨倒), [이] 세 가지 [단계]로 치유하는 과정을 닦아 가네.[798]

바. 여덟 가지 수행으로 이루어진 해탈의 길을 밝힘(明八正道)

797 문맥에 따라 '見'을 '顚'으로 교감한다. 동본이역인 『변중변론辯中邊論』 권2의 같은 곳에도 "二無顚倒有顚倒隨"(T31, 472c4, 밑줄은 해당하는 글자를 가리킴)라고 되어 있다.

798 세 단계의 수습대치修習對治: 지금 제15송에서는 37도품三十七道品의 수행 과정을 세 단계로 나누어 각 단계의 면모를 제시하는데, 이 세 단계는 견도見道 이전의 범부위凡夫位와 견도見道·수도修道의 유학성위有學聖位, 그리고 견혹見惑·수혹修惑에서 모두 벗어난 무학성위無學聖位를 가리킨다. 아래 원효의 주석에 의거하여 그에 따른 부수적 특징들을 표로 나타내면 다음과 같다. 제15석의 번역에서 매 단계의 전도顚倒와 부전도不顚倒에 관한 보조문의 내용은 아래 표에 따랐다.

【열다섯 번째 해석】

[37도품三十七道品으로] 닦아 익혀 치유하는 과정에는 세 가지가 있으니, 어떤 것들이 세 가지인가? 첫 번째[인 수부도유도隨不倒有倒]라는 것은 '뒤바뀜이 없는 현상[인 견도見道의 도리에] 따르는 것'(隨應無倒法)이 '뒤바뀐 [현상인 견혹見惑에서 벗어나지 못한] 것'(倒)과 서로 섞여 있는 것이다. 두 번째[인 수전도부도隨顚倒不倒]라는 것은 '뒤바뀐 [현상인 수도修道의 '번뇌 종자'(惑種)가 아직 없어지지 않음]에 따르는 것'(顚倒所隨逐)이지만 '뒤바뀜이 없는 [현상인 견도의 무분별無分別을 얻은] 것'(無顚倒)이다. 세 번째[인 무도무수도無倒無隨倒]라는 것은 [아예] 뒤바뀜(顚倒)이 없어서 '뒤바뀐 현상[인 견혹見惑과 수혹修惑]에 따르는 것'(倒法隨逐)이 없는 것이다. 순서대로 [첫 번째 면모는] '범부의 단계'(凡夫位)에서, [두 번째 면모는] '[아직] 배워야 할 것이 있는 성인의 단계'(有學聖位)에서, [세 번째 면모는] '[더 이상] 배울 것이 없는 성인의 단계'(無學聖位)에서 [이루어진다].

此下, 第二總說對治. 於中有二, 前之一頌, 約位分別, 其後二句, 對人分別. 就第一中, "此修習"下, 發起下文. 頌中有二. 初之三句, 別顯三位, 下之一句, 擧數總結. 初中言"隨不倒有倒"者, 謂凡夫位. 若約二乘, 從亭[799]心觀, 至世第一法, 若就菩薩, 十信以上, 盡十廻向. 隨順見道故, "隨不倒", 未離見或[800]故, 言"有倒".

[H1, 832b9~17; X48, 169c13~20]

제15송	단계	이승	보살	부전도不顚倒	전도顚倒	『중변분별론』
수부도유도 隨不倒有倒	범부위	오정심관五停心觀~세제일법世第一法	십신~십회향	견도를 지향하여 따름(隨順見道)	견혹에서 벗어나지 못함(未離見惑)	사념처, 사정근, 사신족, 오근, 오력
수전도부도 隨顚倒不倒	유학위	고법지인苦法智忍~금강유정金剛喩定	초지~등각	무분별을 얻음(得無分別)	혹종이 없어지지 않음(惑種未盡)	칠각지(견도), 팔정도(수도)
무도무수도 無倒無隨倒	무학위	아라한	여래지	견혹·수혹에서 벗어남(見惑已離, 修惑永盡)	없음	

799 한불전 교감주에 "'亭'은 '停'인 듯하다"라고 되어 있다. 이에 따라 '亭'을 '停'으로 교감한다.

800 문맥에 따라 '或'을 '惑'으로 교감한다.

이 아래[의 내용]은 [「대치수주품對治修住品」의] 두 번째 [단락]인 '[37도품三十七道品으로] 치유하는 과정을 총괄적으로 설명하는 것'(總說對治)이다. 여기에는 두 가지가 있으니, 앞의 한 게송[801]에서는 [수행의] 단계(位)에 의거하여 [치유하는 과정을] 구별하고 그 뒤의 두 구절[802]에서는 [이승二乘과 보살菩薩, 이 두 종류의] 수행자(人)를 상대로 [치유하는 과정을] 구별한다. 첫 번째[인 '수행의 단계에 의거하여 치유하는 과정을 구별하는 것'(約位分別)]에서 "이 [37도품三十七道品으로] 닦아 익혀"(此修習) 이하[803]에서는 아래의 문장[인 제15송]을 일으킨다.

[열다섯 번째] 게송에는 두 가지가 있다. [첫 번째인] 처음의 세 구절[804]에서는 '[범부위凡夫位·유학성위有學聖位·무학성위無學聖位, 이] 세 가지 단계'(三位)[의 면모]를 하나씩 드러내고, 아래의 한 구절[805]에서는 숫자를 들어 [세 가지 단계의 면모를] 총괄적으로 마무리한다. 처음[의 세 구절] 중에서 "뒤바뀌지 않음에 따르지만 뒤바뀜이 있는 [단계]"(隨不倒有倒)라고 말한 것은 '범부의 단계'(凡夫位)를 가리킨다. 만약 '[성문聲聞·연각緣覺] 두 부류의 수행자'(二乘)에 의거한다면 '[집착을] 멈추는 마음[에 관한 다섯 가지] 관찰'(停心觀)[806]로부터 '[견도見道 이전의 단계에서] 가장 뛰어난 수준의 수행'(世第一法)[807·808]까지이고, 만

---

801 해당하는 게송은 제15송인 "隨不倒有倒, 隨顚倒不倒, 無倒無隨倒, 修對治三種"이다.

802 해당하는 게송은 제16송인 "境界及思惟, 至得有差別"이다.

803 해당하는 문장은 "此修習對治, 若略說, 有三種應知."이다.

804 해당하는 구절은 제15송에서 "隨不倒有倒, 隨顚倒不倒, 無倒無隨倒"이다.

805 해당하는 구절은 제15송에서 "修對治三種"이다.

806 정심관停心觀: 오정심관五停心觀이라고도 한다. 부정관不淨觀·자비관慈悲觀·연기관緣起觀·계분별관界分別觀·수식관數息觀의 다섯 가지를 말한다. 견도見道에 들어가기 위한 이승二乘의 칠방편도七方便道(①오정심관五停心觀·②별상념처別相念處·③총상념처總相念處·④난법煖法·⑤정법頂法·⑥인법忍法·⑦세제일법世第一法) 중 첫 번째 단계에 해당한다. 자세한 내용은 '오정심관' 역주 참조.

807 세제일법世第一法: 견도見道에 들어가기 위한 이승二乘의 칠방편도七方便道 중 마지막 단계에 해당한다. 『중변분별론』에서는 난법煖法·정법頂法·인법忍法·세제일법世第一法의 사선근四善根 중에서 난법煖法·정법頂法을 오근五根에, 인법忍法·세제일법世第一法을 오력五力에 배속하면서 견도 직전의 세제일법世第一法을 오력의 상품上品이라고 설명했다. 자세한 내용은 '난법煖法·정법頂法·인법忍法·세제일법世第一法의 4선근四善根' 및 '칠방편' 역주 참조.

808 4선근四善根의 번역어: 견도見道 이전에 4제四諦를 관찰하고 16행상十六行相을 닦아 성위聖位에 도달하는 수행의 네 단계가 난법煖法·정법頂法·인법忍法·세제일법世第一法의 4선근四善根이다. 그런데 이 사선근의 '法'은 문맥에 따라 두 가지로 번역할 필요가 있다. 하나는 '수행'이고 다른 하나는 '현상'이다. 그래서 본 번역에서는 4선근의 번역어를 다음과 같은 두 가지 가운데 하나를 문

약 보살菩薩에 의거한다면 '믿음을 세우는 열 가지 단계'(十信) 이상으로부터 '[수행으로 성취한 모든 것을 중생들에게] 돌리는 수행의 열 가지 단계'(十廻向)까지[809]이다. [범부위凡夫位에서는] '[진리다운] 이해를 밝히는 수행'(見道)을 [지향하여] 따르기 때문에 "뒤바뀌지 않음에 따른다"(隨不倒)는 것이고, 아직 '[진리다운] 이해를 밝히는 수행으로 끊어지는 번뇌'(見惑)[810]에서 벗어나지 못했기 때문에 "뒤바뀜이 있다"(有倒)라고 말한 것이다.

"隨顚倒不倒"者, 謂有學位. 若約二乘, 苦忍以去, 乃至金剛, 若就菩薩, 初地以上, 乃至等覺. 或[811]種未盡故, "隨顚倒", 得無分別故, 言"不倒". "無倒無隨倒"者, 謂阿羅漢及如來地. 見或已離故, 言"無倒", 修或永盡故, "無隨倒". 下句總結, 文相可知.

[H1, 832b17~24; X48, 169c20~24]

맥에 따라 선택하고 있다. 즉, 난법煖法은 '[4제四諦에 관한 이해를] 착수하는 수행'/'[4제四諦에 관한 이해를] 착수하는 현상', 정법頂法은 '[4제四諦에 관한 이해가] 탁월해진 수행'/'[4제四諦에 관한 이해가] 탁월해진 현상', 인법忍法은 '[4제四諦의 도리를] 감당해 내는 수행'/'[4제四諦의 도리를] 감당해 내는 현상', 세제일법世第一法은 '[견도見道 이전의 단계에서] 가장 뛰어난 수준의 수행'/'[견도見道 이전의 단계에서] 가장 뛰어난 수준의 현상'의 어느 하나를 선택한다.

809 십신十信으로부터 십회향十廻向까지: 십신十信·십주十住·십행十行·십회향十廻向을 말한다. 대승 보살 수행의 52계위 중 견도 초지에 들어가기 이전까지의 수행인 제1위~제40위에 해당하고, 이 단계에 속하는 보살을 뭉뚱그려 지전보살地前菩薩이라고 부른다. 십신을 제외한 뒤의 세 단계에 속하는 보살을 뭉뚱그려 삼현보살三賢菩薩이라고 부르기도 한다. 각 단계의 명칭은 출전에 따라 다소 차이가 있는데, 원효가 즐겨 인용하는 『보살영락본업경菩薩瓔珞本業經』(권2, T24, 1017a16~c18)에 의거하여 각 단계의 명칭을 표로 나타내면 다음과 같다.

	열 가지 명칭
십신	신심信心, 염심念心, 진심進心(精進心), 정심定心, 혜심慧心, 계심戒心, 회향심廻向心, 호법심護法心, 사심捨心, 원심願心
십주	발심주發心住, 치지주治地住, 수행주修行住, 생귀주生貴住, 방편구족주方便具足住, 정심주正心住, 불퇴주不退住, 동진주童眞住, 법왕자주法王子住, 관정주灌頂住
십행	환희행歡喜行, 요익행饒益行, 무진한행無瞋恨行, 무진행無盡行 이치란행離癡亂行, 선현행善現行, 무착행無著行, 존중행尊重行, 선법행善法行, 진실행眞實行
십회향	구호일체중생리중생상회향救護一切衆生離衆生相迴向, 불괴회향不壞迴向, 등일체불회향等一切佛迴向, 지일체처회향至一切處迴向, 무진공덕장회향無盡功德藏迴向, 수순평등선근회향隨順平等善根迴向, 수순등관일체중생회향隨順等觀一切衆生迴向, 여상회향如相迴向, 무박해탈회향無縛解脫迴向, 법계무량회향法界無量迴向

810 견혹見惑: 견단혹見斷惑·견도소단번뇌見道所斷煩惱·견단소유번뇌見斷所有煩惱·미리혹迷理惑 등이라

"뒤바뀜에 따르지만 뒤바뀌지 않는 [단계]"(隨顚倒不倒)라는 것은 '[아직] 배워야 할 것이 있는 단계'(有學位)를 가리킨다. 만약 '[성문聲聞·연각緣覺] 두 부류의 수행자'(二乘)에 의거한다면 '괴로움의 현상에 관한 지혜를 감당해 내기 위한 수행'(苦忍, 苦法智忍)[812] 이후로 '금강석[처럼 굳센 선정]'(金剛, 金剛喩定)[813]에 이르기까지이고, 만약

고도 한다. 대비되는 용어인 수혹修惑은 수단혹修斷惑·수도소단번뇌修道所斷煩惱·수단소유번뇌修斷所有煩惱·미사혹迷事惑 등이라고도 한다. 이에 관한 자세한 내용은 '견단소유번뇌와 수단소유번뇌', '견도소단見道所斷과 수단修斷' 등의 역주 참조.

811 문맥에 따라 '或'을 '惑'으로 교감한다. 아래에 두 번 더 나오는 '或'도 동일하다.

812 고인苦忍: 고법지인苦法智忍이라고도 한다. 견도見道 수행의 과정인 사제현관四諦現觀의 16찰나十六刹那 중에서 첫 번째 찰나에 해당한다. 16찰나를 도표로 나타내면 다음과 같다. 도표는 '견見·수도修道와 수도修道의 구종각九種覺' 역주 참조.

	고제苦諦	집제集諦	멸제滅諦	도제道諦	도道
욕계欲界	고법지인 苦法智忍	집법지인 集法智忍	멸법지인 滅法智忍	도법지인 道法智忍	무간도無間道
	고법지苦法智	집법지集法智	멸법지滅法智	도법지道法智	해탈도解脫道
색色·무색계無色界 (상이계上二界)	고류지인 苦類智忍	집류지인 集類智忍	멸류지인 滅類智忍	도류지인 道類智忍	무간도無間道
	고류지苦類智	집류지集類智	멸류지滅類智	도류지道類智	해탈도解脫道

고·집·멸·도 사제의 도리 각각을 차례로 현관하는 수행 과정이 이승의 견도인데, 표에서 보듯이 욕계에서 고제를 현관하는 단계인 고법지인과 고법지는 무간도와 해탈도의 관계에 있다. 인忍의 범어인 'kṣānti'는 어떤 것을 위해 참고 기다리는 것(patient waiting for anything)의 뜻(Sanskrit-English Dictionary, p.326 참조)이므로 고법지인은 해탈도인 고법지를 얻기 위해 감당해야 하는 수행 과정을 가리킨다. 권오민은 견도 16찰나에서 제시되는 팔인八忍과 팔지八智의 관계에 관해 다음과 같이 설명한다. "아비달마불교에서는 이때 팔인을 무간도라고 하고, 팔지를 해탈도라고 하는데, 이 같은 번뇌의 단절과 이계의 증득은 각기 도둑을 잡아 문 밖으로 쫓아내는 이와 그것을 확인하고 문을 닫아 다시는 들어오지 못하게 하는 이에 비유되기도 한다."(『아비달마불교』, 서울: 민족사, 2003, p.251.)

813 금강金剛과 대승의 수행 단계인 등각지等覺地: 먼저 금강金剛은 금강유정金剛喩定, 금강삼매金剛三昧, 금강멸정金剛滅定, 금강심金剛心, 정삼매頂三昧라고도 한다. 삼승三乘 학인學人의 최후심最後心으로 수행을 완성하는 단계의 삼매三昧이다. 이승二乘에서 금강유정은 번뇌를 끊는 수행 중 마지막 단계인 무간도無間道(阿羅漢向)에서 발생하는 선정으로서, 금강유정으로 인해 발생하는 지혜가 진지盡智이며 이 진지로 인해 무학無學의 아라한과阿羅漢果가 이루어진다. 대승大乘의 금강유정 역시 번뇌를 끊는 수행 중 최후의 선정으로서 삼대겁아승기야의 수행으로 인해 금강유정이 앞에 나타났을 때 모든 번뇌의 종자가 완전히 끊어져 불과佛果를 얻는다. 원효는 『금강삼매경론金剛三昧經論』 권2(H1, 632c20 이하)에서 불지佛地(如來地)인 묘각지妙覺地 직전의 등각지等覺地가 금강유정의 경지라고 하면서, 금강유정은 해탈도解脫道 직전의 무간도無間道이어서 아직 생득무명주지生得無明住地를 끊어야 하는 수행의 과정에 해당한다고 설명한다. 본 원효전서번역의 성과물로 이미 간행한 『열반종요』(세창출판사, 2019), pp.400~401 참조. 대승의 등각지와 관련하여 『보살영락본업경』 권2에서는 "行過十地, 解與佛同"(T24, 1018b2)이라고 하여 수행(行)이 십지十地

보살菩薩에 의거한다면 '[십지十地의] 첫 번째 경지'(初地) 이상부터 '[차이들을] 평등하게 볼 수 있는 깨달음'(等覺)[814]에 이르기까지[815]이다. 아직 '번뇌의 종자'(惑種)가 없어지

를 넘어서서 이해(解)가 부처님(佛, 妙覺地)과 같아진 경지라고 설명하고, 등각지를 일컬어 "名爲學佛"(T24, 1018b4), "似佛非佛"(T24, 1018b8) 등으로 표현하는 문장도 보인다. "菩薩爾時住大寂門中品忍觀"(T24, 1018a29)이라고 하는 것에 따르면 대적문大寂門의 범주에 포함되는 제십第十 법운지法雲地(下品)및 묘각지妙覺地(上品)와 구별하여 중간 단계인 등각지를 대적문의 중품인 관中品忍觀이라고 부르기도 한다. 같은 곳에서는 등각지의 탁월한 능력에 관한 설명뿐 아니라 그 한계에 관해서도 논의하는데, "唯有累果, 無常生滅"(T24, 1018b1~2)이라고 하여 오직 시작이 없는 때로부터 '누적된 과보'(累果)로 인해 무상생멸無常生滅하는 괴로움이 있기도 하다는 것이다. 원효는 이 측면에 관해『본업경소』권2에서 "有爲住, 有異熟識苦諦生滅, 如經〈唯有累果, 無常生滅〉故."(H1, 507c22~508a1. '〈 〉' 표시는『보살영락본업경』인용문을 가리킴)라고 하여, 등각지는 아직 '유위有爲에 머무르는 것'(有爲住)이라고 규정하면서 이숙식異熟識(제8식)에서 고제苦諦의 대상이 생멸生滅하는 것이라고 설명한다. 이 이숙식에서 고제의 대상이라는 것은 앞의『금강삼매경론』권2에서 언급된 생득무명주지에 해당할 것으로 보인다. 한편 본문에서는 유학위有學位를 '고법지인苦法智忍'으로부터 '금강유정'까지라고 설명하는데, 이승二乘의 견見·수도修道에 해당하는 사향사과四向四果의 단계에 따르자면 예류향預流向·과果(須陀洹)로부터 일래향一來向·과果(斯多含), 불환향不還向·과果(阿那含)를 거쳐 아라한향阿羅漢向까지라고 달리 말할 수 있다.

814 등각等覺에 대한 한글 번역: 등각等覺을 "行過十地, 解與佛同"이라고 설명하는『보살영락본업경』의 이해(T24, 1018b2)에 따른다면, '등각等覺'의 한글 번역은 '이해가 부처와 같아진 깨달음[의 경지]' 정도가 무난할 것이다. 그러나 이러한 번역어는 등각等覺의 구체적 특징에 관한 정보를 제공하지 못한다. '부처와 같은 이해'가 구체적으로 어떤 특징적 내용을 염두에 두고 있는 것인지 알려 주지 않는다. 번역자의 이해를 명확하게 반영하려는 해석학적 번역을 추구할 때는 이런 모호한 번역어에 그칠 수가 없다. 원효의 관점에 따르면, 보살 수행의 52단계(52位)에서 십지十地 이전인 십신十信·십주十住·십행十行·십회향十廻向 단계에서의 관행은 모두 방편관에 속하고, 십지 초지初地부터의 관행은 정관에 해당한다. 그에 의하면, 자리행과 이타행이 하나로 결합되는 분기점은 십지의 초지이며, 십지부터는 자리행과 이타행이 근원에서 하나로 결합하는 경지가 펼쳐지게 되고, 등각等覺과 묘각妙覺에 이르러 그 완벽한 경지가 된다. 또 십지의 초지初地 이상의 지평을 여는 정관正觀의 핵심을 원효는 유식관唯識觀으로 본다. 정관이 작동하는 초지 이상의 경지에서 현상과 존재의 사실 그대로인 진여공성眞如空性에 직접 접속하게 되고, 그때 '['사실 그대로'를] 비로소 깨달은' 시각始覺을 증득하여 본각本覺[인 '사실 그대로 앎']과 상통하게 되어 '시각이 곧 본각'이라는 일각一覺의 지평에 올라선다. 이후의 과제는 본각과의 상통 정도를 확장해 가는 것이다. 초지에서 위로 올라갈수록 상통의 원만성이 확대되다가, 등각等覺 경지에서 성취하게 되는 금강삼매에 의거하여 마침내 묘각妙覺 지평이 열려 시각과 본각이 완전하게 하나가 된다. 그런데 십지의 초지初地 이상에서 직접 접속하게 된 '진여공성眞如空性'이라는 지평은 무지가 차이현상들에 덧씌우던 불변·독자의 본질/실체/본질이 해체된 '사실 그대로의 지평'이다. 이러한 의미를 고려할 때 '등각'은, '차이들의 실체적/본질적 차별화를 만들어 내던 무지'에 매이지 않고 '차이들을 무실체/무본질의 지평 위에서 실체적/본질적 차별 없이 만날 수 있는 능력이 고도화된 경지'로 풀이해 볼 수 있다. 이런 이해를 반영하여 '등각'을 '[차이들을] 평등하게 볼 수 있는 깨달음'이라고 번역하였다. '등각'의 의미를 이렇게 이해한다면, 등각 이후에 등장하는 묘

지 않았기 때문에 "뒤바뀜에 따른다"라는 것이고, '[불변·독자의 실체나 본질이 있다는 생

각은 '[차이들을] 사실대로 함께 만날 수 있는 깨달음'이라고 번역할 수 있을 것이다. 불교문헌에서 '묘妙'라는 개념을 사용할 때는 '실체적/본질적 구분이 해체되어 차이들이 동거/동행하는 지평'을 지시하기 때문이다. '묘妙'라는 한자어 자체도 '경계가 확정되지 않는 상태'를 지시하는 것이다. 『금강삼매경론』에서는 등각과 묘각에 관련된 내용이 자주 등장하는데, '등각'과 '묘각'을 각각 '[차이들을] 평등하게 볼 수 있는 깨달음' 및 '[차이들을] 사실대로 함께 만날 수 있는 깨달음'으로 번역하는 것을 지지해 줄 수 있는 『금강삼매경론』의 내용을 몇 가지 소개하면 다음과 같다: "〈[분별하는] 생각'(念)을 그쳐 일어나지 않게 한다〉(靜念無起)라는 것은, '[차이들을] 평등하게 볼 수 있는 깨달음의 경지'(等覺位)에서는 그 '동요하는 생각'(動念)이 '본래부터 [불변·독자의 본질/실체로 보는 분별의 동요가] 그쳐 평온한 것임'(本來寂靜)을 깨달아 일어나지 않게 하는 것이다. 〈마음이 늘 편안하고 평안하다〉(心常安泰)라는 것은, '[차이들을] 사실대로 함께 만날 수 있는 깨달음의 경지'(妙覺位)에 이르러 〈'[하나처럼 통하게 하는] 마음의 근원'(心源)에는 '[분별하는 생각이] 일어남도 없고 사라짐도 없고'(無起無滅) '본래 [분별에 따라] 동요하는 생각도 없으며'(本無動念) '[분별의] 시작됨도 없고 끝남도 없음'(無始無終)〉을 증득하여 본[다는 뜻이]다. '[마음의 본원에는 분별하는 생각이] 일어남도 없고 사라짐도 없기'(無起滅) 때문에 '늘'(常)이고, [본래부터] '[분별에 따라] 동요하는 생각'(動念)이 없기 때문에 '편안하고'(安), '[분별하는 생각이] 시작됨도 없고 끝남도 없기'(無始終) 때문에 '평안'(泰)하지 않음이 없다. 이와 같이 수행하여 '궁극적인 깨달음'(究竟覺)을 얻으면 곧 '[근본무지에 매여] 생겼다가 사라지면서 [불변·독자의 본질/실체로 보아 분별하는] 한 생각이 일으킨 [분별망상의] [생기고(生) 머무르며(住) 변이되고(異) 사라지는(滅)] 네 가지 양상'(生死一念四相)이 없으니, 그러므로 〈곧 '[불변·독자의 본질/실체로 보아 분별하는] 한 생각'이 생겨나지 않을 것이다〉(卽無[生]一念)라고 말하였다."(〈靜念無起〉者, 等覺位中, 覺其動念本來寂靜, 令不起故. 〈心常安泰〉者, 至妙覺位, 得見心源無起無滅, 本無動念無始無終. 無起滅故常, 無動念故安, 無始終故無不泰然. 如是修行, 得究竟覺, 卽無生死一念四相, 以之故言〈卽無一念〉. 『금강삼매경론』, H1, 636b23-c5): "처음[인 '총괄적으로 밝힘'(摠明)]에는 두 가지가 있으니, 먼저는 질문이고 나중은 대답이다. 질문에서 말한 〈이 마음이 온전해질 때에는 '[욕망세계·유형세계·무형세계, 이] 세 가지 세계'(三界)도 없겠습니다〉(此心淨時, 應無三界)라는 것은 [다음과 같은 뜻이다.] '['열 가지 본격적인 수행경지'(十地)의] 첫 번째 경지'(初地) 이상에서는 '본연의 온전함'(本淨)을 증득하여 보기 때문에, ['본연의 온전함'(本淨)에] 응하여 증득하는 것에 따라 '세 가지 세계'(三界)가 없어진다. [구체적으로는] '세 가지 세계에서의 [분별하는] 현상'(三界事相)은 '['열 가지 본격적인 수행경지'(十地)의] 첫 번째 경지'(初地)에서, 혹은 '['열 가지 본격적인 수행경지'(十地)의] 여덟 번째 경지'(八地)에 이르러 없어진다. [또] '세 가지 세계의 속성'(三界自性)은 '[차이들을] 평등하게 볼 수 있는 깨달음의 경지'(等覺位)에서 없어지고, '세 가지 세계의 누적된 경향성'(三界習氣)은 '[차이들을] 사실대로 함께 만날 수 있는 깨달음의 경지'(妙覺位)에 이르러서야 없어진다."(初中有二, 先問後答. 問中言〈此心淨時, 應無三界〉者, 初地已上, 證見本淨故, 隨所應得, 三界滅無. 三界事相者, 或於初地, 或第八地, 而得滅無. 三界自性者, 等覺位中, 而得滅無, 三界習氣, 至妙覺位, 方得滅無. 『금강삼매경론』, H1, 641b10-16): "또한 이 지혜의 작용은, '[차이들을] 평등하게 볼 수 있는 깨달음의 경지'(等覺位)에 있을 때는 '[사실 그대로] 이해하여 [분별의 동요를] 그치게 하는 지혜'(照寂慧)라고 부르니 '[근본무지에 따라] 생겨나고 사라지는 동요 양상'(生滅之動相)에서 아직 벗어나지 못했기 때문이고, '[차이들을] 사실대로 함께 만날 수 있는 깨달음의 경지'(妙覺位)에 이를 때는 '[분별의 동요를] 그쳐 [사실 그대로] 이해할 수 있는 지혜'(寂照慧)라고 부르니 이미 제9식識의 '궁극적인 평온'(究竟

각으로] 나누어 구분함이 없음'(無分別)을 얻었기 때문에 "뒤바뀌지 않는다"(不倒)라고 말한 것이다.

"뒤바뀜도 없고 뒤바뀜에 따름도 없는 [단계]"(無倒無隨倒)라는 것은 [이승二乘에서 더 이상 배울 것이 없는 경지인] 아라한阿羅漢과 [대승에서 더 이상 배울 것이 없는 경지인] '여래의 경지'(如來地)[816]를 가리킨다. '[진리다운] 이해를 밝히는 수행으로 끊어지는 번뇌'(見惑)에서 이미 벗어났기 때문에 "뒤바뀜도 없다"(無倒)라고 말하고, '[선정을 토대로 이해를] 거듭 익혀 가는 수행으로 끊어지는 번뇌'(修惑)가 완전히 사라졌기 때문에 "뒤바뀜에 따름도 없다"(無隨倒)라는 것이다.

뒤[의 네 번째] 구절[817]에서는 총괄적으로 마무리하니, 글의 내용은 [어렵지 않게] 알 수 있다.

靜)으로 돌아갔기 때문이다."(又此智用, 在等覺位, 名照寂慧, 未離生滅之動相故, 至妙覺位, 名寂照慧, 已歸第九識究竟靜故. H1, 657b18-21.)

815 초지初地에서 등각等覺까지: 대승 보살 수행의 52계위 중 제41위~제51위에 해당한다. 대승의 견見·수도修道에 해당하는 초지에서 제십지 및 등각지까지의 명칭을 『보살영락본업경』 권2(T24, 1017c21~1018b10)에 의거하여 나열하면 ①환희지歡喜地, ②이구지離垢地, ③명지明地, ④염지焰地, ⑤난승지難勝地, ⑥현전지現前地, ⑦원행지遠行地, ⑧부동지不動地, ⑨묘혜지妙慧地, ⑩법운지法雲地, ⑪무구지無垢地(等覺地)이다.

816 아라한阿羅漢과 여래지如來地: 이승二乘의 무학위에 해당하는 아라한은 범어 'arhat'의 음역으로서 보상을 받을 만함(deserving), 권리가 주어져 있음(entitled to), 존경할 만함(respectable) 등의 뜻이다. Sanskrit-English Dictionary, p.93 참조. 의역은 응공應供이다. 『아비달마구사론』 권24에서 "金剛喻定是斷惑中最後無間道所生, 盡智是斷惑中最後解脫道. 由此解脫道, 與諸漏盡得最初俱生, 故名盡智. 如是盡智至已生時, 便成無學阿羅漢果."(T29, 126c23~26)라고 하는 것에 따르면 번뇌를 끊는 수행(斷惑) 중 최후무간도最後無間道에서 일어나는 선정이 금강유정金剛喻定이라면 진지盡智는 '번뇌를 끊는 수행'(斷惑) 중 일어나는 최후해탈도最後解脫道인데, 모든 번뇌가 사라진(諸漏盡) 이 진지가 생겨날 때 무학아라한과無學阿羅漢果가 이루어진다고 설명한다. 아라한에 대해 여래지는 대승의 무학위이다. 『보살영락본업경』 권2에서 보살 수행의 단계를 나열하여 "所謂十住十行十迴向十地無垢地妙覺地."(T24, 1017a6~7. 밑줄은 해당 용어를 가리킴)라고 한 것에 따르면 묘각지妙覺地가 여래지에 해당한다. 『본업경소』 권2에서 원효는 묘각지의 능력(德)에 관해 "顯德之內有二子句, 初顯利他功德周遍, 後顯自利功德圓滿."(H1, 508b1~2)이라고 하여, 대승의 묘각지는 '남을 이롭게 하는 능력이 모든 곳에 미침'(利他功德周遍)과 '자기를 이롭게 하는 능력이 완전함'(自利功德圓滿)이라는 두 가지 명제의 종합이라고 압축적으로 설명한다.

817 해당하는 구절은 제15송에서 "修對治三種"이다.

釋中有二. 先釋下句, “何者”以下, 釋上三句. “如次第”下, 屬當三位, 隨文可知.

[H1, 832b24~c2; X48, 169c24~170a2]

※【제15송에 관한】 해석(釋)

[제15송에 관한] 해석(釋)에는 두 가지가 있다. 먼저[818] [제15송에서의] 뒤[의 네 번째] 구절[819]을 해석하고, “어떤 것들이”(何者) 이하[820]에서는 [제15송에서의] 앞의 세 구절[821]을 해석한다. [제15송의 앞 세 구절을 해석하는 문단 중에서] “순서대로”(如次第) 이하[822]에서는 [앞의 세 구절을] '[범부위凡夫位·유학성위有學聖位·무학성위無學聖位, 이] 세 가지 단계'(三位)에 배속시키니, 문장을 따라가다 보면 [어렵지 않게] 알 수 있다.

나. [이승二乘과 보살菩薩, 이 두 종류의] 수행자를 상대로 [치유하는 과정을] 구별함(對人分別)

[第十六釋] 菩薩修對治者, 有別異. 何者別?

[第十六頌] 境界及思惟, 至得有差別.

[第十六釋] 聲聞及辟支, 自相續身等念處諸法, 是其境界. 若菩薩, 自他相續身等念處諸法, 是其境界. 聲聞及辟支, 由無常等諸相, 思惟身等諸法. 若諸菩薩, 無生得道理故, 思惟觀察. 若聲聞及緣覺, 修習四念處等諸法, 爲滅離身等諸法. 若菩薩修習此等法, 不爲滅離故, 修習諸法, 非不爲滅離故, 修習諸法, 但爲至得無住處涅槃. 修習對治已說. 修住者, 何者?

[T31, 459b16~26]

818 제15석에서 해당하는 부분은 “修習對治有三”이다.
819 제15송에서 해당하는 부분은 “修對治三種”이다.

【열여섯 번째 해석】

보살菩薩이 [37도품三十七道品으로] 치유하는 과정을 닦는 것에는 [이승二乘과] 차이가 있다. 어떤 것들이 차이인가?

【열여섯 번째 게송】

[수행의] 대상(境界)과 [수행의 내용인] '사유하는 [도리]'(思惟), [그리고] '궁극적으로 얻는 [결과]'(至得)에서 차이가 있네.[823]

【열여섯 번째 해석】

'[가르침을] 들어서 [혼자] 부처가 되려는 수행자'(聲聞)와 '연기緣起의 이치로 [혼자] 깨달으려는 수행자'(辟支)[824]는 〈자신이 이어 가는 몸[·느낌(受)·마음(心)·이법(法)] 등 '['빠져들지 않아] 그치는 마음국면'(止)과 '[진리다운] 이해'(觀)를 수립하여] 간직해 가는 수행이 대상으로 삼는 모든 현상들'〉(自相續身等念處諸法)이 그 대상(境界)이다. [하지만] 만약 보살菩薩이라면 〈자신과 남이 이어 가는 몸[·느낌(受)·마음(心)·이법(法)] 등 '['빠져들지 않아] 그치는 마음국면'(止)과 '[진리다운] 이해'(觀)를 수립하여] 간직해 가는 수행이 대상으로 삼는 모든 현상들'〉(自他相續身等念處諸法)이 그 대상(境界)이다.

'[가르침을] 들어서 [혼자] 부처가 되려는 수행자'(聲聞)와 '연기緣起의 이치로 [혼

820 제15석에서 해당하는 부분은 "何者三? 一者, 隨應無倒法, 與倒相雜. 二者, 顚倒所隨逐, 無見倒. 三者, 無顚倒, 無倒法隨逐. 如次第, 凡夫位中, 有學聖位中, 無學聖位中"이다.

821 제15송에서 해당하는 부분은 "隨不倒有倒, 隨顚倒不倒, 無倒無隨倒"이다.

822 두 번째 문단 중에서 해당하는 부분은 "如次第, 凡夫位中, 有學聖位中, 無學聖位中"이다.

823 제16송에서 제시되는 경계境界·사유思惟·지득至得의 번역은 아래 제16석에서 "若諸菩薩, 無生得道理故"라고 설명한 것과 원효가 아래에서 "言〈境界〉者, 謂所緣境, 〈及思惟〉者, 謂所修行, 言〈至得〉者, 謂所得果"('〈 〉' 표시는 세친의 인용문을 가리킴)라고 설명한 것 등에 의거했다.

824 벽지辟支: 벽지불辟支佛의 줄임말이다. 팔리어 'pacceka-buddha'(범어 pratyeka-buddha)의 음역이다. 'pacceka'는 접두사 'pati'(향하여)와 수사 'eka'(하나)가 결합된 말이므로 '깨달은 경지(buddha)로 홀로(eka) 향해 가는(pati)' 또는 '스스로[의 힘으로] 부처[가 되는 길]로 향해 가는' 정도로 번역할 수 있다. 이에 따라 독각獨覺, 연각緣覺 등으로 의역된다.

자] 깨달으려는 수행자'(辟支)는 '늘 변함'(無常)[·부정不淨·고苦·무아無我] 등[825] 갖가지 양상(相)[의 특성]에 의거하여 몸(身)[·느낌(受)] 등의 모든 현상들을 사유한다. [하지만] 만약 모든 보살菩薩들이라면 '[불변·독자의 본질/실체로서] 생겨난 것이 없음'(無生)으로써 도리道理를 얻고자 하기 때문에 [모든 현상을] 사유하고 관찰한다.

만약 '[가르침을] 들어서 [혼자] 부처가 되려는 수행자'(聲聞)와 '연기緣起의 이치로 [혼자] 깨달으려는 수행자'(緣覺)가 '네 가지를 토대로 ['[빠져들지 않아] 그치는 마음국면'(止)과 '[진리다운] 이해'(觀)를 수립하여] 간직해 가는 수행'(四念處)[·사정근四正勤] 등 [37도품三十七道品의] 모든 도리를 닦아 익히는 것이라면, 몸(身)[·느낌(受)] 등의 모든 현상을 사라지게 하여 벗어나기 위해서이다. [하지만] 만약 보살菩薩이 [37도품三十七道品의] 이 모든 도리를 닦아 익히는 것이라면, [몸(身)·느낌(受) 등의 모든 현상을] 사라지게 하여 [그것들에서] 벗어나 [열반涅槃에만 머무르]기 위해 [37도품三十七道品의] 모든 항목들을 닦아 익히는 것[인 이승二乘의 수행]도 아니고, [몸(身)·느낌(受) 등의 모든 대상들을] 사라지게 하지 않거나 [그것들에서] 벗어나지 않[아 생사生死에만 머무르]기 위해 [37도품三十七道品의] 모든 항목들을 닦아 익히는 것[인 범부凡夫의 수행]도 아니니, [보살菩薩의 수행은] 오로지 '머무르는 곳이 없는 열반'(無住處涅槃)[826]을 얻음

---

825 무상등無常等: 사념처四念處의 네 가지 대상인 신身·수受·심心·법法 각각에 대해 이승二乘에서 부정不淨·고苦·무상無常·무아無我의 도리를 관찰하는 것을 가리킨다. 자세한 내용은 '정淨·낙樂·상常·아我와 부정不淨·고苦·무상無常·무아無我' 역주 참조.

826 무주처열반無住處涅槃: 『섭대승론석攝大乘論釋』 권6에서는 "無住處涅槃, 不在生死故, 無功用心, 不在涅槃故, 不捨如來利益衆生事."(T31, 195c26~28)라고 하여 무주처열반은 생사生死에 머무르지 않으므로 공용심功用心이 없을 뿐 아니라 열반涅槃에도 머무르지 않으므로 여래如來의 이익중생사利益衆生事를 버리지 않는 것이라고 설명한다. 원효는 『열반종요涅槃宗要』에서 "由轉二着, 不住二邊故, 亦名無住處涅槃"(H1, 529c19~20)이라고 하여 생사와 열반에 대한 이변착二邊着 중에서 그 어디에도 머무르지 않는 것이라고 간명하게 정의하기도 한다. 본문에서 "不爲滅離故, 修習諸法, 非不爲滅離故, 修習諸法."이라는 문장은 보살이 37도품을 닦아 그 궁극적 결과인 무주처열반을 얻는 과정에 관한 서술이므로 번역에서는 이변착에 각각 해당하는 곳을 반영하여 진행했다. 또한 본문의 이 문장에 관한 아래 원효의 주석에서는 "〈菩薩不爲滅離故, 修〉者, 簡異二乘, (중략) 〈非不爲滅離〉者, 簡異凡夫"('〈 〉' 표시는 해당하는 인용 부분을 가리킴)라고 하여 앞

에 이르려는 것이다. '[37도품三十七道品으로] 치유하는 과정을 닦아 익히는 것'(修習對治)에 관해서는 다 설명했다. '닦아 머무르는 단계'(修住)[827]라는 것은 어떤 것들인가?

> "菩薩"以下, 對人分別, 亦先發起. 頌中二句, 明三差別. 言"境界"者, 謂所緣境, "及思惟"者, 謂所修行, 言"至得"者, 謂所得果. 於此三中, 大小不同故, 言"有差別"也.
>
> [H1, 832c3~7; X48, 170a3~5]

"보살이"(菩薩) 이하에서는 [이승二乘과 보살菩薩, 이 두 종류의] 수행자(人)를 상대로 [치유하는 과정을] 구별하니, 또한 [다음 제16송의 내용을] 미리[828] 일으킨다. [열여섯 번째] 게송의 두 구절에서는 [이승二乘과 보살菩薩의] 세 가지 차이를 밝힌다. "[수행의] 대상"(境界)이라고 말한 것은 '[수행에서] 관계 맺는 대상'(所緣境)이 그것이고, "…과 사유하는 [도리]"(及思惟)라는 것은 '수행의 내용'(所修行)이 그것이며, "궁극적으로 얻는 [결과]"(至得)라고 말한 것은 '[수행으로] 얻는 결과'(所得果)가 그것이다. 이 세 가지에서 대승과 소승이 같지 않기 때문에 "차이가 있네"(有差別)라고 말한다.

구절은 이승二乘과 구별한 것이고 뒷 구절은 범부凡夫와 구별한 것이라고 설명하는데, 이 내용도 번역에 반영했다.

827 수주修住: 다음 제5「수주품修住品」의 제목인 '수주修住'에 관한 아래 원효의 설명은 다음과 같다. "「修住品」者, 修是前說道品之行, 住是依行建立之位." 수修는 앞의 제4「대치수주품對治修住品」에서 설명한 37도품행三十七道品行이고 주住는 37도품행에 의거하여 세워지는 수행 단계라는 설명이다. 제5「수주품」에서는 수행의 특징에 의거한 네 가지 단계들 및 법계法界와 그 법계에 머무르는 수행자(人)의 특징에 의거한 세 가지 단계들에 관해 논의한다.

828 해당하는 문장은 "菩薩修對治者, 有別異. 何者別?"이다.

釋中卽三. 初中言"自相續身等念處, 是其境界"者, 實論一乘, 亦離外身及內外身. 然其但緣自世界內, 不能普緣他方世界. 爲顯其狹故, 說"自身等"也. 第二中言"菩薩無生得道理"者, 以其不取生滅等相, 得理原故, 名"得道理".

[H1, 832c8~13; X48, 170a6~10]

※【제16송에 관한】 해석(釋)

[제16송에 관한] 해석(釋)에는 곧 세 가지가 있다. [경계境界에 관해 해석하는] 첫 번째 [문단][829]에서 "'자신이 이어 가는 몸[·느낌(受)·마음(心)·이법(法)] 등 ['[빠져들지 않아] 그치는 마음국면'(止)과 '[진리다운] 이해'(觀)를 수립하여] 간직해 가는 수행[이 대상으로 삼는 모든 현상들]'이 그 대상이다"(自相續身等念處, 是其境界)라고 말한 것은 [다음과 같은 뜻이다.] 실제로 [보살이 추구하는] '하나로 보는 가르침'(一乘)[의 관점]에서 [수행 대상의 범위를] 논하자면 [자신의 '몸 안의 것'(內身)뿐 아니라] '몸 밖의 것'(外身)과 '몸 안과 밖의 것'(內外身)[830][의 오염]에서도 벗어난다. 그러나 그 [이승二乘]은 단지 '자신의 [몸] 안의 영역'(自世界內)에만 관계 맺지 널리 '[몸 밖] 외부 영역'(他方世界)에까지 관계 맺을 수 없다. 그 [이승二乘]의 [수행 대상의 범위가] 협소함을 드러내기 위해 "자신이 [이어 가는] 몸[·느낌

---

829 해당하는 문장은 "聲聞及辟支, 自相續身等念處諸法, 是其境界. 若菩薩, 自他相續身等念處諸法, 是其境界."이다.

830 내신內身·외신外身·내외신內外身: 앞서 '변제문辨諸門' 단락 중 사념처四念處의 대상(所緣)을 설명하는 곳에서는 사념처의 사소연四所緣(四事)인 신身·수受·심心·법法에 관해 "如是四事各有三種, 一內, 二外, 三者內外."(H1, 821b11~12)라고 하여 몸(身)의 경우 내신·외신·내외신으로 구분했다. 여기서 내신은 '유정수有情數 내부의 물질적인 것'(內自有情數色)이고 외신은 '외부의 유정수가 아닌 물질적인 것'(外非有情數色)이며 내외신은 '다른 유정수 내부의 물질적인 것'(他有情數色)이다. 이 내외신(他有情數色)은 자유정수색自有情數色과 대비해서는 외부이지만 타유정수색 자체로는 내부의 신체(色身)에 해당하므로 내외신內外身의 범주에 속한다. '타유정수색他有情數色과 내외신경內外身境' 역주 참조. 한편 이승의 수행 대상에 관한 본문의 설명에서 나오는 자세계내自世界內는 내신에, 타방세계他方世界는 외신과 내외신을 합친 것에 해당한다.

(受)·마음(心)·이법(法)] 등"(自身等)이라고 말한 것이다.

[사유思惟에 관해 해석하는] 두 번째 [문단][831]에서 "보살菩薩들은 '[불변·독자의 본질/실체로서] 생겨난 것이 없음'으로써 도리를 얻는다"(菩薩無生得道理)라고 말한 것은 '[불변·독자의 본질/실체로서] 생겨난다거나 사라진다는 등의 [근본무지에 따라 분별하는] 양상'(生滅等相)을 취하지 않아 '도리의 근원'(理原)[인 무생無生]을 얻기 때문에 "도리를 얻는다"(得道理)라고 말한 것이다.

> 第三中言"爲滅離身[832]諸法"者, 爲滅身等, 得寂靜處, 是明二乘唯爲自身, 住於寂靜, 以爲至得. "菩薩不爲滅離故, 修"者, 簡異二乘, 常在生死, 度群生故. "非不爲滅離"者, 簡異凡夫, 於內心中, 離諸鄣故. "但爲至得無住處涅槃"者, 離凡夫執, 不住流轉, 異二乘著, 不住寂靜, 是名"無住處涅槃"也. "修習"以下, 結前起後也.
>
> [H1, 832c13~21; X48, 170a10~16]

[지득至得에 관해 해석하는] 세 번째 [문단][833]에서 "몸[·느낌(受)] 등의 모든 현상을 사라지게 하여 벗어나기 위해서이다"(爲滅離身等諸法)라고 말한 것은 몸(身)[·느낌(受)] 등[의 모든 현상]들을 사라지게 하여 '고요해진 경지'(寂靜處)[834]를 얻으니, 이것은 '[성문聲聞·연각緣覺] 두 부류의 수행자'(二乘)가 오직 자신을 위해 '고요해진 [경지]'(寂靜)에 머무르는 것을 '궁극적으로 얻는 [결과]'(至得)라고 여기는 것을 밝힌 것이다. "보살菩

---

831 해당하는 문장은 "聲聞及辟支, 由無常等諸相, 思惟身等諸法. 若諸菩薩, 無生得道理故, 思惟觀察."이다.

832 제16석의 원문에 따라 '身' 뒤에 '等'을 넣는다.

833 해당하는 문장은 "若聲聞及緣覺, 修習四念處等諸法, 爲滅離身等諸法. 若菩薩修習此等法, 不爲滅離故, 修習諸法, 非不爲滅離故, 修習諸法, 但爲至得無住處涅槃."이다.

834 적정처寂靜處: 적정寂靜은 삼법인三法印 중 하나인 열반적정涅槃寂靜에서 보듯이 일반적으로 번뇌가 멸진되어 열반에 든 경지에 관한 술어로서 쓰인다. '적정상寂靜相' 역주 참조. 번역에서는 이승의 자리행自利行에 국한되어 쓰인 문맥을 반영했다.

薩은 [몸(身)·느낌(受) 등의 모든 현상을] 사라지게 하여 [그것들에서] 벗어나 [열반涅槃에만 머무르]기 위해 [37도품三十七道品의 모든 항목들을] 닦는 것이 아니다"(菩薩不爲滅離故, 修)라는 것은 '[성문聲聞·연각緣覺] 두 부류의 수행자'(二乘)와의 차이를 가려내는 것이니, [보살은] 늘 '나고 죽는 [세간]'(生死)에 있으면서 모든 중생들을 구제하기 때문이다. "[몸(身)·느낌(受) 등의 모든 현상을] 사라지게 하지 않거나 [그것들에서] 벗어나지 않[아 생사生死에만 머무르]기 위해서도 아니다"(非不爲滅離)라는 것은 범부凡夫와의 차이를 가려내는 것이니, [세간에 머무는 보살] 내면의 마음에서는 [이미 범부가 지니는] 모든 장애를 극복했기 때문이다. "[보살菩薩의 수행은] 오로지 '머무르는 곳이 없는 열반'을 얻음에 이르려는 것이다"(但爲至得無住處涅槃)라는 것은 '범부의 집착'(凡夫執)에서 벗어나 '[근본무지에 따라] 흘러 바뀌어 가는 [세간]'(流轉)에도 머무르지 않고 '[성문聲聞·연각緣覺] 두 부류 수행자의 집착'(二乘著)과 달라 '고요해진 [경지인 열반]'(寂靜)에도 머무르지 않는 것이니, 이것을 "머무르는 곳이 없는 열반"(無住處涅槃)이라고 부른다.

"[37도품三十七道品으로 치유하는 과정을] 닦아 익히는 것"(修習) 이하[835]는 앞[의 「대치수주품對治修住品」]을 마무리하고, 뒤[의 「수주품修住品」]을 일으키는 것이다.

835 해당하는 문장은 "修習對治已說. 修住者, 何者?"이다.

5. 「수주품修住品」 — '닦아 머무르는 단계에 대한 단원'

1) 단계의 특징들을 하나씩 밝힘(別明位相)

(1) 수행에 의거하여 네 가지 단계의 차이를 세움(依修行, 立四位差別)

> 修住品第五
>
> [二頌一句] 修住有四種. 因入行至得, 有作不作意. 有上亦無上.
>
> [T31, 459b27~29]
>
> (이하에서 二頌一句의 나머지 내용이 이어짐)

【2송 1구의 게송】

'수행하여 머무르는 단계'(修住)에는 [공통위共通位 · 불공위不共位 · 전후위前後位 · 동시위同時位, 이] 네 가지가 있네.[836] [첫 번째인 공통위共通位의 일곱 가지는] '[아직

836 사종수주四種修住: 게송의 제1구에서는 '수행하여 머무르는 단계'(修住)에 네 가지가 있다고 밝히지만, 지금 『중변분별론』의 게송과 해석에서는 18가지 단계의 명칭과 각각에 관한 해석만을 나열의 형식으로 서술할 뿐이다. 이 18가지의 단계를 다시 네 가지로 분류하는 것에 관해 아래 주석에서 원효는 "一者前之七種, 立共通位, 共通三乘故. 次有二種, 立不共位, 不共二處故. 其次六種, 立前後位, 前後立六故. 最後三種, 立同時位, 同時說三故."(H1, 833a11~14)라고 하여 공통위共通位 · 불공위不共位 · 전후위前後位 · 동시위同時位의 네 가지 범주를 제시하는데, 이를 정리하면 아래의 표와 같다. 18위의 명칭에서 괄호로 병기한 부분은 게송(頌)에서 제시한 명칭을 해석(釋)에서 달리 표현한 용어에 해당한다. 원효의 설명에 따르면 먼저 공통위는 이승과 대승에 공통으로 적용할 수 있는 일곱 가지 수행 단계에 관한 명칭을 하나의 범주로 묶은 것이고, 불공위는 삼승三乘과 비교하여 공통으로 적용할 수 없는 대승의 두 가지 수행 단계에 관한 명칭을 또 하나의 범주로 묶은 것이다. 전후위와 동시위는 모두 대승에만 적용되는 수행 단계에 관한 두 가지 범주로서, 전후위는 '원인되는 수행'(因行)인 여섯 가지 수행 단계의 명칭을 하나의 범주로 묶은 것이고 동시위는 '수행 결과인 부처 능력'(果德)의 세 가지 측면(法身 · 受用身 · 化身)에 관한 명칭을 또 하나의 범주로 묶은 것이다.

깨달음의 본연(自性)에 머물러 있는] 원인[의 단계]'(因),[837] '[이미 깨달음을 향해 마음을 일으킴에] 들어감[의 단계]'(入), '[견도見道에 들어가기 위한] 수행[의 단계]'(行), '[견도見道에] 이르러 [세간에서 풀려나는 결과를] 얻음[의 단계]'(至得), '[수도修道에서 아직 불변·독자의 본질/실체관념으로] 작용함이 있음[의 단계]'(有作), '[무학위無學位에서 더 이상 불변·독자의 본질/실체관념으로] 작용함이 없음[의 단계]'(不作), '[육신통六神通을 얻어] 뜻[에 따라 몸을 바꾸어갈 수 있는 단계]'(意)이네.[838] [두 번째인 불공위不共位의 두 가지는] '[이승의 무학위無學位를 넘어섰지만] 아직 더 높은 경지가 있는 [대승 초지初地 이전의 단계]'(有上)와 '[대승에서도] 더 높은 경지가 없는 [여래如來의

4위	공통위共通位(7)	불공위不共位(2)	전후위前後位(6)	동시위同時位(3)
18위	①인위因位, ②입위入位, ③행위行位, ④지득위至得位(과위果位), ⑤유작위有作位(유공용위有功用位), ⑥부작위不作位(무공용위無功用位), ⑦의위意位(승덕위勝德位)	⑧유상위有上位, ⑨무상위無上位	⑩원락위願樂位, ⑪입위入位, ⑫출위出位(출리위出離位), ⑬수기위受記位, ⑭설자위說者位(능설사위能說師位), ⑮관위灌位(관정위灌頂位)	⑯지위至位(지득위至得位), ⑰공덕위功德位, ⑱작사위作事位

837 인因: 공통위의 첫 번째 단계인 인위因位에 관해 아래 『중변분별론』의 해석(釋)에서는 "若人已住自性中"이라고 하여 이미 '본연에 머물러 있는 것'(住自性)이라고 설명한다. 이 주자성住自性이라는 표현에 주목하자면 『불성론佛性論』 권2의 다음과 같은 내용을 참고할 필요가 있다. "三種佛性者, 應得因中, 具有三性, 一住自性性, 二引出性, 三至得性. 記曰, 住自性者, 謂道前凡夫位. 引出性者, 從發心以上, 窮有學聖位. 至得性者, 無學聖位."(T31, 794a21~24) 이에 따르면 주자성성住自性性은 '불성을 얻게 하는 원인'(應得因)에 갖추어져 있는 삼종불성三種佛性 중 하나로서 부처가 되는 수행(道)에 오르기 이전인 범부위凡夫位의 중생에게도 본래부터 갖추어져 있는 불성佛性을 가리킨다. 아래 원효의 주석에서는 "唯有因性, 未得行果"(H1, 833a22)라고 하여 오로지 '원인의 면모'(因性)만이 있어 아직 '수행의 과정'(行)과 '수행의 결과'(果)를 얻지 못한 것이라고 설명한다.

838 입入·행行·지득至得·유작有作·부작不作·의意의 번역: 공통위共通位에서 뒤의 여섯 가지 단계의 명칭들을 번역하기 위해 참조한 『중변분별론』의 해석(釋) 및 원효의 주석 내용을 표로 나타내면 아래와 같다. 이에 따르면 ②입위入位는 삼승인三乘人이 각각의 종성種性에 따라 이미 초발심初發心에 들어간 것이다. ③행위行位는 초발심 이후로 세제일법世第一法에 이르는 방편 수행의 단계로서 아직 견도見道의 결과(果)에는 이르지 못한 것이다. ④지득위至得位는 견도에 이르러 출세과出世果를 얻은 것이다. ⑤유작위有作位는 수도修道의 유학위有學聖位로서 아직 무명無明에 따르는 공용功用을 짓는 것이다. ⑥무작위無作位는 무학위無學位에 이른 것으로서 무명에 따르는 작용作用을 쉬게 한 것이다. ⑦의위意位는 유학위(지득위·유작위)와 무학위(무작위)를 통하게 하는 단계인데, 육신통六神通을 얻은 승덕위勝德位로서 육도六道에서 뜻에 따라 유전流轉할 수 있는 것이다.

단계]'(無上)이네.[839]

修住品第五

[二頌一句] 願樂位入位, 出位受記位, 說者位灌位.

(이하에서 다시 二頌一句의 나머지 내용이 이어짐)

[T31, 459c1~2]

[세 번째인 전후위前後位의 여섯 가지는] '[견도見道 이전에서 깨달음을 얻기를] 원하여 즐겁게 [수행하는] 단계'(願樂位), '[견도見道에] 들어간 단계'(入位), '[제2지~제7지에서 모든 장애를] 벗어나는 단계'(出位), '[제8부동지不動地에서] 부처가 되리라는 보증을 받는 단계'(受記位), '[제9묘혜지妙慧地(善慧地)에서 부처님의 가르침을 걸림 없이] 설하는 자의 단계'(說者位), '[제10법운지法雲地에서 보살행菩薩行을 충족하여 모든 곳의 부처님들이 보증하는 광명이 보살의] 정수리에 비치는 단계'(灌位, 灌頂位)이네.[840]

단계	『중변분별론』의 해석(釋)	원효의 주석
②입入	已發心.	三乘人隨其種性, 已能趣入初發心故.
③행行	從發心後, 未至果.	三乘人發心以後, 及至世第一法以還, 隨其方便, 修如行故.
④지득至得	果位修住, 已得時.	三乘人入見道位, 方始至得出世果故.
⑤유작有作	有功用位修住, 有學聖人.	三乘人在修道位, 未至所望, 作功用故.
⑥부작不作	無功用位修住, 無學聖人.	三乘人至無學位, 已果所得, 息作用故.
⑦의意	勝德位修住, 求行得六神通人.	勝德位修住, 得六道隨意轉故. 此位通前學無學也.

839 유상有上과 무상無上의 번역: 불공위不共位의 두 가지 단계인 유상과 무상의 번역은 아래 『중변분별론』의 해석(釋)에서 유상에 관해 "有上位修住, 過聲聞等位, 未入初地菩薩人"이라 하고, 무상에 관해 "無上位修住, 諸佛如來. 此位後無別位故"라고 한 것에 의거했다.

840 원락위願樂位·입위入位·출위出位·수기위受記位·설자위說者位·관위灌位의 번역: 전후위前後位의 여섯 가지 단계의 명칭들을 번역하기 위해 참고한 『중변분별론』의 해석(釋) 및 원효의 주석 내용을 표로 나타내면 아래와 같다. ①원락위願樂位는 지전地前의 40심위四十心位에서 일도一道를 증득하기를 원하여 만행萬行을 닦는 것이다. ②입위入位는 초지보살初地菩薩이 이미 견도見道에 들어간 것이다. ③출위出位(出離位)는 초지 이후의 수도修道 육지六地, 즉 제2지~제7지 수행 중 모든 장애에서 벗어나는 것이다. ④수기위受記位는 제8부동지不動地에서 무퇴無退가 결정되어 '부처

修住品第五

[二頌一句] 至位, 功德位, 作事位, 已說.

[二頌一句釋] 修住位有十八, 何者十八? 一, 因位修住, 若人已住自性中. 二, 入位修住, 已發心. 三, 行位修住, 從發心後, 未至果. 四, 果位修住, 已得時. 五, 有功用位修住, 有學聖人. 六, 無功用位修住, 無學聖人. 七, 勝德位修住, 求行得六神通人. (八에서 十八까지 내용은 다음 단락에서 다룸)

[T31, 459c2~8]

[네 번째인 동시위同時位의 세 가지는] '[결과에] 도달하여 [법신法身을] 얻는 단계'(至位, 至得位), '[온갖 수행으로 인한] 이로운 능력[을 누리는 응신應身(受用身)]의 단계'(功德位), '[석가모니 부처님이 여덟 가지] 현상을 지어내는 [화신化身(變化身)의] 단계'(作事位)이니,[841] [네 가지의 '닦아 머무르는 단계'(修住)를] 이미 설명했네.

가 되리라는 보증을 받는'(受記) 것이다. ⑤설자위說者位(能說師位)는 제9묘혜지妙慧地(善慧地)에서 무애변無礙辨을 얻어 걸림 없이 설법하는 자가 된 것이다. ⑥관위灌位(灌頂位)는 보살행菩薩行이 충족된 제10법운지法雲地에서 불위佛位를 받는 것인데, 이 단계를 관정灌頂이라고 부르는 것은 마치 왕위를 받을 때 사해수四海水를 그 정수리에 붓는 것과 같이 보살이 불위를 받을 때도 시방불十方佛이 보증하여 방사하는 광명이 그 정수리를 비추기 때문이다.

단계	『중변분별론』의 해석(釋)	원효의 주석
①원락위願樂位	諸菩薩人, 一切願樂行位中.	在地前四十心位, 願證一道, 業修萬行故.
②입위入位	初菩薩地.	初地菩薩已入見道, 生佛家故.
③출위出位	出離位修住, 初地後六地.	次六地漸增修道, 出諸鄣故.
④수기위受記位	第八地.	第八地決定無退, 受佛記故.
⑤설자위說者位	能說師位修住, 第九地.	第九地得無礙辨, 善說法故.
⑥관위灌位	灌頂位修住, 第十地.	第十地菩薩行滿, 受佛位故. 記十方佛所放光明, 入菩薩頂, 以授佛位. 事同於王受位之時, 取四海水, 灌其頂故.

841 지위至位(至得位)·공덕위功德位·작사위作事位의 번역과 법신法身·응신應身(受用身)·화신化身(變化身): 동시위同時位의 세 가지를 번역하기 위해 참조한 『중변분별론』의 해석(釋) 및 원효의 주석 내용을 표로 나타내면 아래와 같다. 이에 따르면 동시위는 이전 전후위前後位의 여섯 가지 수행 과정에서 궁극적으로 도달하는 과지果地(佛地)의 면모를 세 가지로 구별한 것이므로 전후가 없다. 게송에서 제시되는 지위至位(至得位)·공덕위功德位·작사위作事位를 『중변분별론』의 해석(釋)에서는 순서대로 법신法身·응신應身·화신化身의 면모로 설명하고, 원효의 주석에서는 이 삼신三身의 명칭 중에서 응신을 수용신受用身으로, 화신을 변화신變化身으로 달리 표현하는 것을 확

【2송 1구에 관한 해석】

'닦아 머무르는 단계'(修住位)에는 18가지가 있으니, 어떤 것들이 18가지인가? 첫 번째는 '원인의 단계에서 닦아 머무르는 것'(因位修住)이니, 어떤 사람이라도 이미 '[깨달음의] 본연'(自性)에 머물러 있는 것이다. 두 번째는 '[이미 깨달음을 향해 마음을 일으킴에] 들어간 단계에서 닦아 머무르는 것'(入位修住)이니, 이미 '[깨달음을 향해] 마음을 일으킨 것'(發心) 이다. 세 번째는 '[견도見道에 들어가기 위해] 수행하는 단계에서 닦아 머무르는 것'(行位修住)이니,

---

인할 수 있다. 원효는 수용신(응신)에 관해서는 만행萬行의 이로움에 의거하여 만덕萬德을 누리는 몸이고, 변화신(화신)에 관해서는 시방계十方界에서 팔상성도八相成道를 나타내는 몸이라고 설명한다. 원효가 제시하는 용어인 법신法身·수용신受用身·변화신變化身의 삼신 개념은『섭대승론』권3에서 과지果智로서의 삼종불신三種佛身에 관해 "由三種佛身, 應知彼果智殊勝. 一由自性身, 二由受用身, 三由變化身"(T31, 149a19~20)이라고 한 것에 근거를 둔 것으로 보이는데, 같은 곳에서는 각각에 관해 다음과 같이 설명한다. "自性身者, 謂諸如來法身, 一切法自在轉所依止故. 受用身者, 謂依法身, 種種諸佛衆會, 所顯淸淨佛土大乘法樂, 爲所受故. 變化身者, 亦依法身, 從覩史多天宮現沒, 受生受欲, 踰城出家, 往外道所修諸苦行, 證大菩提, 轉大法輪, 入大涅槃故."(T31, 149a20~26) 이에 따르면 먼저 자성신自性身은 여래법신如來法身으로서 일체법一切法이 자유자재로 전개되는 의지처이다. 다음으로 수용신受用身은 법신法身(自性身)에 의거하여 모든 부처님들에 의해 드러나는 청정불토淸淨佛土와 대승법락大乘法樂을 누리는 불신佛身이다. 청정불토의 불신佛身으로 제시되는 이 수용신의 개념은 구체적으로 정토淨土의 주불主佛인 무량수불無量壽佛(阿彌陀佛)을 가리킨다. 무량수불은 인위因位의 무량원행無量願行으로 인하여 누리는 만덕원만萬德圓滿의 과보신果報身으로서 일반적으로 보신報身(果報身)이라고 불리지만(『佛光大辭典』, pp.4919~4920 참조. 아래 표에서 보듯이 수용신에 관한 원효의 주석 내용과도 일치함),『중변분별론』의 해석(釋)에서는 이 공덕위의 불신을 앞서 보았듯이 응신應身이라고 부른다. 응신의 범어인 'nirmāṇa-kāya'는 다양하게 변화하는 몸(the body of transformations)의 뜻으로서 화신(변화신)의 범주에 속하는 개념이고, 보신의 범어인 'saṃbhoga-kāya'는 법락法樂을 즐기는 몸(body of enjoyment)의 뜻이므로(Sanskrit-English Dictionary, pp.556, 1178 참조) 공덕위의 불신으로 제시된 응신은 원효의 주석에 따라 수용신 또는 보신(saṃbhoga-kāya)의 개념에 의거하여 이해되어야 할 것으로 보인다. 덧붙이자면 동본이역인『변중변론辯中邊論』권2의 해당하는 곳에서도 "應身"을 "受用身"(T31, 473a10)이라고 한역한다. 세 번째인 변화신變化身(化身)은 역시 법신法身에 의거해 도솔천都率天(覩史多天宮)에서 현몰顯沒하여 수생受生하고 수욕受欲하다가 카필라성을 넘어 출가하여 외도外道의 고행을 거친 후에 마침내 대보리大菩提를 증득하고 대법륜大法輪을 굴려 대열반大涅槃에 들어간 석가모니 부처님의 몸이다.

<table>
<tr><th>단계</th><th>『중변분별론』의 해석(釋)</th><th colspan="2">원효의 주석</th></tr>
<tr><td>지위至位</td><td>至得位修住, 諸佛法身.</td><td>果地法身, 從自往來, 到至得故.</td><td rowspan="3">此三住者, 顯果差別, 無前後也.</td></tr>
<tr><td>공덕위功德位</td><td>諸佛應身.</td><td>受用身, 依萬行功受萬德故.</td></tr>
<tr><td>작사위作事位</td><td>諸佛化身.</td><td>變化身, 遍十方界, 化八相故.</td></tr>
</table>

'[깨달음을 향해] 마음을 일으킨'(發心)[842] 후에 아직 [견도見道의] 결과(果)에는 이르지 못한 것이다. 네 번째는 '결과의 단계[인 견도見道]에서 닦아 머무르는 것'(果位修住)이니, 이미 ['세간에서 풀려나는 결과'(出世果)를] 얻은 때이다. 다섯 번째는 '[아직 근본무지에 매인 분별이] 작용함이 있는 단계[인 수도修道]에서 닦아 머무르는 것'(有功用位修住)이니, '[아직] 배워야 할 것이 있는 성인'(有學聖人)[의 단계]이다. 여섯 번째는 '[더 이상 근본무지에 매인 분별이] 작용함이 없는 단계에서 닦아 머무르는 것'(無功用位修住)이니, '[더 이상] 배울 것이 없는 성인'(無學聖人)[843][의 단계]이다. 일곱 번째는 '탁월한 능력을 지닌 단계에서 닦아 머무르는 것'(勝德位修住)이니, [부처가 되는] 수행(行)을 추구하여 [마침내] '자유자재하게 통하는 여섯 가지 능력'(六神通)[844]을 얻은 성인[의 단계]이다.

---

842 이발심已發心과 입위入位·행위行位: 공통위共通位의 일곱 단계 중에서 ①인위因位는 깨달음의 본연(自性)에 머물러 있는 단계이고 ④지득위至得位는 견도見道에 이른 단계이므로 ②입위入位와 ③행위行位는 견도에 들어가기 이전의 방편도方便道에 해당한다. 본문에서는 ②입위入位를 이미 발심發心한 단계라고 설명하는데, 여기서 발심은 대승 보살의 방편도를 기준으로 따지자면 십주十住의 첫 번째 단계인 발심주發心住를 가리키는 것으로 보이고, 이미(已)라는 표현은 십주 이전의 십신十信 수행의 단계를 포함하기 위해 제시된 것이라고 볼 수 있겠다. 이에 따라 ③행위行位는 십주 초발심주에 들어간 이후 십행十行·십회향十廻向의 단계를 가리키는 것이 된다. 아래 각주인 '유학성인有學聖人·무학성인無學聖人 및 세 단계의 수습대치修習對治'의 표에서 보듯이 이승二乘 범부위凡夫位의 칠방편도七方便道는 ①오정심관五停心觀·②별상념처別相念處·③총상념처總相念處·④난법煖法·⑤정법頂法·⑥인법忍法·⑦세제일법世第一法이므로(칠방편도에 관해서는 '칠방편' 역주 참조) 이승의 입위入位이자 이미 발심한 단계는 오정심관을 포함하는 별상념처이고 행위行位는 그 이후 세제일법에 이르기까지의 단계를 가리킨다고 하겠다.

843 유학성인有學聖人·무학성인無學聖人 및 세 단계의 수습대치修習對治: 앞서 제4「대치수주품對治修住品」의 제15송에서는 37도품三十七道品으로 치유하는 과정을 총괄적으로 설명하면서 수행 과정을 세 단계로 나눈 적이 있는데, 견도見道 이전의 범부위凡夫位와 견도見道·수도修道의 유학성위有學聖位, 그리고 견혹見惑·수혹修惑에서 모두 벗어난 무학성위無學聖位가 그것이다. 지금 공통위共通位로 제시되어 있는 일곱 단계는 범부위·유학성위·무학성위의 세 단계를 세분한 것에 해당하므로 이를 표로 나타내면 다음과 같다.

단계	이승	보살	『중변분별론』	공통위
범부위	오정심관五停心觀~세제일법世第一法	십신~십회향	사념처, 사정근, 사신족, 오근, 오력	①인위因位, ②입위入位, ③행위行位
유학위	고법지인苦法智忍~금강유정金剛喩定	초지~등각	칠각지(견도), 팔정도(수도)	④지득위至得位, ⑤유작위有作位(유공용위有功用位)
무학위	아라한	여래지		⑥부작위不作位(무공용위無功用位), ⑦의위意位(승덕위勝德位)

「修住品」第五

八, 有上位修住, 過聲聞等位, 未入初地菩薩人. 九, 無上位修住, 諸佛如來. 此位後無別位故. 十, 願樂位修住, 諸菩薩人, 一切願樂行位中. 十一, 入位修住者, 初菩薩地. 十二, 出離位修住, 初地後六地. 十三, 受記位修住, 第八地. 十四, 能說師位修住, 第九地. 十五, 灌頂位修住, 第十地. 十六, 至得位修住, 諸佛法身. 十七, 功德位修住, 諸佛應身. 十八, 作事位修住, 諸佛化身. 一切諸住無量, 應知.

[T31, 459c9~17]

여덟 번째는 '아직 더 높은 경지가 있는 단계에서 닦아 머무르는 것'(有上位修住)이니, '[가르침을] 들어서 [혼자] 부처가 되려는 수행자'(聲聞)[·독각獨覺, 이 이승二乘]의 단계를 넘어섰지만 아직 '[대승 십지十地의] 첫 번째 경지'(初地)에 들어가지 못한 보살인菩薩人[의 단계]이다. 아홉 번째는 '[대승에서도] 더 높은 경지가 없는 단계에서 닦아 머무르는 것'(無上位修住)이니, 모든 부처님과 여래如來[의 단계]이다. 이 단계 이후에는 다른 단계가 없기 때문이다. 열 번째는 '[견도見道에 들어가기 이전에 깨달음을 얻기를] 원하여 즐겁게 [수행하는] 단계에서 닦아 머무르는 것'(願樂位修住)이니, [이승二乘을 넘어선 대승大乘의] 모든 보살인菩薩人들은 다 '[깨달음을 얻기를] 원하여 즐겁게 수행하는 단계'(願樂行位)에 있는 것이다. 열한 번째는 '[견도見道에] 들어간 단계에서 닦아 머무르는 것'(入位修住)이니, '보살의 [십지十地 가운데] 첫 번째 경지'(初菩薩

844 육신통六神通: 『현양성교론』 권4에 따르면 ①신경지견작증통神境智見作證通은, ②천이지견작증통天耳智見作證通, ③심차별지견작증통心差別智見作證通, ④숙주수념지견작증통宿住隨念智見作證通, ⑤사생지견작증통死生智見作證通, ⑥누진지견작증통漏盡智見作證通을 말한다. 자세한 내용은 '위성취소수爲成就所須' 역주 참조. 『현양성교론』 권4에서는 서두에 "果諸功德, 今當說"(T31, 497a11)이라고 하여 '수행의 결과로서 얻는 모든 이로운 능력'(果諸功德)들을 설명하는 중에 무쟁無諍, 무애해無礙解 등과 함께 이 육신통을 논의한다.

地)[인 환희지歡喜地]이다. 열두 번째는 '[제2지~제7지 사이에 있는 모든 장애에서] 벗어나는 단계에서 닦아 머무르는 것'(出離位修住)이니, '[십지十地의] 첫 번째 경지'(初地) 이후의 '여섯 가지 경지'(六地)[인 이구지離垢地·명지明地·염지焰地·난승지難勝地·현전지現前地·원행지遠行地]이다. 열세 번째는 '부처가 되리라는 보증을 받는 단계에서 닦아 머무르는 것'(受記位修住)이니, '[십지十地의] 여덟 번째 경지'(第八地)[인 부동지不動地]이다. 열네 번째는 '[부처님의 가르침을 걸림 없이] 설할 수 있는 스승의 단계에서 닦아 머무르는 것'(能說師位修住)이니, '[십지十地의] 아홉 번째 경지'(第九地)[인 묘혜지妙慧地(善慧地)]이다. 열다섯 번째는 '[보살행菩薩行을 충족하여 모든 곳의 부처님들이 보증하는 광명이 보살의] 정수리에 비치는 단계'(灌頂位修住)이니, '[십지十地의] 열 번째 경지'(第十地)[인 법운지法雲地]이다.

열여섯 번째는 '[결과에] 도달하여 [법신法身을] 얻는 단계에서 닦아 머무르는 것'(至得位修住)이니, 모든 부처님의 '진리 몸'(法身)[의 면모]이다. 열일곱 번째는 '[온갖 수행으로 인한] 이로운 능력을 누리는 단계에서 닦아 머무르는 것'(功德位修住)이니, 모든 부처님의 '[진리성취의 결실인 이로운 능력에] 응하는 몸'(應身)[의 면모]이다. 열여덟 번째는 '[석가모니 부처님이 여덟 가지] 현상을 지어내는 단계에서 닦아 머무르는 것'(作事位修住)이니, 모든 부처님의 '[중생에 응하여 갖가지 모습으로] 나타나는 몸'(化身)[의 면모]이다. [이 열여덟 가지의 '수행하여 머무르는 단계'(修住) 이외에도] 모든 '[닦아] 머무르는 갖가지 [단계]'(諸住)들은 헤아릴 수 없이 많다는 것을 알아야 한다.

"修住品"者, "修"是前說道品之行. "住"是依行建立之位, 行人所住, 故名目"住". 此中正顯依修立住, 是故名爲"修住品"也. 此品之中, 有三頌半, 於中有二. 前之三頌, 別明位相, 後[845]二句, 約人總結. 初中亦二. 二頌一句, 依修行, 立四位差別, 後之三句, 約法界, 明三位不同. 初中有三. 在前一句, 擧數總標, 次七句三字, 別顯四位, 最後二字, 是總結也.

[H1, 832c22~833a8; X48, 170a17~24]

"「수주품修住品」"[이라는 단원의 명칭]에서 "닦는다"(修)는 것은 앞 [단원인 「대치수주품對治修住品」]에서 설명한 '[깨달음에 이르는 37가지] 방법의 수행'(道品之行)이다. "머무른다"(住)는 것은 [그] 수행(行)에 의거하여 세워지는 단계(位)이니, 수행하는 사람이 머무르는 곳이므로 이름하여 "머무른다"(住)라고 한 것이다. 이 [「수주품」]에서는 곧바로 [깨달음에 이르는 37가지 방법의] 수행(行)에 의거하여 '머무르는 [단계]'(住)를 세우니, 그러므로 "「닦아 머무르는 단계에 대한 단원」"(修住品)이라고 부른다. 이 단원에는 [모두] 세 게송 반이 있는데, 그 가운데 두 가지가 있다. 앞의 세 게송에서는 '단계의 특징'(位相)들을 하나씩 밝히고, 뒤의 두 구절에서는 [범부와 성인, 이] 수행자(人)들에 의거하여 [단계의 다양한 특징들을] 총괄적으로 마무리한다.[846] 처음[의 '단계의 특징들을 하

845 한불전 교감주에 "'後' 뒤에 '之'가 탈락된 듯하다"라고 되어 있다. 교감주에 따라 '後' 뒤에 '之'를 넣는다.

846 이상과 이하의 과문에 따라 「수주품修住品」 전체의 게송들을 배속해 보면 다음과 같다.
5. 「修住品」
 1) 別明位相(三頌)
  (1) 依修行, 立四位差別(二頌一句)
   ① 擧數總標(一句): "修住有四種."
   ② 別顯四位(七句三字)
    가. 立共通位(二句): "因入行至得, 有作不作意."
    나. 立不共位(一句): "有上亦無上."
    다. 立前後位(三句): "願樂位入位, 出位受記位, 說者位灌位."
    라. 立同時位(一句餘): "至位功德位, 作事位."
   ③ 總結(二字): "已說."

나씩 밝히는 것'(別明位相)]에도 두 가지가 있다. [앞의] 두 게송과 한 구절[847]에서는 수행에 의거하여 '[공통위共通位·불공위不共位·전후위前後位·동시위同時位, 이] 네 가지 단계'(四位)의 차이를 세우고, 뒤의 세 구절[848]에서는 현상세계(法界)에 의거하여 '[부정위不淨位·부정정위不淨淨位·청정위清淨位, 이] 세 가지 단계'(三位)의 차이를 밝힌다. 처음[의 '네 가지 단계의 차이를 세우는 것'(立四位差別)]에는 세 가지가 있다. 앞에 있는 한 구절[849]에서는 숫자를 들어 [네 가지 단계를] 총괄적으로 제시하고, 다음의 일곱 구절과 세 글자[850]에서는 '네 가지 단계'(四位)를 하나씩 드러내며, 마지막 두 글자[851]에서는 총괄적으로 마무리한다.

初總標言"修住有四種", 謂下所說, 有十八位, 安立之意, 唯有四種. 故言"有四". 何等爲四? 一者, 前之七種, 立共通位, 共通三乘故. 次有二種, 立不共位, 不共二處故. 其次六種, 立前後位, 前後立六故. 最後三種, 立同時位, 同時說三故. 爲顯道品修行, 有共不共, 故立前二, 爲顯因行果德, 有漸有頓, 故立後二. 是謂安立四種位意.

[H1, 833a8~17; X48, 170a24~b6]

---

(2) 約法界, 明三位不同(明法界位, 三句)
① 總標(初句): "法界復有三."
② 別顯: "不淨不淨淨, 清淨."
③ 總結: "如次第."
2) 約人總結(二句): "此中安立人, 應知如道理."

847 해당하는 2송 1구는 "修住有四種. 因入行至得, 有作不作意. 有上亦無上. 願樂位入位, 出位受記位, 說者位灌位. 至位功德位, 作事位已說"이다.

848 해당하는 3구는 ""法界復有三. 不淨不淨淨, 清淨如次第"이다. 부정不淨·부정정不淨淨·청정清淨의 삼위三位가 순서대로 제시되어 있다.

849 해당하는 1구는 "修住有四種"이다.

850 해당하는 7구 3자는 "因入行至得, 有作不作意. 有上亦無上. 願樂位入位, 出位受記位, 說者位灌位. 至位功德位, 作事位"이다.

851 해당하는 2자는 "已說"이다.

① 숫자를 들어 [네 가지 단계를] 총괄적으로 제시함(擧數總標)

['네 가지 단계의 차이를 세우는 것'(立四位差別)의] 첫 번째인 '[숫자를 들어 네 가지 단계를] 총괄적으로 제시하는 것'(總標)에서 "'닦아 머무르는 단계'에는 [공통위共通位·불공위不共位·전후위前後位·동시위同時位, 이] 네 가지가 있네"(修住有四種)라고 말한 것은, 아래[의 게송]에서 설해진 내용에는 '18가지 단계'(十八位)가 있는데, [18가지 단계를] 알맞게 [다시 배분하여] 세우는 뜻으로는 오직 네 가지가 있다는 것이다. 그러므로 "네 가지가 있네"(有四)라고 말하였다.

어떤 것들이 네 가지인가? 첫 번째로 앞의 일곱 가지[인 인위因位, 입위入位, 행위行位, 지득위至得位, 유작위有作位, 부작위不作位, 의위意位]는 '[삼승三乘에] 공통되는 단계'(共通位)를 세운 것이니, '[성문聲聞·연각緣覺·보살菩薩, 이] 세 부류의 수행자'(三乘)에 공통되기 때문이다. 다음에 있는 두 가지[인 유상위有上位, 무상위無上位]는 '[삼승三乘에] 공통되지 않는 단계'(不共位)[852]를 세운 것이니, '[이승二乘과 대승大乘, 이] 두 가지 경지'(二處)에 공통되지 않기 때문이다. 그다음의 여섯 가지[인 원락위願樂位, 입위入位, 출위出位, 수기위受記位, 설자위說者位, 관위灌位]는 '[깨달음 성취의 원인되는 수행이어서] 앞과 뒤[의 순서가 있는] 단계'(前後位)를 세운 것이니, 앞과 뒤로 여섯 가지 [단계]를 세우기 때문이다. 마지막의 세 가지[인 지위至位, 공덕위功德位, 작사위作事位]는 '[깨달음 성취의 결과로서 갖추는 갖가지 능력이어서] 동시인 단계'(同時位)를 세운 것이니, 동시에 [그] 세 가지 [단계]를 말하기 때문이다. '[깨달음에 이르는 37가지] 방법의 수행'(道品修行)에는 '[삼승三乘에] 공통되는 [단계]'(共)와 '[삼승三乘에] 공통되지 않는 [단계]'(不共)가 있음을 드러내기 위해 앞의 두 가지[인 공통위共通位와 불공위不共位]를 세우고, '[깨달음 성취의] 원인되는 수행'(因行)과 '[깨달음 성취의] 결과로서 갖추는 능력'(果德)에는 '점차적인 것'(漸)과 '동시인 것'(頓)이 있음을 드러내기 위해 뒤의 두 가지[인 전후위前後位와 동시위同時位]를 세운다. 이것이 '[18가

852 불공위不共位: 불공위의 두 단계에 관한 아래 원효의 주석 중에서는 "立有上者, 爲異二乘, 立無上者, 爲簡菩薩, 由此二義, 立不共位也"라고 하여 앞의 유상위有相位에서는 이승二乘과 보살菩薩의 차이를 밝힐 뿐 아니라 뒤의 무상위無上位에서는 보살과 여래如來의 차이까지 구별한다고 설명한다.

지 단계를] 네 가지 단계로 알맞게 [다시 배분하여] 세우는 뜻'(安立四種位意)인 것이다.

> 文中卽四. 初之二句, 立共通位, 次有一句, 立不共位, 其次三句, 立前後位, 後一句餘, 立同時位. 初共位中, 卽立七位. "因"者, 第一因位修住, 謂三乘種性, 前取無始, 後除發心, 於其中間, 唯有因性, 未得行果. 故名因位. "入"者, 第二入位修住, 謂三乘人, 隨其種性, 已能趣入初發心故. "行"者, 第三行位修住, 謂三乘人, 發心以後, 及乃[853]至世第一法以還, 隨其方便, 修如行故.
>
> [H1, 833a17~b2; X48, 170b6~13]

② 네 가지 단계를 하나씩 드러냄(別顯四位)

[하나씩 드러내는] 문장에는 곧 네 가지가 있다. 처음의 두 구절[854]에서는 '[삼승三乘에] 공통되는 단계'(共通位)를 세우고, 다음에 있는 한 구절[855]에서는 '[삼승三乘에] 공통되지 않는 단계'(不共位)를 세우며, 그다음의 세 구절[856]에서는 '[깨달음 성취의 원인되는 수행이어서] 앞과 뒤[의 순서가 있는] 단계'(前後位)를 세우고, 마지막의 한 구절과 나머지 [세 글자][857]에서는 '[깨달음 성취의 결과로서 갖추는 갖가지 능력이어서] 동시인 단계'(同時位)를 세운다.

가. [삼승三乘에] 공통되는 단계를 세움(立共通位)

첫 번째인 '[삼승三乘에] 공통되는 단계'(共位)[를 세우는 것]에서는 곧 '일곱 단계'(七

853 한불전 교감주에 "'乃'는 잉자剩字인 듯하다"라고 되어 있다. 교감주에 따라 '乃'를 삭제한다.
854 해당하는 2구는 "因入行至得, 有作不作意"이다.
855 해당하는 1구는 "有上亦無上"이다.
856 해당하는 3구는 "願樂位入位, 出位受記位, 說者位灌位"이다.
857 해당하는 1구와 3자는 "至位功德位, 作事位"이다.

位)를 세운다. "[아직 깨달음의 본연(自性)에 머물러 있는] 원인"(因)이라는 것은 첫째인 '[아직 깨달음의 본연(自性)에 머물러 있는] 원인의 단계에서 닦아 머무르는 것'(因位修住)이니, '[성문聲聞·연각緣覺·보살菩薩, 이] 세 부류의 타고난 특성'(三乘種性)[858][을 지닌 각각의 수행자들]은 이전에 시작이 없는 때로부터 [깨달음의 본연(自性)을] 지니지만 이후로 '[깨달음을 향해] 마음을 일으킴'(發心) [뒤의 기간]을 제외하면 그 [무시無始로부터 발심初發心의] 사이에는 오로지 [깨달음의 본연(自性)에 머무르는] '원인의 면모'(因性)만 있고 아직 [발심發心 이후의] 수행(行)과 [각 수행 단계에서의] 결과(果)를 얻지 못한 것이다. 그러므로 '[아직 깨달음의 본연(自性)에 머물러 있는] 원인의 단계'(因位)라고 부른다.

"[이미 깨달음을 향해 마음을 일으킴에] 들어감"(入)이라는 것은 둘째인 '[이미 깨달음을 향해 마음을 일으킴에] 들어간 단계에서 닦아 머무르는 것'(入位修住)이니, '[성문聲聞·연각緣覺·보살菩薩, 이] 세 부류의 수행자'(三乘人)가 그 '타고난 특성'(種性)에 따라 이미 '처음으로 깨달음을 향해 마음을 일으킴'(初發心)에 들어간 것이다.

"[견도見道에 들어가기 위한] 수행"(行)이라는 것은 셋째인 '[견도見道에 들어가기 위해] 수행하는 단계에서 닦아 머무르는 것'(行位修住)이니, '[성문聲聞·연각緣覺·보살菩薩, 이] 세 부류 수행자'(三乘人)가 '깨달음을 향해 마음을 일으킴'(發心) 이후로 '[견도見道 이전

---

858 삼승종성三乘種性: 종성種性의 범어인 'gotra'에는 소우리(cow-shed), 울타리 치는 것(enclosure), 장애물로 울타리 쳐진 가족(family enclosed by the hurdle), 가족의 이름(family name), 종족(tribe) 등의 뜻이 있다. 범어 'gotra'가 종성種姓이라고도 한역되는 까닭을 살펴볼 수 있다. Sanskrit-English Dictionary, p.364 참조. 삼승종성三乘種性은 『능가경楞伽經』 계통에서 설정하는 오종종성五種種性인 성문승종성聲聞乘種性·연각승종성緣覺乘種性·여래승종성如來乘種性(菩薩乘種性)·부정종성不定種性·무종성無種性에서 부정종성不定種性과 무종성無種性을 제외한 세 가지 종성을 말한다. 『대승입능가경大乘入楞伽經』 권2에서 "大慧, 有五種種性, 何等爲五? 謂聲聞乘種性, 緣覺乘種性, 如來乘種性, 不定種性, 無種性."(T16, 597a29~b2)이라고 말하는 것과 같다. 『대반야바라밀다경大般若波羅蜜多經』 권130(T5, 709b6 이하)에서는 종성種性을 성문종성聲聞種性·독각종성獨覺種性·보살종성菩薩種性의 세 가지로 나누면서 보살종성菩薩種性에 대해 "菩薩種性補特伽羅, 亦依如是甚深般若波羅蜜多精勤修學, 超諸聲聞及獨覺地, 證入菩薩正性離生, 復漸修行證得無上正等菩提."(T5, 709b10~13)라고 하여, 보살종성은 성문聲聞과 독각獨覺의 경지를 넘어서 보살도菩薩道인 정성리생正性離生(見道)에 증입證入하고 점차 수행하여 무상정등보리無上正等菩提를 증득한다고 설명하므로, 대체로 삼승종성은 성문·연각·보살의 경지 차이를 뭉뚱그려 표현하는 용어라고 하겠다. 오종종성 각각에 관한 자세한 설명은 이미 간행한 『열반종요』(세창출판사, 2019), pp.344~346 참조.

의 단계에서] 가장 뛰어난 수준의 수행'(世第一法) 이하에 이르기까지 그 [각 단계의] '수단과 방법'(方便)에 따라 '적합한 수행'(如行)을 닦는 것이다.

"至得"者, 第四果位修住, 謂三乘人入見道位, 方始至得出世果故. "有住[859]"第五, 謂三乘人, 在修道位, 未至所望, 作功用故. "無作"第六, 謂三乘人, 至無學位, 已果所得, 息作用故.

[H1, 833b2~7; X48, 170b13~16]

"[견도見道에] 이르러 [세간에서 풀려나는 결과를] 얻음"(至得)이라는 것은 넷째인 '결과의 단계[인 견도見道]에서 닦아 머무르는 것'(果位修住)이니, '[성문聲聞·연각緣覺·보살菩薩, 이] 세 부류 수행자'(三乘人)가 '[진리다운] 이해를 밝히는 수행 단계'(見道位)에 들어가 마침내 처음으로 '세간에서 풀려나는 결과'(出世果)에 이르러 [그 결과를] 얻은 것이다. "[수도修道에서 아직 불변·독자의 본질/실체관념으로] 작용함이 있음"(有作)이라는 것은 다섯째 [단계]이니, '[성문聲聞·연각緣覺·보살菩薩, 이] 세 부류 수행자'(三乘人)가 '[선정을 토대로 이해를] 거듭 익혀 가는 수행 단계'(修道位)에서 아직 소망하는 것[인 무학위無學位]에 이르지 못하여 [불변·독자의 본질/실체관념으로] 작용함(功用)을 일으키는 것이다. "[무학위無學位에서 더 이상 불변·독자의 본질/실체관념으로] 작용함이 없음"(無作)이라는 것은 여섯째 [단계]로서 '[성문聲聞·연각緣覺·보살菩薩, 이] 세 부류 수행자'(三乘人)가 '[더 이상] 배울 것이 없는 단계'(無學位)에 이른 것이니, 이미 결과(果)[인 무학위無學位]를 얻어 [불변·독자의 본질/실체관념으로] 작용함(作用)을 그친 것이다.

"意"者, 第七勝德位修住, 得六道隨意轉故. 此位通前學無學也.

[H1, 833b7~8; X48, 170b16~17]

---

859 『중변분별론』 원문에 따라 '住'를 '作'으로 교감한다.

“[육신통六神通을 얻어] 뜻[에 따라 몸을 바꾸어 감]”(意)이라는 것은 일곱째인 ‘탁월한 능력을 지닌 단계에서 닦아 머무르는 것’(勝德位修住)이니, ‘[지옥地獄·아귀餓鬼·축생畜生·아수라阿修羅·인人·천天,] 이 여섯 가지 미혹세계’(六道)에서 뜻(意)에 따라 [몸을] 바꾸어 갈 수 있는 것이다. 이 [‘육신통六神通을 얻어 뜻에 따라 몸을 바꾸어 가는’(意)] 단계는 앞의 [지득위至得位(見道)와 유작위有作位(修道)인] ‘[아직] 배워야 할 것이 있는 [단계]’(學)와 [무작위無作位인] ‘[더 이상] 배워야 할 것이 없는 [단계]’(無學)에 [모두] 통하는 것이다.[860]

---

860 ‘뜻에 따라 몸을 바꾸어 가는’(隨意轉) 의생신意生身과 의위意位의 위상: 『중변분별론』의 해석(釋)에서는 의위意位(勝德位)에 관해 “求行得六神通人”이라고 하여 육신통六神通을 얻은 단계로 설명했다. 본문에서 원효는 이 육신통의 개념에 ‘뜻에 따라 몸을 바꾸어 가는’(隨意轉) 의생신意生身의 뜻을 결부하여 설명하는 것으로 보인다. 육신통 중에 특히 신경지견작증통神境智見作證通의 경우는 일체종一切種의 신업身業을 자재自在하게 나타내 보여 주는 무치지견성無癡智見性 및 이것에 상응하는 선정禪定(等持)의 마음(心)과 마음현상(心法)으로서 이러한 작용들이 대상세계(境界)를 크게 결정하는 것(‘위성취소수爲成就所須’ 역주 참조)이므로 의생신의 개념과 상통하는 측면이 있다. 원효의 『이장의』에서는 의생신의 개념에 관해 이승과 대승에 공통된 것으로 논의하는 대목을 찾아볼 수 있는데, 먼저 이승에 관해서는 “趣寂二乘, 已出三界, 受意生身”(H1, 811c17)이라고 하여 ‘열반의 고요함에 나아가는 이승’(趣寂二乘)이 ‘뜻으로 태어나는 몸’(意生身)을 받는다고 하고 대승에 관해서는 “於十地中七地菩薩, 由行勢力故, 伏斷種子, 捨此身已, 受意生身”(H1, 812a3~4)이라고 하여 제7 원행지遠行地의 보살이 종자를 복단伏斷하고 나면 의생신을 받는다고 한다. 『이장의』에서 경증으로 인용되는 『승만경』 권1에서는 “無明住地緣無漏業因, 生阿羅漢辟支佛大力菩薩三種意生身”(T12, 220a16~18)이라고 하여 아라한阿羅漢·벽지불辟支佛·대력보살大力菩薩의 삼종의생신三種意生身을 제시하면서 이 의생신은 무명주지無明住地가 무루업無漏業이라는 원인(因)을 조건으로 삼아 생겨나게 한다고 설명한다. 의생신은 무루업을 원인으로 삼지만 무명주지로부터 생겨난 것이기도 하다는 한계를 지닌다. 이와 관련하여 『승만경』의 같은 곳에서는 “如是有愛住地數四住地, 不與無明住地業同. 無明住地異離四住地, 佛地所斷”(T12, 220a20~21)이라고 하여 삼계三界 내의 욕계주지欲界住地·색계주지色界住地·무색계주지無色界住地·통상무명주지通相無明住地의 유애수사주지有愛數四住地는 유루有漏의 업인業因을 반연하고 삼계 밖의 무명주지는 무루無漏의 업인業因을 반연하므로 유애수사주지와 무명주지는 다르며, 그런 점에서 의생신을 생겨나게 하는 무명주지는 아라한·벽지불·대력보살에 의해서가 아니라 오로지 불지佛地에서만 끊는다고 설명한다. 그러므로 원효의 설명처럼 의생신의 단계인 의위意位는 유학위有學位와 무학위無學位(佛地)에 모두 통한다고 할 수 있다. 한편 『중변분별론』에서는 공통위共通位의 일곱 단계에서 ⑦의위意位가 ⑥부작위不作位보다 뒤의 순서로 배치되어 과지果地인 부작위에서 승덕勝德을 얻은 단계로 논의되어 있고 아울러 사위四位 중에서 동시위同時位의 세 단계에 해당하는 지위至位·공덕위功德位·작사위作事位 역시 순서대로 법신法身·응신應身(受用身)·화신化身으로 설명되는 문맥에 따르자면, 『중변분별론』에서는 대체로 ⑥부작위 다음 순서에 있는 ⑦의위를 응·화신의 단계로 보아 ⑥부작위와 동등한 단계로서 제시한다고 이해할 수도 있겠다. 본문 번역에서는 원효의 관점에 따랐다.

"第二段中, 略立二位. 言"有上"者, 地前菩薩依不共行, 已趣二乘一切位地, 對彼二乘, 無增上德. 顯此菩薩, 有增上行, 故名"有上". 然此上行未是究竟, 其勝行有上可修, 故名"有上". 依此二義, 立有上位. 何故但立地前位者? 爲顯菩薩在凡位時, 已超二乘聖果位故.

[H1, 833b9~15; X48, 170b18~22]

나. [삼승三乘에] 공통되지 않는 단계를 세움(立不共位)

['네 가지 단계를 하나씩 드러내는 것'(別顯四位)의] 두 번째 문단[인 '삼승三乘에 공통되지 않는 단계를 세우는 것'(立不共位)]에서는 간략히 '[유상위有上位·무상위無上位, 이] 두 가지 단계'를 세운다. "[이승二乘의 무학위無學位를 넘어섰지만] 아직 더 높은 경지가 있는 [대승 초지初地 이전의 단계]"(有上)라고 말한 것[은 다음과 같은 뜻이다.] '[대승의 열 가지] 본격적인 수행경지 이전의 보살'(地前菩薩)은 '[삼승三乘에] 공통되지 않는 수행'(不共行)에 의거하여 '[성문聲聞·연각緣覺] 두 부류가 수행하는 모든 단계의 경지'(二乘一切位地)에 이미 나아갔기에 저 '[성문聲聞·연각緣覺] 두 부류의 수행자'(二乘)에 대비해서는 '더 향상해 가야 할 능력'(增上德)이 없다. 이 [지전地前의] 보살이 [이승二乘보다] '향상된 수행'(增上行)[861]을 지니고 있음을 드러내기 위해 "[이승二乘보다] 높은 경지에 있는 [단계]"(有上)라고 부른다. 그런데 이 '[이승二乘보다] 높은 경지의 수행'(上行)이 아직 '궁극적 [경지]'(究竟)는 아니어서 그 [궁극적 경지로 향하는] '탁월한 수행'(勝行)들에는 닦아야 하는 [더] 높은 경지가 있기 때문에 "[아직] 더 높은 경지가 있는 [단계]"(有上)라고 부른다. [이승보다 더 높

861 지전보살地前菩薩의 증상행增上行: 『이장의』에서 원효는 이승치도위二乘治道位를 밝히면서 "若就人法二執本末相依生門, 一切二乘, 於煩惱障, 唯是折伏, 而非永斷. 所以然者, 無廣大心, 不證法空, 由是不拔煩惱本故."(H1, 808b5~9)라고 하여, 이승 수행의 한계에 대해 단적으로 법공法空을 증득하지 못하는 것이라고 설명한다. 인법이집人法二執이 본말 관계로 서로 의존하는 측면에서 보자면 모든 이승은 번뇌장煩惱障을 억제할 뿐 완전히 끊지는 못하는데, 왜냐하면 이승은 자慈·비悲·희喜·사捨의 광대심廣大心이 없어 법공을 증득하지 못하기 때문에 번뇌장의 뿌리까지 끊지는 못한다는 것이다. 대승의 견도見道 정관正觀은 지전地前 수행을 통해 인법이공人法二空을 증득하는 것이므로 지전보살은 이승보다 증상행을 지니는 것이 된다.

은 경지에 있음과 아직 더 높은 경지가 있음」 이 두 가지 뜻에 의거하여 '[이승二乘의 무학위無學位를 넘어섰지만] 아직 더 높은 경지가 있는 [대승 초지初地 이전의] 단계'(有上位)를 세운 것이다.

[초지初地 이후부터 여래지如來地 이전까지에도 각 단계들마다 더 높은 경지가 있기 마련인데,] 어찌하여 단지 '[대승의 열 가지] 본격적인 수행경지 이전의 단계'(地前位)만을 [유상위有上位로] 세우는 것인가? 보살이 '범부의 단계'(凡位)[862]에 있을 때 이미 '[성문聲聞·연각緣覺] 두 부류의 수행자가 성인의 결과에 이른 단계'(二乘聖果位)를 넘어섰음을 드러내기 위한 것이다.

> 言"無上"者, 是如來地, 對諸菩薩. 雖過二乘, 而未究竟, 有上可修. 故立如來, 爲無上位, 究竟圓滿, 更無上故. 又此佛果, 最極上位, 能於我慢習氣永盡. 故於上相, 都無所在. 以之故, 名爲無上位. 如經頌曰, "上相無所有, 故號爲無上." 依此二義, 名無上位. 立有上者, 爲異二乘, 立無上者, 爲簡菩薩, 由此二義, 立不共位也.
>
> [H1, 833b15~24; X48, 170b22~c4]

"[대승에서도] 더 높은 경지가 없는 [여래如來의 단계]"(無上)라고 말한 것은 '여래의 단계'(如來地)이니, 모든 보살菩薩과 대비한 것이다. [보살의 경지는] 비록 '[성문聲聞·연각緣覺] 두 부류 수행자'(二乘)[의 경지]를 넘어섰지만 아직 '궁극 [경지]'(究竟)는 아니어서 닦아야 하는 [더] 높은 경지가 있다. 그러므로 여래如來[의 경지]를 세워 '더 높은 경지가 없는 단계'(無上位)로 삼은 것이니, [여래의 경지는] 궁극적으로 완전하여 다시 [더] '높은 경지가 없는 [단계]'(無上)이기 때문이다. 또 이 '부처가 된 결과'(佛果)는 가장 높

862 범위凡位(凡夫位): 수행의 세 단계인 범부위凡夫位·유학위有學位·무학위無學位 중의 하나이다. 보살 수행에서 십신十信·십주十住·십행十行·십회향十廻向의 40심四十心에 해당하는 단계이므로 지전위地前位에 일치한다. '세 단계의 수습대치修習對治' 역주 참조.

은 단계이어서 '[남과 비교하여] 자기를 높이는 마음'(我慢)[863]의 '누적된 경향성'(習氣)[864]을 완전히 없앨 수 있다. 그러므로 [가장 높은 단계에서는] '[남과 비교하여] 높다는 생각'(上相)이 전혀 존재하지 않는다. 그러하기 때문에 '[더 이상] 높은 것이 없는 단계'(無上位)라고 부른다. 마치 경전(『화엄경華嚴經』)에서 게송으로 "'[남과 비교하여] 높다는 생각'(上相)이 있지 않기 때문에 '[더 이상] 높은 것이 없는 경지'(無上)라고 부른다"[865]라고 말한 것과 같다. [더 높은 경지가 없음과 [남과 비교하여] 높다는 생각이 없음,] 이 두 가지 뜻에 의거하여 '더 높은 경지가 없는 [여래如來의] 단계'(無上位)라고 부른다.

[불공위不共位에서] '[이승二乘의 무학위無學位를 넘어섰지만] 아직 더 높은 경지가 있는 [대승 초지初地 이전의 단계]'(有上)를 세운 것은 [보살菩薩을] '[성문聲聞·연각緣覺] 두 부류의 수행자'(二乘)와 구분하기 위해서이고, '[대승에서도] 더 높은 경지가 없는 [여래如來의

---

863 아만我慢: 제7말나식末那識에 상응하는 사혹四惑인 아치我癡·아견我見·아만我慢·아애我愛 중 하나이다. 『성유식론成唯識論』 권4에서는 "此意任運恒緣藏識, 與四根本煩惱相應. 其四者何? 謂我癡我見并我慢我愛"(T31, 22a26~27)라고 하여 제7말나식(意)은 늘 제8아뢰야식阿賴耶識(藏識)을 반연하여 네 가지 근본번뇌와 상응한다고 한다. 또 같은 곳에서는 아만에 관해 "我慢者謂倨傲, 恃所執我, 令心高擧, 故名我慢."(T31, 22b1~2)이라고 하여, '거만하여 남을 업신여기는 것'(倨傲)으로서 집착된 자아(我)에 의거하여 마음을 '높이 들뜨게 하는 것'(高擧)이라고 설명한다.

864 습기習氣: 원효의 『이장의二障義』에서는 '정장正障과 습기習氣'(正習)의 개념에 의거하여 '장애의 본연'(障體)을 구별하면서 "就正習, 簡障體者. 如上所說, 二障體性, 直碍聖道, 名爲正障, 由前數習, 滅後有氣髣髴相似."(H1, 793c15~17)라고 하여, 정장인 번뇌장煩惱障·소지장所知障의 이장二障에 대비되는 용어로서 습기를 설명한다. 이에 따르면 정장은 이장의 체성體性이 성도聖道를 곧바로 장애하는 것인 반면, 습기는 성도를 곧바로 장애하지는 못하지만 이전에 그 이장의 번뇌를 자주 익힌 것으로 말미암아 현행하던 이장의 번뇌가 사라진 후에도 그 기운이 방불상사髣髴相似하게 잠재적으로 남아 있는 것이다. 『성유식론成唯識論』 권8에서는 "然諸習氣, 總有三種."(T31, 43b2~3)이라고 하여 습기의 세 종류로 명언습기名言習氣(명언名言에 의한 누적된 경향성)·아집습기我執習氣·유지습기有支習氣(삼계三界를 초감招感하는 이숙업異熟業의 누적된 경향성)를 제시하는데, 이 중 아집습기에 관해 『성유식론』의 같은 곳에서는 "我執習氣, 謂虛妄執我我所種. 我執有二. 一俱生我執, 即修所斷我我所執. 二分別我執, 即見所斷我我所執."(T31, 43b6~9)이라고 설명한다. 이에 따르면 민지 아집습기는 자아(我)와 '자아 현상에 속하는 것'(我所)을 허망하게 집착하는 종자(種)로서, 아집의 두 종류 중 구생아집俱生我執은 수도修道에서 끊어지고 분별아집分別我執은 견도見道에서 끊어진다. 이어서 "隨二我執所熏成種, 令有情等自他差別."(T31, 43b9~10)이라고 하여 중생들의 자타차별自他差別은 이 구생아집과 분별아집에 의해 훈성熏成되는 종자(種)에 따르기 때문이라고 설명한다. 따라서 본문의 아만습기我慢習氣는 습기의 세 가지 종류 중에서 아집습기에 속하는 것으로 보인다.

865 『대방광불화엄경大方廣佛華嚴經』 권8(T9, 444a23). "上相無所有, 故號爲無上."

단계]'(無上)를 세운 것은 [여래如來를] 보살菩薩과 구별하기 위해서이니, 이 두 가지 뜻에 의거하여 '[삼승三乘에] 공통되지 않는 단계'(不共位)를 세운 것이다.

> 第三段中, 安立六位. "願樂位"者, 謂在地前四十心位, 願證一道業, 修萬行故. 言"入位"者, 初地菩薩已入見道, 生佛家故. 言"出位"者, 謂次六地, 漸增修道, 出諸鄣故. "受記位"者, 謂第八地, 決定無退, 受佛記故. "說者位"者, 是第九地, 得無礙辨, 善說法故. "灌頂位"者, 是第十地, 菩薩行滿, 受佛位故, 記十方佛所放光明, 入菩薩頂, 以授佛位. 事同於王受位之時, 取四海水, 灌其頂故. 此六位者, 顯位階降有前後也.
>
> [H1, 833c1~11; X48, 170c5~12]

다. [깨달음 성취의 원인 되는 수행이어서] 앞과 뒤[의 순서가 있는] 단계를 세움(立前後位)

['네 가지 단계를 하나씩 드러내는 것'(別顯四位)의] 세 번째 문단[인 '앞과 뒤의 순서가 있는 단계를 세움'(立前後位)]에서는 '여섯 단계'(六位)를 세운다. [첫 번째인] "[견도見道 이전에서 깨달음을 얻기를] 원하여 즐겁게 [수행하는] 단계"(願樂位)라는 것은 '[대승의 열 가지] 본격적인 수행경지 이전'(地前)의 '[십신十信·십주十住·십행十行·십회향十廻向, 이] 40가지 마음'(四十心)[을 닦는 단계]인 것이니, '하나처럼 통하는 진리를 증득하는 행위'(證一道業)들을 원하여 '온갖 수행'(萬行)들을 닦는 것이다. [두 번째인] "[견도見道에] 들어간 단계"(入位)라고 말한 것은 '[대승 십지十地의] 첫 번째 경지의 보살'(初地菩薩)이 이미 '[진리다운] 이해를 밝히는 수행'(見道)에 들어가 '부처가 되는 가문'(佛家)에서 태어난 것이다.[866]

---

866 입견도入見道와 생불가生佛家: 본문에서 견도見道에 들어가 불가佛家에서 태어난다는 것과 거의 동일한 문맥을 『섭대승론攝大乘論』 권2에서 찾아볼 수 있는데, "得入初歡喜地, 善通達法界, 得生十方諸佛如來家."(T31, 123b18~19)라고 하여 초환희지初歡喜地에 들어가 법계法界를 통달하여 시방의 제불여래가諸佛如來家에서 태어난다는 것이다. 『섭대승론』의 이 대목을 주석하는 『섭대승론석攝大乘論釋』 권8에서는 특히 불가에서 태어난다는 것과 관련하여 "佛子有五義. 一願樂無上乘爲種子, 二以般若爲母, 三以定爲胎, 四以大悲爲乳母, 五以諸佛爲父. 由此等義故, 說得生佛家."(T31, 206b17~20)라고 설명한다. 이에 따르면 불가佛家에서 태어나 불자佛子가 되기 위해서

[세 번째인] "벗어나는 단계"(出位)라고 말한 것은 [초지初地] 다음의 '여섯 가지 경지'(六地)[인 제2이구지離垢地·제3명지明地·제4염지焰地·제5난승지難勝地·제6현전지現前地·제7원행지遠行地]에서 '[선정을 토대로 이해를] 거듭 익혀 가는 수행'(修道)을 점차 증가시켜 모든 장애에서 벗어나는 것이다.[867] [네 번째인] "부처가 되리라는 보증을 받는 단계"(受記位)라는 것은 '[십지十地의] 여덟 번째 경지'(第八地)[인 부동지不動地]에서 확실하게 퇴보함이 없게 되어 '부처가 되리라는 보증'(佛記)을 받는 것이다.[868]

[다섯 번째인] "설하는 자의 단계"(說者位)라는 것은 '[십지十地의] 아홉 번째 경지'(第九地)[인 묘혜지妙慧地(善慧地)]에서 '걸림 없는 언어능력'(無礙辨)을 얻어 '진리의 가르침'(法)을 잘 설하는 것이다.[869] [여섯 번째인] "정수리에 비치는 단계"(灌頂位, 灌位)라는 것은 '[십지十地의] 열 번째 경지'(第十地)[인 법운지法雲地]에서 '보살의 수행'(菩薩行)이 충족되어 '부처의 지위'(佛位)를 받는 것이니, 모든 곳의 부처님들이 보증하여 비추는

는 다섯 가지 면모가 갖추어져야 하는데, 무상승無上乘(佛乘)을 원락願樂하는 것이 종자種子이고 반야般若(慧)가 어머니(母)이며 선정(定)이 모태(胎)이고 대비大悲가 유모乳母이며 제불諸佛이 아버지(父)라는 것이다.

867 제2지~제7지에서의 출제장出諸障: 『보살영락본업경菩薩瓔珞本業經』 권1에서는 제2지~제7지에서 벗어나는 장애들에 관해 다음과 같이 설명한다. "離忍伏人中業道, 明忍伏六天業道, 焰忍伏諸見業道, 勝忍伏疑見業道, 現忍伏因業道, 無生忍伏果業道."(T24, 1016b18~20) 이에 따르면 제2이구지離垢地(離忍)에서는 인중업도人中業道를, 제3명지明地(明忍)에서는 육천업도六天業道를, 제4염지焰地(焰忍)에서는 제견업도諸見業道를, 제5난승지難勝地(勝忍)에서는 의견업도疑見業道를, 제6현전지現前地(現忍)에서는 인업도因業道를, 제7원행지遠行地(無生忍)에서는 과업도果業道를 제압한다.

868 제8지와 수불기受佛記: 『보살영락본업경菩薩瓔珞本業經』 권2에서는 제8부동지不動地에 관해 "自見己身當果, 諸佛摩頂說法, (중략) 故名不動地."(T24, 1018a20~22)라고 하여, '자기 몸이 누리게 될 과보'(己身當果)를 스스로 보고 모든 부처님이 머리를 쓰다듬으며 부처가 되리라고 설법해 주는 단계라고 설명한다. 원효의 『본업경소本業經疏』 권하에서는 "〈自見己身當果, 諸佛摩頂說法〉者, 己身相續所成當果."(H1, 507b8~9. '〈 〉' 표시는 해당 인용 경문을 가리킴)라고 하여, 『보살영락본업경』의 해당 문장은 제8부동지 보살 자신의 몸이 상속하여 '미래의 과보'(當果)인 불과佛果를 이루게 될 것에 관한 내용이라고 설명한다.

869 제9지와 무애변無礙辨: 『보살영락본업경菩薩瓔珞本業經』 권1에서는 "九入法際智, 所謂四十辯才."(T24, 1015b13)라고 하여 제9묘혜지妙慧地(善慧地)를 입법제지入法際智를 갖춘 경지라고 달리 부르면서 40가지 다양한 언어능력(辯才)을 얻는다고 설명한다. 이에 관해 원효는 『본업경소』 권하에서 "〈九入法際智, 所謂四十辨才〉者, 以諸辨才, 巧入諸法差別邊際."(H1, 498c3~4. '〈 〉' 표시는 해당 인용 경문을 가리킴)라고 하여, 제9묘혜지는 갖가지 언어능력(辨才)을 갖춤으로써 '모든 현상의 차별된 세계'(諸法差別邊際)에 걸림 없이 들어가는 단계라고 설명한다.

광명이 보살의 정수리로 들어감으로써 '부처의 지위'(佛位)를 주는 것이다.[870] [제10지에서 일어나는 이러한] 일은 [세상의] 임금이 왕위를 받을 때 사방 바다의 물을 취하여 그 정수리에 붓는 것과 같다.[871] 이 '[원락위願樂位·입위入位·출위出位·수기위受記位·설자위說者位·관정위灌頂位의] 여섯 단계'(六位)는 '수행 단계의 높낮이'(位階降)에 '앞뒤[의 순서]'(前後)가 있음을 드러낸다.

> 第四段中, 安立三位. 言"至位"者, 果地法身, 從自往來, 到至得故. "功德位"者是受用身, 依萬行功, 受萬德故. "住[872]事位"事者是變化身, 遍十方界, 化八相故. 此三住者, 顯果差別, 無前後也. 言"已說"者, 第三總結也.
>
> [H1, 833c12~17; X48, 170c13~16]

라. [깨달음 성취의 결과로서 갖추는 갖가지 능력이어서] 동시인 단계를 세움(立同時位)

['네 가지 단계를 하나씩 드러내는 것'(別顯四位)의] 네 번째 문단[인 '동시인 단계를 세움'(立同時位)]에서는 '세 단계'(三位)를 세운다. "[결과에] 도달하여 [법신法身을] 얻는 단계"(至位)라고 말한 것은 '궁극적 결과에서의 진리 몸'(果地法身)[을 얻는 단계]이니, [수행자가] 스스로 [수행 단계에 따라] 왕래해 오다가 '[결과에] 도달하여 [법신法身을] 얻는 단계'(至得)

---

870 제10지와 관정灌頂: 『보살영락본업경菩薩瓔珞本業經』 권1에서는 "十無礙智觀, 所謂無量法雲雨澍, 及一切衆生"(T24, 1015b18~19)이라고 하여, 제10법운지法雲地를 무애지관無礙智觀을 갖춘 경지라고 달리 부르면서 무량법운우無量法雲雨가 내려 모든 중생에까지 미친다고 설명한다. 본문에서 '시방불이 보증하여 비추는 광명'(記十方佛所放光明)이 보살의 정수리로 들어간다는 내용에 호응하는 문맥이라고 하겠다. 이어서 같은 곳에서는 "二習無明, 今已盡滅, 受大職位."(T24, 1015b19)라고 하여 색色·심心에 거듭 영향을 주는 이습무명二習無明이 이미 진멸盡滅하여 대직위大職位를 받는다고 설명하는데, 이 대직위가 또한 본문의 불위佛位와 호응하는 것으로 보인다.

871 왕위 계승 의식인 관정灌頂: 아함 계통의 『대반열반경大般涅槃經』 권3에서 병이 위독해진 왕이 목숨이 다한 것을 알고서 태자를 왕으로 세우기 위해 사람들이 모인 자리에서 사해수를 태자의 정수리에 부었다는 기사를 전하는데, 관정灌頂의 풍습은 고대 인도의 전통이었던 것으로 보인다. 해당 경문은 다음과 같다. "王得篤疾, 自知命盡, 即立太子, 而以爲王. 集餘大臣及婆羅門長者居士, 以四海水, 灌太子頂."(T1, 202c22~24)

872 『중변분별론』의 게송 원문에 따라 '住'를 '作'으로 교감한다.

에 이른 것이다. "[온갖 수행으로 인한] 이로운 능력[을 누리는 응신應身(受用身)]의 단계"(功德位)라는 것은 '[이로운 능력을] 누리는 몸'(受用身)[을 얻는 단계]이니, '온갖 수행의 힘'(萬行功)에 의해 '온갖 이로운 능력'(萬德)을 누리는 것이다. "[석가모니 부처님이 여덟 가지] 현상을 지어내는 [화신化身(變化身)] 단계"(作事位)에서의 '현상(事)'이라는 것은 '[중생에 응하여 갖가지 모습으로] 나타나는 몸'(變化身)[을 얻는 단계]이니, 모든 세계에 두루 펼쳐져서 '여덟 가지 모습'(八相)[873]을 나타내는 것이다. 이 '[지위至位·공덕위功德位·작사위作事位, 이] 세 가지로 머무른다'(三住)는 것은 '[궁극적인] 결과[의 경지]에서 생겨나는 [세 가지] 차이'(果差別)를 드러낸 것이어서 앞뒤[의 순서]가 없다.

③ 총괄적으로 마무리함(總結)

"이미 설명했네"(已說)라고 말한 것은 [수행에 의거하여 네 가지 단계의 차이를 세우는 것'(依修行, 立四位差別)의] 세 번째인 '총괄적으로 마무리하는 것'(總結)이다.

釋中有三. 一者, 擧數總標. 二者, 牒數別解, 於中次第, 釋十八位. 第七中言"勝德位"者, 是釋頌中"意"字, 由有勝德, 得如意故. 第八中言"過聲聞等位"者, 是約有增上行之義, 釋"有上"名. "未入初地菩薩"有,[874] 約有其上可進之義, 釋"有上"名也. 釋"無上"中, 唯約一義, 釋"無上"也. 此餘釋文, 准前可解. "一切"以下, 第三總結, 卽釋頌中"已說"文也.

[H1, 833c18~834a3; X48, 170c17~23]

---

873 팔상八相: 부처님이 일생 동안 중생을 교화하는 여덟 가지 모습을 말한다. 석가팔상釋迦八相, 팔상성도八相成道 등이라고도 한다. 도솔천兜率天에서 가비라국迦毗羅國(카필라성)으로 내려오는 모습인 ①강도솔상降兜率相, 어머니 마야부인摩耶夫人의 오른쪽 옆구리로 들어가는 모습인 ②탁태상託胎相, 남비니원嵐毘尼園(룸비니동산)에서 마야부인의 오른쪽 옆구리로 나오는 모습인 ③강생상降生相, 19세에 사문유관四門遊觀의 사건 이후 출가하는 모습인 ④출가상出家相, 보리수 아래에

※【2송 1구에 관한】해석(釋)

[2송 1구에 관한] 해석(釋)에는 세 가지가 있다. 첫 번째 [문단][875]에서는 숫자를 들어 [모든 단계가 18가지라고] 총괄적으로 제시한다. 두 번째 [문단][876]에서는 숫자를 제시하면서 하나씩 해석하니, 여기에서는 순서대로 18가지 단계를 해석한다. 일곱 번째에서 "탁월한 능력을 지닌 단계"(勝德位)라고 말한 것은 게송에서 "[육신통六神通을 얻어] 뜻[에 따라 몸을 바꾸어 갈 수 있는 단계]"(意)라는 글자를 해석한 것이니, '탁월한 능력'(勝德)을 지님으로 말미암아 뜻대로 [몸을 바꾸어 가는 것을] 할 수 있기 때문이다. [불공위不共位에 속하는] 여덟 번째에서 "'[가르침을] 들어서 [혼자] 부처가 되려는 수행자'[와 독각獨覺, 이 이승二乘]의 단계를 넘어섰다"(過聲聞等位)라고 말한 것은 [지전보살地前菩薩에게는] '[아직] 향상시킬 수행이 있다'(有增上行)는 뜻에 의거하여 "아직 더 높은 경지가 있다"(有上)는 말을 해석한 것이다. [그리고] "아직 '[대승 십지十地의] 첫 번째 경지'(初地)에 들어가지 못한 보살"(未入初地菩薩)이라는 것은 그 [지전보살地前菩薩의 단계보다 더] 높은 경지로 나아가야 할 것이 있다는 뜻에 의거하여 "아직 더 높은 경지가 있다"(有上)는 말을 해석한 것이다. [아홉 번째,] "[대승에서도] 더 높은 경지가 없는 [부처님의 단계]"(無上)를 해석하는 것에서는 오로지 ['이후로 별도의 단계가 없다'(後無別位)는] 하나

서 수도할 때 마왕 파순의 방해를 물리치는 모습인 ⑤항마상降魔相, 마왕을 물리치고 입정入定하여 무상도無上道를 이루는 모습인 ⑥성도상成道相, 범천梵天의 청을 받아 녹야원鹿野園에서 설법하기 시작하는 모습인 ⑦설법상說法相, 교화한 지 45년이 지나 구시나성拘尸那城(쿠시나가라)에서 입멸하는 모습인 ⑧열반상涅槃像의 여덟 가지이다. 『대승기신론소·별기』 상권(세창출판사, 2019), p.270 참조.

874 문맥에 따라 '有'를 '者'로 교감한다. 한불전 교감주에는 "'有'는 잉자剩字인 듯하다"라고 되어 있다.

875 해당하는 문장은 "修住位有十八"이다.

876 해당하는 문장은 "何者十八? 一因位修住, 若人已住自性中. 二入位修住, 已發心. 三行位修住, 從發心後未至果. 四果位修住, 已得時. 五有功用位修住, 有學聖人. 六無功用位修住, 無學聖人. 七勝德位修住, 求行得六神通人. 八有上位修住, 過聲聞等位, 未入初地菩薩人. 九無上位修住, 諸佛如來. 此位後無別位故. 十願樂位修住, 諸菩薩人, 一切願樂行位中. 十一入位修住者, 初菩薩地. 十二出離位修住, 初地後六地. 十三受記位修住, 第八地. 十四能說師位修住, 第九地. 十五灌頂位修住, 第十地. 十六至得位修住, 諸佛法身. 十七功德位修住, 諸佛應身. 十八作事位修住, 諸佛化身."이다.

의 뜻에 의거하여 "더 높은 경지가 없다"(無上)[는 말]을 해석한 것이다. 이 나머지 해석 문장들은 앞[의 게송에 관한 주석]에 따라 [어렵지 않게] 이해할 수 있다. "모든"(一切) 이하의 세 번째 [문단][877]에서는 총괄적으로 마무리하니, 바로 게송 중의 "이미 설명했네"(已說)라는 문장을 해석한 것이다.

(2) **현상세계에 의거하여 세 가지 단계의 차이를 밝힘**(約法界, 明三位不同/明法界位)

[三句釋] 今但略說.

[三句頌] 法界復有三. 不淨不淨淨, 清淨如次第.

[三句釋] 若略說, 此位有三. 一不淨位住者, 從因位乃至行住. 二不淨淨位住者, 有學聖人. 三清淨位住, 無學聖人.

[T31, 459c18~22]

【3구의 게송에 관한 해】

지금 단지 [세 가지 단계로] 간략하게 설명한다.

【3구의 게송】

현상세계(法界)[에 의거하여 구분하는 단계]에는 또한 세 가지가 있네. '온전하지 못함[의 단계]'(不淨)와 '온전하지 못함과 온전함[이 섞여 있는 단계]'(不淨淨) 및 '온전함[의 단계]'(清淨), [이 세 가지의] 순서대로이네.

【3구의 게송에 관한 해석】

만약 간략하게 설명한다면 이 [현상세계(法界)에 의거하여 구분한] 단계에는

---

877 해당하는 문장은 "一切諸住無量應知."이다.

세 가지가 있다. 첫 번째인 '온전하지 못한 단계에 머무름'(不淨位住)이라는 것은 '[아직 깨달음의 본연(自性)에 머물러 있는] 원인의 단계'(因位)부터 '[견도見道에 들어가기 위해] 수행하는 [단계]'(行[位])에 이르기까지에 머무르는 것이다. 두 번째인 '온전하지 못함과 온전함이 섞여 있는 단계에 머무름'(不淨淨位住)이라는 것은 '[아직] 배워야 할 것이 있는 성인'(有學聖人)[의 단계]이다. 세 번째인 '온전한 단계에 머무름'(淸淨位住)은 '[더 이상] 배울 것이 없는 성인'(無學聖人)[의 단계]이다.[878]

> 此下, 第二明法界位. 初句總標, 下卽別顯. 眞如法界, 自性無染, 但依客塵, 以顯三位, 故言"法界復有三"也. 言"不淨"者, 在凡夫位, 於諸或[879]種, 無所斷故. "不淨淨"者, 有覺[880]聖位, 修或未盡, 見或盡故. 言"淸淨"者, 在無覺[881]位, 見修二或究竟滅故. "如次第"者, 是總結也.
>
> [H1, 834a4~10; X48, 170c24~171a4]

이 아래는 ['단계의 특징들을 하나씩 밝히는 것'(別明位相)의] 두 번째인 '현상세계에 의거한 단계'(法界位)들을 밝히는 것이다. 첫 번째 구절[882]에서는 [세 가지 단계가 있음을]

---

878 법계法界에 의거한 세 단계: 아래 원효의 주석에서 "前四位中, 約初共位, 釋三差別."이라고 설명한 것에 따르면 지금 세 단계의 구분은 앞 2송 1구의 게송에서 논의되었던 사위四位(공통위共通位·불공위不共位·전후위前後位·동시위同時位) 중에서 첫 번째인 공통위에 의거한 것이다. 이를 표로 나타내면 다음과 같다.

법계의 세 단계	공통위의 일곱 단계
①부정위不淨位: 범부위凡夫位(견도見道 이전)	①인위因位, ②입위入位, ③행위行位
②부정정위不淨淨位: 유학성위有學聖位(견見·수도修道)	④지득위至得位, ⑤유작위有作位
③청정위淸淨位: 무학성위無學聖位(구경도究竟道)	⑥부작위不作位, ⑦의위意位

879 문맥에 따라 '或'을 '惑'으로 교감한다. 이 문단에서 다음에 세 번 나오는 或들도 모두 '惑'으로 교감한다.

880 문맥에 따라 '覺'을 '學'으로 교감한다.

881 문맥에 따라 '覺'을 '學'으로 교감한다.

882 해당하는 구절은 "法界復有三"이다.

총괄적으로 제시하고, 아래 [한 구절과 두 글자][883]에서는 곧바로 하나씩 드러낸다. '참 그대로인 현상세계'(眞如法界)는 본연(自性)에 오염(染)이 없지만 단지 '[번뇌에 매여] 생멸하는 현상세계'(客塵)[884]에 의거하여 '[부정위不淨位·부정정위不淨淨位·청정위淸淨位, 이] 세 가지 단계'(三位)를 드러내기 때문에 "현상세계[에 의거하여 구분하는 단계]에는 또한 세 가지가 있네"(法界復有三)라고 말하였다. "온전하지 못함[의 단계]"(不淨)라고 말한 것은 '범부의 단계'(凡夫位)에 있는 것이니, [아직] 갖가지 '번뇌의 종자'(惑種)들을 끊은 것이 없기 때문이다. "온전하지 못함과 온전함[이 섞여 있는 단계]"(不淨淨)라는 것은 '[아직] 배워야 할 것이 있는 성인의 단계'(有學聖位)이니, [아직] '[선정을 토대로 이해를] 거듭 익혀 가는 수행으로 끊어지는 번뇌'(修惑)는 사라지지 않았지만 '[진리다운] 이해를 밝히는 수행으로 끊어지는 번뇌'(見惑)는 사라졌기 때문이다. "온전함[의 단계]"(淸淨)라고 말한 것은 '[더 이상] 배울 것이 없는 단계'(無學位)에 있는 것이니, '[진리다운] 이해를 밝히는 수행으로 끊어지는 번뇌와 [선정을 토대로 이해를] 거듭 익혀 가는 수행으로 끊어지는 번뇌, [이] 두 가지 번뇌'(見修二惑)가 궁극적으로 없어졌기 때문이다. "[이 세 가지의] 순서대로이네"(如次第)라는 것은 총괄적으로 마무리한 것이다.

883 해당하는 구절은 "不淨不淨淨, 淸淨"이다.

884 객진客塵: 『수능엄경首楞嚴經』 권1에서는 교진나憍陳那가 객진 두 글자로 깨달음을 얻어 그 결과를 비유로 설명하고 이를 부처님이 인가하는 내용이 나오는데, 다음과 같다. "憍陳那起立白佛. 我今長老, 於大衆中, 獨得解名, 因悟客塵二字成果. 世尊, 譬如行客投寄旅亭, 或宿或食, 食宿事畢, 俶裝前途, 不遑安住. 若實主人, 自無攸往. 如是思惟, 不住名客, 住名主人. 以不住者, 名爲客義. 又如新霽淸暘, 昇天光入隙中, 發明空中諸有塵相, 塵質搖動, 虛空寂然. 如是思惟, 澄寂名空, 搖動名塵. 以搖動者, 名爲塵義. 佛言, 如是."(T19, 109c7~14) 이에 따르면 객진의 객客은 어딘가로 갈 필요가 없는 주인主人과 대비되어 숙식과 여장 때문에 늘 허둥거려 안주하지 못하는 나그네(行客)에 비유되고, 진塵은 고요한 허공虛空과 대비되어 맑게 갠 날씨에 갈라진 틈으로 들어온 빛에 의해 드러나는 공중의 먼지에 비유된다. 즉 객진은 나그네처럼 '머무르지 못하여'(不住) 먼지처럼 요동하는(搖動) 현상세계를 가리킨다. 번역은 본문에서 객진이 진여법계眞如法界의 상대어로 제시되는 것에도 의거했다.

> 釋中卽二. 先釋初句, "不淨"以下, 釋次二句. 前四位中, 約初共位, 釋三差別, 爲顯法界普通三乘. 是故不就餘門說也. 於此品內有二段中, 別明位相, 竟在於前.
>
> [H1, 834a11~16; X48, 171a5~8]

※【3구의 게송에 관한】 해석(釋)

[3구의 게송에 관한] 해석(釋)에는 두 가지가 있다. 먼저[885] [게송의] 첫 번째 구절[886]을 해석하고, "[첫 번째인] 온전하지 못한 [단계]"(不淨) 이하[887]에서는 [게송의] 다음 두 구절[888]을 해석한다. 앞의 [2송 1구에서 말한] '[공통위共通位·불공위不共位·전후위前後位·동시위同時位, 이] 네 가지 단계'(四位) 중에서 처음인 '[삼승三乘에] 공통되는 단계'(共位)[의 일곱 가지]에 의거하여 '[부정위不淨位·부정정위不淨淨位·청정위淸淨位, 이] 세 가지 [단계]의 차이'(三差別)를 [간략히] 해석한 것이니, [온전하지 못함(不淨)과 온전함(淨)이 섞여 있는] 현상세계(法界)는 '[성문聲聞·연각緣覺·보살菩薩, 이] 세 부류 수행자'(三乘)에 두루 통함을 드러내기 위해서이다. 그러므로 [공통위共通位를 제외한] 나머지 [세 가지] 측면에 의거하여 설명하지는 않았다. 이 단락(「수주품修住品」) 안에 있는 두 문단[인 별명위상別明位相과 약인총결約人總結] 중에서 '단계의 특징들을 하나씩 밝히는 것'(別明位相)을 여기에서 마친다.

885 해당하는 해석(釋)의 문장은 "若略說, 此位有三."이다.
886 해당하는 게송(頌)의 문장은 "法界復有三."이다.
887 해당하는 해석(釋)의 문장은 "一不淨位住者, 從因位乃至行住. 二不淨淨位住者, 有學聖人. 三淸淨位住, 無學聖人."이다.
888 해당하는 게송(頌)의 문장은 "不淨不淨淨, 淸淨如次第."이다.

2) [범부와 성인, 이] 수행자들에 의거하여 [수행 단계의 다양한 특징들을] 총괄적으로 마무리함(約人總結)

> [二句頌] 此中安立人, 應知如道理.
>
> [二句釋] 因此住別異故, 如道理應知, 諸凡聖別異安立. 此人者自性中住, 此人已入位, 如是等. 修住已說. 何者得果?
>
> [T31, 459c23~26]

【2구의 게송】

이 ['닦아 머무르는 단계'(修住)들]에서 [갖가지 범부凡夫와 성인聖人 단계의] 수행자들을 세우니, [닦아 머무르게 되는] 도리에 따라 [각각의 수행자들이 달리 세워지는 것을] 알아야 하네.[889]

【2구의 게송에 관한 해석】

이 '[닦아] 머무르는 단계'(住)들이 각각 다르기 때문에 [닦아 머무르게 되는] 도리에 따라 모든 범부(凡)와 성인(聖)들이 각각 다르게 세워짐을 알아야 한

---

889 수행자의 구분에 의거한 18위十八位의 배속: 견도見道 이전의 범부위凡夫位와 견도見道·수도修道에 있는 유학성위有學聖位, 그리고 견혹見惑·수혹修惑에서 모두 벗어난 무학성위無學聖位의 구분에 따라 18위 전체를 배속해 보면 다음과 같다. 예를 들어 범부凡夫의 단계가 공통위共通位에서는 세 가지로 세분되고 유학성인有學聖人의 단계가 전후위前後位에서는 다섯 가지로 세분되는 등 수행자에 의거한 단계들을 다각도로 조망해 볼 수 있다.

수행자	공통위(7)	불공위(2)	전후위(6)	동시위(3)
범부	①인위因位, ②입위入位, ③행위行位	⑧유상위有上位	⑩원락위願樂位	
유학성인	④지득위至得位, ⑤유작위有作位		⑪입위入位, ⑫출위出位, ⑬수기위受記位, ⑭설자위說者位, ⑮관위灌位	
무학성인	⑥부작위不作位, ⑦의위意位	⑨무상위無上位		⑯지위至位, ⑰공덕위功德位, ⑱작사위作事位

다. 이 수행자는 '[깨달음의] 본연'(自性)에 머물러 있[는 인위因位의 범부이]고 [다음의] 이 수행자는 이미 '[깨달음을 향해 마음을 일으킴에] 들어간 단계'(入位)[에 머물러 있는 범부라는 등으로 세우는 것]이니, 이러한 것들과 같[이 이후 단계의 수행자들을 각각 세우는 것이]다. '닦아 머무르는 단계'(修住)들을 이미 설명했다. 어떤 것이 '[수행으로] 얻은 결과'(得果)들인가?

此下半頌, 約人總結. "此中安立人"者, 隨此位, 別安立別人. "應知如道理"者, 勸知順理, 安立人也.

[H1, 834a16~18; X48, 171a8~10]

이 아래 절반의 게송에서는 [범부와 성인, 이] 수행자들에 의거하여 [수행 단계의 다양한 특징들을] 총괄적으로 마무리한다. "이 ['닦아 머무르는 단계'(修住)들]에서 [갖가지 범부凡夫와 성인聖人 단계의] 수행자들을 세운다"(此中安立人)라는 것은 이 단계(位)들에 따라 각각의 수행자들을 하나씩 세우는 것이다. "[닦아 머무르게 되는] 도리에 따라 [각각의 수행자들이 달리 세워지는 것을] 알아야 하네"(應知如道理)라는 것은 도리에 따라 수행자들을 세우는 것을 알아야 한다고 권유하는 것이다.

釋中有二. 先卽總釋, "此中[890]"以下, 別顯立相. 言"自性中住"者, 依第一位, 以顯初人. "此人已入住[891]"者, 是顯第二位中立人. "如是等"者, 例顯後位諸餘人也. "修位[892]已說, 何者得果"者, 結前生後也.

[H1, 834a18~23; X48, 171a10~14]

890 『중변분별론』 원문에 따라 '中'을 '人'으로 교감한다.
891 『중변분별론』 원문에 따라 '住'를 '位'로 교감한다.
892 『중변분별론』 원문에 따라 '位'를 '住'로 교감한다.

※【2구의 게송에 관한】 해석(釋)

[2구의 게송에 관한] 해석(釋)에는 두 가지가 있다. 먼저[893] 곧바로 총괄적으로 해석하고, "이 수행자는"(此人) 이하[894]에서는 '[수행자들을 각 단계에] 세우는 양상'(立相)을 하나씩 드러낸다. "'[깨달음의] 본연'에 머물러 있[는 인위因位의 범부이]다"(自性中住)라고 말한 것은 [공통위共通位의] 첫 번째 단계[인 인위因位]에 의거하여 첫 번째 수행자를 드러낸 것이다. "[다음의] 이 수행자는 이미 '[깨달음을 향해 마음을 일으킴에] 들어간 단계'[에 머물러 있는 범부]이다"(此人已入位)라는 것은 [공통위共通位의] 두 번째 단계[인 입위入位]에서 세워진 수행자를 드러낸 것이다. "이러한 것들과 같[이 이후 단계의 수행자들을 각각 세우는 것이]다"(如是等)라는 것은 [인위因位와 입위入位의 두 수행자를] 예로 들어 이후 단계의 나머지 모든 수행자들을 드러낸 것이다. "'닦아 머무르는 단계'들을 이미 설명했다. 어떤 것이 '[닦아] 얻은 결과'(得果)들인가?"(修住已說. 何者得果)라는 것은 앞[의 「수주품修住品」]을 마무리하고 뒤[의 「득과품得果品」]을 일으키는 것이다.

893 해당하는 문장은 "因此住別異故, 如道理應知, 諸凡聖別異安立."이다.
894 해당하는 문장은 "此人者自性中住, 此人已入位, 如是等."이다.

6. 「득과품得果品」 – '[닦아] 얻은 결과에 관한 단원'

1) 결과의 양상을 하나씩 드러냄(別顯果相)

(1) [열 가지] 원인에 상대하여 다섯 가지 결과의 차이를 밝힘(對因以明五果不同)

「得果品」第六

[第一頌] 器果及報果, 此是增上果, 愛樂及增長, 清淨果次第.

[第一釋] 器果者, 果報與善根相應. 報果者, 器果增上故, 善根最上品. 愛樂果者, 宿世數習故, 愛樂善法. 增長果者, 現世數習功德善根故, 善根圓滿. 清淨果者, 滅離諸障. 此位果有五種次第應知. 一者報果, 二者增上果, 三者隨流果, 四功用果, 五相離果.

[T31, 459c27~460a6]

【첫 번째 게송】

[수행으로 얻은 결과들은] [첫 번째는] '[부처가 되는 길에 오를 만한] 그릇이 된 결과'(器果)[895]이고 [두 번째는] '[부처가 될 만한 그릇이 된 후 수행하여] 과보로서 얻게 된 결과'(報果)이니 이것은 '[이로운 능력을] 향상시킨 결과'(增上果)[896]이며, [세 번

---

895 기과器果: 아래 제1석에서는 "器果者, 果報與善根相應."이라고 하여 과보가 선근善根에 상응하게 된 것이라고 설명한다. 기과에 관한 아래 원효의 주석에서는 "初中言器果者, 是果報果, 宿習善根所得果報. 順修善行, 爲受道器, 故名器果."라고 하여 기과라는 것은 과보과果報果로서 오랜 세월 동안 선근을 익혀 얻은 과보이고, 선행善行을 닦는 것에 따라 도기道器를 받게 되기 때문에 기과라 부른다고 설명한다.

896 증상과增上果로서의 보과報果와 기과器果로서의 보과報果. 게송에서는 제2과를 보과와 증상과라는 두 가지 명칭으로 제시한다. 아래 제1석에서는 "報果者, 器果增上故, 善根最上品."이라고 하여 보과는 기과器果가 향상된 것이며 선근善根 중에서 최상품最上品이라고 두 가지 명칭을 뭉뚱그려 해석한다. 동본이역同本異譯인 『변중변론辯中邊論』 권3의 해당하는 곳에는 제1송의 초반 2구가 "器說爲異熟, 力是彼增上"(T31, 473b8)이라고 한역되어 있는데, 기과는 '다르게 무르익은 것'(異

째는] '[이전 세상에서 끊임없이 닦아 익혀 이로운 현상들을] 좋아하고 즐기게 된 [결과]'(愛樂[果])이고, [네 번째는] '[현재 세상에서 끊임없이 닦아 익혀 이로운 능력이 완전해지도록] 증장된 [결과]'(增長[果])이며, [다섯 번째는] '[완전해진 수행의 능력으로 모든 장애에서 벗어나] 온전해진 결과'(淸淨果)[897]이니, [이] 순서대로이네.

【첫 번째 해석】

"[부처가 되는 길에 오를 만한] 그릇이 된 결과"(器果)라는 것은 '[이전에 받은] 과보들'(果報)이 [부처가 되는 길에 오르게 하는] '이로운 능력'(善根)들과 상응한 것이다. "[부처가 될 만한 그릇이 된 후 수행하여] 과보로서 얻게 된 결과"(報果)라는 것은 '[부처가 되는 길에 오를 만한] 그릇이 된 결과'(器果)에서 향상되었기 때문에 '이로운 능력'(善根)이 가장 높은 수준인 것이다. "좋아하고 즐기게 된 결과"(愛樂果)라는 것은 이전 세상에서 끊임없이 닦아 익혔기 때문에 '이로운 현상'(善法)들을 좋아하고 즐기게 된 것이다. "증장된 결과"(增長果)라

熟)을 말하는 것이고 이 이숙을 통해 얻은 능력(力)은 저 기과가 향상된 것이라고 설명하므로 『중변분별론』에서 보과라고 말하는 것은 기과(異熟果)가 향상되어 얻은 능력을 가리킨다고 하겠다. 아래 원효의 주석에서는 제1송에서 제2과를 보과와 증상과라는 두 가지 명칭으로 제시한 까닭에 관해 다음과 같이 설명한다. "言報果者, 是增上果, 謂勝善根, 由器報力, 增上所起. 從因立名, 名爲報果. 次言此是增上果者, 恐濫初果, 依本名別. 此增上果通一切法, 今就善法立此果故, 唯取器報增上所起也." 이에 따르면 보과(=증상과)는 최상품의 선근으로서 보과라는 명칭은 '기보과器報果의 능력'(器報力)이라는 원인(因)에 따라 붙여진 것이고, 증상과라는 명칭은 첫 번째 결과인 기과(器報果) 역시 보과(果報果)이긴 마찬가지이어서 명칭에 혼동이 올까 염려하여 '기보과가 향상되어 일어난 것'(器報增上所起)이라는 근본(本)에 의거하여 달리 붙인 것이다. 실제로 아래 제1석의 말미에서는 "此位果有五種次第應知. 一者報果, 二者增上果, 三者隨流果, 四功用果, 五相離果."라고 오과의 명칭을 다시 나열하는데, 여기서 보듯이 제1송에서 제2과로 제시되는 보과와 제1석의 오종차제五種次第에서 제1과로 제시되는 보과를 분명하게 구분해야 한다는 점에 유의해야 할 것으로 보인다. 즉 제1송의 제2과로 제시된 보과는 증상과와 동의어이고 제1석의 오종차제에서 제1과로 제시된 보과는 기과와 동의어라는 점인데, 이에 따라 보과는 각각의 문맥에 의거하여 두 가지로 번역되어야 하겠다.

897 애락과愛樂果·증장과增長果·청정과淸淨果의 번역: 아래 제1석의 설명에 의거했다. 이에 따르면 애락과는 숙세수습宿世數習의 결과이고 증장과增長果는 현세수습現世數習의 결과이며 청정과는 증장과로 인해 선근善根이 원만해져서 모든 장애를 소멸시켜 벗어난 결과이다.

는 것은 현재 세상에서 '이로운 과보를 일으키는 이로운 능력'(功德善根)[898] 을 끊임없이 닦아 익혔기 때문에 '이로운 능력'(善根)이 완전해진 것이다. "온전해진 결과"(淸淨果)라는 것은 [이로운 능력이 완전해짐으로 인해] 모든 장애를 없애어 벗어난 것이다. 이 '단계적인 결과들'(位果)에는 다섯 가지 순서가 있음을 알아야 한다. 첫 번째는 '[부처가 되는 길에 오를 만한 그릇을] 과보로서 얻게 된 결과'(報果)이고, 두 번째는 '[이로운 능력을] 향상시킨 결과'(增上果)이며, 세 번째는 '[이로운 현상들을 좋아하고 즐겨 그] 흐름에 따르게 된 결과'(隨流果)이고, 네 번째는 '[이로운 능력이 증장되어 완전해진 수행의] 작용을 얻게 된 결과'(功用果)이며, 다섯 번째는 '[불변·독자의] 본질/실체관념에서 벗어난 결과'(相離果)이다.[899]

---

898 공덕功德과 선근善根: 공덕은 선善을 실천하여 얻은 복덕福德의 과보이고, 선근은 모든 이로운 현상을 생겨나게 하는 근본을 뜻한다. 『佛光大辭典』, pp.1566 및 4888 참조. 즉 선근과 공덕은 수행의 원인과 결과의 관계로서 호응하는 용어라고 하겠다.

899 오과차제五果次第: 동본이역同本異譯인 현장玄奘 역 『변중변론辯中邊論』 권3의 해당하는 곳에는 오과의 순서에 관해 "此五如次, 即是五果. 一異熟果, 二增上果, 三等流果, 四士用果, 五離繫果"(T31, 473b14~15)라고 한역되어 있다. 아비달마 교학 이래 불교학에서 통용되는 ①이숙과異熟果, ②증상과增上果, ③등류과等流果, ④사용과士用果, ⑤이계과離繫果의 명칭들이 열거되어 있음을 알 수 있다. 용어 정리를 위해 오과에 관한 제1송에서의 명칭들을 포함하여 표로 나타내면 다음과 같다.

5과		제1과	제2과	제3과	제4과	제5과
『중변분별론』	게송	기과器果	보과報果(增上果)	애락과愛樂果	증장과增長果	청정과淸淨果
	해석	보과報果	증상과增上果	수류과隨流果	공용과功用果	상리과相離果
『변중변론』		이숙과異熟果	증상과增上果	등류과等流果	사용과士用果	이계과離繫果

표에서 나타나는 명칭의 차이에 관해 아래 '열명자列名字' 문단에서 원효는 현장 역 『유가사지론瑜伽師地論』에서 제시하는 명칭에 의거하여 다음과 같이 설명한다. "依『瑜伽』說, 一異熟果, 二等流果, 三離繫果, 四士用果, 五增上果. 此就通門, 染淨雜說, 今此論說, 一名報果是異熟果, 二增上果不異彼名, 三隨流果是等流果, 四功用果是士用果, 五相離果是離繫果. 此約別門, 唯說善果, 故隨善起, 次第而說." 여기서 원효는 『중변분별론』에서 제시된 오과의 명칭과 『유가사지론』에서의 명칭을 친절히 짝지어 주면서, 『유가사지론』에서 제시된 오과의 명칭은 염정잡설染淨雜說의 통문通門이고 『중변분별론』에서 제시된 오과의 명칭은 오로지 선과善果만을 말하는 별문別門이라고 설명한다. 제6「득과품得果品」이 제5「수주품修住品」에서 곧바로 이어지는 단원이라는 문맥을 반영한 설명으로 보인다. 한편 이 오과차제를 보다 구체적으로 이해하기 위해 제5「수주품」에서 논의되었던 공통위共通位의 순서에 따라 양자의 관계를 표로 나타내 보자면 대체로 다음과 같은 정도가 될 것으로 보인다.

"「得果品」"者, 依前修住, 顯得果相. 是故名爲得果品也. 於此品內, 有二頌半, 分作二段. 二頌一句, 別顯果相, 最後一句, 說已總結. 初中亦二. 前之一頌, 對因以明五果不同, 後一頌一句, 約位以顯十果差別.

[H1, 834a24~b5; X48, 171a15~19]

"「[닦아] 얻은 결과에 관한 단원」"(「得果品」)이라는 것은 앞의 '닦아 머무르는 [단계]'(修住)에 의거하여 '얻은 결과의 양상'(得果相)들을 드러낸 것이다. 그러므로 '[닦아] 얻은 결과에 관한 단원'(得果品)이라고 부른다. 이 단원 내에는 두 게송 반이 있고 두 단락으로 나뉜다. 두 게송과 한 구절[900]에서는 '결과의 양상'(果相)을 하나씩 드러내고, 마지막 한 구절[901]에서는 총괄적으로 마무리하는 것을 설해 마친다. 처음[의 두 게송과 한 구절]에도 두 가지가 있다. 앞의 한 게송[902]에서는 '[열 가지] 원인'(因)[903]에 상대하여 '다섯 가지 결과'(五果)의 차이를 밝히고, 뒤의 한 게송과 한 구절[904]에서는 [수행의] 단계(位)에 의거하여 '열 가지 결과'(十果)[905]의 차이를 드러낸다.[906]

단계	이승	보살	37도품	공통위	오과
범부위	오정심관~세제일법	십신~십회향	사념처, 사정근, 사신족, 오근, 오력	①인위因位, ②입위入位, ③행위行位	①보과報果, ②증상과增上果

900 해당하는 2송 1구는 "器果及報果, 此是增上果, 愛樂及增長, 清淨果次第. 上上及初果, 數習究竟果, 隨順及對治, 相離及勝位, 有上無上故."이다.

901 해당하는 최후 1구는 "略說果如是"이다.

902 해당하는 1송은 "器果及報果, 此是增上果, 愛樂及增長, 清淨果次第."이다.

903 십인十因: 아래 '대인분별對因分別' 문단에서 원효는 "對十因, 顯其差別"이라고 하여 오과五果에 상대되는 십인을 거론한다. 『유가사지론』 권5에서는 십인을 사연四緣·오과와 함께 다음과 같이 제시한다. "因等差別者, 謂十因四緣五果. 十因者, 一隨說因, 二觀待因, 三牽引因, 四生起因, 五攝受因, 六引發因, 七定異因, 八同事因, 九相違因, 十不相違因. 四緣者, 一因緣, 二等無間緣, 三所緣緣, 四增上緣. 五果者, 一異熟果, 二等流果, 三離繫果, 四士用果, 五增上果."(T30, 301b9~14) ①수설인隨說因, ②관대인觀待因, ③견인인牽引因, ④생기인生起因, ⑤섭수인攝受因, ⑥인발인引發因, ⑦정이인定異因(定別因), ⑧동사인同事因, ⑨상위인相違因, ⑩불상위인不相違因의 십인 각각에 대해서는 아래 해당 문단에서 논의된다.

904 해당하는 1송 1구는 "上上及初果, 數習究竟果, 隨順及對治, 相離及勝位, 有上無上故."이다.

905 십과十果: 해당하는 1송 1구에서 보듯이 ①상상과上上果, ②초과初果, ③수습과數習果, ④구경과究竟果, ⑤수순과隨順果, ⑥대치과對治果, ⑦상리과相離果, ⑧승위과勝位, ⑨유상과有上果, ⑩무상과無

此中在前, 略明其義, 五果之義, 三句分別. 初列名字, 次明體相, 其第三者, 對因分別. 列名字者, 依『瑜伽』說, 一異熟果, 二等流果, 三離繫果, 四士用果, 五增上果. 此就通門, 染淨雜說. 今此論說, 一名報果是異熟果, 二增上果不異彼名, 三隨流果是等流果, 四功用果是士用果, 五相離果是離繫果. 此約別門, 唯說善果. 故隨善起, 次第而說. 何者? 宿世善業所感報果, 作善法器. 故在初說. 依此報果增上力故, 得發善根, 是增上果. 始起以後, 由先世習, 愛樂勝善, 是等[907]流果. 由此現在愛樂功力, 善根圓滿, 是功用果. 圓滿修故, 能離諸鄣. 是故第五立相離果.

[H1, 834b5~20; X48, 171a19~b6]

① **간략히 그** [오과五果의] **뜻을 밝힘**(略明其義)

여기서 먼저 그 [오과五果의] 뜻을 간략히 밝히니, '다섯 가지 결과'(五果)의 뜻을 세 범주로 구별한다. 첫 번째는 명칭을 열거하는 것이고, 다음으로 '본연과 양상'(體相)을 밝히며, 그 세 번째는 '[열 가지] 원인'(因)에 상대하여 구별하는 것이다.

上果를 가리킨다.

906 이상과 이하의 원효 과문에 의거하여 「득과품得果品」의 전체 게송을 배속하면 다음과 같다.
6. 득과품得果品
1) 別顯果相(2송 1구)
(1) 對因以明五果不同(1송): "器果及報果, 此是增上果, 愛樂及增長, 清淨果次第."
① 略明其義
가. 列名字
나. 明體相
다. 對因分別
② 正消文
(2) 約位以顯十果差別(約位顯十, 1송 1구)
① 略說果: "上上及初果, 數習究竟果."
② 廣說果: "隨順及對治, 相離及勝位, 有上無上故."
2) 說已總結(總結, 1구): "略說果如是."

907 『중변분별론』의 오과차제五果次第를 설명하는 문맥에 따라 '等'을 '隨'로 교감한다.

가. 명칭을 열거함(列名字)

명칭을 열거하는 것은 [다음과 같다.] 『유가사지론瑜伽師地論』에 의거하여 [오과五果의 명칭을] 말하자면[908] 첫 번째는 '다르게 무르익은 결과'(異熟果)[909]이고, 두 번째는 '[원인과] 같은 흐름의 결과'(等流果)[910]이며, 세 번째는 '속박에서 벗어난 결과'(離繫果)[911]이고, 네 번째는 '인위적 작용의 결과'(士用果)[912]이며, 다섯 번째는 '[원인들에 의해] 향상된 결과'(增上果)[913]이다. 이 [『유가사지론』에서 제시한 오과의 명칭]은 '공통되는 측

908 『유가사지론瑜伽師地論』 권5(T30, 301b13~14). "一異熟果, 二等流果, 三離繫果, 四士用果, 五增上果." 〈산스크리트본의 해당 내용: BoBh., p.102. tatra phalaṃ katamat. samāsataḥ paṃca phalāni. vipākaphalaṃ niṣyanadaphalaṃ visaṃyogaphalaṃ puruṣakāraphalam adhipatiphalaṃ ca.; 결과란 무엇인가? 요약하면 이숙과, 등류과, 이계과, 사용과, 그리고 증상과의 다섯 가지 결과가 있다.(번역은 안성두, 『보살지』(서울: 세창출판사, 2015), p.144.)〉

909 이숙과異熟果: 오과五果 중의 하나이고 보과報果라고도 한다. 중생이 현세의 악업惡業으로 인해 내세에서 지옥地獄·아귀餓鬼·축생畜生(三惡趣)이라는 고과苦果를 초래하고 현세의 선업善業으로 인해 내세에서 인人·천天(二善趣)이라는 낙과樂果를 초래한 것을 말한다. 아비달마에서는 오근(眼根·耳根·鼻根·舌根·身根)과 칠심계七心界(眼識界·耳識界·鼻識界·舌識界·身識界·意識界·意根)의 무부무기성無覆無記性을 이숙과라고 부른다. 대승 유식학에서는 모든 중생의 총보總報인 제팔식第八識을 진이숙眞異熟이라 부르고 이 진이숙인 제팔식에 의해 생겨나는 전육식前六識의 별보別報를 이숙생異熟生이라고 부르는데, 진이숙과 이숙생을 합하여 이숙과라고 부른다. 『佛光大辭典』, pp.1180 및 5158 참조.

910 등류과等流果: 오과五果 중 하나이다. 원인과 같은 성질의 결과를 말한다. 예를 들어 앞 찰나의 불선심不善心이 뒷 찰나에 불선심이나 불선업不善業을 일으키는 경우이다. 한편 이숙습기異熟習氣와 등류습기等流習氣는 서로 대칭을 이루는 용어인데, 제팔식第八識의 종자種子 중에서 스스로 현행現行을 일으키는 종자를 등류습기라 부르고 다른 이숙무기異熟無記의 종자가 현행하도록 돕는 종자를 이숙습기라고 부른다. 『佛光大辭典』, pp.5159 및 5172 참조.

911 이계과離繫果: 오과五果 중 하나이고 해탈과解脫果라고도 한다. 지혜(慧)의 간택력簡擇力에 의해 번뇌를 끊어 유루법有漏法의 계박繫縛에서 벗어난 열반涅槃의 결과를 말한다. 이계과는 무위과無爲果이고, 나머지 네 가지 결과는 유위과有爲果이다. 『佛光大辭典』, pp.1112 및 6719 참조.

912 사용과士用果: 오과五果 중 하나이고 공용과功用果라고도 한다. 작자作者의 작용으로 얻은 결과로서 모든 작자가 도구를 이용하여 성취한 사업의 결과를 말한다. 『佛光大辭典』, p.748 참조. 범어인 'puruṣakāra-phala'에서 사용士用에 해당하는 'puruṣakāra'는 인간의 노력(human effort), 씩씩한 활동(manly act) 등의 뜻이다. Sanskrit-English Dictionary, p.637 참조.

913 증상과增上果: 오과五果 중 하나이이고, 수많은 원인들에 연계된 활동들의 결과이기 때문에 공과共果라고도 한다. 다양한 원인들의 증상력增上力에 의해 생겨난 결과를 말한다. 사연四緣(인연因緣·소연연所緣緣·등무간연等無間緣·증상연增上緣)과의 관계에서 말한다면 인연을 제외한 나머지 삼연三緣의 결과이다. 예를 들어 증상연增上緣인 안근眼根에 의거하여 안식眼識이 생겨나는데, 이 안식이 증상과에 속한다. 『佛光大辭典』, p.5965 참조. 한편 본문에서 이어지는 원효의 설명에 따르면 『유가사지론』에 의거해 열거한 오과의 명칭들은 앞의 '오과차제五果次第'에 관한 각주에서

면'(通門)에 의거하여 '오염된 것과 청정한 것'(染淨)을 섞어서 말한 것이다. 지금 이 논서(『중변분별론中邊分別論』)의 설명에서 첫 번째로 '[부처가 되는 길에 오를 만한 그릇을] 과보로서 얻게 된 결과'(報果, 器果)라고 말한 것은 '다르게 무르익은 결과'(異熟果)이고, 두 번째인 '[이로운 능력을] 향상시킨 결과'(增上果)는 저 [『유가사지론』에서 제시한] 명칭과 다르지 않으며, 세 번째인 '[이로운 현상들을 좋아하고 즐겨 그] 흐름에 따르게 된 결과'(隨流果)는 '[원인과] 같은 흐름의 결과'(等流果)이고, 네 번째인 '[이로운 능력이 증장되어 완전해진 수행의] 작용을 얻게 된 결과'(功用果)는 '인위적 작용의 결과'(士用果)이며, 다섯 번째인 '[불변·독자의] 본질/실체관념에서 벗어난 결과'(相離果)는 '속박에서 벗어난 결과'(離繫果)이다. 이 [『중변분별론』에서 제시한 오과의 명칭]은 '개별적인 측면'(別門)에 의거하여 오직 '이로운 결과'(善果)만을 말한 것이다. 그러므로 이로움(善)에 따라 일어난 것[인 오과들]을 순서대로 말했다.

어째서인가? '이전 세상'(宿世)의 '이로운 행위'(善業)에 의해 감응된 '[부처가 되는 길에 오를 만한 그릇을] 과보로서 얻게 된 결과'(報果, 器果)는 '이로운 현상을 담을 만한 그릇'(善法器)이 된다. 그러므로 [보과報果를] 처음에 말했다. 이 '[부처가 되는 길에 오를 만한 그릇을] 과보로서 얻게 된 결과'(報果)의 '향상시키는 능력'(增上力)에 의거하기 때문에 '이로운 능력'(善根)을 일으키게 된 것이 '향상시킨 결과'(增上果)이다. [이 증상과增上果가] 비로소 일어난 이후에 '이전 세상에서 익힌 [능력]'(先世習)에 의거하여 '탁월한 이로움'(勝善)을 좋아하고 즐기는 것이 '[이로운 현상들의] 흐름에 따르게 된 결과'(隨流果)이다. 이 '현재에 [이로운 현상들을] 좋아하고 즐기는 힘'(現在愛樂功力)에 의거하여 '이로운 능력'(善根)이 완전해진 것이 '[이로운 능력이 증장되어 완전해진 수행의] 작용을 얻게 된 결과'(功用果)이다. 수행을 완전하게 이루었기 때문에 모든 장애에서 벗어날 수 있다. 그러므로 다섯 번째로 '[불변·독자의] 본질/실체관념에서 벗어난 결과'(相離果)를 세운다.

이미 언급했듯이 염정잡설染淨雜說의 통문通門이고, 『중변분별론』에서 제시된 오과의 명칭들은 오직 선과善果만을 말하는 별문別門에 해당한다. 그러므로 두 논서에서 유일하게 같은 명칭으로 제시되어 있는 증상과의 경우도 통문과 별문의 문맥 차이를 고려하여 달리 번역하는 것이 적절하겠다.

第二出體相者. 如「菩薩地力種性品」說云, "諸不善法, 於諸惡趣, 受異熟果, 善有漏法, 於諸善趣, 受異熟果, 是名異熟果. 習不善故, 樂住不善法,[914] 不善法增, 修習善故, 樂住善法, 善法增長, 或似先業, 後果隨轉, 是名等流果. 八支聖道滅諸煩惱, 名離繫果. 若諸異生, 以世間道, 滅諸煩惱, 不究竟故, 非離繫果. 諸有一類, 於現法中, 依正[915]隨一工巧業處, 起士夫用, 所謂農作商賈, 事工[916]出書,[917] 算數占卜等事. 由此, 成辦諸稼穡等財利等果, 是名士用果. 若眼識等, 是眼根等增上果, 衆生(等果, 是名士用果, 若眼識等 是眼根)[918]身分不壞不散,[919] 是命根增上果. 二十二根, 各各能起自增上果, 當知一切, 名增上果."

[H1, 834b20~c11; X48, 171b6~17]

나. 본연과 특징을 밝힘(明體相, 出體相)

두 번째인 '본연과 특징'(體相)을 나타내는 것은 [다음과 같다]. 『유가사지론瑜伽師地論』「보살지菩薩地 역종성품力種性品」에서 [다음과 같이] 말한 것과 같다. "갖가지 '해로운 현상'(不善法)은 [지옥地獄·아귀餓鬼·축생畜生과 같은] 갖가지 '해로운 세상'(惡趣)에서 '다르게 무르익은 결과'(異熟果)를 받고 '이롭지만 번뇌가 스며드는 경향이 있는 현상'(善有漏法)은 [인人·천天과 같은] 갖가지 '이로운 세상'(善趣)에서 '다르게 무르익은 결과'(異熟果)를 받으니, 이것을 '다르게 무르익은 결과'(異熟果)라고 부른다. '해로운 것'(不善)을 익히기 때문에 즐겨 '해로운 현상'(不善法)에 머물러 '해로운 현상'(不善法)

---

914 『유가사지론』 원문에는 '法'이 없지만, 그대로 둔다.
915 『유가사지론』 원문에 따라 '正'을 '止'로 교감한다.
916 『유가사지론』 원문에 따라 '工'을 '王'으로 교감한다.
917 『유가사지론』 원문에 따라 '出書'를 '書畫'로 교감한다.
918 괄호로 표시한 "等果, 是名士用果, 若眼識等是眼根"의 14자는 『유가사지론』 원문에 따라 삭제한다. 앞 문장에서 '財利' 이하의 14자와 대조해 보면 동일한 내용이 괄호 부분 안에서 반복되어 있음을 알 수 있다. 필사筆寫나 식자植字 과정에서 잘못 기재된 것으로 보인다.
919 『유가사지론』 원문에는 '不壞不散'이 '不散不壞'로 되어 있지만, 그대로 둔다.

이 증장되고, 이로움(善)을 닦아 익히기 때문에 즐겨 '이로운 현상'(善法)에 머물러 '이로운 현상'(善法)이 증장되거나 혹은 '앞의 행위'(先業)와 유사하게 '뒤의 결과'(後果)가 따라서 전개되니, 이것을 '[원인과] 같은 흐름의 결과'(等流果)라고 부른다. '여덟 가지 수행으로 이루어진 해탈의 길'(八支聖道)에서 모든 번뇌를 없앤 것을 '속박에서 벗어난 결과'(離繫果)라고 부른다. 만약 모든 중생들이 '세간의 수행'(世間道)으로 갖가지 번뇌를 없앴다면 궁극적인 것이 아니기 때문에 '속박에서 벗어난 결과'(離繫果)가 아니다.

각각의 한 부류가 [그들 앞에] '나타나 있는 현상'(現法)들 중에서 하나의 '기술적인 행위'(工巧業)[920]에 따라야 하는 상황에 의거하여 '인위적인 작용'(士夫用)을 일으키니, 농사를 짓거나 상업에 종사하거나 왕을 섬기거나 서예와 그림에 종사하거나 수를 셈하거나 점을 치는 등의 일을 말한다. 이로 인해 갖가지 농작물(稼穡)들이나 '재물의 이익'(財利) 등의 결과를 이루는 것이니, 이것을 '인위적 작용의 결과'(士用果)라고 부른다. '시각에 상응하는 인식'(眼識)[·이식耳識·비식鼻識·설식舌識·신식身識·의식意識] 등과 같은 것은 [차례로] '시각에 상응하는 능력'(眼根)[·이근耳根·비근鼻根·설근舌根·신근身根·의근意根] 등의 '[원인들에 의해] 향상된 결과'(增上果)이고, 중생의 몸이 나뉘어 무너지지 않고 흩어지지 않는 것은 '생명을 유지하는 능력'(命根)[921]의 '[원인에 의해] 향상된 결과'(增上果)인 것이다. '22가지 능력'(二十二根)[922]은 각각 스스로 '[원

---

920 공교업工巧業: 공교처工巧處로 한역되는 'śilpasthāna'는 기예技藝(skill in art), 기계나 손으로 조작하는 기술(mechanical or manual skill)의 뜻이다. Sanskrit-English Dictionary, p.1074 참조.

921 명근命根: 중생이 태어나 죽기까지 몸과 마음이 이어지는 동안 체온과 의식 활동을 유지시키는 능력을 말한다. 심불상응행법心不相應行法 중 하나이다. 『佛光大辭典』, p.3127 참조. 본문에서는 육근六根과 함께 증상과增上果를 일으키는 22근 중 하나로서 제시된다.

922 22근二十二根: 『아비달마구사론阿毘達磨俱舍論』 권2에서는 22근에 관해 "二十二根, 謂眼根耳根鼻根舌根身根意根女根男根命根樂根苦根喜根憂根捨根信根勤根念根定根慧根未知當知根已知根具知根"(T29, 13a20~23)이라고 하여 ①안근眼根·②이근耳根·③비근鼻根·④설근舌根·⑤신근身根·⑥의근意根의 육근六根, ⑦여근女根 ⑧남근男根의 이근二根, ⑨명근命根과 ⑩낙근樂根·⑪고근苦根·⑫희근喜根·⑬우근憂根·⑭사근捨根의 오수근五受根, ⑮신근信根·⑯근근勤根·⑰염근念根·⑱정근定根·⑲혜근慧根의 오선근五善根, ⑳미지당지근未知當知根·㉑이지근已知根·㉒구지근具知根의 삼무루근三無漏根을 제시한다. 이 중 예를 들어 "於雜染中樂等五受, 有增上用"(『구사론』 권3, T29, 14a10~11)이라고 하여 ⑩낙근·⑪고근·⑫희근·⑬우근·⑭사근의 오수근은 잡염법雜染法에 대해

인에 의해] 향상된 결과'(增上果)를 일으킬 수 있으니, ['22가지 능력'(二十二根)에 의해 일어난] 모든 것을 '[원인에 의해] 향상된 결과'(增上果)라고 부른다는 것을 알아야 한다."[923]

증상용增上用을 갖는다라 하고, "於清淨中信等五根, 有增上用"(T29, 14a13~14)이라고 하여 ⑮신근·⑯근근·⑰염근·⑱정근·⑲혜근의 오선근은 청정법清淨法에 대해 증상용을 갖는다고 하며, "見所斷煩惱滅中, 未知當知根有增上用, 於修所斷煩惱滅中, 已知根有增上用, 於現法樂住中, 具知根有增上用. 由此能領受解脫喜樂故"(T29, 14a22~25)라고 하여 ⑳미지당지근·㉑이지근·㉒구지근의 삼무루근은 각각 차례대로 견소단번뇌見所斷煩惱를 없애는 것과 수소단번뇌修所斷煩惱를 없애는 것과 해탈의 상태인 현법락주現法樂住에 증상용을 갖는다고 하므로 22근은 잡염법과 청정법을 통틀어 증상과增上果를 일으키는 모든 능력들을 가리킨다고 하겠다.

923 『유가사지론』 권38(T30, 502b2~14). "諸不善法, 於諸惡趣, 受異熟果, 善有漏法, 於諸善趣, 受異熟果, 是名異熟果. 習不善故, 樂住不善, 不善法增, 修習善故, 樂住善法, 善法增長, 或似先業, 後果隨轉, 是名等流果. 八支聖道滅諸煩惱, 名離繫果. 若諸異生, 以世俗道, 滅諸煩惱, 不究竟故, 非離繫果. 諸有一類, 於現法中, 依止隨一工巧業處, 起士夫用, 所謂農作商賈, 事王書畫, 算數占卜等事. 由此, 成辦諸稼穡等財利等果, 是名士用果. 〈若眼識等, 是眼根增上果, 乃至意識等, 是意根增上果,〉 衆生身分不散不壞, 是命根增上果. 二十二根, 各各能起自增上果, 當知一切, 名增上果." '〈 〉'로 표시한 부분은 본문의 인용에서 축약된 내용에 해당한다. 원효는 '眼根' 뒤에 '等'을 첨가함으로써 본문의 인용문인 "若眼識等, 是眼根等增上果"가 원문인 "若眼識等, 是眼根增上果, 乃至意識等, 是意根增上果"와 같은 뜻이 되게 하는 효과를 얻는다. 번역에서는 원문의 내용을 반영했다. 〈산스크리트본의 해당 내용: BoBh., pp.102-103. akuśalānāṃ dharmāṇām apāyeṣu vipāko vipacyate. kuśalas'āsravāṇāṃ sugatau. tad vipākaphalaṃ. yat punar akuśalābhyāsād akuśal'ārāmatā saṃtiṣṭhate. akuśalabahulatā. kuśalābhyāsāt kuśal'ārāmatā kuśalabahulatā pūrvakarmasādṛśyena vā paścātphalānuvartanatā. tan niṣyandaphalaṃ. āryāṣṭāṃgasya mārgasya kleśanirodho visaṃyogaphalaṃ. yat punar laukikena mārgeṇa kleśanirodhaḥ. sa nātyaṃtam anuvartate pṛthagjānānāṃ. tasmāt tan na visaṃyogaphalaṃ. yat punar ekatya dṛṣṭe dharme anyatamānyatamena śilpakarmasthānasaṃniśritena puruṣakāreṇa yadi vā kṛṣyā yadi vā vaṇijyayā yadi vā rājapauruṣyeṇa lipigaṇananyasanasaṃkhyāmudrayā sasy'ādikaṃ lābh'adikaṃ ca phalam abhinirvartayati. idam ucyate puruṣakāraphalaṃ. cakṣurvijñānaṃ cakṣurindriyasyādhipatiphalaṃ. evaṃ yāvan manovjñānaṃ manaindriyasya. tathā prāṇair aviyogo jīvitendriyasya. iti sarveṣām indriyāṇāṃ dvāviṃatīnāṃ svenasven'ādhipatyena yat phalaṃ nirvartate. tad adhipatiphalaṃ veditavyaṃ. tac c' ādhipatyaṃ dvāviṃśatīnām indriyāṇāṃ veditavyaṃ. tadyathā vastusamgrahaṇyām.; (i) 불선한 법들의 이숙은 나쁜 존재형태 속에서 익어 간다. 선하지만 유루의 법들의 [이숙은] 좋은 존재형태 속에서이다. 그것이 이숙과이다. (ii) 또한 불선을 반복훈련하기에 불선한 상태에 주하고 자주 불선에 주한다. 선을 반복훈련하기에 선한 상태에 주하고 자주 선에 주한다. 또는 이전의 업과 유사함에 의해 후에 결과를 따라 생기게 한다. 이것이 등류과이다. (iii) 8지 성도에서의 번뇌의 소멸이 이계과이다. 그러나 세간도에 의해서 번뇌의 소멸은 범부들에게 있어서 궁극적으로 생겨나지는 않으며, 따라서 그것은 이계과가 아니다. (iv) 현세에서 어떤 사람이 어떠한 세공업 영역에 의지하는 사람의 행위에 의해, 즉 농업이나 상업에 의해서 또는 왕의 시종에 의해서나 쓰기와 계산하기 점복에 의해 곡물 등과 수확 등의 결과를 산출했을 때 이것이 사용과라고 설해진다. (v) 안식은 안근의 증

此中言“或似先業, 後果隨轉”者, 如因煞生, 受於惡趣異熟果已, 後生人趣, 受短命果, 由盜物故, 墮惡趣已, 後生人中, 受貧窮果. 諸如是等, 等流果攝. 餘文分明, 尋之可知. 五果體相, 略明如是.

[H1, 834c11~16; X48, 171b17~21]

이 [『유가사지론瑜伽師地論』의 설명] 중에서 ['원인과 같은 흐름의 결과'(等流果)에 관해] "혹은 '앞의 행위'(先業)와 유사하게 '뒤의 결과'(後果)가 따라서 전개된다"(或似先業, 後果隨轉)라고 말한 것은, 마치 생명을 죽인 것으로 인해 [지옥地獄·아귀餓鬼·축생畜生의] '해로운 세상'(惡趣)에서 '다르게 무르익은 결과'(異熟果)를 받고 나서 그 후에 ['이로운 세상'(善趣)인] '인간 세상'(人趣)에 태어나서도 '짧은 목숨이 되는 결과'(短命果)를 받고, 물건을 훔쳤기 때문에 '해로운 세상'(惡趣)에 떨어지고 나서 그 후에 인간(人)으로 태어나서도 '가난해지는 결과'(貧窮果)를 받는 것과 같다. 이와 같은 갖가지 [현상][924]이 '원인과 같은 흐름의 결과'(等流果)에 속한다. 나머지 글은 분명하여 살펴보면 [어렵지 않게] 알 수 있다. '다섯 가지 결과'(五果)의 '본연과 특징'(體相)을 간략히 밝힌 것은 이상과 같다.

第三封[925]因分別者, 謂對十因, 顯其差別. 異熟果是引發因, 增上果中, 望心心法是同事因, 得善不善是引發因.

[H1, 834c16~19; X48, 171b21~23]

상과이다. 마찬가지로 의식은 의근의 [증상과이다.] 마치 호흡들과 분리되지 않은 것이 명근의 [증상과]인 것과 같다. 모든 22종의 근들이 각각의 지배력에 의해 어떤 결과를 산출할 때 그것이 증상과라고 〈섭사분〉에서와 같이 알아야 한다.(번역은 안성두, 『보살지』(서울: 세창출판사, 2015), pp.144-145.))

924 원효의 설명에 따라 이숙과異熟果는 하나의 행위로 인해 다음 세상에서 받는 결과이고, 등류과等流果는 두 세상 이상에 걸쳐 계속 이어지는 결과임을 알 수 있다.

925 문맥에 따라 '封'을 '對'로 교감한다. 한불전 교감주에도 "'封'은 '對'인 듯하다"라고 되어 있다.

다. [열 가지] 원인에 상대하여 구별함(對因分別)

세 번째인 원인에 상대하여 구별하는 것은, '열 가지 원인'(十因)에 상대하여 그 [오과五果의] 차이를 드러내는 것이다. '다르게 무르익은 결과'(異熟果)[를 얻게 하는 것]은 '[같은 종류의 결과를] 초래하여 일으키는 원인'(引發因)[926]이고, '[원인들에 의해] 향상된 결과'(增上果) 중에서 마음(心)과 마음현상(心法)[이라는 증상과增上果를 얻게 하는 것]을 말하자면 '[갖가지 원인이] 하나로 합쳐진 원인'(同事因)[927]이며, '이로운 것과 이롭지 못한 것'(善不善)[이라는 증상과增上果]를 얻게 하는 것은 '[같은 종류의 결과를] 초래하여 일으키는 원인'(引發因)이다.

得等流果是生起因，得士用果是引發因，得離繫果是引發因．此餘諸因所得之果，多分入於增上果攝．

[H1, 834c19~22; X48, 171b23~c1]

---

926 인발인引發因: 이 '대인분별對因分別' 문단에서 원효가 주로 다루는 원인은 십인十因 가운데 세 가지인데, 인발인引發因·동사인同事因·생기인生起因이 그것이다. 아래 『유가사지론瑜伽師地論』 권66의 인용문에서 보듯이 오과五果와 상대하여 주로 거론되는 원인이 이 세 가지이기 때문인 것으로 보인다. 아래 인용문의 논의에 따르면 이숙과異熟果에 대해서는 업번뇌業煩惱가 인발인이 되고(此異熟果, 由業煩惱引發因故), 선·불선법善不善法인 증상과增上果에 대해서는 근선우近善友(또는 근악우近惡友)·문정법聞正法(또는 문비정법聞非正法)·정사유正思惟(또는 부정사유不正思惟)가 인발인이 되며(不善法, 由近惡友, 聞非正法, 不正思惟, 引發因故), 우고주憂苦住와 희락주喜樂住인 사용과士用果에 대해서는 염오주染汚住와 불염오주不染汚住가 인발인이 되고(染汚住生邪精進, 無果劬勞, 生憂苦住, 不染汚住生正精進, 有果劬勞, 生喜樂住, 彼由引發因故), 열반涅槃인 이계과離繫果에 대해서는 출세법성도出世法聖道가 인발인이 된다(出世法 聖道所攝 能證涅槃 彼由引發因故). 『성유식론成唯識論』 권8에서는 "引發因, 謂能引起同類勝行, 及能引得無爲法故(T31, 41c5~7)라고 하여 동류同類의 승행勝行을 일으키거나 무위법無爲法을 얻는 원인이라고 설명한다.

927 동사인同事因: 아래 『유가사지론瑜伽師地論』 권66의 인용문에 따르면 육식六識(지금 본문에서는 심심법心心法)이라는 결과(지금 본문에서는 증상과增上果)에 대해 육근六根과 육경六境이 동사인이 된다(六識身, 以從眼色, 乃至意法, 爲增上緣, 同事因故). 『성유식론成唯識論』 권8에서는 "和合依處, 謂從領受, 乃至差別功能依處, 於所生住成得果中, 有和合力, 即依此處立同事因."(T31, 41c10~12)이라고 하여 동사인은 '화합된 의지처'(和合依處)로서 영수의처領受依處(십인十因 중 관대인觀待因을 가리킴)로부터 차별공능의처差別功能依處(십인 중 정이인定異因을 가리킴)까지의 여섯 가지 원인이 결과를 얻는 과정에서 갖는 화합력和合力이라고 설명한다. 『유가사지론瑜伽師地論』 권38에서는 더 분명하게 "若觀待因, 若牽引因, 若攝受因, 若生起因, 若引發因, 若定別因, 如

'[원인과] 같은 흐름의 결과'(等流果)를 얻게 하는 것은 '[성숙된 종자로서 근접한 결과를] 일으키는 원인'(生起因)[928]이고, '인위적 작용의 결과'(士用果)를 얻게 하는 것은 '[같은 종류의 결과를] 초래하여 일으키는 원인'(引發因)이며, '속박에서 벗어난 결과'(離繫果)를 얻게 하는 것도 '[같은 종류의 결과를] 초래하여 일으키는 원인'(引發因)이다. 이 외 [일곱 가지의] 모든 원인[929]으로 얻는 결과는 대부분 '[원인들에 의해] 향상된 결과'(增上果)의 범주에 들어간다.

是諸因總攝爲一, 名同事因."(T30, 501a24~27)이라고 하여, 십인 중에서 관대인觀待因, 견인인牽引因, 섭수인攝受因, 생기인生起因, 인발인引發因, 정별인定別因의 여섯 가지 원인을 총섭總攝하여 하나로 삼은 것이라고 설명한다.

928 생기인生起因: 아래 『유가사지론瑜伽師地論』 권66의 인용문에 따르면 '모든 현상'(一切法)이라는 등류과等流果에 대해 선善·불선不善·무기無記의 제법소유종자諸法所有種子가 생기인이 된다(若善不善無記諸法所有種子, 未被損害, 彼一切法皆是能生生起因故). 『성유식론成唯識論』 권8에서는 "有潤種子依處, 謂內外種已成熟位, 即依此處立生起因, 謂能生起近自果故."(T31, 41b23~25)라고 하여 생기인은 '이미 성숙된 종자의 의지처'(有潤種子依處)로서 내외종內外種이 이미 성숙한 단계이므로 '가까운 자과自果'(近自果)를 일으킬 수 있다고 설명한다. 이 생기인은 십인十因 중에서 견인인牽引因과 대비되는데, 같은 곳에서 "三習氣依處, 謂內外種未成熟位, 即依此處立牽引因, 謂能牽引遠自果故."(T31, 41b21~23)라고 하는 것에 따르면 견인인은 습기의처習氣依處로서 내외종이 아직 성숙하지 못한 단계이므로 '먼 자과自果'(遠自果)를 일으킬 수 있다.

929 이 외 일곱 가지 원인들: ①수설인隨說因은 『성유식론成唯識論』 권8에서 "一語依處, 謂法名想所起語性, 即依此處立隨說因, 謂依此語, 隨見聞等, 說諸義故."(T31, 41b14~16)라고 하는 것에 따르면, 개념(法)·명칭(名)·생각(想)에 의해 일어나는 어성語性인 어의처語依處로서 이 수설인인 언어(語)에 의거하여 보고 들은 것에 따라 갖가지 뜻을 말하게 된다. ②관대인觀待因은 『유가사지론瑜伽師地論』 권38에서 "觀待此故, 此爲因故, 於彼彼事, 若求若取, 此名彼觀待因. 如觀待手故, 手爲因故, 有執持業, 觀待足故, 足爲因故, 有往來業."(T30, 501a14~17)이라고 하는 것에 따르면, 잡는 행위의 원인이 손이고 왕래하는 행위의 원인이 발인 것과 같이 어떤 현상에서 그것과 직접 상응하는 원인이다. ③섭수인攝受因은 위의 곳에서 "除種子外所餘諸緣, 名攝受因."(T30, 501a21~22)이라고 하는 것에 따르면, 종자種子 이외의 갖가지 조건(緣)으로서 인연因緣·소연연所緣緣·등무간연等無間緣·증상연增上緣을 말한다. ④정이인定異因(定別因)은 같은 곳에서 "種種異類各別因緣, 名定別因."(T30, 501a24)이라고 하는 것에 따르면, 각종의 이류異類가 취하는 각기 다른 인연들을 말한다. ⑤상위인相違因은 같은 곳에서 "於所生法, 能障礙因, 名相違因."(T30, 501a27)이라고 하는 것에 따르면, 생겨난 현상을 장애하는 원인을 말한다. ⑥불상위인不相違因은 같은 곳에서 "此障礙因, 若闕若離, 名不相違因."(T30, 501a27~28)이라고 하는 것에 따르면, 장애인障礙因(상위인相違因)의 반대 개념이다. ⑦견인인牽引因에 관해서는 앞의 '생기인生起因' 조목 참조.

如『瑜伽論』「思所成決擇」中說, "又先所住[930]諸業煩惱, 於三界中, 異熟果熟, 此異熟果, 因[931]業煩惱引發因故, 名有因法. 又六識身, 以從眼色, 乃至意法, 爲增上緣同事因故, 名有因法. 又不善法, 由近惡友, 聞非正法, 不正思惟, 引發因故, 名有因法. 與此相違三種引發因, 起一切善法, 當知亦爾, 卽此諸因, 皆由各別增上果故, 名有果法. 若善不善無記諸法所有種子, 未被損害, 彼一切法, 皆是能生生起因故, 名有因法. 此生起因, 皆由各別等流果故, 名有果法. 又染汚住, 生耶[932]精進, 無果劬勞, 生憂苦住, 不染汚住, 生正精進, 有果劬勞, 生喜樂住. 彼由引發因故, 名有因法. 卽彼因法, 皆由各別士用果故, 名有果法. 又世間道趣於離欲, 及出世法聖道所攝能證涅槃, 彼由引發因故, 名有因法. 卽出世道, 由離繫增上果故, 名有果法, 謂由究竟離繫果故. 若世間道, 非由究竟離繫果故." 此所引文, 隨義類取, 未必一一, 如彼次第. 五果之相, 略說如是.

[H1, 834c22~835a21; X48, 171c1~17]

『유가사지론瑜伽師地論』「섭결택분중사소성혜지攝決擇分中思所成慧地」에서 [다음과 같이] 말한 것과 같다. "또 이전에 지은 모든 '행위로 인한 번뇌'(業煩惱)가 '[욕망세계(欲界)·유형세계(色界)·무형세계(無色界), 이] 세 가지 세계'(三界)에서 '다르게 무르익은 결과'(異熟果)로서 성숙하는 것이니, 이 '다르게 무르익은 결과'(異熟果)는 [이전에 지은] '행위로 인한 번뇌'(業煩惱)가 '[같은 종류의 결과를] 초래하여 일으키는 원인'(引發因)이기 때문에 [이숙과異熟果를] '원인을 갖는 현상'(有因法)이라고 부른다.

또 '여섯 가지 식識들'(六識身)[933]은 시각능력(眼)과 [그에 대응하는] '색깔이나 모양

930 『유가사지론』 원문에 따라 '住'를 '作'으로 교감한다.
931 『유가사지론』 원문에 따라 '因'을 '由'로 교감한다.
932 『유가사지론』 원문에 따라 '耶'를 '邪'로 교감한다.
933 육식신六識身의 신身: '신身'이 어미로 부가되어 쓰일 때는 앞의 단어가 복수임을 표시한다. '육식신六識身'이 대표적인 사례이다. 『佛光大辭典』, p.3015 참조.

있는 것'(色) 내지 의식능력(意)과 [그에 대응하는] '개념적 현상'(法)에 이르기까지를 '향상시키는 조건'(增上緣)[934]과 '[갖가지 원인이] 하나로 합쳐진 원인'(同事因)으로 삼기 때문에 [증상과增上果인 육식신六識身을] '원인을 갖는 현상'(有因法)이라고 부른다. 또 '해로운 현상'(不善法)은 '해로운 친구를 가까이하는 것'(近惡友)과 '바르지 않은 가르침을 듣는 것'(聞非正法) 및 '바르지 않은 사유'(不正思惟)[, 이 세 가지]가 '[같은 종류의 결과를] 초래하여 일으키는 원인'(引發因)이기 때문에 [증상과增上果인 불선법不善法을] '원인을 갖는 현상'(有因法)이라고 부른다. 이와는 반대되는 '[같은 종류의 결과를] 초래하여 일으키는 세 가지 원인'(三種引發因)[인 '이로운 친구를 가까이하는 것'과 '바른 가르침을 듣는 것' 및 '바른 사유']가 모든 '이로운 현상'(善法)을 일으키는 것도 이러함을 알아야 하니, 곧 이 갖가지 [이롭거나 해로운] 원인들은 모두 각기 '[원인들에 의해] 향상된 결과'(增上果)에 의거한 것이기 때문에 '결과를 갖는 현상'(有果法)이라고 부른다.

만약 '이롭거나 해롭거나 이롭지도 해롭지도 않은 모든 현상에 존재하는 종자'(善不善無記諸法所有種子)가 아직 피해를 입지 않[아 사라지지 않]았다면 저 '모든 현상들'(一切法)은 다 '[성숙된 종자로서 근접한 결과를] 일으키는 원인'(生起因)[인 종자種子]를 일으킬 수 있기 때문에 [등류과等流果인 '모든 현상'(一切法)들을] '원인을 갖는 현상'(有因法)이라고 부른다. 이 '[성숙된 종자로서 근접한 결과를] 일으키는 원인'(生起因)[인 종자種子]는 모두 각기 '[원인과] 같은 흐름의 결과'(等流果)에 의거한 것이기 때문에 '결과를 갖는 현상'(有果法)이라고 부른다.

또 '오염된 것에 머무름'(染汚住)은 '그릇된 노력'(邪精進)을 일으켜 결실이 없는 수고로움으로 '걱정과 괴로움에 머무름'(憂苦住)을 일으키고, '오염되지 않은 것에 머무름'(不染汚住)은 '바른 노력'(正精進)을 일으켜 결실을 맺는 수고로움으로 '기쁨과 즐거움에 머무름'(喜樂住)을 일으킨다. 저 [사용과士用果인 우고주憂苦住와 희락주喜樂住]는 '[같은 종류의 결과를] 초래하여 일으키는 원인'(引發因)[인 염오주染汚住와 불염오주不染

934 증상연增上緣: 인연因緣·소연연所緣緣·등무간연等無間緣·증상연增上緣의 사연四緣 중 하나이다. 오과五果과 관련한 '대인분별對因分別' 문단에서 원효는 십인十因만을 다룰 뿐 사연에 관해서는 논의하지 않고 있다.

汚住]에 의거하기 때문에 '원인을 갖는 현상'(有因法)이라고 부른다. 곧 저 '원인인 현상'(因法)들은 모두 각기 '인위적 작용의 결과'(士用果)에 의거한 것이기 때문에 '결과를 갖는 현상'(有果法)이라고 부른다.

또 '세간의 수행'(世間道)으로 '탐욕에서 벗어남'(離欲)에 이르는 것과 '세간을 넘어서는 고귀한 수행'(出世法聖道)에 의해 포섭되는 '열반涅槃을 증득하는 것'(能證涅槃)에서, 저 [이계과離繫果인 '탐욕에서 벗어남'(離欲)에 이르는 것과 열반涅槃을 증득하는 것]은 '[같은 종류의 결과를] 초래하여 일으키는 원인'(引發因)[인 세간도世間道와 출세법성도出世法聖道]에 의거하기 때문에 '원인을 갖는 현상'(有因法)이라고 부른다. 곧 [원인인] '세간을 넘어서는 수행'(出世道)은 '속박에서 벗어나게 하는 향상된 결과'(離繫增上果)에 의거한 것이기 때문에 '결과를 갖는 현상'(有果法)이라고 부르니, '궁극적으로 속박에서 벗어난 결과'(究竟離繫果)에 의거한 것이 그것이다. 만약 '세간의 수행'(世間道)[이라는 원인]이라면 '궁극적으로 속박에서 벗어난 결과'(究竟離繫果)에 의거하지 않는 것이다."[935]

---

935 『유가사지론瑜伽師地論』 권66(T30, 665b4~c13). "①〈若善不善無記諸法所有種子, 未被損害, 彼一切法, 皆由能生生起因故, 名有因法.〉 ②〈又先所作諸業煩惱, 於三界中, 異熟果熟, 此異熟果, 由業煩惱引發因故, 名有因法.〉 (중략) ③〈又六識身, 以從眼色, 乃至意法, 爲增上緣同事因故, 名有因法.〉 (중략) ④〈又不善法, 由近惡友, 聞非正法, 不正思惟, 引發因故, 名有因法. 當知與此相違三種引發因故, 一切善法, 名有因法.〉 ⑤〈又染污住, 生邪精進, 無果劬勞, 生憂苦住, (彼由引發因故, 名有因法. 又)不染污住, 生正精進, 有果劬勞, 生喜樂住. 彼由引發因故, 名有因法.〉 ⑥〈又世間道趣於離欲, 及(중략)出世法聖道所攝能證涅槃, 彼(證涅槃)由引發因故, 名有因法.〉 (중략) ⑦〈若近惡友等, 若近善友等, 二種三法如是一切, 皆由各別增上果故, 名有果法.〉 ⑧〈若現法中, 由染污住, 生邪精進, 無果劬勞, 生憂苦住. 若現法中, 不染污住, 生正精進, 有果劬勞, 生喜樂住. 如是一切, 皆由各別士用果故, 名有果法.〉 ⑨〈彼由離繫增上果故, 名有果法, 謂由究竟離繫果故, (名有果法.) 若世間道, 非由究竟離繫果故.〉" 괄호는 생략된 부분을 표시하고, 각각의 번호에 따른 '〈 〉' 표시는 의미 단위로 나눈 문장들을 가리킨다. 본문에서 원효는 이 인용문이 뜻의 종류에 따라 취한 것이어서 『유가사지론』의 문장 순서대로 배치되어 있지 않다고 밝힌다. 등류과等流果의 원인인 생기인生起因을 논의하는 ①의 경우 『유가사지론』의 순서대로 인용한다면 인용문의 가장 처음에 제시되어야 하지만, 본문에서는 증상과增上果를 설명하는 두 번째 문단 다음(원문에서는 ⑤의 앞)에 배치되어 있고, 그래서 이숙과異熟果를 설명하는 ②의 문장이 본문의 인용문에서는 가장 앞에 제시되어 있다. 이렇게 문장 배치를 달리한 이유는 『중변분별론』에서 제시하는 오과五果(이숙과異熟果/보과報果·증상과增上果·등류과等流果/수류과隨流果·사용과士用果/공용과功用果·이계과離繫果/상리과相離果)의 순서에 따르려는 것으로 보인다. 이숙과의 원인인 인발인引發因을 논의하는 ②의 문장과 증상과 중에서 육식六識의 원인인 동사인同事因을 논의하는 ③의 문장은 순서대로 인용되어 있다. 증상과를 논의하는 두 번째 문단에서 선불선법善不善法의 원

여기서 인용한 문장은 뜻의 종류에 따라 취한 것이니, 하나하나[의 문장들]이 반드시 저 『유가사지론』의 순서대로인 것은 아니다. '다섯 가지 결과'(五果)의 특징(相)을 간략히 설명한 것은 이상과 같다.

次正消文. 初中言"器果"者, 是果報果, 宿習善根所得果報. 順修善行, 爲受道器, 故名"器果". 此果報果通善惡道, 今明順果, 故取善道. 言"報果"者, 是增上果, 謂勝善根. 由器報力, 增上所起, 從因立名, 名爲"報果". 次言"此是增上果"者, 恐濫初果, 依本名別. 此增上果通一切法, 今就善法, 立此果故, 唯取器報增上所起也.

[H1, 835a22~b6; X48, 171c18~23]

② 곧바로 문장을 풀이함(正消文)

다음으로 곧바로 문장을 풀이한다. 첫 번째 [결과]에서 "[부처가 되는 길에 오를 만한] 그릇이 된 결과"(器果)라고 말한 것은 '[행위의] 과보로서 얻은 결과'(果報果)이니, 오래 익힌 '이로운 능력'(善根)에 의해 얻은 과보이다. '이로운 행위'(善行)를 닦는 것에 따라 '[부처가 되는] 길을 담는 그릇'(受道器)이 되기 때문에 "[부처가 되는 길에 오를 만한] 그릇이 된 결과"(器果)라고 부른다. 이 '[행위의] 과보로서 얻은 결과'(果報果)는 '이롭거나 해로운 길'(善惡道)에 [모두] 통하지만, 지금 [『중변분별론中邊分別論』에서는] '[부처가 되는 길에] 따르는 결과'(順果)를 밝히기 때문에 '이로운 길'(善道)을 취한 것이다.

[두 번째인] "[부처가 될 만한 그릇이 된 후 수행하여] 과보로서 얻게 된 결과"(報果)라고 말한 것은 '[이로운 능력을] 향상시킨 결과'(增上果)이니, '탁월하게 이로운 능력'(勝善根)

인인 삼종인발인三種引發因에 관한 문장은 ④와 ⑦에 해당하는데, 본문의 인용문에서는 이 두 문장을 이어서 축약한다. ⑤와 ⑧의 문장은 사용과의 원인인 인발인을 논의하는 곳이고 ⑥과 ⑨의 문장은 이계과의 원인인 인발인을 논의하는 곳인데, 이 역시 본문의 인용문에서는 두 문장을 이어서 축약한 후 인용한다. 원인과 결과의 측면을 함께 드러내기 위한 것으로 보인다.

이 그것이다. [이 '탁월하게 이로운 능력'(勝善根)은] '[부처가 되는 길에 오를 만한] 그릇의 [이로운] 과보를 얻는 능력'(器報力)에 의거하여 [그 능력이] 향상되어 일어난 것이므로 원인(因)[인 기보력器報力]에 따라 명칭을 세워 "[부처가 될 만한 그릇이 된 후 수행하여] 과보로서 얻게 된 결과"(報果)라고 부른 것이다. ["보과報果"라고 말한 것에] 이어서 "이것은 '[이로운 능력을] 향상시킨 결과'이다"(此是增上果)라고 말한 것은 [두 번째 결과를 보과報果라고 부른 것이] '첫 번째 결과'(初果)[인 기과器果]와 혼동될까 염려하여 [두 번째 결과의] 근본(本)[인 '능력이 향상되어(增上) 일어난 것'이라는 뜻]에 의거하여 명칭을 구별한 것이다. 이 '[원인들에 의해] 향상된 결과'(增上果)[라는 명칭]은 [이롭거나 해로운] 모든 현상에 통하지만, 지금 [『중변분별론中邊分別論』에서는] '이로운 현상'(善法)에 의거하여 이 결과를 세우기 때문에 오직 '[부처가 되는 길에 오를 만한] 그릇의 [이로운] 과보[를 얻는 능력]이 향상되어 일어난 것'(器報增上所起)만을 취한다.

> 言"愛果936"者, 是隨流果. 由其先世長習善根, 後隨彼流, 愛樂善法故. 此隨流果, 普通三性, 今明修果, 唯取善法也. 言"增長"者, 是功用果. 由現在世懃功用力, 善根增長, 得圓滿故. "清淨果"者, 是相離果. 由行圓滿, 出離鄣故. 言"次第"者, 立此器等五果前後, 依報果等五果次第. 由是相依, 生起次第也.
>
> [H1, 835b6~14; X48, 171c23~172a5]

[세 번째인] "[이전 세상에서 끊임없이 닦아 익혀 이로운 현상들을] 좋아하고 즐기게 된 [결과]"(愛樂)라고 말한 것은 '[이로운 현상들을 좋아하고 즐겨 그] 흐름에 따르게 된 결과'(隨流果)이다. 그 '이전 세상'(先世)에서 오래 익힌 '이로운 능력'(善根)에 의거하여 뒤[의 세상]에서 그 흐름에 따라 '이로운 현상'(善法)들을 좋아하고 즐거워하게 되기 때문이

936 『중변분별론』 원문에 따라 '果'를 '樂'으로 교감한다.

다. 이 '[이롭거나 해로운 현상들을 좋아하고 즐겨 그] 흐름에 따르게 된 결과'(隨流果)는 '[선善·악惡·무기無記, 이] 세 가지 면모'(三性)에 두루 통하지만, 지금 [『중변분별론中邊分別論』에서는] '수행의 결과'(修果)를 밝히기에 오로지 '이로운 현상'(善法)만을 취한다.

[네 번째인] "[현재 세상에서 끊임없이 닦아 익혀 이로운 능력이 완전해지도록] 증장된 [결과]"(增長)라고 말한 것은 '[이로운 능력이 증장되어 완전해진 수행의] 작용을 얻게 된 결과'(功用果)이다. '현재 세상'(現在世)에서 '[수행으로 얻는] 작용 능력'(功用力)을 부지런히 닦는 것에 의거하여 '이로운 능력'(善根)이 증장되어 완전해지기 때문이다.

[다섯 번째인] "[완전해진 수행의 능력으로 모든 장애에서 벗어나] 온전해진 결과"(淸淨果)라는 것은 '[불변·독자의] 본질/실체관념에서 벗어난 결과'(相離果)이다. 수행이 완전해진 것에 의거하여 장애(鄣)에서 벗어나기 때문이다.

"[이] 순서대로이네"(次第)라고 말한 것은 [첫 번째 게송에서 밝힌] 이 '[부처가 되는 길에 오를 만한] 그릇이 된 [결과]'(器)[·보과報果·애락과愛樂果·증장과增長果·청정과淸淨果] 등 '다섯 가지 결과'(五果)의 앞뒤 [순서]를 세운 것이고, [첫 번째 해석의 말미에서 밝힌] '[부처가 되는 길에 오를 만한 그릇을] 과보로서 얻게 된 결과'(報果)[·증상과增上果·수류과隨流果·공용과功用果·상리과相離果] 등 '다섯 가지 결과'(五果)의 순서에 의거한 것이다. 이 [다섯 가지 결과들]이 서로 의지하는 것에 의거하여 순서가 생겨난다.

釋中有二. 初釋五果, "此立"[937]以下, 釋次第也. 器果中, 言"果報"者, 是出器體. "與善[938]相應"者, 是釋器義. 第二中言"器果增上故"者, 擧能起緣, 卽是報也. "善根最上品"者, 顯一[939]所起善, 正出果體也. 第三中言"宿世數習故"者, 是擧前因. "愛樂善法"者, 正出果體也. 第四第五, 文顯可知. "此立[940]"以下, 釋"次第"言, 亦可知也.

[H1, 835b15~22; X48, 172a6~11]

937 『중변분별론』 원문에 따라 '立'을 '位'로 교감한다.
938 『중변분별론』 원문에 따라 '善' 뒤에 '根'을 넣는다.

※ 【제1송에 관한】 해석(釋)

[제1송에 관한] 해석(釋)에는 두 가지가 있다. 처음에는[941] '다섯 가지 결과'(五果)를 해석하고, "이 단계적인"(此位) 이하[942]에서는 [오과五果의] 순서를 해석한다. '[부처가 되는 길에 오를 만한] 그릇이 된 결과'(器果)[를 해석하는 곳]에서 "[이전에 받은] 과보들"(果報)이라고 말한 것은 '그릇의 바탕'(器體)을 나타낸 것이다. "[부처가 되는 길에 오르게 하는] '이로운 능력'들과 상응한 것이다"(與善根相應)라는 것은 '그릇의 면모'(器義)를 해석한 것이다.

두 번째[인 보과報果(增上果)를 해석하는 곳]에서 "'[부처가 되는 길에 오를 만한] 그릇이 된 결과'에서 향상되었기 때문에"(器果增上故)라고 말한 것은 [결과인 보과報果(增上果)를] '일으키는 조건'(能起緣)을 거론한 것이니, 바로 '[부처가 될 만한 그릇이 된 후 수행하여] 과보로서 얻게 된 [결과]'(報)이다. "'이로운 능력'이 가장 높은 수준이다"(善根最上品)라는 것은 ['일으키는 조건'(能起緣)에 의해] '일어난 이로움'(所起善)을 드러낸 것이니, 바로 [보과報果(增上果)라는] '결과의 본연'(果體)을 나타낸 것이다.

세 번째[인 애락과愛樂果를 해석하는 곳]에서 "이전 세상에서 끊임없이 닦아 익혔기 때문에"(宿世數習故)라고 말한 것은 [애락과愛樂果를 얻기] 이전의 원인을 거론한 것이다. "'이로운 현상'들을 좋아하고 즐기게 된다"(愛樂善法)라는 것은 바로 [애락과愛樂果라는] '결과의 본연'(果體)을 나타낸 것이다. 네 번째[인 증장과增長果]와 다섯 번째[인 청정과淸淨果]에 관해서는 문장에 [뜻이] 잘 드러나 있어 [어렵지 않게] 알 수 있다.

"이 단계적인"(此位) 이하에서는 [게송에서] "[이] 순서대로이네"(次第)라고 말한 것을 해석하니, 역시 [어렵지 않게] 알 수 있다.

---

939 한불전 교감주에 "'一'은 잉자剩字이거나 아니면 여기에 탈문脫文이 있는 듯하다"라고 되어 있다. 앞 문장의 '擧能起緣'과 호응하는 문맥이므로 '一'을 삭제한다.

940 『중변분별론』 원문에 따라 '立'을 '位'로 교감한다.

941 해당하는 문장은 "器果者, 果報與善根相應. 報果者, 器果增上故, 善根最上品. 愛樂果者, 宿世數習故, 愛樂善法. 增長果者, 現世數習功德善根故, 善根圓滿. 淸淨果者, 滅離諸障."이다.

942 해당하는 문장은 "此位果有五種次第應知. 一者報果, 二者增上果, 三者隨流果, 四功用果, 五相離果"이다.

(2) 수행 단계에 의거하여 열 가지 결과의 차이를 드러냄(約位以顯十果差別, 約位顯十)

① 수행 단계에 따라 얻는 결과들을 간략히 말함(略說果, 明前四果)

② 수행 단계에 따라 얻는 결과들을 자세히 말함(廣說果, 明後六果)

2) 총괄적으로 마무리하는 것을 설해 마침(說已總結, 總結)

[第二頌] 上上及初果, 數習究竟果. 隨順及對治, 相離及勝位, 有上無上故. 略說果如是.

[第二釋] 若略說果, 有十種. 一者"上上果", 從自性, 發心, 乃至修行, 應知後後次第. 二"初果"者, 初得出世諸法. "數習果"者, 從初果後, 有學位中. "究竟果"者, 無學諸法. "隨順果"者, 爲因緣故, 應知上上果. "對治果"者, 是滅道, 因此得初果. 此中初道, 名"對治果". "相離果", 數習果圓滿果, 爲遠離惑障故, 如次第, 有學無學諸聖人果. "勝位果"者, 神通等諸功德. "有上果"者, 菩薩地, 爲勝餘乘故. "無上果"者, 諸如來地. 如是四種果, 爲分別圓滿果故. 爲略說, 如是多, 若廣說, 則無量.

[T31, 460a7~20]

【두 번째 게송】

[수행 단계에 의거하여 '결과들을 간략히 설명한'(略說果)[943] 네 가지는] [첫 번째가] '[수행

943 약설과略說果와 광설과廣說果: 아래 원효의 주석에서 "前四是略說果, 其後六者是廣說果"라고 하는 것에 따르면 앞의 네 가지인 상상과上上果·초과初果·수습과修習果·구경과究竟果는 '결과들을 간략히 설명한 것'(略說果)이고, 뒤의 여섯 가지인 수순과隨順果·대치과對治果·상리과相離果·승위과勝位果·유상과有上果·무상과無上果는 '결과들을 자세히 설명한 것'(廣說果)이라고 하여 십과十果를 두 가지로 구분한다. 아울러 "上來諸果, 約共位立, 此下二果, 在不共位"라고 하여 광설과

단계에서 첫 번째 인위因位의] 뒷 단계들인 [견도見道 이전의 입위入位와 행위行位에서 수행한 결과]'(上上)[944]이고, [두 번째는] '[견도見道인 지득위至得位에서] 처음 [세간에서 벗어난] 결과'(初果)이며, [세 번째는] '[수도修道인 유작위有作位에서] 끊임없이 익힌 [결과]'(數習)이고, [네 번째는] '[여래지如來地인 무작위無作位에서] 궁극적으로 얻은 결과'(究竟果)이네.[945] [수행 단계에 의거하여 '결과들을 자세히 설명한'(廣說果) 여섯 가

의 마지막 '두 가지 결과'(二果)인 유상과·무상과는 '삼승에 공통되지 않는 단계'(不共位)에 있는 것이고, 유상과·무상과를 제외한 나머지 여덟 가지 결과는 '삼승에 공통되는 단계'(共位)에 의거한 것이라고 구분하기도 한다.

944 상상과上上果: 동본이역同本異譯인 『변중변론辯中邊論』 권3에서는 '후후과後後果'(T31, 473b16 및 b18)로 한역되어 있다. 아래 『중변분별론』의 제2석에서도 "後後次第"라는 술어가 보인다. 아래 원효의 주석에서는 먼저 "言上上果者, 是第一果, 實是通名, 但從最初, 以立通名, 其後三中, 更立別目"이라고 설명한다. 이에 따르면 약설과略說果 중 첫 번째 결과인 상상과라는 명칭은 실제로는 모든 결과들에 관한 통칭(通名)이지만 단지 약설과 중 최초의 결과에 그 통명通名인 상상과를 세운 것일 뿐이고, 그래서 그 이후의 세 가지인 초과初果·수습과修習果·구경과究竟果에는 다시 별목別目을 세우는 것이다. 실제로 원효의 주석 중에는 "前四果是上上果, 望下下因, 立上上果故"라고 하여 약설과에 해당하는 앞의 네 가지 결과 모두를 상상과라고 부르면서 이 상상과는 하하인下下因에 상대한 명칭이라고 설명하기도 한다. 즉 하하下下에 상대되는 상상上上이라는 용어는 앞의 원인들에 상대하여 뒤에 일어나는 결과들을 가리키는 것임을 알 수 있으므로 여기서 하하는 전전前前과 동의어이고 상상은 후후後後와 동의어라고 하겠다. 상상과가 통명으로 쓰일 경우에는 지금처럼 별목으로 쓰일 때와 번역을 달리해야 할 것으로 보인다. 이 약설과의 제1과인 상상과의 구체적 내용에 관해 원효는 "此第一果, 在入行位, 入爲因上, 行爲入上, 望下爲果, 名上上果. 因位修住, 唯是種性, 未發修行, 故不立果."라고 설명한다. 이에 따르면 앞의 『수주품修住品』에서 제시한 공위共位의 일곱 단계(①인위因位·②입위入位·③행위行位·④지득위至得位·⑤유작위有作位·⑥부작위不作位·⑦의위意位) 중에서 ②입위와 ③행위의 수행에 따른 결과가 상상과인데, ②입위는 ①인위의 위(上 또는 後)이고 ③행위는 다시 ②입위의 상위上位이어서 하위下位에 상대하여 수행의 결과로 삼은 것이 상상과이다. 아울러 공위의 일곱 단계 중에서 가장 처음인 ①인위는 오직 종성種性만 갖추었을 뿐 아직 수행을 일으키지 않았기 때문에 결과의 범주에는 포함시키지 않는다.

945 초과初果·수습과修習果·구경과究竟果의 번역: 기본적으로 아래 제2석에 의거했고, 공통위共通位(共位)의 일곱 가지 명칭을 첨가한 것은 아래 원효의 주석에 의거했다. 본문 이해를 위해 앞서 『수주품修住品』에서 논의된 사종수주四種修住에 관한 표와 공통위 일곱 단계에 관한 간략한 설명을 여기서 다시 제시하면 아래와 같다. ①인위因位는 오직 '원인의 면모'(因性)만이 있어 아직 '수행의 과정'(行)과 '수행의 결과'(果)를 얻지 못한 채 본래부터 갖추어져 있는 불성佛性인 본연(自性)에만 머물러 있는 단계이다. ②입위入位는 삼승인三乘人이 각각의 종성種性에 따라 이미 초발심初發心에 들어간 것이다. ③행위行位는 초발심 이후로 세제일법世第一法에 이르는 방편 수행의 단계로서 아직 견도見道의 결과(果)에는 이르지 못한 것이다. ④지득위至得位는 견도에 이르러 출세과出世果를 얻은 것이다. ⑤유작위有作位는 수도修道의 유학위有學聖位로서 아직 무명無明에 따르는 공용功用을 짓는 것이다. ⑥무작위無作位는 무학위無學位에 이른 것으로서 무명에 따르는

지는] [첫 번째가] '[견도見道에 이르기 위해] 따라 이어지는 [입위入位와 행위行位 수행의 결과]'(隨順)946이고, [두 번째는] '[견도見道에서 끊어지는 번뇌의 종자를] 치유한 [결과]'(對治)947이며, [세 번째는] '[수도修道와 여래지如來地에서 모든 장애를] 서로 벗어난 [결과]'(相離)948이고, [네 번째는] '[여래지如來地에서] 탁월한 능력을 얻는 단계

작용作用을 쉬게 한 것이다. ⑦의위意位는 육신통六神通을 얻은 승덕위勝德位이다.

4위	공통위共通位(7)	불공위不共位(2)	전후위前後位(6)	동시위同時位(3)
18위	①인위因位, ②입위入位, ③행위行位, ④지득위至得位(과위果位), ⑤유작위有作位(유공용위有功用位), ⑥부작위不作位(무공용위無功用位), ⑦의위意位(승덕위勝德位)	⑧유상위有上位, ⑨무상위無上位	⑩원락위願樂位, ⑪입위入位, ⑫출위出位(출리위出離位), ⑬수기위受記位, ⑭설자위說者位(능설사위能說師位), ⑮관위灌位(관정위灌頂位)	⑯지위至位(지득위至得位), ⑰공덕위功德位, ⑱작사위作事位

946 수순과隨順果: 아래 원효의 주석에서는 "言隨順者, 是前四中, 初上上果. 此果正是見道方便, 隨順彼故, 名隨順果. 此中三雙, 皆是隨順, 但從最初, 受此通名也."라고 설명한다. 이에 따르면 앞 약설과略說果의 네 가지 결과 중에서 첫 번째인 상상과上上果에 해당하는 것이어서 바로 견도見道에 이르는 방편方便이고 저 견도에 따라 이어지는 것이기 때문에 수순과라고 부른다. 아래 제1석에서도 "隨順果者, 爲因緣故, 應知上上果."라고 하여 수순과는 앞의 상상과임을 알아야 한다고 설명하는데, 여기서 인연因緣이라는 것은 견도에 이르는 인연이라는 뜻이 되겠다. 이어서 원효는 앞의 상상과에서처럼 이 수순과라는 명칭 역시 광설과廣說果의 삼쌍三雙인 수순과隨順果·대치과對治果와 상리과相離果·승위과勝位果 및 유상과有上果·무상과無上果가 각각 서로를 따라 이어지는 관계에 있다는 점에서 여섯 가지 결과 모두에 해당하는 통명通名이기도 하다고 설명한다. 상상과의 경우에서처럼 수순과가 통명으로 쓰일 때에는 역시 번역을 달리해야 할 것으로 보인다.

947 대치과對治果: 아래 원효의 주석에서는 "言對治者, 是前四中, 第二初果, 順前方便, 始得見道, 永斷前時所伏惑種. 是故名爲對治果也."라고 하여, 약설과略說果의 두 번째인 초과初果에 해당하고 견도見道 이전의 방편方便에 따라 비로소 견도見道를 얻은 것으로서 견도 이전의 방편 수행에서 제압하기만 했던 혹종惑種을 완전히 끊은 결과라고 설명한다.

948 상리과相離果: 아래 원효의 주석에서는 "言相離者, 前四之中, 後之二果, 學無學道, 相離諸鄣, 須發勝德, 故名相離."라고 하여, 상리과는 앞 약설과略說果의 네 가지 결과 중에서 뒤의 두 가지 결과인 수습과修習果와 구경과究竟果를 포괄하는 결과로서 유학도有學道와 무학도無學道에서 서로 모든 장애를 벗어나 앞으로 승덕勝德을 일으키게 될 결과라고 설명한다. 한편 앞의 제1송에서는 오과五果의 순서를 밝히면서 네 번째인 증장과增長果의 다음으로 다섯 번째인 무학도의 청정과淸淨果를 제시하였고 제1석에서는 이 청정과를 상리과라고 달리 불렀는데, 저 오과에서의 제5 상리과와 이 광설과에서의 제3 상리과는 내용적으로 구분되어야 할 것으로 보인다. 왜냐하면 오과에서의 상리과는 유학有學의 수도修道에 해당하는 제4 증장과의 다음 순서로서 마지막으로 제시되어 무학의 여래지如來地만을 가리키는 반면, 여기 광설과에서의 상리과는 무학의 여래지와 함께 유학의 수도를 포괄하기 때문이다. 원효의 주석에서도 이미 보았듯이 "學無學道, 相離諸鄣."이라고 하여 상리相離라는 용어는 유학도와 무학도에서 '서로 벗어난다'라는 뜻으로 쓰이고 있다.

[의 결과]'(勝位)[949]이며, [다섯 번째는] '[이승二乘보다] 더 높은 경지인 [대승 보살지菩薩地의 결과]'(有上)[950]이고, [여섯 번째는] '[대승에서도] 더 높은 경지가 없는 [여래지如來地의 결과]'(無上)[951]인 것이네. [십인十因과 수행 단계(位)에 의거한] 결과들을 간략히 설명한 것은 이와 같네.

---

949 승위과勝位果: 아래 원효의 주석에서는 "言勝位者, 卽彼位中六神通等, 順修彼離鄣, 成此勝德."이라고 하여, 앞의 상리과相離果 단계에서 얻는 육신통六神通들의 결과로서 저 상리과 단계에서 장애를 벗어난 것에 따라 승덕勝德을 성취한 것이라고 설명한다. 처음의 상상과上上果로부터 이 승위과까지의 여덟 가지 결과는 모두 공통위共通位에 의거한 것이므로 이에 의거하여 수행 단계와 그에 따른 결과의 관계를 표로 나타내면 다음과 같다. 공통위에서의 ①인위因位는 결과의 범주에 들어가지 않으므로 괄호로 표시했고, 광설과廣說果에서의 ③상리과相離果는 수도修道와 무학위無學位를 포괄하므로 두 곳에 배치되어 있다.

단계		공통위	약설과	광설과
범부위		(①인위因位,) ②입위入位, ③행위行位	①상상과上上果	①수순과隨順果
유학위	견도	④지득위至得位	②초과初果	②대치과對治果
	수도	⑤유작위有作位	③수습과修習果	③상리과相離果
무학위		⑥부작위不作位, ⑦의위意位(승덕위勝德位)	④구경과究竟果	③상리과相離果, ④승위과勝位果

950 유상과有上果: 아래 원효의 주석에서는 "此下二果, 在不共位. 言有上者, 在菩薩地, 是約第三前後位說."이라고 하여, 이승二乘과 공통되지 않는 보살지菩薩地에서의 수행으로 얻는 결과로서 사종수주四種修住 중 제3 전후위前後位에 의거한 것이라고 설명한다. 전후위의 여섯 단계는 지전地前의 40심위四十心位에서 일도一道를 증득하기를 원하여 만행萬行을 닦는 단계인 ①원락위願樂位, 초지보살初地菩薩이 이미 견도見道에 들어간 단계인 ②입위入位, 초지 이후의 수도修道 육지六地, 즉 제2지~제7지 수행 중 모든 장애에서 벗어나는 단계인 ③출위出位(出離位), 제8부동지不動地에서 무퇴無退가 결정되어 '부처가 되리라는 보증을 받는'(受記) 단계인 ④수기위受記位, 제9묘혜지妙慧地(善慧地)에서 무애변無礙辨을 얻어 걸림 없이 설법하는 자가 된 단계인 ⑤설자위說者位(能說師位), 보살행菩薩行이 충족된 제10법운지法雲地에서 불위佛位를 받는 단계인 ⑥관위灌位(灌頂位)이다. '원락위願樂位·입위入位·출위出位·수기위受記位·설자위說者位·관위灌位의 번역' 역주 참조. 지전 40심위로부터 제10법운지에 이르기까지 대승 보살의 모든 수행 과정에 결부된 결과들임을 알 수 있다. 아래 제2석에서는 "有上果者, 菩薩地, 爲勝餘乘故."라고 하여, 이승二乘과 같은 여타의 가르침보다 더 탁월한 보살지菩薩地에서의 결과라고 설명한다.

951 무상과無上果: 아래 원효의 주석에서는 "言無上者, 謂如來地, 是約第四同時位說."이라고 하여, 무상과는 여래지如來地에서 얻는 결과로서 사종수주四種修住 중 제4 동시위同時位에 의거한 것이라고 설명한다. 동시위의 세 가지인 '[결과에] 도달하여 [법신法身을] 얻는 단계'(至位), '[온갖 수행으로 인한] 이로운 능력[을 누리는 응신應身(受用身)]의 단계'(功德位), '[석가모니 부처님이 여덟 가지] 현상을 지어내는 [화신化身(變化身)의] 단계'(作事位)는 궁극적으로 도달하는 과지果地(佛地)의 면모를 세 가지로 구별한 것이므로 전후가 없다. 동시위에 관한 자세한 내용은 '지위至位(至得位)·공덕위功德位·작사위作事位의 번역과 법신法身·응신應身(受用身)·화신化身(變化身)' 역주 참조.

【두 번째 해석】

만약 간략히 [수행 단계에 의거한] 결과들을 말한다면 열 가지가 있다. 첫 번째로 "[수행 단계에서 첫 번째 인위因位의] 뒷 단계들인 [견도見道 이전의 입위入位와 행위行位에서 수행한] 결과"(上上果)는 [아직] '[깨달음의] 본연'(自性)[에 머물러 있는 단계인 인위因位]로부터 [입위入位에서] '[깨달음을 향해] 마음을 일으켜'(發心) [행위行位에서 견도見道에 들어가기 위해] 수행하기에 이르는 것이니, [이 상상과上上果는] '[인위因位의] 다음 단계들'(後後)[인 입위入位와 행위行位]의 순서[로 얻는 결과들]임을 알아야 한다. 두 번째인 "[견도見道인 지득위至得位에서] 처음으로 [세간에서 벗어난] 결과"(初果)라는 것은 처음으로 '세간을 넘어서는 갖가지 현상'(出世諸法)을 얻은 것이다. [세 번째로] "[수도修道인 유작위有作位에서] 끊임없이 익힌 결과"(數習果)라는 것은 '[견도見道인 지득위至得位에서] 처음 [세간에서 벗어난] 결과'(初果)로부터 이후에 '[아직] 배워야 할 것이 있는 성인의 단계'(學位)[인 수도修道]에 있는 것이다. [네 번째로] "[여래지如來地인 무작위無作位에서] 궁극적으로 얻은 결과"(究竟果)라는 것은 '[더 이상] 배울 것이 없는 단계에서 얻는 모든 현상'(無學諸法)이다.

[다섯 번째인] "[견도見道에 이르기 위해] 따라 이어지는 [입위入位와 행위行位 수행의] 결과"(隨順果)라는 것은 [견도見道에 이르는] '원인과 조건'(因緣)이 되기 때문에 '[수행 단계에서 첫 번째 인위因位의] 뒷 단계들인 [견도見道 이전의 입위入位와 행위行位에서 수행한] 결과'(上上果)임을 알아야 한다. [여섯 번째인] "[견도見道에서 끊어지는 번뇌의 종자를] 치유한 결과"(對治果)라는 것은 '[견도見道에서 끊어지는 번뇌를] 없애는 수행'(滅道)[952][이 그 본연적 면모]이니, 이 [면모]로 인해 [앞에서 두 번째로 제시된] '[견도見道인 지득위至得位에서] 처음으로 [세간에서 벗어난] 결과'(初果)를 얻은 것이다. 여기서는 '처음으로 [견도見道에서 끊어지는 번뇌를 없애어 세간에서 벗어나는 결과를] 얻는 수행'(初道)을 "[견도見道에서 끊어지는 번뇌의 종자를] 치

952 멸도滅道: 아래 원효의 주석에서는 "言是滅道者, 出其體相, 斷滅之道, 故名滅道."라고 하여 단멸지도斷滅之道를 뜻하는 멸도는 대치과對治果의 '본연적 면모'(體相)이라고 설명한다.

유한 결과"(對治果)라고 부른 것이다. [일곱 번째인] "[수도修道와 여래지如來地에서 모든 장애를] 서로 벗어난 결과"(相離果)는 '[수도修道인 유작위有作位에서] 끊임없이 익힌 결과'(數習果)와 '[수습과修習果가 여래지如來地에 이르러] 완전해진 결과'(圓滿果)이니, '[수도修道에서 끊어지는] 번뇌의 장애'(惑障)에서 확실히 벗어나기 위해 순서대로 '[아직] 배워야 할 것이 있는 성인과 [더 이상] 배울 것이 없는 성인의 모든 결과'(學無學諸聖人果)가 있는 것이다. [여덟 번째인] "[여래지如來地에서] 탁월한 능력을 얻는 단계의 결과"(勝位果)라는 것은 '자유자재하게 통하는 [여섯 가지] 능력'(神通) 등의 갖가지 '이로운 능력'(功德)이다. [아홉 번째인] "[이승二乘보다] 더 높은 경지인 [대승 보살지菩薩地의] 결과"(有上果)라는 것은 '보살의 경지'(菩薩地)[에서 얻는 것]이니, '[성문聲聞·연각緣覺과 같은] 여타의 가르침'(餘乘)보다 더 탁월하기 때문이다. [열 번째인] "[대승에서도] 더 높은 경지가 없는 [여래지如來地의] 결과"(無上果)라는 것은 모든 '여래의 경지'(如來地)[에서 얻는 것]이다.

[열 가지 결과들 중에서] 이와 같은 '[제4구경과究竟果·제7상리과相離果·제8승위과勝位果·제10무상과無上果, 이] 네 가지 결과'(四種果)[953]는 '[수습과修習果가 여래지如來地에 이르러] 완전해진 결과'(圓滿果)를 [네 가지 위상으로] 구별한 것이다. [수행 단계에 의거하여 얻는 결과들을] 간략히 말해도 이와 같이 다양한데, 만약 자세히 말한다면 헤아릴 수 없이 많다.

---

953 사종과四種果: 아래 원효의 주석에서는 "言如是四果者, 一者第四名究竟果, 二者第七名相離果, 三者第八名勝位果, 四者第十名無上果."라고 하여 사종과에 해당하는 명칭들을 적시한다. 십과十果 중에서 여래지如來地의 원만과圓滿果에 해당하는 사종과를 제4구경과究竟果·제7상리과相離果·제8승위과勝位果·제10무상과無上果로 가려 뽑은 것이므로 합리적인 설명으로 보인다. 그런데 이 사종과를 논의하는 문장이 동본이역同本異譯인 『변중변론辯中邊論』 권3에서는 "此中所說後六種果, 即究竟等前四差別."(T31, 473b27~28)이라 한역되어 있고, 범본 번역에서는 "이 [마지막] 네 가지는 ③반복의 결과와 ④도달이라는 결과의 양태일 뿐이다"라고 되어 있어 다소 혼란이 있다. 『변중변론』의 설명은 광설과廣說果에 포함되는 뒤의 여섯 가지 결과가 약설과略說果에 포함되는 앞의 네 가지 결과를 자세히 구별한 것이라는 내용이고, 범본 번역의 설명은 마지막 네 가지 결과인 제7상리과·제8승위과·제9유상과有上果·제10무상과가 앞의 제3수습과修習果·제4구경과를 구별한 것이라는 내용이다. 본문 번역에서는 원효의 주석에 따랐다.

此下, 第二約位顯十. 於中前四, 是略說果, 其後六者, 是廣說果, 開前四果, 分別六故. 又前四果, 是上上果, 望下下因, 立上上果故. 其後六果, 是隨順果, 二二相順, 立三雙故.

[H1, 835b23~c3; X48, 172a12~15]

이하에서는 ['결과의 양상을 하나씩 드러냄'(別顯果相)의] 두 번째로서 [수행] 단계(位)에 의거하여 열 가지 [결과들]을 드러낸다. 여기서 앞의 네 가지[인 상상과上上果·초과初果·수습과修習果·구경과究竟果]는 [수행 단계에 따라 얻는] 결과들을 간략히 말한 것이고 그 뒤의 여섯 가지[인 수순과隨順果·대치과對治果·상리과相離果·승위과勝位果·유상과有上果·무상과無上果]는 결과들을 자세히 말한 것이니, 앞의 네 가지 결과를 펼쳐서 여섯 가지로 구분한 것이다. 또 앞의 네 가지 결과는 '[앞의 원인에 상대하여] 뒤에 일어나는 결과들'(上上果)[954]이니, '앞의 원인들'(下下因)에 상대하여 '뒤에 일어나는 결과들'(上上果)을 세운 것이다. 그 뒤의 여섯 가지 결과들은 '[둘씩 서로] 따라 이어지는 결과들'(隨順果)이니, [수순과隨順果와 대치과對治果, 상리과相離果와 승위과勝位果, 유상과有上果와 무상과無上果는] 둘씩 서로 이어지면서 [모두] 세 쌍을 수립하는 것이다.

初中言"上上果"者, 是第一果. 實是通名, 但從最初, 以立通名, 其後三中, 更立別目. 此第一果, 在入行位. 入爲因上, 行爲入上, 望下爲果, 名"上上果". 因位修住, 唯是種性, 未發修行, 故不立果. 言"初果"者, 是第二果. 在至得位, 始得出世, 故名"初果". 言"數習"者, 是第三果. 在有作

954 통명通名으로서의 상상과上上果: 이 문맥에서 상상과는 통명으로 쓰인 것이므로 약설과略說果에서의 제1과로서 별목別目으로 쓰인 상상과의 번역과는 달라야 할 것이다. 본문 아래의 수순과隨順果 역시 같은 경우이다. 자세한 내용은 '상상과'와 '수순과' 역주 참조.

位, 加行功進修, 名"數習果". "究竟果"者, 是第四果. 在無住[955]位, 是無學果, 故名"究竟".

[H1, 835c3~12; X48, 172a15~21]

첫 번째[인 '수행 단계에 따라 얻는 결과들을 간략히 말하는 것'(略說果)]에서 "[수행 단계에서 첫 번째 인위因位의] 뒷 단계들인 [견도見道 이전의 입위入位와 행위行位에서 수행한] 결과"(上上果)라고 말한 것은 첫 번째 결과이다. 실제로는 [앞의 네 가지 결과들을] '통틀어 가리키는 명칭'(通名)이지만 [여기서는] 단지 [네 가지 중에서] 가장 처음[의 결과인 것]에서 '통틀어 가리키는 명칭'(通名)을 세운 것이니, 그 뒤의 세 가지 [결과들]에서는 다시 '개별적인 명칭'(別目)을 세운다. 이 첫 번째 결과는 [공통위共通位의 일곱 단계 중에서 두 번째와 세 번째에 해당하는] '[이미 깨달음을 향해 마음을 일으킴에] 들어감의 단계'(入位)와 '[견도見道에 들어가기 위한] 수행의 단계'(行位)에 있다. [수행 단계에서 두 번째인] '[이미 깨달음을 향해 마음을 일으킴에] 들어감[의 단계]'(入)는 [첫 번째인] '[아직 깨달음의 본연(自性)에 머물러 있는] 원인[의 단계]'(因)의 뒤가 되고, [세 번째인] '[견도見道에 들어가기 위한] 수행[의 단계]'(行)는 [두 번째인] '[이미 깨달음을 향해 마음을 일으킴에] 들어감[의 단계]'(入)의 뒤가 되니, 앞 [단계]를 상대하여 [뒤의 단계가] 결과가 되기에 "[수행 단계에서 첫 번째 인위因位의] 뒷 단계들인 [견도見道 이전의 입위入位와 행위行位에서 수행한] 결과"(上上果)라고 부른다. '[아직 깨달음의 본연(自性)에 머물러 있는] 원인의 단계에서 닦아 머무르는 것'(因位修住)은 오직 '[부처가 될] 타고난 특성'(種性)[을 갖춘 것]일 뿐이어서 아직 수행을 일으키지 않았기 때문에 [수행 단계에서 첫 번째인 인위因位에 의거해서는] 결과(果)를 세우지 않는다.

"[견도見道인 지득위至得位에서] 처음 [세간에서 벗어난] 결과"(初果)라고 말한 것은 두 번째 결과이다. '[견도見道에] 이르러 [세간에서 풀려나는 결과를] 얻음의 단계'(至得位)에서 비로소 '세간을 넘어서는 [결과]'(出世)를 얻기 때문에 "[견도見道인 지득위至得位에서] 처

955 『중변분별론』의 문맥에 따라 '住'를 '作'으로 교감한다.

음 [세간에서 벗어난] 결과"(初果)라고 부른다. "[수도修道인 유작위有作位에서] 끊임없이 익힌 [결과]"(數習)라고 말한 것은 세 번째 결과이다. '[수도修道에서 아직 근본무지(無明)의] 작용함이 있는 단계'(有作位)에서 힘을 더하여 수행을 진척시키기에 "[수도修道인 유작위有作位에서] 끊임없이 익힌 결과"(數習果)라고 부른다. "[여래지如來地인 무작위無作位에서] 궁극적으로 얻은 결과"(究竟果)라는 것은 네 번째 결과이다. '[무학위無學位에서 더 이상 근본무지(無明)의] 작용함이 없는 단계'(無作位)에서 '[더 이상] 배울 것이 없는 결과'(無學果)[를 얻은 것]이기 때문에 "[여래지如來地인 무작위無作位에서] 궁극적으로 얻은 [결과]"(究竟果)라고 부른다.

此下三句, 明後六果. 言"隨順"者, 是前四中, 初上上果. 此果正是見道方便, 隨順彼故, 名"隨順果". 此中三雙, 皆是隨順, 但從最初, 受此通名也. 言"對治"者, 是前四中, 第二初果. 順前方便, 始得見道, 永斷前時所伏或[956]種. 是故名爲"對治果"也. 言"相離"者, 前四之中, 後之二果. 學無學道, 相離諸鄣, 須發勝德, 故名"相離". 言"勝德[957]"者, 卽彼位中, 六神通等. 順修彼離鄣, 成此勝德. 是故此二亦隨順也. 上來諸果, 約共位立.

[H1, 835c12~23; X48, 172a21~b5]

이하의 세 구절[958]에서는 ['수행 단계에 따라 얻는 결과들을 자세히 말하는 것'(廣說果)에 해당하는] 뒤의 여섯 가지 결과를 밝힌다. "[견도見道에 이르기 위해] 따라 이어지는 [입위入位와 행위行位 수행의 결과]"(隨順)라고 말한 것은 앞의 [약설과略說果에 해당하는] 네 가지 중에서 첫 번째인 '[수행 단계에서 첫 번째 인위因位의] 뒷 단계들인 [견도見道 이전의 입위入位와 행위行位에서 수행한] 결과'(上上果)이다. 이 [첫 번째] 결과는 바로 '[진리다운] 이해를

956 문맥에 따라 '或'을 '惑'으로 교감한다.
957 『중변분별론』 원문에 따라 '德'을 '位'로 교감한다.
958 해당하는 세 구절은 "隨順及對治, 相離及勝位, 有上無上故"이다.

밝히는 수행에 이르기 위한 수단과 방법'(見道方便)이니, 저 [견도見道]에 따라 이어지기 때문에 "[견도見道에 이르기 위해] 따라 이어지는 [입위入位와 행위行位 수행의] 결과"(隨順果)라고 부른다. 이 [뒤의 여섯 가지 결과]의 세 가지 쌍[인 수순과隨順果·대치과對治果와 상리과相離果·승위과勝位果 및 유상과有上果·무상과無上果]는 모두 '[둘씩] 따라 이어지는 [결과들]'(隨順)인데, 단지 [여섯 가지 중] 가장 처음[의 결과인 것]에서 이 '통틀어 가리키는 명칭'(通名)을 받는다. "[견도見道에서 끊어지는 번뇌의 종자를] 치유한 [결과]"(對治)라고 말한 것은 앞의 [약설과略說果에 해당하는] 네 가지 중에서 두 번째인 '[견도見道인 지득위至得位에서] 처음 [세간에서 벗어난] 결과'(初果)이다. 앞의 '수단과 방법'(方便)[인 수순과隨順果]에 이어져서 비로소 '[진리다운] 이해를 밝히는 수행'(見道)을 얻으니, 앞의 [수순과隨順果를 얻은] 때에 [현행現行하지 못하도록] 제압하기만 했던 '[견도見道에서 끊어지는] 번뇌의 종자'(惑種)를 [이 지득위至得位에서] 완전히 끊는다. 그러므로 "[견도見道에서 끊어지는 번뇌의 종자를] 치유한 결과"(對治果)라고 부른다.

"[수도修道와 여래지如來地에서 모든 장애를] 서로 벗어난 [결과]"(相離)라고 말한 것은 앞의 [약설과略說果에 해당하는] 네 가지 중에서 뒤의 두 가지 결과[인 수습과修習果와 구경과究竟果]이다. '[아직] 배워야 할 것이 있는 수행과 [더 이상] 배울 것이 없는 수행'(學無學道)에서 서로 모든 장애를 벗어나 '탁월한 능력'(勝德)[인 육신통六神通]을 일으키게 되기 때문에 "[수도修道와 여래지如來地에서 모든 장애를] 서로 벗어난 [결과]"(相離)라고 부른다. "[여래지如來地에서] 탁월한 능력을 얻는 단계[의 결과]"(勝位)라고 말한 것은 곧바로 저 [상리과相離果]에서 [얻는] '자유자재하게 통하는 여섯 가지 능력'(六神通)들이다. 저 [상리과相離果에서] '장애를 벗어나는 [수행]'(離鄣)을 닦는 것에 이어져서 이 '탁월한 능력'(勝德)들을 성취한다. 그러므로 [상리과相離果와 승위과勝位果,] 이 두 가지 역시 '[둘씩] 따라 이어지는 [결과들]'(隨順)이다. 여기까지의 모든 결과들은 '[삼승三乘에] 공통되는 단계'(共位)에 의거하여 세운 것이다.

此下二果, 在不共位. 言"有上"者, 在菩薩地, 是約第三前後位說. 言"無上"者, 謂如來地, 是約第四同時位說. 有上無上, 亦相隨順故, 此三雙, 名隨順果也. 此下一句, 第二總結.

[H1, 835c23~836a4; X48, 172b5~8]

이하의 두 가지 결과[인 유상과有上果와 무상과無上果]는 '[삼승三乘에] 공통되지 않는 단계'(不共位)에 있다. "[이승二乘보다] 더 높은 경지인 [대승 보살지菩薩地의 결과]"(有上)라고 말한 것은 '보살의 경지'(菩薩地)에 있는 것이니, 이 [유상과有上果]는 [사종수주四種修住 중에서] 세 번째인 '[깨달음 성취의 원인되는 수행이어서] 앞과 뒤[의 순서가 있는] 단계'(前後位)들에 의거하여 말한 것이다.[959] "[대승에서도] 더 높은 경지가 없는 [여래지如來地의 결과]"(無上)라고 말한 것은 '여래의 경지'(如來地)가 그것이니, 이 [무상과無上果]는 [사종수주四種修住 중에서] 네 번째인 '[깨달음 성취의 결과로서 갖추는 갖가지 능력이어서] 동시인 단계'(同時位)에 의거하여 말한 것이다.[960] '[이승二乘보다] 더 높은 경지인 [대승 보살지菩薩地의 결과]'(有上)와 '[대승에서도] 더 높은 경지가 없는 [여래지如來地의 결과]'(無上)도 서로 '[둘씩] 따라 이어지는 것'(隨順)이기 때문에 [수순과隨順果·대치과對治果와 상리과相離果·승위과勝位果 및 유상과有上果·무상과無上果,] 이 세 가지 쌍을 [모두] '[둘씩] 따라 이어지는 결과들'(隨順果)이라고 부른다.

이 아래의 한 구절[961]은 [「득과품得果品」의 두 문단 중에서] 두 번째인 [원인(因)에 상대하는 오과五果와 단계(位)에 의거하는 십과十果를] 총괄하여 마무리한 것이다.

959 유상과有上果와 전후위前後位의 관계에 관해서는 '유상과' 역주 참조.
960 무상과無上果와 동시위同時位의 관계에 관해서는 '무상과' 역주 참조.
961 해당하는 1구는 "略說果如是"이다.

釋中有二. 一者, 正釋本文, 二者, 總集分別. 初中亦二. 先卽總標, 後隨文釋. 此中亦二. 先釋十果, 後釋結句. 初中亦二. 先正釋文, 次分別義.

[H1, 836a5~8; X48, 172b9~11]

※【제2송에 관한】 해석(釋)

A. 곧바로 [제2송의] 본문을 해석함(正釋本文)

[제2송에 관한] 해석(釋)에는 두 가지가 있다. 첫 번째는 곧바로 '[제2송의] 본문을 해석하는 것'(正釋本文)이고, 두 번째는 '[제3「대치수주품對治修住品」, 제4「수주품修住品」, 제5「득과품得果品」의 내용을] 총괄적으로 요약하여 구별하는 것'(總集分別)이다.[962]

A) [열 가지 결과를] 총괄적으로 제시함(總標)

첫 번째[인 정석본문正釋本文]에도 두 가지가 있다. 앞은 '[열 가지 결과를] 총괄적으로 제시하는 것'(總標)이고, 뒤는 '[제2송의] 문장에 따라 해석하는 것'(隨文釋)이다.

B) [제2송의] 문장에 따라 해석함(隨文釋)

이 [수문석隨文釋]에도 두 가지가 있다. 앞은 '열 가지 결과를 해석하는 것'(釋十果)이고, 뒤는 '마무리하는 구절을 해석하는 것'(釋結句)이다.

(A) 열 가지 결과를 해석함(釋十果)

962 '1. 정석본문正釋本文'의 문단은 현재 『중변분별론』의 제2송 아래에 딸려 있는 제2석의 전체 문장에 해당한다. '2. 총집분별總集分別'의 문단은 과문상으로는 '※【제2송에 관한】 해석'(釋)에 속하지만, 내용상으로는 이제까지 논의해 왔던 『중변분별론中邊分別論』의 삼품三品(제4「대치수주품對治修住品」, 제5「수주품修住品」, 제6「득과품得果品」) 전체를 총괄적으로 요약하는 문단이므로 '1. 정석본문'의 문단이 끝난 뒤에 원효의 소疏와 구별하는 글상자를 따로 두어 배치할 것이다.

첫 번째[인 석십과釋十果]에도 두 가지가 있다. 앞은 '곧바로 [제2송의] 문장을 해석하는 것'(正釋文)이고, 다음은 '[원만과圓滿果의] 면모를 [네 가지로] 구별하는 것'(分別義)이다.[963]

> 釋文中, 言"從自性發心"者, 從下自性, 得上發心也. "乃至修行"者, 從下發心, 乃至其上修行, 此顯上上果體相也. "應知後後次第"者, 此以後後, 釋上上義, 謂發心位是自性後, 其修行位是發心後. 約此後後, 立上上果. 自性非後, 故不立果也. 釋次三果, 文相可知.
>
> [H1, 836a8~15; X48, 172b11~16]

Ⓐ 곧바로 [제2송의] 문장을 해석함(正釋文)

'[곧바로 제2송의] 문장을 해석하는 것'(釋文)에서 "[아직] '[깨달음의] 본연'[에 머물러 있는 단계인 인위因位]로부터 [입위入位에서] '[깨달음을 향해] 마음을 일으킨다'"(從自性, 發心)라고 말한 것은, 앞의 '[깨달음의] 본연[에 머물러 있는 단계]'(自性)로부터 뒤의 '[깨달음을 향해] 마음을 일으키는 [단계]'(發心)를 얻는다는 것이다. "[행위行位에서 견도見道에 들어가기 위해] 수행하기에 이른다"(乃至修行)라는 것은 앞의 '[깨달음을 향해] 마음을 일으키는 [단계]'(發心)로부터 그 뒤의 '수행하는 [단계]'(修行)에 이른다는 것이니, 이것은 '[수행 단

963 원효의 과문에 따라 '1. 정석본문正釋本文'의 문장들을 배속하면 다음과 같다.
1. 정석본문正釋本文
1) 총표總標: "若略說果, 有十種."
2) 수문석隨文釋
(1) 석십과釋十果
① 정석문正釋文: "一者上上果, 從自性, 發心, 乃至修行, 應知後後次第. 二初果者, 初得出世諸法. 數習果者, 從初果後, 有學位中. 究竟果者, 無學諸法. 隨順果者, 爲因緣故, 應知上上果. 對治果者, 是滅道, 因此得初果. 此中初道, 名對治果. 相離果, 數習果圓滿果, 爲遠離惑障故, 如次第, 有學無學諸聖人果. 勝位果者, 神通等諸功德. 有上果者, 菩薩地, 爲勝餘乘故. 無上果者, 諸如來地."
② 분별의分別義(重分別義): "如是四種果爲分別圓滿果故."
(2) 석결구釋結句: "爲略說如是多, 若廣說, 則無量."

계에서 첫 번째 인위因位의] 뒷 단계들인 [견도見道 이전의 입위入位와 행위行位에서 수행한] 결과'(上上果)의 '본연적 면모'(體相)를 드러낸 것이다. "[이 상상과上上果는] '[인위因位의] 다음 단계들'[인 입위入位와 행위行位]의 순서[로 얻는 결과들]임을 알아야 한다"(應知後後次第)라고 말한 것은 '다음 단계들'(後後)[이라는 용어]로 '뒤의 단계들'(上上)[이라는 용어]의 뜻을 해석한 것이니, '[깨달음을 향해] 마음을 일으키는 단계'(發心位, 入位)는 '[깨달음의] 본연[에 머물러 있는 단계]'(自性, 因位)의 뒤이고 그 '수행하는 단계'(修行位, 行位)는 '[깨달음을 향해] 마음을 일으키는 [단계]'(發心, 入位)의 뒤라는 것이다. 이 '다음 단계들'(後後)[인 입위入位와 행위行位]에 의거하여 '[수행 단계에서 첫 번째 인위因位의] 뒷 단계들인 [견도見道 이전의 입위入位와 행위行位에서 수행한] 결과'(上上果)를 세운다. '[깨달음의] 본연[에 머물러 있는 단계]'(自性, 因位)는 [수행한] 뒤[에 얻는 것]이 아니기 때문에 결과(果)로서 세우지 않는다. 다음의 세 가지 결과[인 초과初果·수습과數習果·구경과究竟果]를 해석한 것은 글의 내용을 [어렵지 않게] 알 수 있다.

> 釋隨順中, 言"爲因緣故"者, 是釋隨順義, 卽第一果, 與第二果, 作因緣故, 名爲"隨順". 言"應知上[964]果"者, 是出體也. 釋對治中, 言"是滅道"者, 出其體相, 斷滅之道, 故名"滅道". 言"因此得初果"者, 因此隨順, 得見道果, 是對前果, 顯隨順義. 言"此中初道, 名對治果"者, 是擧果體, 以富[965]其名也.
>
> [H1, 836a15~22; X48, 172b16~21]

'[견도見道에 이르기 위해] 따라 이어지는 [입위入位와 행위行位 수행의 결과]'(隨順)를 해석하는 것에서 "[견도見道에 이르는] '원인과 조건'이 되기 때문에"(爲因緣故)라고 말한

964 『중변분별론』 원문에 따라 '上' 뒤에 '上'을 넣는다.
965 한불전 교감주에 "'富'는 '當'인 듯하다"라고 되어 있다. 여기서는 그대로 둔다. 이에 관해서는 해당 번역문의 각주 참조.

것은 '따라 이어짐'(隨順)의 뜻을 해석한 것이니, 곧 [입위入位와 행위行位에 의거하여 일어나는] '첫 번째 결과'(第一果)[인 수순과隨順果]는 '두 번째 결과'(第二果)[인 대치과對治果]에게 '원인과 조건'(因緣)이 되기 때문에 "[견도見道에 이르기 위해] 따라 이어지는 [입위入位와 행위行位 수행의 결과]"(隨順)라고 부른다. "'[수행 단계에서 첫 번째 인위因位의] 뒷 단계들인 [견도見道 이전의 입위入位와 행위行位에서 수행한] 결과'임을 알아야 한다"(應知上上果)라고 말한 것은 [수순과隨順果의] 본연(體)을 나타낸 것이다.

'[견도見道에서 끊어지는 번뇌의 종자를] 치유한 [결과]'(對治)를 해석하는 것에서 "'[견도見道에서 끊어지는 번뇌를] 없애는 수행'이다"(是滅道)라고 말한 것은 그 [대치과對治果의] '본연적 면모'(體相)를 나타낸 것이니, '[번뇌를] 끊어 없애는 수행'(斷滅之道)이기 때문에 "[견도見道에서 끊어지는 번뇌를] 없애는 수행"(滅道)이라고 부른다. "이 [면모]로 인해 [앞에서 두 번째로 제시된] '[견도見道인 지득위至得位에서] 처음으로 [세간에서 벗어난] 결과'(初果)를 얻은 것이다"(因此得初果)라고 말한 것은 이 '[견도見道에 이르기 위해] 따라 이어지는 [입위入位와 행위行位 수행의 결과]'(隨順)로 인해 '[진리다운] 이해를 밝히는 수행의 결과'(見道果, 初果)[인 대치과對治果]를 얻는다는 것이니, 이것은 앞의 결과[인 수순과隨順果]에 상대하여 '따라 이어짐'(隨順)의 뜻을 드러낸 것이다. "여기서는 '처음으로 [견도見道에서 끊어지는 번뇌를 없애어 세간에서 벗어나는 결과를] 얻는 수행'을 '[견도見道에서 끊어지는 번뇌의 종자를] 치유한 결과'라 부른다"(此中初道, 名對治果)라고 말한 것은, '[견도見道에서 끊어지는 번뇌의 종자를 치유한] 결과의 본연'(果體)[이 초도初道인 것]을 거론함으로써 그 [대치과對治果의] 명칭[이 갖는 뜻]을 풍부하게 한 것이다.[966]

966 초도初道와 '대치과對治果의 명칭이 갖는 뜻을 풍부하게 함'(富其名): 제2석에서 대치과에 관해 설명하는 문장을 모두 인용하면 다음과 같다. "對治果者, 是滅道, 因此得初果. 此中初道名對治果." 원효의 설명에 따르면 대치과의 본연(體, 體相)에 관련된 용어는 '멸도滅道'와 '초과初果' 및 '초도初道'의 세 가지인데, 마지막에 인용되는 "此中初道, 名對治果"에서 '초도'는 앞의 두 가지인 '멸도'와 '초과'의 뜻을 종합한 용어이므로 대치과의 명칭이 갖는 뜻을 더 풍부하게 한다는 뜻으로 보인다.

釋相離中, 言"相離果"者, 是牒其名. 言"數習果圓滿果"者, 是出其體, 謂前四中, 後二爲體. 圓滿卽是究竟義故. 言"爲遠離或[967]鄣故"者, 釋相離義. 言"如次第, 有學無學諸聖人果"者, 此是約人, 顯其果位也. 釋次三果, 文相可知.

[H1, 836a22~b4; X48, 172b21~c1]

'[수도修道와 여래지如來地에서 모든 장애를] 서로 벗어난 [결과]'(相離)를 해석한 것에서 "[수도修道와 여래지如來地에서 모든 장애를] 서로 벗어난 결과"(相離果)라고 말한 것은 그 명칭을 제시한 것이다. "'[수도修道인 유작위有作位에서] 끊임없이 익힌 결과'와 '[수습과修習果가 여래지如來地에 이르러] 완전해진 결과'이다"(數習果圓滿果)라고 말한 것은 그 [상리과相離果의] 본연(體)을 나타낸 것이니, 앞 [약설과略說果]의 네 가지 중에서 뒤의 두 가지[인 수습과修習果와 구경과究竟果]가 본연(體)이 된다는 것이다. 완전함(圓滿)은 바로 궁극(究竟)의 뜻이기 때문이다. "'[수도修道에서 끊어지는] 번뇌의 장애'에서 확실히 벗어나기 위해"(爲遠離惑障故)라고 말한 것은 '[수도修道와 여래지如來地에서 모든 장애를] 서로 벗어난 [결과]'(相離)의 뜻을 해석한 것이다. "순서대로 '[아직] 배워야 할 것이 있는 성인과 [더 이상] 배울 것이 없는 성인의 모든 결과'가 있다"(如次第, 有學無學諸聖人果)라고 말한 것은 수행자(人)에 의거하여 그 '결과의 단계'(果位)를 드러낸 것이다. 다음의 세 가지 결과[인 승위과勝位果·유상과有上果·무상과無上果]를 해석하는 것은 글의 내용을 [어렵지 않게] 알 수 있다.

---

967 문맥에 따라 '或'을 '惑'으로 교감한다.

"如是"以下, 重分別義. 言"如是四果"者, 一者, 第四名究竟果, 二者, 第七名相離果, 三者, 第八名勝位果, 四者, 第十名無上果. 此四種果, 皆顯圓滿果位差別, 故言"爲分別圓滿果故"也. 准此而論, 其餘六果, 爲分別因, 而不說者, 非令同故. 非令同者, 四果等顯一位之果, 六果隨顯別位因故.

[H1, 836b4~11; X48, 172c1~7]

Ⓑ [원만과圓滿果의] 면모를 [네 가지로] 구별함(分別義, 重分別義)

"이와 같은"(如是) 이하[968]에서는 [원만과圓滿果의] 면모를 거듭 [네 가지로] 구별한다. "이와 같은 네 가지 결과"(如是四果)라는 것에서 첫째는 [열 가지 결과 중] 네 번째 명칭인 '[여래지如來地인 무작위無作位에서] 궁극적으로 얻은 결과'(究竟果)이고, 둘째는 일곱 번째 명칭인 '[수도修道와 여래지如來地에서 모든 장애를] 서로 벗어난 결과'(相離果)이며, 셋째는 여덟 번째 명칭인 '[여래지如來地에서] 탁월한 능력을 얻는 단계의 결과'(勝位果)이고, 넷째는 열 번째 명칭인 '[대승에서도] 더 높은 경지가 없는 [여래지如來地의] 결과'(無上果)이다. 이 네 가지 결과는 모두 '[수습과修習果가 여래지如來地에 이르러] 완전해진 결과'(圓滿果)의 '위상 차이'(位差別)를 드러낸 것이기 때문에 "'[수습과修習果가 여래지如來地에 이르러] 완전해진 결과'를 [네 가지 위상으로] 구별한 것이다"(爲分別圓滿果故)라고 말했다. 이 [원만과圓滿果에 속하는 네 가지 결과들]을 기준으로 삼아 논한다면 나머지 여섯 가지 결과들은 [원만과圓滿果의] 원인(因)으로서 구별되지만, [그렇게 원인(因)이라고] 말하지 않는 것은 [여섯 가지 결과들을] 같은 것으로 여기지 않게 하려는 것이다. [여섯 가지 결과들을] 같은 것으로 여기지 않게 한다는 것은 [다음과 같은 이유이다.] 네 가지 결과들[인 구경과究竟果·상리과相離果·승위과勝位果·무상과無上果]는 [원만과圓滿果라는] '같은 단계의 결과'(一位之果)를 동등하게 드러낸 것이지만, 여섯 가지 결과들[인 상상

968 해당하는 문장은 "如是四種果, 爲分別圓滿果故"이다.

과上上果·초과初果·수습과數習果·수순과隨順果·대치과對治果·유상과有上果]는 [원만과圓滿果를 기준으로 삼는다면] '각각 다른 단계의 원인'(別位因)[이 된다는 것]을 [해당하는 수행 과정들에] 따라 드러낸 것이기 때문이다.

> "爲略說"下, 釋其結句. 言"爲略說, 如是多"者, 是正釋文, 或五或十, 故言"多"也. 言"若廣說, 則無量"者, 是顯結意. 謂結句言"略說"意者, 爲顯廣說, 有無量果也. 上來第一正釋文竟.
>
> [H1, 836b11~16; X48, 172c7~11]

(B) 마무리하는 구절을 해석함(釋結句)

"간략히 말해도"(爲略說) 이하[969]에서는 그 [제2송의] '마무리하는 구절'(結句)[970]을 해석한다. "[수행 단계에 의거하여 얻는 결과들을] 간략히 말해도 이와 같이 다양하다"(爲略說, 如是多)라고 말한 것은 [제2송의 마무리하는] 문장을 곧바로 해석한 것이니, [「득과품得果品」에서 제시한 결과들은] '[십인十因에 의거한] 다섯 가지 [결과]'(五)나 '[수행 단계(位)에 의거한] 열 가지 [결과]'(十)이기 때문에 "다양하다"(多)라고 말했다. "만약 자세히 말한다면 헤아릴 수 없이 많다"(若廣說, 則無量)라고 말한 것은 마무리하는 [구절의] 의도를 밝히는 것이다. [제2송의] '마무리하는 구절'(結句)에서 "간략히 말한다"(略說)라고 말한 의도는, [만약] 자세히 말한다면 '헤아릴 수 없이 많은 결과들'(無量果)이 있다는 것을 드러내기 위함이라는 것이다. 이상으로 ['제2송에 관한 해석'(釋)의] 첫 번째인 '곧바로 [제2송의] 본문을 해석함'(正釋文)을 마친다.

---

969 해당하는 문장은 "爲略說, 如是多, 若廣說, 則無量"이다.
970 제2송의 결구結句는 "略說果如是"이다.

[第二釋] 此中修習對治, 合集衆義. 覺悟修習, 令薄修習, 熟治修習, 上事修習. 密合修習, 智到境, 一家故. 上品修, 勝品得修. 初發修, 中行修, 最後修, 有上修. 無上修者, 境界無勝, 思量無集, 至得無勝故.

[T31, 460a20~24]

【두 번째 해석】

여기서는 [먼저 제4「대치수주품對治修住品」의] '치유하는 과정을 닦아 익히는 것'(修習對治)에 관해 갖가지 뜻을 종합하여 요약한다.[971] ['치유하는 과정을 닦아 익히는 것'(修習對治)에 관해 12가지로 요약한 수행들[972] 중 첫 번째는] '[사념처四念處에서 지혜智慧로써] 깨달아 가는 수행'(覺悟修習)이고, [두 번째는] '[사정근四正勤에서 해로운 번뇌들을] 희박하게 하는 수행'(令薄修習)이며, [세 번째는] '[사여의족四如意足에서 선정禪定으로 번뇌를] 치유하는 방법을 성숙시키는 수행'(熟治修習)이고, [네 번째는] '[오근五根에서] 뒷 [단계인 오력五力의] 현상을 일으키는 수행'(上事修習)이다. [다섯 번째는] '[오력五力에서 견도見道의 도리와] 밀접해지는 수행'(密合修習)이니, 지혜(慧)가 '[견도見道의] 경지'(境)에 도달하여 [출세성인出世聖人의] 가문(家)과 하나가 되어 가기 때문이다. [여섯 번째는] '[견도見道인 칠각분七覺分에서 세간의 수행을 넘어선] 높은 수준의 수행'(上品修)이고, [일곱 번째는] '[수도修道인 팔성도八聖道에서] 탁월한 수준을 얻는 수행'(勝品得修)이다.

---

971 아래 원효의 주석에서 과문한 것에 따르면 '2. 총집분별總集分別'에 해당하는 아래 제2석의 전체 단락은 크게 '1) 정집의正集義'와 '2) 결구경結究竟'의 두 문단으로 나뉘고, '1) 정집의'는 다시 제4「대치수주품」을 요약하는 '(1) 집대치集對治'와 제5「수주품修住品」을 요약하는 '(2) 집수주集修住' 및 제6「득과품得果品」을 요약하는 '(3) 집득과集得果'의 세 문단으로 나뉜다. 지금 「중변분별론中邊分別論」 본문에서는 '1) 정집의'에 속하는 세 문단과 '2) 결구경'의 한 문단으로 나누어 총 네 문단으로 배치했다.

972 12수十二修의 번역: 아래 원효의 주석에서는 "對上品說, 列十二修"라고 하여 본문에서 열거되어 있는 12수는 앞 「대치수주품對治修住品」의 주제인 37도품행三十七道品行(七法)에 관련된 갖가지 내용들에 관해 말한 것이라고 하면서 12수 각각에 관해 설명해 가는데, 번역을 위해 원효의 주요한 설명들을 표로 제시하면 다음과 같다.

[여덟 번째는] '[범부위凡夫位에서] 처음으로 [깨달음을 향해 마음을] 일으키는 수행'(初發修)이고, [아홉 번째는] '[견도見道·수도修道의 유학위有學位라는] 중간 단계의 수행'(中行修)이며, [열 번째는] '[무학위無學位에 오르는] 최후 단계의 수행'(最後修)이고, [열한 번째는] '더 높은 단계가 있는 [이승二乘의] 수행'(有上修)이다.

12수	단계	특징	원효의 주석
①각오수覺悟修	사념처四念處	수행의 본연(體)이 지혜智慧이어서 무명無明에서 벗어남.	覺悟修者, 是四念處, 體是智慧, 離無明故."
②영박수令薄修	사정근四正勤	미생선未生善과 이생선已生善의 이선二善을 부지런히 닦고, 미생악未生惡과 이생악已生惡의 이악二惡을 희박하게 함.	令薄修者, 是四正懃, 懃修二善, 薄二惡故.
③숙치수熟治修	사여의족四如意足	수행의 본연(體)이 선정(靜慮)이어서 번뇌를 치유하는 방법을 성취함.	熟治修者, 四如意足, 體是靜慮, 成就治道故.
④상사수上事修	오근五根	상위上位인 오력五力 현상의 능력을 일으킴.	上事修者, 卽是五根, 爲起上位五力事能故.
⑤밀합수密合修	오력五力	수행이 사제四諦의 도리(理)와 합치하여 번뇌를 이길 수 있음. 제2석에서의 설명에 관해서도 언급함.	密合修者, 卽是五力, 行與理合, 能勝煩惱故. 言智到境一家故者, 釋密合義.
⑥상품수上品修	칠각분七覺分	비로소 출세도出世道인 견도見道에 들어가 세간도世間道보다 위에 있음.	上品修者, 是七覺分, 始入出世, 上於世間故.
⑦승품수勝品修	팔성도八聖道	수도修道에 들어가 ⑥상품수上品修보다 탁월함.	勝品修者, 是八聖道, 進入修道, 勝於上品故.
⑧초발수初發修	범부위凡夫位	제4「대치수주품」 제15송의 '뒤바뀌지 않는 견도見道의 현상에 따르지만 뒤바뀐 견혹見惑이 있는 단계'(隨不倒有倒)라는 문장을 인용함.	初發修者, 是凡夫位, 如前頌言, 隨不倒有倒故.
⑨중행수中行修	유학성위有學聖位	같은 곳의 '뒤바뀜이 있는 수혹修惑에 따르지만 뒤바뀜이 없는 견도의 무분별無分別을 얻은 단계'(隨顚倒不倒)라는 문장을 인용함.	中行修者, 有學聖位, 如前頌言, 隨顚倒不倒故.
⑩최후수最後修	무학성위無學聖位	같은 곳의 '뒤바뀜도 없고 뒤바뀜에 따름도 없는 단계'(無倒無隨倒)라는 문장을 인용함.	最後修者, 無學聖位, 如前頌言, 無倒無隨倒故.
⑪유상수有上修 이승二乘	이승의 수행임.	제4「대치수주품」 제16송을 인용하여 이승과 보살은 '수행의 대상'(境界)과 수행의 내용인 '사유하는 도리'(思惟) 및 '궁극적으로 얻는 결과'(至得)에서 차이가 있다고 밝힘.	有上修者, 是二乘修.
⑫무상수無上修 보살菩薩	보살의 수행임.		無上修者, 是菩薩修, 如前頌言, 境界及思惟, 至得有差別故.

[열두 번째인] '더 높은 단계가 없는 [보살菩薩의] 수행'(無上修)이라는 것은 [앞의 이승二乘의 수행인 유상수有上修에 비해] '[수행의] 대상'(境界)에서 더 탁월한 것이 없고 [수행의 내용인] '사유하는 [도리]'(思惟)에 '고통에 관한 것들'(集)이 없으며 '궁극적으로 얻는 [결과]'(至得)에서 더 탁월한 것이 없는 것이다.[973]

修住合集衆義. 應成修住, 住者此人, 住自性中. 作事修住者, 從發心, 乃至修行. 位名最淨住, 最淨位住. 有莊嚴位住, 遍滿十地故. 無上位住.

[T31, 460a24~27]

[제5「수주품修住品」의] '닦아 머무르는 [단계]'(修住)에 관해 갖가지 뜻을 종합하여 요약한다. ['닦아 머무르는 단계'(修住)들을 다섯 가지로 요약한 것들[974] 중에서 첫 번째는] '앞으로 [수행을] 이루어가야 할 단계[인 인위因位]에서 닦아 머무르는 것'(應成修住)이니, [이 단계에] 머물러 있는 이 사람은 [아직] '[깨달음의] 본연'(自性)에 머물러 있는 것이다. [두 번째는] '[견도見道에 들어가기 위한] 수행을 일으

973 경계境界·사량思量(思惟)·지득至得: 앞의 각주의 표에서 보듯이 이 세 용어의 출전은 '이승二乘과 보살菩薩, 이 두 종류의 수행자를 상대로 치유하는 과정을 구별하는'(對人分別) 문단인 제4「대치수주품對治修住品」의 제16송이다. 이 문단(제16송과 제16석)의 내용을 요약하면 다음과 같다. 이승과 보살은 수행의 대상(境界)과 수행의 내용인 '사유하는 도리'(思惟, 思量) 그리고 '궁극적으로 얻는 결과'(至得)에서 차이를 갖는다. 먼저 이승의 수행 대상(境界)은 '자신이 이어 가는 몸(身)·느낌(受)·마음(心)·이법(法)들'(自相續身等)인 반면, 보살의 대상은 '자신과 남이 이어 가는 몸(身)·느낌(受)·마음(心)·이법(法)들(自他相續身等)이다. 다음으로 이승의 '사유하는 도리'(思惟)는 '늘 변함'(無常)·부정不淨·고苦·무아無我 등 갖가지 양상(相)에 의거하는 반면, 보살은 '불변·독자의 본질/실체로서 생겨난 것이 없음'(無生)으로써 도리道理를 얻고자 한다. 끝으로 이승이 '궁극적으로 얻는 결과'(至得)는 몸(身)·느낌(受) 등의 모든 현상을 사라지게 하여 열반涅槃에 머무르는 것인 반면, 보살은 생사生死에도 머무르지 않고 열반에도 머무르지 않는 무주처열반無住處涅槃을 궁극적으로 얻는다

974 오위五位: 아래 원효의 주석에서 "以此五位, 總攝上說十八種位"라고 하여 본문에서 수주합집修住合集으로 제시되는 응성수주應成修住·작사수주作事修住·최정위주最淨位住·유장엄위주有莊嚴位住·무상위주無上位住의 오위는 앞의 제5「수주품修住品」에서 말했던 18종위十八種位(사종수주四種修住)를 총섭總攝한 것이라고 설명한다. 18종위에 관한 이전의 표를 활용하여 오위와의 관계를 그려

키는 단계[인 입위入位와 행위行位]에서 닦아 머무르는 것'(作事修住)이니, '[깨달음을 향해] 마음을 일으키는 것'(發心)[인 입위入位]로부터 '[견도見道에 들어가기 위해] 수행하는 것'(修行)[인 행위行位]까지이다. [세 번째] 단계(位)는 [법신위法身位의 지득위至得位와 명칭의 혼동을 피하기 위해] '가장 온전한 단계에 머무르는 것'(最淨住)[975]이라고 부르니, '[견도見道에 들어 세간을 넘어서는] 가장 온전한 단계[인 공통위共通位의 지득위至得位]에서 머무르는 것'(最淨位住)이다. [네 번째는] '[수도修道에 들어 온갖 수행들이] 가지런히 배열되어 있는 단계에서 머무르는 것'(有莊嚴位住)[976]이니, [온갖 수행들이] '열 가지 [본격적인] 수행경지'(十地)에 두루 가득 차는 것이다. [다섯 번째는] '더 높은 경지가 없는 [여래如來의] 단계에서 머무르는 것'(無上位住)이다.

보면 다음과 같다.

수행자	공통위(7)	불공위(2)	전후위(6)	동시위(3)	수주합집(5)
범부	①인위因位, ②입위入位, ③행위行位	⑧유상위有上位	⑩원락위願樂位		①응성수주應成修住, ②작사수주作事修住
유학성인	④지득위至得位, ⑤유작위有作位		⑪입위入位, ⑫출위出位, ⑬수기위受記位, ⑭설자위說者位, ⑮관위灌位		③최정위주最淨位住, ④유장엄위주有莊嚴位住
무학성인	⑥부작위不作位, ⑦의위意位	⑨무상위無上位		⑯지득위至得位, ⑰공덕위功德位, ⑱작사위作事位	⑤무상위주無上位住

975 최정주最淨住: 아래 원효의 주석에서는 수주합집修住合集의 세 번째인 최정위주最淨位住에 관해 "言名最淨住者, 先牒前位, 謂前第四名至得位. 至得之名, 同法身位. 是故名爲最淨位. 次言最淨位者, 是立其名. 欲顯此位, 非體最淨, 但名最淨故, 名爲最淨住也."라고 설명한다. 이에 따르면 '최정'은 18위十八位 중 공통위共通位의 ④지득위至得位를 가리키는데, 이 '최정'이라는 용어를 쓰는 조건에는 두 가지가 있다. 먼저 지득至得이라는 명칭이 공통위의 ④지득위에서 쓰일 뿐 아니라 동시위同時位의 법신위法身位인 ⑯지득위에서도 쓰이므로 혼동을 피하기 위해 이 단계를 '최정'이라고 달리 부른다. 다음으로 이 단계는 ⑯지득위에 비해 본연(體)이 '가장 온전한 것'(最淨)이 아니지만 단지 명칭으로만 이 단계를 '최정'이라고 부른다.

976 장엄莊嚴: 범어인 'vyūha'는 전체의 부분들이 가지런히 배열되어 있는 것(orderly arrangement of the parts of a whole)이라는 뜻이다. *Sanskrit-English Dictionary*, p.1041 참조.

果合集衆義. 一攝持果, 二最勝果, 三宿習果, 四上上引出果, 五略果, 六廣果. 此中攝持果者, 五種果. 餘果是五種果別異. 宿世所集故, 名果報果. 上上引出故, 有四種餘果. 若略說, 上上果有四種. 若廣說, 隨順果有六, 是四種果分別廣說故.

[T31, 460a27~b3]

[제6「득과품得果品」의] '[수행으로 얻은] 결과'(果)에 관해 갖가지 뜻을 종합하여 요약한다. 첫 번째는 '[오과五果를 모두] 포함하여 지닌 결과들'(攝持果)[977]이고, 두 번째는 '[오과五果에서 열 가지로 가려낸] 가장 탁월한 결과들'(最勝果)[978]

977 섭지과攝持果: 아래 원효의 주석에서 "一攝持果者, 集前五果. 彼報果等五果之中, 攝一切果無不盡故. 又器果等五果之內盡攝次說十種果故. 以是二義, 名攝持果."라고 하는 것에 따르면, 섭지과라는 명칭은 기본적으로 ①기과器果(報果)·②증상과增上果·③애락과愛樂果(隨流果)·④증장과增長果(功用果)·⑤청정과淸淨果(相離果)의 오과五果를 가리키는데, 이 오과가 다시 약설略說된 네 가지인 ①상상과上上果·②초과初果·③수습과修習果·④구경과究竟果와 광설廣說된 여섯 가지인 ⑤수순과隨順果·⑥대치과對治果·⑦상리과相離果·⑧승위과勝位果·⑨유상과有上果·⑩무상과無上果의 총 십과十果를 모두 포함하기 때문에 결과적으로 섭지과는 오과를 가리킴으로써 십과를 모두 포함하는 개념이다. '승위과勝位果' 역주의 표를 활용하여 오과와 십과의 구도를 전체적으로 나타내면 다음과 같다.

<table>
<tr><th colspan="2" rowspan="2">단계</th><th rowspan="2">공통위共通位</th><th rowspan="2">오과五果</th><th colspan="2">십과十果</th></tr>
<tr><th>약설과略說果(略果)</th><th>광설과廣說果(廣果)</th></tr>
<tr><td colspan="2">범부위</td><td>(①인위因位) ②입위入位, ③행위行位</td><td>①기과器果(報果), ②증상과增上果</td><td>①상상과上上果</td><td>⑤수순과隨順果, ⑨유상과有上果</td></tr>
<tr><td rowspan="2">유학위</td><td>견도</td><td>④지득위至得位</td><td>③애락과愛樂果(隨流果)</td><td>②초과初果</td><td>⑥대치과對治果, ⑨유상과有上果</td></tr>
<tr><td>수도</td><td>⑤유작위有作位</td><td>④증장과增長果(功用果)</td><td>③수습과修習果</td><td>⑦상리과相離果, ⑨유상과有上果</td></tr>
<tr><td colspan="2">무학위</td><td>⑥부작위不作位, ⑦의위意位</td><td>⑤청정과淸淨果(相離果)</td><td>④구경과究竟果</td><td>⑦상리과相離果, ⑧승위과勝位果, ⑩무상과無上果</td></tr>
</table>

978 최승과最勝果: 아래 원효의 주석에서 "二最勝果者, 集彼十果. 就彼普攝五果之內, 簡取最勝, 立此十果."라고 한 것에 따르면, 최승과는 십과十果를 요약한 개념이면서 동시에 십과의 성격을 설명해 주는 개념이기도 한 것으로 보인다. 즉 십과는 오과五果에 두루 속하는 결과들 중에서 가장 탁월한 것들을 가려내어 세운 것이다. 이에 따라 제2석의 본문 아래에서 최승과를 설명하는 문장인 "餘果是五種果別異"에서 '여과餘果'도 최승과인 십과를 가리키는 용어라고 하겠는데, 이 문장에 관해서도 원효는 "言〈餘果是五種果別異〉者, 顯最勝果"('〈〉' 표시는 인용부분을 가리킴)

이며, 세 번째는 '[오과五果에서 첫 번째 결과인 보과報果(器果)로서] 오랜 세월 동안 익힌 결과'(宿習果)[979]이고, 네 번째는 '[오과五果에서 첫 번째 결과인 보과報果(器果)] 이후로 이어져 나오는 [네 가지] 결과들'(上上引出果)[980]이며, 다섯 번째는 '[십과十果에서] 간략히 설명한 [네 가지] 결과들'(略果)이고, 여섯 번째는 '[십과十果에서] 자세히 설명한 [여섯 가지] 결과들'(廣果)이다.

이 [여섯 가지 결과들] 중에서 [첫 번째인] '[오과五果를 모두] 포함하여 지닌 결과들'(攝持果)이라는 것은 '[기과器果(報果)·증상과增上果·애락과愛樂果(隨流果)·증장과增長果(功用果)·청정과淸淨果(相離果), 이] 다섯 가지 결과'(五種果)이다. [두 번째로] 여타의 결과[인 '상상과上上果·초과初果·수습과修習果·구경과究竟果·수순과隨順果·대치과對治果·상리과相離果·승위과勝位果·유상과有上果·무상과無上果, 이 열 가지 결과(十果)']는 '다섯 가지 결과'(五種果)가 [열 가지로] 구별된 것이다. [세 번째인 숙습과宿習果는] 오랜 세월 동안[의 수행이] 축적된 것이기 때문에 '과보로서의 결과'(果報果)라고도 부른다. [네 번째인 상상인출과上上引出果는 오과五果에서 첫 번째 결과인 보과報果(器果)] 이후로 이어져 나온 것들이기 때문에 '[증상과增上果·애락과愛樂果(隨流果)·증장과增長果(功用果)·청정과淸淨果(相離果), 이] 여타의 네 가지 결과'(四種餘果)를 가진다. 만약 간략히 말한다면 '[앞의 원인에 상

라고 주석한다.

979 숙습과宿習果: 아래 원효의 주석에서 먼저 "其次二果, 重顯五果, 後之二果, 重顯十果."라고 하는 것에 따르면, 과합집果合集의 육과六果 중에서 ①섭지과攝持果는 오과五果를 요약한 것이고 ②최승과最勝果는 십과十果를 요약한 것이라면, '그다음의 두 가지 결과'(其次二果)인 ③숙습과宿習果와 ④상상인출과上上引出果는 오과를 거듭 드러낸 것이고, '마지막의 두 가지 결과'(後之二果)인 ⑤약과略果와 ⑥광과廣果는 십과를 거듭 드러낸 것이다. 그러므로 숙습과는 오과를 거듭 드러낸 두 가지 중 하나이다. 이어서 원효는 숙습과에 관해 "三宿習果者, 顯五果中初果報果, 數習善根所得報故."라고 하여 이것은 오과 중에서 첫 번째 결과인 보과報果(器果)를 드러낸 것으로서 선근善根을 끊임없이 익혀 얻은 과보라고 설명한다.

980 상상인출과上上引出果: 앞의 숙습과宿習果와 함께 오과五果를 거듭 드러낸 두 가지 중 하나이다. 아래 원효의 주석에서 "四上上引出果者, 顯五果內, 後之四果. 於報果上, 出增上果, 乃至功用果上, 引出相離果故."라고 하는 것에 따르면, 오과 중에서 뒤의 네 가지 결과인 ②증상과增上果·③애락과愛樂果(隨流果)·④증장과增長果(功用果)·⑤청정과淸淨果(相離果)를 가리킨다. ①보과報果(器果)에서 ②증상과가 나오고 이렇게 이어지다가 마지막으로 ④공용과功用果(增長果)에서 ⑤상리과相離果(淸淨果)가 나오기 때문이다.

대하여] 뒤에 일어나는 결과들'(上上果)에는 [다섯 번째인 약과略果에 해당하는 상상과上上果·초과初果·수습과修習果·구경과究竟果, 이] 네 가지가 있다. 만약 자세히 말한다면 '[둘씩 서로] 따라 이어지는 결과들'(隨順果)[981]에는 [여섯 번째인 광과廣果에 해당하는 수순과隨順果·대치과對治果·상리과相離果·승위과勝位果·유상과有上果·무상과無上果, 이] 여섯 가지가 있으니, 이것은 [약과略果에 해당하는] '[상상과上上果·초과初果·수습과修習果·구경과究竟果, 이] 네 가지 결과'(四種果)가 구별되어 자세히 말해진 것이기 때문이다.

> 『中邊分別論』中, 此處有四. 三品, 一「對治品」, 二「修住品」, 三「得果品」. 已廣說究竟. (一器果, 二果報果, 三愛樂果, 四增長果, 五清淨果, 攝一切果盡.)
>
> [T31, 460b3~6]

『중변분별론中邊分別論』에서는 여기에 [이르러 앞의 제1「상품相品」, 제2「장품障品」, 제3「진실품眞實品」과 함께] 네 가지 [단락]이 있게 된다.[982] [네 번째 단락은 다시] 세 가지 단원이니, 첫 번째는 「대치수주품對治修住品」이고 두 번째는

---

981 이 수순과隨順果와 앞 문장의 상상과上上果는 각각 광과廣果와 약과略果의 첫 번째 결과를 가리키는 별목別目으로서 쓰인 것이 아니라 광과의 여섯 가지와 약과의 네 가지 전체를 가리키는 통명通名으로 쓰인 경우이다.

982 차처유사此處有四: 『중변분별론中邊分別論』의 산스크리트본은 ①「상품相品」, ②「장품障品」, ③「진실품眞實品」, ④「대치수습품對治修習品」, ⑤「무상승품無上乘品」의 5품으로 구성되는 데 비해, 두 가지 한역본漢譯本인 진제眞諦 번역의 『중변분별론中邊分別論』과 현장玄奘 번역의 『변중변론辯中邊論』에서는 모두 ①「상품」, ②「장품」, ③「진실품」, ④「대치수주품對治修住品」, ⑤「수주품修住品」, ⑥「득과품得果品」, ⑦「무상승품」의 7품으로 구성되어 있다. 이것은 산스크리트본의 ④「대치수습품」을 한역에서는 ④「대치수주품」, ⑤「수주품」, ⑥「득과품」으로 나눈 결과이다. '『중변분별론』 역주 참조. 이와 같이 본문의 '차처유사此處有四'라는 표현은 산스크리트본의 단원 구성을 반영한 것으로 보이는데, 원효는 아래 주서에서 "至於此處, 則有四處. 一「相」, 二「障」, 三「眞實」, 其第四者, 謂行住果"라고 하여 이러한 정황을 더 분명하게 설명한다. ①「상품」, ②「장품」, ③「진실품」과 함께 네 번째 단원이라는 것은 수행(行)에 관한 「대치수주품」과 '닦아 머무르는 단계'(住)에 관한 「수주품」 및 '닦아 얻는 결과'(果)에 관한 「득과품」을 모두 가리키는 것이기 때문에 여기에 이르면 사처四處가 있게 된다는 것이다.

「수주품修住品」이며 세 번째는 「득과품得果品」이다. 이미 자세히 설명하여 끝마쳤다. 〈첫 번째인 '[부처가 되는 길에 오를 만한] 그릇이 된 결과'(器果), 두 번째인 '[부처가 될 만한 그릇이 된 후 수행하여] 과보로서 얻게 된 결과'(果報果, 報果), 세 번째인 '[이전 세상에서 끊임없이 닦아 익혀 이로운 현상들을] 좋아하고 즐기게 된 결과'(愛樂果), 네 번째인 '[현재 세상에서 끊임없이 닦아 익혀 이로운 능력이 완전해지도록] 증장된 결과'(增長果), 다섯 번째인 '[완전해진 수행의 능력으로 모든 장애에서 벗어나] 온전해진 결과'(淸淨果)는 모든 [수행으로 얻은] 결과들을 남김없이 포섭한다.〉[983]

此下, 第二總集分別. 於中有二, 初正集義, 後結究竟. 初中有三. 先集對治, 次集修位,[984] 後集得果. 初中亦二, 總標別集.[985] 別集之中, 對上品說, 列十二修. "覺悟修"者, 是四念處. 體是智慧, 離無明故. 『攝論』說此, 名"顯示修", 除無明闇, 顯了境故. "令薄修"者, 是四正懃, 懃修二善, 薄二惡故. 彼論名爲"損滅[986]修"也. "熟治修"者, 四如意足, 體是靜慮, 成就治道故. 彼論名爲"治成修"也.

[H1, 836b16~c2; X48, 172c11~18]

B. 총괄적으로 요약하여 구별함(總集分別)

이 아래는 [제2석의] 두 번째인 '총괄적으로 요약하여 구별하는 것'(總集分別)이

983 괄호 안의 문장은 『중변분별론』 대정장본에 각주 형식으로 기재되어 있다. 원효의 주석에는 전혀 언급이 없으므로 이 각주가 없는 판본이 있었던 것으로 보인다.

984 문맥에 따라 '位'를 '住'로 교감한다.

985 한불전 교감주에 "'集'은 '釋'인 듯하다. 다음에도 동일하다"라고 되어 있다. 여기서는 그대로 둔다.

986 『섭대승론석攝大乘論釋』 원문에 따라 '滅'을 '減'으로 교감한다. 한불전 교감주에도 "'滅'은 '減'인 듯하다"라고 되어 있다.

다. 여기에 두 가지가 있으니, 처음에는 곧바로 [제4「대치수주품對治修住品」·제5「수주품修住品」·제6「득과품得果品」의] 뜻을 요약하고, 나중에는 마무리하여 끝마친다.

A) 곧바로 뜻을 요약함(正集義)

처음[인 '곧바로 뜻을 요약하는 것'(正集義)]에는 세 가지가 있다. 먼저 [「대치수주품」의] '치유하는 [방법]'(對治)들을 요약하고, 다음으로 [「수주품」의] '닦아 머무르는 [단계]'(修住)들을 요약하며, 마지막에 [「득과품」의] '[닦아] 얻는 결과'(得果)들을 요약한다.[987]

(A) 치유하는 방법들을 요약함(集對治)

첫 번째[인 '치유하는 방법들을 요약함'(集對治)]에도 두 가지가 있으니, '총괄적으로 제시하는 것'(總標)과 '하나씩 요약하는 것'(別集)이다. 하나씩 요약하는 것에서는 앞의 단원[인 「대치수주품」]에서 설명한 것에 관해 '열두 가지 수행'(十二修)을 열거한다.

[첫 번째인] "[지혜(慧)로써] 깨달아 가는 수행"(覺悟修)이라는 것은 '네 가지를 토대

---

987 이상과 이하의 원효 과문에 따라 '2. 총집분별'에 해당하는 제2석의 문장들을 배속하면 다음과 같다.

2. 총집분별總集分別
 1) 정집의正集義
  (1) 집대치集對治
   ① 총표總標: "此中修習對治, 合集衆義."
   ② 별집別集: "覺悟修習, 令薄修習, 熟治修習, 上事修習. 密合修習, 智到境一家故. 上品修, 勝品得修. 初發修, 中行修, 最後修, 有上修. 無上修者, 境界無勝, 思量無集, 至得無勝故."
  (2) 집수주集修住
   ① 총표總標: "修住合集衆義."
   ② 별명別明: "應成修住, 住者此人, 住自性中. 作事修住者, 從發心, 乃至修行位. 名最淨住, 最淨位住. 有莊嚴位住, 遍滿十地故. 無上位住."
  (3) 집득과集得果
   ① 총표總標: "果合集衆義."
   ② 별집別集
    가. 열기명列其名: "一攝持果, 二最勝果, 三宿習果, 四上上引出果, 五略果, 六廣果."
    나. 변기상辨其相: "此中攝持果者, 五種果. 餘果是五種果別異. 宿世所集故, 名果報果. 上上引出故, 有四種餘果. 若略說, 上上果有四種. 若廣說, 隨順果有六, 是四種果分別廣說故."
 2) 결구경結究竟: "『中邊分別論』中, 此處有四. 三品, 一「對治品」, 二「修住品」, 三「得果品」. 已廣說究竟. (一器果, 二果報果, 三愛樂果, 四增長果, 五清淨果, 攝一切果盡.)"

로 [[빠져들지 않아] 그치는 마음국면'(止)과 '[진리다운] 이해'(觀)를 수립하여] 간직해 가는 수행'(四念處)이다. [이 수행의] 본연(體)은 지혜智慧이니, 근본무지(無明)에서 벗어나기 때문이다. 『섭대승론석攝大乘論釋』에서는 이것을 설명하면서 "[사제四諦의 도리를] 드러내는 수행"(顯示修)[988]이라고 부르니, '근본무지의 어둠'(無明闇)을 없애어 '[사제四諦의 이해] 대상'(境)을 명료하게 드러내기 때문이다. [두 번째인] "[해로운 번뇌들을] 희박하게 하는 수행"(令薄修)이라는 것은 '해로움은 끊고 이로움은 살리는 네 가지 수행'(四正勲)이니, '[미생선未生善과 이생선已生善, 이] 두 가지 이로움'(二善)을 부지런히 닦고 '[이생악已生惡과 미생악未生惡, 이] 두 가지 해로움'(二惡)을 희박하게 하기 때문이다. 저 논서(『섭대승론석』)에서는 "[갖가지 해로운 현상들을] 없애는 수행"(損減修)[989]이라고 부른다. [세 번째인] "[선정禪定을] 익혀 치유하는 수행"(熟治修)이라는 것은 '선정을 이루어 번뇌를 끊게 하는 네 가지 능력의 계발'(四如意足)이니, [이 수행의] 본연(體)이 선정(靜慮)이어서 '[선정으로] 치유하는 방법'(治道)을 성취하기 때문이다. 저 논서(『섭대승론석』)에서는 "[선정으로] 치유하는 것을 이루는 수행"(治成修)[990]이라고 부른다.

988 현시수顯示修: 『섭대승론석攝大乘論釋』 권9에서는 "若廣說修有十二種. 一顯示修, 二損減修, 三治成修, 四後行修, 五相應修, 六勝修, 七上上修, 八初際修, 九中際修, 十後際修, 十一有上修, 十二無上修."(T31, 217b23~27)라고 하여 『중변분별론』과 같은 문맥의 12수十二修들을 열거하는데, 그중 첫 번째가 현시수이다. 같은 곳에서는 "顯示修者, 謂修四念處, 以能顯示四諦義故."(T31, 217b27~28)라고 하여 현시수는 사념처四念處를 닦아 사제四諦의 뜻을 현시할 수 있게 되는 수행이라고 설명한다.

989 손감수損減修: 위의 곳에서는 "損減修者, 謂四正勤, 以能漸滅諸惡法故."(T31, 217b28~29)라고 하여 손감수는 사정근四正勤을 닦아 갖가지 악법惡法을 점점 없애는 수행이라고 설명한다.

990 치성수治成修: 위의 곳에서는 "治成修者, 謂四如意足, 以能治成定故, 爲除五失及持八滅資糧故."(T31, 217b29~c1)라고 하여 치성수는 사여의족을 닦아 선정을 이루어 번뇌를 치유할 수 있기 때문에 오실五失을 없애고 팔멸자량八滅資糧(八資糧, 八種斷行)을 지니게 되는 수행이라고 설명한다. 오실은 ①해태懈怠, ②망존교忘尊教, ③하열下劣과 도기掉起, ④부작의不作意, ⑤작의作意를 말하고, 팔멸자량은 오실을 없애는 마음현상인 욕欲·정근正勤(精進)·신信·의猗(輕安)·염念·지智·작의作意(思)·사멸捨滅(捨)의 여덟 가지에 의거하여 단행斷行을 닦는 것을 말한다.

"上事者修",[991] 卽是五根, 爲起上位五力事能故. 彼論名爲"後行修"也. "密合修"者, 卽是五力, 行與理合, 能勝煩惱故. 言"智到境, 一家故"者, 釋"密合"義. 彼論名爲"相應修"也. "上品修"者, 是七覺分, 始入出世, 上於世間故. 彼論名爲"勝智修"也. "勝品修"者, 是八聖道, 進入修道, 勝於上品故. 彼論名爲"上上修"也.

[H1, 836c2~10; X48, 172c18~23]

[네 번째인] "뒷 [단계의 오력五力] 현상을 일으키는 수행"(上事修)이라는 것은 바로 '[해탈을 성취하게 하는] 다섯 가지 능력의 수행'(五根)이니, 뒷단계인 '[다섯 가지 능력의 수행으로 얻은] 다섯 가지 힘의 수행이라는 현상'(五力事)을 일으키는 능력이 되기 때문이다. 저 논서(『섭대승론석攝大乘論釋』)에서는 "뒤[의 오력五力]으로 나아가는 수행"(後行修)[992]이라고 부른다. [다섯 번째인] "[견도見道의 도리와] 밀접해지는 수행"(密合修)이라는 것은 바로 '[다섯 가지 능력의 수행으로 얻은] 다섯 가지 힘의 수행'(五力)이니, 수행(行)이 '[사제四諦의] 도리'(理)와 합치하여 번뇌를 이길 수 있기 때문이다. "지혜(慧)가 '[견도見道의] 경지'(境)에 도달하여 [출세성인出世聖人의] 가문(家)과 하나가 되어 가기 때문이다"(智到境, 一家故)라고 말한 것은 "[견도見道의 도리와] 밀접해짐"(密合)의 뜻을 해석한 것이다. 저 논서(『섭대승론석』)에서는 "[견도見道의 도리와] 상응하는 수행"(相應修)[993]이라고 부른다. [여섯 번째인] "[견도見道에서 세간의 수행을 넘어선] 높은 수준의 수행"(上品修)이라는 것은 '깨달음을 성취하게 하는 [원인이 되는] 일곱 가지 부분의 수행'(七覺分)이니, 비로소 '세간을 넘어선 [경지]'(出世)에 들어가 세간世間보다 위에 있기 때문이다. 저 논서(『섭대승론석』)에서는 "[견도見道에서 사제四諦의 도리를] 탁월하게 이해하는 수

991 『중변분별론』 원문에 따라 '者修'를 '修者'로 교감한다.

992 후행수後行修: 위의 곳에서는 "後行修者, 謂修五根, 以具解脫分善根故."(T31, 217c1~2)라고 하여 후행수는 오근五根을 닦아 해탈분선근解脫分善根을 갖추는 것이라고 설명한다.

993 상응수相應修: 위의 곳에서는 "相應修者, 謂修五力, 以應續見道故."(T31, 217c2~3)라고 하여 상응수는 오력五力을 닦아 견도見道와 이어지는 수행이라고 설명한다.

행"(勝智修)[994]이라고 부른다. [일곱 번째인] "[수도修道에서] 탁월한 수준을 얻는 수행"(勝品修)이라는 것은 '여덟 가지 수행으로 이루어진 해탈의 길'(八聖道)이니, '[선정을 토대로 이해를] 거듭 익혀 가는 수행'(修道)에 들어가 '[견도見道인 칠각분七覺分에서 세간의 수행을 넘어선] 높은 수준[의 수행]'(上品)보다 더 탁월하기 때문이다. 저 논서(『섭대승론석』)에서는 "높은 수준[인 견도見道]보다 더 탁월한 수행"(上上修)[995]이라고 부른다.

"初發修"者, 是凡夫位, 如前頌言, "隨不倒有倒"故. 彼論名爲"初際修"也. "中行修"者, 有學聖位, 如前頌言, "隨顚倒不倒"故. 彼論名爲"中際修"也. "最後修"者, 無學聖位, 如前頌言, "無倒無隨倒"故. 彼論名爲"後際修"也. "有上修"者, 是二乘修, "無上修"者, 是菩薩修. 如前頌言, "境界及思惟, 至得有差別"故. "境界無勝"以下, 擧彼三義, 釋"無上"也. 言"無集"者, 菩薩思惟, 破折諸相, 行無所得, 故言"無集", 對二乘思, 集取苦無常等相也.

[H1, 836c10~20; X48, 172c23~173a7]

[여덟 번째인] "처음으로 [깨달음을 향해 마음을] 일으키는 수행"(初發修)이라는 것은 '범부의 단계'(凡夫位)이니, 앞[의 「대치수주품對治修住品」 열다섯 번째] 게송에서 "뒤바뀌지 않음에 따르지만 뒤바뀜이 있는 [단계]"(隨不倒有倒)[996]라고 말한 것과 같다. 저 논서(『섭대승론석攝大乘論釋』)에서는 "[범부위凡夫位라는] 처음 단계의 수행"(初際修)[997]이라고 부른다. [아홉 번째인] "[견도見道·수도修道의 유학위有學位라는] 중간 단계의 수행"(中行修)이라는 것은 '[아직] 배워야 할 것이 있는 성인의 단계'(有學聖位)이니, 앞 게송에

994 승지수勝智修(勝修): 위의 곳에서는 "勝修者, 謂七覺分, 以入四諦觀故."(T31, 217c3~4)라고 하여 승지수는 칠각분七覺分을 닦아 사제관四諦觀에 들어간 수행이라고 설명한다.

995 상상수上上修: 위의 곳에서는 "上上修者, 謂八分聖道, 以勝見道故."(T31, 217c4~5)라고 하여 상상수는 팔분성도八分聖道를 닦아 견도見道보다 더 탁월해진 수행이라고 설명한다.

996 「대치수주품對治修住品」 제15송 전체는 다음과 같다. 『중변분별론中邊分別論』 권2(T31, 459b11~12). "隨不倒有倒, 隨顚倒不倒, 無倒無隨倒, 修對治三種." 이하의 본문 이해를 위해 이 게송에서 제시하는 세 단계의 특징에 관한 표를 다시 제시하면 다음과 같다.

서 "뒤바뀜에 따르지만 뒤바뀌지 않는 [단계]"(隨顚倒不倒)라고 말한 것과 같다. 저 논서(『섭대승론석』)에서는 "[유학위有學位라는] 중간 단계의 수행"(中際修)[998]이라고 부른다. [열 번째인] "최후 단계의 수행"(最後修)이라는 것은 '[더 이상] 배울 것이 없는 성인의 단계'(無學聖位)이니, 앞 게송에서 "뒤바뀜도 없고 뒤바뀜에 따름도 없는 [단계]"(無倒無隨倒)라고 말한 것과 같다. 저 논서(『섭대승론석』)에서는 "마지막 단계의 수행"(後際修)[999]이라고 부른다.

[열한 번째인] "더 높은 단계가 있는 수행"(有上修)이라는 것은 '[성문聲聞·연각緣覺] 두 부류의 수행'(二乘修)이고, [열두 번째인] "더 높은 단계가 없는 수행"(無上修)이라는 것은 '보살의 수행'(菩薩修)이다. 앞[의 「대치수주품」 열여섯 번째] 게송에서 [이승수二乘修와 보살수菩薩修의 차이에 관해] "[수행의] 대상(境界)과 [수행의 내용인] '사유하는 [도리]'(思惟), [그리고] '궁극적으로 얻는 [결과]'(至得)에서 차이가 있네"(境界及思惟, 至得有差別)[1000]라고 말한 것과 같다. "[앞의 이승二乘의 수행인 유상수有上修에 비해] '[수행의] 대상'(境界)에서 더 탁월한 것이 없고"(境界無勝) 이하[1001]에서는 저 '[경계境界·사량思量(思惟)·지득至得, 이] 세

제15송	단계	이승	보살	부전도不顚倒	전도顚倒	『중변분별론』
수부도유도 隨不倒有倒	범부위	오정심관五停心觀~ 세제일법世第一法	십신~십회향	견도를 지향하여 따름(隨順見道)	견혹에서 벗어나지 못함(未離見惑)	사념처, 사정근, 사신족, 오근, 오력
수전도부도 隨顚倒不倒	유학위	고법지인苦法智忍~ 금강유정金剛喩定	초지~등각	무분별을 얻음(得無分別)	혹종이 없어지지 않음(惑種未盡)	칠각지(견도), 팔정도(수도)
무도무수도 無倒無隨倒	무학위	아라한	여래지	견혹·수혹에서 벗어남(見惑已離, 修惑永盡)	없음	

997 초제수初際修: 『섭대승론석攝大乘論釋』 권9에서는 "初際修者, 謂凡夫位, 修戒, 乃至得不淨觀及數息觀, 以隨順顚倒故."(T31, 217c5~6)라고 하여, 초제수는 범부위에서 계율戒律·부정관不淨觀·수식관數息觀 등을 닦지만 뒤바뀐 견혹見惑에 따르는 수행이라고 설명한다.

998 중제수中際修: 위의 곳에서는 "中際修者, 謂有學位, 此中無倒倒所隨故."(T31, 217c6~7)라고 하여, 중제수는 유학위有學位에서 무분별지無分別智를 얻어 뒤바뀜이 없지만 아직 수혹修惑에 따르는 뒤바뀜이 있는 수행이라고 설명한다.

999 후제수後際修: 위의 곳에서는 "後際修者, 謂無學位, 此中無倒非倒所隨故."(T31, 217c7~8)라고 하여, 후제수는 무학위無學位에서 어떠한 뒤바뀜도 없는 수행이라고 설명한다.

1000 『중변분별론中邊分別論』 권2(T31, 459b18). "境界及思惟, 至得有差別." 이 게송에서 가리키는 이승과 보살의 수행 차이에 관해서는 '경계境界·사량思量(思惟)·지득至得' 역주 참조.

1001 해당하는 문장은 "境界無勝, 思量無集, 至得無勝故."이다.

가지 측면'(三義)을 들어 "더 높은 단계가 없음"(無上)의 뜻을 해석한 것이다. [세 측면 중에서 사량思量(思惟)에 대해] "'고통에 관한 것들'이 없다"(無集)라고 말한 것은, 보살의 사유思惟가 모든 '[불변·독자의 본질/실체로서의] 양상'(相)을 깨뜨리고 꺾어 수행(行)에서 '[불변·독자의 본질/실체로] 얻은 것'(所得)이 없기 때문에 "'고통에 관한 것들'이 없다"(無集)라고 말한 것이니, [이 말은] '이승의 사유'(二乘思)가 괴로움(苦)·'늘 변함'(無常) 등 '[불변·독자의 본질/실체로서의] 양상'(相)들을 모아 취하는 것에 상대한 것이다.

此下, 第二集修住義. 於中亦二, 總標別明. 略擧五位, 集諸修住. 第一中, 言"應成修住"者, 是牒其名. "此人住自性中"者, 擧人屬位, 卽是前名因住[1002]修住. 雖未成就, 有應成性故, 名"應成"也. 第二中, 言"作事修住"者, 是牒其名. "從發心, 乃至修行"者, 屬當其位, 卽是前名入位行位也. 第三中, 言"名最淨位[1003]"者, 先牒前位, 謂前第四, 名至得位. 至得之名, 同法身位, 是故名爲最淨位.[1004] 次言"最淨位"者, 是立其名, 欲顯此位, 非體最淨, 但名最淨故, 名爲"最淨住[1005]"也.

[H1, 836c21~837a10; X48, 173a8~16]

(B) 닦아 머무르는 단계들을 요약함(集修住)

이 아래는 ['곧바로 뜻을 요약함'(正集義)의] 두 번째인 '닦아 머무르는 단계들의 뜻을 요약하는 것'(集修住義)이다. 여기에도 두 가지가 있으니, '총괄적으로 제시하는 것'(總標)과 '하나씩 밝히는 것'(別明)이 그것이다. [하나씩 밝히는 것에서는] 간략히 '다섯 단계'(五位)를 들어 모든 '닦아 머무르는 [단계들]'(修住)을 요약한다.

첫 번째에서 "앞으로 [수행을] 이루어 가야 할 단계[인 인위因位]에서 닦아 머무르

1002 문맥에 따라 '住'를 '位'로 교감한다.
1003 『중변분별론』 원문에 따라 '位'를 '住'로 교감한다.
1004 『중변분별론』 원문에 따라 '位'를 '住'로 교감한다.
1005 『중변분별론』 원문에 따라 '住'를 '位'로 교감한다.

는 것"(應成修住)이라고 말한 것은 그 [첫 번째 단계의] 명칭을 제시한 것이다. "이 사람은 [아직] '[깨달음의] 본연'(自性)에 머물러 있다"(此人住自性中)라는 것은 사람(人)을 들어 수행단계(位)에 배속시킨 것이니, 앞[의 「수주품修住品」]에서 '원인의 단계에서 닦아 머무르는 것'(因位修住)이라고 부른 것이다. [이 단계는] 아직 [수행의 결과로서의 깨달음을] 성취하지는 못했지만 앞으로 '[깨달음의] 본연'(性)을 [수행을 통해] 이루어 갈 것이기 때문에 "앞으로 [수행을] 이루어 가야 할 단계"(應成)라고 부른다.

두 번째에서 "[견도見道에 들어가기 위한] 수행을 일으키는 단계[인 입위入位와 행위行位]에서 닦아 머무르는 것"(作事修住)이라고 말한 것은 그 [두 번째 단계의] 명칭을 제시한 것이다. "'[깨달음을 향해] 마음을 일으키는 것'[인 입위入位]로부터 '[견도見道에 들어가기 위해] 수행하는 것'[인 행위行位]까지이다"(從發心, 乃至修行)라고 말한 것은 그 단계(位)를 배속한 것이니, 앞[의 「수주품」]에서 '[이미 깨달음을 향해 마음을 일으킴에] 들어간 단계'(入位)와 '[견도見道에 들어가기 위해] 수행하는 단계'(行位)라고 부른 것이다.

세 번째에서 "'가장 온전한 단계에 머무르는 것'이라고 부른다"(名最淨住)라고 말한 것은 먼저 앞 [「수주품修住品」에서의] 단계(位)를 제시한 것이니, 앞에서는 [공통위共通位의] 네 번째 [단계]이고 '[견도見道에] 이르러 [세간에서 풀려나는 결과를] 얻는 단계'(至得位)라고 불렀다. '지득至得'이라는 명칭은 [여래如來의 경지인 동시위同時位의] '진리 몸을 얻는 단계'(法身位)에서도 [지득위至得位라고] 똑같이 [쓰이기] 때문에 "가장 온전한 단계에 머무르는 것"(最淨住)이라고 [달리] 부르게 된 것이다. 다음에 "[견도見道에 들어 세간을 넘어서는] 가장 온전한 단계[인 공통위共通位의 지득위至得位]"(最淨位)라고 말한 것은 그 [견도見道에 이른 지금 세 번째 단계의] 명칭을 세운 것이니, 이 단계는 [그 지위의] 토대(體)가 '가장 온전한 것'(最淨)은 아니고 단지 명칭으로만 '가장 온전한 것'(最淨)이라는 것을 나타내려고 하였기 때문에 "[견도見道에 들어 세간을 넘어서는] 가장 온전한 단계[인 공통위共通位의 지득위至得位]"(最淨位)라고 부른 것이다.

第四中, 言"有莊嚴位住"者, 是立其名. "遍滿十地故"者, 釋"莊嚴"義. 於十他[1006]中, 十種法界及十度等, 有爲無爲功德遍滿, 是故名爲"有莊嚴位修住". 第五中, 言"無上位住"者, 是立其名. 義已顯前, 故不更說. 以此五位, 總攝上說十八種位, 及次所說法界三位, 隨其所應, 相攝應知.

[H1, 837a10~17; X48, 173a16~21]

네 번째에서 "[수도修道에 들어 온갖 수행들이] 가지런히 배열되어 있는 단계에서 머무르는 것"(有莊嚴位住)이라고 말한 것은 그 [네 번째 단계의] 명칭을 제시한 것이다. "[온갖 수행들이] '열 가지 [본격적인] 수행경지'에 두루 가득 찬다"(遍滿十地故)라는 것은 "가지런히 배열되어 있음"(莊嚴)의 뜻을 해석한 것이다. '열 가지 [본격적인] 수행경지'(十地)에서는 '열 가지 현상 세계[에 관한 진리]'(十種法界)와 '열 가지 보살수행'(十度)[1007] 등 '[근본무지를 조건으로 삼는] 행위나 [근본무지를 조건으로 삼지 않는] 행위의 이로운

1006 한불전 교감주에 "'他'는 '地'인 듯하다"라고 되어 있다. '他'를 '地'로 교감한다.

1007 십종법계十種法界와 십도十度: 십종법계는 십중법계十重法界라고도 하고, 십도는 십바라밀十波羅蜜, 십도피안十度彼岸이라고도 한다. 『금강삼매경론金剛三昧經論』 권2에서 원효가 "初地即是十地, 一時頓入十重法界故."(T34, 988b20)라고 하여 초지는 곧바로 십지이므로 초지에서 일시에 십중법계에 들어간다고 설명하는 문장에서 보듯이, 십중법계는 십지 수행의 각 단계에서 펼쳐지는 열 가지 현상세계를 가리키는 것으로 보인다. 『성유식론成唯識論』 권9에서는 십도 및 십중장十重障과의 관계에서 십중법계가 제시되어 있는데, "雖十地行有無量門, 而皆攝在十到彼岸. 十重障者, 一異生性障. (중략)"(T31, 52b19~20)이라고 하여 무량한 십지행十地行은 십도피안에 포섭되고 이 십지의 십도피안에 의해 끊어지는 것이 십중장이라고 하면서 이하(T31, 52b20~53c26)에서 자세히 설명한다. 초지에서 끊어지는 ①이생성장異生性障을 위시하여 ②사행장邪行障, ③암둔장闇鈍障, ④미세번뇌현행장微細煩惱現行障, ⑤어하승반열반장於下乘般涅槃障, ⑥추상현행장麁相現行障, ⑦미상현행장細相現行障, ⑧무상중작가행장無相中作加行障, ⑨이타중불욕행장利他中不欲行障, ⑩어제법중미득자재장於諸法中未得自在障이 그것인데, 모두 십지의 각 단계마다 끊어지는 장애들의 명칭이다. 다시 말하자면 십중법계는 십지의 각 단계에서 각종 장애를 끊음으로써 펼쳐지는 세계라고 하겠다. 같은 곳에서는 "十勝行者, 即是十種波羅蜜多. 施有三種, (중략)"(T31, 51b8)이라고 하여 십도(十種波羅密)를 십승행十勝行이라고 부르면서 십도 각각에 관해 이하(T31, 51b8~52b20)에서 자세히 설명하는데, ①보시布施·②지계持戒·③인욕忍辱·④정진精進·⑤선정禪定(靜慮)·⑥반야般若의 육바라밀六波羅密에 ⑦방편선교方便善巧·⑧원願·⑨역力·⑩지智의 사바라밀四波羅密을 더한 것이다. 그 설명들 중에서 앞의 육바라밀과 뒤의 사바라밀의 관계에 관해 "方便善巧助施等三, 願助精進, 力助靜慮, 智助般若, 令修滿故."(T31, 51c19~20)라고 하여 ⑦방편선

능력들'(有爲無爲功德)로 두루 가득 차기 때문에 "[수도修道에 들어 온갖 수행들이] 가지런히 배열되어 있는 단계에서 닦아 머무르는 것"(有莊嚴位修住)이라고 부른다.

다섯 번째에서 "더 높은 경지가 없는 [여래如來의] 단계에서 머무르는 것"(無上位住)이라고 말한 것은 그 [다섯 번째 단계의] 명칭을 제시한 것이다. 뜻은 이미 앞 [제5「수주품修住品」]에서 드러냈기 때문에 다시 설명하지 않는다. 이 '다섯 단계'(五位)로써 [「수주품」에서] 먼저 말한 '18가지 단계'(十八位)와 다음에 말한 '현상세계에 의거한 세 가지 단계'(法界三位)[1008]를 총괄적으로 포섭하니, 그 상응하는 것에 따라 서로 포섭하는 것을 알아야 한다.

此下, 第三集其果義, 於中亦二. 總標別集. 別集之中, 明六種果. 先列其名, 後辨其相. 一"攝持果"者, 集前五果. 彼報果等五果之中, 攝一切果無不盡故. 又器果等五果之內, 盡攝次說十種果故. 以是二義, 名"攝持果". 二"最勝果"者, 集彼十果. 就彼普攝五果之內, 簡取最勝, 立此十果, 是故名爲"最勝果"也.

[H1, 837a18~b1; X48, 173a22~b3]

(C) 닦아 얻는 결과들을 요약함(集得果)

이 아래는 ['곧바로 뜻을 요약함'(正集義)의] 세 번째인 그 [수행한] 결과(果)의 뜻을 요약하는 것이니, 여기에도 두 가지가 있다.

교는 ①보시·②지계·③인욕을 돕고 ⑧원은 ④정진을 도우며 ⑨역力은 ⑤선정을 돕고 ⑩지智는 ⑥반야를 도와서 수행을 원만하게 한다는 설명이 보인다.

1008 법계삼위法界三位: 제5「수주품修住品」에서는 공통위共通位(7)·불공위不共位(2)·전후위前後位(6)·동시위同時位(3)의 사종수주四種修住로 구성되는 18위十八位를 먼저 설명하고 난 후에, 다음으로 삼구송三句頌인 "法界復有三. 不淨不淨淨, 清淨如次第."에서 '온전하지 못함'(不淨)과 '온전하지 못함과 온전함[이 섞여 있음]'(不淨淨) 및 '온전함'(清淨)이라고 설명한 세 가지 단계를 가리키는데, 순서대로 범부위凡夫位·유학위有學位·무학위無學位이다. 원효의 과문으로는 '현상세계에 의거하여 세 가지 단계의 차이를 밝히는'(約法界, 明三位不同) 문단에 해당한다.

Ⓐ 총괄적으로 제시함(總標)

'총괄적으로 제시하는 것'(總標)과 '하나씩 요약하는 것'(別集)이다.

Ⓑ 하나씩 요약함(別集)

하나씩 요약하는 것에서는 '여섯 가지 결과'(六種果)를 밝힌다. 먼저 그 명칭들을 열거하고, 나중에는 그 양상들을 분석한다.

가. 명칭들을 열거함(列名)

첫 번째인 "[오과五果를 모두] 포함하여 지닌 결과들"(攝持果)이라는 것은 [제6「득과품得果品」의] 앞에서 말했던 '[기과器果(報果)·증상과增上果·애락과愛樂果(隨流果)·증장과增長果(功用果)·청정과淸淨果(相離果), 이] 다섯 가지 결과'(五種果)를 요약한 것이다. 저 '[부처가 되는 길에 오를 만한 그릇을] 과보로서 얻게 된 결과'(報果, 器果)[·증상과增上果] 등의 '다섯 가지 결과'(五果) 중에 모든 결과들을 포괄하여 다하지 않음이 없기 때문이다. 또 '[부처가 되는 길에 오를 만한] 그릇이 된 결과'(器果, 報果)[·증상과增上果] 등의 '다섯 가지 결과'(五果) 내에 [「득과품」에서] 다음으로 말했던 '[상상과上上果·초과初果·수습과修習果·구경과究竟果·수순과隨順果·대치과對治果·상리과相離果·승위과勝位果·유상과有上果·무상과無上果, 이] 열 가지 결과들'(十果)을 모두 포괄하기 때문이다. 이 두 가지 뜻 때문에 "[오과五果를 모두] 포함하여 지닌 결과들"(攝持果)이라고 부른다.

두 번째인 "[오과五果에서 열 가지로 가려낸] 가장 탁월한 결과들"(最勝果)이라는 것은 저 '열 가지 결과들'(十果)를 요약한 것이다. 저 '[모든 결과들을] 두루 포괄하는 다섯 가지 결과'(普攝五果) 내에서 '가장 탁월한 것'(最勝)들을 가려낸 것에 의거하여 이 '열 가지 결과'(十果)를 세웠기 때문에 "[오과五果에서 열 가지로 가려낸] 가장 탁월한 결과들"(最勝果)이라고 부른다.

其次二果, 重顯五果, 後之二果, 重顯十果. 三“數[1009]習果”者, 顯五果中, 初果報果. 數習善根所得報故. 四“上上引出果”者, 顯五果內, 後之四果. 於報果上, 出增上果, 乃至功用果上, 引出相離果故. 五“略果”者, 顯十果內, 在前四果. 六“廣果”者, 顯十果中, 後之六果. 略廣之義, 如前已說.

[H1, 837b2~9; X48, 173b3~8]

그다음의 [숙습과宿習果·상상인출과上上引出果, 이] 두 가지 결과들은 '다섯 가지 결과'(五果)를 거듭 드러낸 것이고, 마지막의 [약과略果·광과廣果, 이] 두 가지 결과들은 '열 가지 결과'(十果)를 거듭 드러낸 것이다. 세 번째인 "오랜 세월 동안 익힌 결과"(宿習果)라는 것은 '다섯 가지 결과'(五果) 중에서 첫 번째 결과인 '[부처가 되는 길에 오를 만한 그릇을] 과보로서 얻게 된 결과'(報果, 器果)를 드러낸 것이다. '이로운 능력'(善根)을 끊임없이 익혀 얻은 과보이기 때문이다. 네 번째인 "이후로 이어져 나오는 결과들"(上上引出果)이라는 것은 '다섯 가지 결과'(五果) 내에서 뒤의 '[증상과增上果·애락과愛樂果(隨流果)·증장과增長果(功用果)·청정과淸淨果(相離果), 이] 네 가지 결과'(四果)를 드러낸 것이다. '[부처가 되는 길에 오를 만한 그릇을] 과보로서 얻게 된 결과'(報果, 器果)에서 '[이로운 능력을] 향상시킨 결과'(增上果)가 나오고 [마지막에는] '[이로운 능력이 증장되어 완전해진 수행의] 작용을 얻게 된 결과'(功用果)에서 '[불변·독자의] 본질/실체관념에서 벗어난 결과'(相離果)가 이어져 나오기에 이르기 때문이다.

다섯 번째인 "간략히 설명한 결과들"(略果)이라는 것은 '열 가지 결과'(十果) 내에서 앞에 있는 '[상상과上上果·초과初果·수습과修習果·구경과究竟果, 이] 네 가지 결과'(四果)를 드러낸 것이다. 여섯 번째인 "자세히 설명한 결과들"(廣果)이라는 것은 '열 가지 결과'(十果) 중에서 뒤의 '[수순과隨順果·대치과對治果·상리과相離果·승위과勝位果·유상과有上果·무상과無上果, 이] 여섯 가지 결과들'(六果)을 드러낸 것이다. '간략히 설명한 결

1009 『중변분별론』 원문에 따라 '數'를 '宿'으로 교감한다.

과와 자세히 설명한 결과'(略廣)의 뜻은 앞[의 제6「득과품得果品」]에서 이미 설명한 것과 같다.

"此中"以下, 次第顯相. 言"攝持果者, 是五種果"者, 是顯初果, 義如前說. 言"餘果是五種果別異"者, 顯最勝果. 後說十果, 名爲"餘果", 五果之中, 最其殊勝故, 言是五果之別果也. 言"宿世所集故, 名果報果"者, 是顯數[1010] 習果, 五果之初也. 言"上上引出故, 有四種果"者, 是上上引出果, 卽是五中後四也.

[H1, 837b9~16; X48, 173b8~14]

나. 결과의 양상들을 분석함(辨相, 次第顯相)

"이 [여섯 가지 결과들] 중에서"(此中) 이하[1011]에서는 순서대로 [여섯 가지 결과의] 양상들을 드러낸다. "[첫 번째인] '[오과五果를 모두] 포함하여 지닌 결과들'이라는 것은 '[기과器果(報果)·증상과增上果·애락과愛樂果(隨流果)·증장과增長果(功用果)·청정과淸淨果(相離果), 이] 다섯 가지 결과들'이다"(攝持果者, 是五種果)라는 것은 첫 번째 결과[인 섭지과攝持果]를 드러낸 것이니, 뜻은 앞에서 말한 것과 같다. "[두 번째로] 여타의 결과[인 '상상과上上果·초과初果·수습과修習果·구경과究竟果·수순과隨順果·대치과對治果·상리과相離果·승위과勝位果·유상과有上果·무상과無上果, 이 열 가지 결과(十果)']는 '다섯 가지 결과'(五種果)가 [열 가지로] 구별된 것이다"(餘果是五種果別異)라고 말한 것은 '[오과五果에서 열 가지로 가려낸] 가장 탁월한 결과들'(最勝果)을 드러낸 것이다. [「득과품得果品」에서] 나중에 말한 '열 가지 결과'(十果)를 "여타의 결과"(餘果)라고 부른 것이니, [모든 결과들을 포괄하는] '다섯 가지 결과들'(五果) 중에서 가장 탁월한 것들[을 가려낸 것]이기 때문에 [최승과最勝果로 요약되

1010 『중변분별론』 원문에 따라 '數'를 '宿'으로 교감한다.

1011 해당하는 문장은 "此中攝持果者, 五種果. 餘果是五種果別異. 宿世所集故, 名果報果. 上上引出故, 有四種餘果. 若略說, 上上果有四種. 若廣說, 隨順果有六, 是四種果分別廣說故."이다.

는 십과十果는] 이 '다섯 가지 결과들을 구별한 결과'(五果之別果)를 말하는 것이다.

"[세 번째인 숙습과宿習果는] 오랜 세월 동안[의 수행이] 축적된 것이기 때문에 '과보로서의 결과'라고도 부른다"(宿世所集故, 名果報果)라고 말한 것은 '[오과五果에서 첫 번째 결과인 보과報果(器果)로서] 오랜 세월 동안 익힌 결과'(宿習果)를 드러낸 것이니, '다섯 가지 결과들'(五果)의 첫 번째이다. "[네 번째인 상상인출과上上引出果는 오과五果에서 첫 번째 결과인 보과報果(器果)] 이후로 이어져 나온 것들이기 때문에 '[증상과增上果·애락과愛樂果(隨流果)·증장과增長果(功用果)·청정과淸淨果(相離果), 이] 네 가지 결과'를 가진다"(上上引出故, 有四種果)라고 말한 것은 '[오과五果에서 첫 번째 결과인 보과報果(器果)] 이후로 이어져 나오는 [네 가지] 결과들'(上上引出果)이니, 바로 다섯 가지 [결과들] 중에 뒤의 네 가지이다.

> 言"若略說, 上上果有四種"者, 是顯略果, 卽是十中, 在前四果. 約通義故, 說"上上果有四種"也. 言"若廣說, 隨順果有六"者, 是顯廣果, 卽是十中, 後六種果. 亦就通義故, 言"隨順果有六"也. "是四種果分別廣說故"者, 釋廣果名. 就前四果, 分別說六, 故後六種, 名廣果也.
>
> [H1, 837b16~23; X48, 173b14~19]

"만약 간략히 말한다면 '[앞의 원인에 상대하여] 뒤에 일어나는 결과들'에는 [다섯 번째인 약과略果에 해당하는 상상과上上果·초과初果·수습과修習果·구경과究竟果, 이] 네 가지가 있다"(若略說, 上上果有四種)라고 말한 것은 '[십과十果에서] 간략히 설명한 [네 가지] 결과들'(略果)을 드러낸 것이니, 바로 열 가지 [결과들] 중에서 앞에 있는 네 가지 결과들이다. [여기서 상상과上上果라는 명칭은] '통틀어 가리키는 측면'(通義)에 의거하기 때문에 "'[앞의 원인에 상대하여] 뒤에 일어나는 결과들'에는 네 가지가 있다"(上上果有四種)라고 말했다. "만약 자세히 말한다면 '[둘씩 서로] 따라 이어지는 결과들'에는 [여섯 번째인 광과廣果에 해당하는 수순과隨順果·대치과對治果·상리과相離果·승위과勝位果·유상과有上果·무상과無上果, 이] 여섯 가지가 있다"(若廣說, 隨順果有六)라고 말한 것은 '[십과十果에서] 자세히 설명한 [여섯 가지] 결과들'(廣果)을 드러낸 것이니, 바로 열 가지 [결과들] 중에서 뒤에 있는 여섯 가지 결과들이다. [여기서 수순과隨順果라는 명칭] 역시 '통틀어 가리키는 측면'(通義)에 의거하기 때문에 "'[둘씩 서로] 따라 이어지는 결과들'에는 여섯 가지가 있다"(隨順果有六)라고 말했다. "이것은 [약과略果에 해당하는] '[상상과上上果·초과初果·수습과修習果·구경과究竟果, 이] 네 가지 결과'(四種果)가 구별되어 자세히 말해진 것이기 때문이다"(是四種果分別廣說故)라는 것은 '[십과十果에서] 자세히 설명한 [여섯 가지] 결과들'(廣果)의 명칭을 해석한 것이다. [약과略果인] 앞의 네 가지 결과에 의거하여 [다시] 여섯 가지로 구별해 말하기 때문에 뒤의 여섯 가지 [결과]들을 '[십과十果에서] 자세히 설명한 [여섯 가지] 결과들'(廣果)이라고 부른다.

"『中邊』以下, 總結究竟. 言"此處有四"者, 總相而言. 「對治」「修住」「得果」三品, 合爲一處. 以依行立位,[1012] 就位[1013]立果, 文勢相乘, 無隔絶故. 故釋論主, 合此三品一處集義. 由是義故, 至於此處, 則有四處, 一「相」, 二「鄣」, 三「眞實」, 其第四者, 謂行住果. 以之故, 言"此處有四". 第四處內, 別有三義, 隨別立品故, 言"三品"也.

『中邊疏』卷第三

[H1, 837b24~c8; X48, 173b20~c3]

B) 마무리하여 끝마침(結究竟, 總結究竟)

"『중변분별론中邊分別論』" 이하[1014]에서는 총괄적으로 마무리하여 끝마친다.

1012 문맥에 따라 '位'를 '住'로 교감한다. 아래 문장에서도 원효는 삼품三品을 합친 네 번째 단원에 관해 "其第四者, 謂行'住'果"라고 하여, 작은따옴표에서 보듯이 「수주품」에 해당하는 두 번째 자리에 '住'라고 되어 있다.

1013 문맥에 따라 '位'를 '住'로 교감한다.

1014 해당하는 문장은 "『中邊分別論』中, 此處有四. 三品, 一「對治品」, 二「修住品」, 三「得果品」. 已廣說究竟. (一器果, 二果報果, 三愛樂果, 四增長果, 五淸淨果, 攝一切果盡.)"이다.

"여기에 [이르러 앞의 제1「상품相品」, 제2「장품障品」, 제3「진실품眞實品」과 함께] 네 가지 [단원]이 있게 된다"(此處有四)라고 말한 것은 [『중변분별론』의] '전체적 양상'(總相)에서 말한 것이다. 「대치수주품對治修住品」·「수주품修住品」·「득과품得果品」, 이 세 단원은 합하여 하나의 '하나의 단락'(一處)이 된다. [「대치수주품」에서 설명되는] 수행(行)에 의거하여 [「수주품」에서 설명되는] '[닦아] 머무르게 되는 [단계]'(住)를 세우고 [「수주품」에서 설명되는] '[닦아] 머무르게 되는 [단계]'(住)에 의거하여 [「득과품」에서 설명되는] '[닦아 얻은] 결과'(果)를 세움으로써 문맥이 서로 이어져 끊어짐이 없기 때문이다. 그러므로 논서의 저자[인 세친世親]은 이 세 단원을 '하나의 단락'(一處)으로 합하여 뜻을 요약하는 것이다. 이러한 뜻에 의거하기 때문에 [세 단원이 하나로 합쳐진] 이에 이르러서는 '네 가지 단락'(四處)이 있게 되니, 첫 번째는 「상품相品」이고 두 번째는 「장품鄣品」이며 세 번째는 「진실품眞實品」이고 그 네 번째는 [갖가지] 수행(行)[을 설명하는 「대치수주품」]·'[닦아] 머무르게 되는 [단계]'(住)[를 설명하는 「수주품」]·'[닦아 얻은] 결과'(果)[를 설명하는 「득과품」]이 그것이다. 이러하기 때문에 "여기에 [이르러 앞의 제1「상품相品」, 제2「장품障品」, 제3「진실품眞實品」과 함께] 네 가지 [단락]이 있게 된다"(此處有四)라고 말하였다. [그리고] 이 네 번째 단락 안에 [다시] 구별하여 세 가지 뜻을 두고 [그] 구별한 것에 따라 [각각의] 단원을 세우기 때문에 "[네 번째 단락은 다시] 세 가지 단원이다"(三品)라고 말한 것이다.

『중변분별론소中邊分別論疏』 제3권[을 마침].

번역어 용례 색인

ㄴ

ㄷ

ㅁ

ㅂ

ㅅ

ㅇ

ㅈ

ㅊ

ㅌ

ㅍ

ㅎ